中外历史专题一百讲

第一分册

主编 周靖 罗明 黄爱梅

中国出版集团 東方出版中心

分册主编：周　靖

撰稿人（按姓氏笔画排序）

王　超	朱　琳	杨乔男	杨　勇	杨霞蓉	何千忠	张宝奇
张绍俊	陈夏凡	范　江	金梦霞	秦亚男	顾利军	顾春梅
顾超平	党　霞	傅郁山	靳技科	戴万成	戴骋浩	

序　言

由周靖、罗明、黄爱梅老师领衔，33位中学历史教师撰写的《中外历史专题一百讲》即将出版，嘱我作序。这是基础教育领域又一部重要读物。阅读之后，颇为感慨。

感动于周靖、罗明、黄爱梅老师领衔的教研团队，对新课标[1]所要求的加强课程资源的开发和利用的深刻理解和坚持不懈的身体力行。新课标指出，课程资源既是课程实施的支撑环境，也是课程内容的重要来源，还是教学活动的展开条件。作为历史教师，应当加强课程资源意识，提高对课程资源的认识水平，积极而充分地开发和利用各种历史课程资源。我看到这个团队从师生需求出发，已经编撰了与高中历史新教材、新教学密切相关的《高中历史怎样教（上、下）》《中外历史一百讲——基于〈中外历史纲要〉的思考与拓展》等著作时，就预感到眼前这部著作即

〔1〕这里所说的新课标，是指《普通高中历史课程标准（2017年版2020年修订）》。在2024年最新发布的《普通高中历史课程标准（2017年版2024年修订）》中，选择性必修课程的三个板块的内容基本没有变化。

《中外历史专题一百讲》也会问世。作为整体谋篇布局的产物，这部著作与上述几部著作一起，构成了基于高中历史新课程、新教材的完整的教学资源序列。我们要继续为主编及其领导的教研团队的睿智、勤奋和不断进取点赞！

《中外历史专题一百讲》与前几部著作之间，既有密切联系，又有重要区别。有联系，是指这部著作是在为高中必修课程《中外历史纲要（上、下）》的教学而编写的《高中历史怎样教（上、下）》《中外历史一百讲——基于〈中外历史纲要〉的思考与拓展》的基础上，为三门选择性必修课程《国家制度与社会治理》《经济与社会生活》《文化交流与传播》的教学而编写的，它们之间有着有机的、一脉相承的关系；有区别，是指这部著作是为全国范围内第一次使用基于高中新课标编写的全新的选择性必修课程教材的教学而编写的。由于选择性必修教材是在必修教材基础上的递进与拓展，基本是全新的内容，因此对高中师生来说，其难度更大、要求更高，为他们开发必要的教学资源就更为重要。

《中外历史专题一百讲》的突出特点，就是脚踏实地，务实求新。它实实在在落实了新课标对三门选择性必修课程的基本要求，以教材为本，以已有专题为基础，通过研究教材单课内容、单元逻辑及单册体系，择取核心概念、关键知识，形成100个专题并撰写相关文章，带领师生更加深入了解人类的政治、社会、经济、文化等方面的历史发展的多样性，更加全面、贯通地认识人类历史发展的复杂性和进步趋势。

在第一分册中，编写者紧扣《国家制度与社会治理》教材中的6个单元18个专题[1]，精选38个专题，介绍了中外各具特色的国家制度和社会治理的相关内容。这些内容配合教材体系，进一步揭示了人类政治生活的阶段性、区域性特征及发展趋势，在厘清自古及今东西方各国制度建设和社会治理都经历了漫长而曲折的历程的同时，也提示我们在评判其丰富经验和深刻教训时，不能脱离特定社会政治条件和历史文化传统，从而帮助师生加深对唯物史观的经济基础决定上层建筑、社会存在决定社会意识以及阶级分析方法等原理的理解和运用。

在第二分册中，编写者紧扣《经济与社会生活》教材中的6个单元15个专题，精选30个专题，从经济与社会生活的角度，通过对自古以来中外不同人群的生产活动、经济活动和日常生活方式变迁的解释，进一步揭示经济与社会、经济与自然、经济与生活的互动，以及其中的延续与变迁、偶然与必然、局部与整体之间的复杂的共生关系，从而帮助师生更深入地理解生产方式的变革对人类社会发展所具有的革命性意义。

在第三分册中，编写者紧扣《文化交流与传播》教材中的6个单元15个专题，精选32个专题，从人类历史上文化交流与传播的不同方式、途径和载体等角度切入，展现中外历史上不同人群、不同文明之间的联系与互动，理解多样化的文化交流和传播在文明进步中的重要作用，从而帮助师生真切感受在人类文明进程中，

[1] 教科书中的所有专题都是以课的形式呈现的，每课又包括一些小的专题。

文明交流超越文明隔阂、文明互鉴超越文明冲突、文明共存超越文明优越的重要性。

在这部著作的字里行间，我们读到了编写者既注重汲取史学研究的学术成果，又注重历史学与历史教学的有机融合；它反映了编写者在基础教育领域多年的教学研究过程及成果，尤其在对历史学科核心素养的理解和运用方面，全书以唯物史观为指导，以时空经纬设计各专题，以史料实证为基础叙述和解释历史，充满了家国情怀，亦渗透了对师生历史思维的培养与提升。

习近平总书记高度重视学习历史、研究历史、形成历史思维的重要性。2021 年 8 月习近平总书记在河北承德考察时强调，要围绕实现中华民族伟大复兴做好研史学史工作，整合历史研究资源和力量，提高研究水平和创新能力，更好总结历史经验、揭示历史规律、把握历史趋势。——如何形成正确的历史思维？一个重要的基础就是掌握必备的历史知识。这是形成历史思维的基本前提和条件。本书的编写者正是在拓展必备的历史知识方面做出了努力。他们以事述史、以小见大，勾勒历史的脉动；文笔深入浅出，易读易懂，兼具趣味性与学术性。相信这部著作不仅会成为对广大师生教学极具参考价值的读本，亦会成为广大历史爱好者所喜爱的读物。

是为序。

徐　蓝

2025 年 4 月 30 日

目　录

第一分册

第二分册

第三分册

1 郡县国家：大一统中央集权治理模式的确立和发展

如果说夏、商、西周早期国家是古代中国国家形态的1.0版，那么自秦以后的大一统国家则是2.0升级版。公元前221年，秦王嬴政“履至尊而制六合”“海内为郡县，法令由一统”，但“废先王之道，焚百家之言”，仁义不施，使秦朝二世而亡。由此，对秦始皇功过是非的褒贬评价不绝于史。其中明代大思想家李贽曾高度评价，认为始皇崩天坼地，掀翻了一个充斥封建诸侯的旧世界，挣得一个郡县国家的新天下。而中国历史自秦以降，人们以政权分裂为变态，统一则常为众望所归。

让我们再回到秦汉之际的历史情境中。尽管战国时期各诸侯国已经开始实行郡县制，但历时800年分封制的制度惯性仍不可小觑。秦甫一统的两次廷议隐伏着君臣父子之间严重的政治分歧，其关节是封建与郡县的制度之争。始皇帝二十六年（公元前221年），丞相王绾奏请在新占领的燕、齐、楚等地分封诸子，以稳定边疆，是议与后来者汉初的郡国并行制大体相若。在群臣“皆以为便”一边倒的政治情势下，唯有廷尉李斯提出反驳，直指分封制引发兵争不止的弊病。始皇慨然接受李斯“皆为郡县、重赏诸子”的方案，废分封，立郡县，分天下为36郡。秦始皇三十四年（公元前213年），在咸阳宫祝寿酒会上发生了第二次廷议，彼时已是全面推行郡县制8年之后。8年间，秦始皇北逐匈奴，南征百越，开疆拓土，新增郡县十余个。宴会上，秦始皇借仆射周青臣之口，颂扬“以诸侯为郡县，人人自安乐，无战争之患，传之万世”的功绩。然而，博士齐人淳于越以“师古”之名再次向郡县制发难。彼时已为宰相的李斯再行驳斥。之后，秦始皇接受李斯的建议，行焚书之举，可见其守住郡县制作为制度底线的决心。

后人看秦始皇的统一，实则更多的是军事与政治的统一，远未实现难度更大的“文化统一”。秦统一后，全面推行郡县制，六国王孙贵胄的特权被剥夺殆尽，故国之思暗流涌动，对秦制更多的是反感而非认同，表现最激烈的是楚人，楚地一直流传着“楚虽三户，亡秦必楚”的政治预言。是以秦始皇多次东巡，封禅天地，刻石记功，希冀通过宣扬帝国伟业来塑造郡县制的政治合法性。然而，制度认同是一种群体性的政治文化心理，非短时期内能够建立起来。从这个意义上说，秦始皇偏执于追求长生之法，透露着一种时不我与的无奈。此后，“始皇死而地分”一语成谶，胡亥继位，楚地平民陈胜、吴广于秦二世元年（公元前209年）在大泽乡起义，建号“张楚”，以楚反秦，天下景从响应，六国贵族纷纷恢复国号和王号，涌入群雄反秦大潮中。可见，秦速亡的原因不只于“天下苦秦久矣”的暴政，郡县制推广过急、过广所引发的地域文化冲突恐怕亦为其深层因素之一。

楚人刘邦参与灭秦，入汉中称汉王，据秦之地，用秦之人，承秦之制，控驭关中形胜之地，军队主力由楚人变为秦人，继承秦郡县制的赋税基础，东向与项羽上演楚汉之争，不期然与当年秦始皇灭六国的路向相当。最终刘邦由弱转强，胜项羽后称帝，既未沿用“汉王”之称，也未如项羽所为自称“霸王”，而是采用秦始皇的“皇帝”号。故而，历史学家田余庆将秦汉之际的这一政治现象称为“非张楚不能灭秦，非承秦不能立汉”[1]。

然而，不同地域之间，尤其是华夏内部关东关西的文化差异客观存在，对制度的认同也非一致，秦王朝14年的统治不能改变数百年制度认同的惯性。仅仅又一个10年，如果刘邦向全国强行推广郡县制，很可能再次激起地方势力的反抗。于是，汉高祖选择在故秦旧地关中设郡县，在东方六国故地则在剪灭异姓诸侯后置换为同姓诸侯。由此，汉初郡国并行，东西异制，周秦制度并存，从俗而治，既避免了“孤立之败”，同时也缓解了区域文化冲突。如果说秦王朝由封建制向郡县制迈进了一大步，汉初则在郡县制的基础上延缓了步伐。郡国并行虽然起到了缓解地域文化冲突的作用，但并未扭转郡县国家的历史趋势，体现了秦汉之际国家治理的有张有弛。当然，汉初郡国并行的政策虽缓解了文化冲突，可是文化上的故国基因依然存在。历史学家李开元称秦汉之际为“后战国时代”，其着眼点即为政治文化的地域性差异。直至

---

〔1〕整理自田余庆. 说张楚——关于“亡秦必楚”问题的探讨［J］. 历史研究，1989（2）：134—150.

董仲舒改造儒学，汉武帝尊崇儒术，才系统实行了统合地域文化的终极方案。此后，西汉的百姓不以齐人、燕人、楚人相识别，而是自称为某郡、某县人，书同文、车同轨、人同伦，皆称为汉人。

分封制向郡县制转型的周秦之变并非一蹴而就，从秦皇到汉武，郡县制与分封制的冲突多次重演，如楚汉之争、七国之乱，历经百余年，郡县制才逐渐定型为大一统中央集权体制之下地方治理的基本制度。

自秦汉以来，历代王朝央地关系的制度架构主流是郡县制，其发挥了较好的国家治理效能。中国古代地方行政区划沿革涉及划界原则、层级和幅度的变化，一般而言，只要层次与管理幅度相称，比例适当，就能够实现有效治理。

汉代 13 州、唐代 10 道、宋代 15 路，皆以山川形便为划分原则，最初都是中央派出的监察机构，虚设于郡县之上。这本为中央权力扩张、收夺地方权力的产物，后由于时局牵制，如汉末黄巾军起义、唐朝御边体系和防务格局及形势的变化，中央不得不下放权力，州、道、路逐渐演变为具有实权的地方一级行政机构，由监察区演变为行政区。随着疆域的扩大，汉时的郡和唐时的州数量和规模剧增，当时的统治技术手段难以实现跨层级直接管理，客观上需要新增层级〔1〕。由是，二级制演变为州郡县、道州县、

---

〔1〕秦统一六国，设 36 郡，下辖 1 000 余县。东汉顺帝时，全国共有 13 个州、105 个郡国，下辖 1 180 个县。南北朝时期合计 275 个州、674 个郡，下辖 1 700 余个县，州郡膨胀 10 倍之多，民少官多，十羊九牧。隋建立后废郡并州，以州统县，实行州县二级制。开皇三年末（583 年），全国共 190 个州，下辖（转下页）

路州县三级制。然而，随着州、道区域扩大、治权扩张和地位提高，又造成内轻外重之势，引发汉末军阀割据和中晚唐藩镇割据，导致汉末三国和唐末五代的乱世格局。藩镇割据严重削弱了唐朝的统治力量，但其对唐朝的影响也呈现出较为复杂的多重面相。中原藩镇镇遏河朔藩镇，屏障关中，沟通江淮；东南藩镇从财力上支撑朝廷，而朝廷对东南藩镇的实际控制逐渐弱化；边疆藩镇对外作战，在割据与防割据上相持，维系内外均势平衡。各区域藩镇在武力和财力上相互依赖，构成既密切联系又互相制约的整体结构；中央在与藩镇博弈中做出调整，试图重新树立中央对藩镇的控制力，使唐政权在藩镇割据的态势中得以长期延续。故宋人尹源评说："夫弱唐者，诸侯也；唐既弱矣，而久不亡者，诸侯维之也。"

元朝疆域辽阔，为汉唐所不逮，最初由中书省的临时派出机构行中书省来管理数量繁多的路府，后转化为常设的地方一级行政机构，简称行省。行省的区划原则由山川形便转为犬牙交错，以致几乎没有一个行省能够独占一方形胜之地，于是，北向门户洞开，打破了据险割据的潜在危险。行省辖区面积广阔，军政大权集中，但长官由皇帝（大汗）的世仆家臣蒙古、色目人担任，他们的异族身份难以策动汉族地方的分裂活动，从而加强了中央

（接上页）903个县。至唐贞观十四年（640年），全国共360个州，下辖1 557个县。至此，秦汉郡县两级制到汉末魏晋州郡县三级制，回归隋唐州县两级制。参见华林甫. 中国政区层级演变之两大循环说［J］. 江汉论坛，2014（1）：142—144.

集权。此外，与汉唐王朝在内陆建制州府、在边疆设羁縻州府进行内外分治的双轨制不同，元朝更多致力于内外合治，边疆治理呈现出与内地一体化的趋向，如岭北行省、辽阳行省和云南行省等边疆行省也征发赋役，与王朝治理相始终。

中国古代地方行政制度的演变纷繁驳杂，表象下却也不乏其可循的内在规律。历史地理学家周振鹤曾提出中国历代地方行政层级在两级制与三级制间摇摆，“两千年三循环”说成一家之言[1]。其总的趋势是中央权力扩张、地方权力被削夺；县则始终保持适度规模，成为最为稳定和最基础的行政区划单位。

从封建天下变为郡县国家，对于封建与郡县“分权与集权”政治实践的利弊得失，历代思想家的争论可谓泾渭分明。唐代柳宗元作《封建论》之时，恰逢中唐以后藩镇割据，遂主张以严格的郡县制来维护中央权威。明末顾炎武作《郡县论》之时，当时的政治生态已然高度集权，地方官员抱着“不做不错”的心态躺平，行政事务旁落，导致基层胥吏素质日渐低下，顾炎武于是倡论“寓封建之意于郡县之中”的理念，主张在郡县制的基本架构下，以地方分权之意涵纠正中央集权之偏弊。

纵观历史可以看到，制度制定和社会治理一定会受特定的形格势禁之影响，但以史为鉴、斟酌取舍、慎思笃行，当是后来治国者应具备的政治智慧。

---

〔1〕整理自周振鹤. 中国历史政治地理十六讲［M］. 北京：中华书局，2013：119—138.

2

相权头上的达摩克利斯之剑

秦完成统一后，建立了中央集权大一统体制，成为后世历代王朝的政治制度蓝本，其核心特征是皇权至高无上，这就意味着政治、军事、经济等大权均由皇帝掌控，“天下之事无小大皆决于上，上至以衡石量书，日夜有呈，不中呈不得休息”〔1〕。然依靠皇帝个人承担全部军政要务并不现实，再勤政的皇帝亦有精力不济之时，更遑论皇帝昏庸、年幼等特殊情况。由此，官僚政治的建立具有其必然性。丞相作为官僚集团的首脑，在官僚政治制度中扮演着极其重要的角色，但“卧榻之侧，岂容他人酣睡”，相权隆之因，亦为衰之源。

《荀子·王霸篇》：“相者，论列百官之长，要百事之听，以饰朝廷臣下百吏之分，度其功劳，论其庆赏，岁终奉其成功以效于君。当则可，不当则废。故君人劳于索之而休于使之。”〔2〕丞相作为官僚之首长、政府之首脑，负责处理全国一切政务，“必须拥

---

〔1〕（西汉）司马迁. 史记（点校本二十四史修订本）［M］. 北京：中华书局，2014：329.
〔2〕（战国）荀况. 荀子［M］. 上海：上海古籍出版社，2014：143.

有议政权和必须拥有监督百官执行权……进宫谒见皇帝，共议国家大事……对政策（行政、财政、军事、民族等）和人事这两方面的大事必须出谋划策……在经过皇帝与宰相商议，形成决定之后，还得由宰相监督百官执行。这里包括百官执行后的考课，以及由此奏行的黜徙、赏罚等”[1]。可见，丞相既要贯彻落实皇帝的统治意图，又不得在执行政务过程中形成威胁皇权的政治力量。相权的合法性源于皇权，但是丞相位尊权重，不可避免地会与居于权力之巅的皇权发生冲突。两者的关系，成为中央集权制度发展、演变中的一对基本矛盾，皇权成为悬在相权头上的达摩克利斯之剑。在历史发展进程中，相权历经开府辅政、参议辅政以及奉命拟旨辅政等阶段，总体呈现出皇权不断加强，相权不断削弱乃至消亡的趋势。

第一，丞相开府辅政阶段。

秦朝设丞相、太尉、御史大夫，后世泛称“三公”。丞相居三公之首，“金印紫绶，掌丞天子助理万机”[2]，辅助皇帝处理全国政务，地位尊崇；太尉掌军事，但不常置；御史大夫“位上卿，银印青绶，掌副丞相”[3]，其主要职责为辅佐丞相，监察百官，无法与丞相相提并论。汉初形成布衣将相之局，丞相多由开国列侯担任，加之当时奉行“清静无为”的黄老思想，一般政务原则

〔1〕祝总斌．两汉魏晋南北朝宰相制度研究［M］．北京：中国社会科学出版社，1990：5.
〔2〕（东汉）班固．汉书［M］．北京：中华书局，1964：724.
〔3〕（东汉）班固．汉书［M］．北京：中华书局，1964：725.

上皆由丞相处理，丞相受到极高的尊崇，“王者待以殊敬，在舆为下，御坐为起，入则参对而议政事，出则监察而董是非。汉典旧事，丞相所请，靡有不听”[1]。可见，秦汉时期，丞相是名副其实的“一人之下，万人之上”，所处地位高，所掌权力大，故秦及西汉（至少前期）应称为丞相制时代[2]。

第二，丞相参议辅政阶段。

雄才大略、锐意进取的汉武帝即位之后，治国理念从“无为”转向“有为”，汉武帝建立以亲信近臣为核心的决策群体（后世称为“内朝”），尚书等内朝官员的地位火速提升，成为枢机之职，加之其后“领尚书事”（汉昭帝时期初立）的出现，形成事实上的决策中心，而以丞相为首的“外朝”则变为政务执行机构，相权遭到削减。汉成帝时，改丞相为大司徒、太尉为大司马、御史大夫为大司空，正式设置三公官职，相权一分为三。东汉沿袭西汉旧制继续设置三公，但称谓去“大”为司徒、司马、司空；同时，加重尚书职权，正式设立尚书台，作为代表皇帝意志而凌驾于三公之上的决策机构，并掌控了外朝官的部分权力。于是，三公在某种程度上成为荣誉性头衔，丞相开府辅政徒具形式。东汉政论家仲长统有言：“光武皇帝愠数世之失权，忿强臣之窃命，矫枉过直，政不任下，虽置三公，事归台阁（尚书台）。自此以来，三公

---

〔1〕（南朝宋）范晔．后汉书［M］．北京：中华书局，1973：1565.
〔2〕严耕望．中国政治制度史纲［M］．上海：上海古籍出版社，2020：50.

之职，备员而已。”[1] 这也导致东汉以三公为首的外朝，在面对宦官、外戚专权之时无能为力。

魏晋南北朝时期，随着尚书台地位的提高、权力的扩大，皇帝对它的不信任感日益增长，中书和门下侍中遂逐渐得到擢升，三省的建制初具雏形。最终在隋唐时期正式确立了三省六部制，实现了部门职权的专业化和制度运作的程序化。中书省（隋称内史省）掌草诏，负责政令的草拟；门下省掌封驳，负责政令的审核；尚书省主行政，通过下辖六部执行具体政务。三省在政事堂集中议事，有资格进入政事堂的议政官员皆为宰相，有时数量多达一二十人。钱穆在《国史新论》中写道：“汉代宰相是首长制，唐代宰相是委员制。”[2] 皇帝是“委员长”，掌握决策和出令大权，由多人构成的丞相参议班子承担辅政职责。皇帝还在三省之外培育新的辅政力量，出现了“北门学士”、翰林院、枢密院等职官或机构。三省六部制有利于强化皇权，其程序化的流程也有利于提升决策的有效性与合理性，对后世历朝政治制度影响颇大。

宋在采取“事为之防、曲为之制”等一系列强化中央集权的措施后，中央建构了“二府三司”的行政中枢制度：中书门下主民政，枢密院主军政，三司（户部、度支、盐铁）主财政。相较于汉时，宋朝的“丞相们”权力虽有强弱变化，但对于民政、军政、

〔1〕(南朝宋) 范晔. 后汉书 [M]. 北京：中华书局，1973：1657.
〔2〕钱穆. 国史新论 [M]. 北京：生活·读书·新知三联书店，2001：85.

财政等行政权仍有不同程度的掌控，且涉及面尚广；亦不同于隋唐时期在决策程序过程中的分权，宋将民政、军政、财政等权分开，实则将大权进一步集中于皇帝手中。同时，“重文轻武”国策之下的文臣，地位看似提高，但在极具特色的“官、职、差遣”任官制度等因素的影响下，宋时丞相地位与权力比之前朝不可同日而语，从宋之前丞相“坐而论道”到宋朝丞相站立议事，可以视为其地位和权力变化的外在显现，丞相参议辅政的权限被大幅削弱。

第三，阁臣奉命拟旨辅政时期。

明朝建立初期，沿袭元朝制度，在中央设中书省，分设左、右丞相，多由开国元勋担任，可居内辅政，可统军征伐，权力极大，这使猜疑心极重的朱元璋食不知味、夜不能寐，终于在以谋反罪诛杀胡惟庸之后，罢中书省，废丞相，由皇帝亲自统领六部，并留下祖训：“以后子孙做皇帝时，并不许立丞相。臣下敢有奏请设立者，文武群臣即时劾奏，将犯人凌迟，全家处死。”〔1〕至此，实行1 500多年的丞相制度宣告结束。面对超越人力极限的庞杂政务，朱元璋曾自嘲道：“百僚未起朕先起，百僚已睡朕未睡。不如江南富足翁，日高丈五犹披被。”〔2〕为协助处理政务，洪武十五年（1382年），设殿阁大学士，以备顾问。明成祖朱棣正式设立内阁制度。内阁大学士初期不拘品秩，且在编制上具有临时性。内

---

〔1〕杨一凡点校. 皇明制书：第3册［M］. 北京：社会科学文献出版社，2013：784.
〔2〕（明）冯梦龙. 智囊全集［M］. 北京：中华书局，2023：174.

阁大学士主要职责为“票拟”，《明史·宰辅年表》对内阁的票拟作了十分简洁的概括：“纶言批答，裁决机宜，悉由票拟。”其内容主要包括两个方面：一是皇帝诏令的起草；二是诸司奏启的批答，大学士对诸司奏启初步拟就处理意见，附于奏章之上，一同递交至皇帝，由皇帝亲自审定；皇帝用红笔批复票拟意见，即为“批红”或“批朱”，下发即为谕旨。可见，内阁大学士承担的角色大抵类似当下的智囊、秘书，既无丞相之名义，亦无丞相之职责，由此，皇权空前强化。当然，也出现过内阁首辅权倾一时的现象，如严嵩、张居正等，这与皇帝的个人因素有很大关系，是内阁制度运行过程中的特例，是内阁越权的表现，在制度上并无依据。明朝既缺乏法定的辅臣，以至于“票拟批答”例由司礼监宦官（秉笔太监、掌印太监等）之手批红，皇帝对阁票的审批逐渐流于形式。这为明后期宦官专权的乱象埋下隐患，政治愈显黑暗。

清军入关后，仿明制设内阁，但实际权力中心在议政王大臣会议，其成员主要由八旗旗主等满洲亲贵组成，皇权受到一定制约。康熙帝设立南书房，以削弱议政王大臣会议，自然也凌驾于内阁之上。雍正借用兵西北之机，以保证军事机密为由，设军需房，初始无正式衙署、无专职官员；因有助于皇权强化，后改为军机处，是为皇帝出谋划策、辅佐皇帝处理全国军政事务的中央机构。内阁的权限与地位进一步下降，只负责一般文件的处理。军机大臣每日值守，跪受笔录，“承旨诸大臣，亦只供传述缮撰，而不能稍有赞画于其间也”[1]。完全秉承皇帝旨意拟就的诏令，不经内阁直接发往各地的称为“廷寄”，直接下达中央各职能部门的称为“交片”。军机处具有办事机密、手续简便、处事高效等特点，从而使皇权专制臻于极致。

自秦以降，相权的调整虽受政局变化、统治思想、制度变迁等因素的影响，但皇权始终是悬挂在相权头上的达摩克利斯之剑。在历史进程中，相权虽时有扩张，如东晋时期，“晋主虽有南面之尊，无总御之实，宰辅执政，政出多门，权去公家，遂成习俗”[2]，但巩固、提升皇权仍是总体趋势，皇帝或通过启用亲信近臣剥夺丞相部分权力，或通过众设丞相分散相权，是皇权削弱相权的常用之法。相权从秦朝建立之时的开府辅政，于汉武帝统治之时逐步发展为参议辅政，至明清之际，达摩克利斯之剑最终落下，丞相制度最终被废除，内阁大学士、军机大臣仅奉命拟旨辅政，由此，皇权不断强化，其弊端也日益显现。

---

〔1〕（清）赵翼. 檐曝杂记［M］. 北京：中华书局，1982：3.
〔2〕（唐）房玄龄. 晋书［M］. 北京：中华书局，1974：2980.

3 清朝的理藩院、内务府和军机处

1644年明清易代，但清沿明制，多有相承。同时，这个以满洲八旗为统治主体，联合汉、蒙等多民族而实行统治的王朝，也有诸多与此前汉族王朝不同的特殊建制，理藩院、内务府与军机处便是。

先看理藩院。

在《钦定大清会典事例》中，我们得见理藩院的职掌以及其中记载的重要事例，涉及理藩院的疆理、封爵、喇嘛封号、设官、户丁、耕牧、赋税、西藏租赋、西藏钱制、兵制、边务、会盟、朝觐、贡献、俸禄、廪给、捐输、燕赉、优恤、仪制、禁令、刑法等事务，这成为后人了解和研究清朝中央政府重要机构及其处理外藩事务的珍贵史料。

清王朝注重编纂典籍，特别是对于法令制度、档案事例的汇编与辑录，这不仅彰显了至上皇权，也能更好地服务于满洲亲贵的统治。相较于“以官统事，以事隶官”的《钦定大清会典》，《钦定大清会典事例》以会典为纲目，依年代而记事，便于查看各机构在不同时期的运转状况，也更能集中而具体地反映清朝政治制度的嬗变。

理藩院究竟是一个怎样的机构？早在清军入关前，皇太极已于崇德元年（1636 年）设“蒙古衙门”，专事管辖蒙古事务，负责蒙古各部的编旗、会盟、赏赐、司法等。至崇德三年（1638 年）“蒙古衙门”更名为“理藩院”。光绪三十二年（1906 年），清廷宣布“预备立宪”，理藩院改称理藩部。《清史稿·藩部传序》：“自松花、黑龙诸江，迤逦而西，绝大漠，亘金山，疆丁零、鲜卑之域，南尽昆仑、析支、渠搜，三危既宅，至于黑水，皆为藩部。”[1] 由此可见，随着“藩部”地区的扩张，蒙、藏、维吾尔等少数民族事务日益繁多，管理机构不断升级，理藩院逐渐成为清朝中央政府的重要机构。顺治十八年（1661 年）设四司，康熙四十年（1701 年）理藩院所属增为五司，乾隆二十二年（1757 年）再做调整，理藩院所属六司机构终于完备。

理藩院六司的职掌分别是：旗籍司承办内蒙古各部的封爵、会盟，以及归化城、索伦官员除授；王会司承办漠南蒙古各部的朝觐、赐禄；典属司承办漠北蒙古和西蒙古各部封爵、会盟、屯田游牧以及察哈尔喇嘛僧承袭；柔远司承办漠北蒙古和西蒙古各部以及喇嘛僧朝觐、赐禄；徕远司承办哈密、吐鲁番及新疆回部各城爵禄、贡赋，并移驻维吾尔族人民耕牧；理刑司承办蒙古各部

〔1〕（清）赵尔巽等．清史稿［M］．北京：中华书局，1977：14319.

等的刑罚。[1] 此后，理藩院的官员设置与机构设置随着边疆事务的日益繁多而不断增扩，在清朝国家政治生活中的重要程度也越发凸显，正如乾隆皇帝曾说："吏、户、刑三部及理藩院均属紧要。"

自秦汉以来，随着统一多民族国家的建立与发展，历代中央政府都致力于经略边疆，民族事务管理是国家治理的重要方面，秦朝有"典客"和"典属国"，汉朝有"大鸿胪"和"客曹尚书"，隋唐则有"鸿胪寺卿"及礼部所属之"主客司"，到元朝更有"宣政院"……至清朝，则专设理藩院处理复杂的边疆民族事务，以及对俄外交事务等[2]。彼时，沙皇俄国对清朝野心勃勃，理藩院设有典属司以及俄罗斯馆等管理对俄事务的机构。也许清廷出于"以蒙古为长城"的考虑，关于俄国事务的外交文书一般也译作蒙古文，一并交付理藩院办理，可提高效率。此外，理藩院除了协调两国外交事务，还负责中俄两国贸易往来，管理在京的俄方人员。在外交文件中，相当长的一段时间，理藩院被翻译成了"中国外事衙门"，由此可略见其对外职能。可见，将外交事务纳入民族事务管理机构，以古代中国的天下观看来是顺理成章的事。

再看内务府。

内务府的全称为"总管内务府衙门"，其职责是"奉天子之家

---

〔1〕(清) 会典馆编，赵云田点校. 钦定大清会典事例 理藩院 [M]. 北京：中国藏学出版社，2006：3.
〔2〕赵云田. 清朝的理藩院 [J]. 北京观察，2013 (5)：72.

事”，管理宫禁事务，即“凡府属吏（内务府铨选之事归堂郎中）、户（广储司）、礼（掌仪司）、兵（都虞司）、刑（慎刑司）、工（营造司）之事皆属”[1]。康熙十六年（1677年）内务府初具规模，下设七司三院（广储司、都虞司、掌仪司、会计司、庆丰司、营造司、慎刑司、上驷院、武备院、奉宸苑），其职能与国家机构中的六部相对应。另有分支机构一百三十余处。

内务府的主要成员是皇帝的上三旗包衣。所谓“包衣”，是指传统满洲社会中的家内使役之人，身份近似奴仆，在早期的满文史料中常以“包衣阿哈”或“包衣家人”称之。后来，随着满洲军事征服的扩张，“包衣”专指被编入八旗包衣组织中的人群，再演变为爱新觉罗家族世仆群体的专称[2]。上三旗包衣，也就是镶黄、正黄、正白旗三旗旗主的包衣。

“复以三旗包衣，设内务府。”[3] 内务府成为清朝官僚体制的重要一环。光绪《钦定大清会典》卷八十九所载：“掌上三旗包衣之政令与宫禁之治，凡府属吏、户、礼、兵、刑、工之事皆掌焉。”[4] 内务府负责整个皇家事务的管理，包括宫廷内部的吃穿用度、人事财务、刑罚规章、工程制造、安全护卫、农林牧副渔等一切日常事务。内务府直接服务于皇帝及皇室生活的特殊性，

〔1〕祁美琴．清代内务府［M］．辽宁：辽宁民族出版社，2009：8.
〔2〕黄丽君．化家为国——清代中期内务府的官僚体制［M］．北京：北京大学出版社，2023：1—2.
〔3〕（清）赵尔巽等．清史稿［M］．台北：鼎文书局，1981：3425.
〔4〕中国第一历史档案馆．中国第一历史档案馆馆藏档案概述［M］．北京：档案出版社，1985：155.

从而使许多国家政务活动不可避免地与内务府发生一定的联系。

如上所述，上三旗包衣是一个身份兼具双重性质的群体：在传统满洲社会制度中，皇帝和他的包衣奴才们属于家内的主仆关系；但在国家的政治秩序中，彼此有君臣之别。包衣身份兼具双重性，同时奉职于家、国两种体制[1]。

《啸亭杂录》言及："定制，内府人员惟充本府差使，不许外任部院，惟科目出身者，始许与搢绅伍。故国家百余年来，内府大员罕有奇伟勋绩可称最者。"[2] 内务府人员身为皇室家仆，执差为其首责，所以鲜有建功立业的机缘，在内务府基层流转终身的也较为普遍。如果皇恩特宠，特迁拔擢，包衣及其家族的显赫亦不乏见。比如，曹雪芹祖父曹寅就数度获得织造、盐政等优缺，这缘于他幼年常伴康熙皇帝左右，其母孙氏又是皇帝的乳母，君臣主仆关系之亲密由此可见。但曹家最终败落也恰与雍正帝相关。可见，内务府包衣及其家族的荣辱兴衰系于帝王一人。

内务府的特殊性还可以从其人员的任职擢升看出来。因为内务府官僚选拔有其内部运作机制，自成一体。清初，"内务府各员均不由吏部铨选考核，是以向由该衙门自行考试"[3]，直至清朝中期以后，内务府官僚体制才逐渐走出"家"的随意性而迈向

[1] 黄丽君. 化家为国——清代中期内务府的官僚体制 [M]. 北京：北京大学出版社，2023：2.
[2]（清）昭梿. 啸亭杂录·续录 [M]. 北京：中华书局，1980：474.
[3] 中国历史档案馆. 嘉庆道光两朝上谕档 [M]. 桂林：广西师范大学出版社，2000：474.

“国”的制度化。

最后说一下军机处。若论清朝协助皇帝处理政务的重要机构，莫过于它。

军机处设于紫禁城隆宗门内、乾清门之西，并非正式衙署，一排琉璃瓦平房，就是清朝中枢机构的办公所在——军机“值房”，与皇帝起居之所近在咫尺。雍正七年（1729 年），始设军需房，以应对西北战事为由，出于保守机密的考虑，更便于皇帝于第一时间直接召见大臣处理军政要务。军机要员由皇帝擢选满汉亲信入值，内部分满屋、汉屋，其职掌主要是“掌书谕旨，综军国之要，以赞上治机务”〔1〕。由此，军机处成为处理军国大事的机密之地、辅佐皇帝治理朝政最重要的机构，既是皇帝的机要秘书处，也是皇权专制下的中央决策机构。

军机大臣，俗称“大军机”；军机章京，俗称“小军机”。军机大臣的地位固然显赫，而军机章京的作用亦不可小觑，他们自诩：“起家词赋皆先泽，报国文章在此身。书生蝇头钻故纸，不输沙场斫贼刀。”〔2〕 嘉庆朝《大清会典》将“办理军机处”纳入国家机构进行记录，概括军机章京的职守：“掌分办清字、汉字之事。”〔3〕 光绪朝军机章京继昌言及：“军机处拟旨，由章京呈堂。

---

〔1〕沈云龙主编. 近代中国史料丛刊第十三辑·光绪会典［M］. 台北：文海出版社，1967：51.
〔2〕袁灿兴. 军机处二百年［M］. 武汉：华中科技大学出版社，2016：IV.
〔3〕李文杰. 辨色视朝——晚清的朝会、文书与政治决策［M］. 上海：上海人民出版社，2020：219.

如有酌改之处，由军机大臣中行走最后者执笔。”[1]“凡明发、寄信、交片各谕旨，达拉密（满语音译，意谓“为首”）属某人拟草，则某人拟妥，自行送堂。”[2]“旧制，军机章京随军机大臣至南书房候缮谕旨。近则大臣召对毕，退至军机堂述旨缮进，章京遂不随入。”[3] 从记述中可以看到军机章京始终如一的拟旨职责，加之记载档案、查核奏议等，皆能反映军机处“文书”工作的本色——服务于皇权，军机处成为君主专制达到顶峰的重要工具和表现。

翻开中国第一历史档案馆保存的清朝满文档案及军机处专门抄录皇帝满文上谕的档簿——军机处满文寄信档，所载内容多为清朝皇帝处理国家政务时密不宜宣的命令和指示。从中可以发现，乾隆帝常常指出满洲官员奏折中的满文使用错误，还会一一加以改正。江西巡抚海成因长子舒通阿未能准确区分属格助词的不同用法，而被乾隆帝降旨斥责[4]。由此可以推论，对“掌书谕旨”的军机处，文书工作所必备的“缮写”“核对”“抄搯”等功夫，要求当更加严格。

由是观之，在沿袭汉族统治制度的基础上，理藩院与内务府都带有清朝作为少数民族大一统王朝的特色。清朝前期，理藩院

---

〔1〕（清）继昌．行素斋杂记：卷下［M］．上海：上海书店出版社，1984：23a.

〔2〕（清）继昌．行素斋杂记：卷下［M］．上海：上海书店出版社，1984：2b.

〔3〕（清）继昌．行素斋杂记：卷上［M］．上海：上海书店出版社，1984：8a.

〔4〕整理自韩晓梅．从四份理藩院满文题本中所见清代顺治朝听事制度［J］．历史文献研究，2014（9）：174.

在处理涉及蒙古、西藏、新疆等边疆地区的事务时，始终以地域而非事由作为区分标准，在对外关系尤其是对俄外交事务的协调与处置方面，维护了多民族国家的统一。内务府掌管皇族宫廷事务，以包衣身份取代十三衙门而成为宫廷服务机构的主体，具有与明朝内府机构不同的新特征，从制度上避免了历代封建王朝屡禁不止的宦官干政的可能[1]，在维护清朝统治方面起到了十分重要的作用。军机处辅助皇帝处理奏折与题本，以其特有的文书运作，从西北军务扩展至各机要政务，成为君主专制达到顶峰的重要工具。无论理藩院、内务府还是军机处，他们无一不是秉承皇帝的旨意办事，体现皇权的意志。然而，尽管统治机制由家而国层层拱卫，至高无上的皇权专制发展到了新的高度，但面对三千年未有之大变局，清朝统治集团终究难以应对内外大势，无奈湮灭于历史洪流之中。

〔1〕祁美琴．清代内务府［M］．辽宁：辽宁民族出版社，2009：8.

4
三级会议与法国政治制度转型

在法国的历史长河中，三级会议作为一个独特的政治机构，在中古晚期和近代早期的社会转型进程中扮演了举足轻重的角色。从中世纪到近代，三级会议不仅见证了法国从等级君主制到专制君主制再到立宪君主制的制度变迁，更在一定程度上推进了这一转型过程。

回顾从中古至近代的法国政治发展历程，1302 年被视为一个具有深远影响的年份。这一年，法国国王腓力四世与教皇卜尼法斯八世围绕征税权问题产生争执。为了抗衡教会并增加国家的财政收入，腓力四世召开了一次全国性的会议，也就是历史上著名的三级会议。三级会议的参与者不仅包括教士和贵族，还首次将每个城市的两名普通市民代表纳入其中，以确保各个社会阶层的广泛参与。这一举措标志着第三等级（包括市民、农民等非特权阶层）开始有限参与国家政治决策，三级会议由此成为法国政治制度发展过程中的重要里程碑。通过三级会议，腓力四世获得了市民阶层的支持，进一步巩固了王权，并削弱了教会的影响力。中古时期的欧洲，“混乱的状态中，王权是进步的因素……王权在混乱中代表着秩序，代表着正在形成的民族”[1]。相较于中古早期封君封臣体制下的无序与动荡，王权的崛起扮演了促进民族国家形成的进步角色。因此，以三级会议为基础的等级君主制的出现以及它所代表的历史趋势具有重大意义。这一制度改变了法国的基本政治格局，为其后法国向议会民主体制过渡奠定了基础，并对同一时期欧洲其他国家的政治发展产生影响。但在当时，三级会议仍然是君主统治的工具。

随着时间的推移，法国君主权力逐渐加强。1560 年至 1614 年间，法国国王曾选择性地召开了多次三级会议。彼时召开的三级会议中，第三等级和贵族共同分享权力、共同参与国家公共事务，作为一股显而易见的政治力量，带有“非正规的革命的性质”[2]。然而，1614 年，出于强化君主统治的需要，路易十三中断了三级会议，后继者“太阳王”路易十四更是自视为上帝所选的君主，坚信自己具有神圣的权力，采取了专制集权的政策，中断等级代表会议的召开以巩固自身权威。对于专制君王来说，“无视三级会议是绝对君主制必须包含的政治内容”，因为三级会议被视为“等级君主制与绝对君主制之间的界石”[3]，否定三级会议实际上宣告了法国从等级君主制向绝对君主制的转变，尚处于萌芽状态的议会民主被扼杀。从 1614 年到法国大革命前夕，三级会议再也没

---

〔1〕中共中央马克思恩格斯列宁斯大林著作编译局编译．马克思恩格斯全集：第 21 卷［M］．北京：人民出版社，1972：453.
〔2〕［法］托克维尔．旧制度与大革命［M］．冯棠译．北京：商务印书馆，1997：125.
〔3〕郭华榕．法国政治制度史［M］．北京：人民出版社，2005：45.

有于全国范围内召开，许多省份同类机构的活动也宣告终结，致使等级代表会议的政治作用大幅减弱，君主的绝对权威达到高峰。

路易十四治下的法国，在经济发展的同时伴随着政治集权和社会不稳定。至路易十四统治后期，“走向衰老的，不只是他本人而已，而是绝对权力的整个系统”[1]。在这一历史时期，知识分子和启蒙思想家开始对社会和政治体制进行深刻的反思和批评，他们通过文学、哲学和政治学著作传播新的思想和观念，主张人民的权利和自由。“自由机构”三级会议，常常被法兰西人作为追溯政治自由的精神依凭，“对昔日的三级会议的回忆又复苏了……法兰西民族厌恶自己的历史，却高兴地回想起这段时期”[2]。三级会议所代表的按社会阶层分散权力的政治结构模式，留存于法兰西人民的历史记忆中，为后来法国的政治变革提供了一种可能的方向。

路易十六从祖辈们的手中继承了君主权力，但相较于强势的祖辈，其在政治腐败和社会不平等加剧等问题面前显得无能为力。1788 年至 1789 年间，法国遭遇了连绵的自然灾害和经济危机。风暴、冰雹和严寒的冬季导致粮食短缺和价格上涨。由于财政困难，政府无法有效应对灾害和危机，国库空虚，债务沉重，民众对波旁王朝的不满与日俱增。在这一背景下，路易十六决定重新召开

[1] [法] 基佐. 欧洲文明史：自罗马帝国败落起到法国革命 [M]. 程洪逵、沅芷译. 北京：商务印书馆，2017：358.

[2] [法] 托克维尔. 旧制度与大革命 [M]. 冯棠译. 北京：商务印书馆，1997：200.

业已中断175年的三级会议，以寻求解决财政困局的方案。三级会议的重新召开意味着社会各阶层将有机会共同参与国家事务的讨论和决策，因而引起了广泛关注。从表面上看，特权等级和第三等级对三级会议的态度存在差异，特权等级希望通过三级会议维护自身的特权和税收豁免权，而第三等级则希望通过三级会议参与决策过程，推动财政改革，争取更多的权益。“不论特权等级和第三等级，他们虽然出发点不同，却一致要求召开三级会议。”[1]由此可见，三级会议的重新召开是各方势力共同努力的结果，其所呈现的法国政治转型中的特殊功能，为各个等级的代表提供了一个相互协商、对话和妥协的平台。

1789年5月5日，三级会议在法国凡尔赛宫正式开幕。三级会议由贵族、教士和第三等级的代表组成，他们聚集在凡尔赛宫讨论国家的改革和发展的方向。总体上看，在三级会议召开期间，第三等级要求更多的参政权力和改革措施；贵族和教士对改革持保守态度，拒绝做出实质性的让步；国王路易十六则表现出犹豫不决的态度，一方面支持第三等级核实所有与会代表身份的诉求，另一方面又尊重贵族们按传统等级制度分开投票的意愿。国王的犹豫与延宕使问题变得更为复杂，三级会议的紧张局势暴露出法国社会所面临的深层次矛盾与分歧。

---

〔1〕郭华榕. 法国政治制度史［M］. 北京：人民出版社，2005：62.

第三等级是什么？一切。

迄今为止，第三等级在政治秩序中的地位什么？什么也不是。

第三等级要求什么？要求取得某种地位。[1]

早在1789年初，西耶斯在著名宣传册里的一系列问答，已然昭示出18世纪末法国民众革新政治制度的诉求。这期间，启蒙思想对社会心理产生了持续的、不可估量的塑造作用，唤醒了被压抑良久的第三等级，通过“三级会议”将“公众意识”释放了出来[2]。以第三等级可以代表全体国民为由，6月17日，在西耶斯的提议下，第三等级代表通过决议将“三级会议”改称“国民议会”（Assemblée nationale）。第三等级的作为令国王惴惴不安，6月20日，路易十六下令封锁三级会议会场，但第三等级代表并未屈从，他们转移至附近的网球场继续开会，誓言“新宪法未颁布以前，决不解散”[3]。此后，部分特权等级代表也陆续加入国民议会。7月9日，为突出制定宪法是其首要任务，“国民议会”更名为“制宪议会”（Assemblée constihuante）。“制宪议会”的成立是法国走向宪政体制的决定性一步，并促成了大革命的爆发与

[1]［法］西耶斯. 论特权；第三等级是什么？［M］. 冯棠译. 北京：商务印书馆，2009：20.

[2]［英］科林·琼斯. 剑桥插图法国史［M］. 杨保岛、刘雪红译. 北京：世界知识出版社，2004：176.

[3]［英］科林·琼斯. 剑桥插图法国史［M］. 杨保岛、刘雪红译. 北京：世界知识出版社，2004：331.

1791年以《人权与公民权利宣言》为前言的《法兰西共和国宪法》的诞生。由此观之，“三级会议是近代欧洲大陆民主议会制度的起源之一”[1]。

纵观法国历史，在持续数个世纪的历史演进中，三级会议扮演着制度变迁和社会转型的重要角色。聚焦1789年，如果说5月三级会议召开时尚未脱离波旁王朝君主专制旧轨，仍是君主制度的补充形式，那么，随着第三等级的崛起，由“三级会议”到“国民议会”再到“制宪议会”的机构称谓和任务的变化，实则反映了法国民众对民主权利的追求，以及他们否定君主专制的革命意识。从历史连续性的角度看，“1789年的第三等级”作为“12世纪自治市镇的后代和继承者”[2]，见证了法国从等级君主制到专制君主制再到立宪君主制的制度演进。“贵族、教士、市民，所有这些独特的阶级和力量”伴随着三级会议的历史更革，至大革命前夕，“都退居第二位，淹没在人民和他们的政府两大实体的影子里”[3]。而三级会议被解散，则成为法国大革命的前奏。因此可以说，三级会议的历史也是法国由中古君主制社会向近代议会民主制转型的历史。

---

〔1〕[法]亚力克西·德·托克维尔. 旧制度与大革命［M］. 钟书峰译. 北京：中国长安出版社，2013：前言4.

〔2〕[法]基佐. 欧洲文明史：自罗马帝国败落起到法国革命［M］. 程洪逵、沅芷译. 北京：商务印书馆，2017：131.

〔3〕[法]基佐. 欧洲文明史：自罗马帝国败落起到法国革命［M］. 程洪逵、沅芷译. 北京：商务印书馆，2017：151.

5 从《大宪章》到《权利法案》

《大宪章》（拉丁文：*Magna Carta*；英文：Great Charter）亦称《自由大宪章》——1215 年，由英国国王约翰与贵族在泰晤士河畔的兰尼米德草地上签署。最初，它由一名专业抄写员用拉丁文在羊皮纸上写成，很快出现了抄本，遍传全国。《大宪章》现存四个原件抄本，一件存于索尔兹伯里大教堂，一件存于林肯大教堂，另有两件收藏于伦敦的大英图书馆。

1199 年至 1216 年，金雀花王朝（法国称“安茹王朝”）的君主约翰统治期间，处死了包括侄子亚瑟在内的众多贵族；破坏已有封建契约，征收额外费用和附加捐；因坎特伯雷大主教任命问题，与教皇英诺森三世发生冲突而被迫向教廷缴纳年贡；与法国作战，但诺曼底失陷使英国许多贵族丧失了大量的祖传地产……对约翰极度不满的封建贵族率两千兵卒进入伦敦。在他们看来，约翰没有履行君主的第一义务，即保卫封臣所有采邑的义务〔1〕。1215 年 6 月 15 日，在武力威胁下，约翰极不情愿地与贵族达成一

〔1〕［英］阿·莱·莫尔顿. 人民的英国史（上）［M］. 谢琏造、瞿菊农、李稼年、黎世清译. 北京：生活·读书·新知三联书店，1958：107.

纸契约，接受他们写入《大宪章》的63条要求。当然，在此过程中，贵族也利用了包括骑士、市民及其他民众的力量。初版《大宪章》详述了约翰如何逾越权限，并要求其停止非法行为，尤其是第六十一条极大地限制了国王的权力。国王只是贵族“同等中的第一个”，这一西欧封建政治制度的特点在《大宪章》中得到了反映。但令人意想不到的是《大宪章》仅发挥了三个月的效力，其条款也未能尽数执行。约翰试图摆脱《大宪章》的约束，待贵族各自返回封地后，立刻否认宪章。旋即战事又起，直至1216年10月，约翰身死，内战停息。

约翰死后，其9岁的儿子亨利即位。王室希望年幼的新王能为贵族所接受，因而多次发布《大宪章》，示好贵族并巩固王位。1216年11月，新国王的支持者重新修订《大宪章》，并以亨利三世的名义发布。1217年，第三版《大宪章》问世。1225年，成年的亨利三世将修改后的《大宪章》再次发布。从亨利三世到亨利六世的几个世纪里，几乎每一任国王都郑重地对《大宪章》予以重新确认。据统计，《大宪章》在14世纪公布30次之多[1]。英王亨利三世在位长达50余年，《大宪章》的原则逐渐被承认为法律的基础。

诞生于中古时期的《大宪章》，尽管只是一份为维护封建贵族权益而制定的文件，却是第一部臣属约束英王的文件，也是贵族

---

〔1〕阎照祥. 历史学家眼中《大宪章》的“奥秘”[N]. 社会科学报，2015-07-23 (1).

第一次通过立法限制王权，并保护臣属权利的尝试。它以国王第一人称表述，如“任何自由人，未经其平等人士合法裁决或我国法律审判，将不会被逮捕、囚禁、没收财产、剥夺法律保护、流放或以其他任何方式受到伤害；朕亦不会对之实施暴力或派人对之实施暴力。朕不会向任何人出卖权利或公正，朕也不会拒绝或拖延任何人之权利或公正。”〔1〕根据第六十一条的规定，成立由25位贵族组成的常设委员会以监督约翰，委员会有权随时召开会议，具有否决国王命令和以武力占据国王的城堡和财产的权力。这些由贵族用法律条文约束国王的开创之举，在不久的将来更可见其意义与重要性，为1265年英国议会的诞生奠定了坚实的基础。

《大宪章》是英国封建制度发展到一定阶段的产物，贵族阶层以此历史性地获得了制衡王权的权利，这份历史文献预示着一个时代的终结和另一个时代的开始。如第十二条关于国王权力的限制，未经“全国公意”许可国王不能征税；第三十九、第四十条，涉及法律程序的规范，任何自由民只有经合法裁判或经国法判决，才能施以处置；等等。“是为保护国民全体利益之始也，亦为英国有宪法史之始也。”〔2〕《大宪章》六十三条之中，开篇就明示“教会的广泛自由和对选举自由的承认”〔3〕。对于自由权的永久授权，

---

〔1〕［美］斯科特·克里斯蒂安松. 文件中的历史［M］. 王兢译. 北京：北京联合出版公司，2017：35.
〔2〕［日］松平康国. 英国史［M］. 戴麒译. 上海：上海文明书局，1904：34.
〔3〕［英］Holt. J. C. 霍尔特. 大宪章：第2版［M］. 毕竟悦、李红海、苗文龙译. 北京：北京大学出版社，2010：260.

这一点在1261年、1271年及此后发布的宪章中得以重申。在相当长的时期，人们视《大宪章》为民权的基石。《大宪章》在历史长河中经过了被“曲解”、传扬、解释、扩充的历程，对英国乃至整个西方社会民主宪政制度的确立，具有划时代的奠基作用。

《大宪章》还开启了近代英格兰宪政体制的演进史。斯图亚特王朝统治时期，《大宪章》成为进步力量反对君主专制的利器[1]。在英国资产阶级革命中，新贵族和新兴资产阶级经过数十年的斗争，于光荣革命实现掌权后，通过议会颁布了最重要的法律文件——《权利法案》。这份传承并张大《大宪章》精神，体现新贵族、新兴资产阶级诉求的原始文献，现存伦敦基尤国家档案馆。“在1688年，争论的一个主要问题就是：法律在国王之上，还是国王在法律之上？议会的利益和法律的利益是一致的，因为，毫无疑问，议会可以修改法律。由此可知，如果法律高于国王的意志，法律又可以由议会修改，那么议会就将成为这个国家的最高权力。”[2] 新贵族和新兴资产阶级既要竭力避免像詹姆斯二世这样的天主教徒成为国王的可能，也惧怕人民群众汹涌的革命浪潮。1689年2月13日，上下两院在白厅集会，詹姆斯二世的长女玛丽与她的丈夫荷兰执政威廉的加冕仪式在此举行。玛丽和威廉接受了上议院议长哈利法克斯侯爵亲手呈上、由议会两院通过的《权

---

〔1〕[美] 斯科特·克里斯蒂安松. 文件中的历史 [M]. 王兢译. 北京：北京联合出版公司，2017：35.

〔2〕[英] G. M. 屈威廉. 英国革命 1688—1689 [M]. 宋晓东译. 北京：商务印书馆，2017：92.

利宣言》。议会礼仪官朗读了《权利宣言》，与此同时王冠也落到“双王”头上。威廉国王致辞时，承认《权利宣言》“作为新国王登基的条件”〔1〕。也正是这份宣言，在1689年10月经议会批准，即为著名的“权利法案”（全称为《国民权利与自由和王位继承宣言》）——“国王与人民自由地达成了一个彼此都同意的契约”〔2〕。

英国史学家托马斯·巴宾顿·麦考莱认为《权利宣言》继承了《大宪章》的法统，并未改变已经存在的法律精神：“王冠上的花朵未动分毫。没有一项新权利被赋予人民。……整个英国法在革命前后都没有改变。”〔3〕其内容“基本上是在重申英国人自古就有的权利”〔4〕。但1689年的《权利法案》毕竟比《大宪章》更进了一步，可以说是英国宪法史最重要的成文法之一，它明示议会是最高的立法机关，并以法律的形式牢牢确立了议会的最高权力。澳大利亚法律科学院院士迈克尔·亚当斯认为，它“在英国历史上，最接近于成文宪法的本质”〔5〕。《权利法案》体现了洛克的政治分权学说，对王权做出了比《大宪章》更为明确的限制。它规定：英王非经议会同意不得立法，也不得推迟立法；非经议会同意，不得提高税收，不得在和平时期征募常备军；人民有向英

〔1〕钱乘旦、许洁明. 英国通史［M］. 上海：上海社会科学出版社，2012：185.
〔2〕［英］G. M. 屈威廉. 英国革命1688—1689［M］. 宋晓东译. 北京：商务印书馆，2017：84.
〔3〕于明. “旧法律”还是“新权利”？——1689年英国《权利法案》再研究［J］. 清华法学，2022（2）：140.
〔4〕钱乘旦、陈晓律. 在传统与变革之间——英国文化模式溯源［M］. 南京：江苏人民出版社，2010：55.
〔5〕胡康大. 英国的政治制度［M］. 北京：社会科学文献出版社，1993：4.

王请愿而不受迫害之权利；议会必须经常召开；英王不得信奉罗马天主教等。由此在限制王权的基础上确立了议会至上的主权，并宣告：所有英国人都拥有法律所保障的不可剥夺的权利〔1〕。在1689年《权利法案》确立了下院的最高权力后，从形式上看，国王仍处于权力的中心，但实际上国王从此退出了对国家权力的争夺。此后权力的转移在议会内部展开，也就是从上院逐渐向下院过渡〔2〕。

1689年1月22日，获得最高立法权的新议会开幕，英国终于建立起君主立宪制。君主立宪制亦称"有限君主制"，这一资本主义国家君主权力受宪法限制的政权组织形式，是资产阶级同封建势力妥协的产物〔3〕。英国作为议会制的君主立宪制的典型代表，议会掌握立法权，内阁由议会产生并对议会负责，君主的实际权力减弱，其职责大多是礼仪性的了。

"以法律权力代替君主权力"的《权利法案》和《大宪章》一起，不仅成为英国宪政民主制度的支柱，对处于转型中的世界各国政治制度也产生了深远的影响。1776年美国《独立宣言》、1789年法国《人权宣言》、1791年美国《权利法案》、1948年《世界人权宣言》以及其他一些里程碑式的公民权利文件，都受到英国《权利法案》的启示。直至今天，《权利法案》仍然对一些英

---

〔1〕［美］斯科特·克里斯蒂安松. 文件中的历史［M］. 王兢译. 北京：北京联合出版公司，2017：79.
〔2〕胡康大. 英国的政治制度［M］. 北京：社会科学文献出版社，1993：6.
〔3〕辞海（7版）［M］. 上海：上海辞书出版社，2020：2316.

联邦国家发挥着一定的法律效力。

从《大宪章》到《权利法案》，体现了英国政治制度变革与发展的渐进性、连续性与灵活性。这是英格兰地缘政治、社会文化、历史传统等因素“合力”的产物，也反映了英国现代化之路的独特性。

6 从妇女参政看《中华民国临时约法》

古代中国社会，妇女长期受到三纲五常等封建伦理道德的束缚与禁锢，行为与思想受限，参与社会活动尤其是政治活动的机会少之又少。直至清末民初，伴随着西学东渐与近代中国社会转型，受西方女子参政思想的影响，中国女性主体意识开始觉醒，中国妇女的地位逐渐出现了变动。

早期妇女解放的先觉者们最初借助报刊揭露封建礼教对女性的迫害，提倡女子教育，宣传男女平等。她们提出“瓜分之祸，身受之者不仅男子，则排除瓜分之祸之责，亦不能仅恃诸男子”“国亡而不能补救，则匹夫匹妇，皆与有罪；而国将亡而思补救，则匹夫与匹妇，皆有责也”[1]。她们将妇女地位的进步与国家的兴亡联系在一起，倡导“天下兴亡，匹夫有责，匹妇亦有责”。

在此思潮影响下，一些进步女性相继投身革命团体并参加革命运动。1905 年，中国同盟会在东京成立，据统计，同盟会的女

〔1〕中华全国妇女联合会. 中国妇女运动史［M］. 北京：春秋出版社，1989：44—45.

知识分子约有200人，其中有姓名可查的105人[1]。武昌起义爆发后，更多的进步女性参与革命活动，如宗孟女学堂校长陈婉衍与总教习童同雪组建女子光复军（后更名为女子北伐军）参与北伐，同盟会女会员张竹君成立赤十字会赶赴前线救治伤员，在辛亥革命中发挥了重要作用[2]。当时，孙中山曾高度评价这些进步女性："女界多才，其入同盟会奔走国事百折不回者，已与各省志士媲美。至若勇往从戎，同仇北伐，或投身赤十字会，不辞艰险；或慷慨助饷，鼓吹舆论，振起国民精神，更彰彰在人耳目。"[3] 可见，中国女子的思想觉悟在不断提高，在辛亥革命中的贡献亦有目共睹，这均为民国时期的妇女参政请愿运动奠定了基础。

辛亥革命推翻了清王朝，曾经为革命奔走呼号的进步女性，期待可以在政治上实现男女平权，妇女参政在这一时期一度被视为实现妇女解放的根本途径。中华民国建立后，进步女性看到了参政的希望与可能。她们对新政府充满期待，张汉英、唐群英等四处奔走联络，将辛亥革命期间的军事团体改为参政团体，如唐群英担任会长的"女子参政同盟会"等，发起了妇女参政运动，成为这一时期女子参政活动的核心。从1911年11月开始，她们通

---

〔1〕王业兴.《民报》的创办与20世纪初年的社会思潮［J］. 学术研究，2006（6）：100.

〔2〕方祖猷. 从女权革命到女界革命军——妇女在辛亥革命中的作用［J］. 中共宁波市委党校学报，2011（5）：103.

〔3〕中国社会科学院近代史研究所. 孙中山全集：第二卷［M］. 北京：中华书局，2011：53.

过发宣言、办报纸、请愿、上书等方式表达妇女参政要求。这场运动持续了一年左右，直至1912年11月基本结束。

1912年1月5日，林宗素作为女子参政请愿代表赴南京面见中华民国临时大总统孙中山，希望孙中山能够承认女子具有完全的参政权。本次会面，孙中山对林宗素等女界英豪给予高度评价，同时对妇女参政尤其是男女平等参政表示支持，这极大地鼓舞了林宗素等进步女性。然而，孙中山的态度却遭到章炳麟（太炎）等的反对。为巩固刚组建的新政府，孙中山只好收回支持妇女参政的承诺，表示此前与林宗素的交谈不过是个人闲谈，并不代表新政府的态度。孙中山无奈地表示："男女平权，实属天经地义。但现在国势危急，当先设法巩固政府。盖有国家，不患无平权之一日。若有平权而无国家，虽平权将无所用。"[1] 中国妇女界第一次参政请愿遂宣告失败。

1912年2月20日，以女同盟会会员为主体，联合女国民会、女子后援会、女子尚武会及女子参政同志会五个女子参政团体在南京组成了"女子参政同盟会"，唐群英为会长，张汉英、王昌国、林宗素等是该组织的活跃分子。"女子参政同盟会"成立宣言提出："吾女子即居全国公民之半，则吾党今日冲决网罗，扫除障碍，其第一步之事业，即在争取公民之地位耳。……政治上之不平等，即吾女子最先受病之处也。吾今日之进行，惟先求得此政

---

〔1〕中国社会科学院近代史研究所. 孙中山全集：第二卷［M］. 北京：中华书局，2011：411.

治上之地位。"[1] 随后，"女子参政同盟会"借南京临时参议院讨论制定《中华民国临时约法》的机会，发起参政请愿运动并上书参议院，提出："欲弭社会革命之惨剧，必先求社会之平等，欲求社会之平等，必先求男女之平权；欲求男女之平权，非先与女子以参政权不可。"[2] 她们希望临时约法可以注明男女权利平等，将男女平等地享有选举权与被选举权写入临时约法。临时参议院向唐群英等出具的审查报告称："查女子请求参政，风动欧美，尚未见诸实行，吾国若能开创其例，亦属历史之光荣。据来书所称，世界潮流日趋平等，各国女子之有参政权，特迟速之问题，非有无之问题云云。审查会一再讨论，多数认为吾国女子参政亦应有之权利，惟兹事体大，非可仓猝速定，应俟国会成立，再行解决，以昭慎重。"[3] 简言之，临时参议院承认女子应有参政权，但何时参政、如何参政需另行商定。

1912 年 3 月 11 日《中华民国临时约法》颁布，其中只规定了"中华民国人民一律平等，无种族、阶级、宗教之区别"，对于男女平等问题、妇女参政问题只字未提。这是由于当时制定临时约法的参议员均由各省都督选派而来，其中对妇女参政问题持反对意见的保守派居多，故而女界的参政请愿再次失败。1912

---

〔1〕女子参政同盟会宣言书［M］//上海社会科学院历史研究所编. 辛亥革命在上海史料选辑. 上海：上海人民出版社，1996：915.

〔2〕女界代表张群英等上参议院书［N］. 申报，1912－02－26（3）.

〔3〕邹小站. 关于南京临时政府与《临时约法》的几个问题［J］. 近代史研究，1997（3）：289.

年 11 月 6 日，在唐群英等女界代表的强烈要求下，参议院再度审议女子参政请愿案，但仅仅只有六票赞成，其余皆表示反对。此后，袁世凯上台，虽也有一些女性团体进行活动，要求获得男女受教育平等以及男女政治平权等，但均未在社会上引起大的反响，这场轰轰烈烈的民国元年时的妇女参政运动遂以失败而告终。

这场妇女参政请愿运动显示了中国女性主体意识的觉醒，显示了中国妇女争取解放、谋求男女权利平等的决心，是中国妇女运动史上的一座里程碑。然而，如此轰轰烈烈的妇女参政请愿运动却未能取得成功。中华民国临时大总统孙中山对妇女参政问题前后态度与言辞的变化，以及《中华民国临时约法》对妇女参政、男女平权问题的忽略，无不体现了阶级与时代的局限性。中华民国与《中华民国临时约法》作为中国资产阶级民主革命的成果，不可避免地烙有资产阶级的印记，因此，革命派的妥协性不仅表现在《中华民国临时约法》的制定上，也表现在对待妇女参政的态度上。

民国初年，中国正处于新旧社会转型期，在政治、习尚等诸多领域，趋新与守旧、先进与落后并存，这其中，以北洋势力与传统士绅等为代表的保守势力的影响更为深刻与复杂。因而，面对强势的袁世凯及其背后势力所提出的一系列要求，孙中山一再退让，他表示："我愿意让出总统，只要他能拥护民国。我是用总统的名义，来换取他接受革命的宗旨的。"[1] 另一方面，革命派

〔1〕黄任潮．张竞生谈孙中山对南北议和的指示．辛亥革命回忆录：第八集［M］．北京：文史资料出版社，2012：412.

对袁世凯的政治品质又极不信任，出于防范，《中华民国临时约法》最终“因人而立”。

武昌起义后，南北和谈成功，袁世凯成为总统之大局已定，为限制袁世凯的权力，以孙中山为代表的革命派仓促间以内阁制代替了总统制，《中华民国临时约法》的重心也变成了划分总统与内阁之间的行政权。比如，第44条中规定“国务员辅佐临时大总统，负其责任”，内阁向总统而不向议会负责，即将内阁置于总统行政权的控制之下；在第45条中又规定“国务员于临时大总统提出法律案、公布法律及发布命令时，须副署之”[1]，则将主要权力赋予内阁，企图限制袁世凯作为大总统的权力。《中华民国临时约法》对于内阁和总统在宪法权力规定上的模糊、交叉与对峙，使总统和内阁的权力分配处于困境，造成了总统和内阁之间摩擦不断。二者之间的斗争及其各自代表的政治势力的消长，一定程度上导致了北洋政府时期军阀混战割据局面的出现，也是妇女参政运动在孙中山辞职、袁世凯上台后逐渐沉寂最终走向失败的重要原因。

当然，无论是民国元年的妇女参政运动，还是《中华民国临时约法》的“因人而立”，都是近代中国社会转型的产物，是中国资产阶级民主革命的产物，故而又具有革命性和民主性。尤其是《中华民国临时约法》，它作为中国历史上第一部具有资产阶级共

---

〔1〕龚书铎. 中国通史参考资料：近代部分：下册(修订本)［M］. 北京：中华书局，1980：343.

和国性质的宪法，规定了国家主权属于全体国民，确定了资产阶级民主共和体制的政治原则，为改善妇女的社会地位、促进妇女参政运动提供了相对宽松的政治环境。这既反映了社会发展的趋势，也体现了中国资产阶级反封建、反专制的进步性。然而，囿于显而易见的缺陷，中国社会的现代化并非一片坦途，其后的历史发展也印证了这一点。

7 “人民民主专政”理论的源与流

国体即国家性质，体现国家的阶级本质和阶级利益。中华人民共和国的国体是工人阶级领导的、以工农联盟为基础的人民民主专政的社会主义国家。这一表述被列入《中华人民共和国宪法》第一条，可见其政治意义的重大。“人民民主专政”是以毛泽东为代表的中国共产党第一代中央领导集体将马克思主义的国家理论与中国特殊国情相结合的伟大创举。这一理论对中国乃至世界无产阶级革命和政权建设具有深远的指导意义。

“人民民主专政”理论的渊源可追溯至马克思、恩格斯、列宁等无产阶级革命导师对无产阶级在革命胜利后如何建构无产阶级政权的深刻探讨。马克思恩格斯在《共产党宣言》《1848年至1850年的法兰西阶级斗争》《法兰西内战》等著作和《致约瑟夫·魏德迈》等书信中，解释了“工人阶级专政”“无产阶级的阶级专政”“无产阶级专政”等概念和无产阶级专政理论。如“这种专政是达到消灭一切阶级差别，达到消灭这些差别所由产生的一切生产关系，达到消灭和这些生产关系相适应的一切社会关系，达到改变由这些社会关系产生出来的一切观念的必然的过渡阶段”[1]，“阶级斗争必然导致无产阶级专政……这个专政不过是达到消灭一切阶级和进入无阶级社会的过渡……”[2] 根据马克思主义国家理论，国家作为阶级社会的上层建筑，是人类社会经济发展到一定程度的产物。当生产力高度发达、阶级和阶级斗争不复存在之际，国家也就随之消亡。但这一历史进程是极其漫长的。无产阶级夺取政权后，被推翻的剥削阶级及其生产关系不会立刻消失。此间，衰落中的资本主义和成长中的共产主义在社会中的共存和斗争还会持续相当长的时间，“在资本主义社会和共产主义社会之间，有一个从前者变为后者的革命转变时期。同这个时期相适应的也有一个政治上的过渡时期，这个时期的国家只能是无产阶级的革命专政”[3]。可见，在阶级和国家依旧存在的资本主义社会和阶级与国家均已消亡的共产主义社会之间，在政治上存在一个特殊的过渡阶段，即无产阶级专政的时期。“无产阶级在取得胜利以后遇到的唯一现成的组织正是国家。这个国家可能需要作很大的改变，才能完成自己的新职能。”[4] 据此，无产阶级政权在掌握政权以后，将面临两项任务，即继续进行阶级斗争以达到消灭阶级的目标，同时积极推动社会主义经济、政

[1] 中共中央马克思恩格斯列宁斯大林著作编译局编译．马克思恩格斯文集：第 1 卷［M］．北京：人民出版社，2009：166.

[2] 中共中央马克思恩格斯列宁斯大林著作编译局编译．马克思恩格斯文集：第 1 卷［M］．北京：人民出版社，2009：106.

[3] 中共中央马克思恩格斯列宁斯大林著作编译局编译．马克思恩格斯文集：第 2 卷［M］．北京：人民出版社，2009：445.

[4] 中共中央马克思恩格斯列宁斯大林著作编译局编译．马克思恩格斯全集：第 25 卷［M］．北京：人民出版社，2001：609—610.

治和文化的全面发展。因此，无产阶级政权在一定历史时期内不仅不会取消国家的阶级统治职能，反而还要不断强化。

马克思、恩格斯生活的年代，国际共产主义运动尚处在以革命夺权为主要目标的历史阶段，尽管如此，他们还是对无产阶级专政作了初步而不失深刻的理论探索。如在《共产党宣言》中，他们提出了无产阶级夺取政权后可能采取的政权组织形式〔1〕；在《共产主义原理》中，他们通过具体考察英国、法国、德国等不同资本主义国家的社会历史条件，指出各国具体情况的不同，无产阶级专政的形式也会有所不同等〔2〕。

19 世纪末 20 世纪初，资本主义进入帝国主义阶段，为适应帝国主义时代俄国无产阶级革命的需要，列宁将马克思主义与俄国革命实践相结合，形成了列宁主义，阐明了帝国主义时代无产阶级革命的理论和策略，尤其是无产阶级专政的理论和策略。列宁主义是对马克思主义的创造性运用与发展。关于无产阶级专政理论，列宁在《国家与革命》等著作中做了进一步阐发，尤其是发展了关于无产阶级专政职能的认识。例如，列宁强调唯有通过共产党这一无产阶级的先锋队才能引导无产阶级革命取得胜利并巩固无产阶级专政〔3〕；无产阶级专政是无产阶级与广大非无产阶级

〔1〕中共中央马克思恩格斯列宁斯大林著作编译局编译. 马克思恩格斯选集：第 1 卷［M］. 北京：人民出版社，2012：421—422.
〔2〕中共中央马克思恩格斯列宁斯大林著作编译局编译. 马克思恩格斯选集：第 1 卷［M］. 北京：人民出版社，2012：304.
〔3〕中共中央马克思恩格斯列宁斯大林著作编译局编译. 列宁选集：第 1 卷［M］. 北京：人民出版社，1995：309.

劳动阶层联盟的特殊形式[1]，应建立广泛的人民民主使大多数人民能够享受民主权益，但不能简单地只是扩大民主，还要对剥削者和资本家采取一系列限制自由的措施，以摆脱剥削性的资本雇佣制度[2]。1917年，以列宁主义为指导，俄国无产阶级联合广大人民取得了十月革命的胜利，建立了世界上第一个无产阶级政权。列宁关于无产阶级专政的理论成为苏联政权建设的基本指导思想，也为世界无产阶级革命和政权建设提供了重要的借鉴。

“人民民主专政”作为无产阶级专政的一种国家政权形式，是毛泽东领导中国共产党、中国人民在长期革命斗争实践中进行理论和实践创新的成果。“人民民主专政”理论的形成经历了一个逐渐深化和完善的过程。

在中国共产党建党初期，党内对马克思主义的核心理论尚未形成深刻的理解和准确的把握，对中国社会性质和中国革命特点也未形成全面的认识。因此，当时的中国共产党根据俄国革命经验和共产国际的指导，将主要工作重点放在领导城市工人罢工和协助国民党这一资产阶级政党推动国民大革命上。大革命失败后，面对南京国民政府的独裁反动统治，中国共产党虽提出了武装反抗国民党反动派、独立领导革命、建立红色政权的口号，但在很

---

〔1〕中共中央马克思恩格斯列宁斯大林著作编译局编译．列宁全集：第36卷［M］．北京：人民出版社，1985：362—363.

〔2〕中共中央马克思恩格斯列宁斯大林著作编译局编译．列宁选集：第3卷［M］．北京：人民出版社，1995：190.

长时期内仍将革命的重心放在反动派势力强大的大城市，因而遭受惨重损失。以毛泽东为代表的中国共产党人在第一次国内革命战争的挫折和井冈山斗争的实践中，逐渐走出了一条农村包围城市、武装夺取政权的道路。1931 年，中华苏维埃共和国在瑞金成立，其宪法大纲明确界定了政权性质为“工农民主专政”，其目的在于“消灭一切封建残余，赶走帝国主义列强在华的势力，统一中国，有系统的限制资本主义的发展，进行国家的经济建设，提高无产阶级的团结力与觉悟程度，团结广大的贫农群众在它的周围，以转变到无产阶级的专政”[1]。中华苏维埃共和国是中国共产党创建人民革命政权的探索与尝试。

自 1931 年“九一八”事变始，中日矛盾逐渐上升为中国社会的主要矛盾。形势的发展迫切要求制定建立抗日民族统一战线的具体政策。在 1935 年的瓦窑堡会议上，毛泽东首次提出把工农共和国改变为人民共和国的构想[2]。随着抗日斗争的进行和边区建设的发展，毛泽东进一步提出了“新民主主义”的概念和理论，并在《中国革命和中国共产党》《新民主主义论》《论联合政府》等重要著作中对中国社会的性质、革命任务、动力、前途等一系列问题进行了系统阐释。毛泽东指出，当时中国社会的性质是半殖民地半封建社会，这决定了中国革命的任务是进行反帝反封建

---

〔1〕中共中央文献研究室、中央档案馆编. 建党以来重要文献选编（一九二一——一九四九）：第 8 册［M］. 北京：中央文献出版社，2011：649.
〔2〕中央档案馆编. 红军长征档案史料选编［M］. 北京：学习出版社，1996：422.

的民族民主革命。就革命性质而言仍然属于资产阶级民主革命的范畴，但它已不再是由资产阶级领导而是由无产阶级领导；其革命目标也不再是建立资本主义社会和资产阶级专政的国家，而是各个革命阶级联合起来的、对于帝国主义者和汉奸反动派进行专政为目的的新民主主义政权。为了确保充分发挥革命人民的意志，同时也更有力地反对革命的敌人，新民主主义政权建设应以民主集中制作为指导原则。

1949 年，随着解放战争三大战略决战的胜利，全国解放指日可待，解放后的新中国应该建设什么样的国家政权，成为全国人民极为关切的重大问题。为了反驳国内外反动派对我们的污蔑，批判一些民族资产阶级以所谓“仁政”为名冀望建立资产阶级共和国的错误主张，毛泽东于中国共产党成立 28 周年之际发表了《论人民民主专政》。这篇文章对中国革命的历史经验进行了总结，全面而系统地说明了新中国的国家性质、各阶级在国家中的地位和相互关系，同时深入探讨了人民的民主权和对敌人的专政权的关系，以及人民民主专政的核心任务，为新中国人民民主专政奠定了坚实的理论基础。人民民主专政理论的提出，在历史关键时刻统一了全党和全国人民的思想，成为新中国国家建设的指导原则，载入了 1949 年 9 月中国人民政治协商会议第一届全体会议通过的《共同纲领》。50 年代中期，中国完成了由新民主主义向社会主义的伟大转型，然而“人民民主专政”作为中华人民共和国的国体这一基本原则并未改变，被列入宪法并延续至今。

毛泽东的“人民民主专政”理论内涵非常丰富，包含对人民民主专政的性质、特点、内容、职能和发展前景等方面的解释。“人民民主专政”理论是对马克思列宁主义关于无产阶级专政理论的继承，但结合中国革命实际和社会现实也具有鲜明的创新特色。首先，从概念的表述来看，相较于“无产阶级专政”强调“无产阶级”而不见“人民”、强调“专政”而不见“民主”，“人民民主专政”更能一目了然地呈现出这一政权形式的全貌和实质。其次，“人民民主专政”比“无产阶级专政”更符合当下中国所处的社会主义初级阶段的社会现实，“人民”亦是一个包容性很强的政治概念，与“无产阶级专政”概念相比，具有极大的适应性，更突出了“民主”的一面，人民成为国家政治生活的主人，更容易被广大人民群众所接受。

“人民民主专政”是中国共产党从实际出发，灵活运用马克思主义，把马克思主义的“无产阶级专政”理论与中国国情相结合的具有创造性的国体设计。毛泽东在1949年2月初同米高扬〔1〕的谈话中讲到，“对我们这个国家来说，称为人民民主专政更为合适、更为合情合理”〔2〕。

〔1〕时任苏联部长会议副主席。
〔2〕师哲回忆、李海文整理. 在历史巨人身边——师哲回忆录［M］. 北京：中央文献出版社，1991：376.

8
“周秦之变”：商鞅变法的长时段考察

公元前338年的一天，在马匹粗重的嘶鸣声中，浓如墨汁的鲜血肆意喷洒，大地为之变色。在这片赤褐色的土壤中，渗透着商鞅及其族人的鲜血。这位中国古代历史上极负盛名的改革者，以车裂这样一种极其惨烈的酷刑，结束了其不凡且富有争议的一生。

太史公司马迁用妙笔为商鞅安排了一个极具讽刺意味的终局。被追杀途中，商鞅曾想在边境关口投宿店家，未料店主却拿出了商君当年制定的法令——若擅自接待没有证件的客人，其全家将被连坐——表示爱莫能助。听闻此言，商鞅只能苦笑喟叹：“为法之敝一至此哉！”身为变法者的商鞅，最后落得作法自毙的下场，如此戏剧性的一幕大概是太史公的有意刻画。但要论商鞅之死的真正原因，这种戏谑般的描述只是增添了商鞅的悲剧性，却并未揭示其死因的根本。那么，商鞅之死的真正原因为何？

追杀商鞅的人，是新任国君秦惠文王，追杀的理由则是有人告以谋反。无论告发之人抑或新王，当年都被商鞅伤害过，或失了鼻子，或伤了面子。动机、行为清晰可见。但关于商鞅之死若就此结案，历史认识未免浅薄了一些。如果拉长该案的历史视野，将其置于百年甚至千年的长时段中去考察，可以说商鞅是死在了那个名为“周秦之变”的转型阵痛之中。他在从周制到秦制的转轨途中，半是主动半是被迫地做了“殉道者”。借用后世大清股肱之臣李鸿章的名言，商鞅所处的时代是一个“千年未有之大变局”。商鞅之前的七八百年，即所谓的“周制”国家，于我们非常遥远甚至有些陌生。而商鞅身后的百年间最终塑型的“秦制”国家，则在此后两千多年的政治形态中留下了深深的烙印[1]。

要理解“周制”的产生，需回溯至商周鼎革的历史情境中。公元前1046年的牧野之战，因商人附属方国军队的临阵倒戈，周人仅在一天时间内就完成了翦商大业[2]。“小邦周”闪击了“大邑商”。然而牧野之战赢得仓促，周人实力尚不足以全面接管殷商故地。立国未稳的周人该如何管制实力尚存的殷商遗民以及联合作战的同盟部族？暂时退回宗周故地后，周武王采取“以殷治殷”的政策，让商王之子武庚继续统领殷商遗民，又在其周边设立封地，分派三个弟弟管叔、蔡叔、霍叔监视之。周人摸着石头过河，谨慎地摸索出一套新的统治模式。可随着武王的去世，武庚联合三监发动叛乱。这场叛乱严重威胁到周朝的统治秩序，证明了“以殷治殷”统治方式的脆弱。经过3年艰苦东征，周人才得以平

〔1〕清末改革者谭嗣同在《仁学》中指出，“二千年来之政，秦政也，皆大盗也”。1973年，毛泽东在写给郭沫若的七言律诗中评价“百代都行秦政法”。二人对秦制的评价虽截然相反，但都认为中国自秦汉以来深受秦制的影响。

〔2〕根据西周早期青铜器“利簋”铭文记载：“武王征商，唯甲子朝，岁鼎，克昏夙有商。”其大意为，武王征商之后，甲子那天早上，岁祭贞问，黄昏时即胜利而占有了商。

定叛乱，彻底消灭了殷商王朝的残余势力，扩大了东方境土。以今日之眼光看东征之后的周，其实际控制的地域极其有限，人口分布也极为稀疏，但在当时，周确是“广土众民”的大国。平乱之后如何巩固天下，真正考验周人统治智慧的时候到了。

周人采取的统治方式是一种基于血亲关系的封建宗法体制，即所谓的“周制”。周初的“封邦建国”，并非止于将已有的领土、人民分配给子弟功臣的层面。其实际作用在于让周王室成员与同盟部族在统治尚不稳固的殷商故地建立军事移民据点〔1〕。所谓“封土”，起初更像一张空头支票，需要受封者自己去各显神通，站稳脚跟。周王进行策命、赐姓授民，受封者即王室子弟和联盟部族则带领各自的亲族，裹挟着被打散的商遗民，围绕周人的核心区域，逐步向外扩展，建立一个个服从于周王的军事据点。受封的诸侯进行二次分封，进而由下级贵族大夫形成围绕诸侯的军事据点。随着时间的推移，在与当地族群的交往、通婚与糅合中，这些军事据点逐渐发展为被历史学家称作“邑制国家”的政治体〔2〕。

为了加强周王室对这些诸侯国的控制，周人建立了一套基于父系原则的等级化权威体制，即宗法制。在该制度下，地方统治者与周王之间的权力等级是根据他们之间真实或拟设的血缘关系

〔1〕整理自许倬云. 西周史（增订本）［M］. 北京：生活·读书·新知三联书店，1993：142—176.
〔2〕整理自李峰. 西周的政体：中国早期的官僚制度和国家［M］. 北京：生活·读书·新知三联书店，2010：269—301.

决定的[1]。由此，可以将其想象成一棵由血亲关系组成的大树，树的主干是由周王及其嫡长子组成的大宗，一个个分枝便是受封出去的诸侯小宗。而作为分枝的诸侯还可以进行二次分封，形成更小的分枝——大夫组成的下级贵族。此时，诸侯及其嫡长子就成了大宗，而受封贵族则是小宗。这种“大宗—小宗”关系可以随着军事移民据点的扩展，不断延伸出去，从而形成一种基于血缘关系的权力等级结构。这种等级关系不仅依靠血缘，还通过一系列外在的礼仪表征加以强化，例如祭祀、策命、朝贡、乐舞与服饰等[2]。因此，所谓“周制”国家，实际上就是由上千个点状散布在各处、具有一定独立地位的政治体，通过亲缘、礼法关系交织成一个层级分明的权力系统。正是依靠这样一种统治方式，西周维系了数百年相对稳定发展的格局。

然而，随着历史的演进，“周制”开始面临愈来愈大的挑战。首先是周王自身权威和实力的下降。一方面，由于宗法关系的淡化，开枝散叶的亲族自然会与主干间的关系越发疏远，树梢末端之间的关系更是遥不可及。另一方面，受气候持续“冰期”的影响，西北戎狄势力的南迁不断威胁王室的核心区域[3]。公元前771年，宗周（镐京）沦陷。周王室东迁至成周（洛邑）后，实

---

〔1〕例如，在考古出土的侯马盟书中，盟辞显示赵氏成员视晋的公室为大宗。作为晋国最强大的氏族之一，赵氏与晋公室没有血缘关系。参见赵鼎新. 儒法国家：中国历史新论［M］. 杭州：浙江大学出版社，2022：65.

〔2〕赵鼎新. 儒法国家：中国历史新论［M］. 杭州：浙江大学出版社，2022：66.

〔3〕竺可桢. 中国近五千年来气候变迁的初步研究［J］. 考古学报，1972（1）：6.

力伴随核心区域的丢失而大幅萎缩，以周王为中心的封建宗法体制开始出现坍缩危机。

在此背景下，东周便由宗法维系的相对均衡的封建等级秩序，逐步转向以强力定夺的霸权秩序。在数百年的冲突与征伐中，郑、齐、晋、秦、楚、吴、越等地区性霸主诸侯先后或同期出现。这些诸侯国之所以能在诸多政治体中脱颖而出，与其趋利弃礼，采取一套“以效率为导向的工具理性化思维方式和行为方式”密不可分[1]。应用到战争领域，是兵不厌诈的兵法代替一板一眼的礼法；反映到政治体制，则是垂直管理的官僚体制（科层制）逐渐取代层级分封的宗法贵族体制。根据德国政治学家马克斯·韦伯的官僚制理论，一些学者将官僚制的基本特点概括为：采取分科分层的理性行政架构，严格遵循成文法律和充分利用文书档案，通过培训和选拔任用专业吏员，根据绩效管理、考核来决定官员的升迁[2]。西周时期，由王室直接控制的王畿中，政府内部已经存在一定的官僚制因素，例如根据王家、民事、军事等不同内容进行行政分工，有专门负责制作和保存政府文书的官员，以及发展出通过竞争升迁的仕途发展轨道等[3]。

东周诸侯国官僚体制的变化，既是为了因应军事压力的效率

[1] 赵鼎新. 儒法国家：中国历史新论［M］. 杭州：浙江大学出版社，2022：140.

[2] 阎步克. 波峰与波谷：秦汉魏晋南北朝的政治文明［M］. 北京：北京大学出版社，2017：51.

[3] 整理自李峰. 西周的政体：中国早期的官僚制度和国家［M］. 北京：生活·读书·新知三联书店，2010：269—301.

需求，也是出于领土扩张带来的治理需要。“邑制国家”之间并非后世所熟悉的彼此领土接壤，而是在国与国之间有着广大的中间地带，甚至会有城邑相互交错的现象。东周列国战争的结果则是中间地带逐渐消失。在新形势下，为了加强治理，在新征服的领土上，县开始出现。“县”本意“悬”，就好比从中央悬挂出来的绳索。县也就是中央政府直接控制下的军事（行政）单元，县的管理者往往是由中央直接派出的官员。这就改变了原先的分封架构，形成了国君直接控制地方的权力格局。通过县的建立，一片一片的土地被纳入国家统治，国与国之间有了相对明确的疆界。“领土国家”进而取代了“邑制国家”。“领土国家”的产生也标志着国野分界的消失，通过“县”的设置，国家对民众的支配力大大加强。西周至东周前期，“邑制国家”的核心人群即当年受封贵族及其氏族成员的后代，享有一定的政治权力，也有作战的义务。而那些身居城邑以外乡野地带的民众，则被称为“野人”，既无政治权力，也无作战义务，实质上就是不受国家直接统治的群体。但随着中间地带的消失，国家的力量乘着开动的官僚机器，开始无远弗届地抵达领土之内，曾经的“野人”亦被揽入国家的“牢笼”之中〔1〕。

在东周中期这样一个缺乏有效协调机制的时代，“领土国家”

〔1〕学者迈克尔·曼用社会牢笼（social cage）为意象，将人类从自然状态进入到国家强制状态比喻为被笼子集中隔绝的过程。参见［英］迈克尔·曼. 社会权力的来源：第一卷［M］. 刘北成译. 上海：上海人民出版社，2007：48.

的边界运行充斥着危险而又脆弱的力量平衡，这种平衡会伴随某个国家的崛起而被轻易打破。随着国家控制的土地和人口愈来愈多，借由官僚机构的高效运转，巨量的资源被投入于战争中。而东周晚期更为剧烈的战争形态，让幸存的国家不得不进一步把自己打磨成随时开动的战争机器。为此，魏国作为时代的先行者，率先踏上改革的步伐。由李悝主持的变法，内容包括建立成熟的官僚体制，废除官位世袭，根据才能和绩效选任官员；制定系统的刑法体系《法经》；鼓励农业生产；加强军队建设等。改革后的魏国迅速崛起，对其邻国秦国形成巨大威胁。连吃败仗的秦孝公不得不发布求贤令，以求增强国力，与东边的魏国达成实力之平衡。此时，作为相国门客的商鞅正苦于一身本领在魏国无处施展。历史的齿轮悄然转动。

关于商鞅变法，已无需多言。所谓君主专制、中央集权、官僚体制、文书行政、编户齐民等“秦制”的基础要素，早在商鞅之前的数百年间，随着历史的渐进发展，已渐次生成。当然，这并不意味着商鞅主持的改革就一定顺理成章。在这场新旧交替的社会变革中，许多人为此付出了代价，或是旧时代的封建贵族，或是新时代的泱泱黔首。在他们的合围中，商鞅不得不死。

商君虽死，其法犹存。居于权力中心的君主，借助高效率的官僚机器，汲取统治范围内的一切人力与物力，这对于塑造一个中央集权的大一统帝国，有着几乎不可替代的作用。欣赏商鞅的人，常将其视为古代中国大一统王朝的奠基者；憎恶商鞅的人，则视其为对民众刻薄寡恩而作法自毙的恶人。两种观点均非现代史学的视野。只有将商鞅其人及其变法措施置于周秦之变的长时段中，了解事件与结构、局部与整体之间的关系，才能对所谓历史的必然和偶然有更深刻的认识。

9

“为与士大夫治天下”

——熙宁变法与北宋中期政治波折

北宋熙宁年间，宋神宗起用王安石为参知政事，以富国强兵相号召，开展了轰轰烈烈持续数年的社会改革运动，后人习称“王安石变法”。这场深刻影响北宋王朝历史命运的变法运动复杂曲折，且让我们翻开文献，置身于11世纪下半叶的赵宋王朝一探究竟。

熙宁四年（1071年）三月，宋神宗召集二府大臣在资政殿议事，宰相王安石、枢密使文彦博等新旧臣僚围绕是否推行新法展开了激烈争论。文彦博进言曰：“祖宗法制具在，不须更张以失人心。”宋神宗问曰：“更张法制，于士大夫诚多不悦，然于百姓何所不便？”文彦博曰：“为与士大夫治天下，非与百姓治天下也。”宋神宗当即面露不快：“士大夫岂尽以更张为非，亦自有以为当更张者？”王安石紧接着道：“法制具在，则财用宜足，中国宜疆。今皆不然，未可谓之法制具在也。”〔1〕

上述精彩的朝堂论辩历来为宋史研究者所瞩目，其中“为与

〔1〕（南宋）李焘．续资治通鉴长编：第221卷［M］．北京：中华书局，2004：5370.

士大夫治天下”一语更是存在两种截然不同的理解：有学者认为文彦博此语是指天子与士大夫“共同控制着北宋国家机器的运转……形成皇帝与士大夫共治天下的局面”[1]，亦有学者指出，文彦博此语深意在于天子施政的目的是“替士大夫治理天下，而不是替百姓治理天下”[2]，显示出士大夫群体与百姓在宋朝政治话语体系中重要程度的区别。细品其中关键，不论何种说法，都强调了士大夫阶层在北宋政治文化中的特殊地位。而通过观察宋神宗、王安石听闻文彦博话语后的即时反应亦可探知，君臣二人固然对于“更张法制”言辞果决，但对于文彦博“与士大夫治天下”这一说法本身并无异议，似是习以为常，显见治国理政、致君尧舜不仅是北宋士大夫执着追寻的理想，也在现实层面为神宗等宋朝有为君主所认可。因而，从士大夫政治生态这一视角考察王安石变法，有助于更清晰地把握北宋中期的历史脉络与改革动向，更真实地感悟改革家们所处的时代氛围和施政环境。

北宋开国以来，以“事为之防，曲为之制”为导向强化中央集权，成功走出了五代的阴影。然内政渐稳，外患益重，至北宋中期，西夏崛兴，西北兵戈四起且旷日持久，国家财政问题日益突出。仁宗年间，士大夫代表范仲淹以天下为己任，主持“庆历新政”，明黜陟，抑侥幸，精贡举，择官长，意在通过澄清吏治、

〔1〕张其凡．“皇帝与士大夫共治天下”试析：北宋政治架构探微［J］．暨南学报（哲学社会科学版），2001（6）：114．

〔2〕张希清．文彦博所说“为与士大夫治天下”并非天子与士大夫“共治天下”［J］．中原文化研究，2022（4）：45．

严密考核、整顿机构以应对时局之变，终因触及守旧势力利益而遭强烈抵制，中途夭折，草草收场。

社会矛盾尚未消弭，“百年之积，惟存空簿”[1]。于此情况下，呼吁变革之声在士大夫群体中此起彼伏。熙宁二年（1069年），锐意更革、奋发有为的宋神宗采鉴王安石“变风俗，立法度”[2] 的提议，拉开了熙宁变法的序幕。新法内容大致可分为三大类：其一，着眼于理财的青苗法、募役法、农田水利法；其二，致力于强兵的保甲法、将兵法、军器监法；其三，立足于育才的科举改革、三舍法等。其中，“因天下之力以生天下之财，取天下之财以供天下之费”[3] 的财政政策是王安石最为关切，也是时人争议不休之所在。王安石希望激励百姓扩大生产作为国家财源增加的基础，而在司马光等人看来，王安石此举无异于盘剥百姓，使富者愈富，贫者愈贫。加之新法在地方施行期间出现林林总总的问题，以致变法方兴未艾之际，士大夫阶层已然分化成势同水火的两大集团。

王安石曾与司马光同朝为官，比肩并进，素有私谊。熙宁三年（1070年）二月，司马光以反对者的身份致信王安石，对变法颇有指摘：“观介甫之意，必欲力战天下之人，与之一决胜负，不

---

〔1〕（南宋）李焘. 续资治通鉴长编：第290卷［M］. 北京：中华书局，2004：5074.
〔2〕（清）黄以周. 续资治通鉴长编拾补［M］. 顾吉辰点校. 北京：中华书局，2004：153—154.
〔3〕（元）脱脱. 宋史［M］. 北京：中华书局，1985：10597.

复顾义理之是非，生民之忧乐，国家之安危。光窃为介甫不取也。"[1] 要求王安石废弃新法，恢复旧制。未久，王安石回信道："盘庚之迁，胥怨者民也，非特朝廷士大夫而已；盘庚不为怨者故改其度，度义而后动，是而不见可悔故也。如君实责我以在位久，未能助上大有为，以膏泽斯民，则某知罪矣；如曰今日当一切不事事，守前所为而已，则非某之所敢知。"[2] 信中，王安石援引《尚书》故事，以盘庚迁都一事力陈自己变法的决心，一则希望神宗皇帝不恤流俗之言，二则对于"非特朝廷士大夫而已"不自觉的突出强调，显然折射出北宋中期士大夫主体意识的觉醒及其营造的有别于前代的政治氛围。

自熙宁二年（1069 年）拜参知政事至熙宁九年（1076 年）二度罢相，王安石主政期间，新法推展势如疾风，时人称其"数十百事交举并作，欲以岁月变化天下"[3]。变法操之过急，在用人与执行等多方面也存有局限。就总体成效而言，熙宁变法在富国方面取得一定进展，国家财政状况明显好转；然围绕变法问题掀起的政治波澜，一定程度上为王朝后期朋党纷争埋下了伏笔，间接导致北宋走向衰亡。时至今日，对于王安石变法的评议仍旧是众说纷纭，莫衷一是。

---

[1] (北宋) 司马光. 司马光集：第 60 卷 [M]. 李文泽等整理. 成都：四川大学出版社，2010：1261.

[2] (北宋) 王安石. 王安石全集：第 73 卷 [M]. 王水照整理. 上海：复旦大学出版社，2016：1305—1306.

[3] 祝尚书、曾枣庄、刘琳. 全宋文：第 1665 卷 [M]. 成都：巴蜀书社，1994：564.

重新探讨熙宁变法这一备受争议的历史话题，得以窥见北宋专制皇权之下士大夫政治的基本轮廓。宋神宗曾两度任命王安石为相，称安石“横身为国家当事耳”[1]。熙宁变法始于君臣齐心，合力发动；但在后宫母后及韩琦、司马光等一众士大夫的集体抵制声浪中，神宗皇帝对于变法的态度也出现了前后的摇摆反复。变法后期，“宋神宗坚持‘异论相搅’之家法，刻意起用保守派，以制衡王安石”[2]。元丰八年（1085 年），神宗辞世，哲宗即位，高太后垂帘听政，新法悉数废除。如果说熙宁变法的推行反映了北宋中期士大夫群体参政意识的觉醒与政治力量的生长，那么熙宁变法的落幕，则悲情地揭示出一个事实：经由科举入仕的士大夫们之所以能参与“共治天下”，其实取决于专制皇权的有限让渡。

再度审视北宋中期政治变革的相关史事，更觉历史的分殊之处时常存有共性。尽管士大夫群体围绕变法问题产生重大分野，但诚如宋史学家虞云国所言，“王安石与司马光各自所代表的新旧党争本质上并不是权力之争，而是政策性的争论；并不是要不要改革的争论，而是怎样改革的争论”[3]。“拗相公”王安石不避众议汹汹，变革祖制；“司马牛”司马光力主执持纲纪，整顿风俗。两派的变革存有差异，却无一例外地展现了前代士大夫以天下为己任、应对时局变化的勇气。双方治弊兴国的取径虽有不同，

---

〔1〕（南宋）李焘. 续资治通鉴长编：第 252 卷［M］. 北京：中华书局，2004：6169.
〔2〕林鹄. 王安石罢相之谜［J］. 隋唐辽宋金元史论丛，2021 辑刊：139.
〔3〕虞云国. 细说宋朝［M］. 上海：上海人民出版社，2019：241.

却“在势如冰炭的不同立场、不同治世策略背后，燃灼着共同的忧国忧民的炽诚精神”[1]。因而，“无论何派，都是不折不扣的士大夫”[2]。

概而言之，熙宁变法是一次通过加强国家权力进行社会改革的勇敢尝试，也是一个得失相半、颇具争议的复杂性历史事件。从士大夫政治文化的视角加以观察，洞悉变法运动背后的矛盾冲突，可以一窥宋朝士大夫高远的政治理想，以及它所赋予中国历史弥足珍贵的政治文化遗产。北宋中期改革家们革新政治的抱负相继失败了，但从历史的余温中走来，“他们做人为学的精神与意气，则依然为后人所师法，直到最近期的中国”[3]。

---

〔1〕邓小南. 祖宗之法：北宋前期政治述略［M］. 北京：生活·读书·新知三联书店，2014：437.

〔2〕虞云国. 细说宋朝［M］. 上海：上海人民出版社，2019：237.

〔3〕钱穆：国史大纲［M］. 北京：商务印书馆，1996：580.

10 南京国民政府的土地改革

土地问题是中国社会长期以来的基本问题，孙中山敏锐地意识到土地问题对于中国民主革命的重要性，将其纳入“三民主义”思想，成为其重要组成部分。

同盟会十六字纲领中的“平均地权”，是防止资本主义贫富分化的一种社会政策，其办法是核定全国地价。基于多年的革命实践以及国共合作的背景，20 世纪 20 年代，孙中山在民生主义的实践方面，更多地考虑到了农民的土地问题。国共合作期间，孙中山明确提出了“耕者有其田”的主张，他说“农民应该是为自己耕田，耕出来的农品要归自己所有”[1]。而“现在的农民都不是耕自己的田，都是替地主来耕田，所生产的农品大半是被地主夺取了。这是一个很重大的问题，我们应该马上用政治和法律来解决。如果不能够解决这个问题，民生问题便无从解决”[2]。

但两千多年的土地私有制并没有随着民国的建立而得到改变，地权高度集中、田赋繁重以及低层次的租佃制度仍是中国土地制

〔1〕孙中山．孙中山全集：第一卷［M］．北京：人民出版社，2015：510.
〔2〕孙中山．孙中山全集：第一卷［M］．北京：人民出版社，2015：510—511.

度的痼疾。根据武汉时期国民党中央土地委员会的报告，地主、富农拥有81%的耕地，贫农、中农仅占有19%的耕地。这种地权集中现象在长江流域和南方各省表现得尤为明显。普通农民承担的田赋租额要占到生产所得一半左右，加之劳役地租等其他剥削方式，佃农的生产生计根本没有保障。此外，全国除西康、蒙古、绥远、热河、西藏外的25省中，田赋附税总计有673种，税率一般超过正税一至二倍，高的竟然达到八十几倍，甚至有军阀田赋预征到1981年[1]。征税的官吏贪污腐败禁绝不止，拥有众多土地的大地主则倚仗自身权势拖延或转嫁田赋缴纳，背负沉重赋税的小农为维持生计转而举借高利贷，进一步加快了其失地破产的速度。

南京国民政府建立后，为解决农村土地问题，着手制定土地法。1927年5月，颁布了《佃农保护法》，1930年6月30日，又公布《土地法草案》，但直至1935年4月5日，正式的《土地施行法》才得以公布，而实施则拖至1936年3月。1927年至1937年十年间，根据《土地法》精神颁行的一系列土地法规不下240余种[2]。虽然这些法律文本宣扬要秉承孙中山的“耕者有其田”思想，但从农村土地所有制和土地赋税制度来看，南京国民政府的土地制度主要还是晚清、北洋政府时期旧有土地制度的延续。

---

〔1〕金普森、张忠才. 一九二七至一九三七年南京国民政府农村土地政策述评［J］. 浙江学刊，1989（4）：155.

〔2〕姜爱林. 民国时期国民党土地政策述要［J］. 历史档案，2001（4）：115.

面对旧制度的纰漏丛生，南京国民政府也展开了一些改革举措。

首先，通过保障农民的租佃权以期限制土地权的集中。蒋介石认为，中国的土地问题既不是土地分配不公，也非土地供应不足，症结是“地浮于人”；解决中国农村的土地问题，不是要“平均地权”，而是要“均佃”[1]。这一理念体现于1930年颁布的《土地法》中，该法给予佃农优先承买出租人耕地的权利，开垦公有荒地的农民可以无偿获得土地耕作权。基于以上法律精神，南京国民政府在一些地区施行“计口授佃”。1933年又在闽西推行《计口授田暂行法》，授予农民土地进行耕种，所授土地禁止抵押和买卖以防止土地权的集中。但这一举措后被定性为有“反党易号”之嫌而遭废止。1935年，在山西试行土地村公有制，选定五台县为试办县，由“土地村有实施研究会”组织村公所调查当地的土地占有情况，将农田按照肥瘠程度划分等级，依等级高低定价[2]。但村公所对于土地的估价过高，村民大多反对，此外因实有土地存量不足而无法充分分配，土地村公有制试点最终半途而废。

第二，通过限制田租以期减轻农民的负担。限租措施中最具代表性的举措就是“二五减租”政策。1926年10月，在中国国民党第二届中央委员会及各省市代表联席会议通过的《关于本党最

〔1〕刘克祥、吴太昌. 中国近代经济史（1927—1937）［M］. 北京：人民出版社，2012：514.
〔2〕卓遵宏、姜良芹、刘文宾、刘慧宇. 中华民国专题史：第六卷 南京国民政府十年经济建设［M］. 南京：南京大学出版社，2015：26.

近政纲决议案》中，正式提出“二五减租”，即“减轻佃农田租百分之二十五”[1]。中国传统的田租一般在收获量的一半以上，依照“二五减租”，农民应缴的税率为 50%×(100%－25%)＝37.5%。理论上说，这一政策能保护佃农的必要劳动成果不被侵占，而且还可获得部分的剩余劳动量，减租的定数比例是合宜的。但在减租决议通过后，唯有浙江省算是有力执行了这一政策，在1927年、1928年曾出现过一个减租高潮，但也只是昙花一现，至1929年便无法维持。虽然政府在1930年的《土地法》和1932年的《保障佃农办法原则》中均规定田租缴纳不能超过当年当地正产收获的37.5%，进一步强调了“二五减租”政策，但收效甚微。至30年代中期，据南京中央土地委员会对16省144县的调查，全国租额平均超出正产收获量的39%，湖南、浙江、福建、广东等省均超40%，山西、山东等省更高达50%以上[2]。“二五减租”政策宣告破产。

第三，限制附加田赋与苛捐杂税以期缓解社会矛盾。1928年，南京国民政府财政部颁布《限制田赋令》，规定田赋附税不能超过正税、正附计价不能超过地价1%两条原则。1933年7月国民政府要求各地一律要在年度内完成田赋整理工作。1934年5月全国财政会议进一步制定了三项举措：一、减轻附加与废除苛杂；二、确

[1] 何莉萍. 从“二五减租”运动看民国时期土地政策之实施［J］. 湖南社会科学，2006（2）：176.

[2] 金普森、张忠才. 一九二七至一九三七年南京国民政府农村土地政策述评［J］. 浙江学刊，1989（4）：157.

立县预算为轴心以整理地方财政；三、举办土地陈报[1]。可是这一系列田赋整顿政策并未得到切实的贯彻，一年期限过后，仅苏、浙、皖、闽、陕等少数省份开办了陈报，大多省份仅流于形式，地主逃避纳粮现象依然如故。这种陈报现象在国民党统治的苏浙腹心地带尚且如此，更遑论其他省份了。

总体来看，南京国民政府在1927年至1937年所施行的一系列土地改革举措并不成功，其失败原因是多方面的。

其一，从改革的指导思想来看，以蒋介石为代表的土地改革者主张以缓和或温和的方式处理农村土地分配问题，坚决反对在全国范围施行如计口分田这类能保证底层农民利益的土地分配改革，在改革过程中不断强调"保持农村秩序"，希冀在传统土地制度和固有秩序的基础上，以改良式方法展开渐进式的土地改革。在这一指导思想下展开的土地改革，对于农村秩序的安定和农业经济的发展虽有一定益处，但并未从根本上改变佃农的处境，十年内战时期封建土地制度反而得到了进一步强化。

其二，从当时南京政府的执政能力来看，国民政府无法做到全国政令的统一，无力推行全国性的土地改革政策。面对诸如土地清丈这类需要耗费大量财力人力的基础性工作，国民政府往往避难就易，大多以土地陈报之类的治标之计去执行，成效甚微，

〔1〕金普森、张忠才. 一九二七至一九三七年南京国民政府农村土地政策述评［J］. 浙江学刊，1989（4）：157.

连最根本的基础性工作都无力完成，以致颁布的众多法令，最终难逃沦为一纸空文的命运。

其三，从当时中国的政局来看，国共对立的政局也影响着国民政府土地政策的稳定性。国民政府在一些原中共农村革命根据地施行的是“田还原主”政策，这一政策源自1932年6月通过的所谓《剿匪区内各省农村土地处理条例》，即国民党从中共农村革命根据地“重新”夺得的土地要“归还”给地主，并确立其土地所有权。1932年10月，国民党鄂豫皖三省“剿匪”当局颁布了区内《各省土地处理条例》，正式执行“田还原主”。对比前文提到的被定性为有“反党易号”之嫌的闽西计口分田的做法，“田还原主”政策这一明显违反《土地法》精神的做法，却被当局认为做到了“认可业主地权，保持农村秩序”“较合国情”[1]。此外，山西的“土地村公有制”改革因被认为与中共的土地政策近似，在国民党内遭到广泛批评，加速了这一改革的破产。面对中共提出的“打土豪，分田地”的土地革命理念，以“剿匪”为要务的蒋介石亟须找出一条既不同于中共又能令人信服的土地改革道路，结果形成了既要“田还原主”又要“计口授佃”的土地改革原则，反而造成各地土地政策的混乱与矛盾。

其四，从当时中国的社会结构来看，现代化的不平衡发展，使城市与乡村、沿海与腹地形成一个截然分明的二元化结构，国

---

〔1〕金普森、张忠才．一九二七至一九三七年南京国民政府农村土地政策述评［J］．浙江学刊，1989（4）：156.

民政府过于重视工商，农村资金流向城市，农村经济进一步破败，无力支撑起政府雄心勃勃的农村土地改革计划。而与国民党失败的土地政策相反，中国共产党在农村成功站稳了脚跟，充分发动底层民众，通过土地改革成功地将贫农、雇农、中农组织起来，形成革命联盟。中国共产党在土地政策方面的巨大成功，奠定了其未来革命胜利的基础。

11
儒生与文吏的冲突和融合

中国古代历史上曾经长期存在一个特殊的社会阶层——士大夫。他们伴随着战国以来官僚政治的建立而逐渐形成，是具有官员身份或具备为官资格的知识分子群体。该群体既是中央集权国家政治的主要参与者，也是知识分子和文化精英，可谓职业官僚和知识分子的结合体。英语语境中，学者将之译为 scholar-bureaucrat（学者-官僚）、literati-officialdom（文人-官员）及 scholar-official（学者-官员）等，说明英语世界的历史上没有出现过与中国古代士大夫相当的社会阶层，故而未能找到与之相近的词语可供直译，只得用两个词组合以示其意，可见“士大夫”阶层的存在可能是中国古代社会极具特征性的现象[1]。然而，士大夫阶层及士大夫政治并非自中央集权国家建立之初就是如此，职业官僚角色和知识分子角色起初分别是由文吏和儒生两个群体承担。在战国秦汉的数百年间，两者长期处于分化、分立甚至冲突之中，直至汉魏时期才逐渐实现了融合，形成学者兼为官僚的士大夫阶层。

---

〔1〕阎步克．士大夫政治演生史稿［M］．北京：北京大学出版社，2015：5.

儒生，广义泛指战国秦汉以来的读书人，狭义特指儒家学者，他们从事文化的创造、传播和实践。文吏，“又称‘文法吏’，是随着战国以来官僚制度逐渐建立而形成的行政人员”〔1〕，他们经过专门培训而掌握基本行政技能，严格按照法律规章行政，并根据能力、功绩和年资任职与升迁。儒生与文吏都是秦汉中央集权国家官员的主要组成部分，前者是坚持修齐治平路线并注重伦理-政治的文化官僚，而后者则是精通刑名钱粮的技术官僚，在两者融合之前，后者多居于官僚队伍的中下层。

在早期国家阶段，儒生与文吏所承担的社会职能统一于一个与士大夫极为相似的贵族士阶层身上。在家国同构的国家治理模式中，被称为“君子”的贵族士阶层既属国家的官僚阶层，承担着国务政事，又作为拥有文化教养的阶层，承担着传承诗书礼乐的文化职责。魏晋南北朝史家阎步克认为，这种特殊政治文化形态可以概括为“礼”，“礼”之精义，在于“尊尊、亲亲、贤贤”的三位一体，政统、亲统与道统相异相维，君道、父道与师道相互渗透；“君子”承担着尊者、亲者、贤者与君、父、师三位一体的特殊社会角色，其责任不仅是作为统治者而施治，还要“为人父母”而施爱，为民师表而施教〔2〕。

知识分子与职业官僚的分化及儒生与文吏的分途，当始于春秋战国之际，其标志系私学的出现和变法的展开。以铁犁、牛耕

〔1〕卜宪群. 秦汉官僚制度［M］. 北京：社会科学文献出版社，2002：224.
〔2〕阎步克. 士大夫政治演生史稿［M］. 北京：北京大学出版社，2015：416.

为代表的农业技术改革，推动了社会经济发展与社会转型，社会日益复杂，阶级阶层不断流动，血缘贵族衰落与新兴地主崛起，使西周的“礼治”难以维系，继而出现礼崩乐坏、社会动荡之局面，“法治”作为一种内含“理性行政”精神的政治样态由此产生。其间列国变法，血缘贵族体制转变为新型官僚体制，训练有素且专门从事行政管理的职业官僚群体“文吏”或从平民上升而来，或由贵族士阶层中分化而来，逐步取代了“君子”行政施治的社会角色。同时，私学兴起，“学在官府”转变为“学在民间”，“道术将为天下裂”，产生了孔子、老子等思想家及其门徒，独立的知识分子群体“学士”由此形成，并逐步取代了“君子”传文施教的社会角色。

起初，儒生与文吏两个群体互不待见。以儒家为代表的知识分子群体致力于探求精神价值和创立理论学说，即便入仕施政，也与职业技术官僚不同，他们坚守理想信念，追求独立人格，并富有文化热情，坚持“仕以行道”“从道不从君”的原则。法家虽为知识分子，但其著书立说的目的是致力于君主-官僚体制的构建。他们将培养职业技术官僚作为变法之要务，主张“明主之国，无书简之文，以法为教；无先王之语，以吏为师”[1]；并批评儒生道：“今世儒者之说人主，不善今之所以为治，而语已治之功；不审官法之事，不察奸邪之情，而皆道上古之传誉、先王之成功。

〔1〕（战国）韩非．韩非子全译［M］．张觉译注．贵阳：贵州人民出版社，1992：1051.

儒者饰辞曰：‘听吾言，则可以霸王。’此说者之巫祝也，有度之主不受也。”[1]

被视为缺乏文化传统的秦国，比较彻底地贯彻了法家的理论，任用文法之吏，高效推进变法改革，终以强有力的国家官僚机器整合了各种资源，实现了“六王毕，四海一”，建立起大一统中央集权的皇权-官僚体制，并以强大的武力、严密的法律和训练有素的文吏控制着全国[2]。其后，对儒生则行“焚书坑儒”极端遏制之法。

图1　秦文吏俑，腰间挂有书刀与砥石[3]

秦朝的官僚体制纯用文吏，效能卓著，在“皇帝-文吏”的官僚体制下，文吏们训练有素，熟知兵刑钱谷、公务文案，贯彻政令严格，实现了上令下达和国家机器的高效运转。但秦排斥儒生，将知识分子群体推向其政权的对立面，加之执政一味苛严，缺乏温情和弹性，最终引发社会动荡，导致速亡。秦的二世而亡，促使汉初统治者重新思考一种有别于“秦政”的政治体制。

---

〔1〕（战国）韩非．韩非子全译［M］．张觉译注．贵阳：贵州人民出版社，1992：1083．
〔2〕整理自阎步克．秦政、汉政与文吏、儒生［J］．历史研究，1986（3）：148．
〔3〕阎步克．波峰与波谷：秦汉魏晋南北朝的政治文明［M］．北京：北京大学出版社，2009：54．

他们斥责秦朝“今废先王德教之官，而独任执法之吏治民”[1]，认为“使天下回心而乡道，类非俗吏之所能为也。俗吏之所务，在于刀笔筐箧，而不知大体”[2]，采取黄老之术，奉行无为而治的同时，强调只有儒生才能承担道德教化之职责。至武帝采纳了董仲舒改造的新儒学理论，“罢黜百家，尊崇儒术”，以“天人感应”“君权神授”和“三纲五常”之说，巩固大一统中央集权的统治。于是，汉朝政治模式呈现出与秦政大不相同的表象。这其中，不仅包括确定儒学为官学，设置五经博士，建立察举的选官制度，开辟明经入仕之途，还包括儒生规谏皇帝等调节机制的逐步确立。值得注意的是，尽管儒生大量入仕参政，为汉朝官僚政治注入新力量，但汉朝主体政治体制的建构依然承袭秦制；汉朝的执政实质上奉行“儒表法里”“霸王道杂之”的原则，诸如汉武帝重用张汤、杜周等酷吏，他们都是熟谙兵刑钱谷的文吏群体。故而，才有汉宣帝明确声称：“汉家自有法度，本以霸王道杂之，奈何纯任德教，用周政乎？”[3]

汉朝统治者采取儒生与文吏兼收并用的政策，而两者之间存在既相互对立又彼此影响的关系。一方面，文吏批评“儒生能言不能行”，儒生则反驳“能言而不能行者，国之宝也。能行而不能言者，国之用也”[4]；大司空何武“疾朋党，问文吏必于儒者，

---

〔1〕施丁主编．汉书新注［M］．西安：三秦出版社，1995：1755.
〔2〕施丁主编．汉书新注［M］．西安：三秦出版社，1995：1596.
〔3〕施丁主编．汉书新注［M］．西安：三秦出版社，1995：143.
〔4〕（西汉）桓宽．盐铁论［M］．陈桐生译注．北京：中华书局，2015：317—318.

问儒者必于文吏，以相参检”〔1〕，儒生与文吏的矛盾冲突可见一斑。另一方面，儒生与文吏又相互影响，儒生中能理解现实政治的人也为数不少，他们既通儒术又兼别家之长，可谓通达能干之“通儒”，尤以治春秋的公孙弘为甚，既“习文法吏事，而又缘饰以儒术”〔2〕，可谓典型的官僚化的儒生。文吏成员中亦有习诗书礼乐而通晓儒家经义之人，如“丙吉本起狱法小吏，后学《诗》《礼》，皆通大义”〔3〕，终官至丞相。然西汉尊崇儒术后，入仕参政的儒生虽努力适应现实政治，不断官僚化，但仍有一些儒生不满于承秦损益的汉政，提出“奉天法古”的政治诉求。他们的理想最终在王莽这个具有“悲剧性色彩”的儒生所实施的复古改制中得以实现。但完全依据儒家“王道”理想施政的王莽变法最终未能真正实现“王道”，反而引发政治混乱，最终在农民起义与刘氏宗族及贵族官僚起兵汇聚的反莽浪潮中迅速崩解，这个新朝并不比只用“霸道”的秦朝长命多少。诚如班固总结：“昔秦燔诗书以立私议，莽诵六艺以文奸言，同归殊涂，俱用灭亡。”〔4〕

从纯用文吏、遵循“法治”而儒生仅为点缀的秦政，经兼用儒生文吏、“霸王道杂之”的汉政，直到充分贯彻“礼治”理想，而文吏仅为陪衬的王莽“新政”，历史仿佛经历了一个奇妙的两极

---

〔1〕施丁主编. 汉书新注 [M]. 西安：三秦出版社，1995：2374.
〔2〕(西汉) 司马迁. 史记·平津侯列传 [M]. 北京：中华书局，1982：2950.
〔3〕施丁主编. 汉书新注 [M]. 西安：三秦出版社，1995：2149.
〔4〕施丁主编. 汉书新注 [M]. 西安：三秦出版社，1995：2839.

转向[1]。进入东汉后，统治者实行“吏化”与“经术”并重的方针，重新回归汉宣帝“霸王道杂之”的施政路线，也将“礼”“法”的结合推到更为融洽的水平[2]。就儒生与文吏的关系而言，虽然汉家的选官制度仍是“诸生试家法，文吏课笺奏”[3]，两个群体分别采取不同的选官方式，但两者合流的趋势较西汉更为显著而深化。儒生反思王莽改制失败的教训，日趋务实，努力学习文法律令，儒生“文吏化”的进程加快，甚至连郑玄、马融这样的经学大师，也为《汉律》作注。而当儒学成为国家主流意识形态后，更多的文吏为求仕途通达而修习儒家经典，文吏“儒生化”

图 2　汉朝传经讲学图[4]

---

〔1〕阎步克. 王莽变法前后知识群体的历史变迁 [J]. 社会科学研究，1987 (2)：51.
〔2〕阎步克. 士大夫政治演生史稿 [M]. 北京：北京大学出版社，2015：421.
〔3〕(南朝宋) 范晔. 后汉书 [M]. 北京：中华书局，1965：2020.
〔4〕高文主编. 中国巴蜀新发现汉代画像砖 [M]. 成都：四川美术出版社，2016：14.

也在持续发展中。

汉末魏初的王粲在其《儒吏论》中，对儒生与文吏对立与融合的态势有一段精彩议论："执法之吏，不窥先王之典；搢绅之儒，不通律令之要……先王见其如此也，是以博陈其教，辅和民性，达其所壅，祛其所蔽，吏服训雅，儒通文法，故能宽猛相济，刚柔自克也!"[1] 这段极富文学性的叙述，可以看作战国秦汉数百年间儒生与文吏关系演变的历史概括，"吏服训雅，儒通文法"，也正好反映出两者融合的最终结果。曹魏明帝太和二年（228 年）下诏，"尊儒贵学，王教之本也……申敕郡国，贡士以经学为先"[2]。自此，选官以儒生为主要对象，而此时的儒生已是"文吏化"的士大夫。隋唐尤其是宋朝以后，伴随着科举制的创立、健全与完善，科举成为士人入仕参政的主要途径。一方面由于儒学最终被定为科举考试的主要内容，以至于官僚队伍大多精通儒学；另一方面，儒家原本注重入世与经世，儒生科举入仕后也注意修习兵刑钱谷方面的行政能力。士大夫阶层的社会地位与治理能力在科举背景下得以强化，最终形成中国古代社会独有的君主与士大夫共治天下的特殊政治形态。值得注意的是，科举制之下，仍会有一些不经科举、不精儒学，粗通文墨却深谙刑名钱粮的下层读书人进入官僚队伍，充当官员的属下或办事员，即所谓"吏

---

〔1〕(东汉) 王粲. 儒吏论. 转引自阎步克：王莽变法前后知识群体的历史变迁 [J]. 社会科学研究，1987 (2)：54—55.

〔2〕(西晋) 陈寿. 三国志 · 魏书 [M]. 北京：中华书局，1982：94.

员”或“胥吏”。可见，自宋至清的官僚队伍中仍然存在文化官僚和技术官僚的分途，但其分化组合与地位升降呈现出不同于汉魏时期的特点。

综而观之，在中国古代官僚体制的发展演变中，儒生与文吏的融合，造就了“亦儒亦吏”“非儒非吏”的士大夫阶层；在国家制度和社会治理中，这一阶层具有特殊的文化与政治地位和作用。

12
英国的行政改革与文官制度的确立

封君封臣制度是中古时期西欧社会的基本特征之一。彼时西欧国家的社会管理深受这一制度的影响，封建领主之间存在着等级关系，官吏是国王的仆臣，只服务于宫廷和权贵，尚无明确的“文官”概念。中古晚期，西欧各国封建君主在市民阶层的支持下，先后建立了统一的中央集权政府，在王权加强、民族国家雏形渐具之时，国家事务日益增多且渐趋复杂，国家管理职能随之丰富而扩展，由此，出现了一类由君主直接任命、协助君主进行统治、对君主负责的文职人员。这些初具近代意义的政府官员最早出现于英国，“文官”的英文拼写为“Civil Servant”，意为由国王任命、专职部门颁发证书、进行文职工作，并由国王和议会直接给予报酬的文职服务人员。现在通用的“文官”概念，一般指欧美、日本等资本主义国家以及实行资本主义制度的国家政府机关中的文职公务人员。文官需经过考试等形式，公开竞争，择优录用，若无过失则长期任职，不受政党政治影响，不与内阁共进退。在这一历史进程中，以英国为典型的西方国家逐步探索并建立了包括公务人员的考试、录用、晋升、管理等方面的一系列制度，称为“文官制度”。

在现代意义上的文官以及文官制度形成之前，西方国家文职官员的演进大致经历了三个阶段，即君主专制的恩赐制时期、资产阶级权贵的个人恩惠制时期和资产阶级政党政治的政党分肥制时期〔1〕。所谓“政党分肥制”，是指一些西方国家执政党领袖把政府公职作为酬劳分配给在竞选中出过力的人员的制度〔2〕。其主要理论依据是：政府工作简单，任何理智正常的人都能胜任；在政治上要像在战场上一样，战利品归胜利者所有。但政党分肥制常导致用人不当、政治动荡、官场腐败和行政效率低下。

18世纪中后期，随着英国工业革命的进行，工业化和城市化进程迅速推进。从18世纪后期到19世纪中叶的近100年时间里，英国城市人口占全国总人口的比例从20%跃升到51%，从事农业人口就已经降到总人口的1/4左右〔3〕，英国成为最早完成城市化与工业化的国家〔4〕。城市扩大，经济生产部门增多，社会矛盾和冲突越来越多，对外事务日益复杂，政府不仅要处理社会治安、国防、财政和税收等事务，还要管理经济、文化和科技等新的社会事务。同时，随着启蒙思想的传播和民众受教育程度的提高，人们要求平等参与政府工作的愿望也日益强烈。而英国虽经历资

〔1〕孙刚．西方文官制度浅析［J］．商丘师专学报（社会科学版），1988（1）：61.
〔2〕夏征农、陈至立主编．大辞海：政治学．社会学卷［M］．上海：上海辞书出版社，2010：8.
〔3〕谷延方、黄秋迪．英国农村劳动力转移对我国城市化的启示［J］．黑龙江社会科学，2003（3）：34.
〔4〕谷延方．中世纪盛期英国城市化水平研究述评［J］．世界历史，2018（1）：147.

产阶级革命的洗礼，建立了议会民主制，但政府官员体系中腐败乱象层出不穷。就此，时任英国议员的托马斯说道："议会中的所有人没有选民选上来的，我们的上任没有体现任何公平和自由原则。"[1] 为了提高国家的治理水平，巩固资本主义统治，一场政治体制变革迫在眉睫，文官制度在这次变革中应运而生。在英国近代史上，经过1832年、1867年和1884—1885年三次议会改革，基本实现了成年男性的普选权，确立了议会民主制度，随后教育、司法等各个领域也都进行了改革。其中作为行政体制改革的一部分，英国文官制度在改革中浮出水面[2]。

标志着议会改革取得成功的除了普选权还有两党制的建立[3]。但是，两党制也带来了新的问题。在政党制度建立初期，在选举中获胜的执政党把政府的官职作为战利品，酬劳对该党有功和对选举胜利作出贡献的人，而不考虑其政治文化水平和工作能力，公开进行"肥缺分赃"，以达到控制行政体系和国家机关的目的。由于执政党轮换频繁，政府工作常因官员更迭而陷于瘫痪，严重影响政府工作的连续性和稳定性，行政效率的降低亦造成政局不稳和政治动荡。为解决这一问题，英国政府实施两官分途即政治行政二分法，设立了政务次官副职和常务次官副职。政务次

〔1〕周敏凯. 当代资本主义文官制度［M］. 福州：福建人民出版社，1996：16.
〔2〕整理自林至敏、竺乾威. 英国文官制度的改革［J］. 复旦学报（社会科学版），1981（3）：37—40.
〔3〕整理自江宗植. 英国两党制的起源和发展［J］. 四川师范学院学报（哲学社会科学版），1994（5）：77—82.

官协助大臣处理政务事件，原则上与内阁共进退，而常务次官则负责部门行政事务。政府对常务次官有着明显的限制，他们不能进入内阁，不可参与党争。不过，他们可以长期担任常务次官，保证了政府工作的有效性和稳定性，所以，他们又被人称为常任文官[1]。这种常任文官制度在19世纪30年代以后正式施行，由此，政府官员形成了政务官（内阁成员）和事务官（亦称公务员）两个系统。但由于文官的选拔和录用没有跳出“政党分肥制”的窠臼，此时还未能彻底解决政府机构混乱、官员昏庸的现实问题。

1853年，时任英国政府财政大臣的格莱斯顿指派查理·屈威廉和斯坦福·诺斯科特对英国的文官制度进行了详细调查，并撰写了《诺斯科特-屈威廉报告》。报告列举了英国官员选用和管理制度的种种弊端，对其进行尖锐批评的同时，也提出了一系列的改革建议：(1) 区分文官类别，统一规定文官的年龄要求和薪酬标准；文官分为高级文官和低级文官，高级文官需具备多方面的才能和丰富的知识经验，需接受高等教育，最好毕业于牛津大学、剑桥大学等一流高校，低级文官也需受中等教育。(2) 建立考试任用制度，通过公开的书面竞争考试录用文官；高级文官考试由中央授权专门机构主持，低级文官考试则由地方考试中心主持；报告还对考试科目提出了建议。(3) 根据文官的工作业绩和勤奋程度决定晋升，奖优汰劣，奖勤罚懒。(4) 统一各部门录用文官的标

[1] 王志刚. 英国文官政治中立的历史及现状 [J]. 外国问题研究，1985 (1)：77.

准，建立统一的文官制度。该报告提出的选拔标准较之前增加了许多公正的因素，更倾向于个人才能，从而有利于整体提升文官队伍的素质，也为构建高效政府奠定了基础。此报告规范了之后英国文官制度改革的原则，对英国文官制度的现代化发展起到了决定性作用，故被誉为英国文官制度改革的“纲领性文件”。

1854 年 2 月，《关于建立常任文官制度的报告》正式提交英国议会，因改革力度较大，在社会上引起强烈反响。虽然有识之士对这份报告予以高度赞扬，但大部分人则持观望态度，既得利益者激烈反对，内阁不得不撤回报告。但是，就在这一年，英国、法国与俄国之间爆发了克里米亚战争。虽然联军最终赢得了战争的胜利，但是英国陆军部官员表现极差，军事后勤系统完全跟不上战争节奏，军需物资不能及时供应前线，机构之间相互推诿、一片混乱，不少官员玩忽职守，甚至中饱私囊；政府尽管花费大量财政经费，但仍然出现了粮食和药品供应不足的现象，致使前线士兵因伤病或饥饿而死亡，以致英国在战争初期连遭败绩。国内舆论哗然，议员们责备政府用人不当，亚伯丁内阁因此倒台〔1〕。1855 年 1 月，维多利亚女王授命帕麦斯顿组阁、出任首相，战局方得扭转。在收拾局面的过程中，新政府意识到改革和完善文官制度的迫切性，遂采纳了《诺斯科特-屈威廉报告》的建议，颁布了《关于录用王国政府文官的枢密院令》。该令规定成立

〔1〕古燕. 西方政治的稳定器——文官制度［M］. 沈阳：辽宁大学出版社，1996：32.

一个三人文官制度委员会，负责审查文官候选人的年龄、身体状况和品格等条件是否合格，审查合格者再参加考试；考试合格者获得证书，被分配至各部用人单位；经6个月试用期再由委员会决定是否正式录用。《关于录用王国政府文官的枢密院令》是英国文官制度发展的关键节点，较之前有了很大的进步，但仍有其历史局限性和不彻底性。

克里米亚战争如同强力催化剂，推动英国文官制度的改革进程。1870 年6月 4 日英国政府又颁布了关于文官制度改革的第二个枢密院令，该令的主要内容有：多数重要文官职位必须按照文官委员会的要求，通过公开竞争考试择优录用；文官委员会在财政部的监督下有权独立决定录用文官的基本条件；明确规定除外交部、内政部外（比如法官，仍可以不经过考试直接由内阁任命），其他各部官员均由公开竞争考试录用。两个枢密院令以《诺斯科特-屈威廉报告》为蓝本，进一步明确了英国文官制度的一些最重要和最基本的原则，同时也标志着世界上第一个常任文官制度的最终建立。

在英国文官制度的示范下，从 19 世纪末至 20 世纪，其他国家在现代化进程中也纷纷建立了具有本国特色的文官制度，使国家公务员队伍的选拔和建设成为现代社会政治体制和国家治理体系的必要组成部分。

13

从“抡才大典”到“骤然停废”

——晚清科举制

科举制度自隋朝设立，经历了1 300年的发展历程，在中国选官制度史上留下了浓墨重彩的一笔。然而，如此影响深远的科举制却在清末黯然退出历史舞台，它因何陨落？又有何影响？

事实上，科举制的颓风并非在鸦片战争以后才显现。早在明朝中后期，科举制的弊端已为士人所诟病，顾炎武是其中的代表之一。顾炎武认为：“八股之害，等于焚书，而败坏人材，有甚于咸阳之郊所坑者但四百六十余人也。”〔1〕对八股取士的批判之声一直延续至清朝。清初有识之士曾提出过改革科举之弊的方案，如四川道监察御史李元直认为，八股时文“能为端人正士之言，未必无卑污苟贱之行；能为慷慨经济之论，未必有治民理事之才”，八股文是“无用之空言，雕虫之小技，劳士子无限之呫哔，费考官无限之精神，靡国家无限之供给，纵弊绝风清，亦无关实效”〔2〕。然遗憾的是这些方案最终都未能实行。实际上，清朝统

〔1〕(明) 顾炎武. 日知录集释 [M]. 黄汝成集释. 上海：上海古籍出版社，2006：946.

〔2〕整理自李世愉、胡平. 中国科举制度通史：清代卷 [M]. 上海：上海人民出版社，2015：711—717.

治集团并非对八股之弊毫无察觉，也曾尝试对八股取士进行改革。据记载，康熙二年（1663年），清廷以“八股制艺，始于宋王安石，招废不用”，曾经一度废止在乡会试中用八股文，改试策论[1]。但此举推行不足五年，康熙七年（1668年），乡试、会试又恢复了八股取士。何故如此？主要有两方面原因。首先作为一种考试文体，八股取士已沿用了近三百年，读书人早已习惯这种应试模式，骤然改变将会遭遇何种阻力可想而知。而且，八股取士也并非毫无可取之处，如考试标准公平一致，有益于科举取士的规范化。正因如此，清初统治集团试图改革科举的尝试未曾真正实施。

近代以来，面对内外交迫的形势，有识之士呼吁当务之急应改革科举，并提出了各式方案。如思想家龚自珍在批判科举取士的同时，主张从考试内容入手改革科举制，免试说经和诗赋，恢复汉朝的“试讽书”和“射策”。李鸿章的幕僚冯桂芬则在其《校邠庐抗议》一书中提出除了科举正科的考试之外应“特设一科，以待能者”，对于精通西洋技艺之人，朝廷应提供如同科举取士一样的晋升机会[2]。无独有偶，晚清实业家、教育家郑观应也提出了类似但更为具体的改革方案，他力主在科举正科考试之外另辟他科，如文学科、政事科、言语科，或格致科、艺学科、杂学科，

---

〔1〕李世愉、胡平. 中国科举制度通史：清代卷［M］. 上海：上海人民出版社，2015：409.

〔2〕（清）冯桂芬. 校邠庐抗议［M］. 上海：上海人民出版社，2002：49—50.

提出既要重视中国传统经史之学，更要重视实用新学，以实用新学的优劣作为科举取士的重要录用标准[1]。此外，郑观应还提出改革传统书院、兴办各级新式学堂，新式学堂以学习“有裨时务”的实用新学为主，学堂学生与科举正途一样可以参加科举乡、会试。对于有特殊专长之人，还可不拘一格临时特开一科取士，被录用者拥有与传统的应试者一样的“举人、进士”身份，其功名和地位无所不同。郑观应的主张是在考虑到现实阻力的因素下，所采取的一种缓和渐变的改革方案，其特点在于保留科举旧制，通过改革学校教育的方式以适应新形势。在郑观应生活的时代，越来越多的有识之士提出相似的主张，强调应将选才和育才的功能统一于学校，学校应具备与科举考试同等地位的选才机制，强调通过调整学校教育的内容以实现培养实用人才之目的。由此可见，晚清科举制是有可能朝着一种较为温和的改革方向前行的。然而，尽管这种以折中调和为主的方案不失为一种良策，而且呼吁改革的声浪愈来愈大，但在当时时代背景的裹挟下，此种方案也难以实现。因为若行此法，就需在生员录取、教学内容和毕业生去向等诸多方面与科举制度协调统一，其背后则牵扯到整个选官体系及教育体系的改革，难度之大可想而知。同时，随着时局不断恶化，救亡图存的呼声日趋高涨，渐进改革科举制的主张逐渐被一种更为激进的改革诉求所取代。

---

[1] 整理自（清）郑观应. 盛世危言［M］. 北京：华夏出版社，2002：130.

1895年甲午战败后，时人在反思中愈加认为中国落后的根源在于教育，由此开启了更为急迫的包括科举制在内的社会改革。维新变法期间，严复就曾明确提出："天下理之最明而势所必至者，如今日中国不变法则必亡是已。然则变将何先？曰：莫亟于废八股。"[1] 在严复看来，"八股取士，使天下消磨岁月于无用之地，堕坏志节于冥昧之中，长人虚骄，昏人神志，上不足以辅国家，下不足以资事畜。破坏人才，国随贫弱。……此之不除……虽练军实、讲通商，亦无益也。……然则救之之道当何如？曰：痛除八股而大讲西学……"[2] 康有为也尖锐地批评八股取士的流弊。他认为"中国之割地败兵也，非他为之，而八股致之也"[3]。康有为在光绪二十四年（1898年）呈递皇上的奏折中，开宗明义地提出："今变法之道万千，而莫急于得人才；得才之道多端，而莫先于改科举。今学校未成，科举之法未能骤废，则莫先于废弃八股矣。"[4] 显然在康有为看来，国家之孱弱在于考试制度的落后，当务之急应改造科举制。而变科举首先应废除八股取士，改试策论，为国家培养经世致用的人才。此外，梁启超也提出"欲兴学校、养人才，以强中国，惟变科举为第一义"[5]。可见，当时的维新派人士普遍支持通过废除八股取士进而改造科举制。迫

[1] 汪征鲁等. 严复全集：第7卷［M］. 福州：福建教育出版社，2014：45.
[2] 汪征鲁等. 严复全集：第7卷［M］. 福州：福建教育出版社，2014：47.
[3] 姜义华、张荣华. 康有为全集：第4集［M］. 北京：中国人民大学出版社，2007：79.
[4] 姜义华、张荣华. 康有为全集：第4集［M］. 北京：中国人民大学出版社，2007：78.
[5] 梁启超. 欧游心影录［M］//汤志钧、汤仁泽编. 梁启超全集：第一集 论著一. 北京：中国人民大学出版社，2018：47.

于救时御侮的巨大压力，1898 年光绪皇帝正式颁布废除八股文的谕令，由此揭开了科举制改革的序幕。尽管戊戌变法失败后八股取士有过短暂的死灰复燃，但是变革科举制的形势已不可逆转。清末新政期间，在国内众多有识之士的强烈呼吁声中，光绪三十一年八月初四日（1905 年 9 月 2 日）朝廷发布上谕，宣布废除科举制度："前因管学大臣等议奏，当准将乡会试分三科递减。兹据该督等奏称科举不停，民间相率观望，推广学堂必先停科举等语，所陈不为无见。著即自丙午科为始，所有乡会试一律停止，各省岁科考试亦即停止。其以前之举贡生员，分别量予出路。"〔1〕此上谕的发布，标志着在中国历史上延续 1 300 多年的科举制度退出历史舞台。

科举制废除后，新式教育得以迅速发展，新式学堂的数量明显增加。有学者统计，1903 年有新学堂 769 所，而 1905 年则猛增至 8 277 所，1906 年达到 23 862 所〔2〕。新式学堂的教学体系涵盖各学段，在教学内容方面大量引进了西方的自然科学、社会科学，且实施学科分科教学。此外，新式学堂毕业生的职业选择亦明显多样化。

那么，大量新式学堂的涌现能否迅速弥补科举制的缺陷？事实上，早在洋务新政时期新式学堂已应运而生。彼时新式学堂的课程以西学为主要教学内容，当然中学仍是根本，例如，考试文

〔1〕杨学为等. 中国考试制度史资料选编［M］. 合肥：黄山书社，1992：433.
〔2〕刘海峰. 中国科举史［M］. 上海：东方出版中心，2004：429.

体主要是论、策、疏等应用文体。尽管当时的新式学堂不可能完全超越时代局限性而摆脱中学和科举的影响，但不可否认的是，晚清新式学堂指引了科举考试改革的方向，且逐渐发展为一种潮流。遗憾的是，循序渐进的改革被科举制的骤然停废打乱了节奏。正如史家罗志田所言："当初清政府在改革科举之时，已开始兴办学堂来填补科举制的教育功用，这本是很有见识的举措。但一种新教育体制并非一两纸诏书在短期内便可造成……从 1901 年到 1905 年那几年间，仅张之洞、袁世凯等人关于科举制的奏折所提出的办法，几乎是几月一变，一变就跃进一大步。"〔1〕不难推断，如此急速的改革会带来怎样的后果。尽管其初衷毋庸置疑，但在实际执行过程中因准备不足而导致流于形式的现象不绝如缕，维新变法时期阳奉阴违的现象再次出现。由此，科举废除后尽管兴办了大量新式学堂，但清末教育体制改革的成效并不显著。相反，由于教育改革缺乏稳定的社会环境，加之改革者操之过急，士人置疑科举制停废的声音不绝如缕。其中比较有代表性的当数晚清士人刘大鹏，其遗著《退想斋日记》详细记录了科举停废后部分士人的社会心态，"九月十七日（1905 年 10 月 15 日）：下诏停止科考，士心散涣，有子弟者皆不作读书想，别图他业，以使子弟为之，世变至此，殊可畏惧"〔2〕。刘大鹏的日记纵然对科举停废带有浓厚的主观成见，但不可否认的是，科举废除后，确实存在

〔1〕罗志田. 清季科举制改革的社会影响［J］. 中国社会科学，1998（4）：189.
〔2〕刘大鹏. 退想斋日记［M］. 太原：山西人民出版社，1990：146.

传统的科举用书逐渐遭冷遇、乏人问津的情况。同时，日记也揭示了士人尤其是以科举为业的底层士子不得不面对迷茫的前景，呈现出无以为继的酸楚、无奈心态。由此也就不难理解，为何对科举制骤然停废的争议始终未中断，以至于科举制停废后的数年依然出现要求恢复科举制的呼声。

综上，科举制度经历了创立、发展、鼎盛与衰亡的历史进程。由于受特定的社会历史条件的影响，以及以八股取士为主要形式的考试机制的制约，科举制度逐渐从“抡才大典”演变为人才成长的桎梏，最终沦落至“骤然停废”的黯然下场。可见，论及科举制废除的影响，只有将其置于特定的时代背景中进行窥探，才能理解其中的历史复杂性。

14

从“文官”到“公务员”

——中国公务员制度的变迁

中国近现代文官制度脱胎于西方文官制度。考试录用、政治中立与职务常任是西方文官制度的特点。纵观近现代中国文官制度的变革，既有明显借鉴西方文官制度的一面，也有延续中国传统职官任用特色的一面。在中国不同历史时期的政治制度背景下，从“文官”到“公务员”，公务员制度理念与实际内涵在历史进程中不断演变和发展。

中国近现代文官制度萌芽于晚清时期。清政府于1911年开始拟定《文官考试录用章程》，拟将文官录用纳入制度化的轨道，但不久清王朝覆灭，此项改革并未展开[1]。

中华民国建立后，对于新生的民主共和制下的文官，孙中山提出了三点构想：第一，官吏为国民公仆；第二，通过考试录用官员；第三，对官员进行严格的监督。在其担任临时大总统期间，拟定了《任官状纸程式》《任官令》《文官考试令》等一系列法令，虽然这些法令未能完成立法程序，但已涉及文官考试规范、两官分途原则、文官分类体系以及文官任用等级等诸多方面的建构。

[1] 李俊清．移植与嬗变——论现代文官制度在中国的创建［J］．政治学研究，2006(4)：89.

北洋政府时期是中国近现代文官制度初步实践的重要时期。在制度设计层面，政府先后颁布了有关文官制度的法令法规近三百件，涉及文官的考选、分类、任用、等级、考核、薪酬福利、纪律奖惩等多方面内容。文官制度的公开考试、分类管理、两官分途、职务常任等基本精神原则，都得到了法律的明文规定。此后南京国民政府推行的公务员制度的精神原则和制度规范，可视为北洋时期的延续和发展〔1〕。但必须指出，民国早期“文官”还没有形成明确的含义，大总统以下军官以外所有官员都可以称为文官〔2〕，“文官”称谓中传统“官吏”的意味仍比较浓厚，这与英国文官制度对于文官的明确界定还是有所不同。在官员选拔方面，除使用考试方式选拔外，基于维持行政稳定的需要，也同时施行特擢、任命、甄别等传统的用人方式。此外，妇女参加文官考试的资格也被加以限制。

1928 年 10 月 3 日中国国民党中央政治会议通过《中华民国国民组织法》，规定考试院为国民政府的最高考试机关，要成为公务员，必须经过考试院的考选、铨叙等程序才能得以任用。自此，中国传统的“官吏”称谓逐渐为“公务员”这一新称谓所代替。公务员主要由考试院组织的普通、高等和特种三种考试进行选拔。普通考试主要面向政府各类事务性岗位，特种考试面向的岗位主要是邮政、边区行政、县长及司法审判官等。应考人员需要具备

〔1〕李俊清. 移植与嬗变——论现代文官制度在中国的创建［J］. 政治学研究，2006（4）：93.

〔2〕王菲. 北洋时期中英文官制度辨异［J］. 安徽广播电视大学学报，2010（2）：120.

相应的考试资格和条件，比如学历资格，即参加普通考试的条件至少为中等学校的学历，参加高等考试的条件则为大学学历。南京国民政府又于1929年和1933年先后颁布了《公务员任用条例》和《公务员任用法》。《公务员任用法》明确指出，政府公务员不包括政府官员。相较于北洋政府时期人们对于“文官”概念的模糊认知，南京国民政府时期所使用的“公务员”概念在法律上得到了明确界定，公务员考试也开始面向妇女。

在公务员的任用和管理方面，南京国民政府设计了包含甄别、登记、任用、分发、俸给、考绩、退休等一整套的铨叙制度及流程。1930年4月，《现行公务员甄别审查条例》颁布。甄别的作用在于对公务员任职资格的核定，由成绩和资格两部分组成。成绩为被甄别人的领导所记录的成绩、考语和拟定等级。任用资格主要为：学校毕业、大学教授、考试合格、曾任经历或“革命历史”。但由于接受甄别的人员较少，该制度的推行遇到较大阻力，国民政府于1934年4月无奈废止了甄别制度，转而推行登记制度。相比甄别，获得登记资格的条件就比较宽松了，只要具备以下任何一条即能通过：中等以上学校毕业；在各机关担任委任职以上任职满一年；担任小学以上校长或主要雇员三年以上；在各机关任雇员三年以上；有专门学术著作或发明创造审查合格；对国家有“勋劳”或对“革命”有成绩；曾任乡（镇）长以上或县参议院一年以上[1]。

[1] 姚琦. 国民政府时期公务员制度述略［J］. 广东行政学院学报，1996（2）：44.

由此观之，国民政府其实是拓宽了公务员任用范围，部分人可以利用登记手段绕过考试选拔环节。

从制度设计来看，南京国民政府时期的公务员制度具备更加浓厚的现代人事管理的进步色彩，特别是考试院与行政、立法、监察、司法四大机构并列，拥有独立考选和铨叙公务员的权力，有利于保障公务员制度的独立性与公平性，为各阶层的知识分子参政提供较为广阔的机会，推动更多高素质人才进入政府部门，进而扩大统治基础，提高执政效能。此时公务员的分类已经非常接近西方现代公务员制度。通过普通、高等和特种考试选拔的公务员群体，符合现代国家行政管理的技术性与专门性要求。

但从当时公务员队伍的实际情况来看，制度的施行仍然存在诸多缺陷。其一，在公务员任用方面，虽然法律法规将公开考选作为选拔公务员的基本途径，却在考试之外开辟了新的任用途径。如甄别和登记制度下，都有一项所谓“革命资格”或“革命历史”的任用资格，为一些人员不经考试即可担任公务员大开方便之门，成为官僚集团营私舞弊的主要缺口。此外，监督机制不成熟，虽然颁布了《公务员惩戒法》《弹劾法》，但执行不够坚决，人情往往高于法治，公务员队伍中贪污受贿之风触目惊心。

其二，考试的公平性无法得到保证。南京国民政府只是实现了形式上的统一，地方上各自为政、政府内派系斗争，严重影响了考选和铨叙制度的按章执行。比如，云南省未经考试院批准擅自举行考试，内容十分简单，目的是使本省官员具备“考试及格”

的资格，进而顺利通过甄别。以县长为例，全省不过50余县，竟有49名县长考试及格，其他省纷纷效仿[1]。地方势力不仅在考试上做手脚，还利用宗族关系网络破坏公务员的正常任用程序，公开与国民政府的政令对抗。在中央政府内部，不同派系对考试及格人员资格的争夺，也严重影响了公务员的正常工作。

其三，现代文官制度被纳入南京国民政府体系后，与国民党"党国"体制形成了难以调和的矛盾。西方的文官制度根植于政党政治，倡导"政治中立"，这与国民党"一党独裁"的理念天然对立。国民党的中央官员看到了现代文官制度提高行政效率的作用，但看不到其与政治体制间的关系，更摆脱不了传统政治文化中人情世故的影响和人治意识的束缚[2]。在各类公务员考试中虽未规定应考者为国民党籍，但在考试的不同阶段均有加试"党义"的环节。前文所叙甄别和登记制度下"革命资格"或"革命历史"的任用资格，也有在公务员群体中加强国民党党员比重的考量。但国民党组织涣散，公务员队伍中的党员人数虽多，可并无多少凝聚力。

新中国成立后，确立了社会主义政治制度，干部人事制度也得到进一步完善与发展，建立了由中共中央和各级党委统一领导、各级党委组织部门统一管理的分部分级管理干部的体制，并颁布

---

〔1〕徐岩. 南京国民政府时期公务员制度的现代化特征分析［D］. 长春：东北师范大学，2009：31.

〔2〕姬丽萍、孙桂珍. 南京国民政府时期"党国"体制下公务员制度的变异［J］. 河北大学学报（哲学社会科学版），2009（6）：94.

了一系列单项法规制度以保证干部人事制度的有效推行。

改革开放以来，社会主义现代化建设进入新阶段，干部人事制度的改革举措之一就是公务员制度的出台。2005 年 4 月 27 日全国人大常委会表决通过了《中华人民共和国公务员法》，并于 2006 年 1 月 1 日开始施行。这是党政机关干部人事制度改革的重要成果，既借鉴了各国现代公务员制度的经验，又具有体现社会主义政治制度本质特征的中国特色。自此，公务员管理实现了法制化与规范化。随后以公务员法为主体，涵盖公务员录用、考核、任免、奖励、惩戒、辞职等的 30 多项配套政策法规先后施行，由此形成了较为完整的公务员管理制度体系。其中，公务员考录制度坚持“凡进必考”，公务员队伍的高素质在源头上得到了保证。2018 年 12 月 29 日，全国人大常委会通过了新修订的《中华人民共和国公务员法》。本次修订对原来的公务员法进行了多项补充和调整，特别强调与突出了政治要求，把习近平新时代中国特色社会主义思想作为公务员制度必须长期坚持的指导思想〔1〕。

当代公务员制度的优化与完善，是国家制度体系和社会治理能力现代化进程中的关键一环，它将为中国式现代化进程提供干部人力资源的保障。

---

〔1〕首先，强调坚持和加强党的领导、坚持中国特色社会主义制度等一系列政治要求；其次，确立了公务员职务与职级并行制度，以调动广大公务员的积极性、主动性和创造性。参见《中国人大》记者. 中国公务员制度的重大改革和完善[J]. 中国人大，2019（3）：17.

15 铸刑鼎之争

西周大盂鼎铭文中有一个“灋”字，被认为是“法”字的源头。“灋”由“氵（水）”“廌（zhì）”“去”三个部分组成，东汉许慎于《说文解字》中解释：“灋，刑也。平之如水。从水；廌，所以触不直者去之，从去。”

“从水”容易理解，当水注入容器时是平的，所以用水来形容法律的“公平”。那“从去”又当如何理解？王充在《论衡·是应》中这样解释：“觟觽者，一角之羊也，性知有罪。皋陶治狱，其罪疑者，令羊触之。有罪则触，无罪则不触。”觟觽是中国古代神话传说中的神兽，状如羊而额上长一角，能辨是非曲直，识善恶忠奸，一旦发现奸邪，就用角把犯罪者触倒，然后吃掉。皋陶又是何许人？相传舜在接受尧的禅让后设官分职，封皋陶为“大理”即掌刑法的官员，并建构了中国最早的司法制度“五刑”“五教”[1]，皋陶可谓中国司法界之鼻祖。但是，皋陶靠着这种神兽

---

〔1〕《尚书·大禹谟》：“帝曰：‘皋陶……汝作士，明于五刑，以弼五教。期于予治，刑期于无刑，民协于中，时乃功，懋哉。’”所谓“五刑”是指中国古代官府对犯罪者所使用的五种主要的刑罚。先秦以前的五刑是指墨、劓（yì）、剕（fèi）、宫、大辟，分别指在人的脸上或其他部位刺刻字迹、割掉鼻子、（转下页）

来断狱，可见中国原始的法律是一种习惯法，这在世界各民族中都是共通的[1]。

图1 西周大盂鼎上的“灋”字

图2 神兽“廌”想象图

传世文献和出土实物史料显示，周朝已有制定和颁布法令的情况。《周礼·天官·大宰》记载：“乃县治象之灋于象魏。”郑玄注：“大宰以正月朔日，布王治之事于天下，至正岁，又书而县于

(接上页) 砍去脚、割下男性生殖器、死刑。汉代经过刑制改革，肉刑逐渐废除，南北朝时期流刑正式纳入五刑，自隋律起，正式形成了笞、杖、徒、流、死的新五刑体系，一直延续到清末。《孟子·尽心上》：“君子之所以教者五：有如时雨化之者，有成德者，有达财者，有答问者，有私淑艾者。此五者，君子之所以教也。”所谓“五教”即孟子所说的这五种教育。

[1] 古罗马法学家尤里安认为：“没有理由不把根深蒂固的习惯作为法律来遵守（人们称它是由习俗形成的法）。事实上，我们遵守它们仅仅是因为人民接受它们。那些在无成文法的情况下人民所接受的东西，也有理由为所有人所遵守。”从人类学和法律史的角度考察，习惯法是法律的最早形式，“有国家以前之社会及初期之国家，习惯几占法律之全部”。

象魏，振木铎以徇之，使万民观焉。”[1] 由此可见，“悬灋象魏”之意就是将法令公布出去，使所有人知晓。此外，据文献记载，西周时期已有罪刑合一的刑法。《吕刑》是西周重要的法典，周穆王命大臣吕侯以“明德慎罚”为指导原则“作修刑辟”，制定了比较详尽的司法制度，故而得名。《吕刑》收录在今文《尚书》中。《尚书·吕刑》规定“墨罚之属千，劓罚之属千，剕罚之属五百，宫罚之属三百，大辟之罚其属二百。五刑之属三千”[2]，形成以肉刑为主要特征的罪刑合一的刑法。《周礼·司刑》中“司刑掌五刑之法，以丽万民之罪。墨罪五百，劓罪五百，宫罪五百，刖罪五百，杀罪五百”的记载，亦可为其佐证[3]。可见，古人很早就确立了有法可依的原则。但鲁昭公六年（公元前536年），郑国大夫子产将刑法铸于鼎上，却招来了晋国大夫叔向的严厉批评，引发了历史上著名的铸刑鼎之争。

先看看《左传·昭公六年》中对此事的记载：

三月，郑人铸刑书。叔向使诒子产书，曰：

始吾有虞于子，今则已矣。昔先王议事以制，不为刑辟，惧民之有争心也。犹不可禁御，是故闲之以义，纠之以政，行之以礼，守之以信，奉之以仁；制为禄位以劝其从，严断

---

〔1〕李学勤主编. 十三经注疏：周礼［M］. 北京：北京大学出版社，1999：42.
〔2〕李学勤主编. 十三经注疏：周礼［M］. 北京：北京大学出版社，1999：546.
〔3〕孔许友. 论春秋时期的刑书书写——以铸刑鼎之争为中心［J］. 云南社会科学，2016（3）：166—167.

刑罚以威其淫。惧其未也，故诲之以忠，耸之以行，教之以务，使之以和，临之以敬，莅之以强，断之以刚。犹求圣哲之上、明察之官、忠信之长、慈惠之师，民于是乎可任使也，而不生祸乱。民知有辟，则不忌于上。并有争心，以征于书，而徼幸以成之，弗可为矣。

夏有乱政，而作《禹刑》；商有乱政，而作《汤刑》；周有乱政，而作《九刑》。三辟之兴，皆叔世也。

今吾子相郑国，作封洫，立谤政，制参辟，铸刑书，将以靖民，不亦难乎？《诗》曰："仪式刑文王之德，日靖四方。"又曰："仪刑文王，万邦作孚。"如是，何辟之有？民知争端矣，将弃礼而征于书，锥刀之末，将尽争之。乱狱滋丰，贿赂并行。终子之世，郑其败乎？肸闻之："国将亡，必多制。"其此之谓乎！

复书曰：

若吾子之言，侨不才，不能及子孙，吾以救世也。既不承命，敢忘大惠！[1]

翻译为白话文，大意如下：

三月，郑国把刑法铸在鼎上。叔向派人给子产送去一封

〔1〕杨伯峻. 春秋左传注［M］. 北京：中华书局，2016：1410—1412.

信，说：

原先我对你寄托了期望，现在则不这么想了。以往先王以衡量犯罪的轻重来判定刑罚，而不制订刑法，是害怕人民有争竞之心。这样还不能禁止，所以就用道义来防范，用政令来约束，用礼仪来奉行，用信用来保持，用仁爱来奉养，制订禄位来勉励顺从的人，用严格的刑罚来威慑放纵的人。担心不能奏效，所以用忠教诲他们，用模范行为来加以奖励，用专业知识教育他们，和蔼慈爱地使用他们，敬重地面对他们，威严地管理他们，坚决地判定他们的罪行，还要访求聪慧睿智的卿相、明察事理的官吏、忠诚守信的乡长、慈爱和惠的教师，人民在这种情况下才可以任凭使唤，而不会生出祸乱。人民知道有法律，便对在上者不恭敬。并且怀有争竞之心，征引法律条文作为依据，以求侥幸逃避刑法，那么就没法治理了。

夏朝有违犯政令的人，于是制订《禹刑》；商朝有违犯政令的人，于是制订《汤刑》；周朝有违犯政令的人，于是制订《九刑》。三种刑法的制订，都是在各朝的衰世。

现在你辅佐郑国后，划定田界水沟，实施备受批评的政事，仿效上述三种刑法制定法律，并把它铸在鼎上，想用这种办法来安定人民，不也是十分困难的吗？《诗》说："效法文王典章，每天安定四方。"又说："效法文王，万邦信赖。"像这样何必还要有法律？人民知道了争端的依据，将会抛弃礼仪而征引法律条文，一字一句都要争辩明白。那么，触犯法律的案件就会更多，贿赂亦到处流行。这样一来，至多到你去世，郑国就将衰败了吧？我听说：“国家将要灭亡，必然会订立更多法律。”说的就是这种情况吧！

子产复信说：

若按照您所说的那样——我才干不足，不能考虑到子孙，我只是考虑如何救世。虽然不能接受您的教导，但哪里敢忘您的大恩大德！[1]

观此书信，叔向从两个方面来解释反对子产铸刑书的理由：其一，贤明的君王是不会制定法律的，只有衰世之君才会颁布法律，如夏商周三代制定法律时，皆已处于末世、国家将亡之时，此之所谓“国将亡，必多制”；其二，制定法律和遵守礼制是相悖的，制定了法律，民众就不会对尊长恭敬，还会背弃礼制而征引刑书，最后导致狱讼繁多，贿赂并行。在叔向看来，国家治理是一项复杂的系统工程，需要刚柔并济，不宜偏重刑罚，应以礼教为主。诚然，这种对于礼治传统的维护并非毫无道理，但在礼崩乐坏的春秋后期，却显得不切实际。彼时，周王室衰微，周王室与诸侯国、诸侯国内部上下失序，卿大夫专权，以臣弑君者屡见不鲜。面对现实，子产在回信中坚持自己铸刑鼎的法治立场，认为只有

〔1〕整理自左传［M］. 郭丹、程小青、李彬源译注. 北京：中华书局，2012：1664—1667.

采用整齐划一的法律进行治理才能挽救局势，重整社会秩序。由此，子产以铜鼎刊布刑法，更是大有深意。铜鼎不仅具有不易腐烂、不易修字的特点，更是国家权力的象征，将刑法刻于其上，既是对传统礼乐秩序的贬低，也是对刑法地位的提升[1]。

子产铸刑鼎 20 多年后，晋国也铸刑鼎了，而这次严厉批评晋国的人是孔子。《左传·昭公二十九年》记载：

> 冬，晋赵鞅、荀寅帅师城汝滨，遂赋晋国一鼓铁，以铸刑鼎，著范宣子所谓刑书焉。
>
> 仲尼曰："晋其亡乎！失其度矣。……贵贱不愆，所谓度也。……今弃是度也，而为刑鼎……贵贱无序，何以为国？且夫宣子之刑，夷之蒐也，晋国之乱制也，若之何以为法？"[2]

如果说郑国子产铸刑鼎是为了"张公室，抑私门"，通过铸刑鼎将立法权收归国君所有，那么晋国荀寅、赵鞅铸刑鼎则是为了"张私门、抑公室"，通过铸刑鼎侵夺晋国君主的权力，扩大卿大夫权力[3]。对此，孔子不仅批评铸刑鼎的行为导致社会混乱，而且斥责刑鼎的内容为"乱制"。为何两次铸刑鼎会引来叔向和孔子如此猛烈的抨击？叔向和孔子的言论及态度究竟意味着什么？

---

〔1〕黄东海、范忠信. 春秋铸刑书刑鼎究竟昭示了什么巨变［J］. 法学，2008（2）：57.
〔2〕杨伯峻. 春秋左传注［M］. 北京：中华书局，2016：1674—1675.
〔3〕孔许友. 论春秋时期的刑书书写——以铸刑鼎之争为中心［J］. 云南社会科学，2016（3）：170—171.

如前所述，成文法并非铸刑书的创新，西周早已有之，两人似无反对之必要。那么，铸刑书的实质是什么？究竟有何影响？有学者认为，铸刑书的关键在于改变了社会管制模式。西周传统司法体制是“议事以制，不为刑辟”，也就是以原则性礼法约束民众为主。虽也有惩罚相应罪行的刑书，但实际定罪量刑时，则是由贵族因时制宜、灵活机动地制裁犯法者，实质上是一种贵族专擅的司法体制，这种体制使贵族享有几乎不受限制的司法权力〔1〕。而铸刑鼎则将刑书法典化，将法典公开化。所谓法典化，是使刑法代替礼法居于首要地位，当刑法的作用超过“议事以制”的作用时，刑书就成为真正意义上的法典，这也就意味着治国理念从以礼治为中心过渡到以法治为中心〔2〕；所谓公开化，就是将犯罪与刑罚做明确的一一对应，并预先公之于众，民众知悉了这种新形式的刑书，也就意味着“刑不可知”“威不可测”的贵族司法权受到了限制〔3〕。由此，政治制度也开始向君主集权转变——不管是传统礼制下的“君”，还是权力斗争中胜出的“君”，都试图通过法典公开化剥夺贵族原有的权力，将立法权收于己身，实现了立法权从多元到一元的转变。以郑国执政子产、晋国执政赵鞅和荀寅为代表的政治势力，正是新管制模式和新秩序的倡导者，而叔向和孔子则是维护旧体制、旧秩序的代表。他们的争论既反

---

〔1〕黄东海、范忠信．春秋铸刑书刑鼎究竟昭示了什么巨变［J］．法学，2008（2）：59.

〔2〕整理自孔许友．论春秋时期的刑书书写——以铸刑鼎之争为中心［J］．云南社会科学，2016（3）：169、167.

〔3〕黄东海、范忠信．春秋铸刑书刑鼎究竟昭示了什么巨变［J］．法学，2008（2）：59.

映了礼崩乐坏、依法治国的现实，也体现了不同立场的官员及士人在治国理政上的不同理念。

综而观之，在血缘宗法纽带日渐松弛、社会发生重大转型和蜕变的春秋时期，一些政治家以务实的态度放弃先王的“礼治”之道，建立起新的“礼法并治”的统治模式，满足了正在形成中的新社会阶层的现实需要。这一时代的选择具有重大的转折意义，到战国时期，随着集权君主政制的逐步确立，各国制定并颁布法典、以法家理念治理国家，就变得稀松平常了。

16 从《唐律疏议》看中华法系的特点

中华法系是中国古代社会法律制度的总称。这一法系不仅深刻影响了古代中国的社会治理，也成为日本、朝鲜等古代东亚各国法律的主要参照，故而被法学界公认为世界五大法系之一。纵观中华法系的演进历程，唐朝是其臻于完备和最终确立的关键时期，而《唐律疏议》则是唐朝法律最具代表性的成就之一。

《唐律疏议》初名《律疏》，共三十卷，是唐高宗永徽年间由长孙无忌等19位官员及学者对唐律所作的诠释和疏解。因该书由官方下诏颁布，故具有一定的权威性；加之编者系统叙述了法律源流，并对律文进行了详细阐发，又使该书兼具实用性。《唐律疏议》以儒家思想为指导，汇总了战国、秦汉、魏晋、南北朝、隋朝以来的立法经验和司法实践，构建了一套技术成熟、系统完善的法律框架，达到了中国古代法制的巅峰。《唐律疏议》最终成为唐朝国家法典之一，其疏文具有与原始律文同等的法律效力。透过《唐律疏议》，可以窥见中华法系的诸多特点。

第一，农本主义的法律体系。中国自古以农为国之基。自春秋战国以来，土地私有制逐渐确立，男耕女织的小农经济成为古代大一统王朝赋役驭民和社会治理的重要基础。为维护国家财政稳定和社会秩序，历代王朝不仅推行重农抑商政策，鼓励耕织生产，还在法律方面明确土地产权归属以保障农耕的顺利进行。例如《唐律疏议》第170条规定："诸部内田畴荒芜者，以十分论，一分笞三十，一分加一等，罪止徒一年。（原注：州县各以长官为首，佐职为从。）户主犯者，亦计所荒芜五分论，一分笞三十，一分加一等。"[1] 又如第171条规定："诸里正，依令：'授人田，课农桑。'若应受而不授，应还而不收，应课而不课，如此事类违法者，失一事，笞四十。（原注：一事，谓失一事于一人。若于一人失数事及一事失之于数人，皆累为坐。）"[2] 这充分表明古代中国统治者对农业生产的高度重视。

第二，皇权至上的法制模式。自秦朝建立大一统中央集权制度以来，皇帝作为全国的最高统治者，不仅掌握着军政大权，还拥有司法裁决的最高权力。《唐律疏议》规定了一些特殊情形，比如与享有"八议"待遇的官宦群体相关的死刑问题，最终都要由皇帝亲自作出裁决。此外，整个法律体系严厉打击颠覆政权、危害皇帝人身和破坏统治基础的犯罪。在唐律中所规定的"十恶"

---

〔1〕如果出现土地荒芜的情况，则要视荒芜的程度和规模，对地方各级官吏和土地户主施以数目不等的笞刑。参见钱大群. 唐律疏义新注［M］. 南京：南京师范大学出版社，2007：422.

〔2〕里正等地方基层组织必须根据法令造簿册、逐级上报并监督农业种植；如果地方官员疏于职责，未按法规分田或归还国有土地，未监督农耕栽种等，每发生一事失职即会受到四十下笞刑的处罚。参见钱大群. 唐律疏义新注［M］. 南京：南京师范大学出版社，2007：424.

中（即十项性质最恶劣、不容宽恕的重罪），涉及威胁君主统治秩序的罪行就有谋反、谋大逆、谋叛和大不敬四项之多。此类罪行的刑罚也极为残酷，例如《唐律疏议》第248条规定："诸谋反及大逆者，皆斩；父子年十六以上皆绞，十五以下及母女、妻妾、（原注：子妻妾亦同。）祖孙、兄弟、姊妹若部曲、资财、田宅并没官，男夫年八十及笃疾、妇人年六十及废疾者并免；（原注：余条妇人应缘坐者，准此。）伯叔父、兄弟之子皆流三千里，不限籍之同异。"[1]如此重罚鲜明地体现了中华法系极力维护皇权的立场。

第三，贵贱有等的法律原则。"君为臣纲，父为子纲，夫为妻纲"的儒家思想深刻地渗透到古代中国法律体系中。历朝统治阶级不仅将自身凌驾于法律之上，而且公然将法律用作维系君权、父权与夫权崇高地位的工具。如《唐律疏议》明确规定：针对"亲"（皇亲国戚）、"故"（皇帝故旧）、"贤"（贤人君子）、"能"（能臣）、"功"（功臣）、"贵"（高官显贵）、"勤"（勤政之臣）、"宾"（前朝国君及其宗室）八类特定社会群体，可以通过议、请、减、免、赎等特殊程序减免罪行。享受"八议"待遇的人犯了死罪，司法机关不得直接判决，而要在记录其罪行及缘由之外另外注明其人属于"八议"中的哪一种情况，再上奏朝廷议定，并由

---

〔1〕凡谋反和大逆之人都将处以斩首；父亲和年满十六岁以上的儿子都被处以绞刑；十五岁以下的儿子、母亲、女儿、妻、妾、祖、孙、兄、弟、姊、妹和他们的奴婢、财产、田产都要没收，伯叔父、兄弟之子判处流放三千里。参见钱大群．唐律疏义新注［M］．南京：南京师范大学出版社，2007：552.

皇帝裁决[1]。对于不在“八议”范围内的官员，若被判处徒刑或流刑以下的刑罚，也可以享受以官品抵罪的特权。除却官员，“贵贱有等”也适用于社会和家庭关系方面。例如，按照《唐律疏议》第321、323条规定：“诸奴婢有罪，其主不请官司而杀者，杖一百。无罪而杀者，徒一年。（原注：期亲及外祖父母杀者，与主同。下条部曲准此。）”[2]“诸部曲、奴婢过失杀主者，绞；伤及詈者，流。”[3]又如《唐律疏议》第327条有关亲属之间发生殴打行为的规定：“诸殴缌麻兄姊，杖一百。小功、大功，各递加一等。尊属者，又各加一等。伤重者，各递加凡斗伤一等；死者，斩。即殴从父兄姊，准凡斗应流三千里者，绞。若尊长殴卑幼折伤者，缌麻，减凡人一等；小功、大功，递减一等；死者，绞。即殴杀从父弟妹及从父兄弟之子孙者，流三千里；若以刃及故杀者，绞。”[4]由此可见法律对权贵、家主和宗亲长辈的庇护。

第四，家族本位的伦理取向。古代中国社会是典型的以血亲关系为中心的宗法人伦社会，中华法系强调维护以血缘家族为核心的宗法制度，将伦常关系法律化。《唐律疏议》赋予家长一系列

---

[1] 钱大群. 唐律疏义新注［M］. 南京：南京师范大学出版社，2007：48.
[2] 如果奴婢犯罪而其主人未经司法审判而擅自处决，将受到一百杖的刑罚；而奴婢因过失杀死主人，则要处以绞刑。参见钱大群. 唐律疏义新注［M］. 南京：南京师范大学出版社，2007：700.
[3] 主杀仆和仆杀主同犯杀人之过而判刑轻重有别，明显体现了对主人一方的偏袒。参见钱大群. 唐律疏义新注［M］. 南京：南京师范大学出版社，2007：700—701.
[4] 殴打五服之内的亲兄姐，处杖刑一百；殴打属长辈亲属的，又分别加重一等；但长辈殴打五服之内的小辈年幼者，造成折齿以上伤情的，则比一般人减一等。参见钱大群. 唐律疏义新注［M］. 南京：南京师范大学出版社，2007：711.

权力，例如卑幼未经家长允许擅自使用家财，将会受到笞刑或杖刑；父母在世时，子孙之间不能私自分割家产，否则将被视为不孝；家长拥有子女的主婚权，可以决定子女的婚嫁；家长还可以请求官府代为惩处不孝子女。任何侵犯家长人身或违反家长意愿的行为都构成了“不孝”之罪，被列为“十恶”之一。此外，统治者非常重视家族中的伦理道德关系，唐朝法律对亲属之间相互隐匿犯罪的情况做出了通融处理。例如《唐律疏议》第46条规定：“诸同居，若大功以上亲及外祖父母、外孙，若孙之妇、夫之兄弟及兄弟妻，有罪相为隐；部曲、奴婢为主隐：皆勿论，即漏露其事及擿语消息亦不坐。”〔1〕这一规定允许在危及社会秩序和挑战社会治理的情况下，父子、夫妻、兄弟姐妹之间可以互相隐瞒其罪行而不承担刑事责任，体现了家族道德伦理和国家法律规范之间的统一。

第五，德主刑辅的人文关怀。“德主刑辅”这一理念最早可追溯至西周初年。周初统治者在反思商朝暴政导致国家覆亡的教训后，首次提出了“明德慎罚”的理念，经后世儒家的发扬光大和律令的儒家化而成为中国古代法律体系的一项基本主张。这一理念强调国家治理应以道德教化为主要手段，用以预防犯罪；而刑罚作为辅助手段，用以惩罚和威慑。奉行“德主刑辅”既有助于

〔1〕凡同财共居，或大功服以上亲属及外祖父母、外孙，或孙媳、丈夫的兄弟及兄弟的妻子，有罪相互隐匿；部曲奴婢为主人隐匿，皆不受处罚。参见钱大群．唐律疏义新注［M］．南京：南京师范大学出版社，2007：203．

确立历代统治者的政治合法性，又有助于缓和社会矛盾。《唐律疏议》开篇便明言“以刑止刑，以杀止杀”[1]，“德礼为政教之本，刑罚为政教之用，犹昏晓阳秋，相须而成者也”[2]。这些都是传统“德主刑辅”理念的经典诠释。“德主刑辅”在法律实践上的具体表现是“慎刑恤罚”。唐朝法律不仅限制了死刑的适用范围，还对死刑的程序作了严格规定。《唐律疏议》第497条规定：“诸死罪囚，不待覆奏报下而决者，流二千里。即奏报应决者，听三日乃行刑，若限未满而行刑者，徒一年；即过限，违一日杖一百，二日加一等。”[3] 此外，“德主刑辅”的理念还体现在对社会弱势群体的关怀上。例如《唐律疏议》第30条规定：“诸年七十以上、十五以下及废疾，犯流罪以下，收赎。（原注：犯加役流、反逆缘坐流、会赦犹流者，不用此律；至配所，免居作。）”[4] 又如《唐律疏议》第495条规定：“诸妇人怀孕，犯罪应拷及决杖笞，若未产而拷、决者，杖一百；伤重者，依前人不合捶拷法；产后未满百日而拷决者，减一等。失者，各减二等。”[5] 这种针对社会弱势群体的人

---

[1] 钱大群. 唐律疏义新注［M］. 南京：南京师范大学出版社，2007：1.

[2] 钱大群. 唐律疏义新注［M］. 南京：南京师范大学出版社，2007：3.

[3] 凡死刑囚犯，不等待奏请行刑的批文下达就处决的，相关人员将被处以流放二千里的重刑。参见钱大群. 唐律疏义新注［M］. 南京：南京师范大学出版社，2007：1004.

[4] 不得对年龄七十以上或十五以下、有重大残疾或患病的人施加刑讯，而且他们的刑罚可适当减轻。参见钱大群. 唐律疏义新注［M］. 南京：南京师范大学出版社，2007：128.

[5] 如孕妇未生产而被拷讯或执行杖、笞刑罚的，官员处杖刑一百；孕妇生产后未满百日而被拷讯或执行杖、笞刑罚的，减一等处罚。参见钱大群. 唐律疏义新注［M］. 南京：南京师范大学出版社，2007：1001.

文关怀充分体现了中国传统文化尊老爱幼、关爱残障的优良传统。

透过《唐律疏议》可以看到，中华法系不仅源远流长，更承载着深厚的中国法律文化传统，凸显了中华文明对公平正义的持续探索和独到见解，是人类社会进步和法治文明的宝贵遗产。虽然这一法系根植于传统时代，服务于皇权，但其中所蕴含的中国古代法律思想和伦理文化依然值得今人加以细致研究，取其精华、去其糟粕，为当代中国社会主义法治建设提供宝贵的本土借鉴与经验。

17 乡约里的古代中国基层教化

与法理型或宗教型社会不同，中国古代社会是伦理型社会[1]。中国古代伦理型社会注重德法兼治，其中，德治在基层社会治理中具有举足轻重的地位和作用。而乡约是古代基层教化的德治范式之一。乡约有两种含义，首先是指基层社会中施行的规约文本，其次是指一种基层组织和制度，在清朝亦指这种组织中的领导职位。在第一种含义中，乡约基本上与通常所言的乡规民约或村规民约同义，是基层社会规约中的主要类型；第二种含义通常是指以乡约文本为基础或与之相关内容而产生的基层组织和制度，故两种含义息息相关。但不管是社会规约还是基层组织，乡约的宗旨都是劝善美俗和道德教化，同时具有防盗、防灾等社会互助和自治性功能[2]。

古代中国，乡约何时发端无从考证，《周礼》中已有类似条款，然其仅为综合性的礼俗典籍，并非专门的乡规民约典籍。古代中国最典型的成文乡约，是北宋神宗熙宁九年（1076 年）由关

〔1〕郑文宝、张蕊. 乡规民约与古代乡村道德建设［J］. 武陵学刊，2023（9）：1.
〔2〕金欣. 乡约与国家法关系史论［J］. 民间法，2023，31（7）：107—108.

中蓝田地区人称“三吕”的吕大忠、吕大钧和吕大临三兄弟（加上吕大防，因而也有“四吕”之称）发起订立，具体由吕大钧起草的《吕氏乡约》，又称《蓝田乡约》。《吕氏乡约》亦常常被认为是最早的成文乡约，尽管此说还存有争议。吕氏兄弟出身于关中蓝田吕氏家族这一官宦、书香之家，因家学渊源而在关中颇有声望。其中，吕大钧师承关中大儒张载[1]，立志秉承和践行张载礼学“致用”理念，倡导躬行礼仪教化。吕氏兄弟在其父亲去世返乡丁忧期间，观察到宋朝民间社会日益平民化和碎片化的趋势，遂萌生了撰写乡民公约以重建民间秩序的想法。《吕氏乡约》载有其写作动机：“大忠素病于此，且不能勉，愿与乡人共行斯道。惧德未信，动或取咎，敢举其目，先求同志，苟以为可，愿书其诺，成吾里仁之美。”[2] 更深层次的原因还在于，北宋王朝统治者重文轻武，调整了乡村管治系统，户等制、乡役制、保甲制层层推进，与前朝相较，北宋强化了对乡村的控制[3]。这种强化趋势亦投射到乡规民约的制定上。此外，当时正值王安石推行新法，一些朝廷官员，如苏轼，不满王安石推行保甲法而罢废边远地区民间自治性军事组织——弓箭社，认为保甲法不重视礼仪教化，只

〔1〕张载，世称横渠先生，尊称张子，北宋思想家、教育家、理学创始人之一。创立以关中为基地的儒学学派“关学”，提出著名的“为天地立心，为生民立命，为往圣继绝学，为万世开太平”的“横渠四句”。后人将其学说编为《张子全书》。

〔2〕（北宋）吕大钧．吕氏乡约［M］//续修四库全书：第934册．上海：上海古籍出版社，2002：252.

〔3〕郑文宝、张蕊．乡规民约与古代乡村道德建设［J］．武陵学刊，2023（9）：5.

是片面强调“变风俗、立法度”。吕氏兄弟亦有同感，认为应以道德教化和自我治理的方式达成基层秩序的稳定，而非仅施以代表官府强力控制的“保甲法”。因此，《吕氏乡约》的核心宗旨是“劝善惩恶、弘扬公序良俗”，在方式上不强迫民众参与，而是随着乡约影响力的扩大逐渐吸引更多的约众，进而自发形成一个相对有序的组织，最终实现基层社会的稳定。

《吕氏乡约》由“德业相劝，过失相规，礼俗相交，患难相恤”四个部分组成，每一部分详细列出具体要求。由此，抽象的道德法被具体化为共同约定、遵守和实践的行为准则、评价标准，希望从家庭和社群出发，用德性修养将“规约”内化为基层民众自觉遵从的秩序。其中，“德业相劝”从“能治其身、能治其家”到“能广施惠，能受寄托，能救患难，能规过失，能为人谋，能为众集事，能解斗争，能决是非，能兴利除害，能居官举职”[1]，将个人和家庭的修身立德扩展到除暴安良、维护一方安定的层面。“过失相规”中列出了“酗博斗讼、行止踰违、行不恭逊、言不忠信、造言诬毁、营私太甚”六种严重危害社会稳定的情形，一旦违反就会记录在案或受罚[2]。“礼俗相交”与“乡仪”呼应，通过对婚丧嫁娶礼仪的规定以及罚式[3]、聚会、主事等仪式制度，

---

〔1〕陈俊民. 蓝田吕氏遗著辑校［M］. 北京：中华书局，1993：563.

〔2〕李建国.《吕氏乡约》产生的历史条件［J］. 地域文化研究，2020（4）：116.

〔3〕“罚式”是《吕氏乡约》中根据违约罪责程度而规定的对约众的惩罚方式，除罚钱外，还常在每月的乡村聚会中，公开犯约之人书写的罪责，引发其羞耻感，以达到惩戒约束的作用。

使对个人和家庭的规范扩大至“乡里”，其目的不仅在于为每个人的行为、处事找到符合身份的方式，也使乡里生活井然有序。“患难相恤”则从关注民生、灾害、医疗、救助、慈善等方面，阐释了农村社会互助和合作在应对天灾人祸、稳定乡里时的重要价值。

从中国乡村社会口耳相传的约定俗成到具体规范的约定成文，《吕氏乡约》成为中国古代乡村基层治理的全新尝试，被现代中国农村社会学家杨开道先生称为“破天荒第一遭”，盛赞“吕氏乡约的基本主张，在树立共同道德标准、共同礼俗标准，使个人行为有所遵守，不致溢出标准范围以外。这种步骤在礼学里面，可以说是到了登峰造极的地位”〔1〕。《吕氏乡约》展现出以吕大钧为代表的北宋士大夫阶层“以天下为己任”的强烈社会责任感，是儒学向下、向民间渗透的典型表现。

《吕氏乡约》从成文到因北宋灭亡而暂停，在吕氏兄弟的不懈坚持下，从一开始“寂寥无有和者”，发展为“学者靡然知所趋”。吕大钧死后，乡民们“相率迎其丧，远至数十里，贫者位于别馆哭之”〔2〕。彼时之进士范育在墓表中对乡约推广的效果评价道：“人人皆识其义，相与起好矜行，一朝知礼义之可贵。”〔3〕《吕氏乡约》还促进了宋朝家法、族规、家范等出现和进一步发展，如

〔1〕杨开道. 中国乡约制度［M］. 北京：商务印书馆，2015：67.

〔2〕（北宋）吕大临等. 蓝田吕氏集：下册［M］. 曹树明校. 西安：西北大学出版社，2015：987.

〔3〕（北宋）吕大临等. 蓝田吕氏集：下册［M］. 曹树明校. 西安：西北大学出版社，2015：987.

江州陈氏《家法十条》、司马光《家范》等。和乡约一样，这些家族社群的规约对基层社会秩序的整合起到了积极的作用，“敬宗收族”的民间法体系开始完善[1]。

南宋孝宗淳熙二年（1175 年），朱熹在家藏本《吕氏乡约》的基础上进行了增损，助推了“乡约”从关中向全国扩展。朱熹对《吕氏乡约》最大的变革在于，一定程度上协调了基层治理中乡约的“自主”与官方的“强化控制”之间的矛盾，比如在“德业相劝”中增加了“能肃政教，能导人为善，畏法令、谨租赋”等条款[2]，使乡约以国家权力为边界和后盾，承担起了政府间接控制基层村社的功能。经朱熹增损的乡约因此得到统治者支持，具备了在更大范围内传播和推广的条件。此外，朱熹还调整了《吕氏乡约》中乡约和乡民之间的紧张关系，取消罚金规定，弱化惩戒功能；简化乡仪的烦琐条款，增加“月旦集会读约之礼”，即诵读乡约、纠过旌善等。朱熹希望通过集会、诵读乡约达成教化民众的目的，使乡约内化为乡民的行为规范，这些内容秉持了儒家道德教化的一贯宗旨。随着朱熹地位和影响力的不断提升，《增损吕氏乡约》的影响也由北向南不断扩大。后又经明朝王阳明、吕坤等推行，与保甲法等制度结合，逐渐成为地方治理和社会教化的重要组成部分。乡约在明清皇帝的大力推行下，发展到

---

[1] 张志昌、杨洁.《吕氏乡约》的传播推广历程及局限性分析 [J]. 人文杂志，2021（2）：66.

[2] 张志昌、杨洁.《吕氏乡约》的传播推广历程及局限性分析 [J]. 人文杂志，2021（2）：66.

全国90%以上的县级行政区域[1]，被钱穆誉为中国人的“精神宪法”。

然而不得不说的是，随着明清皇帝对乡约的提倡，乡约已慢慢偏离了民约民治的道路，从由士大夫引领下的民间“公约”蜕变为帝王圣谕的宣讲，成为政府控制基层的工具。元末明初社会动荡，百姓流离失所，基层的社会秩序陷入混乱。面对这一局面，明朝建立之初就非常重视教化，明太祖朱元璋认为：“天下初定，所急者衣食，所重者教化。”[2] 为了实施教化，明太祖洪武三十年（1397年）特颁布《圣训六谕》作为教化万民的总纲，内容为：“孝顺父母，尊敬长上，和睦乡里，教训子孙，各安生理，毋作非为。”[3] 在官府的推动下，《圣训六谕》逐渐成为乡约宣讲的主要内容之一。清政府则进一步将乡约宣讲的内容变为朝廷统一颁布的条规。康熙九年（1670年），清圣祖颁布“圣谕十六条”取代《圣训六谕》，雍正时进一步对“圣谕十六条”逐条注解，形成洋洋两万言的《圣谕广训》，作为乡约宣讲的唯一材料。

乡约宣讲本为民间自发的活动，随着乡约内容的变化，宣讲也发展为由朝廷直接干预、强令建立的组织制度。不仅对时间、

---

〔1〕何旺旺．乡规民约的历史嬗变及其在当代基层社会治理中的角色定位［J］．山东科技大学学报（社会科学版），2018（3）：35.

〔2〕中华人民共和国教育部．普通高中教科书历史：（选择性必修1）：国家制度与社会治理［M］．北京：人民教育出版社，2020（7）：47.

〔3〕（清）陈梦雷．古今图书集成：明伦汇编：交谊典第二十七卷　乡里部汇考［M］．清雍正铜活字本.

地点有明确的规定，而且宣讲的仪式日益严格、隆重。宣讲的公堂设置香案，军民都需出席并全程站立，环列肃听；省会的宣讲，文武官员还需身着蟒衣，三跪九叩。首先司礼生唱“恭听开讲”，司讲生捧“圣谕”登台，至香案前跪下，接着由司教老人跪着宣读，再由司礼生宣布开讲，司讲人员始行解说。入约和乡里之民必须出席，有事则需请假，多次无故缺席者甚至要禀官处理。当然，尽管乡约的组织和宣讲在明清逐渐带有官方的强制性，但其推行的还是基本秉承道德教化为主的传统。为了引发民众的兴趣，使宣讲顺利进行，从康熙年间始，不少地方将圣谕附加故事详细解释或附上图例，以求通俗易懂。康熙五十三年（1714 年），广西巡抚陈元龙所呈折子中有这样一段话：“圣谕讲究孝弟之本心，昌等在各乡村传集老幼宣读讲论，人人耸听，有感激而涕泗交颐者，有愧恶而头低面赤者，有欢忭而踊跃鼓舞者。”〔1〕可见宣讲产生了一定的教化作用。此外，地方还通过引用律例来解释乡约，使乡约逐步具有法律的约束力，进一步加强了乡约对基层民众的规制作用。

乡约在逐步推广的过程中，由强调民众自觉、自愿的组织蜕变为维护国家权威、强化民众顺从的强制组织，实现了地方与中央治理模式的整合，契合了中国古代国家基层治理的需要，达到了社会教化的核心目的。统治者通过圣谕提出的道德规范和要求，

〔1〕（清）陈梦雷．古今图书集成：经济汇编：选举典第三十卷　教化部汇考［M］．清雍正铜活字本．

随着乡约组织的完善和乡约宣讲的推行而不断内化为民众自身的行为规范，使儒家的伦理道德得以深入偏远的乡村。因此，乡约在明清时期对维护王朝统治、加强社会控制起到了重要作用；同时，对端正民风民俗、维系基层社会的秩序与安定也具有重要意义。

18 罗马法：“商品生产者社会第一个世界性的法律”

近代著名德国法学家鲁道夫·冯·耶林曾言：古罗马曾以武力、宗教和法律三度征服世界，其中唯有法律的征服最为和平却又最为长久[1]。罗马法被公认为资本主义社会出现之前最为完备和先进的法律之一，对近现代欧美国家法律制度和体系的形成与发展产生了深远的影响。

一般而言，罗马法是指古罗马时期的习惯法、成文法、元老院立法、皇帝敕令等法律法规的总称；公元6世纪中叶以前东罗马帝国的法律制度也常常被学术界视为罗马法的组成部分。历史地看，罗马法演变历程大致经历了如下五个重要阶段。其一，王政时期（公元前8—前6世纪），罗马社会普遍使用古老氏族的习惯和社会通行的各种惯例；随着罗马早期国家的形成，这些惯例逐渐演变为习惯法。其二，罗马共和国前期（公元前6—前3世纪），习惯法开始向成文法过渡。随着奴隶制经济的兴起、阶级矛盾的激化以及平民与贵族之间的斗争，罗马颁布了《十二铜表法》，一

[1] 闻立军．法理学导读［M］．北京：中国政法大学出版社，2021：164.

百零五条法规涉及了家庭、债务、继承、土地占有和诉讼等多个领域。《十二铜表法》是平民与贵族斗争胜利的产物，反映了平民在政治、经济、法律地位上的诉求，其明文公示及按律量刑的规定打破了贵族垄断立法与司法的特权。但由于其内容基本是罗马人传统习惯法的汇编，故仍具有偏袒贵族和富裕平民的明显倾向。《十二铜表法》是罗马第一部成文法，成为共和时期罗马法律的主要渊源。其三，罗马共和国后期（公元前3—前1世纪），市民法发展，万民法形成。市民法源于对《十二铜表法》的解释，主要用以调整罗马公民之间的关系，内容包括公民大会和元老院通过的各项决议、执政官发布的行政命令及裁判官的告示等。执政官的命令侧重政治；裁判官的告示侧重处理民事纠纷，后来自成体系并构成罗马私法的重要渊源[1]。由于市民法主要适用于罗马公民，法律的主体范围相对狭小。随着罗马奴隶制经济的发展、疆域的扩大和非罗马外来自由民的增加，各族杂居，罗马社会的政治和经济发生巨大变化，市民法不足以解决帝国疆域内出现的各种复杂问题，万民法便应运而生，并为此设立外事裁判官。万民法适用于罗马公民和非公民之间、非罗马公民之间的争端，关注财产关系和商业关系，尤其注重调整有关所有权和债务的关系，从而克服了市民法的狭隘民族性，成为适用于罗马统治范围内一切自由民的法律。其四，罗马帝国前期（公元前1—公元3世纪），

〔1〕整理自赵立行. 世界文明史讲稿（修订版）[M]. 上海：复旦大学出版社，2020：132.

罗马法学家的活动不断增强，他们的著作和司法实践使罗马法适应了不断发展变化的社会需要。此外，随着皇权的日益强化，皇帝的敕令成为主要的法律来源。其五，罗马帝国后期和查士丁尼编纂法典时期（公元3—6世纪中叶）。自公元3世纪始，罗马帝国走向衰落，4世纪末分裂成东西两个部分；公元476年，西罗马帝国在奴隶和农奴的起义以及日耳曼人入侵下灭亡。面对奴隶制社会全面瓦解的动荡形势，统治者出于维护自身统治地位的需要，重新重视法典的汇编工作，其中尤以东罗马皇帝查士丁尼统治期间组织编纂的《罗马民法大全》最为重要〔1〕。

回顾罗马法的发展历程，不难发现，古代罗马文明拥有通过法律来调节社会矛盾的悠久历史传统，其法律体系的演进贯穿了古代罗马国家从王政时期到共和国再到帝国的全部历史阶段。为满足不同时期社会经济和政治的需求，古罗马的裁判官们不断进行法律创制，法学家们也不断深入研究法律，罗马法逐渐达到精妙和成熟的境地。诚如恩格斯所言：罗马法是“以私有制为基础的法律的最完备形式”，是“商品生产者社会的第一个世界性法律”〔2〕。罗马法的立法水平十分高超，其对概念的定义精准专业、对条文的表述清晰明了、对法典的编撰严密系统，是近现代西方法律制度和法学理论的历史源头与发展基础。

---

〔1〕整理自何勤华主编. 外国法制史［M］. 北京：法律出版社，2006：62—65.
〔2〕中共中央马克思恩格斯列宁斯大林著作编译局编译. 马克思恩格斯全集：第3卷［M］. 北京：人民出版社，1972：143.

那么，罗马法缘何能超越其他古代世界的法律，具有经久不衰的魅力？法学界对此有不同的解释，要而言之，与以下两个因素密切相关。其一，罗马法适配于古代世界比较发达的简单商品经济。尽管农业经济在古罗马社会中始终占据主导地位，但作为贸易活动活跃的地中海文明圈的中心，商品经济也随着罗马国家的崛起不断发展，深入社会的方方面面。即使商品经济在罗马帝国的后期已渐趋凋敝，可它为古罗马法律打下的烙印却难以磨灭。罗马法详尽地规范了与当时条件下商品生产和交换相关的各种社会关系，如买卖和借贷契约，以及与这些契约相关的财产事务。以物权理论为例，罗马法在所有权的类型和形式上拥有严密的理论框架和规定，特别是在不同权能种类以及所有权和其他物权之间的划分和相互关系方面，对当今立法实践仍具启示意义。其二，自然法观念的引领。所谓自然法并非实际的法律，而是一种哲学范畴，它被认为是支配和指导世界运行的自然规律和道德原则，如天赋人权、平等公正等。自然法由自然（传统上由上帝或超然的来源）赋予，独立于特定国家、立法机构与整个社会的制定法或实在法而存在。自然法是衡量正义与非正义的根本标准，也是人类制定公正法律的重要指引。自然法思想最早萌芽于古希腊哲学，于公元前2世纪逐渐传入古罗马，在以西塞罗、塞涅卡、盖尤斯、保罗、乌尔比安及帕比尼安为代表的一批古罗马法学家的研究和宣传下逐渐系统化和理论化，最终成为塑造罗马法的理论基础。自然法思想的引入为罗马法的进一步发展提供了理论指导，使原本相对狭隘、保守的市民法体系发生了实质性突破，逐渐消除了市民法中的不平等性，扩大了公民权利，并产生了适应不同民族和情况、灵活且多样、罗马公民与异邦人法律地位渐趋平等的万民法〔1〕。

罗马法作为“商品生产者社会的第一个世界性法律”，不仅对后罗马时代中世纪欧洲众多国家的法律产生了积极影响，还深刻影响了近代以来的法律制度，尤其对私法的建设和统一作出了卓越贡献。私法的界定最早由罗马法学家乌尔比安提出，他将一切旨在保护私人利益的法律归为私法，与旨在维护国家公益的公法相对应。这一分类体系为后世西方法学体系所沿用。在罗马法基础上，欧洲逐渐形成了以私法为主体、以法典化的成文法为主要形式的大陆法系。尤其是在18、19世纪，当欧美资产阶级逐步确立自身在政治上的统治地位后，更是以古罗马的私法体系为参照，编撰本国的民法典以巩固资本主义经济秩序。例如，1804年《法国民法典》承袭了罗马法的人法和物法体系，1896年《德国民法典》在罗马法的基础上进一步完善了编纂体系。而法德两国的民法体系不仅为瑞士、丹麦等国的民事立法提供了参考，还在20世纪初经由日本传入中国，影响了近代中国法律领域的变革。罗马法中的众多名词、原则和制度，被近代以来的法律广泛采纳。例如人格及其取得与丧失、所有权的定义以及占有权、使用权、收

〔1〕江平、米健．罗马法基础［M］．北京：中国政法大学出版社，1991：51．

益权、处分权的界定等，多为后世立法所借鉴和发展[1]。此外，罗马法在私法领域奠定的一系列原则，也被近代以来的法律所采用。例如权利平等原则、契约自由原则、所有权不受限制原则、遗嘱自由原则以及诉讼中的不告不理原则等。这些原则为现代法律制度提供了坚实的理论基础。

罗马法对程序正义的重视，成为后来西方法律体系的重要原则之一。罗马法在处理法律事务时非常注重法律程序的公平和正义，把程序法置于实体法之上，并为此制定了详尽的规范。例如，“要式物”的交易必须依循特定的程序，包括邀请证人和司秤等步骤，以确保合同的成立是经过慎重考虑的，预防不正当的指控和不公平的裁决。此外，罗马法也强调审判程序的正义。在审理案件时，法官必须遵守特定的程序，确保各方有平等的机会陈述情况和提供证据。这一强调程序正义的观念，也已成为现代法律体系的一项基本原则。

尽管罗马法诞生于2 000多年前的奴隶制时代，不可避免地具有时代局限性，如将奴隶排除于法律权利之外等，但其中所蕴含的公民人格和权利平等、保护个人财产权利等观念，却在历史长河中亘古不灭。罗马法所构建的法律体系和凝聚的法治精神，已超越古罗马文明的时空范畴，在人类文明进程中代代传承，成为全人类的宝贵法律遗产。

---

〔1〕曾尔恕主编. 外国法制史：第2版［M］. 北京：中国政法大学出版社，2013：72.

19 由“第十三条宪法修正案”说开去

美国内战结束后的五年，即1865年至1870年间，先后通过了美国宪法的第十三条、第十四条和第十五条修正案。这三条宪法修正案，也常常被称为“重建修正案”。“重建”——既是对联邦宪法的，也是对美国社会的。

1776年7月，大陆会议宣布13个殖民地邦联获得独立，美国的“合众国”之名由此而来。在此后数年的战争中，这个新生的国家逐渐赢得优势局面，1782年英国人最终在约克敦投降。大约300年前，英国人就是从距离此处40多公里的詹姆斯敦开始对美洲进行殖民的。一个大国被自己的殖民地打败，军乐队极为应景地演奏着英国古老的曲子《天翻地覆》。欧洲的“思想之花”将盛开在新生的美利坚——“一个国家将建立在自由与平等观念之上，一个国家将由法律而非国王统治”。美利坚13个崭新的州所采用的国玺又称“大纹章”，被视为美国的标志之一。纹章一面印有“合众为一”，另一面印有“时代的新秩序”，它传递出这个新生国家希望传至后世的价值观和理念。

《独立宣言》前言第二段有着经久不息的影响力：“所有人生

而平等，造物者赋予他们若干不可剥夺的权利，其中包括生命权、自由权和追求幸福的权利。"[1]《美国宪法》开宗明义："我们合众国人民，为建立一个更完善的联邦，树立正义，保障国内安宁，规划共同防务，促进公共福利，并使我们的后代得享自由之赐福，特为美利坚合众国制定和确立本宪法。"[2] 美国宪法成为美国政治和法律体系的基石。当人们静观20世纪画家霍华德·钱德勒·克里斯蒂描绘的"1787年签订《美利坚合众国宪法》"历史场景时，仿佛能听到彼时极尽克制的代表们，仍然发出了沸沸扬扬的论辩之声。1787年制宪会议上，55位代表发生激烈争吵，美国宪法的创始人没有在宪法中拟定关于公民基本权利的规定，同时，这部宪法还存在其他不尽如人意之处。但宪法第五条规定了宪法修正案提出及通过的程序，即修正案制度，预留了宪法修订的空间。它能通过"修正案"的通道不断将民意转化为法律，进而得以不断完善。

于是，在修正案机制下，国会通过了一项共计十二条的权利法案作为宪法的修正案。然而，最终被各州批准的只有十条，且在1791年12月15日正式成为宪法的一部分[3]。比如，"第一条修正案"确认了公民的宗教信仰自由，联邦最高法院在司法实践

---

[1] [美] 埃里克·方纳. 美国历史：理想与现实 [M]. 王希译. 北京：商务印书馆，2017：257.

[2] [美] 乔伊·哈克姆. 自由的历程：美利坚图史 [M]. 焦晓菊译. 上海：复旦大学出版社，2006：37.

[3] 梁军. 浅议美国的修宪制度 [J]. 法制与社会，2009 (10)：25.

中强调“中立原则”；“第二条修正案”确立了公民持有枪支的权利；“第四条修正案”意在保护公民的人身自由与住宅不受侵犯等；还有“第十条修正案”保证了各州政府或人民行使的权力。《美国宪法》的部分内容以各州宪法为基础，是各方势力妥协的产物，使各方在做出让步的同时各有所获。这些法案通过对联邦政府和各州的权力施加限制，以确保公民享受权利法案的保护，不受地方州与联邦政府的侵犯。后来的宪法修正案中也有关于公民基本权利的规定，它们和 1789 年通过的“权利法案”一起，构建了美国保护公民基本权利的法律体系。

缘于历史的因素，1787 年通过的美国宪法保护奴隶制度以及奴隶主对奴隶的占有权，虽然它从头至尾避免使用“奴隶”的字样，但有三项条款即第一条第二款、第一条第九款和第四条第二款，确认了奴隶制度的合法性。

首先，“众议院议员人数及直接税税额应按本联邦所辖各州人口之多寡分配于各州，此项人口数目包括所有自由人……及一切其他人口的五分之三”。众议院议员的人数根据各州的人口来分配，但南部各州为了在国会获得更多代表席位，把“其他人口”即奴隶计算在人口数内，遭到北方坚决反对。其实，这个“五分之三”条款是南北妥协的结果。奴隶不能投票，仅出于人口基数考虑，被算作五分之三个人。

其次，“现有任何一州认为当准予入境的人迁徙或入境时，在 1808 年前国会不得加以禁止，但对其入境得课每人不超过十美元的税金”。这一规定涉及奴隶贸易的合法性，等于认可了自宪法制定后 20 年内奴隶制度在美国是合法的。

其三，“凡根据一州的法律应在该州服务或服劳役者逃往他州时，不得根据他州的任何法律或条例解除其该项服务或劳役，而应根据有权享有该项服务或劳役之当事者的要求予以引渡”。“服务或服劳役者”即奴隶，“逃亡者将归还原主”则明确保护奴隶主对奴隶的所有权，以至于该条款成为此后美国国会在南部奴隶主操纵下，制定 1793 年《逃亡奴隶引渡法》和 1850 年《逃亡奴隶法》的宪法依据。

随着美国领土的向西扩张以及工业化的发展，美国资本主义自由雇佣制与南方黑人奴隶制之间的矛盾日益激化，终不可调和。1861 年 4 月，南方联盟炮击萨姆特要塞，内战爆发。林肯政府视“联邦统一”为急务，不惜以保留南方奴隶制度为条件，换取南方各蓄奴州停止叛乱。此举严重挫伤南方黑人奴隶对联邦政府的支持和期盼，更于无形中助长了南方种植园奴隶主的嚣张气焰。联邦政府应战的正义性和调动民众参战的动员力被大大削弱，战争初期，联邦政府接连失败。1862 年春夏之际，北方民众以集会请愿、游行示威等方式，要求政府解放奴隶，武装黑人，征召黑人入伍，用坚决手段粉碎南方奴隶主的叛乱。1862 年 9 月 22 日，林肯公开发表布告：“我，亚伯拉罕·林肯，美利坚合众国大总统，海陆军大元帅，今宣告曰……在我主降生一千八百六十三年的元旦起，凡合众国任何州内及州内指定地点之人类视为奴隶者，而今而后，将永久自由。”[1] 由此，《解放黑人奴隶宣言》第一部分发布，并于9月24日正式公之于世。1863年1月1日，《解放黑人奴隶宣言》第二部分正式生效。宣言将解放奴隶变为联邦政府作战的重要目标，大大增强了北方参战的正义性与革命性，极大地激发了黑人奴隶参战的政治热情，在内战后期有约18万黑人奴隶正式加入联邦军队，从而奠定了联邦政府胜利的基础。然而，宣言并未宣布废除奴隶制度以及将土地分给解放了的黑人，同时未参加叛乱的边疆蓄奴州的奴隶制仍然得以存续。

1864年1月，密苏里州国会参议员约翰·亨德森向参议院提出一项联合决议案，建议制定一条在合众国境内禁止奴隶制的宪法修正案。之后参议员萨姆纳也提出了类似的联合决议案。在通过该项决议案的最后程序中，司法委员会主席莱曼·特朗布尔报告提案审议结果，最后付诸表决的议案被列为第十三条宪法修正案。其中，第一款如下：“在合众国境内受合众国管辖的任何地方，奴隶制和强制劳役都不得存在，但作为对于依法判罪的人的犯罪的惩罚除外。”[2] 直至1865年12月，第十三条宪法修正案得到27个州的批准正式生效。该修正案以联邦宪法的名义，明确禁止了美国存在250年之久的奴隶制，彻底否定了地方或州奴隶制法

---

〔1〕曾干. 林肯［M］. 上海：生活·读书·新知上海联合发行所，1949：78.

〔2〕［美］埃里克·方纳. 第二次建国：内战与重建如何重铸了美国宪法［M］. 于留振译. 北京：商务印书馆，2020：vi.

律的合法性，取消了州政府在这个问题上固有的司法权[1]。联邦政府的胜利，维系了美利坚统一民族国家的续存。1866 年 1 月，《纽约先驱报》宣称，第十三条宪法修正案是“现代最伟大的政治革命……随着奴隶制的废除，各州所有基于种族和肤色的公民和政治差别都被废除了，因为宪法不区分肤色”。那么，“第十三条宪法修正案”实施情况又如何呢？

除少数例外情况，如 20 世纪早期推翻建立奴隶制的州法的案件，很少有关于第十三条宪法修正案的司法判例。事实证明，国会也不愿意根据该修正案的条款制定相关法律。来自宾夕法尼亚州的国会众议员撒迪厄斯·斯蒂文斯认为：“所有自由政府都是人民的智慧和愚蠢相结合下进行管理的……任何政府，若不允许其所有公民参与法律的制定和实施，都不是自由政府。其他所有政府都是专制。”[2] 斯蒂文斯致力于废除奴隶制并协助起草第十四条修正案，为南北战争后的重建做出了重要贡献。从第十三条宪法修正案废除奴隶制起，美国在实现种族平等的道路上艰难前行。第十四条宪法修正案确立了出生地公民资格原则和法律面前人人平等的原则，并力图解决因战争而产生的种种难题。这一有史以来最长的修正案，其辩论、谈判与妥协的艰难性，可想而知。第

---

〔1〕王希. 原则与妥协——美国宪法的精神实践［M］. 北京：北京大学出版社，2001：280.

〔2〕［美］乔伊·哈克姆. 自由的历程：美利坚图史［M］. 焦晓菊译. 上海：复旦大学出版社，2006：167.

十五条宪法修正案又前进一步，“第一款：合众国公民的选举权，不得因种族、肤色或以前是奴隶而被合众国或任何一州加以拒绝或限制”，目标是在这个重新获得统一的国家确保黑人男性的选举权[1]。上述修正案的接连出台使人们看到，联邦宪法是保护个人权利不受各州所定法律侵犯的工具，致力于将“自由”“平等”等人权诉诸普遍实践。然而，联邦宪法的落实仍然障碍重重，哪怕“重建”期结束之后，美国黑人并未取得事实上的自由平等的基本权利。因此，20 世纪五六十年代美国爆发了大规模的反对种族隔离和歧视、黑人争取平等权利的民权运动，这是第十三条宪法修正案以来争取种族平等斗争的延续。其结果是，1968 年，在民权革命的高潮时期，最高法院濒临重振第十三条宪法修正案的边缘，然后又后退了[2]。

时至今日，种族、肤色、性别等问题依然困扰着美国。詹姆斯·麦迪逊在《联邦主义者文集》中的警告——“在某些情况下，宪法保障只能成为侵犯美国人的自由的‘羊皮纸屏障’”，时常会引发人们的反思。

---

〔1〕［美］埃里克·方纳．第二次建国：内战与重建如何重铸了美国宪法［M］．于留振译．北京：商务印书馆，2020：xix.

〔2〕［美］埃里克·方纳．第二次建国：内战与重建如何重铸了美国宪法［M］．于留振译．北京：商务印书馆，2020：166.

20 当代中国法治建设之路
——从“共同纲领”到“八二宪法”

1948年“五一”前夕，正处于战略反攻中的人民解放军在中原战场获得重大突破。在历史转折之际，摆在中国共产党面前的问题，即是如何建立一个新的全国性政权，推动中国社会的破旧立新。然彼时解放战争尚未结束，由人民普选产生全国人民代表大会尚无条件召开。于是，中共中央在同年4月30日发表的“五一”劳动节口号中号召：“各民主党派、各人民团体、各社会贤达迅速召开政治协商会议，讨论并实现召集人民代表大会，成立民主联合政府！”[1] 口号体现当时中国共产党建立政权的基本思路，即先召开由各民主党派和各方面代表组成的政治协商会议，讨论组建联合政府的相关问题。

这一建国思路虽然在形式上与抗战结束后由中国共产党、中国国民党及民主党派组成的旧政协机制相似[2]，但实质正如1949年9月政协第一届全体会议上周恩来的报告所称，就“组织和性

[1] 政协全国委员会办公厅. 开国盛典——中华人民共和国诞生重要文献资料汇编[M]. 北京：中国文史出版社，2009：9.

[2] 即通过党派协商，组建民主联合政府，为召开国民代表大会和制定宪法提供意见协调机制。

质”来说，新政协“决不是发源于旧的政协”，而是“中国共产党过去所主张的民族民主统一战线的形式”，因此新政协的名称被确定为“中国人民政治协商会议”[1]。在政协第一届全体会议开幕式致词中，毛泽东宣告：“现在的中国人民政治协商会议是在完全新的基础上召开的，它具有代表全国人民的性质，它获得全国人民的信任和拥护。”[2] 既然第一届全国政协代表了全国人民，为何没有直接制定宪法，而仅仅制定并颁布了《政府组织法》《政协组织法》和《共同纲领》？这三大文件在当代中国法治建设史上又有着怎样的地位和意义？

要理解《共同纲领》的历史地位及意义，需回溯至1946年旧政协的五大议题之一即制定和平建国纲领，以解决宪法颁布前的施政原则及过渡问题。当时的民盟代表张申府曾言：“共同纲领正是所谓剧本，是要共同遵守的。过去是政府爱怎么办就怎么办。由寡头一党变成各党共同，在过渡期间要有一个根本临时的法，必须有这样一个法，才能共同遵守。”[3] 同样，由中国共产党主持召开的第一届政协全体会议通过的《共同纲领》，可谓各党派共同遵守的一种具有过渡性质的“政治契约”。从与会者的共识可以看出，《共同纲领》有着类似宪法的作用，如有四分之一的与会代

---

〔1〕政协全国委员会办公厅. 开国盛典——中华人民共和国诞生重要文献资料汇编［M］. 北京：中国文史出版社，2009：206.
〔2〕政协全国委员会办公厅. 开国盛典——中华人民共和国诞生重要文献资料汇编［M］. 北京：中国文史出版社，2009：267.
〔3〕邓野. 联合政府与一党训政［M］. 北京：社会学科文献出版社，2011：317.

表在发言中使用了“大宪章”一词[1]。在此基础上，由两部组织法和《共同纲领》构成的“三大文件”，规定了新中国建立初期的政治、经济与文化制度。尤其是《共同纲领》，不仅确立了1949—1954年间的国家权力机构，巩固了新生的人民政权，更重要的是，它宣告了将来有权制定真正宪法的是由中国人民选举产生的全国人民代表大会，这为此后新中国一切宪法制定提供了规范与前提，是宪法的“宪法”[2]。

1953年，随着新生的人民政权的巩固以及过渡时期总路线的发布，中国社会开始由新民主主义社会向社会主义社会过渡。在社会政治基础业已稳固的形势和条件下，召开全国人民代表大会并制定宪法以取代《共同纲领》之事宜提上了日程。1954年，随着第一届全国人民代表大会召开，新中国第一部社会主义性质的宪法（简称“五四宪法”）正式颁布。“五四宪法”由序言，第一章总纲，第二章国家机构，第三章公民的基本权利和义务，第四章国旗、国徽、首都五个部分组成，共106条。序言宣告“五四宪法”以《中国人民政治协商会议共同纲领》为基础，又是《共同纲领》的发展。称为“基础”，缘于“五四宪法”对《共同纲领》所规定的如人民民主专政制度、人民代表大会制度等根本原则和制度的肯定与继承；谓之“发展”，则体现于“五四宪法”

---

〔1〕整理自政协全国委员会办公厅. 开国盛典——中华人民共和国诞生重要文献资料汇编［M］. 北京：中国文史出版社，2009：324—500.

〔2〕翟志勇. 从共同纲领到八二宪法［M］. 北京：九州出版社，2021：31.

在社会制度、国家机构等方面明确提出了建设社会主义的目标，并增加了“公民基本权利与义务”方面的内容。

“五四宪法”的起草不仅汇聚了中国当时的政治精英、科学家和社会名流，更以全民大讨论的方式使参与人数达一亿五千多万人，占全国总人口近三分之一。全面讨论过程中，社会各界共提供修改意见一百多万条[1]。“五四宪法”制定过程中的民主和法治氛围，彰显出新中国法治建设的光明前景。宪法所确立的各项治国理政的基本原则，如“公民在法律面前人人平等”“人民司法机关独立行使审判权”等，为新中国法治建设开辟了道路。从1954年至1957年，新中国法治建设进入“黄金时期”，各项法律、法规、条例相继出台。例如，1954年颁布了《法院组织法》《检察院组织法》《逮捕拘留条例》《中央人民政府司法部试行条例》《人民调解委员会暂行组织通则》《外人在华遗产继承问题处理原则》《公私合营工业企业暂行条例》；1955年颁布了《兵役法》《华侨申请使用国有的荒山荒地条例》《农业生产合作社示范章程（草案）》；1956年颁布了《律师收费暂行办法》《国务院关于私营企业实行公私合营的时候对债务等问题的处理原则的指示》《高级农业生产合作社示范章程》《各级人民法院民事案件审判程序总结》等[2]。这些法律与“五四宪法”一起，为新生的人民共和国

[1] 韩大元．1954年宪法与中国宪政：第2版［M］．武汉：武汉大学出版社，2008：502.

[2] 整理自郭道晖等．中国法治百年经纬［M］．北京：中国民主法制出版社，2015：28.

提供了法制保障。从历史的进程来看，新中国初期的法治建设为后来的依法治国奠定了基础。

在经历了新中国社会主义建设的探索和曲折发展以后，中国的法治建设终于迎来了春天。1979 年，全国人大常委会成立法制委员会，并于当年 7 月一举通过 7 部基本法律，创下人大立法史上的空前纪录，适应了改革开放的时代诉求[1]。1981 年，中共中央通过的《关于建国以来党的若干历史问题的决议》，在总结建国以来的经验时，深刻而彻底地反思了“文革”的教训。1982 年，在时代的呼声中、在人民热切的期盼中，第十二届全国人民代表大会召开，一部新的宪法应运而生，这就是“八二宪法”。“八二宪法”延续了“五四宪法”的传统。首先在程序上，严格遵循规定的修宪程序，宪法的制定过程前后历经两年，几亿民众进行了长达四个月的大讨论，具有广泛的民主基础[2]。其次在内容上，新宪法扩大了公民的基本权利，从“五四宪法”的 19 条扩大至 24 条，还特别调整了其章节次序，将“公民的基本权利和义务”一章调整至“国家机构”之前、“总纲”之后，凸显人民乃国家权力之来源。

“八二宪法”是新中国宪法史上的里程碑，是一部“有中国特

---

〔1〕这 7 部法律包括:《全国人民代表大会和地方各级人民代表大会选举法》《地方各级人民代表大会和地方各级人民政府组织法》《人民法院组织法》《人民检察院组织法》《刑法》《刑事诉讼法》《中外合资经营企业法》。

〔2〕韩大元 . 1954 年宪法与中国宪政：第 2 版［M］. 武汉：武汉大学出版社，2008：401.

色的、适应新的历史时期社会主义现代化建设需要的、长期稳定的新宪法"[1]。"八二宪法"不断"融入了现代宪法知识",推动了"中国特色的社会主义法律体系的形成",充实了"法治中国的治国方略"[2],中国的法治建设由此进入新的发展时期。此后,从20世纪最后20年至21世纪初,为了适应改革开放与社会主义现代化建设的不断深入,全国人大又陆续通过了四个宪法修正案,包括了修入"国家实行社会主义市场经济"等有关经济体制改革的内容,为经济转轨提供宪法依据。其间,党的十五大报告明确提出将以往的"建设社会主义法制国家"改为"建设社会主义法治国家",法治建设得到进一步加强。

〔1〕彭真. 彭真文选(1941—1990年)[M]. 北京:人民出版社,1991:443.
〔2〕张晋藩. 中国宪法史[M]. 北京:人民出版社,2011:396.

21

《中华人民共和国民法典》

——新中国法治建设的里程碑

2020年5月28日，全国人大表决通过《中华人民共和国民法典》（以下简称《民法典》）。《民法典》的通过与颁布实施，标志着中国正式迈入了“民法典时代”。这是中国首部以“法典”命名的法律文件，也是新中国法治建设历程中的里程碑。

要理解民法典出台的重要意义，首先需要理解何谓法典。所谓法典，顾名思义就是指“同一门类的各种法规经过去粗取精、整理编订而形成的系统的法律经典”[1]。一般而言，被称为“法典”的法律文献必须具备三个核心特征[2]。其一，该法律文献在国家法律体系中具有重要地位。如《民法典》作为“社会生活的百科全书”[3]，就规定了社会成员参与各种社会活动时必须遵循的基本原则和规则，并对其他私法规范的制定起到指导作用。其二，该法律文献的规模通常十分庞大。如《民法典》由7编、84章、1 260条法文组成，共计10余万字，堪称新中国成立以来体量

〔1〕朱庆芳主编. 中国公务员辞典［M］. 北京：中国社会出版社，1990：353.
〔2〕孙宪忠. 民法典何以为“典”［N］. 光明日报，2020-05-30（7）.
〔3〕万其刚、李林川.《民法典》：民事权利的保障书和社会生活的百科全书——中国民事立法新的里程碑和集大成者［J］. 当代中国史研究，2020（4）：37.

最庞大的法律。其三，该法律文献往往需要具备较强的系统性和科学性。《民法典》并非现行各部民事领域法律文件的简单汇编，而是最大限度地消除其中的抵牾、缺漏或重复、过时之处，并基于统一的制度和价值体系、科学规范的体例结构和严谨的法律逻辑进行编排，形成有机的、协调的统一法律。《民法典》系统整合了新中国成立70多年来基于长期实践形成的民事法律规范，是中国民事法律制度走向更加完备和科学的标志，是建党百年以来中国共产党领导的社会主义法治建设所取得的重大成果。

回首近现代中国民法典的编纂历程，它与中国的社会转型和发展道路选择同频共振，也是一代代法律人前仆后继、呕心沥血，历经百余年曲折探索的结果。

民法典的编纂传统源于西方大陆法系国家，这些国家深受古典自然法学的理性主义影响，通常采用法典的形式制定民法的法律规范。在近现代，对各国影响深远的典型民法典主要包括《法国民法典》和《德国民法典》。1804年颁布的《法国民法典》，被认为是第一部真正意义上的资产阶级民法典。它将法国大革命的成就以法律形式固定下来，并以其系统性、完整性和规范性奠定了近代民法典的基石。《法国民法典》随着拿破仑的征战影响远播。而1896年颁布的《德国民法典》，则以其概念精确、逻辑严密、条文概括和思辨性强而闻名于世[1]。这些法典将个人自由、

---

〔1〕安连成. 民事法律制度研究［M］. 天津：天津人民出版社，2018：14.

契约精神、平等、公平等私法原则贯注其中，为资本主义国家的社会治理和经济发展提供了有力支持和保障。

中国自古以来就拥有深厚的成文法传统，法典编纂同样历史悠久。但中国古代法典内容多集中于刑法等公法领域，虽也涉及民法，但始终未能形成独立的、严密的民法体系。究其原因，一方面，中国古代社会的统治者更倾向于运用刑法或行政法来调整社会关系。另一方面，以自然经济为主体的经济形态和“重农抑商”政策，也在一定程度上限制了以调整商品经济关系为主要内容的民法的发展。鸦片战争后，西方列强的侵略冲击了传统中国的政治制度、经济和文化体系。与此相伴随的是，近代西方资本主义国家的法律思想也逐渐传入中国。受此影响，近代中国开启了民法法典化的艰难进程。

清末新政时期，沈家本、伍廷芳等法学家借鉴德国民法制定经验，起草了中国历史上首部民法典草案——《大清民律草案》（1911年）。该草案吸收了一些西方民法理论、制度和原则，但没有超出“中体西用”的思想格局。且草案未及颁行，便因清朝的灭亡而石沉大海。民国建立后，民法典的编纂工作继续进行。华盛顿会议之后，为收回领事裁判权，北洋政府启动了《民国民律草案》的编订，直至1926年基本完成起草工作。但因北京政变的爆发和国会被解散，统稿未能进行，草案也未能走完审议流程。从1929年至1931年，南京国民政府时期的法学界在北洋时期民法典草案的基础上，参考了德国、日本、瑞士、法国等国家的立法成果，编制了《中华民国民法典》。作为中国历史上第一部正式颁布并实施的民法典，《中华民国民法典》标志着以近代法律理论为指导的、具有现代特征的法律制度在中国确立。当然，该法典存在着较大的历史局限性，如确认封建土地所有制和封建婚姻家庭制度，维护官僚资产阶级和地主阶级的利益等。随着1949年新中国的成立，该民法典也被人民政府废除[1]。

与上述以近代西方资产阶级法律思想为宗旨的立法不同，中国共产党始终致力于探索建立和完善中国特色社会主义的法律体系。根据马克思主义的基本原理，无产阶级的法律观否定了将法律视为超越阶级和历史的抽象现象、将捍卫私有产权作为根本原则的资产阶级法律观念。无产阶级的法律观视法律为特定经济基础条件下形成的上层建筑，主要反映统治阶级的意志，旨在维护统治阶级的利益和社会秩序的工具。受此观念影响，中国共产党一直主张建立符合社会主义经济基础的民法，制定真正有助于捍卫广大劳动人民根本利益的法律。

中国共产党在民法领域的探索可以追溯至新民主主义革命时期。在中央苏区和陕甘宁边区，党曾制定实施了关于土地、婚姻、劳动等方面的民事法律条文，积累了一些民法编订的基础与经验。中华人民共和国成立后颁布的第一部法律《中华人民共和国婚姻法》（1950年）就是一部民事单行法。该法明确确立了婚姻自由、

〔1〕王才松主编. 法学通论［M］. 长春：东北师范大学出版社，1985：80.

男女平等等现代婚姻家庭理念，推动了社会领域的深刻变革[1]。然而，由于社会主义民法立法先例较少、编制难度大，加上种种历史条件的限制，新中国成立后民法典的编纂曾历经四度启动与搁置，过程颇为曲折。

新中国的第一轮民法典编纂始于 1954 年。当时的中国正在苏联援助和影响下探索社会主义计划经济发展模式，因此，这部民法典草案的主要参照对象是 1922 年的苏俄民法典。1962 年，民法典的编纂工作再度启动。受中苏关系破裂的影响，此次的民法典草案不再以苏联民法典作为参照，而是部分汲取了法国和德国民法典的理念。

1978 年以来，随着改革开放战略的推行，中国在逐步走向社会主义市场经济的同时，社会对民法规则的需求也迅速加大。在此形势下，党和国家于 1979 年启动了第三轮民法典编纂工作。至 1982 年 5 月，先后草拟了 4 个民法草案。不过，改革开放初期中国经济和社会形势迅速变化，政策频繁调整，以稳定性较强的法典来固定经济和社会领域关系，反而会限制改革开放的推进。因此，立法机关主动中断了这一轮的民法典编纂过程，而是基于“成熟一个，制定一个”的原则，在亟须法律规范的领域先颁布单行法。从 1985 年至 2009 年，《继承法》《民法通则》《担保法》

---

〔1〕谢鸿飞、涂燕辉. 民法法典化：历史回溯、基础要件及经验启示［J］. 贵州省党校学报，2022（2）：104.

《合同法》《收养法》《物权法》和《侵权责任法》等相继出台。这些法律不仅为民事活动提供了较为全面的法律保障，更为接下来再次启动的民法典编纂工作打好了基础。

2012年党的十八大以后，中国特色社会主义进入了新时代。新时代的社会经济发展为编纂民法典提供了更加成熟的条件和契机。在以习近平为核心的党中央领导下，2015年3月，民法典的第五轮编纂工作正式启动。此次编纂遵循了“两步走”的思路：首先，在1986年颁布的《民法通则》的基础上，系统总结和梳理相关实践经验，提炼出具有广泛适用性和引领性的规则，作为民法典的总则部分；其次，在现有单行民事法律规范的基础上，编纂民法典的各个分编。循此思路，民法典的立法工作开始有序展开：2017年3月，《民法总则》审议通过；2019年12月，完整的民法典草案成型；2020年5月，第十三届全国人大三次会议正式通过了《中华人民共和国民法典》。随后，习近平签署主席令，宣布《民法典》于2021年1月1日正式生效实施[1]。

诚如习近平总书记所言，《民法典》作为一部“固根本、稳预期、利长远的基础性法律”[2]，是全面推进依法治国、建设社会主义法治国家历程中的一座里程碑，也是推进国家治理体系和社会治理能力现代化的关键一步。

---

〔1〕王世进、李先. 走近民法典：述往知来与管窥锥指［J］. 玉溪师范学院学报，2022（4）：104.

〔2〕习近平. 充分认识颁布实施民法典重大意义，依法更好保障人民合法权益［J］. 求是，2020（12）：4.

22

四方来朝：历代职贡图中的周边民族与异域世界

中国古代王朝基于地缘特征和华夷观念，将礼制推广至国家关系，一方面以天下中心自居，将周边民族或域外国家视为臣属外藩，讲求差序差等；另一方面这种基于礼制的关系又具有一定的包容性，不相互侵夺，讲究和平共处，由此，逐渐形成朝贡体系。历代王朝特敕画师绘制朝贡的政治场景，称为“职贡图”。这一做法肇始于两汉，鼎盛于明清。所谓“职贡”，即“职方贡物”。职贡图以周边民族及外邦属国的使者仪容、贡物为描绘对象，图文互释互证，实录之外不乏想象，实则为反映国家意志的国家工程性质的政治绘画作品。主要的代表性作品有南朝萧绎《职贡图》、唐阎立本《职贡图》、宋李公麟《万方贡职图》、明仇英《诸夷职贡图》、清乾隆时期的《皇清职贡图》《万国来朝图》等[1]。

据考订，现存最早职贡图的原作者为南朝梁元帝萧绎（508—555年），原作已失，现存北宋摹本。图卷原画绘制的朝贡使者多

---

〔1〕本文限于篇幅，仅关注卷轴册页形式的官方政治画。实际上，职贡题材的瓷器、屏风、漆盒等工艺美术品也是重要的图像文献，如设色华艳的清代粉彩职贡图瓶。

达35人，现仅存13人，依次为滑（今中国新疆车师）、波斯（今伊朗）、百济（今朝鲜半岛西南部）、龟兹（今中国新疆库车）、倭（今日本九州）、宕昌（今中国甘肃南部）、狼牙修（今马来半岛西岸）、邓至（今中国甘肃南、四川北）、周古柯（滑旁小国，在今中国新疆境内）、呵跋檀（西域小国，在今塔吉克斯坦境内）、胡密丹（据说在今阿富汗与塔吉克斯坦交界处）、白题（今阿富汗境内）、末（今土库曼斯坦）等十三国使者的画像[1]。画作笔意遒劲，设色高古，人物皆为拱手而立，站姿恭谨类同，但形貌气质颇殊，或质朴或机敏或豪爽或秀弱，身旁题记疏注国名与地理、历史与风俗、交往与纳贡等情况。将《职贡图》题跋中的国名或族名与正史《梁书·诸夷传》相参证可知，图卷中的朝贡国家基本以地理远近和政治亲疏排序。值得注意的是，图卷特意将长江上游的白水羌邓至升格为“国”，与滑、波斯、百济等大国赫然同列。回到历史现场，南梁官方绘制职贡图，其目的是重现秦汉大一统国家“内诸夏而外夷狄”的天下秩序。然而，当时传统交通要道河西走廊为北朝所控制，萧梁王朝维系南朝与西域各国的交流不因南北对峙政治格局而中断，势必要通过与邓至的联系及互

〔1〕艺术史上，《职贡图》长期被认为出自唐代画家阎立本的画笔。20世纪60年代学者金维诺先生通过考辨绘画风格、题跋文字、摹本源流等，认为《职贡图》的原作者是南朝梁元帝萧绎，这一结论获得公认。萧绎原本现已佚失不存，现存后人摹本有三：收藏于故宫博物院的唐代阎立本摹本《王会图》和南唐顾德谦摹本《梁元帝番客入朝图》、收藏于中国国家博物馆的北宋熙宁年间摹本《职贡图》。参见葛兆光. 想象天下帝国——以（传）李公麟《万方职贡图》为中心［J］. 复旦大学学报，2018（13）：46.

动，建立长江上游的丝路交通网络而能使西域各国顺流东下。从战略深意上看，邓至之于偏居一隅的萧梁，扮演着河西走廊对于汉王朝的角色，如滑、白题等西域诸国皆经由长江上游遣使朝贡南梁。此外，需要指出的是，来自马来亚半岛的狼牙修国，则是充当印度洋与南海之间海上贸易路线的转运人角色，侧面显示出南朝时海上丝绸之路的活跃[1]。

盛唐时期对外交往空前活跃，族群与文化多元，“九天阊阖开宫殿，万国衣冠拜冕旒”，职贡图成为政治画的流行题材，如章怀太子墓墓道东壁的《礼宾图》、敦煌莫高窟壁画《各国王子图》以及最负盛名的阎立本《职贡图》等。不同于萧绎《职贡图》直白不失精细地描绘远来朝觐的使节形象，阎立本《职贡图》描绘贞观三年（629 年）南洋的婆利国、罗刹国与林邑国等前来朝贡进奉物品的景象，重在突显职贡队伍之庞大、所献贡物之珍奇。27 人的使臣和仆从队伍疏密陈布，冠服形貌殊异，或虬髯连鬓，或黑肤卷发，或长袍裹身，或赤膊袒胸，或穿耳附珰。仆从们神态恭敬，抬箱顶罐，进献各种珍奇贡物，如象牙、琉璃器、香料、珊瑚、花斑羊等，不一而足，展现出大唐盛世之下异域献宝、万方来朝的大国气象。《诸夷职贡图》虽由明人仇英绘制，但反映的却是唐朝时期边疆民族的朝贡景象，其中有西南苗夷九溪十八洞主和吐蕃、东北的渤海和契丹、西北的党项和昆仑等边疆民族以及

〔1〕整理自霍巍. 梁元帝《职贡图》与“西戎”诸国［J］. 民族研究，2022（4）：96—98.

藩属国安南国和朝鲜国等，表明唐朝的边疆治理模式依然遵循古代中国的传统，即内地州府建制和边疆羁縻册封并存。

两宋时期多民族政权并立，辽、夏、金等少数民族政权崛起，实力足以与中原政权抗衡。强邻环伺的政治现实之下，北宋李公麟（1049—1106 年）所绘《万方职贡图》，描绘了十个朝贡国，实录和想象兼具。据学者考订，当时确有史载遣使朝贡的国家为四国，如占城国（今属越南）、三佛齐（今印尼苏门答腊）、朝鲜国（应为高丽）和渤泥国（今属印尼加里曼丹），皆算作是朝贡国。这些国家朝贡的主要目的是借助海上交通与北宋建立商业贸易联系。其他绘入《万方职贡图》的政权如东北的女真国，当时仍被强大的契丹所控制，成画的时代并未与北宋建立联系；西南的吐蕃已经瓦解，余部分裂，与宋朝时战时和；女人国则为子虚乌有之国，或来自传闻。明朝学者韩洽曾有诗锐评："龙眠居士生有宋，未必诸蕃真入贡。"可见，对于宋人，盛唐时代无远弗届的气象已经是难以企及的历史记忆，只能借由想象强行挽尊[1]。

元明两朝，由于海陆交通畅通，尤其是明朝初年郑和下西洋时期，大象、骏马、长颈鹿等珍禽异兽被牵引进贡，赫然是一场新奇有趣的异国奇物展，于是，贡兽图成为职贡图的主流，这在元人赵孟頫的《贡獒图》和明人《画麒麟沈度颂》中都有呈现。

清朝前期对外交往复杂多元，边疆治理日臻完善，处于统一

〔1〕葛兆光. 想象天下帝国——以（传）李公麟《万方职贡图》为中心［J］. 复旦大学学报，2018（13）：46.

多民族国家的版图奠定时期，职贡图达到巅峰水平，多为大幅、长卷的鸿篇巨制，如展现“万国来朝，四夷向化”不世之功的《万国来朝图》和四卷四册三百幅彩绘图册《皇清职贡图》。乾隆十五年（1750年）筹备编绘、历经10年完成的大型图卷《皇清职贡图》，作为一项国家工程，由边疆督抚呈报图样、经军机处统一修改，以地相次，分卷绘制，旁题汉满双语图说，涉及对外关系与边疆治理等议题。第一卷共计六十九图，为西洋、外藩及朝贡属邦图像，六十九图将朝鲜、琉球、安南等实质性藩属国和西欧国家等互市国都纳入朝贡图中，但是差序、差等意识明确，只要求互市国遵守一定的朝贡礼仪，却没有严格的朝贡义务，意在构建一个胸襟宽阔、开放包容的天朝上国的形象。但即便如此，在17—18世纪早期全球化时代，基于华夷观念的传统天下观势必受到西方近代世界观的冲击，潜藏危机。《皇清职贡图》第二、三、四卷共计三百三十一图，为东北、福建、湖南、广东、广西、甘肃、四川、云南、贵州等省周边各族的图像。相较于地方上呈的初稿，《皇清职贡图》定稿主要修改之处在于精简了形貌与服饰、生产与生活的民族多元性描述，新增政治沿革、归化治理、赋税征收等内容，强调番夷向化、转夷为民，体现了清朝前期实行改土归流后边疆与内地一体化的政策取向，承载着统一多民族国家的政治建构功能。由此，清朝在传统“华夷观”基础上重构起视野更为广阔的多民族的“大一统天下观”。

透过职贡图的吉光片羽，后人可以看到历代传统华夷观念的流变。虽然中国历代有明确的夷夏之辨，但是华夏与夷狄之间“我者”与“他者”的界限是变动、转换的，其标准在于接受华夏文明的程度。正如韩愈在《原道》中所言，“孔子之作《春秋》也，诸侯用夷礼，则夷之；进于中国，则中国之”。随着周边各族与中原政权的长期互动，“华夷一统”观念成为古代中国的思想主流。历代职贡图串联在一起，“天朝上国，四夷宾服，声教广被，恩泽天下”的气势呼之欲出，它展现了历代王朝边疆治理方略和对外交往朝贡体制的演变，承载着建构“四夷归化、万国来朝”“大一统天下观”的政治文化功能。

23 古代中国的天下观与华夷秩序

在许多西方学者的眼中，漫长到“令人吃惊的统一”历史，是一种独属于中国的“神话”。以西方的标准来看，今日中国比之欧洲，仿佛是自罗马帝国时代抑或查理曼时代一直延续下来的，并且始终维持着“单一民族国家的功能”[1]。然而，若从中国自身历史发展变迁的逻辑来看，或许可以从“天下”——这个中国人无比熟悉但又不知该从何解释的词语开始讲起。

历史学家许倬云先生认为，历史上的“中国”，与其说是具有明确疆域、血缘壁垒的国家，毋宁说是个无远弗届的“天下”[2]。那么，究竟何谓天下？“易姓改号，谓之亡国；仁义充塞，而至于率兽食人，人将相食，谓之亡天下。”有感于明清易代的连年兵燹，大儒顾炎武对国与天下之别进行了辨析。可以看出，“天下”的含义更多是一个“价值体”，与一家一姓的国相比，天下代表了

---

〔1〕Lucian W. Pye, “China: Erratic State, Frustrated Society”, *Foreign Affairs*, 1990, 69 (4): 56—74. 转引自姚大力. 追寻“我们”的根源：中国历史上的民族与国家意识［M］. 北京：生活·读书·新知三联书店，2018：157.

〔2〕许倬云. 说中国：一个不断变化的复杂共同体［M］. 桂林：广西师范大学出版社，2015：2.

一套“永恒的仁义价值与礼乐规范”[1]。如此便能理解，为何“修身、齐家、治国、平天下”是古代士大夫的人生追求。显然，在这一群体的价值序列中，代表文明价值的天下位于最高层，甚至超越代表权力秩序的王朝国家。

问题来了，谁能代表礼乐和仁义的文明？礼乐和仁义又是从何而来？解答这一系列问题，还需将其置于特定的历史地理空间。今天称为“中原”的黄河中下游流域，在距今3 000多年前孕育了盛极一时的殷商文明，创制了中国迄今为止最早的成熟文字——甲骨文。识别与解读残存至今的甲骨卜辞，可知商人将自己国家的心脏——首都——称为“大邑商”，并视其为土地方域中不变的中心[2]。拱卫中心的是同姓王族；其外围则是商人的友邦即同盟者；最外圈则是一些被称为“方”的族群，如人方、鬼方等。商王往往

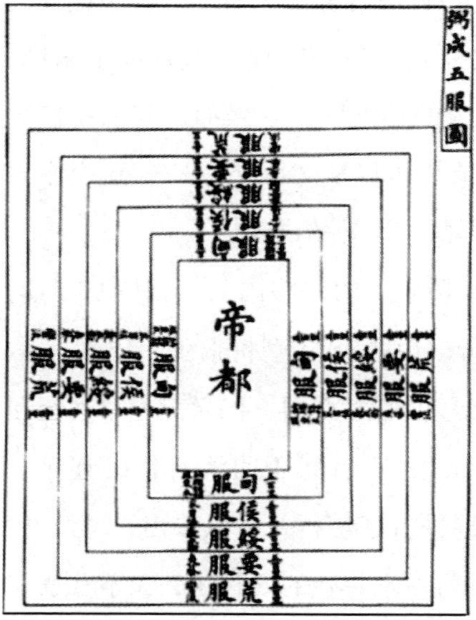

图1　弼成五服图

〔1〕许纪霖. 家国天下：现代中国的个人、国家与世界认同［M］. 上海：上海人民出版社，2016：20.

〔2〕有学者认为这可能是后世“中国”称谓的起源。参见刑义田. 中国文化源与流［M］. 合肥：黄山书社，2012：291.

需要依靠讨伐来确立其霸权。这种同心圆式的政治格局，即所谓“内服—外服”“五服”等。自此，内与外、中心与边缘、我者与他者，构成“天下观”的渊源之一。

历经“血流漂杵”的牧野之战，周人取代商人成为中原共主。周人有两项重大变革，奠定了后世三千余年中华文明的基础。一是政治上，周一方面继承了商朝“同心圆式”统治秩序的基础，另一方面，与商有所不同，周人通过广泛封邦建国，将同姓王族、异姓功臣及先代贵族分封至京畿外围，以拱卫天下之统御者周天子。成王时期的青铜器何尊，其内底铭文有“宅兹中国”[1]的字样，透露出周人自视为天下中心的观念；而分封秩序中处于边缘或前哨的封国，在与其他族群长期共存、通婚的基础上，逐渐融合，成为一体，“中国”的外延显著扩大[2]。二是文化上，周人汲取殷商重鬼神、奉强力的传统带来的惨痛教训，以礼乐作为封建贵族统治的外在规范，以“天视自我民视，天听自我民听”的理念作为统治的内核，主张“敬天保民”。这一观念既是后世儒家学派所倡导的仁义、礼乐的渊源，也是“天下观”的价值源头。

由此，从政治和文化的双重意义上，西周奠定了后世“华夏”

---

〔1〕何尊中的“宅兹中国”，是“中国”这一词的首次出现。“中国”一词在先秦时代大致是一个依靠地理方位和礼仪文化区分族群边界的概念，而非今天的国家概念。参见杨念群.“大一统”与“中国”“天下”观比较论纲［J］. 史学理论研究，2021（2）：73.

〔2〕考古发现的燕国遗址，处处显示周文化与当地居民及北方山戎族群的混合。汉水和淮水流域的封国，成串安置在中原的南方前哨。它们分别与当地居民混合，这种不同文化共存的多元性，在考古遗址中经常有所反映。参见许倬云. 说中国：一个不断变化的复杂共同体［M］. 桂林：广西师范大学出版社，2015：45.

的基础。至西周末年，王室内乱，天子式微，犬戎攻破镐京，虽平王东迁洛邑，亦无法挽回周王室之颓势，东周列国争霸就此拉开帷幕。得益于管仲辅佐，齐桓公率先打出“尊王攘夷”的旗号。从之后孔子的言论中，可以看出这一事件的意义——子曰：“管仲相桓公，霸诸侯，一匡天下，民到于今受其赐。微管仲，吾其被发左衽矣！”〔1〕

所谓“被发左衽”，代表了一种外来的夷狄文化，而“尊王攘夷、一匡天下”的意义则在于维护了华夏文明。在与外部族群的冲突、交往中，“裔不谋夏，夷不乱华”〔2〕，构建稳定的华夷秩序，成为春秋霸主们的追求。当然，普天之下，“华”与“夷”的分野，也绝非不可逾越的鸿沟。华夷秩序中，“没有绝对的‘他者’，只有相对的‘我者’”〔3〕。原因很简单，区分华夷的标志，并非不可更改的血缘，而是后天习得、浸染的文明与文化。华夏之于夷狄的差异，在于礼乐教化。因而夷狄若能接受礼教，则可被视为华夏的一部分。反之，若华夏放弃礼教，臣服夷人，则将被视为异己。韩愈在评论这一现象的时候，用一句话很好地概括了中国、华夏与夷狄的关系：“孔子之作《春秋》也，诸侯用夷礼，则夷之；进于中国，则中国之。”〔4〕 在韩愈眼中，“中国”等

〔1〕(南宋) 朱熹. 四书章句集注 [M]. 北京：中华书局，1983：153.
〔2〕杨伯峻. 春秋左传注（修订本）[M]. 北京：中华书局，2016：1759.
〔3〕许倬云. 我者与他者：中国历史上的内外分布 [M]. 北京：生活·读书·新知三联书店，2010：20.
〔4〕童第德. 韩愈文选 [M]. 北京：人民文学出版社，1980：218.

于“华夏”。只是在春秋战国争霸称雄的时代，“中国”并非单一实体，而是由列国组成；“天下”与“中国”显然也并不等同。然而，战国时期的孟子早已预见：“天下恶乎定？……定于一。”[1]列国格局终将会被天下统一的态势所取代。这一任务经“秦王扫六合”而完成，至汉朝数百年得以巩固，终成“天下归于一家”。

从商周早期国家开始，历经春秋战国5个半世纪的动荡纷争，至秦汉时期建立起统一的中央集权的官僚体制国家，“中国”的外延在不断扩大，作为“天下”的中心，“中国”的范围已经远超过去。先秦时期“溥天之下，莫非王土”的理念世界，与秦汉大一统的现实世界开始结合。尽管秦汉统治者也清楚自己统御的疆域并未完全囊括天下，北方的匈奴、西方的大夏不仅不在中原王朝势力所及的范围内，且其疆域亦十分广远，实力甚强，但这并不妨碍中国人将这些地区视为“化外之地”，并有待中国礼乐教化之。“天下”的边界于有形、无形中不断远拓。究其原因，秦汉的强盛为当时的“天下秩序”提供了治理层面上的有力支撑。朝廷的统治秩序由内而外，从直接治理的郡县，到通过羁縻之策间接控制的边疆，最后是或远或近的朝贡国。“郡县—羁縻—朝贡”的三层结构形成了大一统王朝的天下秩序，在实践上使同心圆式的“差序格局”得到了巩固。

但是每当大一统政权走向衰败，麻烦事就来了——华夷秩序

[1]（南宋）朱熹．四书章句集注［M］．北京：中华书局，1983：206.

乱了套，甚至“夷狄”入主了中原！历史上，这些政权的建立者皆被视为“夷”或者“胡”。作为“天下”之边缘的“夷”人，又是怎么看待“天下”和“华夷秩序”的？答案不难得出，“变夷为夏”即可。魏晋、五代时期的少数民族政权在入主中原之前，长期在中原社会周边居住、生活，甚至以雇佣军身份卷入中原政权的政治斗争。在交锋与共处的过程中，他们对中原文化的学习和了解逐渐深入，乃至滋生了一定的认同感，文化的反差、习俗的相异甚而使之产生了摆脱原生部族身份的做法。例如，十六国时期出身氐族的前秦皇帝苻坚在面对边境的氐族部落时，轻蔑地称其为“种落杂居”“不能为中国大患”。再如，五代时的沙陀政权曾称契丹为夷，而自己当然就是正宗的华夏人〔1〕。甚至契丹首领耶律阿保机也非常“识相”地喊沙陀人为“恶汉儿”。显然，不管恶还是不恶，沙陀族都已被认作汉人了。更有趣的是，在沙陀首领被怀疑要称帝的时候，有人表示反对，理由却是“自古岂有秃头天子、跛脚皇后耶?”〔2〕可见，时人把身体仪表上的残疾看得比沙陀族裔的身份来得重要。

与强调国族分野的观念不同，古代不论汉人抑或异族，对少数民族身份认同的变化，大多时候大多数人并不觉得有何不妥。除了华夷之别具有明确的文明分野的特质外，强调王朝正统性即

〔1〕也可能是因为他们占据了华夏地盘，因政治统治的现实需要而如此，未必在骨子里自认为是“华夏”人。

〔2〕(北宋) 陶岳. 五代史补. 转引自薛居正等撰. 旧五代史：卷 97　杨光远传［M］. 北京：中华书局，1976：1293.

统治合法性有助于民族间的交融。所谓王朝正统，除了西周以来文教礼乐的文化认同外，经过战国至秦汉数百年的整合，也逐渐融入了法家“富国强兵、一统天下”的“大一统”政治内涵。这也就意味着，“王朝的合法性背后有儒家的天下文化，也有法家的大一统政治”〔1〕。

简言之，文化礼教，政治大一统，构成了天下国家的正统性。理解这一点，有助于解释所谓的中国“统一神话”。“不同于欧洲的列国体制，即一个上帝、多个国家，中国是天下大一统，中国人所理解的世界，只有一个天下，而能够代表天下的，只有一个‘奉天承运’的正统王朝。”〔2〕即便是处于分裂时期的各个政权，往往也视自己为正统，是“中国”，而视对峙政权为统一的对象。纵观古代中国，没有任何一个政权敢冒天下之大不韪，去维持一个长久均衡的多国体系。因为这会从根本上消解政权的合法性。

故此，维持天下的基本秩序，保持同心圆式的天下格局，成为古代中国以中原为正统的王朝国家的执政根基，无论华夷，天下之人心同此理。

〔1〕许纪霖. 家国天下：现代中国的个人、国家与世界认同［M］. 上海：上海人民出版社，2016：27.
〔2〕许纪霖. 家国天下：现代中国的个人、国家与世界认同［M］. 上海：上海人民出版社，2016：23.

24 从边塞纪功碑到告成太学碑
——清朝“国家认同”的建构

在今天新疆维吾尔自治区伊犁昭苏县的格登山上，有一块立于1761年（乾隆二十六年）的石碑——《平定准噶尔勒铭格登山之碑》（简称《格登山碑》）。碑文由乾隆皇帝撰写，希冀将清军平定准噶尔部的巨大胜利“勒铭格登，永诏亿世”。碑文如下：

> 格登之崔嵬，贼固其垒。我师堂堂，其固自摧。格登之巀嶭，贼营其穴；我师洸洸，其营若缀。师行如流，度伊犁川；粤有前导，为我具船。渡河八日，遂抵格登。面淖背崖，藉一昏冥。曰捣厥虚，曰歼厥旅。岂不易易，将韬我武。将韬我武，讵曰养寇？曰有后谋，大功近就。彼众我臣，已有成辞：“火炙昆冈”，惧乖皇慈。三巴图鲁，二十二卒；夜斫贼营，万众股栗。人各一心，孰为汝守？汝顽不灵，尚窜以走。汝窜以走，谁其纳之？缚献军门，追悔其迟！于恒有言：曰杀宁育。受俘赦之，光我扩度。汉置都护，唐拜将军，费赂劳众，弗服弗臣。既臣斯恩，既服斯义。勒铭格

登，永诏亿世。

乾隆二十年，岁次乙亥夏五月之吉，御笔[1]

《格登山碑》向后人昭示着清朝历经康、雍、乾三代终于平定西北边疆的伟业，其经数百年风雪侵蚀而不倒，是清朝前期平定民族分裂分子、稳定边陲、捍卫大一统的有力见证。

人类自古相信金石永固，金石铭刻体现了延续人类生命与历史的强烈观念。为纪念边塞战绩而于边塞勒石纪功在中国历史上久已有之，最早可追溯至东汉的燕然刻石，由大败匈奴的汉军统帅窦宪刻于今蒙古共和国的杭爱山摩崖上，史称《封燕然山铭》。此后，边塞战争获胜后勒石纪功作为一种传统被后世继承了下来。尤其在唐朝，伴随着疆域的不断西拓，纪功碑遍布以哈密为中心向西辐射的所有获胜之地，直至葱岭（今帕米尔高原）以西。经由唐朝发扬光大的边塞纪功碑，比较完整地记录了中原王朝在西域的经营。清朝前期在致力于收复汉唐故土与稳固疆域的过程中，延续了勒石纪功的传统，据载，乾隆帝曾为西域书写过四块有重大历史价值的御碑。相较于汉唐，清朝的边塞纪功碑大多由多民族语言构成，比如《格登山碑》的正面用满、汉文，背面用蒙、藏文共四种文字镌刻，直观、清晰地反映了清朝统治者对民族关系、稳边固边的高度重视，亦折射出其大一统的天下观。

---

〔1〕杨永平. 格登山碑文译释［J］. 新疆地方志，1993（4）：60.

其实，对于清朝而言，其面临的潜在危机之一就是民族问题以及由此衍生的边疆问题。乾隆就曾因臣子将前藏达赖喇嘛遣使称“夷使”而大发雷霆：“国家中外一家，况卫藏久隶版图……何至糊涂若此，着传旨严行申饬。”[1] 在乾隆眼中，隶属王朝版图的疆域即是“中国”的重要组成部分，不得因文化不同而区分夷夏。御笔亲书、多民族文字刻成的边塞纪功碑正是清朝这一“开疆拓土、天下一统”治国理念的体现与见证。

清朝不仅在边塞勒石纪功，还发展出战争纪功碑的新形式——“告成太学碑”。康熙四十三年（1704 年）首次在中央最高学府太学（清称国子监）竖立《平定朔漠告成太学碑》。其后，每逢战争胜利向先师孔子举行释奠祭礼并勒石太学逐渐成为清朝的惯例。终清一朝，先后有七座告成太学碑立于北京孔庙（表 1）。

表 1 清朝北京孔庙中的告成太学碑[2]

时 间	碑 名	文 字
康熙四十三年（1704 年）	《平定朔漠告成太学碑》	满汉文合璧
雍正三年（1725 年）	《平定青海告成太学碑》	满汉文合璧
乾隆十四年（1749 年）	《平定金川告成太学碑》	满汉文合璧

〔1〕清实录第二五册：高宗实录（一七）：卷一二九二［M］. 北京：中华书局，1986：340.

〔2〕整理自黄茜茜. 清代平定碑告成太学考［J］. 北方工业大学学报，2021（2）：85—86.

续 表

时 间	碑 名	文 字
乾隆二十年（1755年）	《平定准噶尔告成太学碑》	满汉文合璧
乾隆二十四年（1759年）	《平定回部告成太学碑》	满汉文合璧
乾隆四十一年（1776年）	《平定两金川告成太学碑》	满汉文合璧
道光九年（1829年）	《平定回疆剿擒逆裔告成太学碑》	满汉文合璧

以往历朝功成归来的帝王，均会将战功告成祖庙即太庙抑或象征王朝政权的社稷坛，告成于太学还未有先例。为何清朝统治者要将战功告成于中央最高学府——太学？康熙皇帝在《平定朔漠告成太学碑》的碑文中用孔子《礼记·王制》所言“天子将出征，受成于学。出征执有罪，反，释奠于学，以讯馘告”[1] 做了说明，也就是说出征归来“释奠”于太学符合儒家礼制的要求。从碑文可以看出清朝统治者入主中原后对儒家文化的继承和弘扬——一方面从儒家思想中为武力征伐、开疆拓土的举措寻找合理的解释，另一方面通过对儒家思想的回溯和弘扬彰显王朝的正统。此外，清初统治者还面临着建构“国家认同”的重任，即为自身确立少数民族政权的合法性与合理性，而推崇作为正统文化的儒家思想则成为其必然的选择。康熙作为清朝第一个亲临曲阜孔庙拜谒的帝王，其推崇儒家思想的做法无疑能笼络汉人，尤其

[1] 清实录第五册：圣祖仁皇帝实录：卷一九〇［M］. 北京：中华书局 .2008：1016.

是士大夫，进而获得支持。这对于缓和、调节清初紧张的民族关系具有一定的作用。

乾隆年间，告成太学的平定碑得到了更大的重视，不仅延续了告成太学的惯例，而且碑文拓片也被分赠与封疆大吏和各地布政使以上的大臣。《平定准噶尔告成太学碑》中“于是有守在四夷，羁縻不绝，地不可耕，民不可臣之言兴矣。然此以论汉唐宋明之中夏，而非谓我皇清之中夏也”[1]，正是乾隆“天下一统”观念的直接表达，旨在强调西北边疆已纳入其管辖范围，边疆民众亦是大清的子民，不再是“蛮夷”。而拿到告成碑拓片的官员们也能进一步将朝廷传达的家国观念在更大范围加以传播。所以原本是告成太学的纪功碑，逐步被总督、巡抚、布政使大规模仿制到地方的官学文庙中。乾隆二十九年（1764年），苏州布政使苏尔德向皇帝上奏《平定准噶尔部各省学宫地势不一不必拘泥尺寸并遴委通晓清文旗员摹写刊刻》一折，提出了告成碑扩展至地方遇到的形制不一、无法书写满文的问题。为了使各省周知，乾隆以谕旨回复苏尔德及其他大臣，可以根据各地的实际情况随宜制作，不必完全按照告成太学碑的形制；考虑到内地各省士子不谙满文，还可以省略满文，仅镌刻汉文。其实，立碑全国的过程中，始终都贯彻朝廷将西北平定这一“帝王一家之私事”转化为“天下一统之共识”的立场。从边疆纪功碑的四种文刻到告成太学碑的满

[1]（清）张廷玉等撰．钦定皇朝文献通考：卷六十七：学校考五［M］．文渊阁四库本．

汉合璧，再到地方官学文庙复刻的汉文碑，都昭示着朝廷“告成天下”以明“天下一统”的态度，而借助中央太学到地方官学这一特殊的文化空间无疑是绝佳选择。

太学是汉朝以来中央设立的最高学府，至隋改名为国子监或国子学。国子监不仅是元、明、清三朝的国家最高学府，也是国家最高教育行政管理机构，在一些复古的场合或时段，又以古名太学相称。从唐高祖武德二年（619年）开始，中央在国子监内建立周公、孔子庙各一所，四时祭奠。唐太宗贞观二年（628年）停祭周公，仅释奠孔庙，逐渐形成了“左庙右学”的国子监形制。唐朝前期也将这一学制普及到州、县，使孔庙释祭仪式在州、县学中得到贯彻，形成了“天下通祀的儒学教育局面”[1]。此现象一直延续到清朝。有清一代，希望通过科举走上仕途的读书人，都经由各地学宫开始其求取功名之旅，无论太学抑或地方官学的士子入学，必四时释奠孔子，告成太学碑的内容便会随着各地士子定时祭拜孔子而为人熟知和认同。清朝将原本在边塞的纪功碑从告成太学到告成地方官学，最终得以告成天下。从嘉庆年间洪亮吉的例子便可看出这种做法在知识精英中起到的作用。嘉庆四年（1799年），洪亮吉因言事获罪被发配至新疆，后来他在《天山客话》中描绘了在新疆的所见所闻与自己20多岁的梦境相似的奇妙经历，觉得是命中注定，因此毫无怨言。同样在嘉庆年间被发

[1] 朱玉麒. 从告于庙社到告成天下［C］//高田时雄教授退休纪念东方学研究论集：中文分册. 京都：临川书店，2014：406—407.

配至新疆的徐松，也有相似的经历和感叹。从中可以看到，乾隆以后朝廷为巩固西部边疆，把流放地从东北扩展到西北之时，那些士子们思想上非但没有产生畏惧前途之意，反而已经觉得发配之地是天下的一部分，是“为国戍轮台”。稍晚魏源写的《海国图志》《圣武记》中的很多内容也都和西部边疆有关，魏源还在一首诗中感叹：“平生第一伤心事，未见天山万里雪。”〔1〕这种对新疆的亲切感，正是乾隆以来朝廷深入昭示“天下一统”的开花结果，深化了清朝知识分子对国家统一的认识。

正如历史学家许纪霖所言：“在古代中国，对于‘中国’的国家认同，是通过文明的认同和王朝的认同实现的。……不过，王朝认同是表象，文明认同是内核……在王朝认同的背后，是对其所代表的天下价值观的肯定。”〔2〕清朝边塞纪功碑的沿革与传播，体现了清朝在继承儒家文化为主导的中原文化的同时，也努力建构并阐释着“天下一统、中外一家”天下观，使“天下一统”成为中国人的共识。历经两千多年，多民族大一统的中国最终在清朝稳固成型。

---

〔1〕黄晓峰、钱冠宇．朱玉麒谈清代边塞纪功碑与国家认同［M］//葛兆光等．殊方未远：古代中国的疆域、民族与认同．北京：中华书局，2016：393—413.

〔2〕许纪霖．多元脉络中的“中国”［M］//葛兆光等．殊方未远：古代中国的疆域、民族与认同．北京：中华书局，2016：37—38.

25

从封建国家到民族国家

民族国家是当今世界占主导地位的国家形态。民族国家首先是独立自主的主权国家，具有国际法认可的国家主权，拥有清晰而稳定的疆域。其次，在民族国家内，公民的民族认同和国家认同实现了统一。广大民众在文化和心理方面认同为一个民族，并在政治上认同国家权力的合法性，形成了现代意义的国家民族。再次，民族国家具有人民性。民族国家由全体公民共有、共治和共享，不属于任何特定的个人、家族或集团。

人类历史上出现过多种国家形态，如城邦、帝国、封建国家，还有教会国家。这些国家形态历史悠久，在古代或中古时期就已产生。民族国家是从中古后期到近代西欧历史发展的产物，其历史相对较短。然而，这个年轻的后来者却将“老前辈”挤下了历史舞台，让它们成了“传统”的国家形态，自己则引领了“现代”国家的潮流。这一过程是如何发生的？民族国家源自西欧，那就让我们回溯历史，了解中古时期西欧人的国家意识和国家形态。

中古西欧实行封建制度，皇帝或国王名义上是最高统治者，实际上往往只能控制直辖领地，各级封建主在自己的领地上自行其是，整个国家呈现权力“碎片化”状态。大大小小的封建主都视领地和臣民为私产，因此封建国家的疆域并不固定，时常因婚姻、继承等因素而变动。在分裂的世俗权力之上，存在着一个统一的基督教会。正如恩格斯所言，基督教“把整个封建的西欧联合为一个大的政治体系”〔1〕。在这样的社会环境中，“人民首先认为自己是基督教徒，其次是某一地区如勃艮第或康沃尔的居民，只是最后，——如果实在要说的话——才是法兰西人或英吉利人”〔2〕。

中古晚期王权崛起是民族国家形成的关键环节。14—16 世纪，西欧地区灾变和战争频繁、社会动荡，阻碍了社会发展。“王权在混乱中代表秩序，代表着正在形成的民族（Nation）而与分裂成叛乱的各附庸国的状态对抗。在封建主义表层下形成着的一切革命因素都倾向王权，正像王权倾向它们一样。”〔3〕这些“革命因素”中最重要的是城市的复兴与市民阶层的兴起。城市希望获得自治权，摆脱封建领主的侵扰，为工商业发展创造良好的社会环境。于是市民与国王结盟，向后者提供资金和人才，国王因此逐渐获得了封建主难以企及的优势地位。“国王的政权依靠市民打垮了封建贵族的权力，建立了巨大的、实质上是民族为基础的君

〔1〕中共中央马克思恩格斯列宁斯大林著作编译局编译．马克思恩格斯选集：第 3 卷［M］．北京：人民出版社，1995：705.

〔2〕［美］博伊德·C·沙夫尔．民族主义：神话与现实［M］．转引自李宏图．论近代西欧民族主义和民族国家［J］．世界历史，1994（6）：9.

〔3〕中共中央马克思恩格斯列宁斯大林著作编译局编译．马克思恩格斯选集：第 4 卷［M］．北京：人民出版社，2009：218.

主国。"[1] 反映这一历史演进的典型史事是，法国于 14 世纪初形成了等级君主制。

英法百年战争是西欧民族国家形成过程中的一个重要事件。这场漫长的战争不但解决了英法的领土纠纷，明确了两国的疆域，还促进了两国民族意识的觉醒。战争中，法国人产生了法国应该由本国人来统治的观念，英国也强化了自身的民族认同。至 15 世纪晚期，随着国王对封建主的"驯服"，英法等国出现了中央集权的趋势。国王废除了五花八门的地方特权，建立了全国性的司法和税收机构，统一了全国市场，建立了常备军，开始形成近代国家治理体系。

民族语言的形成为民族国家的建立创造了条件。中古时期的西欧各地流行方言，没有统一的国语。以英国为例，知识阶层主要使用拉丁语，贵族则主要讲法语，这种情形至中古后期开始出现变化。13 世纪，英语开始适用于官方文件，此后逐渐进入政权运作体系。14 世纪，英王规定议会和法庭应使用英语，此时英国的宗教会议、教士布道也常使用英语。英语在发展过程中，逐渐走向规范化。印刷术的普及加速了这一进程，英文版《圣经》、莎士比亚作品的出版与盛行，都对英语发展作出了重要贡献。民族语言的推广，加强了国内各地的交流和联系，推动了共同的文化

〔1〕中共中央马克思恩格斯列宁斯大林著作编译局编译. 马克思恩格斯选集：第 4 卷［M］. 北京：人民出版社，1995：261.

心理、价值观念的形成，强化了正在形成的民族认同。

宗教改革也是促进民族国家形成的重要因素。西欧基督教的一统局面，以及基督教的“普世”主义一度抑制了民族意识的发展。16世纪上半叶，马丁·路德首先在德意志地区掀起宗教改革，主张建立民族教会和使用民族语言进行宗教活动。他翻译了《圣经》，促进了德语规范和传播。经过改革，德意志北部脱离了天主教，形成了新教的路德宗。随后，瑞士、英国等国也进行了宗教改革。宗教改革运动瓦解了罗马天主教会一统天下的局面，西欧主要国家建立了以国王为首的民族教会。挣脱教权束缚的西欧国家，其王权的地位得以进一步巩固，而教廷万流归宗的国际中心地位被动摇。16世纪后，英国、法国成为专制王权国家。尤其在法国，国王是国家的代表、国家主权的拥有者，国王的意志即法律，正如法王路易十四所言“朕即国家”。在这一体制下，专制君主继续加强对国家的整合，国家权力扩展至社会各个领域，如路易十四削弱贵族和教会势力，扩大常备军，发展国内经济，拓展对外贸易。这些举措既增强了法国国力，也凝聚了国内民众，有利于民族国家的形成。

随着欧洲国家民族意识的发展，各国都以自身利益为重，国家之间矛盾尖锐、战争频繁。由于教权的削弱，西欧缺乏能够协调国家关系的权威和规则。在此情形下，如何处理国际争端以构建合理的国际秩序？17世纪初，荷兰人格劳秀斯撰写《战争与和平法》，提出国家主权对外独立，对内最高，主权国家是国际法的主体等主张；同时，他将国际法的条约性质放在第一位，划清了国内法与国际法的界限。格劳秀斯的理论很快被运用到政治实践中。1648 年，三十年战争的参战各方缔结了《威斯特伐利亚和约》，承认德意志各邦是主权国家，德意志诸侯有权决定臣民的宗教信仰等。这些协议构成了威斯特伐利亚体系，确立了国家主权、独立、平等原则，开创了以国际会议和谈判达成协议（或条约）的形式解决国际争端、结束国际战争的先例。从此，主权国家成为国际交往和近代外交关系的主体。此后，伴随着民族国家的产生和国际体系的扩展与演变，国际法逐步完善。

西欧历史演进至 17 世纪，专制王权逐渐成为民族国家进一步发展的阻力。专制君主将国家视为私产，国家资产可任意挥霍，国家领土可随意分割、转让。国王关注的不再是民族的兴盛，而是王朝的延续。更有甚者仅仅追逐个人的私利，路易十五“我死后哪管洪水滔天”便是典型代表。专制统治虽然削平了封建割据，但依然保留了贵族特权。专制王权治下的民众只是俯首听命的臣民，国家事务“肉食者谋之”，不容其他阶层置喙。专制王权不仅严重阻碍了国家认同的发展，也日益成为民族发展的绊脚石。由此，推翻专制统治成为时代的诉求。

英国通过资产阶级革命率先实现了这一目标。革命后，英国继承了中古时期以来王权有限和法律至上的传统，颁布了《权利法案》，确立了议会至上原则和君主立宪制度。法国则掀起了启蒙运动的高潮。启蒙思想家以全民族的名义，猛烈抨击专制王权和天主教会。他们宣扬自由、平等，彰显个人权利；主张社会契约、主权在民。由此，解构了专制王权国家的合法性。其后，法国大革命将启蒙思想家的理念转化为政治实践。《人权宣言》宣告，“在权利方面，人生来是而且始终是平等的”，“整个主权的本原主要是寄托于国民”，“财产是不可侵犯与神圣的权利”。这些规定使“全体法国人组成了法兰西民族”〔1〕，从此法国“‘民族’（Nation）即与‘国家’（State）开始同一，‘Nation’即为‘国家’”〔2〕。

如果说“一部从中世纪迈向近代的世界历史，也就是近代民族国家建立的历史”〔3〕，那么世界近现代史很大程度上是民族国家从西欧向世界拓展的历史。这一历史进程首先在欧洲启动。拿破仑战争传播了启蒙思想和法国大革命的精神，自由、民主、法治等观念成为欧洲大陆各国的思想主流，欧洲文化得以重构。但是拿破仑战争存在的侵略和压迫的一面，则将被占领地区人民的民族意识激发出来，“（拿破仑）掀起了各国的民族性，而民族性又吞没了拿破仑自己”〔4〕。拿破仑战争后，欧洲民族国家的队伍不断壮大。1821 年希腊独立战争爆发，1830 年比利时独立，1871 年意大利和德意志完成了国家的统一，相继加入民族国家的行列。

---

〔1〕［法］阿尔贝·索布尔. 法国大革命史［M］. 马胜利、高毅、王庭荣译. 北京：中国社会科学出版社，1989：475.

〔2〕李宏图. 西欧近代民族主义思潮研究——从启蒙运动到拿破仑时代［M］. 上海：上海社会科学院出版社，1997：10.

〔3〕李宏图. 论近代西欧民族主义和民族国家［J］. 世界历史，1994（6）：8.

〔4〕［法］皮埃尔·热尔贝. 欧洲统一的历史与现实［M］. 丁一凡等译. 北京：中国社会科学出版社，1989：13.

此后，东欧和巴尔干地区也兴起了民族自决的潮流，对统治这些地区的奥匈、俄罗斯、奥斯曼帝国形成了冲击。

两次世界大战使民族自决原则得到传播。第一次世界大战后期，美国总统威尔逊提出了“十四点原则”，影响至中欧和东南欧各国。一战导致德意志帝国、俄罗斯帝国、奥匈帝国和奥斯曼帝国瓦解，波兰、芬兰、匈牙利等国纷纷获得独立，建立了民族国家。民族自决原则也传播到广大亚非拉地区，亚洲出现民族民主运动的新高潮，非洲民族意识得以觉醒，拉丁美洲进一步推行民族民主革命与改革。二战期间，各国签署一系列重要文件，以国际法的形式推动民族自决原则的深入实践。1941 年，英国和美国发表《大西洋宪章》，提出“各民族中的主权和自治权有横遭剥夺者，两国俱欲设法予以恢复”[1]。1945 年，《联合国宪章》强调“发展国际间以尊重人民平等权利及自决原则为根据之友好关系”，民族自决成为国际法的基本原则。这使殖民统治丧失了合法性，西方殖民者历经 400 年巧取豪夺建立的世界殖民体系，在二战后迅速崩溃。

民族国家在欧洲孕育、诞生、发展，并在思想传播、革命运动、世界大战等因素的合力作用下向全球拓展。这一进程始于中世纪晚期，贯穿整个近现代历史进程，为当代国际秩序和国际治理体系的建构奠定了基础。

---

〔1〕王铁崖．联合国基本文件集［M］．北京：中国政法大学出版社，1991：1.

26

三十年战争与《威斯特伐利亚和约》

欧洲三十年战争后形成的威斯特伐利亚体系，是现代意义上国际体系的起源。一方面，威斯特伐利亚体系终结了西欧自中世纪以来形成的以罗马教皇为中心的神权统治；另一方面，威斯特伐利亚体系确立了民族国家主权独立的原则和民族国家之间相互关系的原则。可以说，威斯特伐利亚体系"奠定了此后三百多年国际关系的基础"[1]。

中古后期的欧洲，基督教会内部、教会与王权之间、国王与封建领主之间矛盾重重，罗马天主教会与各国封建领主或联合或争斗，各邦国为争夺地盘纷争不已，分裂割据态势逐渐加剧。而神圣罗马帝国[2]是当时种种矛盾的焦点，16世纪哈布斯堡王朝统

〔1〕方连庆、王炳元、刘金质. 国际关系史：近代卷：上册［M］. 北京：北京大学出版社，2006：1.

〔2〕中世纪晚期的神圣罗马帝国是以德意志各邦诸侯为主体的许多国家和民族组成的松散的政治联盟，政治、经济分裂，没有明确的边界和统一的行政管理。帝国皇帝由权势最大的七个选帝侯选举产生，其权力分为一般权力与特权（保留权），一般权力包括赋予某个阶层特殊地位、授予贵族称号、颁发荣誉等，而特权的行使在部分情形下则需要选帝侯和帝国议会的同意，如缔结和约、发动战争等。帝国中后期，奥地利大公国的哈布斯堡王朝通过皇室联姻和金钱贿赂，长期垄断神圣罗马帝国皇位长达400年之久，奥地利首都维也纳也成为帝国实际上的首都。

治下的神圣罗马帝国不断走向衰弱。宗教改革后，以路德宗、加尔文宗为代表的“新教”和信奉天主教的“旧教”分别组成“新教联盟”（1608 年）和“天主教联盟”（1609 年），两者对立抗衡。两大教派同盟披着宗教纠纷与教义冲突的外衣，进行领土争夺与权力扩张，使原本就存在于世俗诸侯间的政治对立与矛盾越发尖锐，斗争日趋激烈，以致神圣罗马帝国的司法机构和等级会议因无法发挥协调作用而逐渐瘫痪。诸侯间的矛盾和不同教派信仰之间的冲突，由于法律通道的堵塞而走上了以政治或军事实力解决的道路，从而导致了一场欧洲总危机的爆发，也就是 1618—1648 年的三十年战争〔1〕。战争也从帝国内部冲突发展为帝国与其他相关国家的冲突，最后扩大为多方参与的国际冲突，西欧主要国家都陷入其中〔2〕。三十年战争是欧洲宗教、政治及地缘等各种矛盾交织、激化的总爆发。战争的主体为两大集团，即哈布斯堡王朝集团和反哈布斯堡王朝集团。前者是维护欧洲封建制度的最后堡垒和维护天主教权威的主要力量，后者则是德意志新教诸侯和意图加强民族国家力量的国家。参战国家的目的和动机各异——哈布斯堡王朝为重振帝国皇权，并得到罗马教皇、西班牙和波兰的支持，极力限制新教。而身为天主教国家的法国为称霸欧洲，需维持德意志四分五裂的现状，进而支持新教诸侯反抗皇

〔1〕整理自［德］马克斯·布劳巴赫等. 德意志史：第二卷：上册［M］. 陆世澄、王昭仁译. 北京：商务印书馆，1998：226—229.

〔2〕闫瑜. 三十年战争和《威斯特伐利亚和约》［J］. 德国研究，2003（9）：55.

权。丹麦、瑞典觊觎北海和波罗的海的德意志领土和港湾，荷兰和英国则要遏制神圣罗马帝国在北欧的势力，英国还企图削弱西班牙，因而他们支持新教联盟[1]。

1618 年的“布拉格掷出窗外事件”[2] 成为三十年战争的导火线。宗教改革后，波西米亚地区以信仰新教为主，但哈布斯堡王朝极力限制新教发展，其治下的神圣罗马帝国皇帝马蒂亚斯（1612—1619 年在位）企图通过指定狂热的天主教徒、帝国的继承人斐迪南二世为波希米亚国王来恢复天主教在波西米亚地区的统治，而斐迪南于波西米亚严禁新教徒集会、拆毁新教教堂等的宗教政策，遭致波西米亚新教贵族和人民的强烈反对。“布拉格掷出窗外事件”就是在这样的背景下发生的，波西米亚就此宣布不承认斐迪南的国王身份，战争由此爆发。

三十年战争分为四个阶段，即波西米亚阶段（1618—1624 年）、丹麦阶段（1625—1629 年）、瑞典阶段（1630—1635 年）和法国—瑞典阶段（1635—1648 年）。战争的第一阶段是帝国的内部冲突，以哈布斯堡王朝为代表的天主教同盟军获胜而结束；第二

---

〔1〕整理自赵立行. 世界文明史讲稿：修订版［M］. 上海：复旦大学出版社，2020：268.

〔2〕1618 年 5 月 23 日，波希米亚首都布拉格的新教徒发动起义，冲进布拉格城堡，以侵害宗教自由的罪名将两名帝国大臣威廉・格拉夫・斯拉瓦塔、雅罗斯拉夫・博尔齐塔・冯・马丁尼茨及一名书记官菲利普・法布里奇乌斯共 3 人从窗口扔出。3 人侥幸坠落堆肥中而未受伤，随即逃至斐迪南二世处报告造反。1619 年新教徒成立由 30 名成员组成的临时政府，推举普法尔茨选帝侯腓特烈五世为王，宣布波希米亚独立，由此引发白山之战。战争虽以波西米亚方面的惨败告终，但战后帝国对新教领袖和波希米亚贵族的严酷处置，却酿成影响欧洲深远的三十年战争。

阶段初期虽新教联军节节获胜，但最终还是以神圣罗马帝国胜利、势力扩展至波罗的海而告终；第三阶段的结局仍然是哈布斯堡王朝得势；第四阶段则出现了多个战场，战争扩大为国际性质，其结果是哈布斯堡王朝因军事上一再失利而无心再战，盟国西班牙也因后院起火（加泰罗尼亚民族起义）自顾不暇。1643 年，交战双方在法国、瑞典等反对哈布斯堡王朝的国家占据优势的局面下开始谈判。经过近 5 年马拉松式的谈判，最终于 1648 年签订了《威斯特伐利亚条约——神圣罗马皇帝和瑞典女王以及他们各自同盟者之间的和平条约》（即《奥斯那布吕克条约》）和《威斯特伐利亚条约——神圣罗马皇帝和法兰西国王以及他们各自同盟者之间的和平条约》（即《明斯特条约》），两者共同构成《威斯特伐利亚和约》[1]。以此为基础，确立了威斯特伐利亚体系这一具有现代国际法意义的国际关系体系。

1618—1648 年的三十年战争，从表面看是一场由罗马天主教与新教之间的冲突所引发的宗教战争，但实际上反映了欧洲正在发生的从封建主义社会向资本主义社会的转型。故而，《威斯特伐利亚和约》及其所确立的威斯特伐利亚体系在一定程度上回应了欧洲资本主义发展的诉求，折射出欧洲各国从封建国家形态向现代民族国家形态的演变。威斯特伐利亚体系确立了民族国家主权

〔1〕威斯特伐利亚曾是德意志西北部的历史地区，又名西伐利亚，相当于德意志联邦共和国北莱茵-威斯特伐利亚州全部及下萨克森与黑森两州部分地区；两个条约的签署地奥斯纳布吕克和明斯特都在威斯特伐利亚境内。

独立的原则，在封建制度瓦解的基础上形成的民族国家成为国际体系中的行为主体。《威斯特伐利亚和约》承认了神圣罗马帝国内各诸侯国世俗王权的独立自主地位，条约第64条规定“所有罗马帝国的选侯、邦君和各邦，应根据本协议确定和确认享有他们自古以来的权利、特权、自由、优惠、自由行使领土权，不论是宗教的，还是政治的或是礼遇性的权利”[1]，罗马教廷由此衰落，神圣罗马帝国名存实亡。同时，《威斯特伐利亚和约》还以法律形式否定了罗马教皇的“普世”权威，各国各地区的统治者可以决定治下臣民的宗教信仰，从而奠定了宗教宽容的基础。因此，《威斯特伐利亚和约》的签订也标志着宗教改革的结束。以此为基础，具有“国家主权至上”“国家利益高于一切”等丰富且深刻含义的国家主权概念，成为欧洲民族国家普遍的信念。欧洲尤其是西欧新兴民族国家通过实现政治统一、发展资本主义经济，建立起完整的国家治理体系，国际地位日益提高，成为近代国际社会的主要行为体。

威斯特伐利亚体系划定了三十年战争后欧洲各国的国界，改变了欧洲的政治力量对比，哈布斯堡王朝的统治地位被削弱，多国并存的均势格局在欧洲基本形成。由于三十年战争起初是帝国内部战争，作为战争主战场的神圣罗马帝国受到的创伤最严重，德意志地区呈现极度夸张的分裂割据局面，恩格斯曾指出，三十

---

〔1〕世界知识出版社编辑. 国际条约集（1648—1871）［M］. 北京：世界知识出版社，1984：16.

年战争的后果“使德国有200年不见于政治积极的欧洲国家之列”；西班牙在战争中损失了300艘战舰，海军全军覆没，沦为欧洲二流国家；法国、瑞典成为最大受益者，既获得了新的领地，也取得了和约保证人的地位，并由此获得干涉德意志内部事务的权利。法国凭借和约干涉德国内部事务，将领土推进到莱茵河，使莱茵地区成为德法边界，为此后普法战争、一战乃至二战中的法德冲突埋下隐患，成为引发19世纪欧洲国际格局动荡的重要因素之一。威斯特伐利亚体系下，欧洲大陆中心地带逐渐形成法、奥、普三足鼎立之势，英、俄两国则在努力保持欧洲大陆均势的情况下伺机谋取霸权。多国并存、势力均衡，一段时间内成为欧洲安全的基础。

《威斯特伐利亚和约》首开通过国际会议与和谈缔结协议解决争端之先河，确立了缔约国必须遵守条约、各缔约国可以对违约国集体制裁的原则，可以说“是近代国际法的实际源头”[1]。三十年战争使多数西欧国家卷入其中，矛盾涉及领土、宗教、赔款等诸多领域，这些复杂问题在《威斯特伐利亚和约》中均予以处理，即使对于一时无法解决的问题，和约也规定了处理原则。《威斯特伐利亚和约》以法律的形式对神圣罗马帝国内各诸侯权力及世俗王权的正统地位、主权独立的原则、国家领土的划定等予以确认，明确规定了缔约国对和约的遵守以及对违约国集体制裁的

---

〔1〕梁西．论国际法的发展［J］．武汉大学学报（社会科学版），1990（11）：4.

原则，使谈判和协商成为解决国际争端的主要模式。但威斯特伐利亚体系的建立是欧洲各国为迅速结束战争而达成的一种妥协，其形成的均势格局只是暂时的稳定。伴随着国家力量对比的变化，这一均势格局也将被打破，因此和约所确立的国际关系原则和解决国际争端的机制并不能制止战争的发生。事实上，在近代欧洲历史上，因霸权的争夺和转移，战争仍然时有发生，有时甚至溢出欧洲，成为世界规模的大战。当然，威斯特伐利亚体系确立以后的战争，已经不再是中古欧洲的宗教战争抑或王朝战争，而是主权平等的民族国家之间或谋求世界霸权的殖民帝国之间的现代战争。

《威斯特伐利亚和约》作为三十年战争的产物，对日后数个世纪欧洲霸权的争夺、欧洲国家的战争乃至国际格局的演变都有着不可忽视的影响。《威斯特伐利亚和约》作为欧洲中古与近代之交的第一个多边条约，是世界近现代史上的一块重要里程碑，对国际法的产生、国际格局的发展都有着重要的奠基意义。

27

从“同心圆”到“石榴籽”

——近现代中华民族共同体的发展

中华民族是世界上历史最悠久的民族之一。在跨越五千多年的文明演进历程中，中华民族的形成过程与统一多民族国家的发展进程相互交织，共同塑造了以华夷秩序天下观为思想核心的民族共同体。近代以来，在民族危亡和社会变革浪潮冲击下，中华民族共同体又经历了从自发联合走向自觉融合的曲折历程，实现了现代社会基础上再造中华民族共同体的伟大历史创举。

传统中华民族认同的建立与华夷秩序天下观密不可分。春秋战国以来，由于农业社会相对发达和继承礼乐文化的共性等因素，中原地区逐渐萌生了“华夏”认同。中原地区各民族在相互交融的基础上，逐渐形成了以中原为核心“内夏外夷”的分布格局，并催生了华夷之辨、内外差序的同心圆式的天下秩序的建构。在这一秩序结构中，一方面，“华夏”是天下秩序的中心和表率，并有向周边推行王化、实现大一统的天然责任；另一方面，“夷狄”也可以通过尊行王化转变为“华夏”。基于华夷秩序的传统天下观为中华文明注入了强大的向心力，使中华民族共同体在历史上各族迁移、交往、冲突中非但没有瓦解，反而范围不断扩大、认同不断增强，联系不断紧密，从而推动了多元一体的统一多民族国家的不断发展。

但是，华夷秩序天下观毕竟是世界交往还处于分散状态、生产力还停留于农业文明历史阶段所形成的一种观念，有其鲜明的时代局限性。近代以来，伴随着资本主义工业文明的强势崛起，由西方列强支配的世界体系渐趋形成。中国在坚船利炮的冲击下逐步沦为半殖民地半封建社会，包括汉族和各少数民族在内的中国人民在帝国主义侵略下饱受折磨，尊严屡遭践踏。摆脱外来民族压迫和奴役成为中国各族人民的共同心愿和斗争目标。中华民族在抵御侵略和维护国家统一的斗争中逐渐萌生了近代民族共同体意识，中国开始了从传统天下国家向近代民族国家的艰难转型。

在西方工业文明和坚船利炮的冲击下，国人以“华”自居的优越心态逐渐消散，以“夷”贬称外国人的传统习惯也在列强的逼迫下终止，基于“华夷秩序”构建起来的传统民族观与天下观日趋瓦解。与此同时，西学东渐的深入也为近代民族共同体的建构提供了丰富的思想资源。甲午战后，严复等一批启蒙思想家为了唤起民众的危机感，以进化论“物竞天择、适者生存”的口号为依据，将国家危亡的时局表述为“亡国灭种”，力主“鼓民力”“开民智”“新民德”[1]，动员全国民众积极参与民族救亡事业。这一时期，基于西方近代国家和外交体系建构的历史演进经验，

〔1〕牛仰山选注. 严复文选［M］. 天津：百花文艺出版社，2006：25.

民族与国家同一的观念日益影响着国人，成为仁人志士反抗外族奴役和内部民族压迫的重要理论依据。1905 年，孙中山联合各革命团体成立中国同盟会，正式提出“三民主义”，将此前兴中会的民族主义口号“驱逐鞑虏，恢复中华”与宣扬政治和社会变革的口号“创立民国、平均地权”并列在一起。在《中国同盟会革命方略》中，“恢复中华”被解释为“中国者，中国人之中国……驱除鞑虏之后，光复我民族国家”〔1〕，其“民族”概念的内涵已体现出鲜明的现代色彩。但也应当注意到，革命派群体民族观念的表达形式主要还是从汉民族意识中引申出的〔2〕，其表述仍有“中华”“鞑虏”等传统华夷天下观念的痕迹，对中华民族范围的认知仍有一定的褊狭之处。

1912 年，辛亥革命推翻了两千余年的封建君主专制制度，建立了以主权在民为根本理念的中华民国。少数民族与汉族地位平等内容首次被载入宪法，这是中华民族共同体发展的重要里程碑。革命党人意识到“排满反清”表述的汉人本位色彩较浓厚，存在列强趁机侵略、分裂国家的隐患，因此主动改换表述。如孙中山在《临时大总统宣言书》中明确指出：“合汉、满、蒙、回、藏诸族为一人，是曰民族之统一……对于各省为联合，蒙古、西藏意亦同此……是曰领土之统一”〔3〕，这一表述体现了将汉族和各少

〔1〕孙中山．孙中山选集：上卷［M］．北京：人民出版社，1981：74.
〔2〕“驱逐胡虏，恢复中华”最早是明太祖朱元璋北伐元朝时提出的口号。
〔3〕孙中山．孙中山选集：上卷［M］．北京：人民出版社，1981：82.

数民族都看作中华民族组成部分的民族观念正在形成。

1910 年代期间，第一次世界大战和五四运动的爆发，推动着中华民族共同体意识的凝聚发展进入新阶段。凡尔赛-华盛顿体系之下，列强大肆标榜的“民族自决”理念唤起了国人实现国家主权完全自主的美好愿景，而巴黎和会上列强对我国山东主权的私相授受，激起了全国人民的普遍愤怒。由此引发了人民群众广泛参与的伟大爱国革命运动——五四运动，这一事件是中国旧民主主义革命走向新民主主义革命的转折点。五四运动后，马克思主义的进一步传播及其与中国工人运动的结合，催生了中国共产党，并为国人在马克思主义科学原理指导下认识民族问题本质、走出一条根本解决中国民族问题的新道路提供了指导。

中国共产党自登上政治舞台以来，不但始终高举民族平等的旗帜，而且还致力于在彻底推翻国内阶级压迫和终结外部列强侵略的过程中实现中华民族的彻底解放。1922 年召开的中共二大，中国共产党首次提出了基于民族平等原则解决中国民族问题的政治主张。1931 年，中华苏维埃第一次全国代表大会通过的宪法大纲明确规定：“不分男女，种族（汉，满，蒙，回，藏，苗，黎和在中国的台湾，高丽，安南人等），宗教，在苏维埃法律前一律平等。”〔1〕抗日战争期间，中日民族矛盾上升为中国社会的主要矛盾。中国共产党根据形势的发展，制定了包括当时中国各政党、

〔1〕徐辰编著. 宪制道路与中国命运：中国近代宪法文献选编 1840—1949：下［M］. 北京：中央编译出版社，2017：197.

各民族以及海外侨胞、华人在内的抗日民族统一战线的方针，并成功遏制了日本侵略者借“民族自治”的幌子分裂中国边疆地区的罪恶图谋。在民族危亡的空前危机和中国共产党建立抗日统一战线正确方针的共同作用下，中华民族全民觉醒，形成了无比巨大的凝聚力，同仇敌忾、艰苦奋战，终于赢得了抗日战争的伟大胜利。值得关注的是，在抗日战争和解放战争期间，中国共产党在革命根据地推行民族平等政策，培养少数民族干部，建立少数民族自治性质的基层政权，为探索适合中国国情的民族问题解决之道积累了丰富的经验。

中国共产党团结带领各族人民经过 28 年的艰苦奋斗，最终取得了新民主主义革命的伟大胜利。1949 年新中国的成立，标志着阶级压迫和民族压迫的彻底结束，各族人民迎来了翻身解放、当家作主的历史新阶段。为全面推动社会主义现代化、实现中华民族的振兴和祖国的完全统一，党中央高度重视民族问题。一方面，通过改革社会制度，废除了各民族历史上的落后制度，引导各族人民走上社会主义道路，并从中国国情出发建立了民族区域自治制度，形成了以平等、团结、互助为特征的社会主义新型民族关系；另一方面，通过推进社会主义建设，特别是促进少数民族和民族地区的经济社会发展，实现了各民族共同繁荣。如今，建立在社会主义制度基础上的现代中华民族共同体意识，其凝聚力已经远远超越了以往任何历史时期。

关于今日中国各民族的关系，习近平总书记曾经打过一个生动的比方："各民族要相互了解、相互尊重、相互包容、相互欣赏、相互学习、相互帮助，像石榴籽那样紧紧抱在一起。"[1] 从昔日华夷尊卑秩序下的"同心圆"到今日各民族平等团结的"石榴籽"，多元一体的中华民族共同体历经历史的风吹雨打却依旧屹立长青，历经近代的坎坷绝境而成功涅槃新生。在各族人民手足相亲、守望相助和戮力同心下，中华民族的伟大复兴终将实现！

〔1〕习近平. 坚持依法治疆团结稳疆长期建疆 团结各族人民建设社会主义新疆[N]. 人民日报，2014-05-30（1）.

28

中央民族访问团与民族区域自治的实施

立足统一多民族国家的历史事实与基本国情，新中国建立后中国共产党确立了“民族平等”“民族团结”和“民族区域自治”的基本方针。

1949年9月，《中国人民政治协商会议共同纲领》颁布。《共同纲领》第六章“民族政策”列有四项条款，主要内容为：“中华人民共和国境内各民族一律平等，实行团结互助”，“各少数民族聚居的地区，应实行民族的区域自治”，“各少数民族地区均有发展其语言文字，保持或改革其风俗习惯及宗教信仰的自由”等。《共同纲领》发挥着新中国临时宪法的作用，使民族平等与民族区域自治等基本原则以法律的形式确定下来[1]。

新中国成立初期，占全国总人口6%的少数民族，生活在约占全国总面积60%的国土上。如何落实《共同纲领》规定的民族政策，让各少数民族真正成为“新社会新国家的主人”，并为全面实行民族区域自治制度创造条件，是从深入少数民族地区调查研究

---

〔1〕中共中央文献研究室、中央档案馆. 建党以来重要文献选编：第26册［M］. 北京：中央文献出版社，2011：767—768.

了解民情开始的。其中的重要举措便是由中央人民政府派遣中央民族访问团奔赴少数民族地区，开展访问、调研、宣传、慰问等工作，对“各兄弟民族的人民在过去所遭受的痛苦，致以深切的慰问，并且征求他们对于中央人民政府各种政策实施的意见”[1]。1950年6月，中央民族访问团分西南、西北、中南、东北共四路出访少数民族地区，走进各少数民族的生活，与他们开展面对面的交流，聆听他们的心声以及对新政权的想法，消除国民党反动势力长期以来实行民族歧视、民族压迫的恶劣影响。

1950年6月6日，在中国共产党第七届中央委员会第三次全体会议上，毛泽东针对当时中国的民族问题，指出团结少数民族的重要性，必须谨慎对待少数民族地区的社会改革，并按照《共同纲领》的规定进行改革。毛泽东明示，“改革必须由少数民族自己来解决。没有群众条件，没有人民武装，没有少数民族自己的干部，就不要进行任何带群众性的改革工作”[2]。即将出发的中央民族访问团正是基于这样的认识，开启了跋山涉水、用脚步丈量少数民族地区的重要工作和任务。到达民族地区的中央民族访问团，与各族人民工作、生活在一起，把党中央的民族政策带到少数民族聚居地，为新生的人民政权夯实在少数民族地区的执政基础，尤其是为民族区域自治的实行筑牢了群众基础。

---

〔1〕丁芮.“沟通民族感情”的桥梁：中央民族访问团在贵州调研的情况考察［J］.贵州民族研究，2018（9）：1.

〔2〕杨德颖、蓝垂华、石昌新. 民族贸易大事记 1949—1989［M］. 北京：中国商业出版社，1990：3.

为更好地完成访问团肩负的各项使命，访问团成员出发前参加了关于民族问题、民族关系、民族语言、民族宗教风俗、民族区域自治等相关内容的学习与讨论。这些学习与讨论，为中央民族访问团稳步慎重、深耕细作地开展各项工作奠定了基础。访问团临行前，毛泽东挥毫题词“中华人民共和国各民族团结起来”，并制作成纪念章与锦旗等，作为礼物由访问团成员带到各兄弟民族手中。

1950 年 7 月，中央西南民族访问团率先出发。访问团出发时，周恩来特地写信给西南军政委员会领导人刘伯承和邓小平，指出：“该团到少数民族地区，第一等任务是搞好民族关系，凡是少数民族不欢迎去的地方即不要去，不同意做的事情即不要做。”〔1〕西南民族访问团历时 7 个多月，访问了云南、四川、贵州等地。1951 年和 1952 年，费孝通先后参加西南及中南访问团，并负责领导贵州和广西两个省的实地访问工作，他认为这是自己“进行民族研究真正的开始”，并深切体会、理解了民族这一实实在在的社会实体。访问团所到之处受到了少数民族人民群众的热烈欢迎。如访问团到达云南圭山时，前来欢迎的少数民族群众有四万多人，这些人“多是从数十里以至二三百里外，挑着口粮、炊具、携儿带女，连日连夜顶风冒雨赶来迎接北京亲人”〔2〕。

---

〔1〕中共中央党史资料征集委员会. 中共党史资料：第 81 辑［M］. 北京：中共党史资料出版社，2002：1.

〔2〕吴荣臻. 苗族通史：第 4 卷［M］. 北京：民族出版社，2007：160.

然而，过去历史上反动统治阶级对少数民族的长期压迫，也给新中国民族工作的开展带来不少困难。毛泽东在《论十大关系》中指出："历史上的反动统治者，主要是汉族的统治者，曾经在我们各民族中间制造种种隔阂，欺负少数民族。这种情况所造成的影响，就在劳动人民中间也不容易很快消除。"〔1〕周恩来也多次指出："汉民族要以还债心情才能搞得好。应该承认少数民族的被压迫民族的感情，这是由于以前被压迫受欺骗所造成的。"〔2〕"历史上的大汉族主义不能重演。经济上替他们解决困难，政治上要给予区域自治权。"〔3〕"汉族要抱着赔不是、还债的心情，少数民族则是要有求团结的心情。"〔4〕"汉族到少数民族地方去工作，要向他们做消除民族隔阂的解释工作。"〔5〕

西南访问团成员王连芳记录了访问团到达云南中甸时的景象："迎面而立的是数千名藏族骑兵，每名骑兵佩带一支长枪、一支短枪、一把藏刀，胸前挂着护身符匣，立马持枪。"〔6〕在王连芳看来，这样的安排显然掺杂着欢迎与示威之意。彼时，小中甸是藏族土司汪学鼎的管辖之地，他对党的民族政策还存有相当的怀疑

〔1〕毛泽东. 毛泽东选集：第5卷［M］. 北京：人民出版社，1977：278.
〔2〕中央民族学员民族研究所. 周恩来同志对民族问题与民族政策论述选编［M］. 北京：中央民族学院科研处，1981：7.
〔3〕中共中央文献研究室. 周恩来年谱（1949—1976）：上卷［M］. 北京：中央文献出版社，1997：36.
〔4〕中央民族学员民族研究所. 周恩来同志对民族问题与民族政策论述选编［M］. 北京：中央民族学院科研处，1981：10.
〔5〕中共中央文献研究室. 周恩来年谱（1949—1976）：上卷［M］. 北京：中央文献出版社，1997：46.
〔6〕王连芳. 在中央访问团的日子里［J］. 民族团结，1999（2）：31.

甚至是抵触情绪。访问团到来后，向他反复解释宣传党的民族政策；加之解放军廖运周师长率部打下昌都[1]回到中甸，最终，在访问团与廖师长的劝导与感召下，汪学鼎对共产党的态度由原来的抵触、敌视转变为接受、认可，并以藏族传统的结盟仪式与访问团领导结为朋友，合照团结像。

中央民族访问团成员的回忆让我们看到，走到少数民族群众中去，第一时间让他们及时了解党和国家的民族政策，的确甚为必要与迫切。为使民族工作能持久深入地进行，王连芳和其他几名访问团成员，最终留在云南工作，成为云南民族大家庭的一分子。各路访问团中也有不少成员如同王连芳一样，自此深深地扎根于少数民族地区，毕生奉献于民族团结工作。

中央民族访问团在历时两年多的时间里，总行程八万多公里，几乎走遍全国各少数民族地区。各路访问团通过形式多样的活动，如邀请少数民族群众召开座谈会，开办少数民族干部培训班，宣传民族区域自治政策，帮助指导建立民族区域自治政府，还有放映电影、表演戏剧、举办展览、免费医疗、访贫问苦、召开慰问大会、赠送礼品、纾困解难、协调矛盾等多方举措，带去党和国家为少数民族群众准备的物质和精神财富，向他们传达了党中央和中央政府的关怀。访问团的到来，疏通了民族关系，打破了民族隔阂，尤其是宣传了新中国的各项民族政策，指导协助民族区

〔1〕1950年10月7日至24日，中国人民解放军进行昌都战役，解放藏东政治、文化中心昌都地区，打开了进军西藏的大门，为解放西藏奠定了基础。

域自治，为少数民族地区开展社会改革和其他民族工作打下了坚实的群众基础，真正“在沟通民族情感、融洽民族关系上”起到“桥梁作用”[1]。

“走下去”的中央民族访问团可以说是新中国民族工作的一大创举。1950年10月，边疆各族代表又受邀抵京，参加国庆观礼并到东南沿海地区观光。如此“走下去、请上来”，“沟通了中央人民政府同各民族间的精神联系，促进了各民族对伟大祖国的体认”[2]。

20世纪50年代，中央西南、西北、中南、东北各民族访问团深入祖国边疆少数民族聚居地，可以说是“对各族人民作历史上第一次平等友爱的访问”[3]。访问团的工作为全面实行民族区域自治制度创造了条件。在内蒙古自治区率先成立之后，新疆维吾尔自治区、广西壮族自治区、宁夏回族自治区和西藏自治区也相继成立，各少数民族聚居地还成立了自治州、自治县（旗）。

新中国成立之初，党和国家根据广大少数民族群众的意愿，从民族地区多种经济社会形态并存的实际情况出发，采取不同的步骤和方式，因地制宜地开展了民主改革和社会主义改造，引导各民族共同走上社会主义道路，实现了中华民族发展史上最广泛

---

〔1〕丁芮．“沟通民族感情”的桥梁：中央民族访问团在贵州调研的情况考察［J］．贵州民族研究，2018（9）．2．
〔2〕周恩来．在中国人民政治协商会议第一届全国委员会第三次会议上的报告［N］．人民日报，1951－11－03（1）．
〔3〕红河哈尼族彝族自治州人大常委会．红河哈尼族彝族自治州若干要事回顾［M］．昆明：云南人民出版社，2013：33．

最深刻的社会变革[1]。

正是对于“近代以来各民族在抵御外来侵略和长期革命斗争中形成的休戚与共的关系”[2] 的体认，奏响了中华民族伟大复兴的时代强音。“历史是现实的根源”，基于统一多民族国家的历史与现实，坚持与完善民族区域自治制度，充分将民族因素与区域因素有机结合起来，铸牢中华民族共同体意识，才能继续大力推动各民族在社会主义道路上共同发展，共同繁荣。

---

〔1〕国家民族事务委员会研究室. 统一多民族的中国和中华民族的多元一体 [M]. 北京：民族出版社，2009：77—78.

〔2〕国家民族事务委员会研究室. 统一多民族的中国和中华民族的多元一体 [M]. 北京：民族出版社，2009：34.

29

“求同存异”

——万隆精神背后的中国外交智慧

“求同存异”一词，出自2 000多年前的儒家经典《礼记·乐记》，意谓在事物的看法抑或态度上找出共同点，保留不同点。它体现了中国文化传统中以包容的态度处理意见分歧的古老智慧。2 000多年后，在以周恩来总理为核心的中国外交团队的巧妙运用下，“求同存异”作为万隆会议上中国与亚非国家建立新型关系的外交方针，为贯彻和平共处五项原则贡献了新的灵感。

要理解“求同存异”之于万隆会议的重要性，必须回到20世纪50年代中期的特定时代现场。新中国成立之初，正值美苏冷战动态升级，资本主义和社会主义两大阵营的对垒日渐成型之际，新中国在外交政策上奉行“打扫干净屋子再请客”的反帝原则和“一边倒”加入社会主义阵营的立场。在此背景下，以美国为首的西方阵营对中国实行围堵政策，不仅在军事上干涉朝鲜战争并妄图阻挡新中国对台湾的统一，更在外交上意图使中国孤立于国际体系之外。截至1952年，与新中国建交的国家仅有19个[1]，其

---

〔1〕整理自徐进等主编．中华人民共和国大事记（1989—1994）［M］．北京：科学技术文献出版社，1995：771—777.

中绝大多数是社会主义国家和邻国，新中国的外交形势极其严峻。

然而自1953年起，国际形势开始发生变化。朝鲜战争的失利重创了美国的信心、实力和国际形象，迫使其放弃了以直接军事对抗来遏制中国的企图。苏联自赫鲁晓夫上台以来，也开始逐步放弃与西方激烈对抗的政策，谋求对美国与西方国家的缓和关系。抗美援朝的胜利让新中国的国际威望大增，中国领导人也对国际形势作了审慎的判断，认为爆发新世界大战的危险已经被推迟，中国有可能争取到十年的时间从事建设。基于上述判断，中共中央决定在外交方面作出政策调整，以打破资本主义阵营对中国的政治孤立、经济封锁和军事围堵，为新中国的社会主义改造和建设事业创造安定的外部环境。为实现上述目标，新中国领导层开始探索以现实国家利益而非意识形态为战略取向和政策路径的外交方针，并逐步形成了以和平共处五项原则为代表的新的外交战略，构建了广泛的国际和平统一战线〔1〕。万隆会议的召开，恰好为调整后的新中国外交战略的实践提供了宝贵的历史机遇。

第二次世界大战结束后，亚非拉地区争取国家独立和民族解放的斗争风起云涌。西方国家不甘心自身在亚非地区利益的丧失，以各种方式横加干预。为了促进亚非各国的联合斗争与相互合作，在印尼等五国的倡议下，第一次亚非会议于1955年4月18日至24日于万隆召开。这是亚非国家首次在没有西方殖民国家参与下独

---

〔1〕张屹峰. 万隆会议与新中国外交话语权的建构［J］. 国际关系研究，2015（2）：11.

立自主处理亚非人民切身利益和相关问题的大型国际会议。多数与会国都是昔日遭受殖民压迫、新近取得独立的国家，是中国建立国际和平统一战线要争取的关键对象。因此，中国政府自始至终对万隆会议持积极支持态度，并派出了时任总理兼外长的周恩来率领中国政府代表团参加会议，力求会议取得成功。

实际上，万隆会议要取得成功面临着极其严峻的挑战。因为不同的国家与社会性质和各种历史遗留问题，使与会国之间不可避免地存在隔阂与矛盾。部分国家的代表受西方势力挑拨，宣扬“共产主义威胁”，致使会议气氛一度极为紧张。在观点对立、气氛恶化、会议可能走上歧路的危急时刻，以周恩来为首的中国代表团利用丰富的统一战线经验，倡议并发扬了“求同存异”的理念，排除各种干扰和破坏，为会议成功召开作出了突出贡献。

1955 年 4 月 18 日，万隆会议开幕当天，便出现了分裂的倾向。伊拉克代表贾马利声称，共产主义使世界面临一种新形式的殖民主义，而这种新殖民主义比旧的更致命。次日，巴基斯坦、菲律宾和泰国等国家代表也在发言中攻击共产主义，并为美国组建的军事联盟辩护，还称亚非国家面临的问题不是反对殖民主义，而是反对共产主义。面对会场的风向突变，周恩来当机立断，决定将原来的发言改为书面发言散发，并临时起草了一份补充发言在大会上宣读。周恩来指出：“中国代表团是来求团结而不是来吵架的……是来求同而不是来立异的。……亚非绝大多数国家和人民自近代以来曾经受过并且现在仍在受着殖民主义所造成的灾难和痛苦。这是我们大家都承认的。从解除殖民主义痛苦和灾难中找共同基础，我们就很容易互相了解和尊重、互相同情和支持，而不是互相疑虑和恐惧、互相排斥和对立。……在亚非国家中是存在有不同的思想意识和社会制度的，但这并不妨碍我们求同和团结。”[1] 接着，周恩来针对会上分歧较大的意识形态和社会制度问题、宗教信仰自由问题、“颠覆活动”等问题阐释了中国的立场。周恩来诚恳有力的发言引发了与会代表的强烈共鸣，使会议朝着反帝反殖、维护世界和平和促进亚非国家友好关系的既定方向发展[2]。

周恩来在开幕会上“求同存异”的宣言绝非空洞的口号，在此后一系列具体事务的讨论中，中国代表团始终秉持“求同存异”的理念化解矛盾，推动会议精神圆满落实。

4 月 21 日下午，代表团团长第四次会议在讨论关于《亚非会议最后公报》中“附属地人民问题”的表述时，锡兰总理科特拉瓦拉突然发表讲话，抨击苏联推行新形式的殖民主义。次日，土耳其、巴基斯坦等国仍继续在这一问题上纠缠，诬蔑社会主义是另一种形式的殖民主义。面对这一争议，周恩来一方面与科特拉瓦拉进行了长谈，维持会议气氛的团结；另一方面又集思广益，灵活协商。最终，在《亚非会议最后公报》中关于“附属地人民

---

〔1〕中华人民共和国外交部、中共中央文献研究室编．周恩来外交文选［M］．北京：中央文献出版社，1990：121—122.

〔2〕刘新生．国际关系史上的不朽丰碑——纪念万隆会议召开 60 周年［J］．国际问题研究，2015（3）：92.

问题”采用了如下表述：“宣布殖民主义在其一切表现中都是一种应当迅速予以根除的祸害。”[1] 这种相对模糊的说法既没有点名批评社会主义阵营的国家，使《公报》无法为西方冷战宣传所利用；又照顾了亲西方的亚非国家的感情，成功团结了与会各国。

4月22日下午至23日上午，代表团团长会议在讨论《亚非会议最后公报》“关于促进世界和平和合作的宣言”时，伊拉克代表贾马利为西方的军事同盟辩护，黎巴嫩代表更指出“和平共处”是共产党的词语。会场中随即出现了中立不结盟派和支持结盟派的尖锐对立。面对这一局面，周恩来一方面申明中国反对建立对立性军事集团的立场，另一方面又建议“我们应该在我们中间先团结起来”，即各国应撇开不同的思想意识、国家制度和过去、现在由于参加这一方面或那一方面而承担的国际义务，而以和平合作为共同基础解决正在讨论的问题。接着，周恩来提出了中方议案：（一）“互相尊重主权和领土完整”；（二）“互不采取侵略行动和威胁”；（三）“互不干涉和干预内政”；（四）“承认种族的平等”；（五）“承认一切国家不分大小一律平等”；（六）“尊重一切国家的人民有自由选择他们的生活方式和政治、经济制度的权利”；（七）“互不损害”[2]。中国代表团的真诚态度和务实精神再

---

〔1〕李潜虞. 国际和平统一战线与中国对万隆会议的政策［J］. 中共历史与理论研究，2015（2）：165—166.

〔2〕中华人民共和国外交部、中共中央文献研究室编. 周恩来外交文选［M］. 北京：中央文献出版社，1990：130—132.

次打破会议的僵局，为会议最后文件的形成奠定了基础[1]。

在4月24日通过的《最后公报》中，中印、中缅共同倡导的和平共处五项原则和中国代表团提出的《和平宣言》的基本内容得到体现。会议倡导的独立自主、友好合作、求同存异、和平共处等原则被誉为“万隆精神”。这是非西方的亚非国家首倡的、与传统国际法理念和表述存在差异的外交新理念，凸显了新独立国家反对帝国主义、霸权主义、大国沙文主义的共识与诉求，体现了新兴亚非独立国家对美苏两个超级大国在意识形态上唯我独尊、在国际关系上强求选边站队的冷战思维的批判与反思，为后来第三世界国际法的发展打下了基础[2]。

万隆会议对历史的发展产生了极为深远的影响。于中国而言，万隆会议提升了新中国的国际地位与国际声誉，推动了中国与亚非国家关系的发展，成为新中国第二次建交高潮的起点，为社会主义的过渡和建设打下了坚实的基础。于世界而言，万隆会议加速了世界殖民体系的瓦解，促进了亚非独立国家携手发展、与不合理的国际旧秩序作斗争，成为战后两极世界向多极化演进中的重要历史事件。如今，万隆会议上展现的中国外交智慧，已然成为国际外交史上的一段佳话，并持续影响着多极化时代的外交实践。

---

〔1〕李潜虞. 国际和平统一战线与中国对万隆会议的政策［J］. 中共历史与理论研究，2015（2）：167—168.

〔2〕何志鹏. 大国之路的外交抉择——万隆会议与求同存异外交理念发展探究［J］. 史学集刊，2015（6）：97—98.

30 1970年代：中国外交的重大突破

新中国前30年的外交，是新中国70多年来外交事业发展的第一个大阶段。从1949年至改革开放前，中国外交的核心问题，就是在美苏冷战的两极世界中，如何于世界舞台上站稳脚跟，拓展生存和发展空间。在此基础上，能够独立、自主、平等地同世界各国建立正常的外交关系，取得相对主动的战略地位[1]。这一阶段，中国经历了三次外交方向与格局的调整，即新中国成立初期至1950年代中期，全面倒向社会主义阵营的“一边倒”时期；1950年代后期至1960年代，重点发展同亚非拉国家关系的“反美苏两霸”时期；再到1970年代“联美抗苏”，团结一切可以团结的力量的“一条线”时期。三次调整皆与世界形势、中美苏三国战略关系的变化密切相关。

20世纪60年代末70年代初，美苏两个超级大国逐渐形成了“苏攻美守”的力量态势。美国因深陷越南战争及国内经济滞胀等因素，实施全球战略收缩。这一时期，美国开始调整对华战略，

〔1〕章百家. 改变自己影响世界——20世纪中国外交基本线索刍议［J］. 中国社会科学，2002（1）：14.

试图恢复因冷战而阻隔的中美关系。与此同时，苏联则乘美国收缩之机大力强化军事力量，不断向外进行战略扩张。由于中苏分裂，苏联在中苏边境陈兵百万，对华实行战略包围，中国所受的直接威胁日益增大。1969 年，中苏在珍宝岛发生冲突，双方关系急剧恶化。由此，中美在安全问题上具有了一定的共同战略利益。美苏的角力及中苏的博弈，为这一时期中国外交政策调整与中美关系走向缓和提供了外部契机。国际形势的变化，要求中国必须调整对外战略。于是，为了维护国家利益，保障国家安全稳定，以毛泽东为首的党和国家领导人，运用原则性与灵活性相结合的策略，及时采取措施对外交战略进行调整。在重点反击苏联霸权主义的同时，缓和与美、日及西欧国家的关系，逐渐摆脱了不利局面。而美国方面，时任总统的共和党人尼克松基于务实的立场，提出了“尼克松主义”，主张以实力为后盾，以谈判为手段，与世界大国建立伙伴关系。他认为，改善同中国的关系，符合美国的国家利益。为了改善中美关系，尼克松宣布放宽对中美之间人员往来和贸易交流的限制，并主动寻找渠道向中国传递信息，愿意访问中国[1]。中国随即发出了相应的信号。1969 年 12 月，毛泽东在同老朋友斯诺谈话时，明确表示欢迎尼克松总统访问中国。1971 年 4 月，中国邀请美国乒乓球队访华，“小球转动大球”的“乒乓外交”对促进中美关系缓和起到了出人意料的作用。1971 年

〔1〕崔志强. 解冻 斗争 合作 共荣——20 世纪 70 年代的中美关系及启示［J］. 世纪桥，2006（12）：110.

7月，美国国务卿基辛格秘密来到中国，为尼克松访华做准备。1972年2月，尼克松总统访问中国，中美发表《上海联合公报》，两国结束了长期的敌对状态。历经数年的谈判，1978年12月，中美两国发表了《中美建交公报》，在“断交、撤军、废约”建交三原则的基础上，宣布从1979年1月1日起建立外交关系。中美建交，使两国关系进入新的历史阶段，它深刻影响着之后数十年乃至当下中美关系的发展走向，是1970年代中国外交上最为重大的成绩与突破。

日本是亚洲唯一的“第二世界”国家，作为中国的近邻与美国的亲密盟友，中美关系率先“解冻”，给日本国内造成了极大的冲击。1972年7月，田中角荣出任首相后，将实现中日邦交正常化作为首要外交任务。当时的外务大臣大平正芳在会见中方代表孙平化等人时提到：“当前日本政府首脑访华、解决邦交正常化的时机已经成熟。”[1] 同年9月，田中角荣率领日本政府代表团访华，开展中日建交问题的谈判。田中首相在访问中国期间接受了中国政府的三项原则，即中华人民共和国是中国唯一合法政府；台湾是中华人民共和国领土不可分割的一部分；“日台条约”是无效的，应予废除[2]。中日两国政府就此签署联合声明，建立正式外交关系，实现邦交正常化。此后，中日双方开启了以缔结和平

[1] 徐之先. 中日关系三十年（1972—2002）[M]. 北京：时事出版社，2002：19.
[2] 陈从阳、李晚景、李络红. 中美关系正常化中的日本因素 [J]. 咸宁学院学报，2003（5）：18.

友好条约为目的的谈判。在谈判过程中，中国对钓鱼岛归属问题采取了搁置争议、容后解决的灵活策略，最终促成了 1978 年 8 月《中日和平友好条约》的签订。同年 10 月，邓小平应邀访日，出席《中日和平友好条约》两国批准书互换仪式，《中日和平友好条约》正式生效。

随着中美、中日关系的改善，中国与西欧国家的关系也得到发展。1972 年中国与英国、荷兰的代办级关系升格为大使级外交关系。同年，中国与联邦德国建立外交关系。1975 年中国同欧洲共同体建立了正式外交关系。截至 1979 年，除个别小国外，中国同西欧 20 个国家建立了外交关系。此外，中国还与加拿大、澳大利亚、新西兰先后建立了外交关系。至 1979 年底，同中国建交的国家已达 120 个。

恢复在联合国的合法席位，是 1970 年代中国实现外交“重大突破”的又一重要体现。从 1950 年第五届联合国大会开始，新中国为恢复在联合国的合法席位进行了长期的斗争。取得这一胜利，同广大亚非拉国家的支持密不可分。当然，这也是中国长期以来坚定声援亚非拉各国反帝反殖正义事业的回报。1971 年 10 月 25 日，第 26 届联大以压倒性多数通过了阿尔巴尼亚、阿尔及利亚等 23 国的提案，即“联合国第 2758 号决议”。决议承认中华人民共和国政府是中国在联合国的唯一合法代表，中华人民共和国是安全理事会五个常任理事国之一。联合国合法席位的恢复，是中国外交的重大胜利，对 1970 年代中国推动外交战略的调整，发展与世界各国的关系起到了关键性的推动作用。

1970年代外交突破的实现，与外交战略的调整密不可分。同一时期，毛泽东运用阶级分析法，分析当时世界政治格局的演变以及基本矛盾的特征，提出了“三个世界”的战略思想，这是1970年代中国取得外交方面重大突破的原因之一。该战略思想认为，苏美两霸是第一世界，是最大的国际压迫者和侵略者，其中苏联的危险性最大。中国同受剥削压迫最深、占世界人口大多数的被压迫民族一起，共同形成第三世界，是反帝、反殖、反霸的主力军。在两者之间的发达国家是第二世界，它们既压迫剥削第三世界，又受美苏的控制，具有两面性，是第三世界在反霸斗争中可以争取或联合的力量〔1〕。邓小平曾指出：“这一国际战略原则，对于团结世界人民反对霸权主义，改变世界政治力量对比，对于打破苏联霸权主义企图在国际上孤立我们的狂妄计划，改善我们的国际环境，提高我国的国际威望，起了不可估量的作用。”〔2〕“三个世界”的战略思想是对“一条线”思想的深化，对1970年代中国外交取得重大突破，具有重要的理论与实践指导意义。这是中国外交从第一个大阶段转向第二个阶段过程中承上启下的转变期。1970年代中国外交的重大突破，既是中国审时度势、自我求变、应对当时国际格局的自主选择，也是中国国内政

---

〔1〕田猛、钱耕耘.“文革”后期中国外交取得成就的原因浅析［J］. 西安联合大学学报，1999（3）：72.

〔2〕邓小平. 邓小平文选：第2卷［M］. 北京：人民出版社，1994：160.

治、经济形势变化的呈现，体现了外交和内政的互动[1]。这期间取得的外交成就为后来的改革开放创造了有利的外部环境，也为独立自主的中国特色大国外交提供了思想资源和实践经验。

当今，世界正面临百年未有之大变局，国际格局进入动荡变革期，不稳定性、不确定性显著上升。中国正致力于开展中国特色大国外交，坚持和平发展、合作共赢的外交理念，推动构建人类命运共同体，为改革和完善全球治理体系贡献中国智慧、中国方案、中国力量。面对变动不居的世界格局，回顾20世纪70年代中国外交的历史经验，不无裨益。50多年前，面对国内国际形势的风云变幻，中国务实灵活地调整外交战略，实现了新中国外交史上的重大突破。如今，中国更应该主动适应和积极应对新时代“大变局”，准确识变、主动求变、科学应变，在强国建设、民族复兴的历史进程中，不断开创中国特色大国外交的新境界。

---

〔1〕章百家：从“一边倒”到“全方位”——对50年来中国外交格局演进的思考［J］. 中共党史研究，2000（1）：21.

31

白银、国计与民生

——从白银货币化进程看明朝商品经济的发展

秦统一后，在全国统一使用方孔圆形铜钱，其金属货币的形制一直为后世沿用。北宋时期，商品经济发展，世界上最早的纸币——交子应运而生。元朝以纸币为主要货币，白银虽参与纸币的兑换，但还不能算作普遍流通的货币。有明一代，白银经历了逐步货币化的进程，这一进程既与明朝赋役制度变革相统一，也与商品经济的发展相一致，同时又与新航路开辟后的全球化进程密切关联。

明朝初年，钱钞并行，《明史 · 食货志》载："太祖初置宝源局于应天，铸'大中通宝'钱，与历代钱兼行。""七年，帝乃设宝钞提举司。明年始诏中书省造大明宝钞，命民间通行"〔1〕，并且规定"禁民间不得以金银物货交易，违者罪之；以金银易钞者听"〔2〕。可见，明初白银并非官方指定的合法货币。不过，由于宝钞的贬值，加之铜料不足导致国家铸币困难，以及社会经济的繁荣和商品经济的发展，民间使用白银作为货币的趋势已经显现。然而，此时明朝政府并未取消对金银的禁令，而是积极采取"救

〔1〕(清)张廷玉等. 明史［M］. 北京：中华书局，1974：1961、1962.
〔2〕(清)张廷玉等. 明史［M］. 北京：中华书局，1974：1962.

钞”行动，以期挽救流通日益阻滞的宝钞，并进一步加重对白银交易的惩罚，规定：“交易用银一钱者，罚钞千贯，赃吏受银一两者，追钞万贯，更追免罪钞如之。”〔1〕

虽然在明朝前期官方并不认可白银的货币地位，但明朝国计——赋役制度的改革却顺应乃至推动了白银货币化的进程。明朝赋役制度基本遵循唐朝的两税法，又以赋役黄册、鱼鳞图册并依托里甲制，建立起了一套严密的赋役征收制度。明朝田赋征收中米、麦称为本色，其余均为折色。据《明史·食货志》载：“洪武九年，天下税粮，令民以银、钞、钱、绢代输。”〔2〕即可以银、钞、钱、绢等代替实物的米、麦，称为“改折”。由此观之，洪武九年准以银改折赋税的诏令，恰是于洪武八年实行金银禁令之背景下颁布的，这说明赋税改折已经具备一定的现实基础。尽管对金银的禁令被一再强调，但明朝政府对民间使用金银的态度已转向松弛〔3〕。而由于宝钞法定货币的地位，折色以钞征收，实际上也反映了赋税货币化的趋势。此后，明朝赋税折银的频次和范围均有所增加。正统元年（1436年），副都御史周铨以“官俸支米南京，道远费多”事陈奏，“请于南畿、浙江、江西、湖广不通舟楫地，折收布、绢、白金，解京充俸”〔4〕。至当年十月，采纳周铨进言，准以每米一石折银二钱五分为定制，折粮充俸，是为“金

〔1〕（清）张廷玉等. 明史［M］. 北京：中华书局，1974：1964.
〔2〕（清）张廷玉等. 明史［M］. 北京：中华书局，1974：1894.
〔3〕黄阿明. 明代货币与货币流通［D］. 上海：华东师范大学，2008：94.
〔4〕（清）张廷玉等. 明史［M］. 北京：中华书局，1974：1895.

花银”。“金花银”的出现，对明朝赋役制度改革及白银货币化进程均有重要的推动作用，正如《明史》所言：“其后概行于天下。自起运兑军外，粮四石收银一两解京，以为永例。诸方赋入折银，而仓廪之积渐少矣。”[1] 充分印证了赋税征收货币化的趋势。后经成化、弘治年间的发展，赋税大规模折银征收，最终促成万历年间“总括一州县之赋役，量地计丁，丁粮毕输于官。……皆计亩征银，折办于官”[2] 的一条鞭法，彻底完成了赋役合并折银征收，推进了白银货币化的加速发展。

在明朝赋役改革及白银货币化进程中，江南是始终绕不开的一个重点区域。究其原因，是因江南地区商品经济高度繁荣，白银逐渐成为民间的流通货币。而起自江南地区的“金花银”，又进一步推动了江南的白银货币化趋势。据弘治年间来华的朝鲜人崔溥记载，当时的杭州“即东南一都会，接屋成廊，连衽成帷；市积金银，人拥锦绣”[3]，可窥白银在江南市场大量流通之一斑。至万历年间，更有“天下马头，物所出所聚处。苏、杭之币，淮阴之粮，维扬之盐，临清、济宁之货”[4] 的记载，可览江南商品经济发达、货币流通之盛景。由此，江南渐次兴起一批工商业市镇，以松江府外冈镇为例，“元时居民尚鲜。至国朝成、弘间，而生齿日繁众。世庙时岛夷入寇，逃亡几尽，后复渐归乡里。神宗初年，民

---

〔1〕（清）张廷玉等. 明史［M］. 北京：中华书局，1974：1896.
〔2〕（清）张廷玉等. 明史［M］. 北京：中华书局，1974：1902.
〔3〕［朝］崔溥. 漂海录［M］. 北京：线装书局，2002：99.
〔4〕（明）王士性. 广志绎［M］. 北京：中华书局，1997：5.

益稠密，俗称繁庶。四方之巨贾富驵，贸易花布者，皆集于此，遂称雄镇焉”[1]。经历变迁、凭地利之便的外冈镇等，成为物富人丰、以布匹买卖为其主要营生的市镇。外冈镇的发展可视作明朝江南市镇发展的缩影。而市镇所起到的商品贸易集约化的作用，吸引着全国各地的商贾汇集，如嘉兴府石门镇因盛产丝绸，“四方大贾，岁以五月来贸丝，积金如丘山”[2]。由此，以市镇为中心、农村集市为基层市场的贸易网络逐步形成，进而形成了数条沟通长江流域、江南地区内部、北方与西南乃至海外的长途贸易线路，行销商品涵盖粮食、瓷器、茶叶、棉花、食盐等[3]。商业贸易网络的形成，进一步推动了贸易的发展，也极大地刺激了对货币的需求，据统计（表 1），自成化至万历的 120 年间，长途贸易与基层市场对货币的需求均有 10 倍左右的增长，这也是明朝白银货币化的现实需求。

表 1　明朝货币需求估计（1480—1600 年）[4]　单位：万两

年代＼需求	财政需求	长途贸易需求	基层市场需求	总　计
成化末	300	200—350	800—1 400	1 300—2 050
嘉靖	900	2 000	8 000	10 900
万历末	2 500—3 000	2 000—3 000	8 000—12 000	12 500—18 000

[1]（明）殷聘尹．外冈志［M］．铅印本，1961：3.
[2]（明）王稚登．续说郛·客越志［M］．北京：中国书店出版社，2015：643.
[3] 整理自吴承明．论明代的国内市场和商人资本［C］//中国的现代化：市场与社会．北京：生活·读书·新知三联书店，2001：123—136.
[4] 刘光临．明代通货问题研究——对明代货币经济规模和结构的初步估计［J］．中国经济史研究，2011（1）：81.

与此同时，由于新航路的开辟，西方对中国生丝、瓷器、茶叶等的需求日益旺盛，国际贸易日渐兴盛，国际贸易网络亦逐步建立。16世纪中叶西方殖民者在南美洲发现了丰富的银矿资源，遂开始大规模开采。加之彼时白银炼化技术的提高，美洲白银产量大幅提高。位于上秘鲁（今玻利维亚）波托西的银矿，平均每年开采量达25.4万公斤，相当于当时全世界产量的60%〔1〕。同期，日本也发现了银矿，自16世纪中期以来逐步发展为亚洲重要的产银国。为满足中西贸易商品交易的需求，大量白银作为支付货币流入中国。据学者研究估算，晚明时期自美洲和日本流入的白银，分别约在1.5亿两和1亿两左右〔2〕。大量白银的流入，也进一步满足了明朝国内市场因商品经济发展而日益增长的货币需求，顺应了白银货币化的社会经济趋势。

商品经济的发展进一步改变了时人的习俗风尚、思想观念和价值取向。以服饰为例，“（明朝初年）衣不过细布土缣，仕非大官圆领不得辄用纻丝”〔3〕。时至晚明，人们的穿衣风尚日渐奢靡，以致“贫者必用细绢色布，谓之薄华丽”〔4〕。贫者尚且如此，奢靡之风可见一斑，而最盛者莫过于江南。苏杭之民“有不耕寸土而口食膏粱，不操一杼而身衣纹绣者，不知其几。何也？盖俗奢而逐末者众也。只以苏杭之湖山言之，其居人按时而游，游必画

〔1〕全汉升．16—18世纪中国、菲律宾和美洲之间的贸易［C］//明史研究论丛：第五辑．南京：江苏古籍出版社，1991：471—472.

〔2〕张然．晚明海外白银内流研究［D］．西宁：青海师范大学，2019：29—38.

〔3〕（明）叶良佩．嘉靖太平县志［Z］//天一阁藏明代方志选刊．上海：上海书店出版社，1990：112.

〔4〕（明）范濂．云间据目抄［M］．铅印本，1928：2.

舫、肩舆、珍羞、良酝，歌舞而行，可谓奢矣。而不知舆夫、舟子、歌童、舞妓，仰湖山而待爨者，不知其几！……不知所谓奢者，不过富商大贾、富家巨族自侈其宫室、车马、饮食、衣服之奉而已”[1]。从这段记述不难发现，奢靡之风盛行下，享乐已不仅局限于物质，更深入娱乐文化之中，基于生产、流通、消费的供需关系已然建立并趋向大众化。而其中，大量“不耕寸土者”和“俗奢而逐末者”的存在，某种程度上也意味着原本“农本商末”的经济结构和社会观念已悄然发生转变。这种转变也进一步投射至社会文化生活之中，如冯梦龙、凌濛初创作的“三言”“二拍”通俗白话小说，均以普通市民为主人公，故事发生地多集中于商品经济发达的南直隶、浙江地区，故事情节也多涉及商业贸易领域。而被时人视作“奇人”的徐霞客，游历天下30余年，也得益于白银货币化。因为此时无论国家田赋还是徭役，都已经不再以实物和力役为主征收和负担，家庭手工业得以成为主要家庭生计来源，徐母可以经营家庭手工作坊支撑家庭门户，供给徐霞客游资[2]。

综合观察白银与国计、民生的关系，明朝中后期在货币、赋役制度、生活习俗、思想观念等方面的诸多变化，都与商品经济的发展密切相关，且彼此间亦存在着互动与联系，共同影响着明朝的历史发展进程。

---

〔1〕赵靖．中国古代经济思想名著选［M］．北京：北京大学出版社，1985：546—547.

〔2〕万明．明代白银货币化与“千古奇人”徐霞客的诞生［J］．金融博览，2019（3）：24.

32 谈谈金本位制

马克思在《哲学的贫困——答蒲鲁东先生“贫困的哲学”》一文中指出，“金银除了像其他商品一样是由劳动时间来衡量价值的商品以外，还具有普遍交换手段，即货币的特性”〔1〕。马克思简明扼要地指出了金银的货币属性。金银具有稀缺性、分割性、保值性、易于贮存和易于识别等特点，因而取代了其他材质的货币，成为一种天然的货币，形成金属货币本位制，诚如马克思在《资本论》中写道：“金银天然不是货币，但货币天然是金银。”〔2〕货币发展史上，随着商品经济的发展，相继形成银本位制、金银复本位制和金本位制。

金本位制是以黄金为本位币材质，本位币与一定数量的黄金存在等价关系的货币制度，这一制度首先在英国实行。经历 16 至 18 世纪，以英国为代表的西欧国家正值资本主义发展初期，“商业革命”与“价格革命”之后，商品和劳务的种类及数量有了极大

---

〔1〕［德］马克思. 哲学的贫困［M］. 北京：人民出版社，1962：62.
〔2〕中共中央马克思恩格斯列宁斯大林著作编译局译. 资本论［M］. 北京：人民出版社，2004：108.

的增长，但囿于开采技术，黄金存量少，如果仅以黄金作为货币材料，可能会造成货币短缺。于是，英国和其他欧洲国家皆采用金银复本位制，即金银两种铸币同时作为本位货币在市场上流通，以银币为人们日常生活中的常用铸币。在金银复本位制下，金银兑换率的问题始终困扰着英国货币体系。虽然国家会确立金银之间的法定兑换比率，但金银从本质上来讲也是商品，受市场供需关系、货币磨损、货币金属净含量等因素的影响，金银之间的市场兑换比率会处于波动之中。当金银市场价值发生变化而法定兑换比率不变时，实际价值高的货币必然会退出流通，被收藏、熔化；而实际价值低的货币则会充斥市场，形成格雷欣笔下的“劣币驱除良币”现象，从而导致货币体系的混乱。当这一情况发生时，国家往往会通过货币重铸、重置金银法定兑换比率等办法，希冀重现货币体系的稳定。如果国家之间的金银兑换比率不同，则会致使国家之间相互套利。当时，英国白银的市场价格相对低于欧洲大陆，而黄金的价格又相对较高，于是，英国以流向欧洲大陆的白银换取黄金，从而攫取了巨额利润。但此举却造成了英国国内流通的银币日益短缺，且多为劣质银币，黄金却源源不断地增加。银币从流通领域中逐渐消失，所带来的空缺被金币所填补，导致了金银复本位制逐步走向瓦解，并向金本位制过渡。英国在牛顿担任皇家铸币局局长期间（1696—1727 年），将每盎司黄金价格固定在 3 英镑 17 先令 10.5 便士，由此确立了事实上的金本位制。

1816 年，英国议会通过了《金本位制度法案》，在法律上确立了黄金作为货币本位币的地位。1821 年，英国正式启用金本位制，英镑成为英国的标准货币单位。19 世纪由于白银产量的大幅增加，银价猛跌，资本主义国家为维持货币价值的稳定，相继实行金本位制。19 世纪 60 年代至 70 年代法国完成了向金本位制的过渡，1871 年德国实行金本位制，1873 年丹麦、瑞典、挪威等国相继实行金本位制，1879 年俄国和日本也开始实行黄金兑换，1900 年美国通过了金本位条例。至 19 世纪末期，世界经济中的主要国家普遍实行金本位货币制度[1]。

随着资本主义经济的发展和世界市场的不断扩张，金本位制突破民族国家的藩篱，发展为国际金本位货币制度。由于各国本位币汇率受到黄金输送点的自动调节，不需要任何国际机构进行监督。当时，各国政府规定，本位币可以自由兑换，对外支付也无需任何限制。这种自由、多边的结算优势，使黄金成为最后的国际结算手段，各国政府为发挥世界货币职能所确定的共同原则和采取的共同措施，构成了国际金本位货币体系。而这些原则与措施所具有的共同性，形成国际货币体系的统一性特征。但另一方面，由于国际货币体系的规章制度并非由各国公认的国际机构所制定，而是各国自行规定其货币在国际范围内发挥世界货币职能，国际货币体系又具有缺乏统一国际规则的松散性特征。

具体而言，根据本位币与黄金的兑换形式，可以分成金币本

---

〔1〕整理自张新颖．英国霸权下国际金本位制——从霸权稳定论看 1870—1914 年的国际货币体系［J］．山东财政学院学报，2009（4）：66.

位制、金块本位制和金汇兑本位制。其中，金币本位制是典型的金本位制，金块本位制和金汇兑本位制则被称为不完全或残缺的金本位制，这几种形式先后通行于19世纪中后期至20世纪前期，并深刻影响了资本主义生产和世界贸易的发展。

典型金本位制盛行于1880—1914年期间，具有“自由铸造”“自由兑换”“自由输出输入”三大特征，即公民可以要求将一定量的黄金铸造成金币，也可以将纸币兑换成金币，不同国家之间的金币按照各自的含金量形成固定的比价，即金平价，允许黄金在国与国之间自由流动。当时各国货币都使用黄金作为货币价值的单位和发行的储备，货币币值和含金量挂钩，这样就确保了各国货币之间汇率的稳定性，消除了因汇率波动而带来的担忧，从而使黄金发挥了世界货币的功能。英国经济学家休谟提出“价格—铸币流动机制”，指出持久的国际收支顺差和逆差都是不可能，从而不应该也不可能把持续的国际收支顺差——结果是金银的流入——当作政策目标。人们既不必担心一国会失去它的全部货币供给，也不要指望能通过贸易把别国的金银都收为己有。国际收支总会自动稳定在一个符合自然状态的水平上〔1〕。“价格—铸币流动机制”的基本思路是：在国际贸易中，当一个国家处于贸易逆差时，黄金输出大于黄金输入，国内货币供应量就会减少，物价和成本会随之下降，导致出口增加、进口减少；国际贸易转

〔1〕转引自马建堂. 关于外贸收支理论模型的争论和发展［J］. 经济科学，1991（5）：59.

为贸易顺差，国内黄金随之增加，物价和成本上升，就会使出口减少、进口增加，对外贸易再次进入贸易逆差阶段，开始新一轮循环。金本位制的诞生，发挥了国际收支的自动调节作用，促进了各国商品生产和国际贸易的发展，是一种相对稳定的国际货币制度。

金本位制诞生后，努力扩大国家的黄金储备，成为每一个采用金本位制国家的首要目标。英国以工业革命为契机，凭借大幅提升的生产力和不断增强的综合国力，实现了政治霸权和经济霸权的双重扩张，进而主导了世界市场，并掌控了世界货币体系。与黄金固定挂钩的英镑，成为国际贸易中最重要的清算手段，从而建立了一个以英镑为中心、黄金为基础的国际金本位制，伦敦也由此成为当时的国际金融中心。

20 世纪初，随着商品经济的不断发展和国际贸易的增加，加之黄金生产受限，大量黄金流入几个主要的资本主义国家。1913 年底，英、法、美、德、俄五国占有世界黄金存量的 2/3，从而造成世界市场黄金数量稀缺与日益扩大的货币流通需求之间的矛盾。第一次世界大战爆发后，各国军费开支迅猛增长，引发通货膨胀。参战各国相继发行不可兑现黄金的纸币，并禁止黄金的自由流动，这些以邻为壑的举措背离了金本位制“三大特征”，破坏了黄金运行的基础，金本位制遭到重创。

一战结束后，各国试图恢复因战争遭到破坏的金币本位制。但由于世界黄金生产、储藏分布的不均衡，加之战争的损耗，重建金本位制缺乏必要条件。同时，战后各国民众对战时的通货膨胀心有余悸，若再次实行金币本位制，黄金极有可能遭到大量挤兑、收藏。鉴于此，1922 年在意大利热那亚召开的世界货币会议上，资本主义大国打着“节约黄金”的旗号，退而求其次，将金币本位制改为金块本位制或金汇兑本位制。

战后实行金块本位制的国家主要有英国、法国、美国等。金块本位制主要有如下特点。其一，货币单位仍然规定含金量，但黄金只集中于中央银行作为储备金，不参加货币流通，流通货币完全由纸币等价值符号所代替；其二，纸币不能自由兑换黄金，但可按照规定的限制数量，向各国央行兑换金块。如 1925 年英国颁布的《新金本位制法》中规定：英镑兑换黄金的数量至少为 400 盎司，即只有积累到 1 700 英镑以上数额的纸币时，才能向国家的货币发行机构兑换黄金，金块不能分割[1]。这个数量实际上是把大多数的底层民众排斥在自由兑换之外，所以，金块本位制又称“富人本位制”。

金汇兑本位制主要实行于那些想采取金币本位制或金块本位制，但又缺乏足够黄金储备的国家，如一战后的德国、意大利、奥地利等国家和地区。该体制具有如下特点：国内只流通具有法定含金量的纸币，纸币不能直接兑换黄金，只能兑换成某种可以兑换黄金的外国货币（外汇），在所依附国的金融中心存储黄金和外汇。当时，这些国家或依附于英镑，或依附于美元，当英国或美

---

〔1〕董君. 国际货币体系演进中的货币霸权转移［J］. 当代经济管理，2010，32（10）：65.

国的货币发生波动时，依附国家的货币就会随之发生波动，只能通过无限制买卖外汇来维持本国币值的稳定。金块本位制和金汇兑本位制，都是被削弱了的国际金本位制。

1929年10月，美国股市暴跌，拉开了资本主义世界经济危机的帷幕。在股市崩盘后，经济陷入紧缩，物价开始下跌，原材料的价格下跌更为严重，盛产并大量出口原料的巴西、阿根廷、加拿大、澳大利亚等国出口剧减，形成贸易逆差，黄金持续外流。为稳定国内经济，这些国家率先放弃金汇兑本位制。随着经济危机的持续扩大，欧洲大陆各国也受到严重冲击。1931年，奥地利和德国大批银行倒闭，相继宣布放弃金汇兑本位制。由此引发了其他国家向英国兑换黄金，掀起挤兑风潮。英国试图用提高贴现利率[1]的手法来吸引外资，扩大黄金储备，反而加剧资金外流，不得不宣布放弃金本位制，这又引发了多米诺骨牌效应，以英国为“中心国”的各国也相继放弃金汇兑本位制。黄金挤兑同样在美国上演，1931年8月至1932年1月，美国有1 860家银行倒闭。1933年3月，罗斯福总统宣布放弃金本位制，全面禁止黄金出口，实行美元贬值政策，以应对经济危机。随着各国相继放弃金块本位制和金汇兑本位制，资本主义世界分裂成相互对立的数个货币集团和货币区，国际金本位制就此退出了历史舞台。国际金本位制之所以会走向溃败，从本质上来说是因为过分依赖黄金，而黄

[1] 贴现利率是指票据持有人在票据未到期时，为获取现款而向银行贴付一定利息的票据转让。

金产量具有有限性，其流动具有不均衡性，造成了金本位制的先天缺陷。随着国际经济贸易的发展以及资本主义经济的周期性危机，这一缺陷不断扩大，最终走向衰亡[1]。

二战之后，美国凭借超强的综合国力和经济优势，主导形成布雷顿森林体系，在国际货币领域确立“其他国家货币—美元—黄金”的“双挂钩”兑换机制，美元通过与黄金的固定汇率（35 美元≈1 盎司黄金）充当黄金的代表。从本质上而言，这属于单一货币的金汇兑本位制，由此确立了美元的世界货币霸权地位。由于二战后两大阵营的全面对峙，这一机制适用于资本主义经济体系中的国家，但社会主义国家在与资本主义国家开展国际贸易时也使用美元作为结算工具，并将美元作为面向世界市场的主要外汇储备。

20 世纪 60 年代末 70 年代初，由于越南战争耗资巨大和长期赤字财政，美国国际收支恶化，通货膨胀加重，由此发生美元危机。各国政府将大量美元资产兑换成黄金，国际金融市场兴起抛售美元抢购黄金风潮，美国的黄金储备急剧减少。为了应对危机，1971 年美国宣布美元与黄金脱钩，不再维持美元与黄金的固定汇率。随着布雷顿森林货币体系的瓦解，金本位制也彻底消亡。此后各国间普遍实行浮动汇率，但美元作为强势货币，在浮动汇率制下仍然长期处于世界货币体系的中心。

---

[1] 王立荣. 国际货币制度视角下的货币危机机理研究［D］. 长春：东北师范大学，2009：21.

33

秦律严苛与否

——秦简与《史记》的“矛盾”

自从太史公在《史记·陈涉世家》中写出“天下苦秦久矣”的名句以来，秦朝的形象似乎就被牢牢地钉在了历史的耻辱柱上。传统观点认为，严苛到不近人情的刑罚是秦朝二世而亡的重要原因，也是陈胜、吴广振臂一呼“王侯将相，宁有种乎”的关键。

然而，近来在网络上却出现了截然对立的观点，网文标题耸人听闻且极其吸睛〔1〕。有人直呼太史公为骗子，称其出于维护汉朝的立场，有意抹黑秦朝。也有人称陈胜是“大忽悠”，出于个人野心而歪曲真实的秦律。所谓“失期，法皆斩”在一些网文作者眼中仅仅是可笑的幌子，既忽悠了憨厚老实的普通戍卒，也蒙蔽

〔1〕这些文章多来自百家号、网易号等网络平台，往往是大众获取历史知识的主要渠道。例：一卷秦简，一名小吏，挑战司马迁的《史记》，挑战你的历史常识［EB/OL］. https：//baijiahao. baidu. com/s?id = 1636494337024057184&wfr = spider&for = pc.
湖北出土一批竹简，内容打脸司马迁，专家：史记真的冤枉秦始皇了［EB/OL］. https：//www. 163. com/dy/article/EETO4U6A0523GA3I. html.
湖北出土2000年前古籍，揭露陈胜吴广起义内幕，专家：原来被骗了［EB/OL］. https：//baijiahao. baidu. com/s?id = 1659044328028020211&wfr = spider&for = pc.
被骗了两千多年，陈胜吴广起义并非所谓的“失期，法皆斩”［EB/OL］. https：//baijiahao. baidu. com/s?id = 1601061246386707310&wfr = spider&for = pc.
为什么说陈胜吴广起义是一场骗局？陈胜是个大忽悠，没有头脑！［EB/OL］. https：//baijiahao. baidu. com/s?id = 1758894799663320819&wfr = spider&for = pc.

了后朝的史官司马迁，还蒙骗了2 000多年来的列位看客。这些网文言之凿凿，全因手握“神兵利器”，也就是湖北云梦睡虎地秦墓出土的秦简。而出来提供“真相”的是一个名为“喜”的秦朝基层官吏。据载，喜亲历了嬴政从亲政到统一六国的整个过程，曾任县令史即县令属下小吏，参与过“治狱”工作。这位2 000多年前的大秦官吏也许是出于对本职工作的热爱，竟然把生前的工作档案都带入了地下，却也无意间为后人揭开了秦朝政治、社会形态的面纱。

这批秦简有共1 155枚、4万余字，其中既有涉及审讯、调查和法医检验的《封诊式》，亦有教人做官的《为吏之道》，还有关于相宅、占梦、驱鬼等“大秦百姓实用百科”的《日书》。当然，其中最为关键的还是迄今为止首次系统发现的秦律，即喜生前抄录的有关法律文书，包括《秦律十八种》《法律答问》《法律杂抄》等。这些法律文书并非秦朝的全部法条，却是常用的法律条文，直观地展示了何谓“秦法繁于秋荼，而网密于凝脂”。且看《秦律十八种》的种类分布，包括《田律》《厩苑律》《仓律》《金布律》《关市》《工律》《工人程》《均工》《徭律》《司空》《军爵律》《置吏律》《效》《传食律》《行书》《内史杂》《尉杂》《属邦》[1]。《秦律杂抄》则包括《除吏律》《游士律》《除弟子律》

〔1〕“每种律都不是该律章的全部条款，只是抄录人按需要摘录的有关条款。《田律》是指农田水利、山林保护方面的法律；《厩苑律》是指畜牧饲养牛马、禁苑林囿的法律；《仓律》是指国家粮食仓储、保管、发放的法律；《金布律》是指货币流通、市场交易的法律；《关市》是指管理关和市的法律；《工律》是（转下页）

《中劳律》《藏律》《公车司马猎律》《牛羊课》《傅律》《敦表律》《捕盗律》《戍律》等十一种。由于律令内容详密繁多，“所用语汇、表达多生涩冷僻，其内涵、意义或模糊不明，非专业人士往往不能把握”[1]，故而有《法律答问》作为对秦律条款、术语的解释，同样具备法律效力。

在睡虎地秦简所呈现的纷繁复杂的秦朝法律条文中，有人找到了司马迁“蒙骗世人”的“罪证”：“御中发征，乏弗行，赀二甲。失期三日到五日，谇；六日到旬，赀一盾；过旬，赀一甲。……水雨，除兴。”（《秦律十八种·徭律》）[2] 这条秦律似乎与我们印象中严酷的秦律不同，相反还带了点脉脉温情。朝廷征发的徭役，迟到了三至六天，只需要“谇”，也就是口头批评；迟到六至十天的，罚一块盾牌的钱；迟到超过十天，罚一副甲胄的钱。如果耽搁了时间还未出发，也只需罚两副甲胄的钱。最后一点，也是最显秦律人性化特征的一项，即如果天下雨，那么徭役就自动取消。

然而，在司马迁所写的《史记·陈涉世家》中：“会天大雨，

（接上页）指公家手工业生产管理的法律；《工人程》是指手工业生产定额的法律；《均工》是指手工业生产管理的法律；《徭律》是指徭役征发的法律；《司空》是指规定司空职务的法律；《置吏律》是指设置任用官吏的法律；《效》是指核验官府物资财产及度量衡管理的法律；《军爵律》是指军功爵的法律；《传食律》是指驿站传饭食供给的法律；《行书》是指公文传递的法律；《内史杂》是指内史为掌治京城及畿辅地区官员的法律；《尉杂》是指廷尉职责的法律；《属邦》是指管理所属少数民族及邦国职务的法律。”参见肖周录．周秦汉唐法制史［M］．西安：陕西人民出版社，2021：106.

〔1〕鲁西奇．喜：一个秦吏和他的世界［M］．北京：北京日报出版社，2022：218.

〔2〕睡虎地秦墓竹简整理小组．睡虎地秦墓竹简［M］．北京：文物出版社，1990：47.

道不通，度已失期。失期，法皆斩。"[1] 矛盾之处一目了然。一方是不近人情的"法皆斩"，另一方则是充满了人情味的"水雨，除兴"。"法皆斩"抑或"除兴"，是虚是实？若不细究，便给太史公和陈胜扣上所谓"骗子"的帽子，责怪其抹黑秦朝，岂非冤枉哉？显然，这批1975年出土的秦简，作为秦国基层官吏的工作档案，在很多人看来就代表了历史的"真相"。然而问题在于，诸如档案等一手史料，是否就能揭示全部的真相？有学者提出，一切史料都是史学，即便是档案，也不可简单地认定为某种"客观史料"[2]。史料非史实，档案作为史料的一种，亦需互证、补证，才可能接近真相。法国学者娜塔莉·泽蒙·戴维斯在其作品《档案中的虚构：16世纪法国的赦罪故事及故事的讲述者》中，探究档案的叙述者即文本作者的生存状况、叙事技巧和价值观，指出档案内容也可能是"虚构"的，但这种"虚构"本身也是一种史实。立足此种历史研究方法，秦简本身反映了什么史事已经不重要了，如果能从喜这位抄录者的主观视角出发，去探究2 000多年前基层官吏的心理世界，或许能揭示某种后人未可知的"真相"。

睡虎地秦简的真实性与可靠性无需多言。对于抄录者的秦吏喜而言，《秦律十八种》等法律文本是其"治狱"的依据，故无它动机，也无可能主观更改和伪饰秦律。而太史公所著《史记》的

---

[1]（西汉）司马迁. 史记［M］. 北京：中华书局，1963：1950.
[2] 罗新. 有所不为的反叛者［M］. 上海：上海三联书店，2019：13.

可信度，也历来为史家所认可，如《史记》对商王世系的记录，与早于司马迁一千年的殷商甲骨卜辞的记载近似，便是《史记》令人信服的有力佐证。另外，从秉笔直书的角度看，司马迁对于本朝开国皇帝刘邦的“无赖”行径，到景帝刘启的“刻薄寡恩”，皆无“曲笔”（为尊者讳）之意。所以要说太史公由于压力而“抹黑”前朝，显然是站不住脚的。此外，有人指出司马迁在叙事过程中有过多想象的成分，但具体考察这些内容，其中大多是根据事态演化本身逻辑所作的情节补充，亦有学者认为来自司马迁对当事者后人的口述采访，并不能断然否定[1]。

那么，既然秦简和《史记》两份材料的可信度都没有太大的问题，问题究竟出在哪里？这就需要更为细致的考证。网文所引秦简条文大都出自《徭律》即有关徭役征发的法律，而要探究秦律关于徭役征发严格与否的史实，先要了解秦的徭役究竟包括哪些内容。关于秦汉时期的徭役制度，囿于资料所限，学界历来众说纷纭[2]。总体而言，史家将秦朝的徭役制度分为侧重行政的“徭”和侧重军事需要的“戍”，这点并无歧义。因此，若从

〔1〕吕培成．司马迁与史记论集［M］．西安：陕西人民出版社，2006：18.

〔2〕20世纪80年代，傅筑夫考察传世文献，提出秦汉徭役主要不外两途：一为屯戍——兵役；二为力役——各种生产和非生产的劳动，如营建宫室、建立城郭、开凿河渠、修筑道路等。对于力役这一概念的理解，黄今言提出不同观点，认为秦汉的力役应“包括劳役与兵役”。高敏则认为徭役有广义和狭义之别，广义的徭役包括兵役，狭义的徭役仅指除兵役之外的无偿劳役。钱剑夫在《秦汉赋役制度考略》中将秦汉徭役分为三种，分别是“更卒、正卒和戍卒”。进入21世纪，随着秦汉简牍材料的刊布，“徭役”“徭戍”等概念的讨论依旧聚讼不已。

“徭”的定义出发来理解《徭律》，显然，充满“人情味”的秦律的施用范围和贯彻力度是极其有限的，仅仅适用官府强制著籍的“黔首”（即编户齐民的百姓）参与的劳役活动。单看《徭律》，事实上充满“人情味”的条文还不止于睡虎地秦简所刊布的那些，《岳麓书院藏秦简》中亦有不少关于徭役征发的规定，例如“田时先行富有贤人，以闲时行贫者”，也就是说在农忙的时候先征发富人，在农闲时则征发贫民，足见秦政府对农民的“体恤”，意在“使民以时”。此外，在岳麓秦简中还对服徭役者的奔丧假期作出了相应的规定，在父母、妻子去世时可归家一段时间，以处理丧事〔1〕。对于社会极端弱势群体，如年长者、未到年龄的独生子，则不进行征发。对于需抚养年长的残疾人父母的独生子，即便成年也无需从事转运粮食的徭役〔2〕。种种条文，一方面可见秦《徭律》定制之细密，另一方面也体现了秦政府为维护统治、稳定社会而给予民间的体恤和关怀。

据此，再读《史记·陈涉世家》的文本，会产生疑问：陈胜、吴广所服之役是否属于《徭律》规定的“役”？据《史记》所载，陈胜、吴广是被征发去渔阳屯戍的闾左贫民，渔阳郡属于战国时期的燕国，秦朝统一后则属于边地，且二人皆为“屯长”。云梦睡

〔1〕“遣归葬。告县，县令给日。繇（徭）发，亲父母、泰父母、妻子死，遣归葬。已葬，辄聂（蹑）以平其繇（徭）。（简1238）”转引自中国文化遗产研究院．出土文献研究：第十一辑［M］．上海：中西书局，2012：163.

〔2〕“免老及敖童未傅者”“敖童当行粟而寡子独与老父老母居，老如免老”。参见陈松长．岳麓书院藏秦简：肆［M］．上海：上海辞书出版社，2015：157—158.

虎地秦简所收秦律中，也有《戍律》，较为可惜的是，《戍律》仅有寥寥数字，其施用规定无从考证。虽然后来的岳麓秦简增加了三条全新的《戍律》史料，但遗憾的是其均未涉及《史记》所载天下大雨而“失期”的内容。故此，后人只能推测陈胜所服当为戍役，而戍役应该不在《徭律》施用范围内。理由有二：首先，“取庸代戍”制度，即允许雇佣他人代役。这一规定使富裕者相较于一般黔首有了优待，亦可证明秦朝实际服戍役的大部分应为贫苦百姓。毕竟生活条件稍好之人，大致是不愿意去边远之地屯戍受苦的。这从侧面也印证了《史记》所载征发“闾左”贫民的可信度。其次，秦简《戍律》还规定了严格的“遣戍”和请假销假制度，也对修缮“城塞”的人员、官吏职责作了细致的规定。这些规定既反映了秦“徭戍”制度的完善，更体现了秦民承担了各种繁重的戍役负担[1]。

根据常理推断，在统治者眼里，事关国防大事的“戍役”势必要比“徭役”更为重要，这一点虽缺少秦简的直接证明，但汉承秦制，根据对汉简的研究，也可倒推出这一结论。据张家山汉简和居延汉简所反映的信息，不坚守要塞而弃城逃跑，或者投降敌寇，要将其本人与家属一并“腰斩”处死。据传世文献《汉书》所述，战时“行逗留畏懦者要（腰）斩”，后勤供应不足者，同样以腰斩处刑。可见汉朝军法之严苛，更遑论秦朝。

---

〔1〕朱德贵. 新出简牍与秦汉赋役制度研究［M］. 北京：中国人民大学出版社，2021：276—293.

综上言之，陈胜、吴广所服戍役，秦律之严苛程度应远超普通徭役。对于司马迁“失期，法皆斩”的记载，显然不能轻率地否定其真实性。论及至此，固然有遗憾之处，因为终究未能明确秦律有关戍役的直接规定。但换言之，即便在现存残简的片言只语中找到了有关“失期，法皆斩”的明确秦律条文，难道就可以断然认定这就是全部的历史真相吗[1]？历史学的无奈便在于此，我们所得到的永远都只能是故去时代的一地碎片，借助这些碎片，我们或许能够拼凑出可想见全豹的“一斑”，并借此不断接近真相[2]。永远只能接近，而非确定。

但历史的魅力，恰恰就在拼凑碎片的过程中！

---

〔1〕首先，时间因素、纸面条文与现实执行因素，都是我们需要考虑的问题。睡虎地秦简涉及时间仅至秦始皇三十年，而陈胜、吴广被征发则是在二世元年，也有观点认为秦二世时秦法更为严苛。其次，秦律实际执行情况或许也打折扣，例如同样在云梦秦简中发现的秦朝普通士兵黑夫和惊的家书中，可见他们多次向家中索要钱财或衣物的信息，这便与秦律《金布律》中服役者可凭券领取衣物的规定不相一致。若想从史学史角度更为全面、深入地认识这一问题，建议阅读：王子今.《史记》“失期，法皆斩”辩疑——关于陈胜暴动起因的史学史考察［J］. 兰州大学学报，2020（4）：76—86.

〔2〕关于秦律到底是否严苛，我们也许能从云梦秦简及其他文献中拼凑出一些印象。例如对一般窃盗他人价值不到一文钱的桑叶，也要“赀徭三旬”（罚苦役三十天）。对赃值一文以上的盗窃案，要据赃值加重其刑，从处以迁刑（流放）、黥为城旦，至黥劓以为城旦。五人共盗的集团盗窃，量刑更重，《法律答问》规定：“五人盗，臧（赃）一钱以上，斩左止（趾），有（又）黥以为城旦。”即使仅有盗窃动机而无盗窃后果者，亦处以“赎黥”。盗窃犯的家属和知情人均要连坐治罪，甚至“与盗同法”。除了盗一钱或不盈一钱外，牛瘦一寸、仓库鼠洞、足穿绣鞋之类均入之于律，通通科罪。此外，秦朝刑种繁多，有死刑、肉刑、迁刑、徒刑、笞刑、髡、耐、赀、赎等，单是死刑方法便有十几种，如具五刑、车裂、夷三族、凿颠、抽胁、镬烹、腰斩、矺（先断四肢，后杀死）、阬（活埋）等。在刑罚适用上奉行轻罪重刑、并罚连坐，以至于连五人共盗，赃一钱以上也要身受三刑（斩左趾、黥、城旦）。因此产生刑与罪在适用上不合理的严重弊端，致使“赭衣塞路，囹圄成市”。参见肖周录. 周秦汉唐法制史［M］. 西安：陕西人民出版社，2021：116、124.

34

赫德与晚清海关

罗伯特·赫德，1835 年出生于英国北爱尔兰。1854 年英国外交部招考驻华外交人员，因成绩优秀，赫德被录用并派至英国驻宁波领事馆任翻译工作。1859 年赫德入职粤海关副税务司，1863 年正式接任总理衙门所属海关总税务司一职，直至 1911 年逝世，主持晚清海关长达半个世纪之久。其间，他在晚清官场如鱼得水，始终身居高爵显位。赫德参考近代西方海关体制，创建了税收、统计、浚港、检疫、人事等一整套严格的海关管理制度，推动了近代中国海关的转型。同时，赫德主持下的晚清海关还介入晚清政治、经济、外交等领域的事务，对近代中国产生了深刻的影响。

中国海关为何长期为洋人所控制？1853 年，正值太平天国运动席卷南方各省，受其影响上海爆发小刀会起义，时任上海道台（兼理江海关）吴建彰及海关官员皆出逃藏匿，江海关税收陷于停顿。此时的上海港内有 10 条英国船、11 条美国船和 5—6 条其他国家的船只，都已作好起航的准备〔1〕。面对海关运转失灵，英国

〔1〕［美］布鲁纳、费正清、司马富编．赫德日记：步入中国清廷仕途（1854—1863）［M］．傅曾仁等译．北京：中国海关出版社，2003：210.

驻上海领事阿礼国指出：虽然小刀会在幅员辽阔的帝国沿海占领一个单独的海港，但这并不意味着我们就要废除中英两国之间所立的庄严条约……若在等待中国海关重建期间停止所有贸易，这会损害英国的商业利益。另一方面，如果货船不缴关税就离港而去，又是对《南京条约》的违背[1]。1853年9月，租界当局派兵占领海关，英美领事协议制定“领事代征制”，清政府不得已接受了洋人帮办监督海关税务的方案。1854年，美、英、法三国驻上海领事与两江总督谈判并达成协议，在上海成立税务管理委员会，共同管理海关。上海模式的洋人帮办制度逐渐推广至其他条约口岸。1858年第二次鸦片战争期间签订的《天津条约》附约《中英通商章程善后条约》中规定——各口划一办理，由总理外国通商事宜大臣或随时亲诣巡历，或委员代办，邀请英人帮办税务并严查漏税，判定口界，派人指泊船只及分设浮桩、号船、搭表、望楼等事。由此，由外籍税务监督演变而来的外籍税务司制度正式形成。

晚清海关由清政府设立于各港口，隶属各省督抚，由海关监督和海关道负责管理，渗透着浓厚的衙门风格。海关作为晚清专制制度躯体上的一个器官，仍然具有其躯体本身所有的一切弱点——混乱、贪污和低效率[2]，缺乏统一有效的海关行政系统。原负责上海海关的薛焕曾三年不报账目，但清政府却未采取任何

〔1〕［英］方德万．潮去潮来：海关与中国现代性的全球起源［M］．姚永超、蔡维屏译．太原：山西人民出版社，2017：38—39.
〔2〕邱克．局内旁观论——赫德［M］．西安：陕西人民出版社，1990：2.

措施加以整改。赫德担任海关总税务司后，对中国海关进行了大刀阔斧的改革。1861年，在与恭亲王奕䜣的首次政务会见中，赫德准备了七件章程、两件禀呈，从缓解政府财政危机的角度提出了增加税收的办法，他建议以近代税务征收审核方式改变传统清王朝海关包税制度：

> 本来各口的海关都是由海关监督管理的，税收采用的是落后的中古式办法，即每年只上缴一笔固定的税款给户部部库，多征的税款不必呈报，由海关监督自行使用，一般用来增加自己及其员司的外水，贿赂中央大员以巩固他的地位。这就使大量的税款落进税吏的腰包。新关则采用近代的征税办法，即所征收的税款，一律登账上缴；海关人员，除支取固定薪俸以外，不得私取任何税款。[1]

赫德借鉴英国文官制度，建立了一套提升管理效能的海关人事制度：

1. 建立垂直领导的总税务司集权制度，保持政令畅通；
2. 贯彻严格考试录用制度，职员考察档案化与制度化；
3. 实施迁调制度，扩大职员的视野，培养通才性人才；

---

[1] 陈诗启. 中国近代海关史问题初探 [M]. 北京：中国展望出版社，1987：19—20.

4. 高级职员从基层做起，有实践经验，不至假手属员；

5. 待遇优厚，职位保障，鼓励职员安心服务勤勉奉职。[1]

赫德通过《总税务司署通令》，将各地海关纳入统一管理，结束了各海关各自为政的局面；以全球招考、公开选拔、择优录取的方式招聘海关雇员，不讲人情，只认成绩；推行严格会计制度、审计制度和高薪养廉政策等，铲除衙门体制的种种弊病，使晚清海关成了几乎没有贪腐现象的部门。由此，关税收入迅速增长，关税逐步成为清政府财政收入的重要来源。鸦片战争前后，海关税收在清政府平均岁入所占比例为数甚微，但至 19 世纪 90 年代初，平均岁入中的海关税高达 21 989 000 两，仅次于地丁银。海关关税很大程度上成为中国近代化的资金来源，如江南制造局的经常性费用支出，就主要由海关每年按一定比例提取关税供给，最多时多达 150 万两。从 1867 年至 1904 年，海关共拨了 3 840. 3 万两银子给江南制造局[2]。

在赫德的主持下，中国建立起以西方体制为蓝本的近代海关体制，晚清海关成为具备近代特征的行政机构，为清政府的改革

---

〔1〕整理自孙建国. 中国近代海关人事管理的基本架构和特点［M］//戴一峰编. 中国海关与中国近代社会：陈诗启教授九秩华诞祝寿文集. 厦门：厦门大学出版社，2005：311—312.

〔2〕《走进中国海关博物馆》编委会. 走进中国海关博物馆［M］. 北京：中国海关出版社，2012：52.

提供了可资借鉴的行政管理经验，一定程度上推进了晚清国家制度与社会治理的近代化。具体而言，内容如下：

其一，参与建设近代外交制度。赫德说服以天朝上国自居的清政府在条约国设立使馆，为了使总理衙门了解更多有关使馆的情况，赫德为其翻译惠顿国际法关于使馆的权利部分[1]；还协助丁韪良翻译《万国公法》，使大臣们接触并了解西方国际法知识。在赫德等人的努力下，1877 年清政府驻英使馆正式设立。此外，赫德还为总理衙门起草、翻译外交文件，通读和校对条约；充当清政府官员出使外国的随员；参加通商贸易关税的谈判。在晚清，总理衙门所有外事工作，几乎都是依靠总税务司去办[2]。赫德还促成了斌椿考察团的欧洲之行及蒲安臣使团出访美国，其“业余外交”一定程度上有助于中国处理国际事务并认识世界。

其二，组建国家邮政系统。1878 年，赫德在清政府北洋大臣李鸿章的支持下，取得海关试办邮政的权利，在北京、天津、牛庄（今营口）、烟台和上海 5 地海关试办邮政业务，并于当年发行了中国第一套邮票——大龙邮票。1880 年 1 月 11 日，上海江海关邮政处对外改称海关拨驷达局（Customs Post Office）。经 18 年的海关试办，光绪帝于 1896 年 3 月 20 日批准开办国家邮政，定名为大清邮政[3]。

---

〔1〕张志勇. 赫德与晚清中英外交［M］. 上海：上海书店出版社，2012：108.
〔2〕陈诗启. 中国近代海关史［M］. 北京：人民出版社，2021：125.
〔3〕中共上海市邮电管理局. 上海邮政职工运动史［M］. 北京：中共党史出版社，1999：5.

其三，发展航海交通标识与气象观测。海关在沿海、内河设立260多处警船、灯塔、浮桩；逐步设立气象观测站，并把气象观测列入海关海务基本业务之一。徐家汇天文台主持人溥洛克神父对此评价道："今日中国测候系统组织完美……盖以中国沿海各处，南起琼州，北迄牛庄，凡有海关，皆有信号之设置。"[1]

关于赫德在近代中国的角色定位，有人认为他是"英国侵华的主要代表人之一"，有人赞誉其为"中国早期现代化的倡导者"，可谓众说纷纭。实则，赫德的角色充满了矛盾的多面相，究竟以其人行为作为评判标准，还是立足历史背景、基于不对等的中外博弈关系来评价其作用，抑或兼顾两者，值得审慎思考。赫德曾在日记中写道："……关税务须征收得宜；公事务须彻底办好；商人不但不应有不满海关的理由，而且必须协助海关；必须使他经营方便，而且以此增加营业，而营业的增加结果将使帝国国库充实。"[2] 他数次提及他帮助中国是出于善良的愿望，是"维护中国的利益"，不存在任何恶劣的动机。然究其根本，外籍税务司制度是对中国主权的严重破坏，是近代西方殖民主义和帝国主义侵略中国的直接体现。从进出口税的对比来看，据统计，从赫德建立近代海关统计制度（1864年）至清朝被推翻的前一年（1910年），中国海关出口税始终高于进口税，外籍税务司控制下的晚清

〔1〕陈诗启．中国近代海关史［M］．北京：人民出版社，2021：227.
〔2〕［美］布鲁纳、费正清、司马富编．赫德日记：赫德与中国早期现代化（1863—1866）［M］．陈绛译．北京：中国海关出版社，2005：61.

海关优待进口商品政策严重损害了中国的利益，致使中国沦为西方资本主义的附庸。从不平等条约的履约来看，赫德深知不平等条约损害中国利益，但他威胁、警告清政府说："国中违背条约，在《万国公法》准至用兵，败者必认旧约，赔补兵费，约外加保方止。"[1] 表明赫德试图利用西方制定的国际法条约原则来确保英国等资本主义国家的在华侵略利益。从赫德在晚清所有重大事件中复杂的姿态及行为来看，英国人赫德始终站在西方人的立场来审视中国，在无损英国利益的前提下，给予中国他所认为适宜的帮助。例如，洋务新政筹办海军，经赫德强烈推荐购买的炮艇吨位小、炮身重，铁皮薄，航速慢，缺乏机动性，很容易成为大舰的靶子。中国驻英大使郭嵩焘质问："你到底是帮中国还是帮英国？"赫德答道："我固是英国人也。"又如，赫德在中法战争中为使利益最大化，甚至辞谢不就英国政府对于其驻华公使的任命。交涉与盘算尽显其殖民者的本色。再如八国联军侵华时，作为清政府顾问的赫德居间调解。在赔款问题上，赫德反对举借外债，担心向各国借债可能会使中国海关处于列强共管之下，使英国丧失对中国海关的垄断权。为支付巨额赔款，清政府不得不将津海、东海、牛庄、宜昌、九江、芜湖、沙市、江海、浙海、威海、福海（三都澳）、闽海、厦门、粤海、潮海、江门、梧州、琼海、北海等通商口岸50里以内常关划归税务司管理。至此，近代海关的关

〔1〕印克. 局内旁观者——赫德［M］. 西安：陕西人民出版社，1990：28.

税收入重心转变为支付赔款，殖民主义色彩越发浓烈。

1911 年，赫德在英国病逝，清政府专门派人参加了葬礼并追封他为太子太保尚书衔，以褒奖其为中国海关创造的“世界上行政管理方面的奇迹”。而英国政府也为赫德颁发了一枚男爵勋章，这也充分体现了赫德是英国利益的代言人。

作为近代中国社会历史变迁中的重要人物，赫德具有复杂的历史面相，其掌控的晚清海关也产生了多重影响，这些特质使赫德与晚清海关成为中国近代史研究的重要课题。

35

里甲与宗族：明清时代的基层辖治

康熙五十二年（1713 年），福建铜山关帝庙大殿前人头攒动，一块硕大的石碑被竖立于一侧，碑额铭刻“公立关永茂碑记”〔1〕。持续多年“认祖归宗”的活动，让铜山居民们有了一个共同的祖先——“关圣帝君”关二爷。但仔细查看碑文，令人深感疑惑的是，署名之人竟无一人姓关。这些自称关帝开枝散叶的后代，足足有 27 姓。这些人既然不姓关，缘何要尊武圣关羽为祖？

溯源此事，还得回到明初那个天下底定的时代。彼时，出身于社会最底层的托钵僧朱重八，龙门一跃而成为九五至尊的开国皇帝朱元璋。体验过人生疾苦的他，誓言整顿元朝过于“宽简”的治理方式，将大明打造为百姓安居乐业、官员清廉自守的“理想国”。除却“剥皮实草”这类惩处贪官污吏的恐怖至极的措施，朱元璋还试图建立一个严格管控社会的基层治理和赋税征收体系。在参考历代统治得失的基础之上，朱明王朝建构制度和实施治理的第一个关键——黄册和里甲制度应运而生。

---

〔1〕[加] 宋怡明. 被统治的艺术 [M]. 钟逸明译. 北京：中国华侨出版社，2019：299.

按照朱元璋的设计，各地方州县需十年编制一次户籍黄册，将大明居民按照不同的职业，划分为民户、军户、匠户、灶户等。每次造册，家家户户需按官府要求，详细汇报自家人口、财产。上报至府衙后经过进一步严格审查，编成总册，签名画押交至省布政使司再次审查，最后编成本省总册递交户部，呈皇帝御览。对于如此重要的“国家档案”，朱元璋精心选址，将之收藏于四面环水的玄武湖中心岛屿，以达防火和安全双重保险。依据黄册，朝廷便清晰掌握了全国的人口与土地（财产）数据，相当于拥有了基层治理与赋役征收的“数据库”。足不出京，天下尽在掌握，奸民、流民无所遁形。那么，有了“数据库”，又该如何实施有效、清廉的治理之策？

朱元璋将全国百姓每一百一十户编为一里，其中推举纳税、人丁最多的十户为里长，其余百户则分为十甲，十户为一甲，每户按年轮值甲首。通过里甲制度，每一个“在编”的大明子民，都拥有了自己所属的“单位”，从而具有合法占有土地、参加科举考试的资格。作为同一“单位”的居民，他们必须互相监督，且需时刻清楚地知晓彼此的社会关系、“工作”与行踪。若出现作奸犯科、逃脱赋役之人，里、甲长以及同里甲居民都有报官的义务。若不履行，则以“连坐”伺候。当然，按照朱元璋的想法，老百姓要是能够像植物一样长在地上别乱动，那是最好的[1]。一种

---

[1] 明朝实施了严格的路引制度，百姓要出远门，必须先向官府打报告，开“介绍信”，否则将寸步难行。

“画地为牢”的统治秩序的理想，就这样通过黄册里甲制度得到贯彻[1]。当然，在诸多朝廷关心的基层治理事务中，最为关键的还是如何把税粮、差役的责任落实到位。这一工作自然也就落到了里长和甲首的身上。明初实行轮役制度，每年由一名里长带领一甲（10户）居民负责承担“里甲正役”，即所谓“催征钱粮，勾摄公事”。里长责任明确，就是催促居民“依法纳税”。甲首的任务则有相当大的弹性，包括拘传罪犯、词讼买办等，有时还包括摊派官府的临时杂役。最后，为了避免官员在赋役征收中上下其手、扰民索贿，朱元璋“深谋远虑”，实施“官吏不得下乡”的政策，由里长作为沟通官、民之间的桥梁，凡衙门事务均交由同属百姓的里长完成，若出现赋税、劳役数量不足的情况，压力和惩罚也往往落在里长身上。由此，一个“官民相隔、腐败无门”的制度便搭建起来。

编户齐民，各安其分。朱元璋所缔造的大明王朝将百姓通过黄册、里甲制度编制起来，牢牢控制，所谓的“理想国度”如同一潭寂静死水。然而，现实是否与制度之理想初衷相吻合？以广东为例，从明初洪武至明中期嘉靖年间，虽经百年休养生息，但朝廷所控制的户口大多时候不增反减（表1），这是为何？

---

〔1〕刘志伟. 在国家与社会之间：明清广东地区里甲赋役制度与乡村社会［M］. 北京：中国人民大学出版社，2012：55.

表1 明前中期广东户口变化情况表（节选）[1]

	洪武二十四年		嘉靖年间	
	户数	口数	户数	口数
广州	210 995	608 451	170 807	553 943
韶州	18 900	80 026	16 536	90 031
惠州	23 180	108 692	24 464	108 636
潮州	80 979	296 784	80 549	461 005
全省	579 739	2 237 035	463 813	1 875 158

户口减少的秘密就藏于由朱元璋一手打造的黄册、里甲制度本身。和卫所制度一样，黄册、里甲制度的崩坏，早在洪武时代已见端倪。首先，以“不许官吏下乡”为例，在其《御制大诰》中，有一位被树为典范的官员王复春，此人因状告上级常州知府下乡害民，得到皇帝美酒慰问的待遇并被火线提拔。然而这位模范官员在升职不到半年的时间里，却犯了同样的“下乡”之罪。按照里甲制度规定，征税征丁的任务均由里长完成，然而里长本就为乡民中一员，既无能力也无动力替官府压榨乡民。钱粮差役的任务完不成，对于官员来讲，不但意味着升职无望，还必将受到惩罚降职。两害相权，怀揣不一定被告发的侥幸心理，王复春

〔1〕表格引自刘志伟. 在国家与社会之间：明清广东地区里甲赋役制度与乡村社会［M］. 北京：中国人民大学出版社，2012：88.

只得亲自下乡督促完成任务。其次，再来看看里长的处境。在《御制大诰》中，皇帝骂完官吏，转头又骂起了“富户”，说这些人为了逃避义务，行贿官吏，把差役一股脑儿推到“细民”（小户百姓）身上。此言确实不假，但虚担“富户”之名的里长更有自己的难言之隐。由于洪武年间繁重的赋役，为补足朝廷税粮而“身亡家破”的富户比比皆是，“富户”里长或脱籍逃离，或转嫁危机。脱籍逃离意味着将失去“在编”的合法身份，影响家人科举功名；转嫁危机则损人利己。最后，来看看黄册的问题。由于里甲赋役过于烦苛，民众的选择就是“千方百计隐瞒户口”，“使官方的户籍编审失去实际意义”[1]。仅过一代，至朱棣在位时期，福建各地里甲户口大幅缩水。宣德年间，一些地方甚至因“赋役重并，虎瘴交灾”，出现“人户消磨，十去八九”的现象[2]。

除此之外，按制度规定，里甲需三年一次调整，黄册十年一造，如此频繁且大动干戈的人地普查，以当时的政府能力来说，几乎是不可能完成的任务。最晚至成化、弘治年间，负责编审的官员已无能为力，人丁、地产的变动已然无法动态呈现于户籍黄册中。在黄册失效、里甲组织涣散的情况之下，赋役征派困难重重。至此，里甲制度及其功效名存实亡。那么，朱明王朝将如何

---

〔1〕郑振满. 明清福建家族组织与社会变迁［M］. 北京：中国人民大学出版社，2009：186.

〔2〕郑振满. 明清福建家族组织与社会变迁［M］. 北京：中国人民大学出版社，2009：186.

继续落实赋役征收和基层治理？这就要说说第二个关键——“祖宗”了。

无论能否直接控制户口，只需将钱粮差役落实到位就可以了。为了能完成赋役征派的任务，稳定税源，明政府开始对里甲户籍实行定额管理。固定原先轮流服役的里长甲首的户头，使其成为“依法纳税”的“承包户”。原本轮流承担、“苦乐不均”[1]的赋役被分摊至各“承包户”，进行定额管理[2]。简言之，里甲户成为相对固定的“包税人”，国家由原先通过里甲户籍制度直接控制赋役征收，转变为向固定“包税人”间接收取。因而“包税人”的中介作用在赋役征收中显得无比重要。而且随着时间的流逝，里长、甲首户逐渐成了名册上那个世代承继的“包税”户头（有些原户主已死多年然其姓名依然登记在册），而非现实中的家庭单位。因为后世家庭人口增长，分家析产则为常情。为了应对定额的里甲之役，人们往往选择分家而不分户，由各宗子孙共同继承原有里甲户籍，分担相关赋役。这个负责承担并管理朝廷赋役征收的庞大社会组织，便是共奉同一“祖宗”的宗族。

在里甲及赋役制度改革的催化下，有明一代，宗族逐渐成了管理国家赋役的中间层。当然，现实中宗族组织的产生，要比上

---

〔1〕由于每次支应费用不尽相同，因此里甲轮流服役，往往会导致负担不均，苦乐不均。按里甲定额承包，则负担相对均衡且定额化。

〔2〕如万历四十年，永安县令“详请上司，每户额派十丁，不论故绝，永为定式”。康熙二十五年，德化县沿袭明代“成例”，把全县丁粮原额按里甲均摊，“每里编米六百三十余石，派丁二百八十丁。具文详请，永为定例”。参见郑振满. 明清福建家族组织与社会变迁［M］. 北京：中国人民大学出版社，2009：187.

述过程更复杂一些[1]。国家制度的形塑作用是一方面，此外也与宋明理学的文化影响息息相关[2]。通过编写族谱、敬宗祭祖等一系列日常的仪式行为，祖宗谱系和宗族结构、制度等越发完善，宗族的向心力日益强化。除了管理、分配赋役工作外，明朝以来的宗族，也往往“以立族长、建祠堂、定族规、设族田、修族谱、办族学为标志，传播儒家思想，进行宗族互助，通过收族活动以维护基层社会秩序”[3]。国家与民众之间的巨大基层权力空间，通过宗族、祠堂等在一定程度上得到填补[4]。

厘清明朝以来赋役和基层治理的变化后，再回至铜山“认祖归宗”之事。明清鼎革之际，作为郑氏政权反清复明的重要据点，铜山陷入刀山血海。清军攻入铜山后，“推城焚屋，居民逃窜，惨甚不堪，祖祠焚毁，屋舍邱墟，而坟墓亦复凄然”[5]。苟活下来

---

〔1〕在广东等一些国家力量相对晚进之地，原先处于编户齐民之外的“化外”之民，通过为自己寻找一个“自古以来”的中原血统构建合法身份，诉诸“祖先的权力”，往往在编写族谱的过程中强行攀附来自北方的远祖。通过宗族文化构建，“化外”之民成为国家“编户齐民”下的一员，国家制度与民众诉求合为一体。

〔2〕宋以前只有贵族、士大夫可以祭祀五代以上远祖，庶人祭祀不合礼制，因而难以围绕宗祠祭祀形成宗族共同体，即所谓“礼不下庶人”。随着宋代社会流动性增强，传统世族没落，国家政权在基层的控制能力下降，宋明理学家试图通过宗族重建社会秩序，突破了传统儒家祭祖的礼仪规定，“礼下庶人”，推动了宗法伦理的庶民化，这就给民间宗族建构提供了文化上的凭据和资源。参见郑振满. 文化、历史与国家——历史学与人类学的对话 [M] //明清福建家族组织与社会变迁（增订版）. 北京：北京师范大学出版社，2020：274—300.

〔3〕肖唐镖、史天健. 当代中国农村宗族与乡村治理：跨学科的研究与对话 [M]. 西安：西北大学出版社，2002：83.

〔4〕整理自唐力行、张翔凤. 国家民众间的徽州乡绅与基层社会控制 [J]. 上海师范大学学报（哲学社会科学版），2002（11）：58.

〔5〕陈郁庭主修. 南屿陈氏族谱 [Z]. 转引自 [加] 宋怡明. 被统治的艺术 [M]. 钟逸明译. 北京：中国华侨出版社，2019：281—282.

的百姓被强制迁离沿海。待局势平定，清政府撤销迁界令，铜山百姓才得以回到满目疮痍的故乡。然而，苦难还未结束。清朝取消军户制度后，曾作为军户的他们，却不如民户一般具有“在编”的里甲户籍身份。为了增加赋税，当地官员更新课税名册，将这些“黑户”编入原有的纳税户头当中。由此，铜山居民得以通过中介成为“在编”居民。然而，或许是受到“中介”的欺压凌辱，铜山居民承担了超出寻常的赋税徭役，终日苦不堪言[1]。十年以后的康熙五十年（1785 年），当课税名册迎来更新之时，铜山民户敏锐地抓住机会。他们就地取材，利用关帝庙为自己创造了一位“祖宗”，二十余姓围绕在关圣帝君身边，最终构建出一个属于自己的宗族组织——铜山关氏，并花了一百两银子买到了名册上的一个户头。三百多年后，品读关帝庙前的石碑，依然可以看到他们大功告成的欣喜：

> 天下岂有无籍之人乎？……泛而无宗，傍人门户，实非贻燕善策。因闻诏邑有军籍而无宗者，共尊关圣帝君为祖，请置户名曰：关世贤，纳粮输丁，大称其便。[2]

在“祖宗”关圣帝君和“户主”关世贤的庇佑之下，铜山民

〔1〕［加］宋怡明. 被统治的艺术［M］. 钟逸明译. 北京：中国华侨出版社，2019：299.

〔2〕公立关永茂碑记［Z］. 转引自［加］宋怡明. 被统治的艺术［M］. 钟逸明译. 北京：中国华侨出版社，2019：299.

户终于摆脱被“中介”盘剥的处境，有了更为直接且相对合理的缴纳赋役的方式。

在国家治理中，制度与人的关系是双向互动的。国家通过一系列制度管控基层社会的同时，社会中的人也往往根据自身利益和形势变化与之相因应。这种因应策略可能是“逃避统治的艺术”〔1〕，也可能如铜山人一般，利用国家制度，通过认祖归宗以求得庇护或改善自身的生存空间。

通过梳理明朝基层治理中的两个关键问题——体现“皇权”意志的黄册、里甲组织以及代表“祖荫”庇佑的宗族势力，大致可以认识到：“制度不是仅仅就制度本身而谈制度，治理也不是在仅就治理体系来谈治理，而是要以人为本，离开了人来谈制度设计，实际上是没有太大意义的。”〔2〕

〔1〕美国人类学家詹姆士·斯科特通过研究东南亚山地民众，发现国家总是试图集中高地居民到平地，从事水稻种植。而高地人群往往利用特殊的自然条件、居住形态、生计方式、文化模式等，主动选择逃避国家的控制。

〔2〕耿元骊．权力与秩序：帝制中国的社会治理［M］．北京：社会科学文献出版社，2021：291.

36 户籍制度与中国古代社会治理

公元前221年，秦统一六国，设郡、县两级行政机构，其主要官员由中央任免和考核。县以下则设乡、里，分设三老、啬夫、游徼，形成管理民众的基层组织。而户籍制度又与乡里制度、赋役制度密切关联，为历代统治者所重视。有“人数者，庶事之所自出也，莫不取正焉。以分田里，以令贡赋，以造器用，以制禄食，以起田役，以作军旅，国以建典，家以立度，五礼用修，九刑用措，其惟审人数乎”[1] 的说法。可见，户籍制度在中国古代社会基层治理中发挥着重要作用。

“户籍”一词，最早见于《史记·秦始皇本纪》中的秦献公“十年，为户籍相伍”[2]，即公元前375年，秦国已经开始以五家为“伍”的方式编制户籍，而这里的“伍”其实就是乡里的基层组织。秦以五家为伍，十家为什，百家为里，构成了基层民众自我管理与相互监督的机制，同时也为户籍编制奠定了基础。

秦统一后，户籍制度在全国普遍建立，秦汉时期编制户籍主

〔1〕(唐) 杜佑. 通典 [M]. 北京：中华书局，1988：56.
〔2〕(西汉) 司马迁. 史记 [M]. 北京：中华书局，2000：204.

要分“自占”与“案比”两个阶段。所谓“自占”，即百姓向官府申报户籍。张家山汉简成书于汉初，因汉承秦制，其律令形式和内容基本沿袭秦律。据张家山汉简《二年律令·户律》规定：“民皆自占年。小未能占，而毋父母、同产为占者，吏以□比定其年。”[1] 根据这条法令，所有百姓皆需申报户籍，儿童由父母代为申报。具体申报内容在《二年律令·户律》也有规定：“民宅园户籍、年细籍、田比地籍、田命籍、田租籍，谨副上县廷，皆以篋若匣匮盛，缄闭，以令若丞、官啬夫封印，独别为府，封府户。”[2] 不难看出，在户籍申报过程中百姓需登记住址、年龄和田地的四至、产权及租税情况等。在此基础上，官府再进行核实，即为“案比”。据《二年律令·户律》规定：“恒以八月令乡部啬夫、吏、令史相杂案户籍，副藏其廷。”其中，乡部啬夫即为乡内主管户籍编订及依据户籍授田的官员[3]。令史为县庭属吏，协助县令、丞处理县内各项工作，掌文书事务，监督诸官署[4]。可见，对户籍的审核工作是由县、乡两级共同完成的。而《二年律令·户律》也规定：“自占、占子、同产者，不以实三岁以上，皆

---

〔1〕张家山汉墓竹简整理小组. 张家山汉墓竹简（二四七号墓）[M]. 北京：文物出版社，2001：177.
〔2〕张家山汉墓竹简整理小组. 张家山汉墓竹简（二四七号墓）[M]. 北京：文物出版社，2001：178.
〔3〕王彦辉田. 啬夫、田典考释——对秦及汉初设置两套基层管理机构的一点思考[J]. 东北师大学报（哲学社会科学版），2010（3）：52—53.
〔4〕韩厚明. 张家山汉简字词集释[D]. 长春：吉林大学，2018：335.

耐。"[1] 即经过"案比"，如发现有瞒报、申报不实之情形，除本人外，监督之人也会受到严厉惩处。"耐"，指刑徒罪，虽轻于肉刑，其刑等却重于赎刑、罚金，是较为严厉的刑罚[2]。结合户籍申报内容，秦汉之所以会有如此严格的申报、审核程序，其目的在于根据户籍进行授田，再依据户籍、田产进行征税。而户籍编审过程中，县、乡两级的基层组织皆深度参与，由此，乡里制度、户籍制度与赋役制度紧密结合。

所谓"百代皆行秦政事"，秦朝建立了严密的户籍管理制度，两汉基本沿袭之，并通过户籍制度达到了"编户齐民"的目的。至东汉末年，战事频仍，豪强并起，兼并严重，户籍散乱。三国时期的孙吴政权基本沿袭了汉朝的户籍制度，但也有细微的差别。根据对出土的走马楼吴简的研究，发现吴简在记录户籍时，仅对一户的户主姓名标注一次，而非像汉朝一样将户主姓名标注于每个家庭成员的姓名之前，这体现了孙吴时期户籍记录简化、灵活的趋势。吴简中亦出现许多有关"訾"的记录，"訾"即为家庭财产。吴简并无财产簿，而户籍中则直接记录了家庭财产情况，并以此作为划分等级的间接依据。这既是财产记录简化和规范化的表现，亦可视作政府对赋税征收控制的加强[3]。两晋时期，因人

[1] 张家山汉墓竹简整理小组. 张家山汉墓竹简（二四七号墓）[M]. 北京：文物出版社，2001：177.

[2] 韩厚明. 张家山汉简字词集释 [D]. 长春：吉林大学，2018：372.

[3] 整理自张燕蕊. 从走马楼吴简户籍书式看孙吴对秦汉户籍制度的继承和发展 [J]. 中国人民大学大学报，2011 (1)：23—26.

口南迁，侨置郡县，曾实行黄籍、白籍制度进行户籍管理。隋统一后，因“四方疲人，或诈老诈小，规免租赋”[1]，遂实行“大索貌阅”，登记人口体貌与户籍信息，以防不实。唐承隋制，并规定：“每一岁一造计帐，三年一造户籍。县以籍成于州，州成于省，户部总而领焉。”[2] 可以看出，唐朝进行户籍定期编审，由县、州逐级递交中央，再由户部统一管理户籍。这有别于秦汉时期丞相管辖户籍的制度，与中央行政中枢由秦汉时期三公九卿制向隋唐时期三省六部制的转变相适应。至唐中叶，随着均田制与租庸调制的瓦解，以往以丁身为本的户籍制度也随着两税法的施行而发生变化。两税法强调“户无主客，以见居为簿。人无丁中，以贫富为差”[3]，使户籍编审与赋役征收标准与由人丁转向土地、财产的变化趋势相适应。由此，继续发挥户籍制度与赋役制度共同作用的社会治理功能。宋朝沿用两税法，在户籍编审中也重视并沿用以财产定籍的标准，所谓“天下郡县所受版籍，随其风俗，各有不同。或以税钱贯百，或以地之顷亩，或以家之积财，或以田之受种”[4]。且宋朝政府基本不抑兼并，占有土地、缴纳赋税的主户比例逐步提升，租佃土地的客户比例有所下降，通过赋役与户籍等政策及手段的调控，政府的财政收入大为增加。

---

〔1〕（唐）魏徵等. 隋书［M］. 北京：中华书局，2000：462.
〔2〕（唐）李林甫等. 唐六典［M］. 北京：中华书局，1992：74.
〔3〕（后晋）刘昫等. 旧唐书［M］. 北京：中华书局，2000：1410.
〔4〕（南宋）李焘. 续资治通鉴长编［M］. 北京：中华书局，2004：9133—9134.

元代以职业定籍，称为“诸色户计”，明朝沿袭此法。除此之外，明朝还实行户帖制度，以为户籍管理。明洪武三年（1370 年）“辛亥，诏户部置户籍、户帖，岁记登耗以闻，著为令”[1]。户籍、户贴一式两份，记录“其户之乡贯、丁口、名、岁”[2]，骑缝盖印，分别保存于户部与民户之手。从中国社科院历史研究所所藏“明洪武四年（1371 年）徽州府祁门县汪寄佛户帖”中可以看到，户帖上除了户籍登记的基本信息外，还印刷了朱元璋的白话圣旨。圣旨的出现，折射出政府通过户籍编审以加强对基层社会的管控，可视作明朝中央集权加强的一个注脚。洪武十四年（1381 年），明朝开始推行赋役黄册。据《明史·食货志》载：“洪武十四年诏天下编赋役黄册，以一百一十户为一里，推丁粮多者十户为之长，余百户为十甲，甲凡十人。岁役里长一人，甲首一人，董一里一甲之事。先后以丁粮多寡为序，凡十年一周，曰排年。……册凡四：一上户部，其三则布政司、府、县各存一焉。上户部者，册面黄纸，故谓之黄册。”[3] 可以看出，黄册的编制依旧遵循着地方编制、中央管理的模式。同时，黄册又与登记土地的鱼鳞图册相配合，以达成“鱼鳞册为经，土田之讼质焉。黄册为纬，赋役之法定焉”[4] 的目的。而黄册的编制依据是作为基层治理制度的里甲制，里甲制下根据人丁事产之多寡来完成赋役

[1]（清）张廷玉等. 明史［M］. 北京：中华书局，2000：17.
[2] 钞本明太祖实录［M］. 北京：线装书局，2005：308.
[3]（清）张廷玉等. 明史［M］. 北京：中华书局，2000：1253—1254.
[4]（清）张廷玉等. 明史［M］. 北京：中华书局，2000：1256.

的编审和佥派，并同时具有户籍编审、稽查的作用。由此，明朝政府得以通过户籍编审，将人丁、土地、赋役紧密结合，尽可能将所有人纳入“编户齐民”之中。

清初沿用明朝黄册及里甲制。然随着康熙帝谕令“盛世滋丁，永不加赋”，及雍正帝实行“摊丁入亩”，原本户籍所承担的赋役征发职能逐渐消失，于是在乾隆三十七年（1772 年）谕令户籍永停编审，户口统计则通过编联保甲来施行。据《清文献通考·户口一》载：“（乾隆）更定保甲之法：顺天府五城所属村庄暨直省各州县乡村，每户由该管地方岁给门牌……十户为牌（奇零散处通融编列），立牌长，十牌为甲，立甲长，十甲为保，立保长，限年更代，以均劳逸。士民公举诚实识字及有身家之人报官点充。……凡甲内有盗窃、邪教、赌博……聚会等事，及面生可疑、形迹诡秘之徒，责令专司查报。户口迁移登耗，并责随时报明，于门牌内改换填给。”[1] 由此可见，为弥补户籍永停编审后“编户齐民”作用的削弱，因而用编制更为严密、覆盖城市和乡村的保甲制加以补充和维系。此时，保甲制已兼具户籍管理与维护社会治安的多重职能。

纵观中国古代户籍制度形成、发展与演变的过程，始终依赖基层的县、乡组织，由其完成编审，同时也加强了其自身的治理作用。可见，户籍制度的建立以基层社会组织为基础，并反作用

〔1〕（清）张廷玉等．清朝文献通考［M］．杭州：浙江古籍出版社，1988：5029—5030.

基层社会，起到“编户齐民”的约束作用，最终巩固了中央集权体制。户籍制度的变迁又与赋役制度密切联系，互为作用，共同维系着国家机器的运转。由此，户籍制度与财政赋役、基层治理等诸多方面形成有机联动，建构起严密的社会治理体系。

37 公平与效率的博弈：现代社会保障制度的建立与发展

人类社会发展中，效率与公平、自由和平等一直是人们追求的两大基本目标。

古代中国先贤憧憬的是老有所养的大同社会，古希腊先贤柏拉图构想的是各得其所的理想国。现代社会保障制度（Social Security System）的建立和发展是为了实现人类对享有普遍性社会保障的愿景。作为国家治理体系中的一项基本制度安排，现代社会保障制度是由国家立法制定的社会保险、社会福利、社会救济、社会优抚等一系列制度构成，是人类文明进步的重要标志。虽然不同国家和不同历史时期的经济、政治、社会、历史文化传统等国情存在差异，但是社会保障制度呈现出殊途同归的制度演进趋势，都是以社会治理危机为契机适时做出调整和改革的结果，且始终存在着社会公平与经济效率、社会平等与经济自由等价值取向的动态博弈〔1〕。

〔1〕“公平”作为一个古老的社会问题，在不同的社会历史发展阶段，不同民族和阶级对其价值尺度的内涵理解有差异性和一致性。本文中“社会公平”与“经济效率”、“社会平等”与“经济自由”等概念，是随着资本主义生产方式的兴起和人类社会进入近现代发展阶段后出现的社会历史范畴。

从历史发展看，社会保障制度是工业化进程中资本主义社会生产力发展到一定阶段和政府职责演变的产物。英国于1601年和1834年颁布《济贫法》和《新济贫法》，将贫困归因于个人的懒惰无能，“圈地运动”产生的流浪者被收容在教养院，进行惩戒性的强制劳动。教养院被时人称为劳动者的“巴士底狱”。但是，英国的济贫法超越了以往的家庭和教会等民间慈善方式，首次将社会救济上升为政府的职责，被视为现代社会保障制度的前身。

19世纪两次工业革命的洪流，创造了巨大飞跃的生产力和空前增长的社会财富，但是，经济增长的成果并未得到共享。资本主义国家出现了不同于农业时代的社会新问题，贫富差距和阶级对立加剧，社会主义运动应运而生。当时正处于社会转型阶段的德国面对的阶级斗争形势甚为严峻。1869年以工人阶级为基础的社会民主党成立，他们采用议会斗争的形式，政治影响力逐渐增大，于1877年德意志帝国议会选举中获得9.1%的选票，12名代表首次当选为议员。在工人阶级和社会民主党的压力下，为应对工业革命所带来的全新的社会治理危机，19世纪80年代德国政府相继颁布了疾病、工伤和养老三个社会保险法案，创建了社会保险类型的现代社会保障制度。德国首相俾斯麦曾直言不讳地宣称：“社会弊病的医治，一定不能仅仅依靠对社会民主党的过火行为进行镇压，而且同时要积极促进工人阶级的福利。一个期待养老金的人是最守本分的，也是最容易统治的。”[1] 可见，德国建立社会保险制度的出发点是一种消弭革命、维持统治集团利益的怀柔性质的政治投资，但客观上使德国成为第一个建立社会保险制度的国家。

19 世纪是亚当·斯密的自由主义经济学在大西洋两岸大行其道，确立了主流经济学地位的时代。亚当·斯密认为，国家财富增长的秘密在于市场自由竞争、政府自由放任，管得最少的政府才是最好的政府。就在《国富论》出版的 1776 年，北美新大陆诞生了一个新国家——美利坚合众国。亚当·斯密的学说漂洋过海，在这个以自由之名争取民族独立的国家里，找到了最合适的土壤。在 19 世纪的一百年里，美国工业社会在自由放任的模式下野蛮成长。自由竞争的市场机制把全社会最富有奋斗热情的人筛选出来，诞生了一批诸如石油大王、钢铁大王、汽车大王的垄断企业。这些大企业确立起在本行业中的强势垄断地位，造成竞争的不平等，贫富差距和阶级对立趋向尖锐化。市场经济自发向效率倾斜，难以实现社会公平分配，如果没有制衡的社会机制，经济自由将吞噬社会平等。自由放任的美国经济如同一辆失控的战车，在 1929—1933 年引发了严重的危机。为了应对不期而至的经济危机，罗斯福新政出台，开启了“有形之手”和市场“无形之手”相结合以调节经济和社会生活的资本主义发展新阶段，其中建立社会保障制度是新政的重要内容。罗斯福政府于 1935 年颁布《社会保

[1] 桂莉. 社会保障制度起源于德国的原因浅析 [J]. 中南民族大学学报，2002 (5)：110.

障法》，支撑社会保障制度的是配套的高额累进所得税制度，通过政府的二次分配，“劫富济贫”，由此，财富分配的法则出现了革命性的变化。当时站在富人立场的报纸曾连篇累牍批判罗斯福敲富人竹杠，讽刺其吃“烤百万富翁”。1941 年罗斯福发表国情咨文，提出了著名的新“四大自由”，将免于匮乏的自由和免于恐惧的自由与言论、信仰自由并列，赋予社会保障制度以价值层面的合法性。

战后，资本主义国家反思经济危机和二战生死存亡的惨痛教训，普遍转向奉行凯恩斯主义，实行国家对经济和社会生活的调节干预政策。欧洲国家甚至比罗斯福的社会保障制度走得更远。1942 年英国发布《贝弗里奇报告》，明确提出社会保障是公民的社会权利，被视为基本公民权的拓展。战后英国、法国、联邦德国和瑞典等北欧国家普遍建立起全覆盖、高水平、被誉为“从摇篮到坟墓”的福利国家类型的社会保障制度，以保证个人和家庭的经济安全，保障公民享受较好的公共福利。1945 年至 20 世纪 80 年代，欧洲大陆国家的 1%最高收入比重持续大幅度下降，表明欧洲社会的不平等程度在降低。在社会保障制度这张安全网下，形成了两头小、中间大的橄榄形社会结构，庞大的中间阶层成为社会稳定的支柱，缓和了社会矛盾，提升了社会治理水平，成就了战后经济高速发展的黄金时期。

但是，福利国家的发展也存在困境。过度的社会保障，加重了政府财政负担，高税收抑制了企业的投资，在福利制度下失业者可以得到社会基本生活水准的救助，有可能滋长社会懒惰行为。如 1980 年瑞典的社会保障支出占国内生产总值的 35.5%，税收占国内生产总值的比重高达 50.4%[1]。这种局面也出现在推行福利国家制度的其他国家。财政负担沉重和经济效率降低造成了经济发展的停滞，高福利和赤字财政依靠增发货币，又造成通货膨胀。这种政策取向的累积效应，到 20 世纪 70 年代导致了“滞胀型”经济危机。

为了走出困境，资本主义国家进行新一轮调整，凯恩斯主义的主流地位被新自由主义替代。20 世纪 80 年代，美国和英国政府在政策层面形成了里根经济学和撒切尔主义，其主要取向是：削减社会福利，减少国家干预，展现出向经济自由和效率回归的趋势。当然，随之而来的是 1%最高收入比重的上升，经济不平等现象加剧。以美国为例，1%最高收入的比重在 80 年代后不断攀升，由 1980 年的 10%上升到 2007 年的 20%以上[2]。2008 年金融危机后，美国和欧洲各国都进入了新一轮的政策调整，社会保障制度也是其中的重要方面。至今，重振经济活力和缩小经济不平等，仍然是它们调整中的政策目标。

19 世纪以来，自由放任模式在社会达尔文主义的加持下，将贫困看作个人的事，是个人懒惰无能、优胜劣汰的必然结果。这

---

〔1〕丁纯. 社会保障与经济发展：来自欧洲的证据和启示［J］. 社会保障评论，2022（5）：44.

〔2〕［法］卢卡斯·尚塞尔. 经济增长能够自动解决收入不平等问题吗？［J］. 王宇译. 金融发展研究，2020（11）：36.

种看法并不合理，有悖于启蒙运动倡导的自由平等的价值理念，造成人文纽带的断裂[1]。从19世纪至20世纪，从罗斯福“四大自由”到《贝弗里奇报告》，社会保障从人道主义的伦理道德或阶级赎买，提升到政府责任的公民社会权利。人类花了近200年的时间，才真正认识到消除贫困不仅仅是个人的事，更是政府和社会的责任。作为自发秩序，不平等是一个顺流而下的过程，而作为自觉的所为，实现平等却始终要逆流而上。当不平等超出社会所能容纳的限度后，史无前例的大危机唤起了人们追求平等和正义理想的初心。其间，政治精英的价值取向和人民大众的斗争诉求实现了共振，追求公平的思想潜流得以突破被自发秩序笼罩的社会表层，从而转危为机，将平等元素注入自由之中，社会得以重塑，断裂的人文纽带得以接续，启蒙价值得以回归，这是一个巨大的观念革命[2]。但是，资本主义生产方式的基本矛盾使公平与效率的博弈成为周期性的轮回。尽管得益于人们观念的进步和社会治理水平的提升，总体上当代资本主义社会的保障制度和社会福利在曲折中仍然持续发展。不过，两种趋势的博弈往往伴随着政党的轮替和政府的更迭，社会政策调整的成本和代价往往主要由社会中下层民众来承担。

与西方的资本主义现代化不同，中国式现代化是全体人民共

---

〔1〕整理自［英］罗伊斯顿·派克. 被遗忘的苦难：英国工业革命的人文实录［M］. 蔡师雄译. 福建人民出版社，1983：1—4.

〔2〕整理自许平. 自由与平等的博弈解读：20世纪资本主义的三次调整［J］. 历史教学，2006（5）：5—8.

同富裕的现代化，共同富裕是“共同”内蕴的公平性与“富裕”内蕴的效率性的辩证统一。中华人民共和国成立后，尤其是随着改革开放的不断推进，展现了一个循序渐进、与时俱进的具有中国特色的社会保障制度的实践图景，保障水平稳步提高，做大蛋糕的同时分好蛋糕，由注重效率优先兼顾公平，转向统筹效率与公平，促进了经济社会的快速发展。正如习近平总书记指出的：“经济发展和社会保障是水涨船高的关系，水浅行小舟，水深走大船。”新时代中国特色的社会保障制度作为一项基本的制度安排，正在凭借日益增强的综合国力，以更大的力度和更完善的制度设计，促进公平与效率双赢兼顾和动态平衡，成为国家治理体系创新的奋斗目标。中国在社会保障制度方面的实践和创新，也将为走向全球化的世界提供健全社会保障制度的中国智慧和中国经验。

38

北欧福利国家的由来与发展

作为特定地理概念的北欧地区，一般指今天位处北部欧洲斯堪的纳维亚半岛及其周边的五个国家——丹麦、挪威、瑞典、芬兰、冰岛。

北欧五国在语言文化、宗教信仰、政治制度等方面有着密切联系与相似性，且有别于欧洲其他地区。在语言上，瑞典语、挪威语、丹麦语及冰岛语可基本互通，瑞典语也是芬兰的官方语言之一；宗教上，北欧地区较为彻底地接受了新教，信奉基督教路德宗；社会制度上，北欧国家几乎于同一时期步入相对和平的现代化进程，逐步形成了相似的现代议会民主国家。从 19 世纪后半叶至两次世界大战，来自俄国与德国的战争威胁使北欧国家加强了相互合作，成立了各种官方与民间的合作组织。简而言之，近代以来，无论在北欧国家内部还是在与外部国家的关系上，北欧地区往往作为一个整体出现在人们的“心理地图”上[1]。

---

〔1〕Troebst S. “Introduction: what's in a historical region? A teutonic perspective” [J]. *European Review of History: Revue europeenne d'histoire*, 2003, 10 (2): 185.

现代福利国家是现代化的产物。随着资产阶级革命与工业革命在欧洲发生，以自由财产权与市场经济为核心的资本主义制度逐渐形成。法国大革命后，追求平等权利的民主浪潮席卷欧洲。与此同时，现代资本主义制度也带来了周期性萧条、失业、环境污染等现代社会问题，主张社会平等、批判资本主义的各种社会主义思潮和工人运动蓬勃发展。其中，对北欧地区影响较大的是具有社会主义取向的“社会民主主义”思潮。“社会民主主义”主张对资本主义制度进行改良，在不否定资本主义私有制和市场竞争的前提下，为社会民众提供平等民主权利和社会福利。他们认为，民主的本质是平等，获得民主选举权的人们并非只有虚幻的投票要求，他们还需要一个现代社会给他们提供基本的生活和工作保障。只有每个公民都具有平等的社会保障权利，才能实现更具有实质意义的平等〔1〕。

现代意义上的福利国家政策的出台，既得益于社会民主主义思潮的正面推动，也源自保守主义政治家对社会权利的承认以及对自由放任资本主义体制的反向调整。早在17世纪初，英国政府颁布《济贫法》，承认解决早期资本主义带来的贫困问题是政府应尽的责任。1847年，英国政府颁布《工厂法》，规定十小时工作制，成为一定程度上背离自由放任主义的标志〔2〕。马克思指出，

---

〔1〕钱乘旦、陈晓律. 世界现代化历程：西欧卷［M］. 南京：江苏人民出版社，2010：49.

〔2〕Briggs A. “The welfare state in historical perspective”［J］. *European Journal of Sociology/Archives europeennes de sociologie*, 1961, 2（2）: 236.

十小时工作日法案不仅是一个重大的实际的成功，而且是一个原则的胜利；资产阶级政治经济学第一次在工人阶级政治经济学面前公开投降了[1]。19世纪80年代，德国的俾斯麦为抑制激进的社会民主运动与工人运动，推行社会福利政策，初步建立涉及疾病、工伤和养老等方面的社会保险制度。20世纪30年代起，欧洲各国政府纷纷通过社会立法建立了不同程度与类型的福利制度。政府干预与社会福利政策通过给予工人阶级社会权利，避免绝对贫困，缓和了阶级矛盾，调和了资本主义与社会主义[2]。第二次世界大战后，欧洲国家在恢复经济的基础上进一步推行社会福利政策，西欧和北欧地区形成了各具特色的福利国家制度。

北欧国家在建设福利国家的历史进程中具有特殊性。一般认为，北欧国家是以普遍主义为特征的"制度型"福利国家模式的典型[3]。普遍主义的社会福利政策与"选择性"福利政策（即仅对部分人，特别是特殊困难群体提供福利和服务；政府通过财产或收入调查，来界定受助公民）相对应，平等地给予全体公民获得福利的资格，使接受社会供给的人不产生地位不平等感。普遍主义的原则通过制度型福利国家实现，即建立一种基于国家设计

---

[1] 中共中央马克思恩格斯列宁斯大林著作编译局编译．马克思恩格斯文集：第三卷［M］．北京：人民出版社，2009：12.

[2] Esping-Andersen G. *The three worlds of welfare capitalism* [M]. Princeton University Press, 1990: 12.

[3] Esping-Andersen G. *The three worlds of welfare capitalism* [M]. Princeton University Press, 1990: 27.

的、通过再分配和福利设施，给全体公民提供社会保障和社会服务的社会福利制度[1]。

北欧地区推行普遍主义福利政策，有其独特的历史背景。其一，19 世纪的北欧经济依然以农业为主，无产阶级与资产阶级的矛盾相比发达工业国家较为缓和。城市工人与独立农民阶层共同推进了以和平方式实现普选权与议会民主[2]。其二，相比世界其他地区，北欧政治长期相对稳定，执政党或执政联盟更强调自身代表全民族利益，社会各阶层间的纷争也多在议会民主制的框架内进行[3]。19 世纪末，受到国内阶级斗争与俾斯麦社会福利政策的影响，北欧国家的保守党与自由党政府相继推出一系列福利政策。最初福利政策的范围相对有限，目标在于救济贫困以及为对国家做出贡献的劳动者提供保障。但这一政策后来引发社会中下阶层的不满。为此，社会民主主义者在城市工人阶级与农村独立农民之间建立同盟，批评既有济贫法案的不足，要求更具普遍性、全民性的社会权利。1913 年，瑞典自由党政府出台了《退休养老金和残疾养老金法》，首次实行了不受退休前工作和纳税情况影响的普遍性统一比率养老金制度。这一法案后来被其他北欧国家效

[1] 潘屹. 普遍主义福利思想和福利模式的相互作用及演变——解析西方福利国家困境 [J]. 社会科学，2011 (12)：80.

[2] Erikson, Robert, ed. *The Scandinavian model: Welfare states and welfare research* [M]. ME Sharpe, 1987: 11.

[3] Kildal N, Kuhnle S. *Normative foundations of the welfare state: The Nordic experience* [M]. Routledge, 2007: 35.

仿，被看作北欧普遍主义福利制度的先河[1]。

尽管北欧国家内部福利制度建设的进程存在差异，但是20世纪30年代仍被认为是典型“北欧模式”的开端。在世界经济危机的冲击下，社会民主党成为丹麦、挪威、瑞典三国的执政党，开启了应对危机的改革，推进了北欧福利政策向普遍主义扩展。在丹麦，社会民主党进行了福利体制改革，推行了普遍性的公民权利原则。在挪威，社会民主党推行了普遍性的养老金体系政策，同时建立了伤残养老金制度与强制性失业保险体系。在瑞典，社会民主党一面推行激励就业政策，一面建立由国家扶持的全国工会失业基金，同时进行了公共养老金立法。其普遍主义还体现在对妇女权利的重视。1937年，瑞典立法通过的子女生活费贷款政策提高了母亲的经济地位，非婚生或父母离异家庭的孩子，如果父亲未能支付赡养费，国家则会向母亲提供补助。瑞典社会民主党认为，国家应该做的正是将公民从他们对地方政府及其官僚，以及那些须经救助资格审查的济贫制度的羞辱性依赖中解放出来[2]。

第二次世界大战后，西欧在马歇尔计划的推动下进入经济恢复和高速发展期，北欧国家在此背景下进一步建设普遍主义的福利体系。一般认为，战后至1973年石油危机，是北欧模式的黄金时期。

---

〔1〕Erikson, Robert, ed. *The Scandinavian model: Welfare states and welfare research* [M]. ME Sharpe, 1987: 45.

〔2〕[挪] 斯坦恩·库恩勒、[中] 陈寅章等主编. 北欧福利国家 [M]. 许烨芳、金莹译. 上海: 复旦大学出版社, 2010: 8.

1948年，瑞典率先建立了普遍性统一费率养老金制度，取消了经过收入测试确认资格的程序，所有67岁以上公民平等地享有基本养老金。这一制度在20世纪50年代被丹麦、挪威、芬兰相继效仿。同时，北欧国家将社会保障与社会救助推向全民，包括家庭主妇与无业人群，福利资格的认定进一步与工作表现和市场参与相分离。

北欧模式尤其体现出“对妇女友好”的特点。国家提供儿童津贴与父母亲假，使女性能够协调工作和家庭，也推动父亲回到家庭，与母亲一起承担家务和照顾工作[1]。同时，北欧国家长期推行促进就业与保障住房政策。例如，挪威1954年宪法修正案中，强调国家机关有责任创造条件确保每一个身体健全的人可以通过劳动养活自己，规定强度较小的工作应该留给年老者，某些领域的企业也应当雇用一定比例的老年人和残疾人[2]。北欧国家还提供各项免费或者高补助的社会服务，包括公费医疗、公费教育、高龄老人与儿童看护服务。20世纪60年代起，北欧国家的社会关怀服务逐渐从大城市扩展到城镇和农村地区。这种“家庭友好”的社会服务政策与激励就业政策相辅相成，一方面社会服务促进了妇女持续进入劳动力市场，“家庭主妇”概念逐渐消失[3]；另一方面社会服务部门本身为女性提供了大量就业岗位，使高就业率与两性平

〔1〕张佳华. “北欧模式”理念的建构，扩展与变迁——一项社会政策的考察［J］. 欧洲研究，2013（2）：114.

〔2〕［挪］斯坦恩·库恩勒、［中］陈寅章等主编. 北欧福利国家［M］. 许烨芳、金莹译. 上海：复旦大学出版社，2010：66.

〔3〕Kuhnle S. *The developmental welfare state in Scandinavia*［R］. UN Research Institute for Social Development，2004：18.

等成为北欧福利国家的标签。

1973 年石油危机和长期赤字财政，使大部分西方国家在 70 年代陷入滞胀型经济危机，北欧国家也遭遇了前所未有的经济困难与失业问题。经济危机使福利国家制度受到冲击，但北欧国家经过政策调整，基本保持了普遍主义高福利的特点。为了应对福利制度的沉重财政负担，北欧国家实行高税收政策，40%—50%的家庭收入用来直接或间接地付税，同时征收比其他欧洲国家更高的消费税。高税收保障了北欧国家提供更高替换率的社会保障金，包括疾病救济、失业救济与养老金。总体上社会福利的替换率比其他欧洲国家高出 10%—20%[1]。

20 世纪 90 年代以来，北欧模式受到了经济全球化与大规模移民问题的严峻挑战。面对前所未有的经济下行、失业率增长与大规模政府预算赤字问题，北欧国家推行了削减政府开支并降低税率、推行提高经济效率的结构性改革。为削减财政赤字，北欧国家进行了一定幅度的福利缩减。从 1985 年到 2010 年，瑞典社会保障金的平均替换率从 78%下降到 61%，丹麦和芬兰则从 65%下降到 59%，但仍高于经济合作与发展组织（OECD）国家平均水平[2]。同时，北欧国家更多采取就业促进措施替代失业补助，防止身强力壮者领取补助，并把就业促进措施的范围从失业者扩展

---

〔1〕Knutsen O. *The Nordic models in political science: Challenged, but still viable?* [M]. Fagbokforlaget. 2017：255.

〔2〕Knutsen O. *The Nordic models in political science: Challenged, but still viable?* [M]. Fagbokforlaget. 2017：260.

到疾病救济领取者与残疾人[1]。尽管社会福利有所减少，但没有一个北欧国家因为全球经济危机造成的严峻态势而完全取消福利国家模式[2]。

20世纪30年代起，北欧福利国家作为一种社会治理模式经受了各种考验，在持续变革和调整中逐步发展与完善。北欧各国基于国情建立全覆盖的国家干预体系，为全体国民提供了“从摇篮到坟墓”的高标准保障体制，既促进了社会成员的平等和政局的稳定，也兼顾了经济发展的效率，终使其长期跻身于高收入发达国家的行列。

---

〔1〕Knutsen O. *The Nordic models in political science: Challenged, but still viable?* [M]. Fagbokforlaget. 2017: 262.

〔2〕[挪] 斯坦恩·库恩勒、[中] 陈寅章等主编. 北欧福利国家 [M]. 许烨芳、金莹译. 上海: 复旦大学出版社, 2010: 348.

中外历史专题一百讲

第二分册

主编　周靖　罗明　黄爱梅

中国出版集团　東方出版中心

分册主编：黄爱梅

撰稿人（按姓氏笔画排序）

王宗乾　王　骁　王　莹　王　超　朱　琳　向胜翔

许思远　纪晓凤　吴斯琴　何　昕　张炎林　张宝奇

张绍俊　范　江　金梦霞　顾春梅　钱轶娜　靳技科

戴万成　戴骋浩

39 谁驯化了谁

——小麦与人类

早期人类的食物来源及获取方式是，地上长什么便采集什么，地上跑什么、水里游什么便渔猎什么。人类在与自然的斗争中，基于经验和对植物生长规律的粗浅认识，发展出了原始农业。在这一过程中，人类改变了植物，植物也改变了人类。小麦与人类的关系就生动地体现了这一点。

在人类栽培的作物中，对人类食物演进产生较大影响的是结籽繁多的禾本植物，其中尤以小麦的影响为最大。由最初一棵无人识的野草变成今天不可替代的农作物，小麦的驯化经历了漫长的历史过程。大约在1万年前，野生小麦发生了基因突变，裹在小麦籽粒上的硬颖苞变得容易脱落，由此形成“自动脱粒”的品种。这一基因突变使小麦的个别籽粒不再受到保护，这一现象也进入了早期人类的视线中。对于农夫而言，这的确是一件令人意想不到的益事——在石质地面上拍打收割的小麦后，可食用的籽仁更易与外壳分离。农夫在收集籽粒时，会选择没有颖苞的大籽粒，而略过小颗粒或裹着颖苞的籽粒，这一有助于人类驯化及育种小麦的方法经过代代相传，小麦也逐渐进化出适应人类需求的特性。

可见，小麦的进化并非完全的自然进程，“小麦有一点是与众不同的，它和人类结盟、征服世界，它比其他任何传播到全球的伟大禾本科植物‘更能适应生态环境’”[1]，它也体现了人类对自然界的深远影响，展示了人类智慧和选择的力量。

考古证据显示，大约在1万年前的新石器时代，生活在今天土耳其境内的原始人类首先驯化了野生的小麦。在小麦进化史中，从驯化一粒小麦，到驯化两粒小麦，再到繁衍出耐寒性更好、环境适应性更强的六倍体品种即后来的普通小麦，人类不断改进小麦的种植和培育技术，对小麦的遗传特性进行了选择和改良，使其具有更强的抗病性、适应性，产量也不断得到提升。小麦成为世界上最重要的粮食作物之一，与稻米、玉米并称为世界三大谷物。在此过程中，人类还发明了各种农业工具和农业技术，如镰、犁、耙及碾磨面粉用的杵臼等，提高了小麦的产量和利用率。

相较于任何一种散播到全球的禾本植物，小麦更能适应生态环境。小麦最初是一种生长于西亚的野草，但在短短的1 000年内传至世界各地并成为人类的主粮之一，则是人类改造自然使之为人所用的结果。民以食为天。在各种禾本植物中，小麦之所以尤为受到人类的青睐，不仅因其具有生命力强、耐储存、产量高等优点，还因其麸质含量高，更适合制作面包，“因为麸质加了水

---

〔1〕[英] 菲利普．费尔南多-阿梅斯托：食物如何改变我们人类和全球历史 [M]．韩良忆译．北京：中信出版集团，2020：139.

让面团变得易揉易搓；这种黏度能够让发酵过程中产生的气体被封锁在面团里”[1]。由此，小麦成了能更好地为人类提供身体所需营养的主食，普通小麦有了“面包小麦”之称，人们甚至将小麦的驯化称为“人类历史上的第一次主粮革命”。还有观点认为，用小麦酿造啤酒也是促使人类扩大小麦种植的动因。随着小麦在全球范围内的传播和种植，人类对小麦的驯化过程也发生了因地制宜的变化。在中国，小麦逐渐取代粟、黍成为北方地区的主要粮食作物，并形成独特的面食传统。在欧洲，小麦的种植和加工技术经过不断改进和发展，成为现代西方饮食文化的重要组成部分。在美国，“大草原在 17 世纪时一粒小麦也没有，直到 19 世纪才开始较大规模的种植，眼下这里却是全球的小麦粮仓”[2]。在拉丁美洲，“虽然大多数人口仍以玉米为主食，但是小麦面包已变成城市进步文化的象征。西班牙人征服墨西哥后的数年，向墨西哥市议会要求供应‘洁白、干净、全熟且调过味的面包’。墨西哥河谷供应了中美洲和加勒比海各地西班牙驻军所需的小麦”[3]。基于生态交流及其他复杂因素，小麦扩散至全球。

驯化小麦对于人类而言，仅是找到了一种优质的粮食作物吗？

---

〔1〕[英] 菲利普．费尔南多-阿梅斯托：食物如何改变我们人类和全球历史 [M]. 韩良忆译．北京：中信出版集团，2020：142.

〔2〕[英] 菲利普．费尔南多-阿梅斯托．食物如何改变我们人类和全球历史 [M]. 韩良忆译．北京：中信出版集团，2020：245.

〔3〕[英] 菲利普．费尔南多-阿梅斯托．食物如何改变我们人类和全球历史 [M]. 韩良忆译．北京：中信出版集团，2020：254.

对于人类社会其他方面的演化又有何影响？以色列史学家尤瓦尔·赫拉利认为："其实不是我们驯化了小麦而是小麦驯化了我们。"[1]的确，食物进化链条上的成功，其秘诀就在于投人所好——满足人类粮食需求；另一方面，这一过程也改变人类的生产方式和生活方式。从种植小麦等农作物开始，人类不再四处迁徙、采集渔猎，而是定居一隅，将大部分时间用于田间地头的农业劳作。农田里的碎石会妨碍小麦的生长，农夫就需将其拾掇干净，以保护小麦的生长；小麦不喜与其他植物分享水和养分，农夫就需除草；小麦渴了，农夫还要浇灌……这些劳作需要长时间的体力和精力投入，且无论风和日丽还是刮风下雨，皆不可偏废。当然，与采集渔猎相比，新的生活生产方式还带来了其他问题。其一，农夫通常只能依靠自己种植的谷物和其他农作物来维持生计，致使饮食结构单一，缺乏多样化的营养来源。长此以往，这种单一的食物结构会导致人类的免疫功能下降，增加罹患疾病的风险。其二，随着农业时代的到来，人口数量增多，为疾病的传播提供了温床。而农作物的旱涝灾害又对人类生存构成极大的威胁，一旦收成不佳就会导致荒年，造成大规模的人口死亡。其三，早期农耕生活因为土地资源的争夺更易引发部落间的战争。然而，尽管农业生产给习惯于采集狩猎的早期人类带来了上述种种新的困难和风险，但是定居的农耕生活毕竟比完全由自然环境驱

---

[1] [以] 尤瓦尔·赫拉利. 人类简史：从动物到上帝 [M]. 林俊宏译. 北京：中信出版集团，2014：80.

使的迁徙生活具有更大的稳定性，人类也通过有选择地培育植物和饲养动物，获得了更高产和更优质的食物来源。人类自身的繁衍得以相袭，经由农业革命，人类最终摆脱了蒙昧状态并进入文明社会。

这种转变也带来了包括社会结构、文化习俗和技术能力等诸多方面的变化。随着农业时代的来临，男性的体力优势得到了更大的发挥，进而导致其社会地位逐渐超越了女性。随着农耕部落逐渐扩大，公共事务日渐增多，人们开始采取推举的方式，选举德高望重的人担任酋长。同时，部落之间为了争夺土地资源和水源等而频频爆发战争。考古发现了新石器时代晚期的洞穴/岩石绘画，大都描绘的是战斗的场景，考古学家在公元前6000年至前4500年间的美索不达米亚和埃及的遗迹中还发掘了大量的武器。农耕文明初期的战争场景可见一斑。为此，农耕部落修建了大量的防御工事以增强抵抗外族入侵的能力。在此过程中，粮食供应也有了剩余，人口的自然繁衍，加之因战争而俘获其他部族的成员，大部分部族共同体的规模不断扩大，剩余劳动力开始投入其他行业，从而出现了社会分工和体脑分工；而部落间的贸易集散点则发展出早期城市。以此为基础，产生了凌驾于一般部落之上的政治实体，其统治中心成为王者的都城。由此，早期国家诞生了。

马克思说：“农业劳动不仅对于农业领域本身的剩余劳动来说是自然基础，而且对于其他一切劳动部门之变为独立劳动部门，从而对于这些部门中创造的剩余价值来说，也是自然基础。”[1]以小麦与其他作物种植为主要内容的农业革命使人类开始了新的生产方式，并逐渐发展出更加复杂的社会生活方式，乃至政治经济制度和社会文化心理。这是人类社会发展史上一场伟大的革命。此后，伴随着人口迁徙，小麦的种植空间不断扩张，改变了迁入地区的自然环境以及当地民众生活方式，如中国东晋和南宋时期，小麦向南方传播，带去了北方的饮食习惯；麦作技术的引入，改进了南方的稻作生产方式，进而实现了粮食结构的改善，提高了抵御自然灾害的能力，由此加强了南方政权的社会治理能力。

农业革命使人类从原始采集狩猎时代进入了以农业为基础的文明社会。从这个意义上说，小麦等作物的驯化和育种是人类脱离原始生活方式、进入更为复杂的文明社会的起点。无论从传播的地域广度抑或从驯化培育的历史长度来讲，都可见小麦在人类食物物种谱系中的独特地位。《人类简史》的作者尤瓦尔·赫拉利将人类驯化小麦的过程解释为小麦“驯化”人类的过程，是有道理的。

---

[1] 中共中央马克思恩格斯列宁斯大林著作编译局编译. 马克思恩格斯全集：第26卷［M］. 北京：人民出版社，1972：22.

40

河姆渡文化中“猪形图案”的解读

大约1万年前后，原始农业产生，人类从食物采集者转变为食物生产者，这被视为新石器时代开始的标志。这种发生于新旧石器时代过渡之际，并持续相当长时间以动植物的驯化代替原来采集狩猎的食物生产技术的革新，以及由此引发的广泛且深刻的社会生活与精神文化变革，考古学界称之为“农业革命”。

作为中国新石器文化早期的主要代表之一，距今7 000—5 700年的河姆渡文化，因首次发现于浙江余姚的河姆渡村而得名。1977年10月起，在考古工作者对遗址进行第二期发掘的过程中，出土了一件编号为T243④：235的陶钵，因其外壁两侧各刻一个造型逼真的猪形图像，被命名为“猪纹方钵”。陶钵形体硕大，口大底小。平面为椭圆形、深腹、平底，通体呈黑灰色。外壁两侧猪形图像的腰间，特意刻上了一种特殊的圆形星状纹饰。该陶器口长21.7厘米、宽17厘米，高11.7厘米，底长17.5厘米、宽13.5厘米。出土地层年代属河姆渡遗址第四期，距今约7 000—6 500年[1]。

---

〔1〕河姆渡遗址考古队．浙江河姆渡遗址第二期发掘的主要收获［J］．文物，1980（5）：7.

分析与释读陶钵猪形图像，是认识这一珍贵文物及河姆渡先民生产生活状况的关键，其中大致包含着深浅表里两层考古与历史信息。

从表层看，猪形图像很明显地反映出，距今7 000年前中国河姆渡先民已开始对猪的驯养，野生猪的人工驯化与饲养出现了。《河姆渡遗址第一期发掘报告》指出："大量骨耜和栽培稻谷的出土，证明河姆渡遗址第四层处于耜耕阶段，农业已成为它的主要经济部门……共同出现了猪、狗的驯养……渔猎和采集仍是这一时期不可缺少的辅助经济部门。"〔1〕第二期发掘报告，也指出这件陶钵是河姆渡人驯养家猪的反映〔2〕。

家猪由原生野猪驯化而来。经长时间人工圈养驯化，家猪生活习性、体态结构和生理机能等方面会逐渐发生变化，与野猪产生明显差异。由于长期的人工饲养，限制活动范围，无需自主觅食，体态结构方面的改变最典型。主要表现在家猪头部明显缩短，具有野猪特征的犬齿退化，胴体部分伸长，头部与体长的比例发生明显变化〔3〕。河姆渡遗址第一期发掘中出土过一尊陶猪，编号为T21④：24。据生物考古学研究，这尊陶猪前后躯的比例为5∶5，介于野猪的比例7∶3和家猪的比例3∶7之间，属于现代家猪成型

---

〔1〕浙江省文物管理委员会. 河姆渡遗址第一期发掘报告［J］. 考古学报，1978（1）：93.

〔2〕河姆渡遗址考古队. 浙江河姆渡遗址第二期发掘的主要收获［J］. 文物，1980（5）：7.

〔3〕萧洪恩、王娟. 渔唱牧歌：长江流域的丰饶渔牧［M］. 武汉：长江出版社，2014：35—36.

过程中驯化和野生之间的中间型（图1）。因而，从生物学的角度可以清晰地反映出河姆渡遗址的家猪远非驯化初期的，而是驯化饲养到一定阶段的产物[1]。仔细观察陶钵猪形图像前后躯的比例，也大致反映了这一体态变化的基本情况。

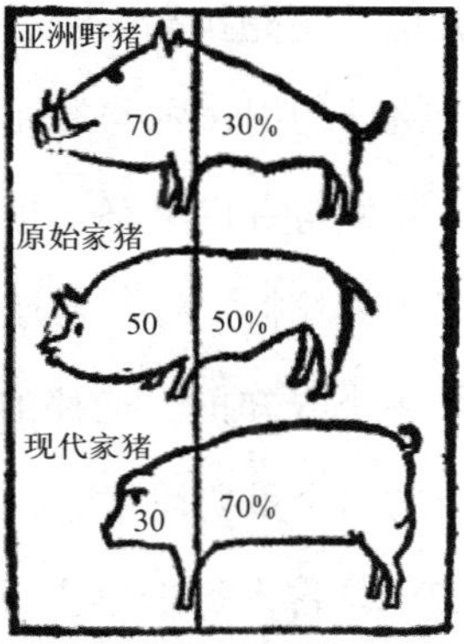

图1　河姆渡遗址出土的陶猪及野猪与家猪的比例

（转引自李难《生物学史》）

从深层次看，猪本身的动物天性和陶钵的实际用途是暗合的。猪，亦名彘、豕。《说文·彑部》言："彘，豕也。"《礼记·月令》道："孟冬食黍与彘。"郑玄注："彘，水畜也。"《诗经·小雅·渐渐之石》载："有豕白蹢，烝涉波矣。月离于毕，俾滂沱矣。"这里的"毕"，是二十八宿之一。传统观点认为毕星主雨，月亮附于毕星，是降雨的征兆。全句意思是，人们白天看到一群猪跑进水塘，晚上看到月亮靠近毕星，是滂沱大雨的征兆。看来

〔1〕李难. 生物学史［M］. 北京：海洋出版社，1990：32—33.

猪与水、雨水、天时彼此关联，这种观念早已有之。河姆渡先民可能也是通过观察猪的生存方式变化，将其与气候变化联系起来的。除此之外，其实日常生活中，我们也可看到猪喜欢在泥里打滚。文学作品《西游记》中的猪八戒就水性极佳，触犯天条被贬下凡前，更是执掌天河八万水兵的“天蓬元帅”。

而陶钵的用途则与原始农业的发展有关。按照学者蔡运章的观点，陶盂与古代旱祭（即雩祭）在名义上相通，故而陶钵本是盛水祭天的礼器[1]。“对于原始农业民族来说，农作物从生长到收获是一个未知的、神秘的、风险性极大的过程，因此，在农作物生长的诸个重要阶段，以巫术仪式祈求神灵的佑护则是必不可少的。”[2] 古人每逢旱灾，会将陶盂、陶钵盛满水，放在祭坛前进行祭天祈雨，这说明陶钵不仅是汲水盛水的生活器物，也是远古先民进行祈雨仪式时使用的祭器。由此，猪的图腾形象、习性与陶钵的盛水、祈雨功能恰好吻合。这很可能是陶钵两侧刻画猪形图像的主要原因，这些都蕴含着河姆渡先民祈盼神猪对稻谷生长的庇佑，期冀“好雨知时节”以及农事五谷丰登的美好愿望。

但是，陶钵外壁两侧猪形图像腰间所刻的特殊圆形星饰，又该如何解释？它与原始农耕生产方式的变革又有何关联？

冯时先生较早对这一问题做了探索。他在专著《中国天文考

---

〔1〕蔡运章．河姆渡文化陶钵“猪形图像”解读［N］．中国社会科学报，2022-05-19（4）．

〔2〕李立．东夷族猪崇拜及其相关文化现象［J］．绥化师专学报，1996（4）：63．

古学》中，对新石器时代礼器图像中猪形图像做了天文学意义的阐释。他认为河姆渡遗址中的猪形图像“虽然可以视为河姆渡文化先民驯养家畜的反映，但显然很不够，原因是猪的中心还特意标示出一颗圆形的星饰。因此，陶钵及陶钵上所绘刻的猪图像无疑应具有比一般生活意义更重要的原始宗教的含义，也就是天文学的含义。很明显，如果说星饰的布刻并不在于提醒人们注意猪乃是北斗星官的象征，而确实富有其他寓意的话，那么唯一的解释就只能把它视为当年的极星，准确地说，当年的极星应该就是北斗星官中的一颗星——天枢”〔1〕。

中国古代天文学上常用动物作为星宿名称，如东方苍龙、西方白虎、南方朱雀、北方玄武等。中国古代先民在长期的生产实践中，逐渐掌握并积累了丰富的自然现象与农事活动之间的关联认知，其中星象变化与农事产生的因果关系便是重要的经验之一。所以，河姆渡文化中猪形图像腰间刻画的圆形星饰，应该也有具体的星宿表征。

冯时先生的研究指出，猪纹方钵中的圆形星饰与北斗星有密切关联。首先，陶钵的形状为口大底小，钵口平面为椭圆形，深腹、平底，颇像一个“斗”形状。其次，依据《大戴礼记·易本命》载“六九五十四，四主时，时主豕，故豕四月而生”〔2〕，《初

〔1〕冯时. 中国天文考古学［M］. 北京：社会科学文献出版社，2001：109—110.
〔2〕（清）王聘珍. 大戴礼记解诂［M］. 北京：中华书局，1983：257.

学记》卷二九引《春秋说题辞》“斗星时散精为彘，四月生，应天理”〔1〕等文献，从古天文学的认识角度，可以判断古人认为猪的出生系北斗星运化而成，猪乃北斗星之化身。“事实上，河姆渡文化的倒梯形陶钵不仅形象酷似斗魁，而且猪纹中央标示的极星也把猪的象征意义限定在斗魁四星，这种安排与我们对于猪与北斗关系的考证吻合无间。”〔2〕北斗星“居天之中”，它由天枢、天璇、天玑、天权、玉衡、开阳、摇光七颗星组成，是北半球天空的重要星象。中国古代天文学大都把“北辰”视为“天之枢”。如《论语·为政》说：“譬如北辰，居其所而群星共之。”〔3〕朱熹集注：“北辰，北极，天之枢也。”〔4〕《晋书·天文志》载：“北极，北辰最尊者也，其纽星，天之枢也。”〔5〕北斗星一年四季随着季节的变化围绕北辰（北极星）旋转，是古人判断时节变化、观象定时的关键天象依据，这对于古代农业生产活动的有序运作具有实际意义。所以从深层信息看，猪形图像可能与北斗星有关。

除了对于猪形图像器物的本证之外，我们还可通过其他一手出土材料与之互证。例如，比河姆渡文化更晚一些的上海青浦崧泽文化中，也曾经出土一件雕有猪首的斗魁形陶制礼器，距今约 5 200 年。兴盛于距今 5 500 年的红山文化也出土了一种双猪首三

---

〔1〕（唐）徐坚等．初学记［M］．北京：中华书局，1962：711.
〔2〕冯时．中国天文考古学［M］．北京：社会科学文献出版社，2001：110.
〔3〕杨伯峻译注．论语译注［M］．北京：中华书局，1980：11.
〔4〕（南宋）朱熹．四书章句集注［M］．北京：中华书局，1983：53.
〔5〕（唐）房玄龄等．晋书［M］．北京：中华书局，1974：289.

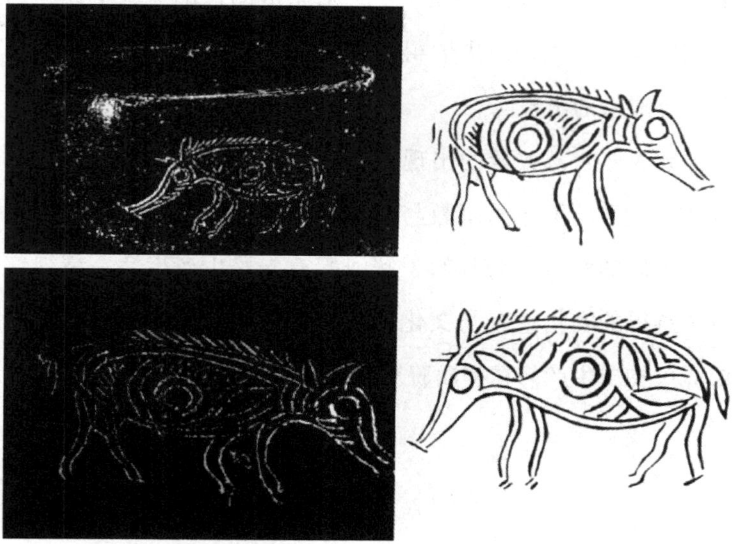

图 2　河姆渡遗址猪纹方钵的猪形图像

（转引自冯时:《中国天文考古学》）

孔礼器，这些都为猪形图像与北斗星的关联提供了一定的线索与佐证。

综上，猪的图腾意义、喜水习性与陶钵的实际用途相合，所以猪形图像可作为陶钵的器物属性的表征。同时，陶钵形状似斗形，猪形图像腰间特殊的圆形星饰，正指古代祈雨祭典所祝祷的北斗星。可以说，陶钵本身既是一种特殊的图像文字载体，又是沟通天人的祈丰求雨的祭祀礼器。因此，在没有符号化文字的“前文字”时代，这件陶钵上的猪形图像应是象征陶钵祭祀与农事意义的“图形文字”或“物化文字”，具有一定的原始宗教与礼制意义[1]。需要指出的是，上述对猪形图像的深层解读，仍带有一定的推论性质，尚未取得学术界的普遍共识，有待更多新史料与研究成果的出现。

原始农业、畜牧业的出现，促进了人类生产、生活方式的重大变革，也推动了原始宗教与文化的发展。河姆渡文化猪纹方钵上猪形图像的解读，为我们了解河姆渡先民生产生活、精神信仰提供了难得的实物遗存与文化例证，更是初步勾勒出新石器时代中国先民物质生产与精神面貌发展状况与文明初启的图景。

---

〔1〕蔡运章．河姆渡文化陶钵“猪形图像”解读［N］．中国社会科学报，2022-05-19（4）．

41
从“恶魔之果”到“灾民救星”
——土豆[1]的全球化

大约8 000年前，安第斯山区的印第安人驯化了土豆。直至16世纪末，土豆被西班牙殖民者从南美洲带到欧洲，后来又传播至世界其他地区。随着种植面积的持续扩大，今天，土豆已成为仅次于小麦、玉米和水稻的全球第四大粮食作物。土豆的全球之旅，一定意义上也是一部人类物种、食物的变迁史。

在各种粮食作物中，土豆堪称极为优秀的全方位营养集合体。土豆的碳水化合物和蛋白质比例十分完美，任何一个食用了足量土豆的人，都能在满足自身热量需求的同时摄入充足的蛋白质。此外，土豆还含有丰富的B族维生素和钙、铁、磷、钾等微量元素。土豆曾长期为南美洲安第斯山区的印第安人提供了得以果腹且营养丰富、有益健康的食物，但在引入欧洲时一度被视为接近地狱的“恶魔之果”。直至19世纪，土豆才成为养活饥饿人群的“灾民救星”及欧洲人餐桌上的重要食物之一。那么，如何会产生这样的变化？

---

〔1〕土豆，马铃薯的俗称。

据研究，人们发现安第斯山区对野生土豆的驯化与栽种曾与印加帝国推行的米塔制度有一定关系。这一制度要求帝国内每个男人和女人每年必须为国家提供一定时数和定量的义务劳动，而当地盛产的土豆作为劳动者的主食，则为这项强迫劳役制度提供了必要的食物保障。这一制度在印加帝国灭亡后被西班牙殖民者继承强化，并被广泛施用于殖民者在当地开办的矿山和种植园中，土豆仍旧是劳工们赖以为生的主要食物。与此同时，伴随西班牙移民持续涌入新大陆，来自欧洲的农业生产方式和以小麦为代表的农作物也在新大陆迅速扎根。由于大量的毫无免疫力的印第安人死于来自旧大陆的疫病，大片空置的土地为耕作和放牧提供了广阔空间，因此，充足的粮食供应加速了西班牙征服美洲的进程。

当西属美洲出现食物过剩的现象时，16 世纪一些欧洲国家正处于从自给自足的农业经济向资本主义经济转型的过程中。羊毛和毛纺织品的高昂利润鼓励土地所有者将耕地转化为牧场，从而造成了粮食的短缺，尤以英国的“圈地运动”最具典型性。另一方面，美洲金银大量流入欧洲，造成了严重的货币贬值，最终引发价格革命，包括粮食在内的物价大幅上涨。除了富裕阶层，普通人想要维持生计越发艰难。在这种情况下，从美洲引进并扩大土豆的种植以弥补粮食的短缺，就成为迫切的现实需求，同时也引发了欧洲人对土豆这一外来作物的再认知。正如英国学者约翰·里德所言，起初“怎么会有西班牙人考虑到土豆呢？毕竟，土豆不过是土著居民的食物，而在这一时期，这些种植和食用土豆的成千上万的印第安人正在奔向死亡”[1]。当1570年代西班牙人首次将土豆第二亚种的块茎引入欧洲时，人们对其食用价值的发现比较迟滞。原因在于如下几点。其一，尽管土豆和甘薯在植物学上分属茄科和旋花科，但二者都生长于地下，看起来颇为相似，在传入欧洲之初，人们不可避免地将二者混淆起来。有意思的是，不少贵族认定二者具有一定的催情功能，因此初现欧洲市场时价格皆不菲，制约了普通民众的消费。其二，当时欧洲的植物学家更感兴趣的是土豆这种植物的可见部分——茎、叶和花，而非其地下潜伏部分，因而较之将其作为餐桌上的食物，他们认为土豆更适合栽种于花园作为观赏植物；草药医师们则应用传统的“形象学说”[2] 将土豆认定为在泥土和黑暗中产生的诡异而陌生之物，“小麦是向上指，指向太阳和文明；马铃薯却是向下指，它是地府的，在地下看不见地长成它那些没有区别的褐色块茎，懒散地长出一些藤叶趴在地面上”[3]。加之最初土豆并非现今人们所熟知的相对规则的圆形，其块茎上生有突起的结节和球指状，在形象学说者看来，无疑与麻风病人畸形的手脚极为相似，土豆因而被视为麻风病的起因并被禁止食用。其三，土豆栽种也与传统的土地利用模式相冲突。在欧洲，种植谷物、放牧牲畜和休耕是

---

〔1〕[英] 约翰·里德. 土豆的全球之旅：一段不为人知的历史 [M]. 江林泽译. 北京：商务印书馆，2022：116.

〔2〕欧洲的一种民间习俗——任何一种痛楚的产生原因和治疗手法，都可以在生长条件雷同或者形似患病器官的植物中有所发现。

〔3〕李从嘉. 舌尖上的战争：食物、战争、历史的奇妙联系 [M]. 长春：吉林文史出版社，2018：58.

不断循环的，如果农民们要种植土豆，就必须放弃一部分谷物生产抑或开垦新土地。由于土豆需要农民在田中不断走动将每个块茎单独栽种，相比小麦播撒种子的方式，给农民造成了更大更多的劳力付出。此外，起初的确有一些富有冒险精神的自耕农尝试栽种土豆并获得了一定的收成，却又因食用不当引发中毒问题。土豆本身是没有毒性的，但当土豆发芽后会产生一种叫茄碱的有毒物质，能引起人类的眩晕、呕吐等中毒症状。这种情况的发生加深了欧洲人对土豆的偏见，即生长在地下的根茎类食物是接近地狱的食物，“恶魔之果”的称号由此而来。这一认知偏见严重影响到土豆栽种的扩散。

17 世纪中期至 18 世纪初，是土豆逐渐突破庭院的藩篱，开始成为一种农田作物的重要转折时期。频繁爆发战争且涉及国家众多，是这一时期欧洲显著的社会特征。史学家观察到，战争频发的时段和土豆开始大规模种植的时段高度吻合。战争期间，农民惊喜地发现，曾经被嫌弃的土豆变得弥足珍贵。相较于小麦等谷物，土豆不会被战火完全摧毁，即使农田遭到人为因素的破坏，时隔不久，农民依然可以在田里挖出土豆。起初，贫苦农民食用土豆，多因没有其他食物，但很快他们就意识到，土豆能够提供丰富的营养价值，足以支撑他们熬过艰难岁月。土豆对土壤的适应力强、生长周期短、产量高及食用价值优的特性一经发现，便很快在政府层面得到响应，普鲁士、奥地利、俄国和法国这些战场上的主角和对手们，不约而同皆采取了鼓励农民种植土豆的政策，其中尤以普鲁士的腓特烈大帝最为积极。可见，“每次战争似乎都刺激了土豆种植”[1] 是有依据的。“马铃薯是接近全价的营养食物”[2]，土豆突出的食用价值和作用在17—18世纪英国统治下的爱尔兰得到了充分的印证。土豆使大量失去土地的爱尔兰农民避免成为饿殍，贫穷的爱尔兰甚至出现了人口大规模增长的现象，土豆成了名副其实的“灾民救星”。

具有讽刺意义的是，美味、营养而廉价的土豆帮助贫苦农民免于饥饿，却也变相加重了他们的负担。只要佃农仍然可以靠土豆养活自己，地主就可以要求他们继续提升劳动强度，以生产更多的可供出口的商品[3]。工业时代来临之际，上述逻辑自然而然为工业资本家所继承。荷兰画家文森特·梵高创作的油画《吃土豆的人》享誉世界，作品描绘了贫苦的一家人劳作一天后，围桌食用土豆的场景。该作品透视出极为丰富的时代内涵，即土豆提供了廉价而营养丰富的食物，确保了人口的持续增长，使工业资本家可以借此压低工资，以足够低廉的成本生产货物以占领更广阔的海外市场。英国之所以在19世纪最初的几十年里避免了社会动荡，在一定程度上要归功于土豆[4]。尽管在填饱饥民肚子方面

---

〔1〕[法] 费尔南·布罗代尔. 15至18世纪的物质文明、经济和资本主义：第1卷 [M]. 顾良、施康强译. 上海：上海三联书店，1992：196.

〔2〕左晓斌、邹积田. 脱毒马铃薯良种繁育与栽培技术 [M]. 北京：科学普及出版社，2012：3.

〔3〕[英] 约翰·里德. 土豆的全球之旅：一段不为人知的历史 [M]. 江林泽译. 北京：商务印书馆，2022：243.

〔4〕[英] 爱德华·汤普森. 英国工人阶级的形成 [M]. 钱乘旦译. 南京：译林出版社，2013：362.

土豆表现出色，但工业革命时期，依赖土豆作为主食，反而使陷入贫困的人遭遇了更多的劳作苦难。这似乎又与土豆最初“恶魔之果”的称号相符，历史的吊诡令人唏嘘！

19世纪，土豆疫病的出现更进一步放大了贫民的苦难。晚疫病（late blight）是一种来自墨西哥的土豆真菌疾病，在温暖湿润的环境尤为猖獗，一旦感染，可以彻底毁灭植株。1845年，晚疫病首先在比利时的一个小镇爆发，9月侵袭了爱尔兰。据估计，在两个月内，疫病就毁灭了无数土豆田，这场灾难一直到1852年才结束。从17世纪晚期开始，大部分爱尔兰佃农就开始把土豆视为一种主要过冬食物，随后50年间，土豆迅速成为大部分爱尔兰人一年多数时候的主食，过于单一的食物结构也埋下了因农作物疫病而引发大饥荒的隐患。在此后爆发的马铃薯饥荒中，爱尔兰至少有100万人因此死亡，超过200万人逃离爱尔兰。为了对付疫病，波尔多液作为世界上第一种以工业规模生产的农药被推广使用。20世纪，土豆在成为世界上传播速度最快的主要粮食作物的同时，也已经变成全世界最依赖化学药物的农作物之一。对于发展中国家的农民而言，为确保土豆种植的投入得到相应回报，就必须花钱购买控制疫病的农药。时至今日，国际土豆中心和发展中国家政府都致力于通过向农民提供各种技术建议、专业知识和财政补助，来改善农民的土豆种植境况。

从不为世人所知的冷门作物到在全球农业、经济和粮食安全方面扮演“关键角色”，土豆堪称“全世界最成功的移民”。从

“恶魔之果”到“灾民救星”，土豆凭借着对自然环境的强大适应能力，在伴随欧洲殖民者走向全球的过程中，改写了自己的命运。今天，土豆在不同国家和地区所扮演的角色已经出现了分化：在发达国家，土豆的商业潜力得到充分挖掘，各大快餐巨头通过创新一系列土豆淀粉类产品获取了远超土豆本身的价值；在欠发达地区，土豆最重要的作用依然是解决温饱问题。毫无疑问，土豆所发挥的主要粮食作物的作用，已然深刻影响了世界食物的演进，当然，土豆在全球化进程中的全球之旅还将继续下去。

42

流动全球的金鸡纳树

在法国传教士樊国梁的《燕京开教略》中有这样一段记载："皇上偶染疟疾，洪（若翰）、刘（应）进金鸡纳……遂请皇上进用，不日疟瘳。"[1] 疟疾是一种以间歇性发高烧为主要病征，广泛流行于热带、亚热带（中非、南亚）甚至温带边缘的急性传染病，在古代几乎是不治之症。因此，曾染此疾而又得到救治的康熙皇帝称金鸡纳为"神药"，多次向臣子推荐（图 1）。

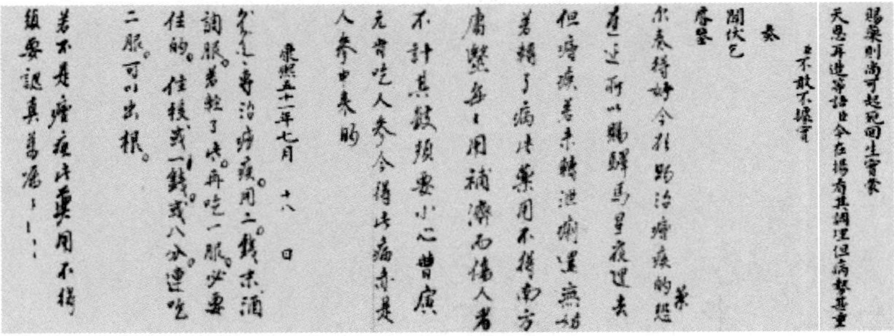
賜藥則尚可起死回生實蒙
天恩再造寧語曰今在揚看其調理但病勢甚重
臣不敢不據實
奏
聞伏乞
睿鑒
爾奏得好今欲賜治瘧疾的藥
恐遲延所以賜驛馬星夜趕去
但瘧疾若未轉泄痢還無妨
若轉了病此藥用不得南方
庸醫每每用補濟而傷人者
不計其數須要小心曹寅
元肯吃人參今得此病亦是
人參中來的
康熙五十一年七月 十八 日
金雞拏專治瘧疾。用二錢末酒
調服。若輕了些，再吃一服。必要
住的。住後或一錢或八分。連吃
二服。可以出根。
若不是瘧疾此藥用不得
須要認真萬囑萬囑萬囑萬囑

图 1　康熙皇帝写给曹寅金鸡纳用法的朱批

---

〔1〕［法］樊国梁．燕京开教略：中篇［M］．转引自郝先中．晚清中国对西洋医学的社会认同［J］．学术月刊，2005（5）：73.

那么，被康熙称为“神药”的金鸡纳到底有何来历？

金鸡纳即金鸡纳树（图 2），是一种大型常绿灌木或小乔木，原产于南美洲安第斯山脉，其树根和树皮含有奎宁等生物碱，对于治疗“热带疾病”包括头晕、发热、风湿、神经疼痛尤其是疟疾颇有奇效。但在 15、16 世纪新航路开辟之前，即使美洲原住民印第安人亦不清楚金鸡纳树的药用价值。随“哥伦布大交换”传入美洲的疟疾，彻底改写了金鸡纳树不为人知的命运。相传饱受疟疾摧残的印第安人无意间喝了泡有金鸡纳树的池水，从此发现了金鸡纳树皮抗疟的药用功效。1630 年，罹患疟疾的西班牙总督钦琼伯爵夫人在服用金鸡纳树皮痊愈后，将其带回欧洲并引发了关注，因此金鸡纳又被称为“伯爵夫人的粉末”。尽管这个故事有演绎的成分，但它在金鸡纳树传入欧洲的过程中广为

图 2　金鸡纳树

流传。由此，1753年瑞典植物学家林奈在《植物种志》中以钦琼伯爵夫人的姓氏为该药材命名，称之为Cinchona，中文一般译音为金鸡纳[1]。

历史上疟疾传播范围广，传播速度快，欧洲的地中海国家曾长期遭受疟疾的困扰，即使无比强盛的古罗马都未能幸免，古罗马历史学家提图斯·李维将曾四次遭遇疟疾侵袭的罗马城称为“瘟疫之城”。新航路开辟后，各种疫病尤其是疟疾成为殖民者向非洲热带大陆扩张的主要风险。“1569年葡萄牙向赞比西河流域派遣的一支远征队中，船员大部分死于疟疾；1777—1779年威廉·博尔茨在非洲德拉瓜湾探险期间，其船员死于疟疾的比例高达87%。菲利普·科廷研究发现，1817年至1836年在西非服役的英国皇家海军疟疾死亡率高达68%，在塞拉利昂的比例为48.3%……非洲被称为‘白人的坟墓’。”[2] 因此，从16世纪开始，欧洲的医学家和博物学家便致力于寻找治疗疟疾的药用植物。然而，即使发现了金鸡纳的神奇功效，在其传入欧洲之初，施用范围的扩展速度及规模并非尽如人意。一方面，因为欧洲深受传统医学“盖伦治疗理论”的影响，认为“只有排除不健康的致病的体液才

[1] 林奈的命名拼错了一点，掉了一个h，正确的写法应为Chinchona。尽管后来有人（如1778年有两个西班牙植物学家，还有后来的英国植物学家马克汉姆）要求将它改正，与钦琼一致，但1886年的国际植物学大会讨论后决定将错就错，不再更改，故此名便沿用至今。参见张箭．金鸡纳的发展传播研究——兼论疟疾的防治史（上）[J]．贵州社会科学，2016（12）：64.

[2] 王林亚．改变世界的奎宁：全球环境史视野下人类对金鸡纳的认知、引种及影响（1853—1939）[J]．史学月刊，2022（3）：103.

能治愈疟疾，为此便应让病人呕吐、排尿、排便、出汗、适量放血等”[1]。而对于仅靠成功病例经验传播的美洲“民间土方”，金鸡纳树皮的抗疟药效在欧洲一时难以被普遍认可。另一方面，新教国家和地区的民众因金鸡纳树皮主要来自天主教控制的美洲，且由耶稣会士积极推广而拒绝服用，如英王查理二世和“护国主”克伦威尔都因拒绝服用“天主教耶稣会树皮”而命丧黄泉。

随着对金鸡纳树研究的逐步深入，以及西方国家以“科考”名义在全球开展殖民活动，金鸡纳树的药用价值才逐步被确认。法国于1735年组建了一支前往南美的探险队，植物学家兼医生朱塞乌随队前往。他在条件恶劣的南美丛林整整生活了36年，对金鸡纳树开展了系统研究，并推动植物学界确立了金鸡纳属分类。凭借近代实验科学的发展，医生、化学家最终于1820年提取了金鸡纳树皮中治疗疟疾的有效成分——奎宁。至此，原本为印第安人“民间土方”的金鸡纳树皮终于成了欧洲炙手可热的“医学药物”。尤其是1820年从金鸡纳树皮分离出奎宁后，英国、荷兰、法国等国的探险家和殖民者将其列为进行海外探险、对抗“热带病”的必备药物，以保障军队和移民的健康。对金鸡纳树皮疗效的确认以及由此可能产生利益的潜在认识，激发了欧洲殖民者寻找、

〔1〕张箭．金鸡纳的发展传播研究——兼论疟疾的防治史（上）［J］．贵州社会科学，2016（12）：66．

引进这种可能带来暴利的药用植物的强烈兴趣，欧洲进口金鸡纳树皮的数量急剧增加（图 3）。

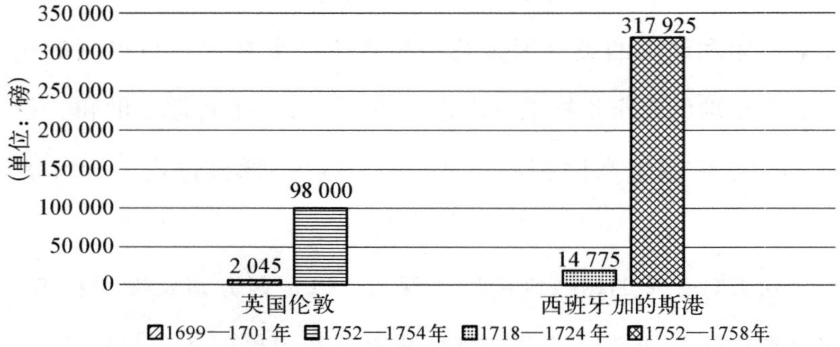

图 3　金鸡纳树皮年均进口量

金鸡纳树的引进在欧洲医学史上颇具规模。“到 18 世纪末，来自东方和新世界的药物在欧洲市场增加了 25 倍，仅每年进口大英国的药物价值就达到 20 万英镑。”〔1〕这当然得益于全球航路的大通，全球联系的建立极大地推动了物种的跨区域流动。而对于外来药用植物的研究则助推了西欧现代医药学科的建立，同时也助力传统医学挣脱宗教和迷信的束缚。从金鸡纳树被发现并传入欧洲这一历史事件，可以窥探全球物种交流、各区域文明互动过程之一斑，它反映了人类在认识个体自我的同时，认识世界的视野在扩展，认识人与自然关系的能力在提升。

〔1〕王林亚. 改变世界的奎宁：全球环境史视野下人类对金鸡纳的认知、引种及影响（1853—1939）［J］. 史学月刊，2022（3）：104.

然而，全球声名鹊起、炙手可热的金鸡纳，在19世纪中期之前并非全球贸易的大宗商品。究竟是何原因？野生金鸡纳树的生长周期长达10年，被剥皮后往往难以存活，这就导致金鸡纳树皮供不应求且价格昂贵。17世纪末在欧洲市场上1磅金鸡纳树皮需要100法郎，而治疗一个病例差不多要用去8.5公斤树皮〔1〕，约需1 870法郎，因此只有富人和殷实之家才买得起、治得起。金鸡纳树皮价格高昂的情况，随着19世纪初拉美国家独立后推行的贸易和环境保护政策而愈发严重。“1830年，玻利维亚政府开始干涉树皮贸易。1834年11月，玻利维亚国会颁布一项法律禁止砍伐森林达五年。1844年，玻利维亚尝试建立金鸡纳出口保护和垄断机制。”〔2〕

这种状况与欧洲庞大的需求量之间产生了矛盾。19世纪上半叶，率先进行工业革命的英国，自由资本主义盛行，政府逐渐剥夺了东印度公司独家经营印度殖民地的特权。在这一权力收回与维持的较量中，金鸡纳树起到了不容小觑的作用。英国政府认为推广金鸡纳树是一项“仁慈之举”，既可以帮助印度数百万人解决热带疾病的困扰，又能使英政府在印度获得更多的支持，可谓一举两得。由此，英国对金鸡纳树皮的需求甚为迫切，对金鸡纳树的移植产生了浓厚的兴趣。从19世纪50年代开始，英国、荷兰、

〔1〕张箭. 金鸡纳的发展传播研究——兼论疟疾的防治史（上）[J]. 贵州社会科学，2016（12）：66.

〔2〕王林亚. 改变世界的奎宁：全球环境史视野下人类对金鸡纳的认知、引种及影响（1853—1939）[J]. 史学月刊，2022（3）：106.

法国等国博物学家、探险者等在本国政府的支持下，开始有组织地收集和运输金鸡纳树的种子，尝试将其从南美洲森林移植至各殖民地的植物园。历经波折后，金鸡纳树于19世纪50年代末首先在荷属东印度和英属印度先后试种成功。随后金鸡纳树种植园在南亚、东南亚迅速发展，仅“锡兰金鸡纳树种植园就从1873年的67.05万株发展为1877年的700万株，出现了‘在山区抑或庭院和花园，到处茂密地生长’的现象”〔1〕。接着，金鸡纳树又被移植到非洲、北美等地，至19世纪末20世纪初，金鸡纳种植园几乎遍及全球。金鸡纳树及奎宁成为“帝国的工具”，体现了已然实现工业化的西方国家，为占据和垄断世界市场，进行全球资本扩张而瓜分世界的野心。

一方面，金鸡纳树皮及奎宁的使用极大降低了殖民非洲的欧洲军队的死亡率：“19世纪20年代，在西非海岸，欧洲军队死亡率为士兵48.3%，军官20.9%。到19世纪末，由于奎宁的大量使用，这一比例已降为7.6%和5.3%。”〔2〕西方列强因此得以在非洲长驱直入。英国陆军外科医生乔治·比迪埃说：“如果说热带帝国的一部分是用‘刺刀’支撑的，而没有奎宁，他挥舞武器的手臂必将是无力的。”〔3〕同时，随着金鸡纳树的全球移植，树皮产

〔1〕王林亚. 改变世界的奎宁：全球环境史视野下人类对金鸡纳的认知、引种及影响（1853—1939）[J]. 史学月刊，2022（3）：108.

〔2〕王林亚. 改变世界的奎宁：全球环境史视野下人类对金鸡纳的认知、引种及影响（1853—1939）[J]. 史学月刊，2022（3）：110.

〔3〕王林亚. 改变世界的奎宁：全球环境史视野下人类对金鸡纳的认知、引种及影响（1853—1939）[J]. 史学月刊，2022（3）：110.

量大增，药价随之暴跌。1870 年英国开始在印度通过工业化生产，提取金鸡纳树皮中抗疟的有效成分——奎宁，“1873 年马德拉斯（印度东南部）的制药厂生产出的金奎宁其批发价居然做到了每盎司一卢比……金鸡纳在南亚和东南亚发展起来后，奎宁硫酸盐的价格十年间下跌了 90%”[1]。药价的降低使广大普通民众也买得起、用得上，全球抗疟形势开始好转，疟疾的危害得到了有效控制。两次世界大战之间，量产的金鸡纳树制品在防治疟疾的国际公共卫生运动中起到了举足轻重的作用。

另一方面，金鸡纳树的全球性流动也极大地改变了当地的生态格局。回望金鸡纳树的故土，大规模、无节制的金鸡纳树皮采伐造成南美洲森林的锐减。金鸡纳树种成功移植南亚和东南亚后，毁林开荒的种植园模式对当地的环境破坏更甚。“1866 年，锡兰就清理了 10 万英亩的森林，缅甸在 1873 年和 1876 年分别清理了 27 万英亩和 23 万亩英森林。1862—1929 年爪哇被砍伐的森林面积高达 20 万英亩。”在东南亚，欧洲殖民者为了保障种植园的安全，还大肆猎杀大型野生动物，曼谷附近的森林“19 世纪中期之后每年都约有 300 只老虎被射杀，到 20 世纪 20 年代老虎几乎消失了”[2]。

西方列强凭借以金鸡纳树为代表的非西方物种与其殖民扩张

〔1〕整理自张箭. 金鸡纳的发展传播研究——兼论疟疾的防治史（下）[J]. 贵州社会科学，2016（12）：87.

〔2〕王林亚. 改变世界的奎宁：全球环境史视野下人类对金鸡纳的认知、引种及影响（1853—1939）[J]. 史学月刊，2022（3）：111.

手段，建立了由西方主导的资本主义世界体系。这个体系深刻改变了传统的人文、自然、贸易及国际格局，在加强全球联系的同时，世界也因殖民者对殖民地的压榨、对自然生态的破坏而日渐失衡。隐藏在美洲热带丛林中的小小物种——金鸡纳树，见证并参与塑造了16至19世纪这个联系日益紧密、进步与失衡并存的现代世界。

43
现代社会的粮食安全问题

先秦典籍《尚书·洪范》记载了治国理政的八个重要方面，称为“八政”。“八政”以“食为政首”，体现了古代中国对粮食生产、供给的重视程度。中国的先民们很早就将解决好吃饭问题视为国家政治与社会治理的第一要务，传说春秋时期范蠡所著的《范子·计然》提出：“五谷者，万民之命，国之重宝。”可见，早熟先进的农业文明，“以人为本”的民本思想，使中国先民深谙“务农重本”是一个国家兴衰治乱、社会稳定的关键所在，“食为民天，攸关国运”的理念也绘就了古代中国政治文明的底色。

现代社会，工业革命和科技革命的发展为解决人类的温饱问题提供了生产力方面的条件，先进的农业生产技术使人们得以摆脱单纯“靠天吃饭”的传统农业生产方式，粮食产量显著提高，粮食储存和流通供给不断优化。但是，由于不同地区和各国的发展不平衡，以及战争、灾害和经济危机的频发，粮食安全仍是困扰现代人类生存、发展的主要难题之一，尤其是那些处于战乱地区的欠发达国家，经常面临饥荒的困境。世界各国政府、相关国际组织普遍关注现代社会的粮食安全问题，探寻破解之道，将保证粮食安全、消除饥饿现象作为长期的任务与重要职责。

1972—1973 年，世界谷物产量连续两年较大幅度下降，导致世界谷物库存锐减，引发了二战后最严重的世界性粮食危机。为了应对危机，1974 年联合国粮食及农业组织（Food and Agriculture Organization of the United Nations）在罗马召开了第一次世界粮食首脑会议，通过《世界粮食安全国际约定》，第一次提出“粮食安全”（Food security）概念：保证任何人在任何时候都能得到为了生存和健康所需要的足够食物。1983 年联合国粮农组织又对概念进行了修正，即“粮食安全的最终目标应该是确保所有人，在任何时候既能买得到又能买得起他们所需的基本食品”。1996 年在第二次世界粮食首脑会议上，联合国粮农组织又做出了新的解释：只有当所有人在任何时候都能够在物质上和经济上获得足够、安全和富有营养的粮食，来满足其积极和健康生活的膳食需要及食物喜好时，才实现了粮食安全[1]。新定义包括三层含义：一是在粮食生产供给上，要满足人们生存的实际需求；二是在粮食分配上，能保证社会贫困人口无论在何时何地都有足够的粮食供应；三是在粮食安全意义的扩展上，不仅能维护社会层面的基本需求，更要关注人们的营养摄入与健康生活[2]。这一系列的概念变迁，从粮食数量延伸到质量与食品安全，从满足人们生存必需扩展到满

〔1〕肖春阳. 中外粮食、粮食安全概念比较［J］. 黑龙江粮食，2009（2）：42.
〔2〕整理自吴宾、朱宏斌、党晓虹. 试论中国古代的粮食安全观［J］. 兰州学刊，2006（6）：55—57.

足营养保障与健康要求，粮食安全的内涵不断丰富深化[1]。

新中国成立以来，人口迄今已突破14亿，人民的吃饭问题及粮食安全问题一直是国家的头号问题。在此背景下，从国情出发，中国提出的“粮食安全”目标主要包括以下内容：满足人们直接消费的、充足的人均粮食供应量；按国家政策与市场规律组织的粮食生产；不断发展的农业科研创新能力；合理安全稳定的粮食储备系统；解决好底层贫困人口的粮食供给等[2]。

目前，世界粮食的不安全状态与区域不平衡性，依然十分严重。全球经济复苏动力不足，欠发达国家与地区对农业的投资与创新能力不足，世界人口数量持续增长，国际政治动荡与地区冲突频发，全球环境与气候变化等，这些都对现代社会的粮食安全，带来了不小的负面影响。联合国粮农组织、世界粮食计划署和世界卫生组织发布的《2020年世界粮食安全和营养状况报告》指出：2019年，世界近6.9亿人处于饥饿状态，占世界总人口8.9%。与2018年相比增加1 000万人，与2014年相比增加近6 000万人。受饥饿问题冲击最为严重的地区分别为亚非拉和加勒比地区[3]。如果这种趋势持续发展，按照模型计算，到2030年，世界饥饿人口将超过8.4亿，大约占全球总人口的9.8%。联合国2030年可持续

---

〔1〕全世文. 中国粮食安全战略及其转型［J］. 华南师范大学学报（社会科学版），2022（3）：112.

〔2〕肖春阳. 中外粮食、粮食安全概念比较［J］. 黑龙江粮食，2009（2）：43.

〔3〕联合国发布.《世界粮食安全和营养状况》报告［J］. 中国食品学报，2020（7）：171.

发展目标提出的“消除饥饿，实现粮食安全，改善营养状况和促进可持续农业”的愿景将会落空。这其中，地缘政治冲突、局部战争的影响尤为突出，深刻冲击着粮食安全领域的国际合作。比如，2022 年发生的俄乌冲突就引发了一场全球性的粮食危机。2022 年 12 月世界粮食计划署（WFP）发布报告称，由于地雷和其他未爆弹药的存在及农场工人流离失所，乌克兰估计超过 25% 耕地荒废，2022 年乌克兰粮食产量相比 2021 年下降了 40%。作为“欧洲粮仓”的乌克兰，本是全球主要的粮食出口国，为了保障自身的粮食安全，乌克兰政府采取了禁止当地产粮出口的政策。受西方国家制裁的俄罗斯采取反制措施，限制向欧盟国家出口食品、化肥等商品，其中限制化肥出口直接导致了全球化肥价格的攀升，提高了全球农业生产成本，从而影响全球粮食价格和产量。俄罗斯、乌克兰分别是全球第一和第六大小麦出口国，两国葵花籽油产量占全球的一半多，受冲突干扰，估计全球主要农产品供应下降 10% 至 50%，全球粮食产业链、供应链受到破坏。作为连锁反应，全球有多个国家对粮食出口实施限制，旨在保护国内粮食安全，其中就包括欧盟和美国在内的主要产粮国和地区。全球性的粮食危机雪上加霜。粮食危机导致一些依赖进口粮食的国家，如厄瓜多尔、哈萨克斯坦、斯里兰卡和突尼斯等出现了不同规模的社会动荡。又如，2023 年巴以冲突升级，加沙地带战火重燃，使该地区遭受到了包括粮食短缺在内的大规模人道主义危机。此外，环境与气象也是影响粮食产量的重要因素。2022 年许多国家都出现了包括干旱和洪水等的破坏性天气，严重影响了当地的粮食生产。联合国粮农组织曾报道，2022 年全球谷物产量、库存和贸易降至自 2019 年以来 3 年的最低点。

那么，我们如何采取有效的措施应对现实的困境与挑战，解决好现代社会的粮食安全问题，推动实现更加公平有序、合理稳定的世界粮食安全治理体系呢？

第一，创新粮食生产技术，提高粮食产量。农业科技的进步，是确保粮食安全的根本推动力。具体而言，大力发展粮食育种技术，大幅推广标准化种植，提高粮食单位产量；加大对粮食种植、加工、运输、分配等关键环节的创新支持；构建粮食全产业高质量发展的创新体系，推动以国家战略与市场机制为导向的农业科技成果的产业转化，更好地服务社会发展等[1]。

第二，缓解社会发展不均衡和绝对贫困现象。“不患寡而患不均，不患贫而患不安”，解决粮食安全问题的根本在于社会经济均衡发展。国民经济的全面协调可持续发展，切实保障和改善民生，消除社会绝对贫困，才能最终实现真正意义上的粮食安全。

第三，健全和完善粮食储备。建立国家粮食储备，是政府调节粮食供求关系、平抑粮食市场价格波动、保证粮食安全的根本手段。

第四，提高粮食产业的气候抵御能力。气候变化是影响农业

〔1〕王晓君、何亚萍、蒋和平. “十四五” 时期的我国粮食安全：形势、问题与对策[J]. 改革，2020（9）：38.

生产尤其是粮食生产的首要外部因素。联合国粮农组织数据显示，过去30年气候变化及各类灾害事件给农牧业生产带来的损失高达3.8万亿美元[1]。所以，采取科学有效的措施，降低气候因素对粮食生产的不利影响，合理高效地利用自然资源，不仅有助于我们实现社会经济效益，也可以获得广泛的生态效益，这是人与自然和谐共存、共生共荣的绿色发展之路。

第五，加强国际合作。减少地区冲突与对抗，摒弃保护主义政策，促进全球范围内粮食资源的高效合理配置，共同维护好世界粮食安全。

第六，倡导节俭健康的饮食方式，提高粮食安全意识。据官方数据显示，中国每年生产的粮食中有35%被浪费。中国每年在餐桌上浪费的粮食价值高达2 000亿元，被倒掉的食物相当于2亿多人一年的口粮[2]。由此可见，随着人民生活水平的普遍提高，“舌尖上的浪费”现象依然严重。我们需要从开源与节流两方面，应对粮食安全挑战。

习近平总书记指出：“解决好十几亿人口的吃饭问题，始终是我们党治国理政的头等大事。”可见，粮食安全在国家安全、发展、稳定中具有十分突出的重要性与战略地位。为此，中国按照“确保谷物基本自给、口粮绝对安全”的新粮食安全观，确立了

---

〔1〕林子涵．供应有改善 风险仍存在：维护和促进全球粮食安全依然任重道远［N］．人民日报（海外版），2024－01－17（8）．

〔2〕任嘉．粮食安全面临的挑战及应对措施［J］．中国市场，2022（27）：83．

“以我为主、立足国内、确保产能、适度进口、科技支撑”的粮食安全战略，已经走出了一条中国特色社会主义的粮食安全之路[1]。

近年来，中国“粮食产量连续6年稳定在1.3万亿斤以上，果菜茶肉蛋鱼等产量稳居世界第一。目前，全国人均粮食占有量超过474.4公斤，高于人均400公斤的国际粮食安全标准线”[2]。中国不仅把14多亿人口的“饭碗”牢牢端在自己手中，更是实现了由“吃得饱”向“吃得好”的历史性跨越。无论是2013年发起的“光盘行动”，还是2021年立法实施的《中华人民共和国反食品浪费法》，全社会大力弘扬“厉行节约、反对浪费”的文明风尚。虽然在减少粮食浪费、损失方面，仍存在巨大潜力，但其显著成效已逐渐凸显。

同时，作为世界上最大的发展中国家与负责任大国，中国除了实现自身粮食的增产提效外，还积极推动国际社会加强粮食安全政策协调，促进更加公平公正的国际粮食市场秩序，为世界实现消除极端贫困目标，保障世界粮食安全做出了重大贡献。2021年，中国政府提出了“全球发展倡议”，将“粮食安全”作为八大重点合作领域之一。维护粮食安全，展现大国担当，推动国际合作，中国为解决现代人类社会粮食安全难题做出的努力，必将为推动构建人类“粮食安全”命运共同体做出新的更大的贡献。

---

〔1〕中华人民共和国国务院新闻办公室．中国的粮食安全（白皮书）（2019年10月），[EB/OL]．http：//www．scio．gov．cn/gxzt/dtzt/2019/zgdlsaqbps/．

〔2〕韩冰．保障世界粮食安全的中国贡献［N］．新华每日电讯，2021－10－17（2）．

44

从骨头开始的人类演化图景

——生产工具视角下的文明发展之路

距今400万年，在非洲大陆广袤而干枯的大地上，大大小小的石头堆砌于地表，被剔除一空的碎骨散落其间。围绕着一汪小小的水塘，一小群猿人分成了两拨势力，手舞足蹈地发出呜哇叫声，试图吓退对手。其中一方猿人的手里赫然拿着一根根坚硬的腿骨，慢慢向对方逼近。突然，一个猿人暴起，举起骨头向着“手无寸骨”的对手挥去，一下，两下，直到对方完全失去了生机。接着，“凶手”激动地挥舞着手里的凶器，倏地向上一抛。骨头在蓝色的天空中上升、翻滚、下降，充满猿人聒噪的天空突然转换成黑色静谧的太空。骨头消失，取而代之的是一艘漂浮在黑暗中的飞船。

以上场景来自著名导演库布里克拍摄的电影《2001太空漫游》，借助从骨头到飞船的镜头语言，可以做出这样的解读：人类如今引以为傲的技术文明，或许始于那根被拿起的骨头。这一点在电影取材的原著小说中也有说明：“随着他的身体越来越没有防御的能力，他的攻击手段却日益可怕了。靠着石头、青铜、铁、钢，所有可以砍、刺的东西，他都掌握在手。甚至相当早期的时候，他就懂得怎样隔着一段距离，把对手击倒。矛、弓、枪，以

及最后的导弹，都给了他无远弗届又无坚不摧的力量。”〔1〕

时间回溯至3 000年前，俯视中原苍茫大地，一座代表着当时人类最先进生产力的“生产园区”，坐落于今中国河南安阳洹河畔的早期文明遗址——殷墟手工业作坊群。这是一片由制骨作坊、制玉作坊、制陶作坊、青铜铸造作坊等十余座手工业作坊组成的手工业聚集区。以其中的铁三路制骨作坊遗址为例，发掘所获经加工或半加工的骨骼重量达36吨之多，可以说是当时世界上规模最庞大的制骨作坊之一。同时，铁三路制骨作坊、苗圃北地铸铜作坊、刘家庄北地制陶作坊三个重要的手工业作坊区集中分布在一起，距殷墟宫殿区仅一公里，这说明在当时已经出现了生产联系紧密的复合式“手工业聚集区”〔2〕。(图1、图2)

图1　今河南安阳殷墟俯视图

(航拍于2023年10月4日)

---

〔1〕[英] 阿瑟·克拉克. 2001：太空漫游 [M]. 郝明义译. 上海：上海人民出版社，2007：30.

〔2〕整理自中国社会科学院考古研究所安阳工作队. 河南安阳市铁三路殷墟文化时期制骨作坊遗址 [J]. 考古，2015 (8)：37—62.

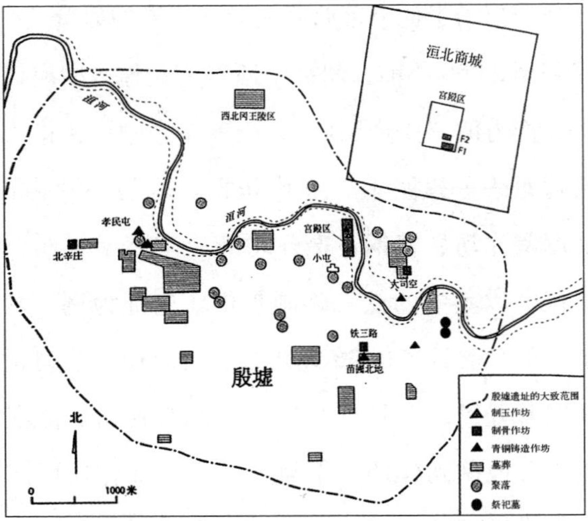

图 2　洹北商城和殷墟平面图遗址图（中晚商）[1]

为何遗址中的手工作坊会聚集出现？今天，经济学家用“集聚效应”来解释这一现象。学者在文明史研究过程中，发现一条规律：一项核心技术的突破会带动另一项技术的发展，进而促进文明的飞跃。

人类最早利用的金属是青铜。这是因为青铜的熔点仅为 800—1 000 摄氏度，这样的温度仅靠燃烧木材就能达到，而这时冶炼所需的炉温已提高到 1 300 摄氏度以上[2]。可以说，对火的使用决定了人类冶炼技术的发展。冶铁技术的发明者赫梯人起源于西亚

---

〔1〕刘莉、陈星灿. 中国考古学：旧石器时代晚期到早期青铜时代［M］. 北京：生活·读书·新知三联出版社，2017：373.
〔2〕吴军. 全球科技通史［M］. 北京：中信出版集团，2019：66.

的北高加索地区，而这里恰恰是人类较早的青铜遗址发现地。技术的联动效应不止于此，因为冶炼铁器比制造青铜器需要更高的温度，而在这个温度下烧制的陶器也比以前的低温陶器更坚固，因此，赫梯人统治下的美索不达米亚地区长期以来都拥有当时世界上最先进的制陶技术〔1〕。

一项核心技术的突破，往往会带动多种技术的发展，从而促进文明的进步。在工业革命以前，中华文明在纺织技术和瓷器烧制技术方面遥遥领先，奠定了中国在世界文明史上举足轻重的地位。羊和蚕把所吃的能量变成了纤维，棉农通过耕种得到纤维。由此看来，无论使用何种材料纺织，其本质上都是一次从能量到纺织品的转换过程。中国人在纺织工具上的技术突破，大大提高了能量转化的效率。

从安阳殷墟出土的丝织物来看，中国早在商朝就已经出现了具有简单提花装置的织机。到了汉朝，提花机进一步发展，可以织出带有美轮美奂花纹图案的丝织品〔2〕。据四川成都天回镇老官山汉墓出土的蜀锦提花机模型推测，蜀锦所用的提花机高 3 米多，长 4 米多，所有部件组合起来有一间数十平方米的房间大小，可谓

---

〔1〕吴军. 文明之光［M］. 北京：中信出版集团，2019：62—63.

〔2〕经过考古工作者的发掘，已经在丝绸之路沿线出土了大量汉锦实物。其中著名的有“五星出东方利中国”锦、“延年益寿大宜子孙”锦、“万世如意”锦袍等。参见刘辉. 从新疆出土实物看汉晋经锦所使用的织机类型［J］. 中国科技史杂志，2015（4）：441—452.

是当时的“国之重器”[1]。因此，提花机也被称为“花楼”，汉朝王逸的《机妇赋》里写道“高楼双峙，下临清池”，可谓十分传神了[2]。

瓷器是古代中国长期领先世界的另一项技术发明。世界上所有的文明几乎都先后独立发明或引入了陶器烧制技术，但陶器易吸水、不耐火、相对笨重的特点，使人们迫切需要一种廉价、方便且美观的容器。而这其中，中国的瓷器可谓恰逢其时，成为人人求之的世界商品硬通货。

中国瓷器独步天下的秘密是什么？原因其实并不复杂：在古代社会中，只有中国集齐了烧制瓷器的三项必要条件——高岭土、炉温和上釉技术[3]。仅就技术一项而言，中东地区的上釉技术比中国早了上千年，然而因缺乏必要的原材料和充足的燃料，瓷器的桂冠最终还是被中华文明夺得。不仅如此，中国的瓷器烧制还有很多“黑科技”，在当时可谓是文明的“不传之密”。例如，在瓷器烧制过程中，由于作为燃料的木炭或煤炭含有杂质，会产生火刺和碳粒，为防止其对釉面的破坏及污损，制瓷工人将坯体置于耐火材料制成的容器中焙烧，这就是匣钵。另一项重要的“黑科技”则是支钉。通过支钉固定于匣钵中的坯体，可以用来控制

---

〔1〕赵斌．蜀锦提花机模型印证成都就是南方丝绸之路起点［N］．成都日报，2014－05－13（7）．

〔2〕王逸．机妇赋．见费振刚、仇仲谦、刘南平校注．全汉赋校注［M］．广州：广东教育出版社，2005：828．

〔3〕吴军．全球科技通史［M］．北京：中信出版集团，2019：78．

瓷器在烧制过程中的变形以避免瓷器的破裂，同时通过在支钉上涂抹不同的颜料，可以在烧制过程中改变瓷器的色彩和质地，形成变化多样的颜色图案[1]。以上两项科技可视为中国人对热学、化学、材料学等科学技术的经验积累。

那么，曾经遥遥领先的中国科技，缘何于近代逐渐落后？以瓷器为例，直至文艺复兴时期，欧洲人也尚未找到研制瓷器的秘密。佛罗伦萨的美第奇家族尽其所能，集中了地中海最好的工匠，尝试了黏土、蛋壳、玻璃等多种材料，却依然失败。直至理性迸发、科学勃兴的18世纪，在德国炼金术士约翰·弗里德里希·伯特格尔耗费4年、经历3万次的实验后，欧洲人终于掌握了自主研发瓷器的技术。伯特格尔将每一次的实验过程和结果都记录下来，不放过毫厘之差。通过观察、实验、归纳总结原理性认识，欧洲人不仅找到了瓷器生产的秘密，更是发现了生产背后的科学原理，他们通过微调瓷土中元素的配比和烧制过程，甚至烧制出了精美程度更胜中国的瓷器。显然，相较于依赖工匠经验积累的中国瓷器，欧洲瓷器之所以青出于蓝，依靠的是定量分析和比较实验的科学思维和方法；相较于“秘而不传”的工匠团体，将实验数据和报告全部保留并不断精进的科学共同体，更能够推动瓷器生产技术的进步。进入到19世纪，随着蒸汽机的使用，欧洲瓷器的生产效率得到进一步提高。耗费人力的黏土研磨和陶胚制作，被不

[1] 汝瓷志编纂委员会. 汝瓷志［M］. 北京：中华书局，2019：335—336.

知疲倦且稳定如一的机器所取代，不同批次的瓷器质量都得到了有效的保障。至清朝末年，中国瓷器只剩下廉价市场尚可参与，基本上与世界高端瓷器市场无缘了。

近代中国的困境不止于“瓷”。1886年，清朝官员斌椿曾经奉旨出访欧洲。在荷兰，他看见了当时欧洲人使用蒸汽抽水机围海造田的情景：“看火轮取水器具……涸出良田三十余万亩。……田畴明晰，沟洫条分。变斥卤为膏腴，洵为水利之魁。”[1] 斌椿不由得想到自己的国家“江浙山居者……皆顺水之性为之。至沿河以水车（筒车）戽水……惟人劳而灌溉不广”[2]。他不禁感慨：“若广其法于民田，则宇内可以无旱潦之忧矣。”[3] 以后人眼光观之，这段感慨展现了历史彼此交错与彼此相对的复杂性：筒车起源于唐，因其对水能、重力势能的巧妙运用而被视为古代中国具有代表性的生产工具之一。而彼时的荷兰北部滨海地区，尚属一片泽国，即使在被罗马人视为蛮族的日耳曼人眼中，此地也属荒蛮之地。时过境迁，星移斗转，此时的中国人初见机器生产时的震撼，开始化为惶遽与自轻，“以数千年之古国，东亚文明之领袖”，竟然“一变而北面受学，称弟子国”[4]。然而，斌椿亦以为，若能掌握西人的生产工具与生产方式，便能一跃而使“宇内无旱潦之忧”。于是，洋务派开启了30余年学习西方器物、以期将西方

---

〔1〕（清）斌椿. 乘槎笔记［M］. 长沙：湖南人民出版社，1981：33.
〔2〕（清）斌椿. 乘槎笔记［M］. 长沙：湖南人民出版社，1981：34.
〔3〕（清）斌椿. 乘槎笔记［M］. 长沙：湖南人民出版社，1981：34.
〔4〕白吉庵、刘燕云编. 胡适教育论著选［M］. 北京：人民教育出版社，1994：20.

的机器生产工具移植于中国的近代化之路。

可是，人类生产工具的演进，离不开物质文明和精神文明的共进、奠基与推动。只寄希望于学习生产工具的洋务一派，最终梦断于甲午一战。所幸，人类生产工具的进步以及所带来的生产力的发展，反过来也促进了政治、经济、社会、文化的进步。当机器逐渐取代了铁犁与牛耕，当蒸汽机的轰鸣声在上海等通商口岸响起，现代文明的涓涓细流开始流入古老的中国，逐渐汇成荡涤传统旧制的大潮。由此，在择取与内化中，中国人走上了现代文明的曲折之路。今天，当中国再次成为“世界工厂”，看似历史的回澜，实则历史的跨越。回望人类生产工具的演进图景，是否会让你心生感慨？

45
西欧庄园经济的劳作方式

世界历史上，不同时期、不同地区都出现过各具特色的庄园经济模式，如东汉时期的豪强地主庄园、罗马共和国晚期的奴隶制庄园、日本封建时期的庄园等，其中影响最大的则当属中古时期的西欧庄园。庄园是西欧封建社会基本的经济单位和基层组织。有学者指出，"罗马贡献了财产的关系，日耳曼人贡献了人身的关系。它们的结合形成了封建制度的主要性质"，又说"庄园制度是封建制度的下层"[1]。可见，要了解中古西欧庄园制度，首先要理解西欧的封建制度，而要理解西欧封建制度，则必须厘清其中蕴含的罗马因素和日耳曼因素。

所谓罗马因素即"财产的关系"，指罗马帝国时期萌芽的庄园和农奴制。罗马共和国后期，伴随着罗马国家的扩张和奴隶数量的增加，出现了使用奴隶劳动的大庄园，自由农民因无法与其竞争而不得不抵押土地，沦为隶农（类似后来的农奴）。"农奴原是自由农，虽丧失对自己土地的产权，但仍准予留在原地上作为佃

〔1〕［美］詹姆士·W. 汤普逊. 中世纪经济社会史：下册［M］. 耿淡如译. 北京：商务印书馆，1984：325、358.

户，来替大地主工作。但是，农奴是一个永远不能恢复其自由的佃户。……因为他受到了永远还不清的债务束缚。他虽继续以劳动来支付债款，但他是永远不能还清它的；因为债务累积的速度赶上了他以工作来偿付的速度。农奴，如果逃亡的话，可加以逮捕，押回受审，作为逃避债务论罪。又如果他被判有罪的话，那么，他就完全失掉其自由，而沦为一个奴隶。"〔1〕公元5世纪日耳曼人侵入罗马帝国时，帝国的这种经济形态便与日耳曼因素相融合，并逐渐发展为中古西欧的庄园制。庄园和农奴制度在西欧普遍确立起来。

所谓日耳曼因素即"人身的关系"，指由日耳曼人的亲兵制度发展而来的封君封臣制度。罗马帝国时期，随着日耳曼社会从氏族向国家过渡，亲兵制度逐渐形成——"首领为胜利而战；战友们必须为首领而战。……只有在战争中，他们才能得到荣誉，也只有依靠战争，一个首领才能维持一群战士，因为战士们希望从首领的手中得到战马和武器。丰富的但非极其讲究的宴会和娱乐是对战士们唯一的报酬。这种慷慨的招待，必须从战利品中取得。"〔2〕首领和扈从之间这种保护与服从、效忠，既享有权利又承担义务的双向关系，经8世纪的"采邑改革"（采邑即"采地""封邑""食邑"之意）而定型为以"封土"维系的封君封臣制

---

〔1〕［美］詹姆士·W. 汤普逊. 中世纪经济社会史：上册［M］. 耿淡如译. 北京：商务印书馆，1984：41—42.

〔2〕周一良、吴于廑. 世界通史资料选集：中古部分［M］. 北京：商务印书馆，1964：6.

度。“封建主义在社会底层运行与在上层的运行一样。当武装的封臣围绕在国王身边的时候，底层人物也将自己分别置于各类领主的保护之下，他们耕种领主的土地，而领主则进行必要的战斗。”[1] 可见，通过封建制度，封臣获得经济上的资助，而封君获得军事上的保证。在封君封臣制度下，土地是根基，而土地经营方式则采取了罗马因素的庄园形态。此外，由于长时期战乱，自由农民无法安居乐业，通常也会将自己的土地委托给领主以寻求庇护。所不同的是，领主与农民之间并没有效忠的人身关系，农民对土地的保有往往比封臣对采邑的保有更稳定。由此，中古西欧庄园因上层封君的转授和下层农民的委托而得以充分发展。

庄园一般位于封君授予封臣的采邑上。它是一个包含领主宅邸在内、组织农业生产的经济实体，若干个庄园组成封建领地，相对于自然的村社而言，庄园是一种人为的组织。庄园范围大小也不等，有的包含好几个村社，也有的只是一个村社的一部分[2]。庄园里住着什么人？谁在庄园里劳作？他们又是如何劳作的？公元807年，查理曼大帝签署的用于指导管家管理庄园的《维莱敕令》，可以让我们从中了解中古西欧庄园的劳作与生活形态。

每年，管家都应该汇报一次我们的收入，内容包括：耕地的人赶着牛耕种的土地面积，佃户应该耕种的土地面积，有

〔1〕侯建新. 中世纪英格兰农民的土地产权［J］. 历史研究，2013（8）：143.
〔2〕王斯德. 世界通史：第一编［M］. 上海：华东师范大学出版社，2018：230.

多少猪、多少地租、多少债务；没有我们的允许，森林里有几次打猎行为……有多少磨坊，有多少森林，有多少土地，有几座桥，有几艘船；有多少自由人；有多少市场、葡萄园，有多少人为我们酿酒；有多少干草、薪材、火炬、厚板和其他木材；有多少废弃的土地；有多少果树、坚果树，大还是小；有多少嫁接的树；有多少花园；有多少芜菁；有多少鱼塘；有多少兽皮、毛皮和牛角；有多少蜂蜜、蜂蜡；有多少猪油、牛脂和肥皂；有多少桑椹酒、煮过的酒、蜂蜜酒、醋、啤酒、新酒和旧酒；有多少新谷和陈谷；有多少母鸡和鸡蛋；有多少只鹅；有多少个渔民、金属匠、刀剑制造者和鞋匠；……有多少熔铁炉和矿石；有多少铅矿；……有多少公马和母马；所有这些，管家们都应该让我们知道，分门别类并按照次序提交给我们，以便我们能了解我们所拥有的财富的数量……

每一个管家在他的辖区内都应该有一些擅长各种工作的人，比如，铁匠、金匠、银匠、鞋匠、伐木者、木匠、刀剑制造者、渔民、精细金属匠、肥皂制造者，懂得制作蜂蜜、苹果酒、干果和各种饮料的人，面包师为我们的餐桌烘制糕点，织网者知道如何织网让我们用于狩猎、打鱼和捕获飞禽，以及其他一些因为太多而无法细说的人。[1]

---

〔1〕［美］杰里·本特利、赫伯特·齐格勒. 新全球史：上册（第五版）：文明的传承与交流（公元1000年之前）［M］. 魏凤莲译. 北京：北京大学出版社，2014：501—502.

这则敕令显示，在庄园中生活的除了领主及其管家，还有“佃户”。“佃户”主体是前面所说的永远不能恢复自由的、被束缚于土地的农奴，还有一部分自由农民。敕令显示，领主最关心的是庄园耕地使用和田租缴纳情况。一般而言，西欧庄园的耕地包括领土自营地、农奴份地和自由农份地，不同类型的土地呈长条状互相交错在一起。为保持地力，庄园实行轮作制，即把耕地分为三块：第一块用于秋播，作物品种有黑麦和小麦，这些谷物可在来年夏天收割；第二块用于春播，作物品种包括燕麦、大麦等谷物和豌豆等蔬菜，可在当年秋季收获；第三块则休耕。三田制意味着有 1/3 的耕地处于休耕状态，作物轮作制使土壤肥力不至于过快被耗尽，有利于农作物的生长[1]。休耕地和收割完毕的耕地用作公共牧场，这就是“敞地制”。此外，森林、河流等耕地以外的地方，是可供庄园全体成员使用的公有地（图 1）。

领主自营地由农奴耕种，农奴需自备农具和牲畜，每周花三四天的时间为领主工作，其收获全部归领主所有，也就是说农奴向领主提供的是无偿的劳役地租。农奴在自己份地上的劳动所得才能在缴纳地租后归自己所有。农奴除了做农活之外，还负责筑路、修桥、运输等一应杂役，上缴各种家禽、鱼蛋、酒类等农副产品，这在敕令中都有所体现。总之，庄园内的农奴只有有限的人身自由，领主对农奴具有广泛的法律权利——没有领主允许，

---

〔1〕［美］杰克逊·斯皮尔福格尔. 世界历史［M］. 黄鸿雁、乐启良等译. 郑州：大象出版社，2006：305.

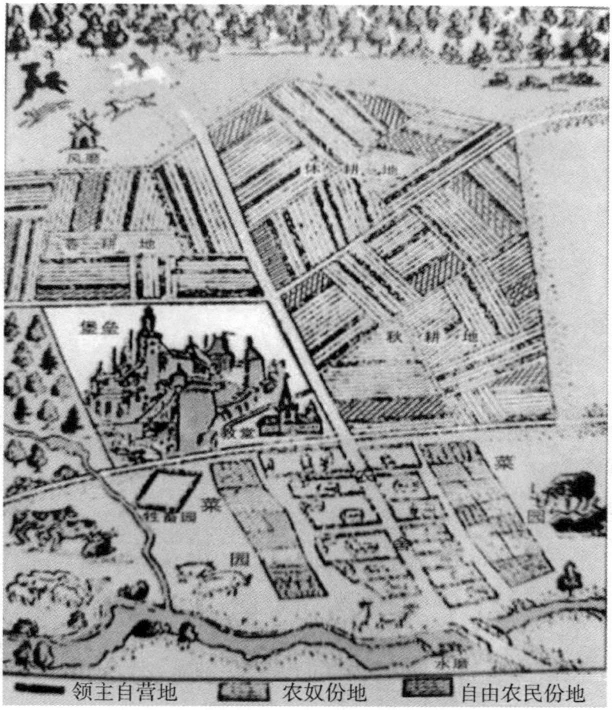

图 1　西欧庄园平面示意图

农奴不得离开庄园，不得与庄园以外的人结婚。尽管农奴失去了诸多权利，但领主也向农奴承担了一定的义务，诸如农奴的份地轻易不能被剥夺，领主必须负责保护农奴，保证其安心从事生产。农奴是庄园中的主要劳动力，在 800 年时，农奴约占西欧人口的 60%〔1〕。少数自由农民则除了缴纳实物和劳役地租外，享有法律

〔1〕［美］杰克逊·斯皮尔福格尔. 世界历史［M］. 黄鸿雁、乐启良等译. 郑州：大象出版社，2006：305.

上的人身自由，但必须独立承担封建义务。

庄园的农耕生产很大程度上受季节影响。每个季节都有新一轮的劳作。8—9 月是收割的季节；10 月是平整土地准备秋播的时节；11 月开始屠宰过剩的牲畜，肉食也要腌制起来以备过冬；次年 2—3 月，开始翻耕土地，播种春季作物；初夏时节相对空闲，但还有锄草和剪羊毛等劳作。每个季节，农奴不仅要在自己的份地上干活，还得在领主的土地上劳作，多亏有了天主教节日，他们才无需日复一日地劳动，一年总计有 50 多天节日可供休息（图 2）[1]。

图 2 描绘庄园劳作的中世纪插图

从敕令中可以看到，庄园内还有铁匠、金匠、银匠、鞋匠、木匠、刀剑制造者等制造生活必需品的手工业者。在中世纪早期，庄园的一切经济活动，基本上都是为了满足庄园领主及劳动者的日常消费以及人口再生产的需要，用于交换的产品不多，除了铁、盐等少数物资需要从外界输入，庄园几乎可以生产所需的一切物品。

---

〔1〕［美］杰克逊·斯皮尔福格尔. 世界历史［M］. 黄鸿雁、乐启良等译. 郑州：大象出版社，2006：306.

所以说庄园是一种经济上自给自足的实体[1]。

中古中期以后，随着耕地面积的增加，农业生产技术的提高以及商品货币关系的发展，农奴可以用货币购买劳役豁免权，以此获得对自己劳动力的自由支配权。由此，庄园制度也越来越不适应新的生产经营活动的发展，越来越多的领主开始出租自营地，一些富裕农民通过承租等方式将土地集中起来，建立起一种新型的租地农场，雇佣少地或无地农民耕种，将产品推向市场，西欧传统的庄园制度逐渐趋于衰落[2]。14 世纪后，多次爆发的“黑死病”（鼠疫）使欧洲人口死亡过半，由此导致劳动力严重短缺，对庄园经济也造成严重打击。伴随着庄园制度的瓦解和资本主义萌芽的兴起，欧洲社会进入了生产方式和社会制度的大变革时期。

值得一提的是，中古西欧真正能体现领主权威的是其主持的庄园法庭。庄园法庭的主要功能在于保障庄园主的权利和保证庄园内其他人应尽的义务，由此保证庄园的正常运行。

---

〔1〕王斯德. 世界通史：第一编［M］. 上海：华东师范大学出版社，2018：231.

〔2〕齐世荣总主编. 义务教育教科书（五·四学制）：世界历史：第一册［M］. 北京：人民教育出版社，2019：60—61.

46
技术革命等于工业革命吗

18 世纪 60 年代英国棉纺织工业率先开启了一系列的技术革新，从而推动了工业革命在英国发轫。然而，技术革命等同于工业革命吗？这是一个很值得探讨的问题。

首先需要明确的是，技术革新不等同于技术革命，所以通常情况下不会将珍妮纺纱机的出现视为技术革命，而是将蒸汽机的发明视为工业革命范畴的技术性革命的标志。换言之，如果将技术革命等同于工业革命，蒸汽机的出现就等同于工业革命大幕的开启。但是，工业革命的进程并非如此简单地由此发端。早在 1679 年法国物理学家丹尼斯·巴本就发明了蒸汽机模型，但法国并未率先开启工业革命。直至 1789 年，当英国每年已大约生产 1 000 万吨煤时，法国年平均仅生产 70 万吨煤。这似乎解释了尽管法国率先发明蒸汽技术，但由于缺乏煤炭作为能源动力，无法使蒸汽机投入生产，因而无法率先引发工业革命。那么，类似的情况出现在英国，又该如何解释？1712 年英国发明家托马斯·纽卡门发明了可实用的纽卡门蒸汽机，并安装于矿井用于排水。这在当时无疑属于一项先进的技术成就。然而，纽卡门蒸汽机在实际运转中需要大量的能耗，煤炭供应便成为其推广的前提。那么，当时英国的燃料生产情况是否能够供应耗煤巨大的蒸汽机呢？其实，当时的英国已经开发了大型煤田，理论上应该具备供应能力。但实际上在相当一段时间内英国的煤炭产量不高，以至于迟迟未能在能源供应结构中占据较大份额，以取代传统的能源如木材等。显然，燃料因素迟滞了纽卡门蒸汽机的应用。有学者就此专门做了研究，比较了1400—1800年伦敦市场木材和煤炭的实际价格趋势：从图1中不难发现，16世纪以前，木材与煤炭的价格相差无几。但至16世纪下半叶，木材价格已呈上涨趋势，此后的一个多世纪与煤炭的价格差越来越大。如图1所示，16世纪中期以后，木材价格大约是煤炭价格的2倍，且涨幅相对平稳。至17世纪中期，木材价格陡然上涨，进一步拉大了同煤炭价格的差距。木材价格的持续增长与英国的城市化进程有着密切关系，而伦敦对木

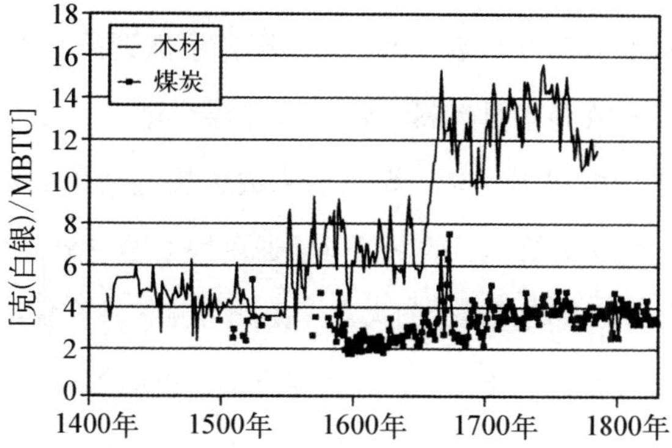

图1　伦敦市场木材和煤炭的实际价格波动示意图

材燃料消耗量的不断增长乃是伦敦城市规模急剧扩大的结果。在1520年，作为首都的伦敦城只有55 000人，在工业革命后不到100年，伦敦的城市人口数量已增至4倍，突破20万人。又过了100年，1700年左右，伦敦的城市人口规模已突破50万。由于中世纪以来人们日常生活的主要燃料以木材为主，人口的激增必然带来木材燃料供应需求的增长，碍于木材资源本身的有限性，木材价格的上涨成为必然趋势。相反地，同期的煤炭价格则总体呈下降趋势，这主要得益于16世纪以来运输方式的重大改进，致使煤炭的远距离运输成本大幅下降。然而，储量丰富且价格相对低廉的煤炭，为何未能给耗煤巨大的纽卡门蒸汽机提供充足的燃料动力，使其扩大应用呢?事实上，能源结构的改变并不仅仅是价格因素所致，尽管从16世纪下半叶起木材价格已高于此前的水平，但木材依旧是人们习惯使用的燃料。相比而言，由于早期未经深加工的煤炭燃烧后经常会有刺鼻的味道以及产生大量浓烟，这一“缺陷”使其在一开始并不被“待见”。直至1750年以后，木材的实际价格涨到前所未有的高度，人们才不得不放弃木材燃料，转而选择煤炭燃料。因此，在1712年纽卡门蒸汽机刚出现时，煤炭还未成为普遍使用的燃料，加之早期的蒸汽机功能简单、效率偏低、通用性差等缺陷，纽卡门蒸汽机的发明并未拉开蒸汽时代的大幕。由此可见，社会需求的变化以及机器与社会需求的契合度，也是引发工业革命的重要动因[1]。

---

〔1〕［英］罗伯特·艾伦. 近代英国工业革命揭秘：放眼全球的深度透视［M］. 毛立坤译. 杭州：浙江大学出版社，2012：132.

除了上述因素，制造业的生产组织方式发生重大变革更是工业革命得以发生的深层动因。这里所谓的重大变革，是指以分工为基础的集中劳动方式和采用机器生产为特征的工厂制度代替了以分散的手工操作为基础的手工工场制度。工业革命所呈现的不仅是蒸汽机的普遍使用，更具实质意义的是以机器生产和工厂制度为基础，整个英国工业生产组织形式发生结构性变化，并由此主导了社会产业结构的演变。随着现代意义上的工厂制度的诞生，传统社会的生产方式被彻底改变，机器大工业最终取代了手工工场，制造业成为社会财富的主要创造者，这才是工业革命的真正意义。

现代工厂制度的首创者是水力纺纱机的发明者阿克莱特。他在 1771 年创办世界第一家棉纱工厂，其工厂最大的特点便是将生产过程变成类似机械的整体，所有的纺纱机和纺纱工人被统一起来进行集中管理。在工厂制度下，每个工人必须按照生产流程和机器运转所要求的统一标准进行生产劳作，且有明确分工。长此以往，工人们自然成为负责生产流水线某一环节的“螺丝钉”，这与传统的家庭手工业作坊有了本质区别，与资本主义初期的生产组织形式——手工工场亦不可同日而语。在手工工场中没有精细化的分工与协作，每个工人都有相当大的自由度，且熟悉全部的生产流程。例如，在棉纺织手工工场里，工人要熟悉络筒、整经、浆纱、穿经、织造、整理整个流程，然而在阿克莱特的棉纺织工厂，精细的分工建构起有序的生产流程，工人于各道工序各司其职，生产效率由此大幅度提升。阿克莱特创建的现代工厂制度很快影响到了英国其他行业，不仅是棉纺织业，包括冶铁行业在内的其他产业纷纷效仿这种新的制度，原先由一个工人从头到尾完成的制造工艺，分成了几十道工序，所有人按照劳动分工协同生产。此外，为了适应这种新型的生产组织形式，工厂主们还制定了各项规章制度，形成了制度化和规范化的管理模式，以最大程度利用机器效能，最大限度发挥劳动者的工作潜能，从而使生产效率不断攀升至过去人类未曾企及的水平。

值得注意的是，工厂制度不仅引发了生产组织形式的革命性变化，还影响了人们思想观念的变革。以时间观念为例，在传统的手工作坊阶段，人们更习惯于各行其是，在工作环境中拥有较大的自由度，未形成统一的劳动时间观念。而现代工厂制度的建立，要求人们必须遵守工厂规定的作息时间，准时上下班和在岗作业成为最基本的职业纪律。一旦生产线上的某一环节拖延抑或出现纰漏，必将影响到下一个生产环节，甚至有可能导致整条生产线的停滞。为此，人们必须严格遵守精准的时间表，互相配合。工厂的劳动时间观念还影响到人们的社会时间观念，所谓时间就是金钱、时间就是效率的观念逐渐被认同。如此一来，整个社会的思想观念发生了巨大转变，农业时代的自然节奏时间观被工业时代的钟表节奏时间观所取代，人类进入了不依赖自然时间的24小时生产生活方式。

工厂的专业化、制度化的管理需要持续更新的高效率机器；

换言之，现代工厂制度本身就是适应机器的应用而诞生的。无独有偶，就在阿克莱特创建棉纺工厂的前后，瓦特、威廉·默多克等工匠对早期的纽卡门蒸汽机进行了多项改进，设计了冷凝器，使气缸温度保持稳定状态，从而可连续运转；后来又发明了双向气缸，将机械的往复运动转化为圆周运动。一系列的技术革新使蒸汽机小型化、集成化，并具有适应各种机械运动的通用性，最终成为工业革命的标志性机器。

综上所述，英国工业革命的发生是多种因素合力作用的结果，并非可以简单地用“技术革命等同于工业革命”来解释。而从工业革命的内核而言，它不仅仅是一场技术革命，更是一次社会制度和社会观念的全方位变革。在 17—18 世纪英国社会转型的大背景下，持续发生的农业革命、能源革命、技术革命和现代工厂制度的建立，促使具有综合优势的英国率先发生了改变世界的工业革命。工业革命极大地促进了生产力的发展，创造出巨大的工业生产力，彰显了工业革命超越技术革新和技术革命、提升人类文明维度的社会价值。

47 维多利亚时代的伦敦：工业革命的一个侧影

1897 年 6 月 22 日是大英帝国维多利亚女王登基 60 周年的“钻石纪念日”。这一天，在殖民大臣约瑟夫·张伯伦的建议下，首都伦敦举办了隆重的庆典，成千上万的英国市民走上街头，举行盛大的游行仪式，以表达对女王的祝福。

彼时的伦敦，是当之无愧的“世界中心”：帝国拥有遍布七大洲的殖民地，号称“日不落”帝国，治下总人口达 4.5 亿人，占世界人口的四分之一[1]；殖民地运来源源不断的棉花等原材料，而帝国的工厂则彻夜不息，向世界输出商品，出口总额一度占世界总量的 40%[2]；先后完成三次议会改革，基本实现成年男性的普选权，资产阶级代议制得到了前所未有的巩固[3]；文官制度的确立更是成为资本主义世界选官制度的典范[4]；狄更斯、柯南道

〔1〕［美］约翰·D. 赖特. 至暗与巅峰：维多利亚时代的英国与世界［M］. 陈青等译. 北京：化学工业出版社，2023：80.

〔2〕钱乘旦主编. 英国通史：第五卷　光辉岁月［M］. 南京：江苏人民出版社，2016：5687.

〔3〕中华人民共和国教育部. 普通高中教科书：历史（选择性必修 1）：国家制度与社会治理［M］. 北京：人民教育出版社，2020：12.

〔4〕中华人民共和国教育部. 普通高中教科书：历史（选择性必修 1）：国家制度与社会治理［M］. 北京：人民教育出版社，2020：35.

尔、艾略特等文学巨匠引领了新的时代潮流；而一栋栋独特的哥特式建筑则昭示着后古典主义的黄金时代。可以说，从 1837 年至 1901 年的维多利亚女王统治时期，是英国历史上的“繁花”时代。

这一天，维多利亚女王在日记中写道：“我相信，从来没有人见过这样的欢呼声，穿过那六英里的街道……欢呼声震耳欲聋，每一张脸都充满喜悦。”[1] 的确，对于女王和伦敦街头正在欢庆的每一个人来说，那是一个繁花似锦的年代，伦敦街头灯火通明，太阳似乎永远不会在英帝国落下。

如果说伦敦的狂欢庆典表达了英国人对维多利亚时代的自傲，那么转换一下视角，也许从他者的眼中更可领略工业革命时代伦敦所代表的英国在世界的领先地位。目光投向 1897 年之前的 30 年，曾有一位来自中国的旅人记录了其在伦敦的所行所思，为后人留下了当时伦敦的一幅历史侧影。1866 年，是清朝同治五年，成立不久的总理各国事务衙门决定派团赴欧洲考察访问，考察团的首席代表是斌椿。斌椿是满洲正白旗人，先后在山西等地做过县令等官，总理衙门成立之后，转任海关总税务司文案。1866 年，时任海关总税务司的罗伯特·赫德回国休假，在临行陛见中向慈禧太后提议派外交使团赴欧洲考察。慈禧思前想后，最终决定派以旗人斌椿为首的代表团出使欧洲。一方面，当时的朝廷官员大都不愿也不敢出国，斌椿品级不高，即使在外受到怠慢，也无损

〔1〕［美］约翰·D. 赖特. 至暗与巅峰：维多利亚时代的英国与世界［M］. 陈青等译. 北京：化学工业出版社，2023：91.

朝廷尊严；另一方面，则是年届六十的斌椿主动报名，慨然前往。在这样的机缘巧合之下，斌椿成为第一个赴欧洲考察的清朝官员。此后，斌椿将其所见所闻汇成《乘槎笔记》一书，为我们今天一窥维多利亚时代的伦敦提供了可能〔1〕。

1866年，斌椿未至伦敦，已先惊其速。斌椿一行农历正月初七从大沽口出发，时车时舟，二月初七方至上海。登上外轮以后，三月初十便抵地中海，日行千余里路，这样的速度缘何而来？斌椿由衷感慨："非轮船之神速，焉能如是。"〔2〕斌椿初见的背后，是一个日渐壮大的"轮船帝国"：至1890年，英国拥有全球远洋运输船只总吨位的73%，全球60%的新下水轮船均由英国制造〔3〕。斌椿先在法国驻足大半月，之后便来到了英国伦敦。1866年的伦敦呈现何种景观？1866年距1776年瓦特改良制造出复动式蒸汽机恰好90年，以蒸汽动力为代表的技术革命浪潮狂飙突进，由英国而席卷欧洲。斌椿目之所见，各行各业均以"火轮"为动力：轮船"以火灼水，借水气之力以运船"、火车"燃令水沸激轮，自能驰行不息"、纺织"棉花……由弹而纺，而织，而染，皆用火轮法"、铸炮"用火轮法大锤，重万斤"。斌椿览胜之余，下意识将工业文明与农业文明相比较，看到的是蒸汽动力与人力的天壤之别：见锯木厂以火轮解木，则感叹"较两人扯锯之劳，何啻霄壤"；见农田

〔1〕（清）斌椿．乘槎笔记［M］．长沙：湖南人民出版社，1981：1.
〔2〕（清）斌椿．乘槎笔记［M］．长沙：湖南人民出版社，1981：6.
〔3〕钱乘旦主编．英国通史：第五卷　光辉岁月［M］．南京：江苏人民出版社，2016：5703.

以火轮法抽水灌溉，“日汲数千石”，则不自觉与中国相比较“江浙山居者……沿河以水车戽水……惟人劳而灌溉不广”[1]。据相关史料统计，全球蒸汽动力在1850年至1870年的20年间增长了4.6倍，达到1 850万马力。这一年（1866年），英国人口仅3 100万，却拥有近400万马力的蒸汽机械，燃烧了1亿多吨煤炭，产生了约800万亿大卡的能量，而英国人均消耗的能量是亚洲的数十倍[2]。斌椿眼中的伦敦镜像，反映了工业化初期英国社会蕴藏的令人震惊的生产力；斌椿心中的中英落差，折射出英国社会的巨大变革以及两国文明形态的代际差。

工业革命带来的不仅是生产力的巨大发展和生产关系的巨大变革，还带来了人们社会生活的全方位变革。人口大量向工业领域转移，其结果之一就是城市规模的不断扩大。斌椿感叹：“都城（伦敦）有三百万人……人烟稠密，楼宇整齐……街道洁净，车毂击，人肩摩。”[3] 然斌椿的匆匆一瞥，远不能阅尽伦敦的时空变迁。维多利亚时代的伦敦在不断扩张。住在伦敦城一头的人，对于城市另一头几乎是一无所知。“到了1870年，在伦敦城里过日子的人已达惊人之数。每一年每一天的每八分钟，伦敦就有人过世；每五分钟，就有人出生。城里有四万叫卖小贩和十万‘冬季流浪汉’……这里的两万家酒吧坐拥五十万顾客。八年之后，伦

---

[1] 整理自（清）斌椿. 乘槎笔记［M］. 长沙：湖南人民出版社，1981：29—43.
[2] 杜君立. 现代的历程：机器改变世界［M］. 成都：天地出版社，2023：1498.
[3] 整理自（清）斌椿. 乘槎笔记［M］. 长沙：湖南人民出版社，1981：18—23.

敦有了五十万栋家宅，‘房子一个接一个排列起来，可以绕大不列颠岛一周有余’。难怪到了19世纪中期，伦敦人自己也会对伦敦心生敬畏、仰慕或者焦虑。”〔1〕“这座城市根本就没有中心。或者说，城中心无所不在。”〔2〕19世纪晚期，“硕大无朋”成为伦敦的代名词。宏大的扩张使新造之城在老伦敦中升起，除了新的建筑、新的街道，还有新的生活，“居民的生活方式、习惯、职业甚至娱乐都在过去半个世纪内发生了彻底的变化，就像这座伟大城市一样”〔3〕。城市改变着居民，有人在此遭遇贫穷与剥削，有人在此发现机会与财富，有人在此激发智慧与创造，有人在此经受疲惫与失败。处于转型中的伦敦是一座大熔炉！伦敦城无所不包！伦敦成为真正的国家中心。

斌椿初抵伦敦之时，伦敦还在持续且快速地扩张，从一地前往相隔一段距离的另一处，仅徒步已不可能。生活在维多利亚时代的人们，需依赖现代交通设施与工具才能实现在伦敦的腾挪前行，而修筑地下铁路这一涌动着生机的创新解决了人们的出行问题，让快速抵达成为现实。“……促使其加速改变的，是1837年修建的尤斯顿站，以及随后兴建的滑铁卢站、国王十字站、帕丁顿站、维多利亚站、黑衣修士站、查令十字街站、圣潘克拉斯站

〔1〕［英］彼得·阿克罗伊德. 伦敦传［M］. 翁海贞等译. 南京：译林出版社，2016：484.
〔2〕［英］彼得·阿克罗伊德. 伦敦传［M］. 翁海贞等译. 南京：译林出版社，2016：496.
〔3〕［英］彼得·阿克罗伊德. 伦敦传［M］. 翁海贞等译. 南京：译林出版社，2016：494.

和利物浦街站。约150年后的今天依然在运营的这整条铁路系统，从1852年到1877年之间的约短短25年间就凌驾伦敦之上。铁路站点本身即成为展现维多利亚时代发明与创新的殿堂……"[1] 地下铁路的铺设也改造着伦敦的面貌，伦敦成为交流和物流的总枢纽。当然，伦敦城常见的交通工具还有公共马车及敞篷双座出租马车。公共马车的车厢被刷成红色、绿色或蓝色，车身后插着木板，上面写着来往的途经地和目的地，“一大早第一班车总是坐满了办公室职员，第二班则是职员们的雇主、商人和银行家……到了晚上，车内又挤满了从城区返回郊区的人，若非如此，则是那些前往剧院或夜店，‘过夜生活’的人们"[2]。数千辆公共马车和出租马车形成了伦敦城的滚滚车流，交通堵塞成了工业时代的社会特征。

斌椿在1866年的伦敦，已能将此洋洋大观尽收眼底，恐其心中亦能体会到当时中英两国对“时空”的诠释是如此的南辕北辙。不妨来看斌椿笔记中的一则趣事：维多利亚女王在白金汉宫召见斌椿：“君主向门立。予入门侧立称谢。君主问：‘来此几日矣？’予答曰：‘来已兼旬。’"[3] 这一组问答展示出两种不同的时间观念：面对“来此几日”这样一个问题，在中国古人的语境中，常以

---

〔1〕[英] 彼得·阿克罗伊德. 伦敦传 [M]. 翁海贞等译. 南京：译林出版社，2016：497.
〔2〕[英] 彼得·阿克罗伊德. 伦敦传 [M]. 翁海贞等译. 南京：译林出版社，2016：499.
〔3〕(清) 斌椿. 乘槎笔记 [M]. 长沙：湖南人民出版社，1981：28.

约数计之。“兼旬”到底是几天？约为二十天。今人还可在古代文献中寻到许多类似的词语：期年、旬余、既望、中夜、少顷、须臾、瞬间、刹那、寻、旋、遽，等等，充满了感性色彩。而现代工业社会对时间的表达以精准为通则，工厂制度通过严格的规章制度规范人们的时间观念。同时，日益发达的水路交通网使人们普遍接受一种观念：准确的时间出现在正确的地点，是现代人应该遵守的重要准则。1839 年英国出现了第一份全国列车时刻表[1]，万众奔忙的伦敦唯“铁路时间”是瞻。浩瀚的伦敦城中，肩负着生活重担的伦敦人，总是行色匆匆。

斌椿还记载了另一则让其困惑不解的事情：“西人好洁，浴室厕屋皆洗涤极净。惟新闻纸及书札等字，阅毕即弃粪壤中，且用以拭秽，未知敬惜也。”[2] 中国古人向有“敬惜文字”的传统，然而伦敦街头却将报纸作此用途，是何缘由？斌椿大为疑惑。工业革命后，工厂工作对劳动力的文化水平要求提高，迫使政府和资本家加大教育投入，提高了工人文化水平，也提高了人们对于阅读的需求。斌椿所载从侧面反映了维多利亚时代印刷技术的进步及印刷品数量的提高。斌椿在 1866 年的伦敦，还应看到“国家美术馆、大英博物馆、大理石拱门、威斯敏斯特宫、皇家外科医师学会、法庭、海德公园角的屏风和拱门、大圣马丁教堂的邮政

〔1〕[英] 露丝·古德曼. 格调与文明：维多利亚时代极情尽致的浮世生活 [M]. 亓贰译. 北京：中国科学技术出版社，2023：565.
〔2〕(清) 斌椿. 乘槎笔记 [M]. 长沙：湖南人民出版社，1981：23.

总局、伦敦大学、内律师院与中律师院，以及各家剧院、医院、监狱、绅士俱乐部"[1]，工业文明初期的伦敦展示出现代城市特有的文化与生活风貌，伦敦成了公众的城市。

工业革命开创的工业文明，造成了世界文明格局的改变。自新航路开辟以来，世界连为一个整体，不同文化以前所未有的速度交流交融。然而，文化交流的浪潮自有其方向。在《乘槎笔记》的序言中徐继畬曾写道："我圣朝德威远播，泰西各国皆喁喁慕义。"[2] 可见工业革命前，各地域文明往往都将自己作为世界的中心，而"喁喁慕义"则强调各文明存在着一定的区域向心力，文明的强弱决定了文化发展的方向。1840 年第一次鸦片战争对于当时的中国人，可谓创剧痛深。随后斌椿在伦敦所见机器、交通、城市，惊讶之余，发出感慨："得见伦敦屋宇器具制造精巧，甚于中国。"[3] 则显示出在坚船利炮的强力之势下，文化心态变化与文野反转。自工业革命之后，以工业文明为代表的欧美文明掌握了文化交流的主导权，向外输出商品和科学技术的同时，也在输出具有西方色彩的现代生活方式。斌椿此行，表明当时的中国正战战兢兢迈出现代化的第一步，此后的路向艰难而曲折。

斌椿的游历笔记以"乘槎"为名，"槎"为小木筏之意，但其所乘坐的实为蒸汽轮船。因此，斌椿的游历实则是一次对工业文

---

〔1〕[英] 彼得·阿克罗伊德. 伦敦传 [M]. 翁海贞等译. 南京：译林出版社，2016：439.
〔2〕(清) 斌椿. 乘槎笔记 [M]. 长沙：湖南人民出版社，1981：1.
〔3〕(清) 斌椿. 乘槎笔记 [M]. 长沙：湖南人民出版社，1981：28.

明的观礼。今天，通过当年留下的史籍回望维多利亚时代的伦敦，从多个角度了解工业时代早期伦敦的生动剪影，仿佛看见百年前斌椿乘坐的历史之筏，为滞后的古老中国带来了些许现代文明的信息。

48

1905年：爱因斯坦与现代科学革命

1905年，对于26岁的爱因斯坦而言，是非常特殊的一年。这一年，他发表了五篇改变物理学面貌的论文，引发了时间、空间、能量、光和物质等方面的知识革命，1905年也因此被称为“爱因斯坦奇迹年”。

牛顿提出了物体运动三大定律和万有引力定律，形成经典力学体系，引领了近代科学革命。但在19世纪末20世纪初，科学家们逐渐发现了一些超出牛顿力学理论范畴的物理学现象，因此需要突破现有理论的新学说来解释这些现象。杨振宁感叹：“爱因斯坦极其幸运：他生逢其时，当物理学界面临着重大危机时，他的创造力正处于巅峰。换句话说，他有机会改写物理学的进程，这也许是自从牛顿时代以来独一无二的机遇。这种机遇少之又少。”〔1〕当这种机遇出现时，年轻的爱因斯坦凭借自己的才智和灵感抓住了它。在苏黎世联邦理工学院就读期间，爱因斯坦就展现出对于物理学的浓厚兴趣。他研读物理学的经典著作，对一些物理学理

---

〔1〕杨振宁. 爱因斯坦：机遇与眼光——第22届国际科学史大会大会报告［J］. 科学文化评论，2005（4）：10.

论开始有了自己的认识。随着研究的深入，爱因斯坦对物理学的兴趣逐渐变成了极致的热爱，并毫无保留地投入物理学的开创性理论研究之中。1901 年，爱因斯坦在物理学权威杂志《物理学年鉴》上发表了《由毛细管现象所得到的推论》一文，1905 年又接连发表了改变物理学的 5 篇惊世论文。

《分子大小的新测定》和《热的分子动理论所要求的静止液体中悬浮小粒子的运动》讨论了布朗运动〔1〕，证明了分子与原子的存在，从理论上阐释了布朗运动产生的原因。这两篇论文“解决了世纪之交的这场旷日持久的关于原子、分子是否存在的大争论。……大大推动了动力学与原子学理论的发展”〔2〕。《论动体的电动力学》和《物体的惯性同它所含的能量有关吗?》是关于狭义相对论的论述。牛顿的经典力学体系适用于宏观物体的低速运动状态，认为时间、空间与物质运动无关，是一种绝对的时空观。而狭义相对论反映的是物体高速运动的客观规律，认为质量、时间和空间随物体运动速度变化而变化，发生尺缩效应和钟慢效应，这就打破了牛顿力学的绝对时空观，是对牛顿力学的继承和发展。爱因斯坦还利用狭义相对论，推导出原子的电能与质量相互关系的著名公式：$E=mc^2$。当时很多科学家都钻研过相同的问题，“洛伦兹和庞加莱都没有抓住那个时代的机遇。……他们都错失其重

〔1〕1827 年，英国植物学家罗伯特·布朗在显微镜下观察到花粉在水中做不规则运动，人们把这种颗粒的无规则运动称为“布朗运动”。

〔2〕盖同祥、南华、黄三元. 现代科学技术与爱因斯坦［M］. 北京：中国社会科学出版社，2014：13.

点，因为他们死守着旧观念，正如洛伦兹自己后来所说的一样。爱因斯坦没有错失重点是因为他对于时空有更自由的眼光”[1]。这种眼光使爱因斯坦不拘泥于已有的理论体系，敢于质疑和挑战权威。在创立狭义相对论后，爱因斯坦在1916年又建立了广义相对论。“关于广义相对论，爱因斯坦没有抓住什么机遇，而是创造了这个机遇。”[2] 他把适用于匀速运动体系的狭义相对论推广到加速运动的参考系中，认为时间和空间的性质取决于物质的运动情况和物质本身的分布状态，修正了时间和空间、能量和物质的传统概念，进一步深化了对时间、空间和引力现象的认识。在《关于光的产生和转化的一个试探性观点》一文中，爱因斯坦将德国物理学家普朗克提出的量子假说应用到光辐射上，提出了“光量子假设”，成功解释了光电效应，为量子力学的建立奠定了基础。爱因斯坦也因该项研究获得了1921年诺贝尔物理学奖。

19世纪末20世纪初是物理学的革命时代，古典物理学理论体系的基础正在发生根本性变革。爱因斯坦抓住机遇并创造机遇，以自由的、独特的眼光创造性地提出了新理论，并不断探索，开启了现代科学革命的新纪元。但旧理论的打破与新思想的接受往往很艰难。由于相对论冲击了牛顿经典物理学理论体系，颠覆了旧有的知识结构，超越了前人的理解范畴，除少数科学家外，大

---

〔1〕杨振宁．爱因斯坦：机遇与眼光——第22届国际科学史大会大会报告［J］．科学文化评论，2005（4）：12.

〔2〕杨振宁．爱因斯坦：机遇与眼光——第22届国际科学史大会大会报告［J］．科学文化评论，2005（4）：14.

多数人无法理解。1919 年 11 月 7 日，《泰晤士报》刊登一篇质疑爱因斯坦的新闻稿，标题是："科学革命。牛顿理论被推翻。"〔1〕当时还有一位哥伦比亚大学的天体力学教授声称："这些年过去了，世界的局势和人们的心理状态都处于动荡之中。一种深层的精神骚动导致了战争的崛起，并试图颠覆运行良好的政府机制。同样的精神骚动也入侵了科学界，蛊惑许多人抛弃了久经考验的现代物理学和力学的根基理论，而试图用投机的方法论建立关于宇宙的虚妄之梦。"〔2〕 面对种种质疑与否定，爱因斯坦始终坚守自己的理论研究。他于 1919 年 11 月 28 日在《泰晤士报》上发表了《我的理论》一文，详细介绍并解释了相对论，以此方式与其他学者交流切磋。对于外界宣扬的牛顿理论被推翻，爱因斯坦直言："不要认为牛顿的辉煌成就真的能被这种理论或任何其他理论所取代。作为自然哲学领域中我们整个现代概念结构的基础，其伟大而明晰的思想将始终保持其独特的意义。"〔3〕 由此，爱因斯坦明确表达了现代物理学与经典物理学之间传承和超越的关系，也逐渐澄清了人们的一些误解。在爱因斯坦光量子学说提出后，普朗克等众多物理学家也曾纷纷表示反对，但在科学实验中这一学说却得到了反对者的验证。试图以实验否定爱因斯坦理论的美

---

〔1〕[德] 菲利普·弗兰克. 爱因斯坦传 [M]. 吴碧宇、李梦蕾译. 武汉：长江文艺出版社，2016：146.

〔2〕[德] 菲利普·弗兰克. 爱因斯坦传 [M]. 吴碧宇、李梦蕾译. 武汉：长江文艺出版社，2016：148.

〔3〕[美] 阿尔伯特·爱因斯坦. 我的世界观 [M]. 方在庆译. 北京：中信出版集团，2018：388.

国物理学家密立根，在 1915 年反而以实验证实了光量子理论的光电效应公式，并以此获得 1923 年诺贝尔物理学奖。美国科学家康普顿也用实验证明了光量子学说，获得 1927 年诺贝尔物理学奖。随着爱因斯坦理论被越来越多的科学家理解、接受并研究，爱因斯坦也成为那个开放、变革的物理学时代最伟大的科学家之一，被公认为是继伽利略、牛顿之后最伟大的物理学家。

世人高度评价爱因斯坦的理论对现代科学和社会发展的贡献及意义。1919 年，英国著名物理学家 J. J. 汤姆逊评价爱因斯坦的理论是“人类思想史上最伟大的成就之一”〔1〕。杨振宁赞扬“他独自一人通过深邃的眼光，宏伟的设想，经过七八年孤独的奋斗，建立起一个难以想象的美妙的体系”〔2〕。然而，“科学革命是一个复杂的社会和思想过程，绝不仅仅是一些科学家个人的传记”〔3〕。“在 1905 年前后，除了爱因斯坦，在物理学、数学、天文学、地球物理学、化学、生物学、心理学、人类学以及技术领域，都有革命性的发展。所以，爱因斯坦在 1905 年的奇迹，并不是一个偶发的、孤立的事件。”〔4〕 可见，科学革命、理论突破，并非偶然事件，而是学科领域里众多科学家日复一日探索钻研、长期累积的

---

〔1〕［德］菲利普·弗兰克. 爱因斯坦传［M］. 吴碧宇、李梦蕾译. 武汉：长江文艺出版社，2016：146.

〔2〕杨振宁. 爱因斯坦：机遇与眼光——第 22 届国际科学史大会大会报告［J］. 科学文化评论，2005（4）：14.

〔3〕［美］詹姆斯·E. 麦克莱伦第三、［美］哈罗德·多恩. 世界科学技术通史（第三版）［M］. 王鸣阳、陈多雨译. 上海：上海科技教育出版社，2020：268.

〔4〕［美］约翰·施塔赫尔主编. 爱因斯坦奇迹年：改变物理学面貌的五篇论文［M］. 范岱年、许良英译. 上海：上海科技教育出版社，2020：152.

结果，更是各领域发展交叉融合、相互推进的结果。爱因斯坦生逢其时，抓住了机遇，引领了现代科学革命。

爱因斯坦于1955年4月18日逝世，但他的理论至今仍影响着现代科学技术和社会的发展。“他所创立的光电理论为激光技术奠定了理论基础，他的相对论创立了新的物理世界观，并为未来航天技术提供了理论依据。他为宇宙起源的大爆炸理论做了先驱性工作，他发现的质能转换公式奠定了原子核物理学基础。”〔1〕20世纪中后期连续发生的多次新技术革命，都是在爱因斯坦等科学家所开启的现代物理学革命的基础上展开的，这些高新技术产生的众多成果广泛地应用于农业、工业、军事、通信、医学、能源等各个领域，并发展出诸如宇宙航行、核聚变、高速网络通信、全球定位系统、生物基因工程和人工智能等21世纪的前沿科学技术。爱因斯坦的学说也推动了哲学的进步与发展，他是批判学派科学哲学思想的集大成者和发扬光大者。1990年《时代》杂志评选爱因斯坦为20世纪风云人物。2005年是爱因斯坦伟大发现的100周年，为了纪念爱因斯坦在1905年创造的奇迹，联合国大会决议将这一年定为国际物理年。

江山代有才人出，各领风骚数百年。科学研究无边界、无止境，当代科学家在继承爱因斯坦等先辈科学遗产的基础上，继续不断探索未知，创新突破，谱写着人类智慧的新篇。

---

〔1〕盖同祥、南华、黄三元. 现代科学技术与爱因斯坦［M］. 北京：中国社会科学出版社，2014：64.

49 人工智能与人机之间的工作竞争

纵观世界文明史，人类先后经历了农业革命、工业革命、信息革命。每一次产业和技术革命，都给人类生产和生活带来了巨大而深刻的影响。

20 世纪 90 年代以来，人工智能在众多领域取得了引人注目的成功，并在近些年来呈现加速发展的态势。如国际象棋领域的“深蓝”机器人击败世界冠军加里·卡斯帕罗夫；围棋领域的 AlphaGo 战胜世界冠军李世石；清华大学自然语言处理与社会人文计算实验室研发的人工智能诗歌写作系统“九歌”，在中央电视台“机智过人”节目中“创作”的诗歌，与 3 位大学生诗人的诗作难分伯仲。这些现象令人真切地感受到人工智能的威力。不过，以上这些皆为专用人工智能系统，它们只是在某个特定领域或行业表现出色，在其他领域或行业往往乏善可陈。直至 2023 年初，ChatGPT 引爆了全球对人工智能的强烈关注，这可以说是人类历史上第四次里程碑式的科技革命。以 ChatGPT 为代表的新一代人工智能拥有先进的人工神经系统和算法，其对上下文的理解和互动能力已经与自然人不相上下，且在理解力与逻辑性上更胜于人类。

不过，再先进强大的算力和算法，依然要依靠数据库数据的覆盖面和真实准确性。虽然 ChatGPT 积累了大量的数据资料，并经过反复的预训练，但比起全人类积累的海量数据，依然是沧海一粟。在文学创作、艺术加工方面，ChatGPT 往往能快速响应并给出近乎“标准”的答卷，但因为缺乏生活实践的感受和个体情感的体验，在意境和文字风格上还远远不具有人类的创新能力。人工智能技术的更新迭代也引发了一系列的焦虑与争论，以 ChatGPT 为代表的高级人工智能最终是否能代替人类？它们究竟是“普罗米修斯”还是“潘多拉魔盒”？正如马克思所言：“随着新生产力的获得，人们改变自己的生产方式，随着生产方式即谋生方式的改变，人们也就会改变自己的一切社会关系。”[1] 新科技革命带来了经济社会发展的重大机遇，其将如何影响原有的人与技术关系，为建构新型人与技术关系乃至重构社会关系提供了怎样的契机，这都是值得思考的问题。直面 ChatGPT 等通用人工智能的挑战，我们应该理性地剖析人与智能系统的工作能力。毋庸置疑，与人类劳动者相比，智能系统正表现出一些明显的工作效能优势。

首先，人工智能系统是基于信息技术、智能技术、生物技术、纳米技术等人类社会所创造的优秀成果的产物，是一种可塑性比较强、尚未最终定型、随着技术发展而不断更新迭代的高新科技产物。其硬件和软件都可以根据使用需求重新设计抑或替换，并

〔1〕中共中央马克思恩格斯列宁斯大林著作编译局编译. 马克思恩格斯选集：第 1 卷［M］. 北京：人民出版社，2012：222.

可不断重组、升级。而自然人一旦孕育、出生，除了学习和提高自身认识能力，作为物质载体则难以替换、重组。

其次，人工智能系统呈现出日益强大的功能优势。人工智能系统采集、存储、传输、共享大数据的技能越来越强大，可以与大量的人、机联网，数据传输和共享更及时、更充分，相互之间的协作、互动更灵敏、更高效。在智能系统已经应用的领域，人类劳动者即使从不放松学习和培训，也可能难以与性价比越来越高的智能系统竞争。

再次，人工智能系统的工作状态更加稳定、出色。人工智能系统具有“钢铁般”的身体和意志，它们对工作环境和条件的适应性比较强，它们可以长时间地维持比较恒定且出色的劳动状态，特别擅长从事那些人们厌恶的又苦又累、单调重复、枯燥乏味的工作。

最后，人工智能系统具有与人类劳动者不同的遗传和进化优势。人工智能系统的发展依托相关科技的发展，遵循“摩尔定律”〔1〕之类的规律，工作技能的提升比人快得多。“人类技能的增速越来越缓慢，而计算机功能的增速却越来越快。”〔2〕人的知识、经验和劳动技能无法遗传，每个人都需要“从零开始”学习、

〔1〕摩尔定律是英特尔创始人之一戈登·摩尔的经验之谈，其核心内容为：集成电路上可以容纳的晶体管数目在大约每经过 18 至 24 个月便会增加一倍；换言之，处理器的性能大约每两年翻一倍，同时价格下降为之前的一半。它在一定程度上揭示了信息技术进步的速度。

〔2〕[美] 杰夫·科尔文. 不会被机器替代的人——智能时代的生存策略 [M]. 俞婷译. 北京：中信出版集团，2017：9.

积累。而人工智能系统不仅可以源源不断地创造，且可以迭代，可以通过自主学习不断提升。智能系统一旦“掌握”某种工作技能，便可以不知疲倦地高速复制它，并向不受限制的智能系统快速扩散。人工智能系统的这种传承、迭代能力令人类钦羡有加。近些年来，人工智能系统的功能升级与制造成本之比呈现快速下降的趋势，人机之间的劳动成本可能持续拉大[1]。

然而，技术的发展是一把双刃剑，人工智能也不例外。针对未来人工智能所带来的负面效应，相关学者认为，从短期来看，人工智能将发展到弱人工智能阶段，它将挑战人类现有的就业结构，对一些传统行业造成冲击。“纵观历史，就业市场可分为三个主要部门：农业、工业和服务业。在大约公元1800年前，绝大多数人属于农业部门，只有少数人在工业和服务业部门。到了工业革命时期大多数人进入工业部门。到了最近几十年，工业部门的职位逐渐消失，服务业大幅扩张。2010年，美国的农业人口只剩2%，工业人口有20%，占了78%的是教师、医生、网页设计师等服务业从业人员。”[2] 也就是说，随着社会生产力的发展，纯体力劳动的职业人数在逐渐减少，而从事脑力劳动等服务行业的人数则持续增加。可以预见，随着人工智能的发展，未来将会出现新型行业，而这些行业更多依靠的是人类的脑力劳动。“随着机器

〔1〕孙伟平. 智能系统的“劳动”及其社会后果［J］. 哲学研究，2021（8）：32.
〔2〕［以］尤瓦尔·赫拉利. 未来简史［M］. 林俊宏译. 北京：中信出版集团，2018：286.

取代纯体力工作，人类便转向专注于需要至少一些认知技能的工作。”[1] 在这一点上，弱人工智能取代人类只是时间早晚的问题。就拿高速公路收费来说，现在的高速公路多数采用 ETC 的入口方式，不再需要传统人工操作，从而导致此类岗位需求的减少。因此，未来弱人工智能带来的负面效应就是简单劳动岗位的就业压力。

从中期来看，强人工智能技术逐渐成熟并将占据人工智能发展的主导地位。“对人类功能的取代是技术的基本功能”[2]，强人工智能取代人类脑力劳动，意味着人工智能实现了对人类脑力劳动和体力劳动的双重取代。尤其是重复性脑力劳动，如会计、审计、金融分析师等需要大量重复性工作的职业，会被人工智能所取代，而需要人类情感和人际交往、人类感知和判断力的职业，如心理咨询师、社会工作者等则较难被人工智能所取代。届时作为劳动主体的人类在新的世界中必须找到自己的新定位，以便适应人机和谐的新关系。

从长远来看，人工智能的发展将迈向超人工智能阶段。超人工智概念由尼克·博斯特罗姆提出：“指智能革命突破‘奇点’，全面超越人类智能。超人工智能还远未实现，一些学者认为在可

---

〔1〕［以］尤瓦尔·赫拉利. 未来简史［M］. 林俊宏译. 北京：中信出版集团，2018：286.

〔2〕黄欣荣. 人工智能对人类劳动的挑战及其应对［J］. 理论探索，2018（5）：18.

预见的将来不可能实现，但我们必须严肃地考虑其可能性。”〔1〕基于人工智能的新世界，不仅仅是因工具进步而发生的改变，更是因技术革命而导致的人类存在和发展方式的升级。“第一次工业革命扩展了我们身体的范围，第二次工业革命扩展了我们思想的范围……在未来的20年，几乎所有的日常的体力和脑力劳动将会被自动化。计算和通信将成为不可分离的产品，如手持设备，并且将形成一个环绕着我们的智力资源的无缝网络……并且通过与非生物智慧的融合，我们的智慧扩展的趋势还会大大加强。个人服务将主要转移到虚拟现实环境中，特别是当虚拟现实开始涵盖所有感官时。”〔2〕

人工智能技术对人类生活的重新定义是不可逆的，那么在如此环境中的个人、社会以及技术的去向将成为我们讨论的焦点。与此同时，任何一场新技术革命都会带来知识与教育的变化，也终将改变人的思考方式和思维模式。人工智能模型介入教学将是不可阻挡的趋势，由此可能带来两种不同的前景。其一，无论教师还是学生，都将深度依赖聊天语言模式去寻找所谓的“标准”答案，学生思维也容易走向趋同化、单一化，不利于批判性思维的形成与发展。人类一旦高度依赖工具，作为人类思考工具的人

〔1〕常晋芳. 智能时代的人-机-人关系——基于马克思主义哲学的思考［J］. 东南学术，2019（2）：76.

〔2〕［美］库兹韦尔. 奇点临近［M］. 李庆诚、董振华、田源译. 北京：机械工业出版社，2011：206.

工智能也将反过来主宰人类。其二，聊天对话式的 ChatGPT 在技术上创造了一种可能，师生的教学关系也许会回归到雅典城邦苏格拉底式的对话，即通过不断抓住问题的破绽，不断追问，最后达到真理。这就要求用户具有批判性思考能力，不迷信 ChatGPT 的“标准”答案，不断挖掘问题的底蕴和逻辑破绽，逼迫 ChatGPT 发挥出最大的知识能量。如果是这样，教学场景就会发生根本性转变，提出好的问题才会有好的答案。如此，培养具有创新意识的人，将成为教育的基本目标，而这也许就是人类应对人工智能挑战的真正突破。

要充分应对人工智能所带来的挑战，需要进一步追问人工智能的技术本质。人工智能作为人类劳动解放过程中的一种工具，可以延长人类大脑器官功能，扩展人类智慧，其本质仍然是人类劳动的辅助工具。然而由于人工智能潜存着超越人类的力量，也可能带来负面效应，进而引发人类的担忧。为了更好地应对由此带来的挑战，人类需要调整就业观念和职业规划，并学会与人工智能协同工作。同时，人类也需要发掘自身的兴趣和爱好，从事需要独立思考、综合判断、创新发明的工作，进而实现人机互补，提高劳动效率与质量。唯有如此，人类才能在人工智时代找到适合自己的劳动新形式，应对可能出现的劳动危机。

从轴心文明时代的古希腊哲学、儒家哲学到近代的启蒙哲学，都预设了人是主体的文明底线，倘若我们依然认可这条文明铁律的话，那么人工智能技术的发展应该受到文明社会固有的法律、伦理道德等的约束，使其能够有序地、安全地发展。作为人类，我们理当以开放的心态拥抱技术发展，同时也应该对其怀有敬畏之心，使高级人工智能永远是人类的好伙伴与好朋友。

50 从“市”看中国古代商业的发展

市是中国古代交换物品的场所，古往今来，市的形制、以市为中心的贸易网络以及市场中的商品、商人和商业经营活动不断演进，这一历程也是中国古代商业发展的一个缩影。

贸易网络的扩大和城市市场形制的变化

中国原始社会就存在物物交换的行为。原始社会末期，随着生产力的发展和生活需求的增加，交换开始趋于频繁，逐渐出现了一些在时间和空间上固定的市。但此时仍处于物物交换阶段，市中没有专职商人及商业贸易，市基本与商业经营无关。二里头遗址出土了海贝和仿制贝，这是目前已知中国最早的货币。货币是商业的媒介，货币的出现表明原始的物物交换有了新突破。进入商朝后，随着生产和交换的发展，商业从农业和手工业中分离出来，成为独立的经济部门，从事商品交易的商人阶层由此出现。在此背景下，市成为商业贸易的场所并开始与都邑相结合，商业区也因此成为中国古代城市布局中不可或缺的重要区域。商朝和西周的城市是一定区域内政治、军事和宗教中心，虽然城市中居住着工商业者，且包含规模不小的市场，但工商业者食于官，商人服务于贵族，加之官府设置了一整套约束商人及商业的管理制度，此时的商业是由政府垄断经营的，城市的商业性质并不突出。

春秋战国时期的社会大变革深刻影响着城市性质的变化。由于战争频发，各国相继在军事要冲筑城，边境和境内小邑也筑起城市。同时，随着铁器和牛耕的使用，粮食生产的增加，城市居民逐渐增多，城市中的工商业逐渐发展起来，城市的工商业性质开始凸显。战国以来，商业越发繁荣，市也发生了诸多变化，如固定摊位的出现、同类商店的聚集、砌墙围市的产生、市场周边商人定居点的形成等，说明即便此时城市的功能仍以政治和军事为主，但其工商业属性越发凸显，一些城市还成为重要的商业中心[1]。有些规模较大的城市还发展为地区性的商业中心，如齐国都城临淄：

> 临淄甚富而实，其民无不吹竽鼓瑟，弹琴击筑，斗鸡走狗，六博蹋鞠者。临淄之涂，车毂击，人肩摩，连衽成帷，举袂成幕，挥汗如雨，家殷人足，志高气扬。[2]

秦汉时期的中国实现大一统，战国以来商业高速发展的势头得以保持，形成了多个以大城市为中心的经济区，此时的长安、

---

〔1〕整理自梁庚尧. 中国社会史［M］. 上海：东方出版中心，2016：71—77.
〔2〕（西汉）司马迁. 史记［M］. 北京：中华书局，1963：2257.

洛阳、临淄、邯郸、南阳和成都可谓大城市的一时之冠，大城市下还有一些中等城市，以这些城市为中心形成了辐射周边地区的商业贸易网络。魏晋南北朝时期，战争频仍，政权更迭频繁，城市遭到巨大破坏，市场整体上呈现萎缩趋势，但也出现了市场分化和区域性活跃的现象。隋唐重归一统，经济发展迅速，北方的大城市继续发展，南方也兴起了一些大城市，其中的江都（今扬州）尤其令人瞩目。

秦汉的市制基本沿袭自战国，市的四周被墙围起，旁侧开有市门，市内同类商店集中于一地，每日有固定的时间开市和闭市，政府设有专官管理市场，市与作为居住区的坊相分离。这一市场形制沿用至隋唐时期，《唐六典》记载了唐都长安城的市场开闭时间和方式：“凡市以日午，击鼓三百下而众以会；日入前七刻，击钲三百下而众以散。”〔1〕 唐中期以后，因应现实需要，政府开始于市外设市。此后长期的军阀割据，也严重破坏了城市的坊市分离制度。至两宋时期，随着社会相对稳定，农业、手工业及商业贸易高度活跃，原先城市的坊制和市制于宋朝中叶以后完全瓦解。市内的商家走出围墙，沿街设铺，《东京梦华录》记录了北宋都城汴梁的店铺、作坊、旅馆、酒家等皆沿街开设，与住宅区夹杂在一起，中央政府官署相邻近的街面也开设了各种商铺和饮食店，就连城外的八个厢也是商铺与住宅杂处〔2〕。

〔1〕（唐）李林甫等．唐六典［M］．北京：中华书局，2014：543—544.
〔2〕（宋）孟元老撰．东京梦华录［M］．邓之诚注．北京：中华书局，1982：82—83.

州桥曲转，大街面南曰左藏库。近东郑太宰宅、青鱼市、内行，景灵东宫南门大街以东，南则唐家金银铺、温州漆器什物铺、大相国寺、直至十三间楼、旧宋门。自大内西廊南去，即景灵西宫，南曲对即报慈寺街、都进奏院、百钟圆药铺，至浚仪桥大街。西宫南皆御廊杈子，至州桥投西大街，乃果子行。街北都亭驿，相对梁家珠子铺。余皆卖时行纸画、花果铺席。至浚仪桥之西，即开封府。御街一直南去，过州桥，两边皆居民。街东车家，炭张家酒店，次则王楼山洞梅花包子、李家香铺、曹婆婆肉饼、李四分茶。至朱雀门街西，过桥即投西大街，谓之曲院街，街南遇仙正店，前有楼子后有台，都人谓之“台上”。此一店最是酒店上户，银瓶酒七十二文一角，羊羔酒八十一文一角。街北薛家分茶、羊饭、熟羊肉铺。向西去皆妓馆舍，都人谓之“院街”。御廊西即鹿家包子，余皆羹店、分茶酒店、香药铺、居民。[1]

不仅如此，市场经营的时间限制也被打破，商铺的开闭时间不受限制，有的店铺甚至通宵营业，夜市成为东京靓丽的风景线。直至明清时期，中国古代的市场形制基本如此。

城市商业之外，农村地区的市场也发展起来。秦汉时期县以下的小邑有定期的市集，南北朝时期在一些农村的交通要道和交

---

〔1〕（宋）孟元老撰、伊永文笺注．东京梦华录笺注［M］．北京：中华书局，2007：81—82.

易频繁之处，形成了固定的交易场所，称为“草市”。唐朝的草市不仅交易活跃，而且普遍出现于农村地区，甚至在岭南等地还出现了比草市更为深入农村的“虚市”（或称“墟市”）。然此时城市和农村之间的商业贸易尚缺乏连接的桥梁。宋朝以来，工商业性质的市镇开始兴起，乡村定期聚集的市场也十分活跃，一些“草市”发展成为地区的商业中心，形成市镇。新兴的市镇并非当地的行政中心，而以商业中心的面目出现。南宋时，市镇的数目逐渐增多，市镇范围也不断扩大。明清时期，市镇更是喷涌而出，刘献廷《广阳杂记》载：“汉口不特为楚省咽喉，而云、贵、四川、湖南、广西、陕西、河南、江西之货，皆于此转输，虽欲不雄天下，不可得也。”〔1〕而其中尤以南方（主要是江南）兴起的工商业市镇数量居多。相较于此前集散型的商业市镇，此时生产型的手工业专业市镇也蓬勃涌现，如因交通或手工业特色而名震一时的“四大名镇”〔2〕，成为沟通城乡的桥梁。至此，中国古代的商业贸易最终形成了城市—市镇—集市（草市、虚市）的网络体系。

值得一提的是，中国古代的市还包括国内市场的扩大和外延——“关市”和“番市”。“关市”是设在边关地区的市场，如宋朝的榷场，这是中原王朝与周边少数民族及外国贸易的场所。“番

〔1〕陈锋等. 中国经济通史：第八卷：上册［M］. 长沙：湖南人民出版社，2002：979.

〔2〕河南的朱仙镇、湖北的汉口镇、广东的佛山镇、江西的景德镇并称全国四大名镇，明清称为天下四大镇。

市”出现于唐宋时期，是设在都城中外国商人交易“番货”的市场。

商品、商人及商业经营活动的变迁

市成为商业贸易平台伊始，市场上流通的主要商品是马、珍宝等。春秋战国“工商食官”制度崩溃后，私营工商业者在市场上经营金银器、粮食、绸布、皮货、盐、酒及各类牲畜等买卖。秦汉时期的大宗商品被司马迁记载于《史记·货殖列传》：

> 夫山西饶材、竹、榖、纑、旄、玉石；山东多鱼、盐、漆、丝、声色；江南出楠、梓、姜、桂、金、锡、连、丹沙、犀、玳瑁、珠玑、齿革；龙门、碣石北多马、牛、羊、旃裘、筋角；铜、铁则千里往往山出棋置：此其大较也。[1]

除此之外，东汉蔡伦改进造纸术，纸张及纸质书籍也成为市场上新兴的商品。魏晋南北朝尤其是隋唐时期，到中原经商的少数民族和域外商人可谓络绎不绝，来自外邦的珍奇名贵之物充溢市场，中原本土的饮品茶叶与手工业品成为畅销商品。然而，尽管此时市场上的日用品日渐增多，但主要还是服务于达官显贵的生活消费。北宋时期，农业的高度发展致使人口激增，而手工业和商业的发展则进一步推动了市场的繁荣，供平民消费的日用商

---

〔1〕（西汉）司马迁. 史记［M］. 北京：中华书局，1963：3253—3254.

品比重显著上升。甘蔗、棉花等经济作物开始出现于市场，铁器、丝绸、茶叶等大宗商品的数量成倍增长，大量瓷器流入市场，成为百姓生活不可或缺的器具。由于科举制的发展、造纸术和印刷术的进步，各类书籍也成为商品在市场上流通。到了明清时期，农产品和手工业产品的商品化程度大大提升，桑、枣、麻、棉和各类瓜果在零售市场和转运贸易中也成为大宗商品。16 世纪以来，随着新航路的开辟，传入中国的美洲作物玉米、马铃薯、番薯、辣椒、花生等成为市场上的新宠。而民营手工业的快速增长，也促进了大批民间消费型手工业品的生产。

综而观之，至宋朝以后，百姓日用生活的大宗商品，包括生产工具等真正成为市场消费的主流，固化的社会结构也在此时逐渐松动。随着商品经济的发展，商人的身份和地位也发生了改变，由“重农抑商”“工商食官”背景下受统治者严格监管的“四民”之尾的从业者，变成与士人同为社会风尚演化的主角。更为有趣的是，原来鄙视商人的士人此时也开始从商。而市场上流通的货币及信贷、契约等商业经营方式的出现，既是中国古代商业发展的产物，也是中国古代商业演变的见证。当然，在古代社会的基本经济制度和生产方式没有根本变革之前，中国的商业仍然属于前资本主义形态，依附于自然经济和皇权官僚体制，尚未形成由资本主导的商品经济和商业社会。

51 丝绸与琉璃
——从罗马到汉朝

汉朝与罗马——屹立于欧亚大陆的东西两端。西端的罗马在扩张与征战中，从蕞尔城邦发展成环地中海的大帝国，地中海成为帝国的“内湖”，罗马人拥有了“我们的海”，向外扩张可谓“战无不胜，攻无不克”；东端的汉朝在经历与匈奴的长期拉锯战后，最终击败匈奴，拓展边疆，版图广袤，巩固了大一统国家的格局。汉朝与罗马两大帝国，可谓公元前后世界的“超级大国”。

史籍未见罗马与汉朝之间的官方直接往来。但翻开地图，循迹商贸之路，或可看到由丝绸之路联结两大帝国的历史掠影。

“丝绸之路”是德国地理学家李希霍芬于1870年赋予汉朝中国和中亚南部、西部以及印度之间以丝绸贸易为主的交通路线的名称[1]。“丝绸之路”有其特定的时间与空间，在历史上经历了不少变化，其通道有北方（草原）丝绸之路、西北（沙漠）丝绸之路、西南（佛教）丝绸之路以及南方（海上）丝绸之路等。学界对其起止之地、具体路线等诸多问题尚有争论。一般而言，汉

〔1〕荣新江. 丝绸之路与东西方文化交流［M］. 北京：北京大学出版社，2022：1.

朝陆上“丝绸之路”西起罗马帝国首都罗马城，经由西亚、中亚最终到达汉朝都城长安，这一路线经过中亚沙漠地区，也是最常用的交通线。在汉武帝公开招募之下，“（张）骞以郎应募，使月氏”，对当时中国人了解神秘而不可及的西方域外之地，有“凿空”之功。那么，罗马人对丝路另一端的东方又有怎样的想象呢？公元1世纪，古罗马地理博物学家老普林尼在《自然史》中描述中国：“林中产丝，驰名宇内。丝生于树叶上，取出，湿之以水，理之成丝。后织成锦绣之绮，贩运罗马。富豪贵族之妇女，裁成衣服，光耀夺目。由地球东端运至西端。故极其辛苦。”〔1〕这段文字呈现了罗马人想象遥远的东方丝国在林中树叶上采集丝，然后用水浸泡加工、理顺再织成美丽丝绸的图景。罗马人用“赛里斯”（意为“丝绸之国”）称呼中国，他们情不自禁地被赛里斯人美丽飘逸的丝绸所征服，但对中国的图像并不清晰〔2〕。而贩运至罗马的丝绸为贵妇所喜爱，则是作者亲眼所见。“保守估计，印度、塞雷斯（中国）和阿拉伯半岛每年可以通过贸易从罗马帝国赚取10 000万塞斯特斯（sesterces，编者注：一种古罗马货币）的利润，这便是我们罗马帝国的妇女每年用来购买奢侈品的花费。”〔3〕由此可见，早在2 000多年前，丝绸之路已经把欧亚大陆

〔1〕黄丽平. 足迹从丝路延伸：中国古代对外文化交流［M］. 北京：人民日报出版社，1995：93.

〔2〕严建强. 18世纪中国文化在西欧的传播及其反应［M］. 北京：人民日报出版社，2002：23.

〔3〕李伯重. 火枪与账簿：早期经济全球化时代的中国与东亚世界［M］. 北京：生活·读书·新知三联书店，2017：34.

两端的罗马与汉朝连接起来。

汉朝又是如何想象甚至希望能亲抵西端的大国的？张骞通西域后，汉朝与西域各国的往来日益密切频繁，尤以商人居多，可谓“驰命走驿，不绝于时月；商胡贩客，日款于塞下”[1]。汉武帝从西域使者的口中，得知西方大国名为“海西”，海上顺风船行三月便可抵达。此后，罗马渐入汉朝的视野，东汉时期称其为“大秦”。《后汉书·大秦传》云：“或云其国西有弱水、流沙，近西王母所居处，几于日所入也。”[2] 汉朝人想象中的大秦，充满神异。文献反映了当时的地理观，认为大秦是现实世界的西极，所谓弱水、流沙正是现实世界与神仙世界的交界处，日入之处即是现实世界的边缘。汉朝自是对接邻仙界的大秦充满了向往。东汉班超经营西域，派甘英出使大秦，在范晔所撰《后汉书·西域传》亦有详细记载。可惜甘英在安息国失去了继续西行的勇气，最终未能抵达罗马。彼时，东方的汉朝与西方的罗马统治者可能都尝试过联系对方，但始终未能建立直接的官方关系，而丝绸之路上的商贾却通过货物贸易连接起了两大帝国。汉朝的丝绸等商品，由陆上丝绸之路通过贵霜帝国、安息帝国一路向西。在相当长的一段时期，至少在15世纪之前，连接欧亚非三洲的丝绸之路是承担东西方贸易最主要的国际商路。

最初罗马人获取丝绸并不容易，“其王常欲通使于汉，而安息

[1]（南朝宋）范晔. 后汉书［M］. 北京：中华书局，2007：871.
[2]（南朝宋）范晔. 后汉书［M］. 北京：中华书局，2007：865.

欲以汉缯彩与之交市，故遮阂不得自达”[1]。对帕提亚人[2]的阻挠不难理解，毕竟来自汉朝的丝绸对沿途各地都具有极大的吸引力，安息之地利在于作为丝绸转运西方的陆上必经之地，过境贸易使其有利可图。在奥古斯都（罗马帝国的第一位元首屋大维）统治时期，因为航海者在造船技术上的改进以及对季风知识的运用，罗马终于发展了与印度的贸易，形成了自埃及经印度洋到印度再延伸至东南亚直至中国的海上商路。在德国历史学家蒙特奥多尔·蒙森（1863—1902 年）主持编撰的《拉丁铭文大全》中，可以读到一块块碑铭传达着“丝绸世界”的历史信息。在已经发现的约 1. 8 万块铭文中，其中有 9 块铭文涉及丝绸、丝绸价格和丝绸交易商[3]。这为后人了解罗马丝绸市场以及丝路贸易提供了重要物证。

东西方文献也都留下了关于丝路或对方的记载。从公元 1 世纪下半叶问世的《厄里特里亚航海记》中，我们可以读到一位希腊商人的随船贸易记录。这本航海手册洋溢着古罗马时代流行的希腊文风，作者以 66 条简洁段落，主要记录了从罗马治下的埃及航行至位于东非、阿拉伯半岛南部和印度西海岸各港口进行贸易的

---

〔1〕(南朝宋) 范晔. 后汉书 [M]. 北京：中华书局，2007：865.

〔2〕帕提亚人发源于伊朗高原东北部，在希腊化时代（塞琉古王国）结束时迅速占领了从两河流域至青藏高原西部边境的地区，建立帕提亚帝国（也称安息帝国），成为西南亚霸主。帕提亚帝国是罗马帝国长期的竞争对手，两者围绕地中海东部的控制权发生了长期的冲突和战争。

〔3〕整理自杨共乐. 拉丁铭文中的“丝绸世界”[J]. 中国国家博物馆馆刊，2011 (5). 32—35.

实用信息，成为罗马与东方贸易最详细和最全面的现存记述，为人们研究当时罗马商人与东方丝绸之路上各地的贸易以及发现季风规律，提供了重要资料〔1〕。公元1世纪至5世纪的中国文献不乏“大秦传”的各种记撰，如“其人民皆长大平正，有类中国，故谓之大秦。土多金银奇宝，有夜光璧、明月珠、骇鸡犀、珊瑚、虎魄、琉璃、琅玕、朱丹、青碧……”“其人质直，市无二价。谷食常贱，国用富饶。”〔2〕“以金银为钱，银钱十当金钱一。与安息、天竺交市于海中，利有十倍……至桓帝延熹九年，大秦王安敦遣使自日南徼外献象牙、犀角、玳瑁，始乃一通焉。其所表贡，并无珍异，疑传者过焉。”〔3〕“又云大秦人采苏合，先笮其汁以为香膏，乃卖其滓与诸国贾人，是以展转来达中国，不大香也……汉桓帝延熹九年，大秦王安敦遣使自日南徼外来献，汉世唯一通焉。”〔4〕这几段文献描述了公元166年大秦王安敦（马可·奥勒略·安东尼诺皇帝）派遣使团由海路来到汉朝贡献的场景。也许是习俗、审美相异，汉朝人并未认可这些贡品的珍贵价值，对“凡外国诸珍异皆出焉”颇感失望，时人甚至产生了关于大秦传言是否言过其实的质疑。许多研究东西方关系的学者都怀疑这个使团不是由罗马皇帝所派遣，而是地中海东岸地区的精明商人冒充

〔1〕［美］杰里·本特利、赫伯特·齐格勒．新全球史：文明的传承与交流（公元1000年之前）（第5版）［M］．魏凤莲译．北京：北京大学出版社，2014：346—347.
〔2〕（南朝宋）范晔．后汉书［M］．北京：中华书局，2007：865.
〔3〕（南朝宋）范晔．后汉书［M］．北京：中华书局，2007：865.
〔4〕（唐）姚思廉．梁书［M］．北京：中华书局，1973：798.

罗马帝国使者前来中国[1]。但不管怎样，“166年：罗马人第一次抵达中国（自海道）”[2]还是被编入了大事记。尽管中国对“大秦”的种种想象与刻画，可能来自帕提亚人、贵霜人或其他中介者的转述，然不可否认——东西方的海路通道已经对接。大秦与帕提亚人直接交往，与印度人做生意，也通过安息、印度与汉朝有间接往来。汉朝国内商业兴盛，“制四夷、通西域”，设置西域都护府经营与维护陆上丝绸之路……东西商贸之路热络非凡，留下深深的历史印记。

然范晔也有“所生奇异玉石诸物，谲怪多不经”[3]之语，文献记载与考古发现也让后人确信：中国的丝绸传入罗马之时，大秦的琉璃也传到了中国。公元前1世纪的罗马征服了地中海沿岸，希腊世界的玻璃制作技艺落到罗马人手中且不断革新，文献记载：“大秦国，以琉璃为墙则其事也。”[4]《魏略·西戎传》记载大秦产“赤白黑绿黄青绀缥红紫十种流离”[5]，文中的“流离”又称“琉璃”。因汉朝对罗马玻璃的工艺不甚了解，反映在文献中，时常数名并举，如琉璃、玻瓈、颇黎等，其中透明度较差的称为“琉璃”。罗马玻璃遍及地中海地区。两汉时期，建立贵霜帝国的

---

[1] 李庆新. 海上丝绸之路［M］. 北京：五洲传播出版社，2006：23.

[2] ［法］让-诺埃尔·罗伯特. 从罗马到中国：恺撒大帝时代的丝绸之路［M］. 马军、宋敏深译. 桂林：广西师范大学出版社，2005：247.

[3] （南朝宋）范晔. 后汉书［M］. 北京：中华书局，1965：2920.

[4] 刘纬毅. 汉唐方志集佚［M］. 北京：北京图书馆出版社，1997：50.

[5] （西晋）陈寿. 三国志［M］. 北京：团结出版社，2002：873.

大月氏人带来的物品中，琉璃是主要的物产之一。罗马人制作的琉璃制品受到汉人的极度推崇，其价值更是等同于钻石和璞玉。中国境内出土的两汉时期的罗马琉璃残片、器皿等，多集中在广东、广西、江苏等沿海地区，与罗马金币、萨珊银币一样，成为罗马与汉朝之间东西交通的可靠物证。《汉书·地理志》中记有"武帝时使人入海市瑠璃"[1]。在广州的汉墓中，特别是西汉中期至东汉墓中，发现了许多玻璃珠饰和制品，是全国发现汉朝玻璃较多的地方[2]。其中2061号汉墓出土的琉璃碗更是明证，此中有一件经鉴定分析，属于钠玻璃系统，与中原的传统铅玻璃和岭南地区特产钾玻璃明显不同，而与罗马玻璃的成分基本相同，可以确定为罗马所产[3]。

汉朝与罗马遥遥相望，连通两国的丝绸之路承载着古代丝绸、玻璃物品和技术的交流与传播，丝绸之柔美与琉璃之润泽，交织绽放出中外经济文化互融互通的流光溢彩。

---

〔1〕(唐) 欧阳询等. 艺文类聚 [M]. 文渊阁四库本.

〔2〕干福熹. 中国古玻璃研究：1984年北京国际玻璃学术讨论会论文集 [M]. 北京：中国建筑工业出版社，1986：84—85.

〔3〕安家瑶. 中国早期玻璃器皿 [J]. 考古学报，1984 (4)：9.

52
东印度公司的生意

在近代商业贸易发展和世界市场形成过程中，曾出现过英国东印度公司、荷兰东印度公司和法国东印度公司等数个公司，建立者是15、16世纪大航海以后崛起的近代欧洲殖民国家。之所以以“东印度”命名，主要源自哥伦布的谬误，在哥伦布的影响下，欧洲人习惯上将南北美洲之间的群岛称为“西印度”，将南亚次大陆的印度、马来群岛等东南亚地区称为“东印度”。可见，东印度公司的主要经营范围包括从好望角至南美洲南端的印度洋和太平洋地区，主要从事对亚洲的贸易活动。那么，欧洲殖民者是如何把公司开设至印度洋和亚太区域的？又是如何从事殖民贸易的？这几家公司之间有何联系？

大航海时代到来之前，古代印度洋贸易的历史已然源远流长。考古证据表明，大约公元前3000年左右，南亚印度已经与西亚两河流域和北非埃及之间建立了海洋联系，印度梵文与古巴利语文献研究也发现，早期吠陀时代，南亚次大陆的居民就已经开始向西和向东沿海岸航行。埃及第十二王朝时期，有一条苏伊士运河的先河，将埃及和叙利亚与巴勒斯坦地区、两河流域新月沃地、小亚细亚联系起来。中古时期，阿拉伯帝国极度繁荣，以阿拉伯帝国为中介，印度洋与地中海沿岸的贸易持续发展。同时，古代中国同印度洋国家的交通与贸易也日渐频繁。史书记载，至宋朝，与泉州有海上贸易往来的国家遍及东南亚、南亚、西亚乃至非洲东岸，可谓“涨海声中万国商”[1]。为古代印度洋贸易提供大宗商品的除了盛产丝绸、瓷器的中国，还有南亚、东南亚等地区，那里的肉桂、丁香、胡椒和生姜等香料成为当时的热销产品。

15世纪末，印度洋海域中出现了新的闯入者，达·伽马带领的葡萄牙船队于1498年5月20日到达印度胡椒的集散地——卡利卡特。当时欧洲人对胡椒的需求量巨大，但此前只能通过威尼斯商人中转交易，付出高昂的代价才能购得。达·伽马航海的成功，使欧洲人可以直接深入原产地运回胡椒，获取高额利润。达·伽马还发现这一区域防御力量薄弱，可通过建立专营胡椒贸易的商站以图利益长期化。两年后，达·伽马重返卡利卡特，通过武力掠走了大量香料，赚得盆满钵满。此后十多年间，葡萄牙人几乎垄断了印度洋香料贸易，建立起一个“海洋帝国”，开创了海权霸主之先河。

17世纪，葡萄牙人的海洋帝国遭遇了新兴国家荷兰的威胁，其后印度洋海域又加入了英国和法国等竞争者。1595年至1602年间，荷兰商人和金融业者赞助的船队纷纷绕过好望角来到印度，

---

〔1〕李柏槐. 古代印度洋的交通与贸易［J］. 南亚研究季刊，1998（2）：15.

逐渐占据主导地位，将葡萄牙挤出了这一贸易区域。荷兰人的成功刺激了英国与印度建立直接贸易的愿望，一些有影响力的英国贵族和商人参考经营地中海东岸贸易的“黎凡特公司”的做法，即每次出海集资，航海结束后按出资比例返还本金和利润的决算方式，筹集到 68 373 英镑的巨款，作为海外经营的启动资金。为确保新公司的成功，他们还向伊丽莎白一世女王提出了准许公司拥有东印度贸易专利的申请。儒略历 1600 年 12 月 31 日（即现行格里高利历 1601 年 1 月 10 日），女王颁发了特许状，宣告东印度公司（East India company，缩写为 EIC）成立。东印度公司也称约翰公司（John Company），公司有持股人 125 位。仰仗国家及王室赋予的种种特权，英国东印度公司的运营很快步入正轨。

1602 年 3 月，为增强竞争力，荷兰人将原来分散在各地的贸易公司合并为荷兰东印度公司，吸收了更多的资本，也从政府处获得了垄断东印度贸易的权利[1]。荷兰东印度公司（荷兰语：Vereenigde Oostindische Compagnie）简称 VOC，拥有东起好望角，西至南美洲南端麦哲伦海峡的贸易垄断权。英国东印度公司和荷兰东印度公司围绕香料贸易在东南亚地区展开了激烈竞争。起初，英国公司不敌荷兰公司的实力，遂将目光投向棉布产地——南亚次大陆的印度。1639 年，统治马德拉斯（Madras，今金奈，1996 年前称马德拉斯，位于印度东南部的科罗曼德海岸）周边的印度

〔1〕［日］羽田正. 东印度公司与亚洲之海［M］. 毕世鸿、李秋艳译. 北京：北京日报出版社，2020：62—63、65—66.

王公纳亚卡为吸引英国东印度公司的船只在自己领地内的港口停靠，开出了诸多优惠的条件：第一，允许英国东印度公司在马德拉斯港口附近建立要塞；第二，建立要塞的费用由纳亚卡垫付，英国东印度公司入城后再返还；第三，马德拉斯港征收的关税收入由纳亚卡和英国东印度公司对半分；第四，永远免除英国东印度公司的进出口关税；第五，允许英国东印度公司铸造马德拉斯货币[1]。这位印度王公的短视，使英国东印度公司不费一兵一卒便获得了马德拉斯的统治权，该地后来成了英国控制印度的重要据点。

法国人也想在亚洲贸易中分一杯羹，但其进军东印度的企图同样遭遇了荷兰人的阻挠。直至 1664 年法国政府主导成立法国东印度公司，亦称法属东印度公司，经营法国与印度、东非、东印度群岛和印度洋其他地区的贸易，情况有所好转。1668 年法国东印度公司在古吉拉特的苏拉特设立了首个贸易点；1673 年，该公司进驻科罗曼德尔海岸重镇本地治里（Pondicherry），1697 年从荷兰东印度公司手中赎买了本地治里后，将此地作为法国在南亚次大陆活动的大本营[2]。但在欧洲列强的东方商业竞争中，法国的势头稍逊于英荷两国。

17 世纪后半期开始，各国东印度公司交易的商品发生明显变

---

〔1〕[日] 羽田正. 东印度公司与亚洲之海 [M]. 毕世鸿、李秋艳译. 北京：北京日报出版社，2020：163.

〔2〕严锴、严昌洪. 法国东印度公司的组建及对华贸易特权的转让 [J]. 历史教学问题，2022（3）：79.

化——以胡椒为代表的香料在贸易中的比例不断下滑。荷兰东印度公司方面，胡椒在1738年和1740年的销售额中，仅占销售总额的三分之一；同期英国东印度公司的进口总额中，胡椒占比不超过5%[1]。茶叶和纺织品开始成为主要的交易商品。茶叶是中国的特产，现有记载表明茶叶最早于1610年由荷兰东印度公司输入本国，1711年至1730年间，茶叶进口额从2%骤增至18.8%，至1789年左右更猛增到54.4%，其中相当一部分茶叶出口至英国等其他欧洲国家。英国东印度公司进口中国茶叶始于1678年，仅占当时进口总额的0.1%，但在该公司派船前往广州与中国展开直接贸易后，茶叶进口额不断攀升，不到50年其量增加了近40倍。法国东印度公司也进口了茶叶，但因法国人不怎么爱喝茶，大部分茶叶通过走私流入英国市场。此后，瑞典和丹麦的东印度公司也纷纷加入了茶叶贸易的行列[2]。欧洲人使用香料的爱好，促成东印度公司的建立，而东印度公司的生意又培养了欧洲人饮茶的习惯。特别是在英国，红茶从上流社会向普通民众普及，成为国民饮料。为了满足对茶叶的爆发式需求，英国开始在印度和锡兰种植茶叶，此举不但影响了国际贸易格局，也改变了当地的生态系统。历史的引人入胜正缘于此。

棉花原产于印度，印度西北的旁遮普和古吉拉特、印度东南

〔1〕［日］羽田正. 东印度公司与亚洲之海［M］. 毕世鸿、李秋艳译. 北京：北京日报出版社，2020：222.

〔2〕整理自［日］羽田正. 东印度公司与亚洲之海［M］. 毕世鸿、李秋艳译. 北京：北京日报出版社，2020：228—230.

部的科罗曼德尔海岸以及孟加拉地区都是棉织品的著名产地，英国和法国东印度公司在南亚次大陆建立据点后，很快做起了棉纺织品生意。1664 年，英国东印度公司进口了约 27 万件统称“印花布”的印度产棉纺织品，占该公司进口总额的 73%。从 1664 年至 1760 年的 96 年中，棉纺织物是英国东印度公司最重要的商品〔1〕。法国东印度公司同样着眼于纺织品贸易，每年有三四艘满载织物的商船从本地治里和加尔各答起航驶回法国里昂港〔2〕。大量印度棉纺织品涌入欧洲，对欧洲本土的纺织业造成了冲击，英国发生了制丝工人集体袭击印花布店的事件，法国本土厂商也怨声载道，这迫使当政者采取保护主义政策。英国议会两次颁布《印花布禁止法》，法王路易十四也发布禁止进口棉布的命令。在抵制进口的同时，一些头脑灵活的商人为了与印度质优价廉的棉纺织品抢市场，采用机器生产提高纺线织布的效率，改进棉纺织技术以提高纺线织布的质量，棉纺织业的技术革命催生了工业革命，掀起了发明机器、工厂生产的浪潮。人类由此进入工业社会。而长久以来以印度棉纺织品进口为主要业务的东印度公司，自然也就在这一历史风潮中失去了赖以生存的基础〔3〕。

欧洲列强主持下的东印度公司，不仅从事贸易，而且日益显

---

〔1〕［日］羽田正．东印度公司与亚洲之海［M］．毕世鸿、李秋艳译．北京：北京日报出版社，2020：237.

〔2〕严锴、严昌洪．法国东印度公司的组建及对华贸易特权的转让［J］．历史教学问题，2022（3）：79.

〔3〕［日］浅田实．东印度公司［M］．顾姗姗译．北京：社会科学文献出版社，2016：170.

示其政治、经济双重功能兼具的实体特征。以英国东印度公司为例，1757 年，其与孟加拉统治者爆发冲突，克莱武率领 3 000 名士兵在普拉西之战中大败印军，确立了对孟加拉的统治。1859 年英国东印度公司在孟加拉又击溃荷兰东印度公司的军队，次年更在文狄瓦西战役中打败法国东印度公司军队，夺走本地治里。英国东印度公司成了一家独大的印度“领主”。东印度公司在将印度变为英国完全殖民地的过程中立下了汗马功劳。“这一现象同时意味着，东印度公司没有一如既往地停留在纯粹的贸易公司、商业公司的定位……实际上已经转变为一种同时进行殖民统治的综合性商社，或是一种具有更多职能的机构。”[1] 但东印度公司作为王室特许公司，其拥有的诸多特权、不断壮大的实力以及自由资本主义的发展，导致其与政府之间的关系发生了“嫌隙”。17 世纪末，英国一些商人就提出在印度开设私人贸易公司的要求，实则表达了对东印度公司垄断印度贸易的不满。1694 年议会通过了非管制法案，允许任何英国公司与印度贸易，此项法案实际上取消了施行约 100 年的许可状。1709 年，英国东印度公司重组，更名为“东印度贸易英国商人合作公司”，显示国家力量的介入。此后数十年，议会和东印度公司之间不断发生争执，公司希望自己成为一个永久性获利的存在，而议会则不放过任何机会来占用公司的财富且不使它获得更大的自主权。

---

〔1〕［日］浅田实. 东印度公司［M］. 顾姗姗译. 北京：社会科学文献出版社，2016：170.

东印度公司曾依凭其优良的经营业绩安然渡过了1720年“南海泡沫公司事件”造成的股市混乱与危机，却未能逃出1766—1767年的股票狂潮。公司股票成为投机对象，牵引股价剧烈浮动，进而引发1772—1773年世界规模的信誉危机及股市的全盘崩溃。东印度公司因为支付高额分红而左支右绌，维持印度统治所需开支超过了收益，加之受荷兰竞争影响、面向北美殖民地的茶叶生意一蹶不振，公司财政陷入困境。英国政府为挽救东印度公司的颓势，出台了救市法案，此举招来了经济学家亚当·斯密的口诛笔伐，他在《国富论》中对垄断性贸易公司的形态、营运方式和员工腐败等问题进行了辛辣的讽刺和批判[1]。从某种意义上说，英国东印度公司与当时盛行的经济贸易自由主义背道而驰。

东印度公司是大航海时代之后“商业革命”的产物，作为欧洲商业资本家建立的商业贸易营利公司，其创造的巨额利润为即将到来的工业革命奠定了基础。随着工业革命的全面展开，作为商业革命时代巨擘的东印度公司却因不适应现代自由资本主义而逐渐退出历史舞台[2]，但它又因在资本主义发展史和欧洲殖民主义史上扮演的冲锋陷阵的历史角色，而被永久载入史册。

---

〔1〕整理自［日］羽田正．东印度公司与亚洲之海［M］．毕世鸿、李秋艳译．北京：北京日报出版社，2020：277—281．

〔2〕在英国，其标志性事件为1813年《印度贸易垄断废止法》的通过和1833年东印度公司对中国茶叶贸易的垄断权被废止。

53

“维米尔的帽子”

——油画中新航路开辟后的世界

约翰内斯·维米尔（荷兰语：Johannes Vermeer）是17世纪荷兰绘画“黄金时期”的杰出画家之一，他以风俗画见长，善用细腻的笔触和变换的光影描绘荷兰的市井生活。虽然终其一生，维米尔并未离开其生活的小城代尔夫特，但透过他的画作却可以窥见因新航路开辟而悄然改变的世界。

维米尔存世画作共34幅（另有3幅存疑），绝大部分画作都是以室内的一到两个人物为主要对象的风俗画，这种创作风格在当时并不受欢迎，却在20世纪后半叶声名鹊起，大受追捧。维米尔作品的历史价值不仅在于其艺术成就，还在于其通过画作的细节，向人们呈现他所生活的时代风貌。

创作于1657年的画作《官员与笑着的女孩》（图1）是维米尔的早期作品之一。画面描绘了头戴皮帽的军官与一位女孩聊天的场景，他们的身后挂着一幅地图。类似的场景也出现在维米尔的代尔夫特同乡亨德里克·范·德·布赫（荷兰语：Hendrik van der Burch）的画作《玩牌人》（图2）中，而相似场景的出现也许并非是一种巧合。画面中这种由海狸皮制作的帽子，早在15世纪前就是流行欧洲的“时尚单品”，甚至因为过度捕杀还导致海狸皮帽的生产一度断绝。新航路开辟后，随着西伯利亚和加拿大两大海狸皮新来源的出现，海狸皮帽再度流行。1608 年，法国人塞缪尔·德·尚普兰（法语：Samuel de Champlain）在加拿大魁北克地区建立了第一个殖民据点，此后法国皮毛商人纷至沓来，殖民据点由此发展为皮毛贸易中心。欧洲殖民者通过与当地土著印第安部落合作，建立起完整的皮毛交易体系。据统计，1695 年，法国从北美运回的海狸皮价值就达 20 万里佛，至 1743 年仅法国的拉罗谢尔港就进口了 12.7 万张海狸皮、3 万张貂皮、1.2 万张海獭皮、11 万张浣熊皮和 1.6 万张熊皮[1]。维米尔的伯父恰巧是一名毛毡制造商和制帽匠，或许维米尔也曾从其伯父那里获得过这样一顶海狸皮帽。

图 1 《官员与笑着的女孩》

图 2 《玩牌人》

〔1〕石海霞. 奢华的诱惑——论加拿大殖民地时期的皮毛贸易 [J]. 黑河学刊，2010 (12)：11.

皮毛贸易影响着欧洲的社会风尚，同样也深刻影响了印第安社会。在与欧洲交易的过程中，印第安人对欧洲的商品趋之若鹜，以致丢弃了他们原本的谋生手段，正如当地的印第安人所言："海狸把我们的一切都打点好了，它会带来锅、斧头、刀剑和珠子，总之，它造就了所有的一切。"〔1〕印第安人对毛皮动物的大量捕杀，使他们的食物来源也为之减少，原本自给自足的生活难以为继，只得依附于欧洲殖民者。伴随着欧洲殖民者和皮毛贩子的步伐，病菌和瘟疫也向北美大陆深处蔓延。据学者统计，由于天花等疾病的侵袭，北美草原印第安人的数量由1780年的约14.2万人锐减至1890年的5.3万人，约占印第安土著人口的65%—80%〔2〕，印第安部落也随之逐渐解体。

除了海狸皮帽外，地图也是两幅画作描绘的共同意象，而地图在维米尔的画作中屡见不鲜（表1）。

表1 维米尔作品中地图来源统计〔3〕

作品名称	创作时间	原始地图作者	出 版 者	地图内容	出版时间
《官员与笑着的女孩》	1657年	凡·博肯罗德	威廉·扬茨·布劳	荷兰省和弗里斯兰省	1621年

〔1〕Paul Le Jeune, "Relation of What Occurred in New France in the Year 1634", in Reuben Gold Thwaites, ed., *Jesuit Relations and Allied Documents: Travels and Explorations of the Jesuit Missionaries in New France 1610 - 1791*, Vol. 6, Quebec: 1633 - 1634, p. 297.

〔2〕付成双、姚明星. 难以抗拒的宿命：毛皮贸易与北美西北草原印第安社会的变迁［J］. 郑州大学学报（哲学社会科学版），2012（5）：122.

〔3〕欧阳琼. 维米尔的地图——对17世纪荷兰地图出版商布劳家族的研究［D］. 北京：中国美术学院，2016：19—20.

续 表

作品名称	创作时间	原始地图作者	出 版 者	地图内容	出版时间
《持水壶的女人》	1660—1662 年	胡伊克·阿拉特	胡伊克·阿拉特	尼德兰 17 省地图	1671 年
《持鲁特琴的女人》	1662—1663 年	雅各布·洪迪乌斯	雅各布·洪迪乌斯 乔安·布劳	欧洲地图	1613 年再版于 1659 年
《读信的蓝衣女人》	1663—1664 年	凡·博肯罗德	威廉·扬茨·布劳	荷兰省和弗里斯兰省	1621 年
《油画艺术》	1666—1668 年	维斯切尔	维斯切尔	17 省地图	1650 年
《情书》	1669—1670 年	凡·博肯罗德	威廉·扬茨·布劳	荷兰省和弗里斯兰省	1621 年
《地理学家》	1688—1689 年	雅各布·洪迪乌斯	威廉·扬茨·布劳	西亚、意大利，非洲、美洲的部分	1600 年

在维米尔的另一幅绘制于 1688—1689 年的画作《地理学家》（图 3）中，描绘了一个海图制作人的形象，他脚边的地面上散落着几卷海图，身后书架上则摆放着一个展现印度洋海域的地球仪，墙上也悬挂着欧洲的海图。这幅画作与它的姊妹篇《天文学家》是维米尔仅有的两幅以男性为主角的肖像画，可见在 17 世纪的荷兰，制图师拥有非比寻常的社会地位。而维米尔在诸多画作中对地图的细致描绘也绝非偶然，画作中大量原始地图的出版者均为发迹于阿姆斯特丹的布劳家族。自 1599 年开始，布劳家族开始经营制图生意，并于 1635 年出版了两卷本、收录 208 幅地图的《新

地图集》。1662年开始，又出版了一部3 000页、收录600幅地图的《大地图集》[1]。对于1632年出生在阿姆斯特丹地区的维米尔来说，身处17世纪荷兰制图业中心的成长经历，想必为他的艺术创作提供了来自地图的视觉印象。17世纪阿姆斯特丹已是欧洲的贸易中心，也是东方香料、欧洲谷物、油料、木材等的集散地，港内停泊的商船经常超过2 000艘[2]。而制图业的繁荣，正是新航路开辟后阿姆斯特丹商业贸易繁荣的另一种写照。

图3 《地理学家》

图4 《窗前读信的女孩》

在《玩牌人》中还有两处值得玩味的细节——画面正中的黑人小孩和他手持的青花瓷茶壶。青花瓷出现在17世纪荷兰画家的画作中并非个例，维米尔的《窗前读信的女孩》（图4）中也有一

---

〔1〕整理自欧阳琼. 维米尔的地图——对17世纪荷兰地图出版商布劳家族的研究［D］. 北京：中国美术学院，2016：16—18.

〔2〕杨大勇 . 16—17世纪荷兰的崛起与资本市场［J］. 史学理论研究，2016（1）：121.

只用以盛放水果的青花瓷盘，而更为巧合的是维米尔的家乡代尔夫特就是荷兰的制瓷业中心，以仿制青花瓷闻名。风俗画中青花瓷的出现，从一个侧面也反映出当时荷兰生活习俗、社会风尚的转变，而这一转变始于17世纪初。1602年，荷兰截获一艘葡萄牙商船，上面有10余万件当时被称为“克拉克瓷”的中国瓷器。这些瓷器运抵荷兰被后公开拍卖，轰动一时，由此荷兰开始从中国大量进口瓷器。1608年，荷兰向中国发出了一份船货清单：五万件奶油碟，一万件盘子，两千件水果碟，还有盐瓶、芥末瓶、多种宽碗和大碟各一千件，加上数量不明的罐、杯[1]。据统计，1602—1682年间，荷兰从中国进口瓷器总数逾1 200万件以上[2]。17世纪后期，代尔夫特开始仿制中国青花瓷器，并发展成为极具当地特色的蓝陶制品。藏于代尔夫特兰贝特·范·梅尔滕博物馆的仿中式青花五仙盘（图5）就是其中一件，盘面以极富想象力的笔触描绘了十余个中国“仙人”，其中最左侧的一位手持烟杆，正在抽烟。然而，彼时原产于美洲的烟草刚传入中国，即便有种植也

图5　仿中式青花五仙盘

〔1〕［加］卜正民．维米尔的帽子：17世纪和全球化世界的黎明［M］．黄中宪译．长沙：湖南人民出版社，2017：77—78.

〔2〕叶文程．宋元时期外销东南亚瓷器初探［C］//中国古外销瓷研究论文集．北京：紫禁城出版社，1988：69.

多“为远客贩去，土人犹未敢尝也”[1]，吸食烟草的情况并不普遍。显然，基于想象的艺术创作并不能完全反映历史的真实，但却可以认为是在新航路开辟后美洲作物传播的影响下，基于自身生活的合理想象。

图 6 粉彩杯碟组合

在中国外销荷兰的瓷器中有一套粉彩杯碟组合（图 6）值得注意。这套产于 1728 年的粉彩杯碟组合，其主体部分描绘了头戴王冠手握七箭、象征荷兰七省联合的纹章，并绘有“VOC”字样。VOC 即荷兰东印度公司（荷兰语：Vereenigde Oost-Indische Compagnie）的简称，成立于 1602 年，是世界第一家跨国公司和股份有限公司，世界上第一间证券交易所也在阿姆斯特丹由荷兰东印度公司创立。荷兰东印度公司存在近 200 年时间，通过建立贸易据点、构建贸易网络、开展转口贸易，深度参与并垄断了荷兰与东方的瓷器、茶叶等大宗商品的贸易。至 1669 年，荷兰东印度公司已成为世界历史上从未有过的巨型企业，拥有 1 500 艘商船，40 艘战舰，5 万名员工，1 万名水手[2]。除开展商贸活动外，东印度公司也积极进行殖民和奴隶贸

[1] 叶梦珠. 阅世编 [M]. 北京：中华书局，2007：189.
[2] 齐世荣、钱乘旦、张宏毅主编. 15 世纪以来世界九强兴衰史：上卷 [M]. 北京：人民出版社，2009：78.

易活动。据研究，在荷兰位于东南亚最重要的殖民据点巴达维亚城（今印度尼西亚雅加达）中，1673—1797 年奴隶数量始终占总人口的 50% 以上，且奴隶来源除东南亚地区外，还来自南部非洲[1]。除在殖民地从事奴隶贸易外，也有一定数量的奴隶被运回欧洲，因而在当时的画作中出现黑人的形象也就不足为奇了。

东印度公司在荷兰本土设立了 6 个办事处，其中一个位于维米尔的家乡——代尔夫特，就坐落在维米尔描绘的《代尔夫特风景》（图 7）中的红顶房屋之下，维米尔的堂兄弟、侄子便供职于此。维米尔一生都没有离开过他的家乡代尔夫特，也未曾为东印度公

图 7　代尔夫特风景

---

〔1〕整理自王蒙. 荷兰在东印度群岛的奴隶贸易研究（1619—1799）[D]. 石家庄：河北师范大学，2022：26—44.

司效力，但他的生活却因新航路的开辟悄然改变，正如加拿大史学家卜正民在《维米尔的帽子》一书中文版序言中所言：“贸易将世界上曾经孤立的区域连成一个全球交流网络，转移简单的商品乃至复杂的观念在内的所有东西。”〔1〕维米尔及其同时代的艺术作品，透视出一个日渐走向整体的世界。

〔1〕［加］卜正民．维米尔的帽子：17 世纪和全球化世界的黎明［M］．黄中宪译．长沙：湖南人民出版社，2017：iii.

54

布雷顿森林体系与美元霸权

1929—1933年资本主义世界爆发了空前严重的经济危机，美国等西方国家相继放弃金本位制，各国为转嫁危机，实行货币战与关税战，国际货币体系分裂成以英镑、法郎、美元为中心的几个相互竞争的货币集团，以英镑为中心的国际金本位制全面崩溃，国际货币关系陷入混乱状态，国际贸易深受影响，世界经济秩序动荡不定。为此，二战结束后，重建国际货币体系、稳定世界经济秩序成为当务之急。

两次世界大战后，欧洲各国实力严重消耗，整体衰落，但英国作为老牌资本主义强国，其世界经济地位仍不可小觑。“英镑区和‘帝国特惠制’依然如故，国际贸易的40%还用英镑结算，英镑仍然是一种主要的国际货币，伦敦依旧是世界最大的国际金融中心。”〔1〕同时，美国在二战中崛起为世界头号经济强国，其“工业制成品占世界的一半，对外贸易额占世界总额的1/3以上，黄金储备占资本主义世界的59%，成为资本主义世界最

〔1〕史振华、李永奎主编. 国际金融［M］. 成都：西南财经大学出版社，2016：228.

大的债权国”[1]。因此，战后经济秩序的重建由英美两国主导乃势所必然。

针对战后经济重建，英美两国在战争尚未结束时就开始了博弈。1943 年 4 月 7 日，两国政府分别公布了各自的方案：英国财政大臣首席顾问、著名经济学家约翰·梅纳德·凯恩斯提出了“凯恩斯计划”，美国财政部长助理哈利·德克斯特·怀特提出了“怀特计划”。两个方案均致力于修复和维护战后的国际金融秩序，提出要建立国际性的经济组织、发行国际货币并稳定汇率。考虑到当时苏联也是世界反法西斯联盟成员，“怀特计划”还提出：“不以一国的经济结构和组织方式作为限制其获得成员资格的依据。这是特别针对苏联的规定，旨在为其参与基金消除政治障碍。”[2]虽然总体目标相同，但“凯恩斯计划”与“怀特计划”都是基于本国的利益而提出的。前者旨在缓解英国于二战后的收支逆差问题，后者试图操纵基金组织以获得国际金融领域的统治权，提高美元的国际地位。因此，两种方案在具体目标和诸多问题上存在分歧。比如，在国际货币体系的建构上，英国希望降低黄金的地位，采取透支原则；而美国则强调黄金的作用，采取存款原则。鉴于英美两国的实力差距和美国的经济霸权地位，1943 年 4 月 27 日，凯恩斯在给经济学家罗伊·哈罗德的信中提到：“我们最好还

---

〔1〕史振华、李永奎主编. 国际金融［M］. 成都：西南财经大学出版社，2016：228.

〔2〕［美］本·斯泰尔. 布雷顿森林货币战：美元如何统治世界［M］. 符荆捷、陈莹译. 北京：机械工业出版社，2019：150.

是对美国的计划做出让步，长期来看我们接受他们安排的可能性非常大。"[1] 经过一年的谈判，英美两国达成妥协，于 1944 年 4 月发布了《专家关于建立国际货币基金组织的联合声明》，奠定了布雷顿森林会议的基础。

1944 年 7 月 1 日，英美共同主导下的"联合国家货币金融会议"（即布雷顿森林会议）在美国新罕布什尔州的布雷顿森林召开，44 个国家参加了这次会议，包括社会主义国家苏联以及亚非拉地区的部分国家[2]。会议最终通过了以"怀特计划"为基础的《联合国家货币金融会议最后决议书》及《国际货币基金协定》《国际复兴开发银行协定》两份附件，总称《布雷顿森林协定》，确立了以美元为中心的国际货币体系，即布雷顿森林体系（表 1）。

表 1　布雷顿森林体系的主要内容[3]

两大金融机构	国际货币基金组织：负责向成员国提供短期资金借贷，目的是重建国际货币秩序，稳定外汇以及促进资金融通。
	国际复兴开发银行（又称世界银行）：负责提供中长期信贷，目的是促进国际投资，协助战后受灾国家经济的复兴，协助不发达国家经济发展。

[1] Keynes (1980) XXV, Apr. 16, 1943, p. 245. 转引自［美］本·斯泰尔. 布雷顿森林货币战：美元如何统治世界［M］. 符荆捷、陈莹译. 北京：机械工业出版社，2019：167.

[2] 苏联虽然参加会议，但没有加入布雷顿森林体系。战后，苏联和东欧社会主义国家另行组织"经济互助委员会"。

[3] 整理自张国林、林永强主编. 国际经济学［M］. 成都：西南财经大学出版社，2019：215—216.

续 表

两个挂钩	美元与黄金挂钩：实行黄金—美元本位，两者保持固定比价，35 美元兑换 1 盎司黄金，持有美元的各国政府或中央银行，可以此比价向美国政府兑换黄金。
	其他国家的货币与美元挂钩：两者保持可调整的固定比价，各国有义务干预外汇市场以维持汇率的稳定，称为可调整的钉住汇率。
两个调节国际收支渠道	通过基金组织调节：会员国如果出现短期的逆差，可以通过向基金组织借款的方法加以调节。
	通过调整汇率调节：会员国如果出现长期持续的逆差，则要通过改变货币汇率的方法加以调节。

布雷顿森林体系以黄金为基础，以美元为最主要的国际储备货币；美元与黄金挂钩、各国货币与美元挂钩的双挂钩制度是布雷顿森林体系的两大支柱；国际货币基金组织与世界银行则是维系这一体系正常运转的中心机构。因此，实质上确立了以美元为中心的世界货币体系，美国也由此确立了世界金融霸权的地位。但从另一角度而言，布雷顿森林体系也是战后各国建立经济新秩序的一种尝试，众多国家以订约的方式确立了战后国际货币体系，使国际货币金融关系有了统一的基准，暂时结束了战前货币金融的混乱局面。与战前失能的金本位制相比，布雷顿森林体系为战后世界经济的恢复和增长提供了货币金融领域的“公共产品”，成为 20 世纪五六十年代欧美各国和日本等资本主义国家经济快速增长的重要因素。可见，布雷顿森林体系在当时起到了稳定世界货币秩序、促进战后世界经济恢复与发展的作用；同时，也推动了

战后世界经济朝着制度化、体系化方向发展，顺应了经济的全球化进程。至今，国际货币基金组织和世界银行在维护国际金融体系稳定、推进国际贸易均衡发展方面，仍然发挥着重要作用。

然而，建立在金本位制基础上的布雷顿森林体系，只是以强势的美元充当了黄金的等价物。维持该体系的两个基本前提：一是保证美元能够按照官价（35 美元兑换 1 盎司黄金）自由兑换黄金，以维持各国对美元的信心；二是美国能够提供足够的美元满足世界经济发展的需要。因此，当美国的黄金储备不足以应对国际贸易和世界经济发展所需要的货币供给时，就会发生美元危机。1960 年，耶鲁大学政治学教授、美国著名的国际经济与金融专家罗伯特·特里芬指出，“在日益发展的世界经济中，黄金已远远不能为国际流动资金提供充足的供给。近年来，世界流动资金需要量的一半以上源于巨额增长的外汇储备，尤其是与黄金并列的美元结余。但这种趋势预示着，在将来的世界货币体系的稳定性方面存在极不安定的因素”〔1〕。他已经预见了布雷顿森林体系不稳定的困境，当黄金储备不能满足世界经济发展之需时，与黄金挂钩的美元便会陷入两难境地。由于“世界上的各个国家需要发展国际贸易，就必须获得美元以进行国际结算，这就要求美国在对外贸易中必须出现逆差，以保证美元的输出，否则他国就没有美元可用。但是，持续的贸易赤字必然导致美元日渐不稳定。假如

〔1〕［美］罗伯特·特里芬. 黄金与美元危机：自由兑换的未来［M］. 陈尚霖、雷达译. 北京：商务印书馆，2021：63.

美国在国际贸易中持续盈余，甚至贸易平衡，就会导致世界贸易中缺乏美元而难以发展”[1]。这就是“特里芬难题”，这一难题源自金本位制，美元承担黄金的功能固然缓解了国际贸易的供需矛盾，但并未解决黄金储备无法满足日益增长的国际货币需求的根本性问题。因此，布雷顿森林体系本身的缺陷使其难以长久维系。

正如特里芬所预言，随着战后各国经济的复苏，欧美国家进入了经济发展的快车道，欧洲、日本与美国的经济差距逐渐缩小，美国经济的相对地位趋于下降，美元的霸权地位也随之动摇。在此情况下，美国国际收支连年逆差，黄金大量外流，美元又不断贬值，美元信誉下降。20世纪六七十年代爆发了数次美元危机，各国纷纷抛售美元，兑换、抢购黄金，致使美国政府难以维持美元的稳定。由此，制度设计与制度实施之间的矛盾使布雷顿森林体系本身的缺陷暴露无遗，布雷顿森林体系难以为继。为了应对美元危机，避免黄金储备流失，1971年8月15日，尼克松政府宣布实行“新经济政策”，停止履行各国政府或中央银行以美元向美国政府兑换黄金的义务，美元与黄金脱钩。1973年各国实行对美元的浮动汇率制，各国货币与美元保持可调整的固定比价解体，布雷顿森林体系随之瓦解。

布雷顿森林体系瓦解后，各国开始重新思考国际货币制度的新方案。1976年1月，在国际货币基金组织主导下，“国际货币制

---

〔1〕彭波、施诚. 千年贸易战争史：贸易冲突与大国兴衰［M］. 北京：人民大学出版社，2021：274.

度临时委员会”在牙买加首都金斯顿举行会议，达成了“牙买加协议”。同年4月，国际货币基金组织理事会通过了《国际货币基金组织协定第二修正案》，从而形成了新的国际货币体系，即“牙买加体系”。新的国际货币制度承认浮动汇率的合法性，实行固定汇率制与浮动汇率制并存的双轨制，成员国可自由选择汇率制度。同时决定逐渐取消黄金的国际货币功能，取消黄金官价，成员国中央银行可按市价自由进行黄金交易。新制度还提高了特别提款权的国际储备地位，国际储备货币逐渐多样化[1]。

国际货币体系虽然进入牙买加时代，美元亦不再作为黄金的等价物，但在多元化国际储备和浮动汇率体系中，美元仍然在特别提款权的货币一揽子中占据最大权重，处于国际货币的中心地位。同时，欧元、日元和人民币的影响也在上升[2]。

---

〔1〕特别提款权（Special Drawing Right，SDR），亦称“纸黄金”，最早发行于1969年，是国际货币基金组织根据会员国认缴的份额分配的，可用于偿还国际货币基金组织债务、弥补会员国政府之间国际收支逆差的一种账面资产。目前，其价值由美元、欧元、人民币、日元和英镑组成的一揽子储备货币决定。会员国在发生国际收支逆差时，可用它向基金组织指定的其他会员国换取外汇，以偿付国际收支逆差或偿还基金组织的贷款，还可与黄金、自由兑换货币一样充当国际储备。因为它是国际货币基金组织原有的普通提款权以外的一种补充，所以称为特别提款权。

〔2〕2022年5月11日，国际货币基金组织执行董事会完成了五年一次的特别提款权（SDR）定值审查，维持现有SDR篮子货币构成不变，即仍由美元、欧元、人民币、日元和英镑构成，并将人民币权重由10.92%上调至12.28%。

55 新中国外贸缩影：从广交会到进博会

1957年4月25日，首届中国出口商品交易会（简称“广交会”）在广州开幕。此后，广交会每年春秋两季在广州举办，至2024年已成功举办了135届。2018年11月5日，首届中国国际进口商品博览会（简称“进博会”）在上海国家会展中心开幕。从2018年至2024年，中国已经成功举办了7届进博会。广交会，侧重扩大出口；进博会，侧重扩大进口。广交会和进博会相得益彰，共同谱写了新中国外贸的精彩篇章，是新中国外贸发展的历史见证。

1950年代起步的广交会，有其复杂的历史和现实背景。从历史来看，广州是古代中国重要的对外贸易港口，18世纪中叶清政府实施闭关政策，广州成为当时中国唯一的通商口岸。1842年，虽然因中英《南京条约》又被迫开放了福州、宁波、厦门、上海四个口岸，一口通商的封闭局面被打破，但广州作为东南沿海重要通商口岸之地位依然未变。从现实来看，1949年11月新中国刚成立一个月，美国便提议成立一个实行禁运和贸易限制的国际组织“输出管制统筹委员会”；1951年，美国正式对中国实行“禁运”[1]。为打破美国及西方国家对新中国的经济封锁，中国政府开始多措并举打开通向世界的大门，以换取国家建设急需的外汇，最初的举措就是举办华南物资交流大会。1954 年、1955 年，华南物资交流大会在广州文化公园连续举办了两届。在两次大会上，港澳台商纷纷抢购内地的红薯、药材和陶瓷等物资，成交额共计百万美元。物资交流大会对增加出口、扩大外销起到了良好作用，也引起了时任对外贸易部驻广州特派员兼广东省外贸局局长严亦峻的高度关注。他随即向国家建议，“依托广东毗邻港澳的地缘优势，在广州举办一次全国性的出口商品展览交流会”[2]，这一建议获得了国务院的认可。国务院批准外贸部和广东省人民委员会共同以中国国际贸易促进委员会的名义，于 1956 年 11 月 10 日至 1957 年 1 月 9 日在广州举办新中国第一次大型国际贸易盛会——中国出口商品展览会（即广交会前身）。周恩来在接见外贸部有关负责人时表示，“中国出口商品交易会”的名称太长了，外国友人很难记住，既然在广州举办，干脆简称为“广交会”[3]。从 1957 年 4 月 15 日起，中国出口商品交易会（广交会）每年春秋两届定期在广州举办。尽管首届参展人员“只有 1 223 人，

---

〔1〕整理自刘建军、刘翠莲．广交会：中国走向世界的窗口［J］．文史博览，2022（11）：5—12.

〔2〕刘建军、刘翠莲．广交会：中国走向世界的窗口［J］．文史博览，2022（11）：5—6.

〔3〕谢涛．周恩来情系“中国第一展”［J］．党史博览，2005（6）：44—45.

成交额也只有 1 754 万美元”[1]，但考虑到当时的时代特征，首届广交会仍然具有相当大的政治和经济意义。就这样，肩负着打破封锁、创收外汇重任的广交会，开创了广州数十年独一无二的外贸格局。

广交会，是中国面向世界的窗口。广交会以其商品种类丰富、采购商人数众多和交易效果信誉度高等特点，成为综合性的国际贸易盛会。广交会上，来自世界各地的参展商在信息交流、业务洽谈等方面畅通无阻，他们还借助广交会的平台推介自己的品牌，买进价廉物美的商品。令人惊喜的是，第一年广交会的成交额突破 8 000 万美元，占当年全国创收现汇总额的五分之一。从 1965 年起，广交会年出口成交额“占全国外贸年出口总额超过三分之一”[2]，“1972 年和 1973 年，占比更高达一半以上”[3]。2007 年春季，广交会设立了进口展区，自此，“中国出口商品交易会”正式更名为“中国进出口商品交易会”，体现了广交会由侧重单一出口向双向的进出口功能的转变。

广交会既促进了中国经济发展，也见证了中国外交在不同历史时期的发展历程。1972 年，中美关系开始正常化，中国外交打开了新局面，国际社会出现了同新中国建立外交关系的热潮。广

---

〔1〕刘明. 8 次亲临，周总理的关心山高水长［EB/OL］. https://www.thepaper.cn/newsDetail_forward_15393228，2021-11-15.

〔2〕辉煌五十载的广交会［EB/OL］. http://blog.ifeng.com/article/390462.html；2006-10-10.

〔3〕广交会官网历届出口成交额统计［EB/OL］. https://www.cantonfair.org.cn/m/zh-CN/pages/466263146701852672?_t=nIN,2023-07-11.

交会的境外采购商、参展商明显增多，美国逐渐成为广交会最大客源国。广交会是中国尚未实施改革开放的年代，打破西方封锁、发展对外贸易的窗口，极大地促进了社会主义经济建设，对外宣传了社会主义建设成就。党的十一届三中全会后，中国对外政策朝着服务改革开放和现代化建设的方向作出了重大调整，同世界各国发展友好关系取得了重大进展。党的十八大以来，国际形势风云变幻，中国提出建设人类命运共同体，倡议和推动“一带一路”建设。广交会紧跟时代潮流，致力于与沿线国家开展经贸合作与交流，继续为促进中外交往做出重要贡献。

党的十九大报告明确提出推进开放型世界经济和中国自身建设开放型经济，推动形成全方位开放新格局。这其中促进进出口贸易平衡发展是重要前提，一方面出口端要提质增效，另一方面需积极扩大进口以推动产业升级。正是在这样的背景下，进博会应运而生。举办进博会的宗旨是“主动扩大进口，坚定不移推动全球贸易自由化便利化，同时为各国提供展示国家发展成就、开展国际贸易的开放型合作平台，也为各国开拓中国市场提供了更多机会”〔1〕。习近平总书记指出，“相通则共进，相闭则各退”〔2〕，并据此进一步说明：中国倡导各国削减壁垒，扩大开放，

〔1〕东艳、刘杜若.“进博会”的溢出效应和辐射效应［J］. 人民论坛，2018，11(31)：44—45.

〔2〕扩大开放，习近平提出5项新举措！最新演讲11大要点抢先看：中国市场这么大，欢迎大家都来看看！［EB/OL］. https：//news.hexun.com/2019-11-05/199136408.html，2022-01-01.

国际经贸才能血脉相连；反之，以邻为壑，孤立封闭，国际经济和贸易就会气滞血瘀，世界经济也就难以良性发展〔1〕。立足于推进世界经济与贸易发展的愿景，2018 年 11 月 5 日，首届中国国际进口博览会在中国上海举办。此举是中国在贸易领域供给侧结构性改革中迈出的一大步。此后，进博会每年秋季在上海举办，已成为惯例，并形成了相关机制。

进博会首创以进口为主题的国际级博览会，其意义堪比 61 年前的首届“广交会”，此乃世界贸易史上的中国创举。首届进博会吸引了“全球 3 600 多家企业参展，境内外采购商人数接近 50 万”〔2〕。据报道，首届进博会（2018 年）累计意向成交额为“578.3 亿美元”〔3〕。2023 年 10 月 23 日，商务部在介绍第六届中国国际进口博览会筹备情况时指出，“前五届进博会展示超过 2 000 项代表性首发新产品、新技术、新服务，累计意向成交额近 3 500 亿美元”〔4〕。这反映了 14 亿人口的中国拥有巨大的市场规模和需求潜力，市场前景极为广阔。连续数年进博会的成功举办，进一步激发了中国的进口潜力，国内消费能力不断升级。进博会不仅

〔1〕习近平. 共建创新包容的开放型世界经济——在首届中国国际进口博览会开幕式上的主旨演讲［EB/OL］. https：//www. gov. cn/gongbao/content/2018/content_5343724. html，2018－11－05.

〔2〕陆之杰.“一带一路”背景下商业银行海外并购的动机与绩效研究——中信银行并购阿尔金银行的案例分析［D］. 北京：对外经济贸易大学，2021：11.

〔3〕首届进博会累计意向成交 578.3 亿美元［EB/OL］. https：//www. sohu. com/a/274555645_114988，2018－11－11.

〔4〕商务部：前五届进博会累计意向成交额近 3 500 亿美元-新华网［EB/OL］. http：//www. news. cn/fortune/2023-10/23/c_1129932972. htm，2023－10－23.

让参展展品变成了商品，成功吸引了众多参展商成为新项目的投资商，更创设了可供彼此交流产品创意和最新理念的场域；进博会拉近了中国与世界的距离，形成了全新的国际采购、交流合作、推动投资的平台。

对上海而言，进博会是继2010年上海世博会之后的又一盛事。进博会的成功举办，对于推动上海成为未来全球贸易要素的集散中心，确立上海作为中国贸易中心的地位，增强上海在国际的影响力，起到了至关重要的作用。进博会的辐射效应则体现其符合国家宏观发展战略的需要，显示了中国主动向全球开放巨大市场的姿态，通过积极扩大进口，推动国内产业升级，在满足人民对高品质生活需求、带动经济快速发展和经贸制度完善的同时，亦在一定程度上推动了全球贸易的增长。可见，进博会是中国展示其新兴大国责任担当的窗口，是中国从需求方出发影响世界贸易平衡的重要举措。进博会为世界经济的发展和应对逆全球化潮流的挑战，贡献了中国智慧。

从广交会到进博会，新中国进出口贸易近70年的发展史，勾勒出中国经济结构转型升级的动态历程，是中国式现代化的缩影。广交会以出口贸易为主导，见证了中国制造业和中国经济发展的历史进程；进博会是全球首创以进口为主题的展览会，代表了新时代中国经济达到的新高度和中国市场对经济全球化的推动力。广交会和进博会双轮驱动，推动了中国在世界贸易发展史上的地位提升和角色转变，助力于国与国之间的互惠共赢与经济全球化的深入发展。

56

从“复关”到“入世”

——国际贸易与中国的改革开放

中国是关税与贸易总协定（General Agreement on Tariffs and Trade, GATT）的23个创始缔约国之一。1948年4月21日，国民党政府签署了关税与贸易总协定（以下简称“关贸总协定”）议定书，即《临时适用议定书》，并于5月21日起成为缔约会员国。

中华人民共和国成立后，国民党当局失去了在国际上代表中国的合法性。因为缔约的减税产品均出产于中国大陆，盘踞台湾的国民党当局已不具备履行关贸总协定义务的现实基础，于是美国提议关贸总协定停止相关的关税优惠。在国际压力下，国民党当局于1950年5月5日正式退出关贸总协定。1965年后，国民党当局作为“观察员”曾列席关贸总协定大会，但这一资格随着1971年中华人民共和国恢复联合国合法席位而被取消[1]。

1978年改革开放后，中华人民共和国恢复了与关贸总协定的联系，并于1982年11月成为关贸总协定的观察员国。1986年7月

---

〔1〕世贸组织成立后，中国台湾省于1995年12月1日提出入世申请。2002年1月1日，中国台湾省以“台、澎、金、马单独关税区（简称‘中国台北’）”的名义成为世贸组织成员。

10 日，中国正式提交了关于恢复中华人民共和国在关贸总协定中缔约国的申请，提出了“复关三原则”。

其一，中国由于历史原因一度暂停了在关贸总协定的活动，因此不是申请“加入”关贸总协定，而是“恢复”总协定的缔约国地位。

其二，中国期望以发展中国家的待遇展开在关贸总协定的活动。发展中国家在关贸总协定中享有一定的优惠待遇，如允许更大弹性的关税制度；允许为实现国际收支平衡和保护幼稚工业而实施数量限制；允许发展中国家相互给予优惠而不必给予发达国家；发展中国家还可享受所有普惠税待遇等。因此，发展中国家在关贸总协定中可以较小的代价获取较大的利益。鉴于中国确实属于发展中国家，以发展中国家的身份进入关贸总协定是合理的。

其三，在复关谈判中，中国准备承担关贸总协定的“关税减让义务”，而不是“承担进口义务”。“关税减让义务”的核心是要求各缔约方承认中国是市场经济国家。在关贸总协定的规则框架下，市场经济国家以关税减让的方式承担义务；非市场经济的国家则要以一定比例的进口数量为其义务。以当时实行计划经济体制的波兰为例，在关贸总协定中的义务便是承担与缔约国每年增长 7%的进口贸易额。中国改革开放以来，经济体制改革不断推进，当时提出以建立“有计划的商品经济”体制作为改革目标，因此中国要求缔约各方认可自己的市场经济地位，承担“关税减让”义务[1]。

然而，“有计划的商品经济”这一表述在当时引发了争议。中国认为，“有计划的商品经济”应理解为“市场经济”，因为虽然中国的经济体制在当时仍然有计划经济因素，但已经明确了市场经济的改革方向。而美国则认为，中国虽然经历了经济体制改革，但还不是真正的市场经济体制，中国的一些地区和城市在执行中央外贸政策法规中也有差异。因此，要求中国必须在全国范围内实施统一外贸制度。此外，还要求中国提高外贸制度的透明度、取消与关贸总协定不符的非关税措施，并承诺展开价格改革，真正使市场具备价格调节功能。对于以上要求，中国承诺随着改革的深入，这些问题都能逐步得到解决。美国还要求中国在实现市场调节价格目标之前，必须对中国施行“选择性保障条款”，即一旦认为中国的出口产品损害了进口国家国内同类产品的行业利益，进口国可以绕开关贸总协定的非歧视原则，选择性地针对中国采取提高关税税率之类的紧急保障措施。对于这一与国家利益相悖的无理要求，中国拒绝接受。由于中美双方存在诸多分歧，“复关”谈判于1989年陷入停滞。

1992年召开的中国共产党第十四次代表大会明确提出，中国的经济体制改革目标是建立“社会主义市场经济体制”。但“社会主义市场经济体制”这一表述并未得到西方大国的认可，他们仍

---

〔1〕朱杰进、魏宇航．中国入世二十年：从艰难融入到部分引领［J］．国际观察，2021（5）：5.

然要求中国接受“选择性保障条款”。此外，在与中国复关谈判同时进行的“乌拉圭回合”谈判中，已经决定将关贸总协定升级为世界贸易组织（World Trade Organization），中国面临由“复关”转向“入世”的局面。美国借此提高了对中国的要价，根据世贸组织进一步扩大国际贸易领域范围的要求，需增加服务贸易、知识产权、投资、电信、保险、证券等新兴领域市场准入要求。在这一背景下，中国以发展中国家地位来承担这些市场准入义务，就变得尤为重要。

中国的复关谈判于 1994 年进入“冲刺”阶段。这一年，中国废止了双轨制汇率和外汇留成制度，颁行了《对外贸易法》，取消了 208 种进口商品的非关税措施等，期望以关键制度的改革助推谈判成功。而美国则想逼迫中国做出更大的妥协和让步，在同年 9 月的中美第 9 轮双边磋商中，美国仍然不承认中国的市场经济地位，甚至意图剥夺中国作为发展中国家的优惠待遇，对中国粮食、棉花、食糖、化肥等大宗商品的国营贸易做法发难，要求中国加以改变。而在汽车和化工等美国自身优势行业，则要求中国采取进一步的关税减让措施。除了以上实体产业，在证券、保险、电信等服务性行业，美国坚持要求中国大幅度开放行业市场。面对美方新增的苛刻要求，中国并未放弃复关努力，仍然展现了最大诚意，尽可能寻求与美国达成共识。为此，中国愿意将关税总水平由 43.7%降至 17%，承诺部分放开国营贸易等。但这些努力还是没有换得美国的认可，此轮复关谈判最终破裂[1]。世贸组织于1995年1月1日正式成立，中国的“复关谈判”转变为“入世谈判”。在新启的谈判中，中方坚持以发展中国家身份加入世贸组织，强调承担与中国经济发展水平相适应的义务。同年10月25日，江泽民主席和克林顿总统在纽约的会晤中首次就中国入世问题交换了意见。11月8日，美国贸易代表巴尔舍夫斯基带着一份《关于中国加入世贸组织的非正式文件》访问中国，在这份被美方称为“路线图”的文件中，一共向中国提出了28项要求。相比过去，“路线图”具备了一些灵活性，但仍然要价过高，双方在入世问题上的分歧依然巨大。

1999年11月10日至15日，中美展开了第25轮双边谈判。此轮谈判进行得异常艰苦，并再次陷入僵局。最后一刻，朱镕基总理亲自上场，做出决断。至此，持续15年的谈判终于达成了一致[2]。在“选择性保障条款”、“反倾销条款”、永久最惠国待遇、农产品补贴、国营贸易、关税减让、非关税措施、证券、保险和电信等领域的谈判中，双方取得了一系列实质性的共识，《中华人民共和国与美利坚合众国市场准入协议》这一历史性的决议由此达成[3]。“入世”的最大政治障碍自此消除。此后，中国与欧盟等主要贸易伙伴也相继完成了入世谈判。

---

〔1〕朱杰进、魏宇航. 中国入世二十年：从艰难融入到部分引领［J］. 国际观察，2021（5）：9—10.

〔2〕周洁. 从“复关”到“入世”，中国经历了什么［J］. 新民周刊，2021（46）：60—61.

〔3〕朱杰进、魏宇航. 中国入世二十年：从艰难融入到部分引领［J］. 国际观察，2021（5）：11.

中国终于在2001年12月11日正式加入世贸组织，成为该组织的第143个成员。从1986年至2001年，这场持续15年的“复关”与“入世”谈判，是世界多边贸易谈判历史上的一个经典案例。在这15年里，关贸总协定变成了世贸组织，总干事换了4任，中美双边谈判进行了25轮，中国谈判代表换了4位，美国换了5位，可见谈判过程之曲折和艰难。

中国入世后，所面临的挑战也接踵而来，首先要做的，是努力适应世贸组织框架下的“贸易争端解决”“贸易政策审议”和“多边贸易谈判”三大机制，在有理、有利、有节的斗争中捍卫中国的市场经济地位，坚持发展中国家的待遇原则。同时中国坚定履行多边贸易框架下的应尽义务，不断降低关税水平，大幅削减贸易壁垒，进一步开放和完善服务贸易、知识产权保护等新型贸易领域。入世也推动了中国改革开放的进一步深化，对外开放的领域更加宽广，程度更加深入，国内各项改革举措也在持续推进，营商环境的市场化、法治化与国际化的程度日益加深，对相关法律法规的清理修订，正逐步适应世贸组织的国际贸易规则。

随着改革开放的深化与扩大，至2021年，在全球货物进出口领域，中国连续12年保持世界第一。在服务出口额比重方面，中国从2005年的3%上升至8.2%。外商在中国设立的企业超过100万家。目前，中国是全球120多个国家和地区的最大贸易伙伴，中国制造为全世界提供了大量优质商品，成为促进全球消费需求扩大和世界市场繁荣的不可替代的力量。而随着中国经济的快速发展，中国市场的需求也在不断扩大，发展潜力也越发深厚，中国目前一年有超过20 000亿美元的货物进口和近5 000亿美元的服务贸易需求，为全球各大企业提供了广大的市场和丰厚的利润[1]。

中国的“入世”实现了中国与世界共赢的局面。中国对外经贸获得的巨大发展，也有力地拉动了世界贸易的增长。在此后20余年间，中国充分抓住时代机遇，经济总量从入世时的世界第六跃升至世界第二。中国在世贸组织中的角色经历了从“艰难融入者”到“全面适应者”再到“部分引领者”的转变。

随着综合国力和国际影响力的不断上升，当下的中国毫无疑问已成为世贸组织的核心成员，中国在全面适应世贸组织既有规则的同时，也逐步成为世贸组织新规则的制定者。近些年来，在单边主义和贸易保护主义抬头的背景下，世贸组织的多边贸易合作基石遭遇了新的挑战。2018年11月，针对世贸组织改革问题，中国提出了三个基本原则和五点主张，强调在维护多边贸易体制这一世贸组织核心价值的基础上，保障发展中成员的发展利益，共同遵循协商一致的决策机制，以推动世贸组织在全球治理体系中发挥更大的作用。2019年5月，中国向世贸组织提交《中国关于世贸组织改革的建议文件》，指向当下世贸组织所面临的紧迫问

---

〔1〕顾学明. 加入世贸组织20年 中国与世界互利共赢［J］. 旗帜，2021（1）：89.

题，阐述了中国关于世贸组织改革的总体思路。中国坚定不移地奉行互惠互利合作共赢的对外开放战略，有力地巩固了多边贸易体制的国际贸易基石，这是中国为实现全球治理体系的改革与完善做出的实质性贡献。

57 从城市布局看隋唐长安城的都市气象

历代统治者主要是根据经济、军事、地理位置这三方面的条件来考虑、决定建立他们的统治中心——首都的。在古代中国，尤其自殷周至隋唐，长安被认为是居于中土“均统四方”的理想建都之地，中国古代共计有15个王朝曾在此建都，时长近1 200年[1]。这首先得益于长安得天独厚的自然条件。它坐落于号称“八百里秦川”的关中平原，土壤肥沃，河网密布，气候温润，因此农业发达。长安的军事地位亦十分重要，建都长安可借助关中盆地被山带河、四塞以为固的地形优势，凭山河之固则退可以守，据上游之胜则进可以攻。放宽视野观察长安的地理位置，关中盆地扼东西方要冲，既可东制潼关以东广大区域，又便于经略西北，既有利于制内又有利于御外。因而，《史记》赞誉长安为“金城千里、天府之国”，“金城”是谓之军事地位优越，“天府”是誉之经济繁盛、物资丰裕。随着历朝对以长安为中心的交通线的不断修

〔1〕曾在长安及周边建都的王朝有西周、秦、西汉、新莽、东汉（末）、西晋（末）、前赵、前秦、后秦、北魏（末）、西魏、北周、隋、唐（含武周）。此外西汉末绿林军与赤眉军、唐末黄巢起义军、明末李自成起义军也先后在长安建立政权。

缮与延展，长安城的中心地位愈发凸显。当千百年为都的长安遇见隋唐一统的盛世繁华，一座闻名古今、誉满全球的都城——隋唐长安城应运而生。

公元581年杨坚代周立隋，建都于西汉创建的长安城。然而汉长安城从西汉至隋已历780余年，久经战乱、破败不堪。《太平寰宇记》载："文帝以长安故都年代既久，宫宇朽蠹，谋欲迁都。""（汉城与宫室）制度狭小，不称皇居。"[1] 且随着渭水南移，帝都有被水淹的危险。加之饮水咸卤难饮不适宜百姓继续居住，以及历代新朝鼎新革故大都曾迁都等原因，隋文帝于开皇二年（582年）下诏在汉长安城东南10公里的龙首原南侧卉物滋阜的平原上营建新都，至次年三月除外郭城垣未全部建完，宫城、皇城及其他宫殿等基本建成，仅耗时9个多月。工程之迅速，为中国古代建筑史上所未见。隋文帝将这座规模空前、闻名于世的都城命名为"大兴城"，寓意兴隆昌盛。唐初因隋之旧，基本保持了大兴城原有的建制、坊市街道等布局，改名为长安城。但随着唐朝政治力量的增强，社会经济的发展繁荣和国际交往的扩大，作为国都的长安城也进行了一些增修，如外郭城城墙、城外东北龙首原上的大明宫、城东隆庆坊内的兴庆宫、城东南昌平坊的大慈恩寺等的增修与完善（图1）。因此，闻名于世的唐长安城凝结着隋唐两代都城营建的智慧和汗水。

---

〔1〕张永禄. 唐都长安［M］. 西安：三秦出版社，2010：17.

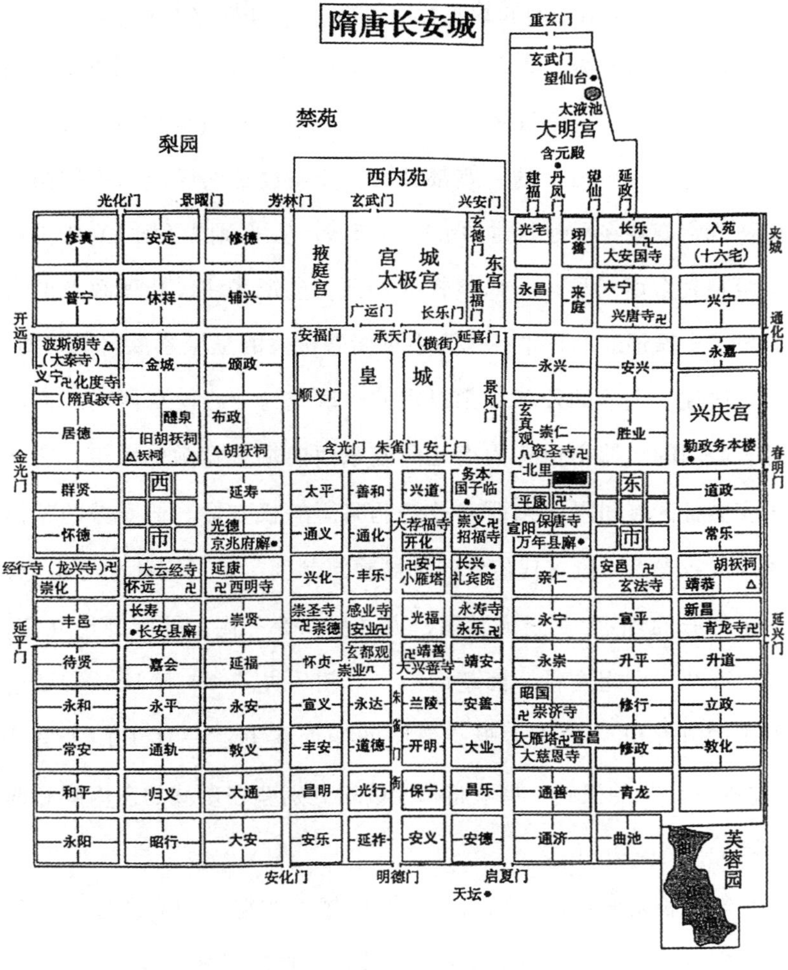

卍：佛寺，∩：道观，Δ：三夷寺

图1 隋唐长安城平面图

隋唐长安城以其宏大的规模闻名于世，据考古实测，“其外郭城东西宽 9 721 米，南北长 8 651. 7 米，总面积达 84 平方公里。它的面积是汉长安城的 2. 4 倍，元大都的 1. 7 倍，明清北京城的 1. 4 倍，东罗马帝国首都拜占庭的 7 倍”[1]。长安城是中国古代也是当时世界上规模最大的一座都城。长安城也是秦汉以后中国第一座按既定规划在平地新建的市里制都城，从平面图（图 1）中可以一眼观其东西对称、布局整齐的特征。皇帝居住、处理政务的宫城位于全城最北的正中，作为中央衙署机关的皇城紧依宫城之南，居民居住、生活的外郭城则以宫城、皇城为中心向东西南三面展开。城内的经纬街道皆为南北向或东西向端直宽敞的大道，它将长安城各区域间隔成东西略长南北略短的长方形。长安城的整体布局大致参考中国古代传统的都城建筑制度，如《周礼 · 考工记》关于都城的规定：“匠人营国，方九里，旁三门。国中九经九纬，经涂九轨。左祖右社，面朝后市，市朝一夫。”[2] 隋唐长安城近似于“方九里”的正方形，郭城的四面各开了三座城门，也依“左祖右社”的祖制，将宗庙和社稷坛分别建在皇城的东南隅和西南隅。

与汉长安城对比，隋唐长安城的规划在继承中有所发展。隋唐长安城改变了春秋战国以来宫城位置必在郭城之西或西南（图 2）

〔1〕整理自张永禄. 唐都长安［M］. 西安：三秦出版社，2010：23—39.

〔2〕《十三经注疏》整理委员会. 十三经注疏：周礼注疏［M］. 北京：北京大学出版社，1999：1149—1150.

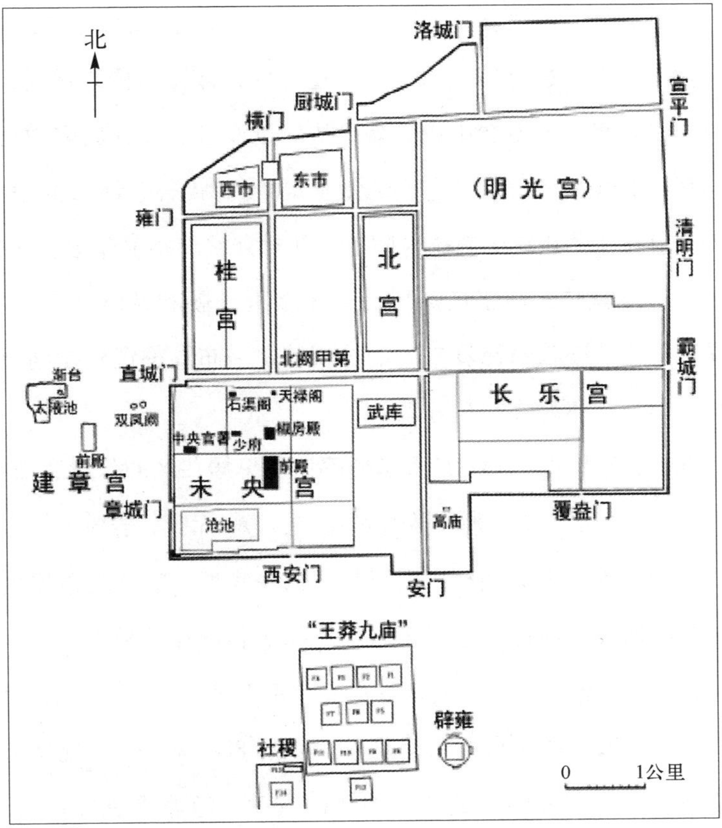

图 2　西汉长安城平面复原图

的传统安排，将宫城置于郭城北部的中心。这种布局在建筑手法上突出了宫城的中心地位，不但凸显了古代皇帝居于中心的最高统治的地位，而且体现了皇帝据北而立、面南而治的儒家传统思想。当然，这也是出自充分利用地形保障宫城安全的考量。宫城居于北，可以背靠龙首原地势高的优势，以禁苑控制全城最高地段，居高临下、俯视全城，利于宫城的防卫和最高统治者的安全。

隋唐长安城还突破了以往都城仅有内、外城的传统格局，在宫城之南建皇城，专置中央衙署，从而改变了过去都城内中央衙署与居民住宅混杂的状态。如此，可以使皇城居于都城的中心，从而有利于中央机构的安全与防卫，并对宫城起拱卫作用。同时，皇城与宫城紧依，便于最高统治集团接近外朝和及时处理政务，这是大一统王朝权力高度集中的体现。这一布局的调整是隋唐长安城的新创，亦为后世王朝沿用。

此外，隋唐长安城还扩大了外郭城坊里居住区的位置和面积。因宫城、皇城居于北，所以传统都城“前朝后市”、居住区位于宫城以北的格局也随之调整。隋唐长安城在宫城、皇城之南规划了大面积的居民生活区，包括用以居住的坊和商业贸易的市。众所周知，汉长安城的居民住宅区占全城面积不足三分之一〔1〕。而隋唐长安外郭城中的坊市约占全城总面积的88.8%，这个规划与隋初准备利用都城控制大量人口的目的有关。随着盛唐日臻繁华，越来越多的人被吸纳进这座气魄宏大的都城，接近百万的人口居住在以朱雀大街为中轴、左右对称的坊中，可谓十分规整，正如唐朝诗人白居易在诗中追忆的“百千家似围棋局，十二街如种菜畦”。在坊的布局上，隋初营建了大兴城的宇文恺还赋予其一定的寓意：皇城两侧南北排列十三坊象征一年十二个月和闰月；皇城正

〔1〕张永禄. 唐都长安［M］. 西安：三秦出版社，2010：25.

南东西四列坊象征一年四季；南北九坊则取自《周礼》“王城九逵之制”。一坊之规模接近地方的一个县，可容纳上万人。

如棋盘一样规整的布局，也是隋唐政治统治加强、都城管理严密的直观体现。整齐划一的坊其实是一个个独立、封闭的管理空间，各坊四周皆夯筑土墙，专人管理，限时开闭，实行严格的夜禁制度。虽然三品以上官员的宅邸可以向坊外临街开门，但也须遵守坊间管理制度。此外，官府还多次严禁侵街、种植与造舍行为，以保证街道的整齐。为规范贸易活动，隋唐实行市、坊分离制，商品买卖只能前往东、西市，这也是“买东西”一词的来源。作为权力的中心，唐都长安更强调身份等级，通过发布“准营缮令”，严格规定不同身份地位居民建屋的规制，以彰显和维护统治秩序。其实，这也是长安首先作为政治中心，更为强调其政治功能与特征的体现。

但随着都城人口不断增加，工商业规模不断扩大，唐朝统治权力不断衰退，长安城的这种严密管理也在逐渐松动。唐朝小说《任氏传》中讲述了这样一个故事：天宝九载（750年），有一个名叫郑六的人与友人去新昌坊酒馆喝酒，随后到升平坊过夜，天亮坊门没开时，与坊门旁卖饼子的胡人闲谈……[1]由此可以窥见长安城东南部的新昌坊中已有酒馆，升平坊中已有胡人开的饼子铺，且从半夜一直营业到凌晨。安史之乱后，长安城内的商店随处可

---

〔1〕[日] 气贺泽保规. 绚烂的世界帝国：隋唐时代 [M]. 石晓军译. 桂林：广西师范大学出版社，2012：253.

见，甚至出现打破坊墙，将房屋扩充到坊外的现象，致使坊门的开闭时间徒具形式。同时，市的营业时间也突破了限制，出现早市和夜市。咸通十四年（873 年），为了纪念 30 年一度的法门寺佛舍利的开龛仪式，长安城各处挂起了各种装饰，晚上彩灯高照，一连数日人们彻夜欢庆游戏。夜禁制度和市坊分离制几乎名存实亡。

除以上行政、居住、商业区域外，隋唐长安城中还有很多文化、娱乐场所。在郭城之北有三大苑：西内苑、东内苑与禁苑，其中禁苑规模极大，“东距浐，北枕渭，西包汉长安城，南接都城，东西二十七里，南北二十三里，周一百二十里”〔1〕（图 3）。三苑

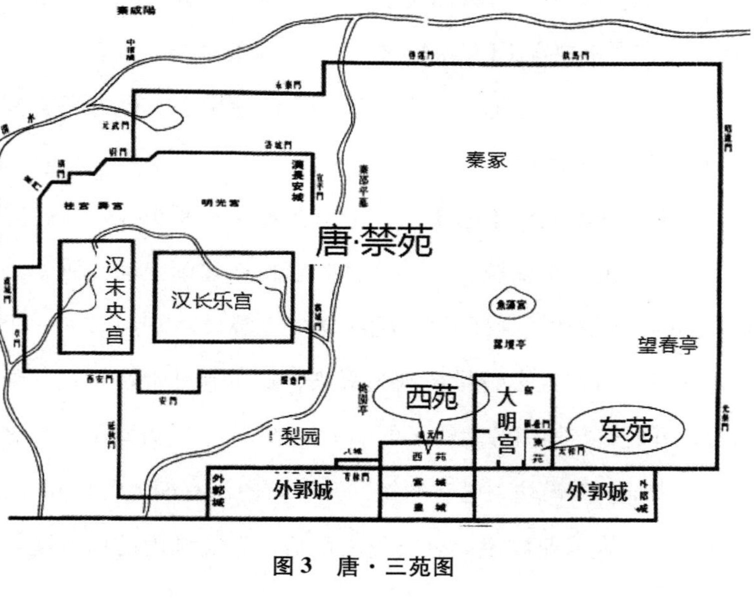

图 3　唐 · 三苑图

〔1〕张永禄. 唐都长安［M］. 西安：三秦出版社，2010：168.

内建有多处亭台楼阁、池榭园林、梨园教院，是皇家风景游赏区和狩猎区，且在都城北部形成层层包围之势，起着多层外郭城的作用。尤其是三苑地处龙首原高地，外有苑墙，内屯禁军，是攻防长安城的战略要地。此外，位于城东南隅的芙蓉园也是皇家御园，唐称南苑。开元二十年（732 年），唐玄宗为了随时来此游赏而不被外人知悉，沿东郭城壁专门修建了一条从兴庆宫通往芙蓉园的夹城。芙蓉园西岸的曲江池，自城内延伸至城外，是供城内居民游览的风景区，一年四季游人络绎不绝。除重要节日外，凡二月新科进士及第，必然会设宴于曲江亭子，称为“曲江会”。此外，还有通善坊的杏园、升平坊的乐游原等，都是长安城的游览胜地。

作为国内各民族及中外友好交往交流的中心，长安城内还汇聚了众多来自异域它邦的人士，随之带来的还有多样的文化、多样的建筑。城内寺观林立，波斯胡寺、祆教寺、摩尼教寺等几乎遍布都城的各个坊里（图 1）。《长安志》载唐开元时期，长安有僧寺六十四，尼寺二十七，道士观十，女观六，波斯寺二，胡祆祠四，而“天宝后所增不在其数”〔1〕。许多著名的寺观因其承载了丰富的历史文化而享有盛誉，像大慈恩寺和大雁塔，一直保存至今。绚烂多彩的异域文化与源远流长的华夏文明在这座规模空前的京师交汇、融合，共同谱绘了隋唐包罗万象、瑰丽壮观的文化图景，展示了令人称奇的气象与风度。

〔1〕张永禄. 唐都长安［M］. 西安：三秦出版社，2010：222.

58

庞贝古城的罗马市井生活

公元 79 年 8 月 24 日下午 1 点多，意大利那不勒斯附近的维苏威火山突然喷发，时年 18 岁的小普林尼在 22 英里外的美塞努姆目睹了这一过程，他在给历史学家塔西佗的信里写道："维苏威火山又有好几处喷出了巨大的火柱，爆炸声和火光在黑夜中尤其显得响亮耀眼。"维苏威火山脚下，罗马帝国的第二大城市庞贝遭遇灭顶之灾，火山云遮天蔽日，炽热的火山灰、火山砾和浮石持续从上空坠落，仅一天光景，庞贝城便被浓厚的火山灰和汹涌的熔岩淹没了。生机勃勃的庞贝城被密封在时光胶囊中，逐渐被人们遗忘。从 16 世纪末无意发现庞贝的蛛丝马迹至 18 世纪中期，人们才意识到维苏威火山脚下埋藏着一座城市。从那时起，对庞贝的系统考古发掘持续至今。庞贝的发现和发掘，让人思接千载、浮想联翩，庞贝古城保存得如此完整，往昔繁华的生活图卷逐渐铺展于后人眼前，为人们了解古罗马的社会生活提供了弥足珍贵的资料。

庞贝地处亚平宁半岛南部坎帕尼亚大区，是地中海沿岸那不勒斯湾的天然良港，距罗马城 240 千米，西接西西里岛，南通希腊与北非。如古朗士所言，古典时代的城市“是由若干早已存在的小团体结成一个更大的团体的。几个家庭组成一个胞族，几个胞族组成一个部落，几个部落组成一个城市。”[1] 庞贝城也经历了从村落到城市的发展过程。早期的庞贝是一座小渔村，公元前6世纪，奥斯克人建立了庞贝城。由于地理位置优越，庞贝吸引了众多希腊人、伊特鲁里亚人和腓尼基人来此定居和贸易，希腊人在此建立了多利亚式神庙，带来阿波罗神崇拜，由此，庞贝深受希腊文化的影响。前5世纪末，好战的萨姆尼特人征服了庞贝城。至前3世纪，罗马人打败萨姆尼特人、高卢人和伊特鲁里亚人等结成的联盟，庞贝从此开始接受罗马的统治。庞贝的历史和罗马的历史便连接在一起，庞贝也逐渐发展为一座拥有20 000余人口（包括8 000名奴隶）、商贾云集，仅次于罗马城的帝国第二大城。有人认为，庞贝城拥有符合罗马人定居要求的所有元素：市场、酒吧、神庙、剧院、公园、浴场、葡萄园、铁匠铺、面包房、餐馆、图书馆、学校、军械库、别墅等，庞贝遗址大致能印证这种说法。

在考古学家发现的一份庞贝居民购物单中，提到面包、橄榄油、葡萄酒、奶酪、猪油、猪肉、香肠、银鱼、洋葱、韭菜、卷心菜、甜菜根、芥末、薄荷和盐等，可以想象庞贝人的餐桌是何等丰盛。庞贝一年四季阳光充足，温度适宜，沉积的火山灰肥沃了这片土壤，得天独厚的自然条件有利于农作物的生长。庞贝盛产

---

[1] [法] 菲斯泰尔·德·古朗士. 古代城市：希腊罗马宗教、法律及制度研究[M]. 吴晓群译. 上海：上海人民出版社，2012：155.

小麦，小麦制品面包是庞贝人最主要的餐食。在 2023 年最近一次考古发掘中，意大利考古学家发现了一幅有着 2 000 年历史的壁画，壁画上画着一块圆形面包，上面铺着各种配料，与今意大利的特色食物披萨惊人相似。庞贝遗址迄今发掘出至少 30 家面包房，分布于城市各区域，种类繁多的面包能满足人们不同的饮食需求和习惯。庞贝出产的蔬菜、水果和坚果也非常丰富，有橄榄、核桃、蚕豆、无花果、扁豆、桃子、大蒜、松子、鹰嘴豆、榛子、洋葱、梨子、栗子等。农业的发展带动了庞贝手工业的进步，品种多样的葡萄酒及精美的手工业产品，除了自给还供出口，“带有红色花纹的被称为‘庞贝红器’的庞贝特色陶瓷制品在如今的希腊、北非、意大利、德国和英国都有发现”[1]。

农业和手工业的发展促进了商业的繁荣。经考古发掘，后人还能依稀分辨出深埋于厚达 6 米火山灰中的大型综合性交易市场以及有着高高的大壁间的拍卖市场，里面堆放着许多盛有各式商品的大型陶罐。漫步于空旷的遗迹中，令人不禁遥想当年这里熙熙攘攘、高声讨价还价的交易场景。庞贝的商业繁荣，其广场东北块的公共市场遗址就能让人产生身临其境的强烈感受。考古显示，庞贝城内日用品充足，建有肥皂店、香水店、颜料店、金匠店、雕刻店等；小旅馆、小餐馆和小酒馆多达 158 所，遍布全城，其实际数量可能超过 200 所；庞贝的服务行业也很兴盛，有药房、诊

---

〔1〕黄小恰. 公元一世纪庞贝城中下层妇女的经济活动研究［D］. 长春：东北师范大学，2021：17.

所、理发店和公共浴场等诸多便民设施；蔚为壮观的住宅配备了无与伦比的花园、庭院和餐厅。庞贝人的生活是如此多姿多彩，在今古城遗址的墙壁上依然能读到他们有趣的涂鸦："盖乌斯普米迪乌斯狄皮路斯于十月三日到此一游……这里可不是游手好闲者呆的地方！流浪者，请离开此地……谁请我吃饭，就祝谁发达……四月十九日我烤过面包……记住了，死神，在我活着的时候，你是我的敌人。你要是死了，你就什么也不是了……赛阿丝，不要去爱那个富尔图纳图斯……让所有爱的人兴旺发达，让无所爱的人倒霉遭殃，让禁止他人去爱的人倒霉再加倒霉……情人儿们就像那蜂蜜，他们过的是蜜样甜的生活。"〔1〕可见，庞贝曾是一座充满生机和活力的古城。

"城市设置的初衷，就是为了满足人们的衣食住行等需求。当物质层面的需求满足之后，城市就会创造出更多的精神文化，来满足人们的精神方面需求。"〔2〕为了丰富衣食无忧的庞贝人的精神生活，执政者在此搭建了两座露天剧场，用于戏剧、音乐表演；建造了一座宏伟的竞技场，可容纳全城公民观看角斗士拼杀。庞贝城内还辟设有三座公共浴场，成为公众聚会的重要场所。在这里，人们会友并打探各种消息，演说家发表演说，作家诗人诵读新作，甚至还有人开展体育活动。看来，公共浴场是罗马化城市的名片，所言不虚。"城市公共空间与公共生活的繁荣创造了古罗

---

〔1〕郭长刚. 失落的文明：古罗马［M］. 上海：华东师范大学出版社，2001：70—71.
〔2〕高静. 马克思恩格斯城市发展思想研究［D］. 武汉：湖北大学，2021：56.

马的城市奇迹……城市通过供给公共物品在自由民和军队中树立了完整的城邦意识。”〔1〕城市生活增强了庞贝人对罗马的认同感。

当来自世界各地的游人穿梭于庞贝废墟的大街小巷，进出于半毁的建筑中，依然能清晰地感受到当时庞贝城市政建设的完善与发达。庞贝城的市政建设是罗马式样的，但也保有希腊风格。庞贝城东西长1 200米，南北宽700米，主要大道呈网状辐射，与希腊的街道布局相似，石板铺路，主街宽7米；水利系统完整，沿街有排水沟，引水渠四通八达。城内最宏伟、最热闹的地方是庞贝广场，它是庞贝政治、经济和宗教的中心，也是市民日常生活的中心。庞贝广场四周有公共市场、市政中心大会堂、法院等大型建筑物，是罗马工程学和罗马生活方式的完美体现。市政中心大会堂是一座可以容纳数千人的大型公共建筑，公民召开政治集会、政府发布法令及训示都在此地。据载，庞贝市民热衷于政治活动，在残留的墙壁上仍存留着2 000年前有关竞选宣传的内容：“玛格尼乌斯支持库斯皮乌斯·潘萨竞选市政官……萨图尼努斯及其他的学生们强烈呼吁选举盖乌斯·库斯皮乌斯·潘萨为市政官……请选举盖乌斯·朱里乌斯·波利比乌斯为市政官，他为我们提供了很多的面包。”〔2〕庞贝广场还矗立着数位罗马帝国君主的雕像，“庞贝人在继续原来的宗教崇拜的同时，还接受了罗马统治者积极倡导的新的宗教崇拜对象，同时通过积极响应皇帝崇拜

〔1〕杨猛. 古罗马：作为公共物品的城市生活［J］. 室内设计，2009（4）：60.
〔2〕郭长刚. 失落的文明：古罗马［M］. 上海：华东师范大学出版社，2001：58.

政策来表明自己的政治立场和对当权皇帝的支持，并谋得自身的发展”[1]。由此显示了庞贝对帝国的效忠。

庞贝作为地中海沿岸的港口城市，既是交通便利之地，也是各种文化交流交融之处，古典希腊文化与罗马文化、古埃及文化皆汇聚于此。庞贝广场四周建有朱庇特神庙、阿波罗神庙、宙斯神殿，以及奥古斯都、克劳狄乌斯、尼禄等塑像。其中，朱庇特是古罗马神话里的众神之王，对应宙斯在古希腊神话中的地位。“庞贝的家长，每天领着一家人和所有奴隶，在家庭神龛前祭拜祖先，这些神龛里，大多也供奉着赫克力士（编者注：赫克力士即大力神赫拉克利斯，古希腊神话里的半人半神，父亲是宙斯）等三位神。家庭神龛里，常画着赫克力士，他是庞贝的开创者，而在家庭小祭坛和内花园里，则摆着一些狄奥尼索斯的小塑像，演戏用的面具和巴库斯（编者注：酒神）的半身像。”[2] 此外，考古学家还在庞贝发现了印度女神拉克丝密之像，折射出庞贝与古代东方文化也存在着交流。庞贝也是一座多元化的城市。

庞贝人曾强烈反对罗马的统治，但“罗马人不论征服了任何地方，他也便在那里住下”[3]，罗马人追求享乐、丰富多彩的生活方式和思想观念将庞贝改造成富裕繁荣的罗马样式的城市。庞

〔1〕王阳. 试论庞贝城市的罗马化特征［D］. 长春：东北师范大学，2013：42.
〔2〕罗伯特·艾蒂安. 庞培：掩埋在地下的荣华［M］. 王振孙译. 上海：上海书店出版社，1999：116.
〔3〕［英］爱德华. 吉本. 罗马帝国衰亡史：上册［M］. 黄宜思、黄雨石译. 北京：商务印书馆，2013：37.

贝，这座曾经守护罗马人生活方式和文化特征的城市，因火山爆发而掩埋于黑暗之中；又因考古发掘重见天日，使后人得以窥见庞贝人充满活力的市井生活。庞贝亦是一个展示古罗马文明的博物馆，给后人提供了想象古罗马生活和文化的无穷魅力和神秘资源。歌德在参观庞贝城遗址后曾言："在世界上发生的诸多灾难中，还从未有过任何灾难像庞贝一样，它带给后人的是如此巨大的愉悦。"

59 奥斯曼与近代巴黎城市规划

国际大都市巴黎以其“浪漫之都”的称号享誉世界。当你漫步在巴黎的大街上，一定会对这座城市精心规划的布局产生深刻的印象：漂亮的城市广场星罗棋布，放射性的街道凸显了广场中央纪念性建筑物的华丽庄重，笔直宽敞的林荫大道联通全城，两旁

图1 奥斯曼改造巴黎形成的街道景观[1]

〔1〕Lampugnani V M. *Architecture and city planning in the twentieth century* [M]. Van Nostrand Reinhold, 1985: 25.

古朴且风格各异的五六层联排建筑井然有序。实际上，当代巴黎城市风貌的形成，源自19世纪中叶一场旷日持久的城市大改造运动，即现代城市规划史上的著名案例——“奥斯曼计划”。

19世纪中叶的巴黎城市改造，肇因于法国工业革命后资本主义经济的迅速发展对传统中世纪城市带来的新挑战。法国大革命后，资产阶级政治体制逐步确立，为工业革命的开展奠定了制度基础。自七月王朝开始，相对稳定的政治环境更使法国工业得以快速发展。自1830年至1849年间，巴黎的蒸汽机数量从131台增长至1 207台。经济的增长也带来了人口的急剧增加。从1845年到1848年，巴黎人口在短短3年内从60万升至100万[1]。可是，刚刚步入工业时代的巴黎却依然保留着中世纪的城市形态——城市布局不合理，街道狭窄拥挤不堪，公共卫生状况恶劣，脆弱的城市基础设施和低水平的公共服务难以应对经济和人口的快速扩张，日益严重的“城市病”影响了巴黎民众的正常生活，也极大损害了法国首都的声誉。此外，巴黎作为法兰西的政治中心，还是各方势力争夺的焦点，在劳资矛盾尖锐的工业时代更成为工人运动的中心之一。由于巴黎街道狭窄曲折、通达性差，街垒成为民众对抗政府的常用斗争工具，而政府却难以迅速镇压。因此，对首都的改造也暗藏着资产阶级政府维护自身统治的目的[2]。1852年

〔1〕荆文翰. 变革时代的城市现代化转型——以“巴黎大改造”为例［J］. 法国研究，2019（1）：2.

〔2〕荆文翰. 变革时代的城市现代化转型——以“巴黎大改造”为例［J］. 法国研究，2019（1）：3.

12 月 2 日，法国总统路易·波拿巴恢复帝制，号称拿破仑三世，法兰西第二帝国建立。巴黎城杂乱的道路系统以及糟糕的社会治安，这些城市化带来的挑战导致帝国政府不得不从城市建设与规划等方面寻求出路。次年，路易·波拿巴便任命亲信乔治·欧仁纳·奥斯曼男爵为塞纳区长官，负责主持其雄心勃勃的巴黎改建计划的设计与实施。这场巴黎大改造故而被称为"奥斯曼计划"。

奥斯曼广招专家，涉及地理学、植物学、水力学和化学等诸多领域，凸显了这项计划的专业性和可操作性。这场全方位、系统性的城市改造规模浩大，历时 17 年之久，直至 1870 年，因普法战争爆发、帝国债台高筑才被迫宣告中止。奥斯曼对巴黎旧城的改造，大致集中在以下三方面。

其一，修建完善的城市道路网。1852 年奥斯曼着手改造之初，巴黎城市的道路总长为 239 英里（1 英里≈1.6 公里）。为增强城市道路的通达性，奥斯曼拆迁修通城内纵横交叉的道路网，并沿新街修造了大批公共建筑、公园和广场。他根据通达性的强弱设计了三级交通网络：第一级道路由四条布局合理的主干线道路（里沃利街、塞巴斯托波尔大道、圣日耳曼大道和圣米歇尔大道）构成，它们连接起了塞纳河两岸，构成巴黎大都市交通的基本框架；第二级道路多为斜向修建，将广场、车站、政府机构等城市关节点与干线连通起来，形成完善的市内交通体系；第三级道路以城市边缘的广场为基础向外延展，将巴黎市区与郊区连接起来，为

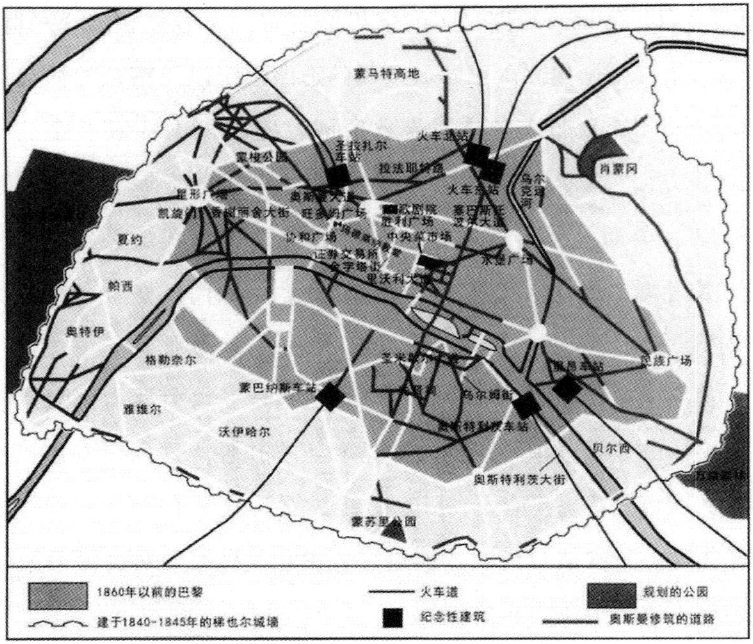

图2　近代巴黎主要城市建设〔1〕

巴黎人外出和外地人进入巴黎提供了通道〔2〕。至1870年，夏特莱广场等一批新广场建立起来，形成了“以广场为中心向外辐射”的道路布局，每五条道路中便有一条是由奥斯曼修建的。路面宽度从原来的39英尺（1英尺≈0.3米）拓展至79英尺，道路两侧建造了路灯、长椅、书报亭、饮水器、垃圾箱和公共厕所等配套基础设施。随着工业化的发展，巴黎马车的使用从1850年的2.5

〔1〕朱明、欧阳敏．地图上的法国史［M］．上海：东方出版中心，2014：152.
〔2〕荆文翰．变革时代的城市现代化转型——以“巴黎大改造”为例［J］．法国研究，2019（1）：4.

万辆增至1860年的3.5万辆。其中私家马车拥有量大增，导致城市道路拥挤，拓宽道路也无济于事。奥斯曼于1855年成立了公共马车公司，匹配马车1 900余辆，年客运量高达1 915万人次。由此形成的现代化城市公共交通系统，大大提高了巴黎道路的通达性、舒适性、安全性，保障了巴黎的城市交通秩序。完善的交通系统不仅有助于推动道路沿线商业和住宅的开发，还为巴黎城市发展和经济繁荣注入了新的活力。

其二，大力推进住房建设。奥斯曼的房屋改造旨在解决住房难题，为此，需大幅度增加房屋的数量。在17年的改造中，34 000座新房和215 300处新住宅取代了19 730座旧房屋、120 000所旧住宅。除了增加房屋数量，奥斯曼还在住房楼层和户型上作了较大调整，即增加房屋居住面积，满足更多类型住户的需求。在大力推进住房建设的同时，奥斯曼也极力保障低收入租户的利益。通过制定法律，规定无论租金高低，都不再对贫困房客收取房屋税。此举反映了奥斯曼力求将城市改造和民生改善、社会福利发展相结合的改造理念。在奥斯曼实施改造期间，巴黎新建起一大批医院、学校、市政厅等公共建筑。为满足市民的娱乐享受和精神需求，巴黎还新修了加尼埃歌剧院等5座剧院，建造修缮或购买了19座教堂，并为新教徒、穆斯林、佛教徒和犹太教徒修建了宗教场所〔1〕。此外，奥斯曼十分重视城市景观的设计，他对沿

〔1〕整理自朱明. 奥斯曼时期的巴黎城市改造和城市化［J］. 世界历史，2011（3）：50—52.

街建筑的房屋立面制定了严格的标准，设计并建造了巴黎公寓，开创了名扬世界的奥斯曼建筑风格。与此同时，凯旋门广场、卢浮宫等也在多年建设后终于完工，为巴黎增添了亮丽的风景线，成为浪漫巴黎的地标性建筑。

其三，修建城市的供水和排水系统。奥斯曼极为重视城市下水道系统，甚至把下水道看作城市的“器官”。针对巴黎工业废水排放问题和塞纳河夏季暴雨导致的城市内涝风险，巴黎改造期间规划建设了四级下水道系统：第一级下水道广泛分布在所有类型的道路之下，收集沿街住宅和工厂排出的生产生活废水；第二级下水道是连接一级下水道与宽阔的储水道之间的通道；第三级下水道用于存储由一级下水道汇集来的废水；第四级下水道位于城外，将三级下水道废水集中后排放。第四级下水道专门设在远离巴黎城市的塞纳河下游，以保证排出的废水不会污染巴黎的饮用水。先进的下水道系统成为巴黎的一张新名片，1870 年版《拉鲁斯词典》充满自豪地写道：“有身份的外国人离开这座城市之前，无一不想参观一次著名的巴黎下水道。”〔1〕

1870 年初，由于种种复杂原因，一些议员围绕巴黎改建资金问题公开发难，奥斯曼计划被迫中止。自 1853 年开始改造后的一个多世纪里，人们对奥斯曼大规模改造巴黎旧城的评价褒贬不一。奥斯曼的拥护者肯定了新巴黎规划的宏大与细节的精巧，严谨实

〔1〕应远马. 圣西门主义力行者：拿破仑三世和 19 世纪中叶法国社会经济发展探究［D］. 杭州：浙江大学，2020：245—246.

用的布局与大刀阔斧的实施，为巴黎步入现代城市构建了优质的基础；他们夸赞奥斯曼改造巴黎的规划是系统而全面的，对审美原则的坚守塑造了巴黎的城市新景观等。他们认为，奥斯曼的改造使这座城市在现代化道路上迈出了至关重要的一步，也起到了助推法国工业革命发展的积极作用。而批评者则斥责其改造计划带有防止和镇压民众暴动、为资产阶级统治机器张目的不良动机，指责他在旧城改造期间将大量城内的贫民强制迁往城郊地区，进一步强化了社会分层，大面积拆除古老建筑则破坏了巴黎中世纪历史名城的风貌等[1]。

一座城市是一个国家的缩影，折射其背后的文明。无论评论者如何褒贬，奥斯曼主持的巴黎改造已然成为世界城市规划史上的一个经典案例，是现代化脚步在法国停留的见证。其系统性的改造以及独到的景观审美为许多城市争相参考和模仿，罗马、马德里、阿姆斯特丹、维也纳、布达佩斯等中古城市的改造都在一定程度上借鉴了巴黎的经验。“奥斯曼化”对100多年前“东方巴黎”上海的市政建设也产生了明显可见的影响。直至今日，通过科学合理的城市规划来应对工业化和信息化的新挑战，实现城市发展形态和市民生活方式的与时俱进，仍是摆在人们面前的时代课题。

---

〔1〕整理自张钦楠. 百年功罪谁论说——评奥斯曼对巴黎的旧城改造［J］. 读书，2009（7）：131—136.

60
“西风”对近代上海城市发展的影响

上海于宋代成镇，元代设县，明代筑城，城市兴起的轨迹是“以港兴商”“以商兴市”。开埠前的上海，人口 20 多万，属江苏省苏州府上海县。在全国范围，不及北京、广州、汉口；在长三角一带，比不上苏杭、南京〔1〕。既非荒芜渔村，亦非通衢大都，只能算是一个中等沿海县城。

1843 年上海开埠后，英、美、法等西方列强先后在上海县城北部沿黄浦江一带设立租界。此后，租界日臻兴旺，逐渐取代上海县城成为上海城市的中心，“租界是一个具体而微的资本主义社会，是殖民者按照资产阶级的面貌为样板来改造世界的一大例证”〔2〕，但租界却对近代上海城市化格局的形成与发展产生了深远影响。在欧风美雨中，上海首开中国近代城市化之先河。随着西方文明源源而入，近代上海城市的发展也在与“西风”的接触交流、冲突碰撞、借鉴融合之中，从物质到制度再及思想，全面

---

〔1〕［美］G. W. 施坚雅. 中国封建社会晚期城市研究：施坚雅模式［M］. 王旭等译. 长春：吉林教育出版社，1991：94.
〔2〕苏智良. 上海：近代新文明的形态［M］. 上海：上海辞书出版社，2004：216.

且渐次深入地嬗变。

那么，上海何以成为近代中国“西风东渐”的代表城市？原因大致如下：“一市三治”的特殊城市治理格局；上海传统文化的边缘性特点，即对外来文化具有一定的包容度；开埠前城市商品经济有相当基础；开埠后人口流动导致的人口多元异质化特点[1]。基于以上因素的共同作用，“西风”传入下的近代上海城市化进程呈现出人口流动、空间扩展、工业聚集以及相伴而来的市政建设、城市管理和生活方式“西化”等多重面向的现代化图景。

一观近代上海城市基础设施之变。

一个城市的发展很大程度上取决于城市基础设施的建设。城市基础设施之于城市，如同骨架之于人体。至 19 世纪末，上海城市基础设施的质量已经或基本达到欧美国家大城市的水平[2]，相应的西方市政管理制度也随之引入。

首先是照明和用水。开埠前上海家庭照明多用油盏灯，随着科技发展与生活需求的变迁，城市照明也随之发生更迭，从油盏灯到煤油灯，从煤油灯到煤气灯再到电灯，直至 1882 年上海电光公司成立，上海城市照明系统步入了“电力时代”。

开埠前上海居民世代饮用江河湖井之水。开埠后，上海人口

---

〔1〕整理自熊月之. 晚清上海与中西文化交流［J］. 档案与史学，2000（1）：40—44. 整理自熊月之. 上海租界与文化融合［J］. 学术月刊，2002（7）：57—61.

〔2〕［法］白吉尔. 上海史：走向现代之路［M］. 王菊、赵念国译. 上海：上海社会科学院出版社，2014：67.

激增，用水规模扩展，水资源短缺和水质污染问题日益突出。1860年代起，工部局开始筹建供水系统。1880年，上海自来水股份有限公司成立，在杨树浦建造自来水厂，1883年竣工供水；1898年法租界在董家渡兴建水厂，1902年建成投产；1897年华界绅商在地方政府的支持下，筹资兴建中国人第一家自办的自来水厂——"内地自来水公司"，1902年建成[1]；1910年闸北地区创办水电公司，次年建成供水。公共租界的上海自来水公司、法租界的董家渡水厂以及华界的内地自来水厂、闸北水电公司，上海城市供水网络呈现出"三足鼎立"的局面。

其次是道路交通。上海近代意义上的道路建设，始于租界。1845年颁布的《上海土地章程》中就对租界的道路建设做了若干规定。随后，英租界成立"三人道路码头委员会"，启动道路建设。1865年，初步建成由26条道路组成的英租界主干道网。但华界的道路建设工程启动稍晚，1870年代，华界开明绅商开始动议马路辟建，直至1890年代才于城厢内外、闸北、吴淞和浦东相继成立马路工程局，负责马路辟建。1905年，地方自治运动兴起，著名绅商李平书等人成立了"上海城厢内外总工程局"等市政机关，把"开拓马路""清洁街道"列入市政建设的重要项目。但由于种种掣肘，华界实际筑路仅30多条，中国人自己的近代路政在

〔1〕李春晖. 风骚独领——上海早期供水事业的创立和演变（三）：第一家中国人自办的自来水厂创办始末[J]. 城镇供水，2014（6）：6.

艰难中起步[1]。

上海开埠前后的交通工具，主要是传统的独轮车和轿子。随着外国侨民增多，黄包车和西式马车逐渐引入，随后自行车、汽车、有轨电车等现代化交通工具蓬勃发展，急剧改变着近代上海的交通工具与出行方式。

二看近代上海城市日常生活之“西化”。

除了城市公用的基础设施以及纺纱机、织布机、蒸汽机等生产机器外，“西风”初入还带来了各类日常生活用品，例如缝纫机、洋皂、洋布、洋呢、洋毯、洋巾、洋针线、洋纽扣、洋伞、洋纸笔、洋牙刷、洋钟表等[2]，种类繁多，满足了上海人的各类需求。这些物品大致在1870年代前输入上海，逐渐占领了近代上海的城市消费市场[3]。

上海人在服饰穿着上也开始打破封建传统，走向近代化，朝着美观、卫生、经济的方向发展。比如，中山装的发明与流行，旗袍的改良等，不仅工艺上中西合璧，在设计理念上也与现代文明接轨。

上海的饮食也出现西化的倾向，19世纪50年代，各类西菜馆在上海出现。结合本帮食材与饮食习惯进行改良，上海创造出了

---

〔1〕熊月之、罗苏文、周武. 略论近代上海市政［J］. 学术月刊，1999（6）：86.
〔2〕张仲礼. 近代上海城市研究［M］. 上海：上海人民出版社，1990：904.
〔3〕徐赣丽. 建构城市生活方式：上海近代文明化及其动因［J］. 民俗研究，2020（5）：58.

独具特色的“海派西餐”。

“西洋”日常生活用品、衣食文化蕴含的西式生活方式与消费理念，潜移默化地影响着近代上海市民对“西风东渐”的文化态度。

三探近代上海市政管理制度的确立。

近代市政基础设施“西来”的同时，租界也复刻一整套源自“母国”的市政管理制度。在租界市政管理“卓有成效”的刺激下，感受到巨大差距的华界开始了艰辛的“追赶”。经地方士绅的推动，华界效仿创办起自己的近代市政制度。1895 年，上海士绅成立了南市马路工程局，以修筑马路、建设市政、缩小与租界的差距为工作重点。前文提及的“上海城厢内外总工程局”，于 1905 年成立，这一社会自治组织旨在学习租界市政管理制度的优点，以缩小华界与租界的距离〔1〕。工程局的管理范围包括华界南市地区的市政管理权、立法权、司法权、治安权、收税权等，尽管所获得的公共权力并不充分，但事实上已成为政府以外的民间权力中心，体现了上海华界市政管理制度的与时俱进〔2〕。随着地方自治运动的开展，华界公用设施不断效仿租界改进，市政管理也日益完善，上海近代市民意识也不断提升。上海市民逐渐适应了近代市政管理，与之相关的市民意识、文明意识、公共秩序意识也不断增强。在“西风”的深刻影响下，近代上海的公用设施与市

〔1〕熊月之、罗苏文、周武. 略论近代上海市政［J］. 学术月刊，1999（6）：92.
〔2〕黄海波. 权威及其限制：1905—1909 年上海城厢内外总工程局的地方自治实践［D］. 上海：上海大学，2003：1—2.

政管理渐趋成熟，为近代上海城市化的发展提供了物质与制度保障。通过租界引入而展示出的西方文明巨大的“比较优势”，极大地改变了近代上海城市的“旧传统”，推动着近代上海学习西方、改造城市的步伐。在清代社会还处于中古状态时，当清朝统治系统内还未出现近代城市管理时，上海城市的近代化，就是从租界移植西方近代城市发展模式开始，并逐渐完备起来的[1]。

“西风”初入后的上海，城市化进程显著加快。主要表现为三个趋向：一是“华洋杂处”与租界的越界筑路扩张；二是随着近代工业的发展和现代交通网络的形成，华界临近租界的杨树浦、闸北等地区，迅速崛起成为现代工业区；三是华界通过拆除城墙、填浜筑路等方式，拓展发展空间，使公共租界、法租界与华界逐渐一体化[2]。

开埠以来，“西风”下的上海城市化进程，历经从中外多种边缘文化至主干文化的积聚，绘就独具上海品格与气质的城市发展画卷。

从“西风”输入的内容看，近代上海是西方物质、制度、精神文化输入中国的窗口。中西不同的物质文化，包括公用事业、市政设施、日常用品等；不同的制度文化，包括政治制度、经济制度、社会制度、教育制度等；不同的精神文化，包括思想意识、

---

〔1〕唐振常. 近代上海探索录［M］. 上海：上海书店出版社，1994：138.
〔2〕熊月之、周武. 上海：一座现代化都市的编年史［M］. 上海：上海书店出版社，2007：170.

道德观念、宗教信仰、文学艺术、出版新闻等，都在这里找到了接触比较、交流融合的“文明试验场”〔1〕。

从“西风”输入的过程看，上海城市化的兴起始于英租界，而后推至美租界、法租界，进而激发了华界的艰难“追赶”。几乎每一种新的文明载体，无论是物质、精神的，一般而言都是租界创始在前，华界接踵于后。20世纪初，经过半个多世纪城市化建设，上海的市政设施和管理制度基本与世界其他大城市同步，这为民国时期上海的城市快速发展奠定了基础。

从“西风”输入的影响看，近代上海对于“西风东渐”态度，先后历经了“比照、学习、融通”三个递进过程，实现了西方文明在上海本土化的“解构”与“重构”。自然，也经历了“重构”的冲突、痛楚与艰辛，最终实现了上海城市化与近代转型的大发展。

当然，上海在走向城市化的过程中，也滋生了各种“城市病”。比如，近代大量的江南人口移居上海，为上海城市文化注入了新的活力。但大量外来人口的涌入，加之社会保障的不健全，导致城市的社会底层极度贫困〔2〕。各种社会不法现象（黄、赌、毒）以及黑社会性质组织等纷纷出现，形成“多元异质”的城市面相。

---

〔1〕熊月之、张敏．上海通史·晚清文化［M］．上海：上海人民出版社，1999：4.
〔2〕徐赣丽．建构城市生活方式：上海近代文明化及其动因［J］．民俗研究，2020(5)：70.

1930年代，由法国留学归国的北京大学教授曾觉之，从中西文化融合孕育新文化的角度对上海城市文明进行分析："人常讥上海是四不像，不中不西，亦中亦西，无所可而又无所不可的怪物，这正是将来文明的特征。将来文明要混合一切而成，在其混合过程中，当然表现无可名言的离奇现象。但一经陶炼，至成熟纯净之候，人们要惊叹其无边彩耀了。我们只要等一等看，便晓得上海的将来为怎样。"〔1〕其中，"四不像，不中不西，亦中亦西"的背后，恰恰表明了上海近代城市化中海纳百川、兼容并包、融会创新的城市特质。而陶炼纯净后的无边彩耀，何尝不是近代上海城市化崛起的写照。

近代上海在租界"西风"范式的影响下，经过长期"传统与现代""东方与西方"的碰撞与融合，实现了自身独特的城市化历程。近代上海的城市化，是传统中国走向现代中国的缩影，也提供了中国传统城市如何实现近代化、城市化的"范例"。回顾近代上海城市化的兴起，以助力上海向卓越的现代化国际大都市迈进，亦为世界城市发展史贡献独具价值、兼容并蓄、内涵深刻的"上海经验"。

---

〔1〕熊月之. 上海租界与文化融合［J］. 学术月刊，2002（7）：70.

61

大运河

——古代中国的人造动脉

古代中国大运河的开凿及通航是世界历史的一大奇迹。这项浩大工程的开凿肇始于2 500年前，总长达1 794千米[1]，是著名的苏伊士运河的16倍、巴拿马运河的33倍，堪称世界上开凿时间最早、流程最长的人工运河。大运河的伟大，不仅在于其展示了中国古代水利航运工程技术的卓越成就，还因其作为一条重要的南北水上干线，在数千年的历史中持续推动了中国社会经济的繁荣与发展，并积淀了深厚的历史底蕴。2014年，大运河成功列入《世界文化遗产名录》。现如今，它与长城一样，已经成为中华民族文化身份的重要象征。

纵观两千余年大运河修建的历程，根据各个时期开凿的规模、航运、繁荣的程度，大致可以划分为三个阶段。

第一阶段，春秋至隋朝以前，是中国大运河体系初步形成阶段。据史料记载，中国大运河的修建最早可追溯至春秋晚期。公元前486年，吴王夫差为北上伐齐、争霸中原，疏通了由苏州

---

〔1〕1 794千米是元朝京杭大运河的里程数，隋唐大运河长达2 700余千米。

（时为吴国都城）经无锡至常州北入长江而至扬州的古故水道，并开凿联系长江和淮河的邗沟。这不仅是中国历史上第一条有确切修建年代的运河，也是大运河中最早修建且至今基本保留的重要水道。随后，鸿沟、灵渠、江南运河等一系列运河相继建成。至隋朝以前，中国已初步构建了连接珠江、钱塘江、长江、淮河、黄河、海河六大水系的大运河体系框架。但这一时期的运河开凿规格普遍较低，许多运河河段应战争之需临时开凿，战事结束后往往废弃淤塞，大运河连通南北的作用依然有限。

第二阶段，隋唐至北宋，是中国大运河进一步完善和稳定发展阶段。在前朝大运河架构和走向的基础上，隋朝对运河进行了大规模的修建和疏浚。据《通典》记载：炀帝大业元年（605 年），“发河南诸郡男女百余万，开通济渠，自西苑引谷、洛水达于河，自板渚引河通于淮海”[1]。四年，“诏发河北诸郡男女百余万开永济渠，引沁水南达于河，北通涿郡”[2]。至隋朝灭亡之际，以洛阳为中心，由永济渠、通济渠、山阳渎（即“邗沟”）和江南运河连接而成的隋朝大运河全线贯通。隋唐至北宋时期，数学、地理学等领域的进步为河道规划、设计和施工提供了强大支持。大运河的河道、桥梁、闸门、湖泊、河堤和道路得到了大规模的建设和改善，使其在航运、防洪和灌溉方面的功能更趋完善。与此同时，管理机构职能得到强化，权限进一步扩大，建立了从中央

[1]（唐）杜佑．通典［M］．北京：中华书局，1988：220.
[2]（唐）魏徵等撰．隋书［M］．北京：中华书局，1973：63、70.

到地方再到各个闸所的管理体系。在这一时期，大运河已“不是单一的因战争而修的运输线，而成为沟通经济重心与政治中心，由确保供给与军需物质，到繁忙的交通、运输、人员交流的大动脉，成为维护国家统一的生命线”〔1〕。

第三阶段，元明清三朝，是中国大运河南北直航和再次繁荣阶段。北宋晚期以来，由于宋金对峙、战乱不断，航道的维护逐渐松弛。1128 年，为抵御南下金兵的入侵，宋朝官员杜充在今天的河南滑县南沙店一带决开黄河，造成了黄河历史上的第四次大规模改道。这一变化的影响长达近 700 年，黄河由原本向东北流入渤海改为向东南夺取淮河水道而流入东海。淮北地区的河道多为黄河所淤塞，隋朝淮河以北运河的繁荣与辉煌随之黯淡。元朝建都大都（今北京）、统一全国后，面临全国经济中心和政治中心南北分立的棘手难题，重修大运河的任务再度提上日程。在郭守敬等官员的主持下，元朝费时 10 年，相继开通了济州河、会通河和通惠河〔2〕等河段，连接起天津至江苏清江之间的天然河道和湖泊，使大运河能够直接从江南通达大都，使航程节省了千余里。明、清两朝对元朝的大运河进行了进一步的扩建与改造，全长 1 700 多千米的京杭运河最终建成，作为沟通南北的交通动脉发挥

〔1〕程玉海. 中国大运河的形成、发展与繁荣［J］. 聊城大学学报（社会科学版），2008（3）：5.

〔2〕济州河，从任城（济宁市）至须城（东平县）安山，长 75 公里；会通河，从安山西南开渠，由寿张西北至临清，长 125 公里；通惠河，引京西昌平诸水入大都城，东出至通州入白河，长 25 公里。

着不可替代的重要作用。到了晚清时期，随着蒸汽火车、现代轮船等新型交通工具的出现，传统的经济地理格局也经历了翻天覆地的变革，彻底颠覆了大运河沟通南北地区的主导地位。与此同时，清朝中央集权体制日益衰弱，一定程度上削弱了北京作为国家政治中心的地位。大运河在这些因素的综合作用下日渐衰落，一度悄然退向历史的边缘。

大运河的兴修是中国全国水路交通网络建设史上的重要里程碑。在古代，水路运输一直是中国主要的粮食和大宗货物运输方式之一，但因主要河流多为东西流向，南北之间庞大物流需求难以得到满足。虽然南北之间也可以通过海路运输，但海洋气象变幻莫测，对于航海技术尚不成熟的古代而言风险相对较高，故在宋元之前近岸海路交通并非主流。正是由于纵贯南北、连接五大水系的大运河的修通，南北方通过水路进行大规模的经济交流才成为现实。北宋年间，繁忙的运河汴河段已是“半天下之财赋，并山泽百货，悉由此路而进”〔1〕；至明朝，“由运河运输漕粮达340万担，航行漕船达3 000余艘，各类船只达到万余艘”〔2〕，足见运河在全国交通格局中的枢纽地位。

运河的存在不仅为舟楫交通提供了便捷，还在农业灌溉和改善水环境方面发挥了重要作用。得益于运河的供水，邻近地区的

〔1〕(元) 脱脱等撰. 宋史［M］. 北京：中华书局，2013：2321.
〔2〕白寿彝总主编，王毓铨主编. 中国通史：第九卷　中古时代·明时期（上）［M］. 上海：上海人民出版社，2015：852.

水田面积得以显著增加，江南的圩田、北方的淤田、各类水田以及沿运河地区的官府屯田和营田面积增长迅速。在江苏里下河等地，运河东排的水源是除了雨水和湖泊蓄水外最主要的灌溉水源。大运河还促进了南北方农业生产技术和农作物品种的传播，推动了各地区经济作物的广泛种植，进而推动了农业的发展〔1〕。

大运河也极大地催生了运河区域的工商业繁荣。运河使各地区市场之间的联系更为紧密，促进了全国统一市场的形成。作为主要的水上销售渠道，运河将各地商品源源不断地输送到城镇市场，构建了有序且广阔的商业销售网络，形成了特色鲜明的运河工商业文化。运河区域商品经济的繁荣，也直接导致了一系列运河城市的崛起。按京杭运河沿线城市的功能划分，可以将这些城市大致归为如下几类：一类是长安、洛阳、开封、大都（北京）等全国政治中心，运河的修建对于维系都城的运转以及加强对全国的管理意义重大；另一类是区域经济中心城市，如扬州等，运河的修建大大强化这些城市的区位优势，使之成为重要的物资交流和集散地〔2〕。此外，运河沿线城市中也不乏如宿州、临清等因运河改道或盛衰而随之兴废的例子。这些城市的发展鲜明地体现了大运河在塑造中国经济格局方面的独特作用。

大运河的重要性不仅反映在经济领域，在维系古代政权、国

〔1〕孙宝明、程相林主编. 中国运河之都——高层文化论坛文集［M］. 济南：山东人民出版社，2007：90.
〔2〕吴晨. 京杭大运河沿线城市［M］. 北京：电子工业出版社，2014：序.

家统一和政治稳定方面，也起到了压舱石的作用。隋朝时期，尽管国家已实现统一，但此前魏晋南北朝时期造成的南北长期分裂分立的离心倾向依然存在；同时，东北高句丽等地方政权的存在也时刻影响着北境的安危。隋炀帝修通大运河，试图将关中这一王朝政治中心与北境重地和南方经济重心连接起来，这一决策本身体现了运河在巩固大一统政权上的重要作用。唐朝后期至两宋，中国的经济重心进一步南移，形成了“当今赋出于天下，江南居十九”[1] 和“苏湖熟、天下足”的经济格局。而北方游牧政权日益崛起，北京作为北方游牧文明和中原农耕文明的交汇点，其战略地位日益重要，成为此后元明清三朝的政治中心。然而，北京地处华北平原北端，仅凭当地的资源难以满足中央各部门和军队的巨大需求。于是，元明清三朝的统治者不约而同选择利用大运河，将南方的财富输送至京城。总体而言，大运河的分布和走向与中国政治中心的演变轨迹高度契合，且往往连接起政治中心与经济重心，这不但提高了中央政权在全国范围内进行物资流通和军事调配的能力，而且有利于建立高效的信息传递系统，确保政令畅通，从而加强了都城对广土众民的有效管理和控制。

大运河是中国古代劳动人民的伟大创举，是流淌着的人类重要遗产。在跨越两千多年的历史长河中，大运河为中国的经济繁荣、国家统一、社会进步和文化昌盛作出了不可磨灭的贡献，至

[1] 郭预衡、郭英德主编. 唐宋八大家散文总集：卷1［M］. 石家庄：河北人民出版社，2013：164.

今仍然发挥着巨大作用[1]。如今的我们有责任做好大运河的维护和建设，让这条水路在传承中华文明、促进社会和谐发展方面续写新的辉煌。

〔1〕新中国成立后，国家持续致力于大规模整修大运河，使其重新发挥航运、灌溉、防洪和排涝等多种作用。江苏邳县以南的660多千米航道，500吨的船队可以畅通无阻。2023年2月9日，水利部网站消息称，2023年实现京杭大运河黄河以北707公里全线贯通。这项工作仍在进行中。

62
苏伊士运河的修建与英法两国的博弈

苏伊士运河（Suez Canal）全长约163公里，北起塞得港，南至苏伊士城，穿过苏伊士地峡，沟通地中海与红海、大西洋与印度洋，是贯通欧亚非三大洲的重要国际海运航道，也是全球少数具备大型商船通行能力的无船闸运河。“与绕道非洲好望角相比，从北大西洋沿岸各国到印度洋，缩短航程约4 000—4 300海里；从地中海东部和黑海沿岸各国到印度洋，缩短航程4 300—6 500海里；从中国到黑海沿岸国家，缩短航程约6 700海里。”〔1〕 苏伊士运河虽然全程位于埃及境内，但它是亚非两大洲的分界线，在“五海三洲之地”的中东地区具有极为重要的战略价值和经济价值。正是缘于其地理位置的特殊性和重要性，苏伊士运河不仅仅具有影响国际贸易的经济功能，更关乎地缘政治格局的变化，在运河开凿及运营过程中，充满了大国博弈，其命运也因此跌宕多变。

苏伊士运河的开凿可追溯至古埃及中王国第十二王朝时期，法老辛努塞尔特三世（Senusret III，其名字即为“苏伊士”一词的

---

〔1〕方永刚、唐复全. 大国逐鹿：新地缘政治［M］. 成都：四川人民出版社，2001：258.

来源）下令开凿苏伊士运河，旨在连通尼罗河最东段支流与红海北段。据记载，这条古运河至公元前13世纪埃及新王国拉美西斯二世统治时期逐渐荒废。在此后的漫长岁月中，古运河数度开挖又数度废弃。15、16世纪新航路开辟以来，欧洲贸易中心逐渐从地中海沿岸转移至大西洋沿岸，英国、法国、荷兰等大西洋沿岸的国家崛起为新兴商业强国。随着殖民活动的加剧及资本主义在世界范围内的扩展，西欧国家争夺殖民霸权和海洋霸权的斗争愈演愈烈，在世界各地的利益纠葛和矛盾冲突也此起彼伏。从17世纪初至18世纪中叶，英国在与西班牙、荷兰、法国的角逐中，始终致力于掌控绕过好望角通往东方的新航路，以保障其在东方的优势地位。七年战争（1756—1763年）后，英国夺取了海上霸权。但法国大革命的爆发，尤其是拿破仑帝国的建立，在地缘政治和海外殖民竞争中对英国构成巨大威胁，由此，英国联合一些欧洲国家组成反法联盟，企图遏制法国革命的外溢和法国势力的扩张。1796年英国从荷兰手中夺得开普敦殖民地，进一步加强了对好望角航路的控制。失之东隅，收之桑榆，对从新航路进入东方深感无望的法国，企望发挥其地中海国家的地缘优势，另辟蹊径，通过凿通苏伊士地峡、打通红海与地中海与英国抗衡。同理，英国也视埃及、地中海乃至整个中东地区为其重大战略利益和经济利益所在，为此，英法两国围绕苏伊士运河开凿与之后的运营权问题，展开了长达百余年的斗争。

19世纪初，英法两国战略方向的不同使其在开凿苏伊士运河的问题上，呈现迥然不同的态度。但法国开凿苏伊士运河的需求更为迫切，拿破仑在《远征埃及的决定》中明确写道："进一步考虑到英国的声名狼藉的背信弃义，以好望角的主人自居，使共和国船只经由正常航道前往印度变得十分困难……凿通苏伊士海峡，并将采取一切必要的措施，以保证法兰西共和国在红海拥有不受干扰的、专属的领地。"[1] 早在1798年远征埃及时，拿破仑就在随行的数位科学家的陪同下，于苏伊士地区进行了为期10多天的考察，并派工程师勒佩尔实地勘测。但由于测算错误，认为红海水位高于地中海水位而不得不放弃开凿计划。此后，法国军舰被英国摧毁，加之埃及人民的顽强抵抗，拿破仑最终撤离埃及。利用埃及权力真空之机，穆罕默德·阿里[2]趁乱掌权，被拥立为埃及帕夏[3]，名义上臣服于奥斯曼帝国。但暂离埃及的法国在此后数十年间，并未停止开凿苏伊士运河的准备工作。1846年，由法国领导的各国工程师成立国际苏伊士运河研究会，得出红海和地中海海平面的高度没有差别的结论，确认了开凿苏伊士运河的可行性。这一研究结果公布后，引起英国高度警觉。为抵制法国开凿运河计划的实施，英国提出在埃及修建亚历山大港到苏伊士铁路的计划，该计划同样遭遇法国的阻挠。英法两国驻埃领事不断

---

〔1〕拿破仑著，王养冲、陈崇武选编. 拿破仑书信文件集［M］. 上海：上海人民出版社，1986：97.

〔2〕埃及近代政治家，奥斯曼帝国驻埃及总督（1805—1848年在位）。阿里统治埃及期间，进行了大刀阔斧的现代化改革，被誉为"现代埃及的奠基人"。

〔3〕土耳其语，奥斯曼帝国行政系统里的高级官员，也有译为总督。

挑唆阿里帕夏，并希望在埃及分得一杯羹。但阿里深知，无论铁路的修建抑或运河的开凿都会使埃及失去独立，于是利用英法的矛盾，采取依靠法国的支持反对修建铁路、依靠英国的支持拒绝开凿运河的策略，英法两国的计划均落空，埃及得以保全一时。

1849年，穆罕默德·阿里去世，倾向于英国的阿拔斯一世继任，铁路修建计划被提上议事日程。为缓和法国的不满情绪，铁路计划分为两段修建，其中亚历山大港至开罗段于1853年完工。1854年，阿拔斯一世统治结束，原法国驻埃领事、投机商人斐迪南·德·雷赛布利用其与新继任帕夏穆罕默德·赛义德的私交，获得了组织公司开凿苏伊士运河的特许租让权，法国运河修筑计划迎来巨大转机。然而，运河租让合同虽已签署，仍需得到奥斯曼帝国苏丹的批准方能生效。此时双方的斗争聚焦于运河租让合同能否批准。英国政府通过对奥斯曼帝国“高门”[1]的反复施压，迫使其承诺未得到英国同意不会批准开凿运河。与此同时，有着长达17年外交生涯的雷赛布多次前往君士坦丁堡、伦敦游说，并与赛义德在1856年签订了第二部特权法案。1857年雷赛布继续在英国游说，却始终无法动摇英国政府坚决反对开凿苏伊士运河的决定。在以克拉林顿为代表的英国内阁成员眼中，英国如同意开凿运河，将是一个“自杀的行为”[2]。在英国的强硬阻挠下，

---

[1] 1923年以前奥斯曼帝国政府的正式名称。

[2] [英] 哈尔贝里. 苏伊士运河，它的历史和外交重要性 [M]. 转引自赵军秀. 评英法开凿苏伊士运河的矛盾 [J]. 世界历史，1994 (4)：32.

雷赛布迟迟无法取得奥斯曼帝国对两部法案的批准生效。

在一切努力都无显著成效的情况下，雷赛布决定“先斩后奏”，于 1858 年 10 月成立国际苏伊士运河公司，发行股票计划筹集 2 亿法郎作为公司资本，并在股份尚未筹集完毕的情况下，于 1859 年 4 月正式动工。6 月，英国在君士坦丁堡进行抗议活动，使赛义德不得不出面阻止运河工程。就在运河面临停工流产之际，雷赛布终于等到了法国政府的公开支持。法国政府一直希望运河计划能够成功，但为避免与英国的正面冲突而不愿公开支持雷赛布。直至 1859 年 7 月，法奥战争[1]平息后，法兰西第二帝国（1852—1870 年）皇帝拿破仑三世开始公开表示支持运河的开凿，英法两国的斗争表面化。针对法国政府的强硬态度，英国外交大臣罗素攻击法国意欲将埃及变为自己的殖民地，再度重申英国反对开凿运河的决心绝不动摇。虽然此后运河的修筑又经历了埃及总督易主、财政困难以及英国持续阻挠与施压，但在法国政府及雷赛布的多方斡旋下，1866 年奥斯曼帝国苏丹颁布了批准命令，英法之间博弈暂告一段落。此后，英国政府在对苏伊士运河工程多次考察后，意识到苏伊士运河完工已成定局。于是“开始考虑应如何使这条新水道满足自己的需求”[2]。这既是英国政府的新目标，也是英法两国斗争的新阶段。

---

〔1〕亦称第二次意大利独立战争，意大利为促进国家统一而联合法国对奥地利帝国进行的战争。

〔2〕［英］阿诺德·T. 威尔逊. 苏伊士运河史［M］. 梁力乔译. 北京：华文出版社，2021：58.

苏伊士运河的修建历时 11 年，期间建设者克服了资金、人工及技术等种种困难。尽管尚未准备充分，运河仍于 1869 年 11 月通航。此后，英法两国围绕运河控制权的争夺正式拉开序幕，新一轮的较量就此展开。由于种种原因，苏伊士运河通航的最初两年一直处于亏损状态，加之法国在普法战争中战败，围绕着运河控制权产生诸多纠葛。当时雷赛布欲将苏伊士运河控制权移交给伦敦，以取代奥斯曼帝国的收购建议，但奥斯曼帝国“高门”拒绝出售。通过采取上调吨税、支付拖欠利息等措施与手段，国际苏伊士运河公司于 1875 年首次进行了盈余利润分配。正是在这一年，由于急需资金偿还外债，伊斯坦梅尔帕夏有意出售自己的运河股份给法国。为确保股份不落入法国之手，英国抢先收购了该部分股份，获得了 44%的股票，并趁埃及财政破产之机直接控制其财政，由此引发 1882 年由爱国军官阿拉比领导的埃及军队起义。阿拉比起义被英军镇压，埃及事实上成为英国的殖民地，只在名义上隶属于奥斯曼帝国。一战爆发后，英国宣布埃及为保护国，正式将埃及纳入英帝国的统治范围。

英国曾极力反对开凿苏伊士运河，而运河的最终成功通航，看似法国在争夺中占据了上风，但实际上，英国才是最主要的使用者。“1870 年，在通过苏伊士运河船舶总吨位中，英国船占比百分之六十六点四，吨位为二十八万九千吨，此后逐年渐长……1883 年，通过苏伊士运河的英国船吨位为四百四十万六千吨。”[1] 英

〔1〕[英] 阿诺德·T. 威尔逊. 苏伊士运河史 [M]. 梁力乔译. 北京：华文出版社，2021：197.

国通过收购股票夺取了运河控制权，并利用出兵镇压阿拉比起义和一战后奥斯曼帝国的瓦解，将埃及一步步蚕食至英帝国囊中。苏伊士运河最激烈的反对者，成了运河航运最大的受益者。究其原因可知，法国修建苏伊士运河本就是因同英国争夺东方及海上霸权失利而采取的无奈之举。另则，苏伊士运河通航前后，先于法国实现工业化的英国已然成为“世界工厂”和世界贸易中心，具有强大的经济和军事实力；而法国尚处于拿破仑战争和普法战争失败后的调整恢复期，且欧陆的地缘政治环境相较于英国更为复杂。正是基于实力的对比，在争夺苏伊士运河控制权、争夺埃及乃至争夺世界霸权的博弈中，英国成为最终的赢家。

还应看到的是，苏伊士运河所在国埃及在修建运河的11年间，耗费了巨大的人力、物力，付出了沉重代价。为修凿运河，埃及政府共支出4.2亿法郎，而欧洲股东全部资本仅为1.12亿法郎[1]。为完成这项宏伟工程，数十万劳工在极端恶劣的条件下，用自己的双手挖去了7.2亿土方。运河完工后，仅1884年到1913年航运收入的纯盈余利润就高达16.5亿法郎[2]，但这些巨额利润绝大多数被英法所掠夺，埃及并没有分享到运河通航带来的收益。因此，进入20世纪后，在争取国家独立、收回运河主权的道路上，埃及人民展开了不屈不挠的长期斗争。直至第二次世界大战以后，

---

〔1〕杨灏城．埃及近代史［M］．北京：中国社会科学出版社，1985：133.

〔2〕整理自［英］阿诺德·T．威尔逊．苏伊士运河史［M］．梁力乔译．北京：华文出版社，2021：205.

民族解放运动空前高涨，世界殖民体系随之崩溃。1952 年，埃及中下层军官发动武装起义，推翻了法鲁克王朝的统治，次年，埃及共和国成立。1956 年，埃及总统纳赛尔宣布收回运河主权，英军撤出运河区，埃及人民终于获得了最后的胜利。

63
“车轮上的国家”

自有动力的个人交通工具始于1885年德国人卡尔·本茨的奔驰一号（Motorwagen），而开创“汽车时代”的则是由美国人亨利·福特创立的福特汽车公司于1913年用流水线生产的福特T型车。福特T型车是第一款在流水线上大规模生产、以低成本和坚固耐用获得市场认可的大众化汽车，具有划时代意义。

第一辆T型车1908年诞生于福特汽车公司底特律工厂，它是汽车生产技术持续革新的产物，标志着世界汽车工业革命就此开始。T型车安装有单体结构的发动机，变速器直接连接到动力装置上，独特的行星齿轮变速器使其接近自动换挡而无齿轮冲击，就连新手司机也觉得换挡轻松自如。T型车问世不久，因在一场从纽约至西雅图的汽车拉力赛中，以其优异的性能打败了诸多品牌的对手，被人们亲切地称为“丽兹”（Tin Lizzie），这一昵称瞬间在美国各地传播开来。可见T型车一经推出，就深受众多消费者的喜爱，令千万美国人为之着迷。

福特T型车也因异常坚固而闻名，亨利·福特开创性地使用质量轻却坚固的钒钢作为制造T型车的材质。钒钢是以钒为主要合金元素的合金钢，对提高硬度有显著作用。19 世纪末 20 世纪初，合金钢（亦称为特种钢）的研发大大推动了世界工业制造业的发展，各类机械设备的关键部件使用合金钢的比例不断提高，由此，钢铁锻造由高碳钢时代向合金钢时代迈进。在寻找一次赛车事故的原因时，亨利·福特细心地发现一根由钒钢制作的曲轴破损程度要比其他部件轻微得多，于是决定将钒钢引入福特汽车的生产。经反复测试证明使用钒钢材质的福特汽车能更好地面对复杂道路的冲击与金属疲劳的挑战，福特由衷感慨道：没有钒钢，就没有福特汽车。

福特 T 型车的问世，使 1908 年成为汽车工业史上具有重要意义的一年。但当时的汽车是一种奢侈品，非大众所能消费得起。那么，亨利·福特是如何使汽车成为一种实用交通工具走入了寻常百姓之家的？为打开市场，福特坚定其经营理念即降低价格、降低成本。但要实现这一目标，则需在技术上寻求突破。在流水线进入汽车生产行业之前，汽车生产依靠手工打磨，如此技术与生产模式使汽车价格居高不下，产量亦无法满足市场需求。基于经年累月对汽车生产技术的钻研，通过对生产流程的分解和优化，福特最终创新了流水线生产模式，并于 1913 年投入生产且大获成功。流水线生产模式大幅提高了生产效能，一个底盘的生产时间由原来的 14 个小时缩短至 1.5 个小时。流水线与标准件并非汽车产品的核心技术，但它的施用却实现了 T 型车的批量化和规模化生产。可见，流水线生产模式是管理与技术相结合双进步的产物。

福特通过规格简单化和压缩经销商利润来控制成本。因为黑色漆面干得更快，可以保持生产线的生产速度，因此从1914年至1926年，这款车只有黑色的。当销售量上升后，便可以较低的价格生产出较多的福特T型车[1]。

20世纪20年代是汽车工业的黄金时期。早在1917年，第200万辆T型车驶下生产线。1921年第500万辆T型车下线，福特汽车公司开始垄断美国乃至世界的汽车市场。仅仅又过了3年，T型车产量突破了1 000万辆。质量可靠、价格低廉的T型车使普通民众首次拥有了汽车，因此被称为“平民轿车的典范”。消费群体数量空前扩大，T型车在世界加快城市化进程之际成为最佳的个人交通工具，人类从此开始感受速度带来的精彩体验，被自由激情和海阔天空所围绕。亨利·福特认为服务的精神就是站在客户的立场去看整个世界，T型车不仅改变了世界，而且还代表着不断创新和客户至上的理念。在此基础上，福特汽车公司主导的美国汽车工业又发展出更多型号和款式的新型车辆，满足了社会各阶层的需要。当时的美国，无论是公路上抑或赛场上，跑车成了一种令年轻人兴奋的追求，客货两用的皮卡得到农场主的青睐，而好莱坞明星们则将豪华汽车视为身份地位的象征。

T型车生产与技术的许多创新永远地改变了汽车制造业，乃至给整个工业部门的发展带来了多米诺效应。1929年，美国的汽车

---

〔1〕英国DK出版社. DK汽车大百科［M］. 张义译. 北京：北京科学技术出版社，2015：18.

拥有量已经超过2 600万辆，平均每5个美国人就有1辆汽车。飞速发展的汽车工业也带动了美国制造业中钢铁、橡胶、玻璃、油漆与石油加工业的发展，成为国民经济发展的动力源泉。随着汽车的普及，机动化出行成为美国人主要出行方式，人们拥抱着汽车所带来的便利，不断拓展着通勤与社会活动的半径。截至1935年，环顾主要资本主义国家的机动车拥有率，德国为1.6%，法国为4.9%，英国为4.5%，美国已将其他国家远远抛在身后。建设一个机动车化的社会，不仅为美国描绘了一幅高速、便利与时尚的生活图景，更是给未来美国、未来社会的区域发展带来长期助力。因为，作为基础设施建设的公路修筑在资本投资、就业保障、产能消耗中能建立起联动性结构，这就是人类现代经济发展中凯恩斯主义〔1〕的精髓。

美国汽车工业的发展带来了全国公路建设与运输的迅速成长。19世纪80年代至20世纪30年代是美国公路运输的形成时期。这一时期公路里程虽然持续增加，但公路技术的等级低且未形成纵横全国的公路网络，从长途运输的角度观察公路运输，它仅仅是铁路与水路运输的辅助手段。20世纪30年代末至第二次世界大战期间是公路运输发展的第二阶段。这一阶段汽车工业迅速发展，逐步形成了比较完善的全国公路网，公路运输可与铁路、水路运

〔1〕凯恩斯主义也称“凯恩斯主义经济学”，是建立在英国现代经济学家凯恩斯著作《就业、利息和货币通论》的思想基础上的经济理论，主张国家采用扩张性的经济政策，通过增加需求促进经济增长。

输进行平行性的竞争，显示了公路运输的灵活性与机动性。30 年代，美国总公路里程已超过 480 万公里，汽车运输的客货总量不断攀升。第二次世界大战后至今则是公路运输发展的第三阶段，随着拖挂运输与集装箱运输的发展以及公路网的完善，公路运输有了进一步飞跃。1955 年美国公路运输旅客周转量占各种运输方式的 92.3%，货运周转量占 17.5%，1980 年客货周转量比重分别达到 85.2%和 22.7%〔1〕。

高速公路和汽车在一定程度上塑造了现代美国人的生活方式。谈起美国的高速公路，66 号公路无疑具有里程碑意义。66 号公路的铺筑始于 1926 年，完成于 1938 年。从密歇根湖岸起始，经由伊利诺伊州、密苏里州、堪萨斯州、俄克拉荷马州、得克萨斯州、新墨西哥州、亚利桑那州、加利福尼亚州，抵达洛杉矶圣莫尼卡海滩，全长 3 940 公里。其修筑时段，恰逢西方世界为之色变的经济大萧条。这一修建工程为处在困难时期的美国提供了上万个就业岗位，成为众多工人维持生计的救命线〔2〕。66 号公路既是追寻美国梦的康庄大道，被称为“美国主街”（Main Street of America），同时它又是舍弃故乡情的逃荒之路。1936 年 4 月，干旱与尘暴把俄克拉荷马田野化为沙漠。大批农民沿着 66 号公路向西部迁徙，前往加州谋生。小说《愤怒的葡萄》中，乔德一家从俄克拉荷马荒芜的家园，沿着一条烟尘翻滚的道路，穿行荒野沙漠奔向西海

---

〔1〕何显慈. 区域交通网络规划［M］. 长沙：湖南科技出版社，1992：48—49.
〔2〕夏传荪. 交通标志世界：第 4 集［M］. 昆明：云南科技出版社，2010：150.

岸的加州，奔向希望。小说作者约翰·斯坦贝克这样描述66号高速公路：“一个民族的旅途之路，离开满是风沙、面积在萎缩的土地的难民，丧失拖拉机。自有财产萎缩的难民，躲避沙漠缓慢入侵的难民，远离得克萨斯州呼啸而出的龙卷风的难民，远离洪涝区的难民，行走在这条路上。从这些地方来的人都在旅途中。”〔1〕这段话，记载了历史与66号公路的风云际会。

二战结束以后，美国开始大规模铺筑高速公路。1956年，美国通过了《州际公路法案》（Interstate High-way Act），宽阔笔直、四车道的州际高速公路成为标准路型。55号、44号、40号三条高速公路建成后，覆盖、取代了66号公路的路线。但66号公路的历史并未被遗忘，20世纪90年代，路迷们在66号公路通达的各州陆续成立了“66号公路联盟”，成为人们重温美国历史的旅行线路。

今天美国的公路基本分为四类：州际公路（Interstate Highway）、美国国道（U. S. Highway）、州级公路（State Highway）和郡县公路（County Road）。随着大量高速公路的铺设与汽车的普及，人们通过汽车旅行扩展视野，感受内心的变化——城市民众感受乡村风情，山区居民感受海洋的魅力，东海岸与西海岸相互认识了解……汽车凝聚的不只是生活与工作，还有人们对于国家与社会的认知。今天，如果观察行驶在美国公路上的汽车，我们便会看

---

〔1〕转引自［美］詹姆士·韦斯特·戴维森、马克·汉弥尔顿·利特尔. 追寻事实：历史解释的艺术［M］. 刘子奎译. 上海：上海三联书店，2019：352.

到："巍巍大观的路上，淌着洋洋大观的车流，形状、色彩、型号、成色，不各而一，不亚于一个万国汽车博览会。"[1] 就汽车的普及使用而言，美国引领了世界潮流，因此现代美国被称为"车轮上的国家"。汽车工业曾是美国先进制造业的代表，自然，汽车文化也成为美国文化的醒目特色。

[1] 张爱平. 美国梦 中国情 [M]. 北京：中国文联出版公司，1997：292.

64
环游全球：凡尔纳的幻想与当代人的现实

当今世界，依靠飞机、高铁、高速客轮，环游全球并非难事。然而纵观历史，自人类文明诞生以来的大部分时间内，受生产力水平和交通条件的制约，仅仅依赖人的双足、马匹及马车等，要实现异地迁徙、长距离远游，对任何人而言都是十分艰巨的挑战。尽管如此，人类对远方的向往从未泯灭，对未知区域的探索从未停止。

15世纪末16世纪初，人类凭借在数千年历史中累积且不断进步的航行工具、造船技术及地理知识，开启了伟大的航海时代。其中，麦哲伦船队历时3年完成了环球航行，旅途如此艰难和艰辛，出发时的270人归来仅剩18人。此后，伴随着欧洲人对世界的持续探索和殖民活动，环球旅行不再遥不可及。当然，彼时的环球旅行是以“年”为计时单位的，往往耗时数年时光。例如，1831年，达尔文乘坐英国皇家军舰“小猎犬号”环游全球，用时长达5年。正是在此背景下，法国现代科幻小说家儒勒·凡尔纳的《八十天环游地球》一经问世（全书共37章，于1872年11月6日至同年12月22日发表在《时代》［*Le Temps*］，首次出版于1873

年），就在世界范围内引起了巨大反响。故事主人公英国绅士福克先生和仆人路路通，从伦敦出发，穿过法国，乘轮船横渡地中海，然后途经苏伊士运河到达印度孟买。接着，从孟买坐火车横穿印度半岛到达加尔各答港，再乘船抵达新加坡、中国的香港，颇费周折后才到达中国的上海、日本的横滨。随后，跨越太平洋到达旧金山，在此坐上跨越北美大陆的火车抵达纽约。最后，从纽约乘船返回英国。福克先生在80天内成功完成了环球旅行，赢得了赌局与爱情。这本小说之所以引起轰动，故事情节固然是关键因素，但不得不承认，短时间内环游世界的时空设计亦是一大卖点。凡尔纳非常清楚这一点，他在给友人的信中说道："我在幻想作这样一次旅行。这必定会使我们的读者感兴趣。我必须有点痴痴呆呆，任凭我的主人公们的荒谬行动摆布。"〔1〕

儒勒·凡尔纳是个知识非常丰富的人，了解当时社会和时代的进步，因此其小说描绘的80天环球旅行，在1870年代完全可能实现。在工业革命前的传统社会，由于陆上交通路况条件的局限、交通工具的落后，日行百里已算快速了。康熙皇帝写给俄国沙皇的信，一年半以后才到达莫斯科。水路交通也强不了多少，帆船在很长一段时间仍然是主要的水上交通工具。马戛尔尼率领的访华使团1792年9月26日从英国出发，漂洋过海，直至次年的6月19日才抵达澳门，耗时近9个月。1840年，帆船占据世界航运量

---

〔1〕［法］安·儒勒·凡尔纳．凡尔纳传［M］．刘扳盛译．长沙：湖南科学技术出版社，1983：241.

的86%，即使到了1870年仍占世界航运量的51%[1]。工业革命中，火车和蒸汽轮船的发明引发了交通运输革命，但这些成就在世界范围内的扩展并非一蹴而就。直至1840年代，也只有英国形成了铁路网络，其他国家的铁路多半尚未深入其内陆地区。这说明新旧更替的过程是缓慢的、渐进的，这与新式交通工具使用范围的逐步扩展、旧式交通工具性能的逐步改进、新旧更替的成本、人们的生活习俗等因素密切相关。

当时间来到1870年代，80天环游全球的“硬性条件”已基本具备。最引人注目的是铁路时代的到来。1870年，全球铁路里程已经超过20万公里，其中美国达8.52万公里。1869年开通的横贯北美大陆的中央太平洋铁路，其意义尤为重大，它宣告了美国本土在交通及经济上真正连成一体，使美国能充分发挥其横跨太平洋和大西洋的地理优势。中央太平洋铁路也成为19世纪下半叶美国经济腾飞的助推器。英国的殖民地印度也迎来了铁路建设的高潮。1869年已建成铁路6 400多公里，不久后，又开通了从孟买到加尔各答、横跨印度半岛的铁路。即便如此，当时铁路仍然是水路运输的补充。尽管汽船速度并未有太大提升，但这一时期水运仍然取得了长足进步。首先，苏伊士运河的开通大大缩短了航程。1869年开通的苏伊士运河投入运营，西欧至印度的路程缩短

[1] [法] 霍布斯鲍姆. 资本的年代 [M]. 张晓华译. 北京：国际文化出版公司，2006：70.

了6 000多公里。其次，客运航线和班次增加。以东亚地区为例，1850年，英商开辟了每月一班香港至上海的客运航线，1864年开设了每月两班上海至横滨的航线，1867年又开行了香港和旧金山之间的定期航班。其实福克先生根本不用去上海和横滨，直接从香港赴美，速度岂不是更快！这些航线客源稳定，获利丰厚，法、美等国的航运公司也纷纷参与竞争，大大增加了航班数量，改善了人们的出行条件。当然，在1870时代，无论是火车抑或是汽船，交通工具之间要做到“无缝衔接”、统筹有序几无可能。因此，“福克先生”们真要在1872年完成80天环游世界的壮举，挑战和困难超乎想象，因此凡尔纳的小说在当时还是被视为一种难以付诸实现的“科幻”。

从19世纪晚期至今，交通设施和工具的发展日新月异，环球旅行变得日益快捷。陆路方面，主要成就是汽车的发明和铁路的改进。20世纪初，美国福特公司设计出T型汽车，使用流水线进行生产和管理，使其价格从1908年的850美元降至1924年的300美元，生产成本的降低有力推动了汽车的普及。1928年，美国拥有2 300万辆汽车，每5人就有一辆，美国成为“车轮上的国家”。这一趋势逐渐从北美向世界拓展。时至今日，发达国家基本每2人就有一辆汽车，全球约4人占有一辆。高速公路的铺设则使汽车发挥了更大的作用。这一新式交通设施于1932年诞生于德国。20世纪下半叶，高速公路蓬勃发展，发达国家普遍建成高速公路网络，如美国在20世纪80年代高速公路里程已达8万多公里，德国在20世纪末也拥有1万多公里高速公路。中国的高速公路建设起步虽晚，但发展势头迅猛。截至2022年底，中国已建成高速公路17.7万公里[1]，稳居世界第一。同时，铁路系统也稳步发展。因第二次工业革命的推动，铁路开始进行电气化改造，提高了运行速度。铁路真正的革命性变革是高铁的推广和普及。20世纪60年代，日本建造了新干线，时速超过200公里；法、德等国高铁也快速发展，以法国为例，1990年巴黎至图尔的高铁投入运营，行驶时速高达300公里，最高时速更是达到515.5公里，震惊世界。高铁建设最宏伟的篇章出现在当代中国。从2008年到2022年底，中国建成高铁4.2万公里[2]，高居世界第一。这些成就大幅提升了陆路交通的效率，为人们出行提供了灵活、丰富、快捷的选择。

相较于陆路交通的高歌猛进，水路交通似乎略显“平淡”。19世纪末，汽轮机的发明和应用提升了轮船的动力。但时至今日，一般的邮轮和军舰速度只有20—30节[3]，核动力航母能达到30—35节，近百年间轮船速度提升幅度并不大。不过，如果就此认为海上交通止步不前，那就大错特错了！首先，轮船的运载能力提升显著。昔日的庞然大物万吨巨轮如今只能算“小不点”，10万吨级的轮船亦是寻常之物，超级油轮的运载量更是达到40万—

---

〔1〕截至2022年底综合交通运输网络总里程超600万公里［N］. 人民日报，2023-02-27（1）.

〔2〕截至2022年底综合交通运输网络总里程超600万公里［N］. 人民日报，2023-02-27（1）.

〔3〕国际通用的轮船航速单位，1节=1海里/小时，1海里=1.852公里。

50万吨。其次，轮船的舒适度得以改善。豪华邮轮设施完善，堪称“海上宫殿”，娱乐、饮食、购物，应有尽有。坐邮轮旅行已经成为现代人的休闲娱乐方式之一。2023年，中国首艘国产大型邮轮爱达·魔都号（Adora Magic City）交付使用，充满韵味的船名体现其“上海制造”的身份，反映了中国在邮轮产业领域的新成就。再次，苏伊士、巴拿马运河的开通，大大缩短了全球航线。其中巴拿马运河的开通使美洲东西两岸的航程急剧缩减。从纽约到旧金山的航程缩短了12 800多公里；从亚洲到美洲东海岸，欧洲到美洲西海岸的航程也缩短了数千公里。

从福克先生“完成”环球旅行至今，交通方面最大的突破在航空领域。或许出乎凡尔纳的意料，打破“八十天环游地球”纪录的是“齐伯林”号飞艇。1929年，它在20天内（其中空中飞行仅10天）就完成了环球旅行。不过，由于飞艇安全性、稳定性欠佳，未能发展成实际应用的交通工具。真正引发环球旅行革命性变革的是飞机的发明与应用。1909年，法国人路易斯·布雷里奥（Louis Bleriot）飞越英吉利海峡，飞机开始适用于跨国之旅。1927年，美国人查尔斯·林白（Charles Augustus Lindbergh）成功飞越大西洋，受到大洋两岸人们的热烈追捧，堪称那个时代的“流量明星”。1931年，美国人威利·波斯特（Wiley Post）和伙伴成功进行了环球飞行，将这一纪录缩短为8天15小时。但此时的飞机仍然不够安全，也不舒适，它没有增压舱，飞行途中颠簸震颤，噪声震耳欲聋，更尴尬的是飞机上没有厕所。机票价格还特别昂贵，从伦敦到巴黎的票价是火车的6倍。因此，当时飞机还不是普通人旅行首选的交通工具。

二战后，喷气式飞机、雷达导航技术、夜间飞行仪等科学技术的进步大大促进了航空业的发展。1957年，美国3架B－52轰炸机耗时45小时19分钟，完成了环球飞行。飞机达到的这一高速，让原来以“天”为计算单位的环球旅行竞赛失去了意义。得益于军工技术的广泛应用，民航业取得了重大突破。1958年，美国波音707喷气客机投入运营，飞行速度提高至每小时400多公里。12年后，世界上第一架宽体客机波音747开始服务于公众，它可容纳400人，航速近每小时1 000公里。改革开放后的中国在航空领域亦取得重大突破。在自主制造ARJ21支线客机的基础上，2023年5月，国产大飞机C919完成首次商业飞行，中国跻身于民航大客机制造的先进行列。航空工业的进步使空中旅行变得迅捷、安全、舒适，适中的价格使越来越多的人能够承担飞行的成本。据统计，当前90%的跨国旅行者选择乘坐飞机。

载人航天将人类旅行的速度提高到新的维度。冷战期间，美苏在载人航天领域展开了激烈竞争。1961年，苏联成功发射了世界上第一艘载人飞船，美国紧随其后于次年也实现了这一历史性突破。宇宙飞船的速度为27 600公里/小时，环绕地球一周仅需一个半小时。1969年，美国“阿波罗”11号飞船将宇航员尼尔·阿姆斯特朗（Neil Armstrong）和巴兹·奥尔德林（Buzz Aldrin）送上月球，迈出人类走向太空的“一大步”。此后，人类不断在探索宇宙空间方面取得新进展，航天飞机、空间站、火星探测器、可回收运载火箭……航天技术的发展使人类日益接近“太空旅行”的梦想。21 世纪初，中国在航天领域异军突起。2003 年，中国“神舟五号”成功实现了载人飞行。此后，中国从发射“嫦娥号”月球探测器到建设“天宫号”空间站，航天事业不断攀登新高峰。

从凡尔纳的科幻小说到今天的日常生活，交通设施及工具的发展和出行方式的变迁，生动地展现了人类社会全球联系的发展历程和镜像，折射出人类开拓视域新空间和活动“新边疆”的不懈探索和聪明智慧。

65
古罗马的公共卫生和医学

当我们在谈论古罗马文明时会想到什么？大名鼎鼎的罗马军团，巍峨壮观的罗马建筑，还是影响深远的基督教和罗马法？其实古罗马人在医学领域也颇有建树，创造了古典时代发达的公共卫生和医疗体系，极大地促进了医学的发展。

古罗马时代的医学最初是相当原始的，主要依靠“家庭医疗”和“求神护佑”来治疗病人。按照古罗马风俗，行医是一家之长的分内之事，但凡家庭成员患病，大都由家长根据经验使用药草做简单处置。如若遇到疑难杂症，人们只能去神庙祈求神明保佑。在古代罗马，几乎每一种疾病均需求助于特殊之神——阿波罗（Apollo）和马尔斯（Mars）是保健者，女神腓伯莉斯（Febris）和美腓提斯（Mephitis）则是帮助人们抵抗热病之神，此外还有形形色色的保护孕妇和新生儿的神等[1]。

公元前3世纪开始，随着扩张步伐的加快，罗马城内人口数量开始激增，从而对公共卫生和医疗水平提出了新的挑战。据测算，

---

〔1〕［意］阿尔图罗·卡斯蒂廖尼. 医学史：上［M］. 程之范、甄橙主译. 南京：译林出版社，2013：188—189.

公元前174年，罗马城人口为25万人；公元前86年为91万人，增长了3倍以上；奥古斯都时代（公元前27—前14年），罗马城总人口已突破120万大关。而此时罗马城的面积约为20平方公里，也就是说每平方公里至少住着6万人，这些人大多为平民，其他有身份的人则住在罗马郊外。在堪称古代世界人口密度之最的城市里，按照传统方式建造房屋显然不能满足居者有其屋的需求，于是罗马人开始在城内修建高层公寓楼以解决住房困难问题。他们一开始造的是两层楼，第一层开店，第二层住人，后来逐渐发展到六七层，高层住宅林立[1]。即便如此，大部分穷人和平民依然生活在逼仄而拥挤的空间里，人口的密集势必带来污染问题，而生活污水、居民便溺、死者遗体等就成了主要的污染源[2]。为此，罗马人通过建设公共卫生设施和提高医生地位来解决城市居民的医疗保健问题。

共和国早期，罗马城供水困难，日常用水依赖井水、泉水及台伯河水。公元前312年，阿皮乌斯·克劳狄（Appius Claudius）修筑了第一条引水道，将活水引入罗马城。在整个共和国和帝国时期，罗马城共计建造了总长约500公里的11条水道，每日向居民供应约60万立方米的水，满足了住在高层公寓里大量居民的用水需求。为保障水道的正常运作，政府还颁布了很多相关的法律，

---

〔1〕整理自徐国栋. 罗马公共卫生法初探［J］. 清华法学，2014（8）：159—160.
〔2〕整理自徐国栋. 罗马公共卫生法初探［J］. 清华法学，2014（8）：161—163.

禁止损害水道、偷水等行为[1]。下水道的建设也颇具规模。奥古斯都时期大的下水道体量大到可以在里面行船，大口径管道能把罗马市中心的积水排入台伯河，避免因积水造成蚊虫滋长，以达到防止疟疾的效果。帝国时期，罗马已有6条下水道，除大下水道外，还有皇帝下水道、埃乌里普斯和共和下水道、战神广场下水道、牛市下水道、大竞技场下水道等，此外还有埋在私人房屋地下的污水管道，它们与公共下水道相连，共同组成了罗马的“地下世界”[2]。

活水引入后，贵族们开始了每周洗澡一次以上的生活。第二次布匿战争（公元前218—前201年）后，罗马开始修建公共浴室。奥古斯都时代和罗马帝国前期，上层人士开始大量捐建公共浴室，如阿格里帕（Agrippa）在担任罗马将军时，就建造了170座对公众免费开放的公共浴室。2世纪，罗马公共浴室进入黄金发展期，尼禄浴场、图拉真浴场、卡拉卡拉浴场、戴克里先浴场等都是当时著名的浴场，其规模之宏大、装饰之豪华令人叹为观止。这些公共浴室不仅被用来洗澡，它还兼具“体育馆”的功能——罗马人在洗浴前通常要进行一番体育锻炼，如玩球打拳、摔跤、练臂力、跳高、做体操、投铁饼等，出完汗再去洗澡[3]。罗马人认为经常洗浴不仅能保持个人卫生，提高身体素质，甚至还具有

---

〔1〕徐国栋. 罗马公共卫生法初探［J］. 清华法学，2014（8）：164.
〔2〕徐国栋. 罗马公共卫生法初探［J］. 清华法学，2014（8）：167.
〔3〕秦治国. 古罗马洗浴文化研究［J］. 上海师范大学学报，2004（9）：107.

预防和治疗疾病的作用。受气候的影响，许多罗马人罹患风湿病，而洗浴正是治疗风湿病的良方。根据记载，历史上有许多通过洗浴治疗疾病的例子，如博物学家老普林尼用洗浴法治疗眼疾，奥古斯都皇帝曾用冷水浴治病，哈德良皇帝每天在浴池里浸泡几个小时进行疗愈。皇帝们的做法引起了罗马贵族和平民的仿效，洗浴疗法在罗马风靡一时〔1〕。

公元前3世纪以后，越来越多的希腊人带着先进的希腊医学知识来罗马行医。希腊医生起初受到保守政客的抵制，加图在写给儿子马可的信中就说："希腊人每次带给我们的一些新知识都将使得罗马腐化，但是更坏的是他们打发医生来，他们曾发誓要用药杀死野蛮人，而他们就称罗马人为野蛮人。记住，我不许医生到你那里去。"〔2〕但是希腊医生用高超的医术征服了罗马贵族和富人，至共和国末期，在罗马行医的几乎全是来自希腊的外邦人〔3〕。公元前46年，恺撒正式成为罗马共和国的独裁者，开启了一场大刀阔斧的改革。改革措施中有一项规定：凡到罗马城行医者，不论出身、信仰、社会地位，一律给予罗马公民权。给医生以优待的措施大大提高了医生的社会地位，地中海世界的医生对此趋之若鹜，纷纷涌入罗马城。医生数量的激增，不仅使普通罗

〔1〕秦治国．古罗马洗浴文化研究［J］．上海师范大学学报，2004（9）：109.
〔2〕［意］阿尔图罗·卡斯蒂廖尼．医学史：上［M］．程之范、甄橙主译．南京：译林出版社，2013：190—191.
〔3〕［意］阿尔图罗·卡斯蒂廖尼．医学史：上［M］．程之范、甄橙主译．南京：译林出版社，2013：191—192.

马人也能享受职业医生的服务，还带动了罗马医学的发展。罗马城内诊所林立，医生也开始细分化，出现了眼科医生、牙科医生、妇科医生、专治痿科的医生以及护士[1]。提比略（罗马帝国的第二位皇帝）时期的名医塞尔苏斯著有《医学大全》8卷，其中第7卷和第8卷详细记载了多种手术的流程及规范。

罗马帝国也很重视军事医学。帝国时代留下的碑记记录了罗马军团中的医生和医院。在哈德良皇帝时期，每一个军团和每一艘兵舰内都配有医生。有关丧礼的铭文也显示，义勇军、增援军骑兵以及接送士兵的战船中都有医务人员的身影。这些医生并非战士，而被列为非战斗人员中的官员之列。他们直接受命于军营中的司令或军团中的将校。军医享有特权，例如服役期间可免去一切民事义务，如因军差外出而家中遭到物质损失时，可全额索赔等。在多瑙河地区发现的军医院废墟（图1），证明这些医院房屋有走廊，医院中央有长形大厅，厅中有水、厨房、药房等良好设备[2]。

随着罗马医学的发展，不仅出现了家庭医生和军医，还出现了研究型医生。盖伦（Claudius Galenus，129—199年）就是最典型的例子，他既是服务于皇帝马可·奥勒留的家庭医生，同时也是一名钻研医疗技术的研究医生。盖伦出生于小亚细亚，年轻时

---

[1] [意] 阿尔图罗·卡斯蒂廖尼. 医学史：上 [M]. 程之范、甄橙主译. 南京：译林出版社，2013：238.

[2] [意] 阿尔图罗·卡斯蒂廖尼. 医学史：上 [M]. 程之范、甄橙主译. 南京：译林出版社，2013：237.

图1 位于保加利亚诺瓦（Novae）的罗马军事医院遗址

曾到埃及亚历山大城学习解剖学和希波克拉底的医学，来到罗马时他已经是一名声名显赫的医生了。他曾经做过一个轰动罗马的医疗案例：一位病人的第4指、第5指及中指的一半感觉麻痹，普通方法医治无效后只能求助于盖伦。盖伦先询问患者臂部是否受过伤，在确认患者因跌倒而使两肩受到石块撞击后，盖伦诊断患者所得的是脊髓炎。于是他把患者置于床上，在其背后敷上安抚药，不久患者居然神奇地痊愈了。盖伦之所以能迅速做出正确的诊断是因为他通过解剖动物和观察尸体掌握了解剖学的知识，他知道每一根神经都有不同来源，具有特殊的功能，而尺骨神经自第7颈椎顶开始，走入第4指、第5指和中指的一半〔1〕。盖伦因此被视为“神医”享有崇高的声誉。不仅如此，盖伦的医学著述

〔1〕[意] 阿尔图罗·卡斯蒂廖尼. 医学史：上 [M]. 程之范、甄橙主译. 南京：译林出版社，2013：221.

也颇为丰厚，其撰写的药物学著述介绍了大约820种药材，包括动物、植物和矿物，其学说也被中世纪的西方奉为经典，曾在长达数个世纪的时间里对欧洲的医学研究发挥了一定的影响，也是“阿拉伯医学王子”阿维森纳（980—1037年）撰写《医典》的主要参考资料。

尽管罗马的公共卫生和医疗达到了古代世界的先进水平，但毕竟缺乏现代医学的理论和实验条件，因此，在面临大规模暴发的传染病疫情时，罗马与其他古代区域文明一样陷入灾难的境地。由于地中海地区人员流动密集、战争频繁，加之有些年份特殊的气候影响，使该地区不时暴发瘟疫。罗马帝国晚期，帝国境内分别于250—265年、312—313年、451—454年、541—544年暴发了四次大规模传染病，分别疑似为麻疹、天花、鼠疫等当时所未知病因的烈性传染病。当疫情暴发后，民众争相涌入医院寻求救治，但是帝国的医疗体系仅能提供针对日常疾病的治疗，难以应付大规模凶猛的疫情。民众因此大量死亡，甚至连最高统治者和各级官员都感染致死〔1〕。在极端恐惧和失望中，罗马人丧失了对医学和帝国的信心，转而将希望再度寄托于神明，所不同的是这时他们所求助的对象不再是神庙中的阿波罗，而是正在帝国境内传播的基督教了。

---

〔1〕整理自刘榕榕．晚期罗马帝国的传染病与民众信仰关系研究［J］．西南大学学报（社会科学版），2020（5）：184—186.

66 黑死病阴霾下的欧洲

黑死病也就是鼠疫，被称为“瘟疫之王”，曾在人类历史上多次肆虐，其中就包括14世纪席卷欧洲且旷日持久的黑死病阴霾。从长时段来看，黑死病对中古欧洲社会产生了怎样的影响？

黑死病来袭之前，13世纪的欧洲正在经历由城市复兴引发的新一轮的人口激增，正如英国近代政治经济学家马尔萨斯所言，人口增长超过产能增长，饥荒在所难免。当时的欧洲确实出现了由于人口增长带来的贫困。更糟糕的是1315年由于天灾导致农作物歉收，粮食严重短缺又逢牛瘟造成牛肉和牛奶大量减少，从而酿成了大饥荒。即便在饥荒中幸免于难的人，其免疫力也大为减弱，这些似乎都在为即将到来的黑死病埋下了隐患。

14世纪中期，黑死病在欧洲全面暴发，其破坏性迅速超过了大饥荒，被感染者几乎都会在一周内死亡。从1347年至1351年，黑死病给西方世界带来了毁灭性的打击，夺走了欧洲25%—50%人口的性命[1]。大量的人口死亡使人们陷入万分惊恐之中，意大利

---

〔1〕［英］罗伯特·S.戈特弗里德.瘟疫之王：黑死病及其后世界［M］.鹿妍译.北京：光明日报出版社，2022：3.

人文主义作家薄伽丘笔下的《十日谈》曾这样描述1348年发生在佛罗伦萨的黑死病："事实上，城里的人们都相互躲避，四邻八舍互不照应，甚至亲戚之间也不相往来。这场瘟疫使得人心惶惶，以至于兄弟、姐妹、叔侄甚至夫妻都不互相照顾。"[1] 黑死病带来的人口锐减不仅造成了巨大的恐慌，更直接造成了劳动力严重短缺和社会生产力水平的整体下滑。因黑死病致死的人群中不乏青壮年劳动力，其中包括自耕农、佃农、手工工匠以及从事其他职业的群体，这必然会迅速波及社会生产各个领域，导致庄园荒芜、城市手工业凋敝和商业贸易规模的急剧缩小，欧洲的领主庄园经济受到重大打击。而历史的吊诡之处在于，黑死病肆虐所造成的劳动力严重短缺和生产关系的调整，却引发了中古晚期欧洲社会结构的变动，推动了当时的技术革新，从而为欧洲走出中古社会形态提供了契机。

由于黑死病席卷欧洲造成了劳动人口锐减，一时间大量耕地与牧场被荒废，村镇与集市被遗弃，大片农田重新为茂密的森林所覆盖。劳动力的短缺以及土地和自然资源的过剩成为普遍现象，而存活下来的劳动力人口自然尤为珍贵。以农村为例，随着大量劳动力的丧失，佃农与领主的关系发生了变化，佃农不再是绝对弱势的一方，劳动力的稀缺成为他们与领主谈判以谋求更高工资和更优厚待遇的优势条件。为保障自己的权益，中古晚期佃农与

---

〔1〕［意］薄伽丘. 十日谈［M］. 戴晃译. 哈尔滨：北方文艺出版社，2012：179.

领主经一段时期的博弈，确立了由官方登记共享不动产权的制度。在这一新制度下，领主对土地和佃农的支配权受到了来自官方登记的产权合同的严格限制，而佃农在保有产权合同原件的基础上具有与领主直接商定每年固定支付金额的权利，甚至可以直接从领主手中赎买人身自由成为自耕农，这可以说是黑死病间接促成了农村社会生产关系的巨大变革。可以说，这场变革加速了欧洲封建制度的瓦解，对欧洲的社会结构产生了深远的影响。此外，农民社会地位及经济地位的提升，造成了农村劳动力成本的大幅攀升，城市也如出一辙。黑死病造成的死亡人口中不乏大量的熟练工人，城市中泥瓦匠、木匠等行业劳动力短缺的现象普遍存在，而劳动力的稀缺在短期内促使熟练工人的薪酬大幅度提升。由此，领主和工场主为应对人力成本的压力，试图通过提升生产技术以节省人力成本，这就在客观上促进了中古晚期生产技术的进步。例如，在英格兰、尼德兰和法国，黑死病后风车和水车的工具价值受到普遍重视，而鼓风炉的广泛运用和机械工具与技术的发展，又为铁和钢产量的提高开辟了道路。14 世纪中后期的英国农村，更致力于推广新的农业生产技术，人们研制并投入使用农业机械，如马拉的耕耘机和播种机等。农业机械的使用提升了单位面积产量，加之此后圈地运动的发展，为更大规模的农业革命打下了基础。

黑死病的影响力远不止如此。此前，欧洲社会一直信奉天主教，欧洲人普遍认为教士是神圣的。但当黑死病肆虐之际，本应作为世俗社会与上帝之间媒介的教士，却没能给黑死病患者带来心灵的慰藉与支持。面对可怕的瘟疫，许多教士选择逃离黑死病感染区，很少有教士愿意留下来安慰患病的信众，或主持临终祈祷。英国诗人威廉·朗兰在《坝上农夫》中曾记载，每一名执着牧杖的主教都必须巡视教区，为教友所见所知。必须教导教友相信三位一体，给予他们以精神食粮，救济穷人〔1〕。但在实际上，大多数神职人员在信众最需要他们时都未能履行职责，令信众大失所望。此外，当一些教士在感染黑死病后也和普通人一样死去，而教义却无法对此做出合理解释。普遍的质疑逐渐转向天主教本身，这无疑冲击了天主教的公信力，人们深感无望，信仰动摇了。就此而言，黑死病冲击了天主教的神圣地位，它与中古晚期教会的衰落、欧洲社会心理的变化之间有着密不可分的关系，而由黑死病引发的民众心理变化，则成为宗教改革的一个重要动因。

黑死病对人们观念的影响还体现在对人自身、对生命的再认识。在黑死病面前，生命是如此的脆弱，这激起了人们对生命的思考。正如意大利文艺复兴之父彼得拉克所言："我不想变成上帝，或者生活在永恒中，或者把天地抱在怀抱里。属于人的那种光荣对我就够了。这是我所祈求的一切。我自己是凡人，我只要求凡人的幸福。"〔2〕 在黑死病的阴霾下，宗教无法给予人们精神

〔1〕［英］罗伯特·S. 戈特弗里德. 瘟疫之王：黑死病及其后世界［M］. 鹿妍译. 北京：光明日报出版社，2022：267.

〔2〕［英］罗伯特·S. 戈特弗里德. 瘟疫之王：黑死病及其后世界［M］. 鹿妍译. 北京：光明日报出版社，2022：291.

慰藉，越来越多的人开始抛弃虚妄的彼岸世界，将目光定位于当下。劫后余生的人们唤醒了心中对生命的珍惜以及对世俗幸福的追求，由此，关注现世生活、宣扬人性成了新的社会观念。当然也催生了一批摒弃天主教伦理道德后在物质世界里尽情纵欲狂欢的享乐主义者。正是这两种矛盾的社会心理塑造了14—15世纪欧洲社会复杂的面貌。这种面貌可以从这一时期的文学艺术作品中窥见端倪。黑死病暴发前，欧洲艺术风格总体偏向展现宗教人物的谦逊形象，而黑死病暴发后的作品则更多展现痛苦与折磨，死亡成为主题，艺术作品中展现死亡的方式更加阴森赤裸，令人不寒而栗。当时的文学创作中既有薄伽丘、乔叟和维庸等展现欢脱的基调，也不乏尤斯塔斯·德尚的悲伤诗歌〔1〕。一个时代的文学艺术作品往往注入了时代的价值观，黑死病后欧洲社会观念的变化在客观上刺激了自我意识、理性意识的觉醒与人文主义之风的初现，文艺复兴的萌芽由此绽放。

黑死病后天主教会的没落不仅体现在精神世界，还体现在世俗社会的多个领域。在中世纪大学成立伊始，大学均由教会掌控，教员基本上都由神职人员担任。黑死病肆虐下大量教师、学生病亡，为维持大学的正常运转，开始吸纳非神职人员从事教师工作，

〔1〕G. 薄伽丘（Giovanni Boccaccio，1313—1375年），意大利文艺复兴运动代表，人文主义作家，诗人。杰弗雷·乔叟（Geoffrey Chaucer，1343—1400年），又名杰弗雷·乔，英国中世纪作家、哲学家、炼金术士。弗朗索瓦·维庸（François Villon，1431—1463年），法国中世纪抒情诗人。尤斯塔斯·德尚（Eustache Deschamps，1346—1406年或1407年），法国诗人。

学生的成分也更趋平民化，这就在客观上推动了大学的世俗化发展，从而为科学革命准备了具有实践技能和创新意识的人才。

黑死病阴霾过后，社会开始普遍重视医学，推动了医学由传统走向现代。中古时期的医学主要来自古希腊哲学，整套知识体系基本依据已有数百年历史的前人著作，尚未发展出分科治疗的现代模式。黑死病来临后，由于大多数医生未经历解剖学和病理学的专业训练和缺乏相应的理论基础，使当时的医疗手段对黑死病无计可施。沉重的死亡代价和与病魔斗争的实践，催生了公共卫生体系和现代医疗制度。正是在黑死病的治疗实践中，英国率先建立了以预防性隔离为主要方式的传染病防治体系，后来欧洲各国相继建立起现代公共卫生体系，制定了事关公共卫生的法律法规。医院不再仅仅是隔离病患的场所，还被赋予了治愈疾病的使命。以运用科学仪器诊断疾病和分科治疗为特征的现代临床医学逐渐发展起来。

总之，黑死病对欧洲社会的影响是全方位的，这场代价高昂的灾变在给中古欧洲笼罩了阴霾的同时，也促进了新时代的到来。

67 牛痘、青霉素与现代医学的进步

现代医疗卫生体系，是人类现代社会生活和国家制度的重要组成部分。英国历史学家尼尔·弗格森在他的畅销书《文明》中，将“现代医学”“竞争”“科学革命”“消费社会”“法治和代议制政府”“工作伦理”六大创新[1]，总结为西方近代以来主导世界的深层次制度因素。他提到的“现代医学”，不仅是指现代医学技术的进步，更多是指向由政府为主体利用现代医疗技术，通过公共权力来有效管理社会公共卫生与社会成员健康的一整套体制机制，即“现代医疗卫生体系”。

今天，人类社会的平均寿命和健康水平较人类步入近代社会以前有大幅度提高。“据考古学家研究，旧石器时代中期，人类寿命不足 20 岁，纪元初为 22 岁，中世纪为 26 岁，18 世纪末为 30 岁。1900 年西欧人口平均寿命已达 47 岁，20 世纪 70 年代，发达国家人口平均寿命达到 70 岁。1985 年，欧洲人口平均寿命达到 73 岁，同年世界人口平均寿命为 62 岁。”[2] 这一巨大进步，固然是

---

〔1〕［英］尼尔·弗格森. 文明［M］. 曾贤明、唐颖华译. 北京：中信出版集团，2012：VI—VII.

〔2〕何金铠、高殿芳. 新编老年百科全书［M］. 北京：中国人事出版社，1993：568.

生产力的飞跃、科学技术的发展起了决定性作用，但现代社会通过制度变革将医疗技术社会化、制度化，建构起普惠性的公共医疗保障体系，让医学科技成就变成公共产品，也发挥了不可或缺的作用。从这个意义上说，医疗卫生体系是现代文明的基础制度之一。

一般认为，现代医疗卫生体系包括基本医疗卫生体系、医疗服务体系、药品供应体系与医疗保障体系等四大内容[1]，可以概括为“医疗、医药、医保”三个方面。在近代人类医学发展史上，有两件重要的医学发明影响深远，直接推动了现代医学的进步，促进现代医疗卫生体系形成。一项是英国医生爱德华·琴纳（Edward Jenner，1749—1823年）于1796年在“人痘法”基础上发明的“牛痘法”，为人类医疗事业开辟了人工免疫、预防医学的先河。另一项是青霉素（Penicillin，或音译盘尼西林）的发现与运用，在人类医药史上具有里程碑式的意义。1928年英国细菌学家亚历山大·弗莱明（Alexander Fleming，1881—1955年）首先发现了世界上第一种抗生素——青霉素，从其发现到通过实验证明其疗效、再到临床应用至最后的批量生产，历经数十年，人类在掌握高效治疗细菌性感染且不良反应小的药物方面，取得了突破性进展。

天花是一种烈性传染病，是由天花病毒感染所致，具有非常

〔1〕中华人民共和国教育部．普通高中教科书：历史（选择性必修2）：经济与社会生活［M］．北京：人民教育出版社，2020：86.

高的传播力和致病性，或经呼吸道黏膜侵入人体，或通过飞沫吸入或直接接触患者的物品而传染。主要表现为严重的病毒血症，死亡率高，曾被视为最具毁灭性的疾病之一；病人皮肤出现皮疹，病愈后遗留瘢痕，俗称“麻斑”。据考证，“人痘接种法”在我国明朝隆庆年间已经出现。清朝医家俞茂鲲在《痘科金镜赋集解》中记载：“又闻种痘法起于明朝隆庆年间宁国府太平县。姓氏失考，得之异人丹家之传，由此蔓延天下。”〔1〕清初，康熙本人染病后在宫廷中试验此法接种，因效果良好而下令各地种痘，“人痘法”得以在全国范围内传播。但“人痘法”存在诸多缺点，其治疗原理是人为造成一次轻度的天花感染以激发自身免疫，具有一定风险。尽管如此，中国的“人痘法”为“牛痘法”的发明提供了启示，试探了路径。18 世纪中叶，人痘接种术已传至欧亚诸多国家。1796 年，英国医生琴纳认识到“人痘法”的局限，决心寻找更好的医疗方法。经过反复试验和改良，终于发明了“牛痘法”，即将减毒的天花病毒接种给牛犊，再取牛犊表皮上含有病毒的痘疱制成活疫苗；此疫苗被接种进人体的皮肤后，局部发生痘疮即可对天花病毒产生免疫。与“人痘法”相比，“牛痘法”操作更为便捷安全，易于普及，预防效果良好，降低了天花流行强度和死亡率。诚如琴纳的预言：“分享此一利益的人数是无法计算的，已经遍及欧洲和地球的其他部分。……天花这一人类极为可

〔1〕马伯英. 中国医学文化史［M］. 上海：上海人民出版社，1994：811.

怖的瘟疫的消灭，必将是这一预防接种措施的最后结果。”[1] 牛痘法短时期内传遍欧美。当时征战欧陆的拿破仑军队也进行了牛痘接种，拿破仑赞誉琴纳为“罗马之王”；至1925年，美国人人都要领取一个纽扣大小的证章，上面写着：我已接种。牛痘法替代人痘法，使人类获得了战胜天花的有效手段，天花于1980年在世界范围内被消灭。鉴于琴纳对人类健康做出的杰出贡献，后人称他为“伟大的科学发明家与生命拯救者”。

嘉庆十年（1805年）四月，英国东印度公司医生皮尔逊在澳门接种牛痘成功，同年编印介绍牛痘接种术的《英吉利国新出种痘奇书》。随后，“牛痘法”被引入广州，进而推广至全国。东印度公司广州商馆译员斯当与广州十三洋行商人郑崇谦合作将其译成中文《种痘奇书》，刊印流传，这成为中国传播牛痘法的开端[2]。在推广牛痘接种术方面，皮尔逊的学徒邱熺发挥了重要作用，他先在家人和朋友中推广，而后总结多年行医经验，著成《引痘略》，成为19世纪中国推广牛痘接种术最主要的医书，“迄今各直省广种牛痘，皆祖是书也”[3]。《引痘略》后，以其为基础专论牛痘接种术的医书日渐增多，如《洋痘释疑》《种痘法》《引种牛痘方书》等，这些医书使牛痘接种术的相关知识与技术在中

---

〔1〕［英］爱德华·琴纳．论牛痘接种法的起源［J］．马伯英译．医学与哲学，1996（9）：502.

〔2〕整理自梁嘉彬．广东十三行考［M］．广州：广东人民出版社，1994：308—310.

〔3〕陈朝晖、郑洪．岭南医家邱熺与牛痘术［J］．中华医史杂志，1999（3）：161.

国各地普遍推广[1]。1828 年，北京设立京都种痘局；1841 年，上海开设医院进行牛痘接种；1852 年，天津设保赤堂，后改名保赤种痘局，施种牛痘；1865 年，湖南设牛痘局；1868 年，河南设牛痘局等。由此，牛痘法渐遍中国，替代了人痘接种法，普及牛痘法的中国最终于 20 世纪 60 年代消灭了天花。

以牛痘接种术推广为起点，广州率先引进西方医疗体制，推动了中国医疗机构、组织管理、人才培养等方面的近代化进程。"广州成为西医输入中国大陆的肇始地并向其他地区发散的中心，催生了与传统中医体系迥然不同的新式医疗体系。"[2] 道光十五年（1835 年），传教士伯驾来到广州，得到十三行商人伍秉鉴等人支持，利用十三行内新豆栏街部分房屋，创办眼科医局，时称"新豆栏医局"。这是广州最早的眼科医院，也是历史上第一所西医医院，西医开始在中国传播。此后，医院逐渐替代传统私人医馆，成为新的医疗模式。医院能集中各科医疗力量、技术和设备对病人进行更有针对性的分科治疗，完全不同于传统中医的私人诊疗方式，这表明中国传统医疗机构开始了近代转型。伯驾还引入了西方医学机构的管理制度：在病历上，做好诊断记录，建立医务档案；将疾病进行分类，比如眼病被分为 47 种，有针对性地进

---

〔1〕王彬. 清代牛痘术在华推广赞助路径探析 [J]. 贵阳学院学报（社会科学版），2020（4）：69.

〔2〕冷东、刘桂奇. 十三行与清代中后期广州现代医疗卫生体系的初建 [J]. 西南大学学报（社会科学版），2010（5）：185.

行专科治疗；在医疗上，建立起定期查房、病例讨论、疾病会诊等制度；在护理上，实行分级护理。西方医疗管理制度的引入，提高了近代中国的医疗质量和效率。与此同时，人才培养、医疗救济等方面近代化的转型也随之开启，这些变化促成了清朝中后期广州开始建立现代医疗卫生体系，并随后逐步影响全国[1]。

青霉素、原子弹和雷达，被认为是二战期间科学技术最伟大的三项成就。1928 年，英国科学家亚历山大·弗莱明在一次实验过程中偶然发现了青霉素的存在及其抗菌效用，遂将研究成果发表于《新英格兰医学杂志》。但因青霉素提取技术并未突破，当时难以实现药品产业化，亦无法运用于临床。英国生化学家钱恩（Chain，Ernst Boris，1906—1979 年）和病理学家霍华德·华特·弗洛里（Howard Walter Florey，Baron Florey，1898—1969 年）在 1938 年读到弗莱明发表的论文后继续致力于此项研究，终于在 1941 年成功分离出青霉素。但由于当时英国正遭受德国空军的轰炸，科研工作难以顺利开展，两人便携菌种前往美国。因为战时军队急需抗菌药物救治伤员，在美国军方及制药企业的大力支持下，很快于 1944 年实现了药品产业化。青霉素被应用于前线士兵的救治，拯救了大量伤员的生命。据统计，仅 1944 年诺曼底战役中，就有 95%的伤兵（约 61 940 人）是靠注射青霉素治愈了创

---

〔1〕冷东、刘桂奇. 十三行与清代中后期广州现代医疗卫生体系的初建［J］. 西南大学学报（社会科学版），2010（5）：189.

伤[1]。1945年，弗莱明、弗洛里、钱恩三人因青霉素的研究和应用，被授予诺贝尔医学奖。

青霉素传入中国后，开启了中国抗生素类药物与治疗手段的研究与实践，引发了中国生物制药技术的革命，进而促进了中国相关医疗组织、机构的变革。中国最早对青霉素开展研究的是国民政府卫生署下属的中央防疫处。战争年代，科研条件艰苦简陋，缺乏必要的研究设备和资料。中国科研人员自制设备，摸索适应当时条件的制药方法，经过不懈努力于1944年试制出第一批青霉素。抗战胜利后，国民政府获得美国现代化制药设备与生产技术，开始了药品的工业化生产。由于缺乏发酵用的原料玉米浆，科研人员尝试用棉籽饼代替玉米浆，终获成功。至1948年，实现了年产1万多瓶20万单位的青霉素，但仍然无法满足社会对抗生素的需求。1949年新中国成立后，党和国家高度重视抗生素的研究和生产，先后解决了青霉素发酵原料、结晶、杂菌污染等一系列大规模生产所必须解决的问题。1953年，中国自行设计、建设的第一座抗生素制药工厂——上海第三制药厂正式投产，标志着中国已初步具备大批量生产抗生素的能力。青霉素工业化生产的实现，是中国医药工业现代化的里程碑[2]。

青霉素的发现和量产，并有效地用于临床，是人类运用抗生

〔1〕李志庸. 中西比较医学史［M］. 北京：中国医药科技出版社，2012：224.
〔2〕王剑. 抗生素的前世今生［N］. 中国科学报，2015-07-10（6）.

素战胜感染性疾病的开始。今天，医用抗菌药物已形成规模庞大的“抗生素家族”：链霉素（1943）、金霉素（1947）、氯霉素（1948）、土霉素（1950）、红霉素（1952）……迄今世界上已发现1万多种抗生素，人工合成则超过4 000种，并且每年都有新品种问世[1]。这些药物的研制和应用，使严重威胁人类健康的某些传染性疾病有了有效的治疗手段，人类的平均寿命因此大大提高。20世纪以青霉素为代表的一系列抗菌药物的批量生产和广泛应用被称为“抗生素时代”的到来[2]。

纵观人类医学发展史，“牛痘法”与青霉素的发明与应用，是“医疗、医药、医保”现代化进程中的重大成就，在推动现代医学进步和现代医疗卫生体系发展的过程中起到了至关重要的作用。

---

〔1〕陈仁政.10个“发明之父”之五：青霉素的发现者弗莱明［J］.百科知识，2018（10）：26.
〔2〕李志庸.中西比较医学史［M］.北京：中国医药科技出版社，2012：224.

68 精神卫生与现代社会生活

古往今来，人类社会对“健康”的认知，经历过两次“转变”[1]。原始社会阶段，生产力水平极其低下，人类以适应自然来满足食物的需求，进而维持族群赖以生存的物质基础。这一阶段，尚未产生健康观念。进入文明社会后，随着人类对自然的改造，生产力水平逐步提高，人们开始关注身体健康的重要性，古代医学也应运而生。历史推进至工业革命以来的现代社会，生产力的飞速发展、工厂化的生产方式和城市的高密度快节奏生活，使人们的工作和生活脱离了自然环境，人际交往和社会角色都发生了巨大变化，由此带来了现代社会的心理性和精神类疾病，也形成了关于健康观念的新认知。尤其是20世纪中叶后，科学技术突飞猛进，社会变革日新月异，工作和生活的压力与日俱增，人们对自身的心理健康给予了更多的重视。推动精神卫生健康、避免精神卫生问题，成为国际卫生组织、各国卫生主管部门、医学临床科研等共同关注的重要问题。

---

〔1〕彭贤智. 现代社会与心理健康 [J]. 冀东学刊，1994（3）：62.

1948年，世界卫生组织（WHO）成立，在《宪章》中明确提到“健康”的定义：“不但是没有身体缺陷和疾病，还要有完整的生理、心理状态和社会适应能力。”[1] 20世纪80年代末，世界卫生组织对其含义的解释更为明确：“躯体健康，心理健康，社会适应良好，道德健康。”可见，作为个体的人，为适应社会环境和协调人际关系，不仅要有正常的身体组织器官机能，还要有健康的心理状态。由此，现代“健康观”由原来单一的“生物”医学模式，转向综合的“生物—心理—社会”模式。这就纠正了传统“健康观”的片面解释，更有利于科学“健康观”的树立。一定意义上说，只有三者都健康的人，才是一个真正意义上人格完善的“健康人”，这是人类对健康认知的又一次深化与转型。

“精神卫生”与“心理健康”是两个不同的专业术语。前者强调心理疾病的预防与治疗，后者侧重个体健康的保持与促进。相关概念的“重心转移”，反映了人们对“健康”的认识从“无疾病”到不仅“无病”再到“心理状态良好”的转变。“精神卫生”有三层含义：第一是指一门学科或理论体系，第二是指一种专业服务体系，第三则指向心理健康状态。可以这样理解，“心理健康”是“精神卫生”的下位概念，与其第三层面的含义相对应。“心理健康”是一种心理状态，提高这种状态的稳定性、持久性，是

---

[1] 赵有业、马文元. 实用医学心理学［M］. 哈尔滨：黑龙江人民出版社，1991：83.

“精神卫生”工作的重要目标[1]。

据载，古希腊、罗马时期，医学家就已开始研究“精神类疾病”，如西方医学始祖希波克拉底（Ἱπποκράτης，公元前460—前370年）曾提出的“四体液说”（four-fluid theory）[2]，其中就有关于精神疾病的治疗方法以及相关应用。18世纪，法国精神病学家菲利普·皮内尔（Philippe Pinel，1745—1826年）率先提出以人道主义态度对待精神疾患，建立精神病院，开展心理治疗实验。但总体而言，20世纪前，西方社会对精神问题以及相关疾病的认识是非科学的、迷信的，治疗方法也是简单低效的。20世纪奥地利精神病学家西格蒙德·弗洛伊德（Sigmund Freud，1856—1939年）提出了精神分析概念，创立了影响深远的精神分析理论。1992年，由世界精神病学协会（World Psychiatric Association，WPA）发起，世界卫生组织确定每年的10月10日为“世界精神卫生日”（World Mental Health Day），旨在提高现代人对精神卫生问题的认识，了解科学的精神卫生知识和对疾病的研究认识，消除人们对精神疾病的偏见与误解，动员各方力量支持精神卫生工作[3]。近代中国神经精神病学进步较晚，1898年美国医生嘉约翰

〔1〕刘艳. 关于“心理健康”的概念辨析［J］. 教育研究与实验，1996（3）：47.

〔2〕四体液说认为人体中有四种性质不同的来自不同器官的液体。脑有黏液，有冷的性质，失去黏液会患癫痫病；肝脏有黄胆汁，有热的性质；胃有黑胆汁，有渐温的性质；血液出于心脏，性质干燥。这四种体液不同比例的结合构成人的不同体质。

〔3〕陈帅锋、甄橙. 精神之卫生　健康之本义［J］. 中国卫生人才，2020（6）：72.

(John Glasgow Kerr) 在广州建成中国第一家精神病专科医院，名为“惠爱医院”；1903 年，英国在香港的医学院设立精神病学课程；1910 年，沙俄在哈尔滨建立精神病院；1920 年代，奥地利医生韩芬（F. Halpern）在上海医学院开展精神病学教学；1923 年，苏州福音医院设立精神科病房；1934 年，慈善家陆伯鸿集资建立上海普慈疗养院，堪称当时上海最大、设备最完善的精神专科医院。但直至中华人民共和国成立初期，中国精神专科医院数量仍不足 10 所。新中国成立后，精神专科医院的数量快速发展，截至 1964 年，全国民政系统精神专科医院已达 203 所。历经艰辛探索和曲折前行，改革开放后，我国精神卫生事业迎来了新的发展机遇，无论是人才培养、科学研究、临床治疗等方面都在过去的基础上取得了突出的成绩[1]。

现代西医与心理学的实践证明“病由心生”的说法不无道理。长期的心理应激状态会逐渐转化为心身障碍，这是造成身心疾病的中介机制。有研究表明，70%的疾病，如各种癌症、冠心病、心绞痛、原发性高血压、胃溃疡、糖尿病、支气管哮喘、甲状腺功能亢进等，都跟心理因素密切相关。在疾病产生、发展与康复过程中，心理因素起着重大的作用[2]。进一步研究表明，不少癌症患者曾有过长期的负面情绪刺激或遭受过巨大情绪打击，从而得

〔1〕整理自陆林．中国精神卫生学科发展的回顾与展望［J］．北京大学学报（医学版），2019（3）：379—381.

〔2〕王亚楠．大学心理健康教程［M］．西安：西安电子科技大学出版社，2018：4.

出“不良情绪是癌症细胞的催化剂”这一结论[1]。中国古代，人们很早就意识到情绪与健康相关联。中医认为，七情（喜、怒、忧、思、悲、恐、惊）等“情志”变化是疾病发生的致病因素。所以，人的心理与精神的过度刺激，会导致阴阳失衡、气血不和、经络不畅、脏腑失调，从而引发疾病。最早的中医学理论典籍《黄帝内经》指出：“心者，五脏六腑之主也。……故悲哀忧愁则心动，心动则五脏六腑皆摇。”[2] 这段话，反映了人体在应激情绪作用下，内在生理机能发生功能性紊乱这一基本事实。

如今，人们的精神健康越来越与现代社会的发展紧密相连。其一，现代科学技术高速发展，知识、技术、信息等要素飞速迭代。这对人们的学习、就业、生活与思维等方面的行为活动都有一定影响，难免会引起心理适应失调，诱发不良情绪。“现代社会中科技发展导致许多人的工作十分紧张，需要精神高度集中，使他们患上超生理和心理承受能力的‘紧张状态病’。”[3] 其二，现代工业、市场经济快速发展，城市化发展水平与日俱增，造成环境、交通、安全、住房等诸多“城市病”问题。城市生活节奏加快，各个行业竞争加剧，人与人之间的关系逐渐疏远、陌生、复杂，人际网络的新特点使社会个体发生心理问题的可能性增高。

---

〔1〕王福顺、傅文青. 中医情绪心理学［M］. 北京：中国中医药出版社，2015：177.
〔2〕阎钧天、药红霞.《黄帝内经》七论新编［M］. 北京：中国科学技术出版社，2019：204.
〔3〕张文军. 试论现代化对心理健康的负面影响及对策［J］. 浙江大学学报（人文社会科学版），2001（5）：109—110.

其三，经济全球化背景下，来自不同文化背景的国家与民族之间交往日益增多。不同文化的碰撞交融，传统价值遭遇的挑战，造成认知失调，人们的心理疾病也随之增多。如1978年改革开放以来，现代西方社会的文化与价值观引入国内，如何在立足、继承中华优秀传统文化的基础上，辩证审视、扬弃汲取西方现代文化，成为中国特色社会主义现代化建设面临的新课题。而在解决这一问题的过程中，不同文化的交融所引起的认知差异与选择认同，容易导致社会个体产生相应的心理失调[1]。其四，信息时代各种新媒介传播途径越发便捷，大量复杂多元的信息使人应接不暇，媒介中渗透的感情、知识、情趣和道德观念，潜移默化地作用于人们的价值观和行为方式，由此带来一系列心理问题。如现代互联网时代下的青少年群体，家长的信息支配与权威地位渐趋弱化，加之网络虚拟空间中不良内容与信息的影响，容易产生心理状态的异化，从而引发当代青少年心理层面的“互联网病”。

20世纪70年代，关于“身心致病机制”的医学理论有了重大突破：研究人员发现人脑中存在特殊的生理物质与结构（主要是垂体—肾上腺—皮质网络），它不仅能调节身体的免疫系统，还会影响人们的思维和情感。此外，这些物质还存在于人体的各个循环系统中，揭示出身心之间可以相互影响[2]。因此，基于以上身心

〔1〕朱斯琴．社会现代化进程中人的心理健康问题探析［J］．内蒙古师范大学学报（哲学社会科学版），2007（1）：38.

〔2〕王亚楠．大学心理健康教程［M］．西安：西安电子科技大学出版社，2018：4.

致病机理，人们需要不断适应紧张、复杂的外部环境与生活挑战，合理安排好自己的生活节奏与社会交往，让自己在身心协调与社会性发展方面并行不悖、同步均衡、相得益彰，这也是一个文明社会公民精神健康的标志。

当然，要评价一个人心理健康与否是一个非常复杂的问题。它不像生理健康指标可以显性量化。一般而言，要准确、细化、具体地刻画出一个人的心理健康状态，大致应包含：智力正常、乐于学习和工作；善于自我协调、控制情绪，保持心情愉快；具有坚定且较强的意志品质；能与他人保持较为和谐的人际关系；保持完整独立的人格，了解自我特点，悦纳自身不足；行为方式正常，且与社会角色相一致；能较好地认识、适应现实生活环境〔1〕。

此外，生活在现代社会的个体，难免会出现心理问题甚至精神障碍。因此，在心理出现问题时，如何自我调适抑或寻求外界支持，对于现代社会人来说，这是十分重要的健康议题。具体而言，需从以下几方面着力：正确认识自己，量力而为确立理想目标；坚持接纳自我，理性看待人事得失；做好自身心理调适，掌握纾解负面情绪的必要方法；适应现代社会生活节奏，张弛有度，劳逸结合；正确处理人际交往关系；客观理性面对心理问题，及时正确地寻求专业心理干预和支持服务等。

习近平总书记指出：“人民健康是社会文明进步的基础。拥有

---

〔1〕彭贤智. 现代社会与心理健康［J］. 冀东学刊，1994（3）：64.

健康的人民意味着拥有更强大的综合国力和可持续发展能力。”〔1〕党的二十大报告也明确提出要“重视心理健康和精神卫生”，因为全体民众的身心健康是民族赓续、国家富强的重要基石。每一个人作为自身健康的“第一责任人”，不仅要增强身体素质，更要重视心理健康和精神卫生，倡导文明健康的生活方式，开展有益身心的文体活动，此所谓“文明其精神，野蛮其体魄”。由此，用健全人格、坚定意志、情志协调的精神面貌与心理状态，为全面推进“健康中国”建设的宏伟目标打下坚实的全民健康基础。

〔1〕汪晓东、张炜、赵梦阳. 为中华民族伟大复兴打下坚实健康基础——习近平总书记关于健康中国重要论述综述［N］. 人民日报，2021-08-08（1）.

中外历史专题一百讲

第三分册

主编　周靖　罗明　黄爱梅

中国出版集团　東方出版中心

分册主编：罗　明

撰稿人（按姓氏笔画排序）

卫佳琪	王　超	朱文静	朱　琳	向胜翔	吴斯琴	张炎林
张宝奇	陈明华	邵常岁	范　江	金梦霞	秦亚男	顾春梅
顾超平	党　霞	傅郁山	戴万成	戴骋浩		

69

儒学演变的时代因素

儒学在古代中国传统思想流派中居于主导地位，对中华传统文化的发展有着极其深远的影响。儒学自身经历了怎样的发展与演变历程，儒学演变的背后又有着怎样的时代因素影响？这就需要厘清儒学演变与时代抉择之间的关系。

儒学理论形态的演变大致经历了先秦儒学、两汉经学、宋明理学三个阶段。先秦是儒学形成定型的第一阶段。在春秋大变革涌动之前，“礼”曾是社会政治和行为道德的规范，是传统文化的根基。但随着春秋大变革的到来，传统的意识形态和社会规范几乎崩坏。诸子百家著书立说，一时间形成争鸣之态。西汉太史令司马谈将先秦主要学术流派归为六家，儒家便是其中一家，其特征为：“夫儒者以《六艺》为法。《六艺》经传以千万数，累世不能通其学……若夫列君臣父子之礼，序夫妇长幼之别，虽百家弗能易也。”[1] 孔子是儒家学派的创始人，孔子所始创的先秦儒学，包括哲学、伦理学、社会政治学、文学、美学、史学和教育学等

[1]（西汉）司马迁．史记［M］．北京：中华书局，1959：3290．

诸多方面，内容十分丰富。孔子学说的核心可归结为“礼”和“仁”。他强调“克己复礼”，就是力图恢复西周以来的以“礼”为表现形式的身份等级制度；他倡导“仁爱”，则是以父子兄弟之类的血缘亲情关系论证尊卑上下的合理性。所以，孔子“仁学”的实质，就是将外在的社会规范转化为人们内在的伦理意识和情感需求。先秦儒学始终关注礼乐教化和社会秩序的建构，在先秦时期就奠定了在社会思想文化中的重要地位。但从社会实践看，由于先秦儒学始终未受到当政者的青睐，其在诸多思想流派中并非显赫一派。

汉朝奠定了儒学的特殊地位，其间也经历了从推崇黄老思想再到认可董仲舒新儒学，最终促成儒学成为汉朝主流意识形态的过程。汉初一批儒家学者力图改造儒学学说，致力于将儒学理念注入现实政治中，并不断吸收法家、道家、阴阳家等学派的思想精华为其所用〔1〕。汉武帝时期的大儒董仲舒曰：“父者，子之天也；天者，父之天也。无天而生，未之有也。天者，万物之祖，万物非天不生。独阴不生，独阳不生，阴阳与天地参然后生。……人于天也，以道受命；其于人，以言受命。不若于道者，天绝之；不若于言者，人绝之。……天子受命于天，诸侯受命于天子，子受命于父，臣妾受命于君，妻受命于夫，诸所受命者，其尊皆天也。”〔2〕

〔1〕张卓．论汉初思想流变与儒学作为主流意识形态的复兴［J］．甘肃高师学报，2020（1）：129.

〔2〕整理自张世亮等译注．春秋繁露［M］．北京：中华书局，2012：557—559.

可见，以董仲舒为代表的西汉儒家学者改造儒学的关键是将儒家学说与阴阳五行学说相结合，这就是所谓的“君权神授”理论。同时，汉儒们又将孔子神化，孔子被推为素王和圣人，并在彼时社会中获得思想教主的地位。这套理论为汉武帝所用，儒学渐具独尊地位，成为官方意识形态，先秦儒学蜕变为两汉经学。那么，儒学为何能在汉朝奠定主流地位？战国以来的阴阳五行学说在汉朝已弥漫于整个社会，汉朝经学家在阐述“君权神授”的同时，也寓意君权受到“天意”的制约，正如哲学家冯友兰所言：“他的王者受命于天的学说，既为行使皇权提供根据，又对行使皇权有所限制。”〔1〕因此，汉儒的理论在社会各阶层能够获得更大的认同。而汉朝统治者在众多思想流派中选择儒学，是因为儒学有着非常广泛的社会基础，更重要的是，其“尊君”的一面符合统治者维护大一统政权合法性的诉求。显然，从儒学演变与统治者选择两个方面，都体现了时代变迁的因素。

如果说两汉经学是儒学“世俗化”“主流化”的重要阶段，那么宋明时期的理学则是儒学“哲学化”的发展时期，也有学者将其称之为儒学发展的最高阶段。两宋之前儒学已长期遭遇外来佛教与本土道教的挑战与刺激，儒学的正统地位遭到威胁，正所谓“高门子弟，耻非其伦”〔2〕，“公卿士庶，罕通经业”〔3〕。可见，

〔1〕冯友兰．中国哲学简史［M］．涂又光译．北京：北京大学出版社，1996：172.
〔2〕（西晋）陈寿．三国志［M］．北京：中华书局，1959：464.
〔3〕（唐）李延寿．南史［M］．北京：中华书局，1975：1730.

魏晋南北朝至隋唐期间儒学的危机首先表现于经学的衰落。此外，儒学的危机还表现于名教的式微。所谓名教，亦即礼教，是儒学体系中至关重要的内容，也是中国传统社会特有的道德文化形态。在魏晋南北朝至隋唐时期，以门阀制度为基础的社会规范日渐衰颓，动违礼法之举比比皆是。由于儒学尤其是经学化的儒学自身存在的缺陷，以及儒学的政治—伦理说教缺乏哲理基础，难以在更高的思辨层面形成理论自洽，所以在与其他学派的辩论中往往处于下风。加之宋朝政治、经济、社会等方面出现了不同于前朝的新变化，诸如科举制完善并注重考经义策论和儒家典籍，经济重心的南移、商品经济的繁荣及市民阶层的兴起，多民族政权的并立以及宋朝政治体制中存在的积弊等，空疏的儒学对时代的新现象和新问题很难自圆其说，“天人感应”屡遭批评，儒家极力维护的社会等级秩序以及相应的伦理纲常遭到巨大冲击。可以说，正是儒学所面临的时代困境催生了理学的诞生。

与汉唐儒学家不同的是，两宋理学家为弥补儒学缺乏哲学思辨性的理论缺陷，着重吸收佛教和道教的理论，致力于儒学理论体系的完善。为此，他们集中探讨了世界万物的本源问题即“本体论”，再从本体论出发，衍生探讨人性来源的“心性论”和认识事物基本方法的“认识论”。由此，理学呈现出以往儒学所不具备的特征，即将以往着重于政治、伦理层面的讨论，提升至哲学本体论的高度，在更高的哲学思辨与理性认识层面，扶正并加固了儒学的根基。

综上，儒学随时代的变迁而在理论形态上呈现更新迭代的特征。先秦儒学建立在人们血缘亲情关系的基础上，这与当时宗法社会的现实相吻合。两汉经学建立在阴阳五行学说的“神学”体系上，也与两汉的社会政治诉求相符。而两宋理学则以人们的理性认识为基础，趋向哲理化，虽以儒家伦理、礼法的思想为核心，但其张扬的孔孟之道已在融合佛、道的思想精粹过程中改造为新儒学，更显精致而焕然一新。理学亦与两宋社会的新特征相契合。这其中，为因应现实的变化、解答现实的疑问，经由宋初三先生（胡瑗、孙复、石介）、北宋五子（周敦颐、邵雍、张载、程颢、程颐）、南宋朱熹等理学家的阐发，建构起一套严密的理学思想体系。理学家们认为“理”或“天理”是宇宙本原，也是人类社会最高的伦理道德标准，三纲五常就是天理，是人性的最高境界；人性与天理是一致的，具有仁、义、礼、智等美德，但容易被后天的欲望所蒙蔽，因而强调“存天理，灭人欲”。尤其是朱熹提出了践行天理的方法论即“格物致知”，“穷天理、明人伦、讲圣言、通世故”[1]。在此基础上，他进一步明确了“正心诚意”的修身公式，强调通过道德自觉达到理想人格即道德与天理一体的最高境界。这套理论也生发出读书人应具有社会责任感和历史使命感等基于时代特征和现实诉求的伦理关怀与义务。此后，南宋陆九渊主张“心即理”，认为“心”是天地万物的本源，“宇宙便是吾

[1]（南宋）朱熹. 晦庵先生朱文公文集［M］. 上海：上海书店出版社，1989：648.

心，吾心即是宇宙”[1]；天理、人理、物理只在吾心中，人同此心，心同此理。在陆九渊思想的基础上，明朝心学的集大成者王阳明则提出“致良知”。他认为，伦理纲常等即所谓“良知”往往被私欲遮蔽，需要重新发现、扩充和践行，故而要加强道德修养，做到“知先行后”以恢复良知的本性即“致良知”。“陆王心学”把心和理、心和传统伦理纲常等同起来，力图证明所谓“天理”即等级秩序、道德准则，是人心所固有、恒久不变的。作为同程朱理学分营对垒的一种新儒家学说，“陆王心学”虽然在追求“理”的途径和修身方法上与程朱理学有所不同，但在自觉追求儒家的道德规范上与前人无异。

总体而言，宋明理学进一步强化了“尊君”思想，压抑了个性的发展，极为契合统治者巩固政权的需要。正因如此，理学能长期受到官方之尊崇。甚至在元朝非汉族政权统治时期，元仁宗为巩固统治仍在不断强化理学的社会地位。直至明清时期，理学得到统治者的大力扶植，明初的开国文豪宋濂就是推崇理学的代表之一，明成祖亦曾组织编纂《性理大全》，将理学的理论成果进一步系统化，由此，影响了明清社会数百年的文化倾向、思想动态与价值观念的最终形成。尽管明清时期有些思想家和学术流派，如阳明学派及乾嘉考据学派等对理学有诸多的抨击，但由于官方在政策上的维护，如科举考试的内容皆以程朱理学为标准，理学

[1]（南宋）陆九渊．陆九渊集［M］．北京：中华书局，1980：273.

高高在上的尊显地位始终未有动摇。从理学的发展历程不难看出，儒学的演变与时代的发展密切相连，是时代抉择的产物。同时，儒学的发展也在深刻影响着时代，为发展的时代根植了厚重的传统底色。

时至近代，伴随着社会危机的不断加深与西学东渐的冲击，时人将批判的矛头直指儒学。改良主义者何启、胡礼垣认为："大道之颓，世风之坏，即由于此。何则？君臣不言义而言纲，则君可以无罪而杀其臣，而直谏之风绝矣。……众暴寡、贵凌弱、富欺贫，莫不从三纲之说是推。"〔1〕他们将困局的根源归结于儒学的伦理纲常。实则，近代儒学的危机是社会危机在文化领域的反映，尽管儒学家们积极致力于研究社会改良方案，但始终无法适应变化与变革过急过快的近代社会，因而无法提出能够从根本上解决近代中国复杂问题的有效举措。当然，近代儒学理论虽然在指导社会实践方面屡屡受挫，但在传承中国传统文化方面也提出了不少值得重视的问题。如认为孔子的"仁爱"学说，包括"己所不欲，勿施于人"等的具体劝导，以及儒学在哲学、伦理学、政治学、文学、美学、史学和教育学等领域的正面价值，都应基于扬弃而发展光大。显然，今人对儒学的认识愈来愈理性。儒学作为中华民族的宝贵文化遗产，仍具恒久的人文价值。

〔1〕何启、胡礼垣. 劝学篇书后［M］. 武汉：湖北人民出版社，2002：223.

70
人本思想[1]：中华优秀传统文化的人性光辉

中国古代的人本思想最早可以追溯至西周时期“敬天保民”的政治思想。所谓“敬天”，是指敬从天命，但又不盲从天命，强调由民情知天命，昭示着民众的力量在政治运作与社会管控中的作用受到了统治者的重视。

“礼乐制度”是西周国家制度的重要组成部分。周礼是经周初周公“制礼作乐”而逐渐确立的一整套典章制度。究其本质，应该是原始巫术礼仪基础上的晚期氏族统治体系的规范化和系统化[2]。周礼虽由少数贵族所垄断，成为其赖以统治的政治工具，但又因脱胎于原始社会的氏族传统，仍保留一定的原始民主性和人民性。

春秋时期，原有的贵族血缘体系的社会结构趋于崩解，各诸侯国向着以地缘为基础的权力更为集中的国家形式转型，但同时

[1] 中华人民共和国教育部普通高中历史教科书选择性必修3的第1课“中华优秀传统文化的内涵与特点”指出，“中华文化重视以人为本”，“后世儒学思想家大多恪守孔子的人本思想，从人与社会的关系入手，建立起儒家的一套规范社会关系的伦理秩序”。本文的“人本思想”基于教材的表述，主要指向儒家思想中重人事轻神道、关注人与社会的关系这一显著特征。

[2] 李泽厚. 中国古代思想史论 [M]. 北京：生活·读书·新知三联书店，2008：2.

也保留着氏族社会的早期宗法制传统，孔子思想恰恰是这种时代变革下旧式血缘贵族社会特征的延续。孔子竭力维护“周礼”，在《论语》中，孔子提到“礼”的频率非常高，鲜明地表达了他对当时礼崩乐坏的痛心疾首及重建“周礼”的迫切要求。孔子说，“不学礼，无以立”（《论语·季氏》），认为礼仪不仅是一种动作、姿态，更是一种秩序的象征，保证这一秩序得以安定的是人对于礼仪的敬畏和尊重，而对礼仪的敬畏和尊重又依托着人的道德和伦理的自觉，没有这套礼仪，个人的道德无从寄寓和表现，社会的秩序也无法得到确认和遵守[1]。而这种道德和伦理的自觉，是由孔子思想的核心——“仁”来体现的，从这一层面来说，孔子讲“仁”是为了释“礼”。正如《论语·学而》所言：“君子务本，本立而道生，孝悌也者，其为人之本欤?”此处的“孝”和“悌”作为人的朴素情感，是实现“仁”的重要方式，可见，血缘纽带是实现“仁”的基础。孔子利用“孝”和“悌”这一普通人所具备的情感关系，建构了氏族和等级制度的纵向与横向关系，用“仁”的行为连接了“礼”的血缘纽带关系。孔子没有把人的情感心理引向外在的崇拜对象或神秘境界，而是把它消融满足在以亲子关系为核心的人与人的世间关系中，情感和仪式统统环绕和沉浸在这一世俗伦理和日常心理的综合统一体中，而不必去建立另

〔1〕葛兆光. 中国思想史：第一卷［M］. 上海：复旦大学出版社，2001：93.

外的神学信仰大厦〔1〕。

在“礼”制崩溃的时代，“仁”要求每个人突出个体人格的主动性。此处的主动性体现在孔子要求“君子”自觉、积极、主动地挽狂澜于既倒。他再三强调，“为仁由己，而由人乎哉”（《论语·颜渊》）、“当仁不让于师”（《论语·卫灵公》）、“仁远乎哉？我欲仁，斯仁至矣”（《论语·述而》）。因此，“仁”既是非常高远的人生目标，也是切近可行的实际行动，更是“君子”应该承担的历史责任，是个人在主观能动性的驱动下通过个体行为以实现的最高理想人格。这种强调实践的理性，不同于宗教对世界的宽泛解释，而是用冷静、合理与现实的态度看待社会、参与社会，用理智来疏导或约束人的欲望，以实现对人道和人格的追求。这样，也就不难理解《论语》中“子不语怪、力、乱、神”（《论语·述而》），“未能事人，焉能事鬼”（《论语·先进》）之类的论述。

孔子以“仁”释“礼”，旨在将外在的社会规范转化为内在的自觉意识。在战国社会更为剧烈变化的情势下，原来被视为天然合理、无需论证的伦理道德观念受到了更多的诘难和追问：人为何要按照这种秩序、价值和规则来生活？沿着这一思路，孟子为儒家学说寻找基石，然此基石并非天道而是人之本性〔2〕。孔子思想

---

〔1〕李泽厚. 中国古代思想史论［M］. 北京：生活·读书·新知三联书店，2008：16.

〔2〕葛兆光. 中国思想史：第一卷［M］. 上海：复旦大学出版社，2001：160.

中人本色彩得到了孟子的进一步发扬。在此基础上，孟子设计了一套更为完整却也更为理想化的政治架构——“仁政王道”，其基础在于“民本”。孟子说，“民为贵，社稷次之，君为轻”（《孟子·尽心下》），要求统治者“乐民之乐”“忧民之忧”（《孟子·梁惠王下》），“得其民，斯得天下矣”（《孟子·离娄上》）。然“仁政王道”看似与广大民众的利害相连，实则是在为统治者筹谋擘画。孟子还为其学说找到了伦理的垫脚石，即“不忍人之心”，即每个人具有的天性——“善”。在《公孙丑》和《告子》两篇中，孟子进一步提出，人所固有的“恻隐之心”“羞恶之心”“辞让之心”“是非之心”，使人自觉拥有同情心、正义感、羞惭的自觉和礼让的态度。以此为基础，孟子得出结论，有良知的人都具有“不忍人之心”，统治者“以不忍人之心，行不忍人之政，治天下可运之掌上”（《孟子·公孙丑上》）。

孟子的民本理念具有鲜明的政治色彩，君民关系是其核心内容，行“仁政王道”的最终目的即“治天下”。这种对于政治框架的建构被后世儒家学者进一步发展。汉唐至两宋时期，儒家思想与统治者的政治诉求逐渐合流，民本思想在曲折发展中渐次达到哲理化的高度。汉武帝采纳董仲舒“罢黜百家，独尊儒术”的建议，进一步强化了儒家伦理道德规范的一面，儒家理念被塑造成天的意志的体现。此时的儒学虽然借助政治力量建构起一套符合统治者需要的新型理论形态，并向着经学化与神学化的方向发展，但是与迷信的合流，也带来了烦琐、粗疏、僵化的一面，一定程度上违背了儒学的本原和人性的需要。

佛教的输入和道教的发展，为儒学的发展注入了新的活力，宋明理学兴起。理学强调伦理与人的本性的一致，突出人的内在价值，并将之提升到宇宙本体的高度[1]。由此，儒家人文性价值思维发展到新阶段。理学家通过注释精解儒家经典，以人生观、世界观的修炼达到内圣境界，意图重塑等级秩序；通过规范人的心性和行为，以期实现现实社会的顺利运行。

理学在思想层面强化了皇权，但将理论运用于具体政治实践时，却暴露出越来越多的缺陷。理学家们以正宗自居而排除异己，虽然在发展纯哲学思辨和培育道德自觉的主体性上有巨大成就，但往往又因为所谓的道德制约，反而成为政治制度改革和现实社会发展的反动，明末黑暗动荡的社会现状暴露和印证了理学之于社会发展的阻碍作用。面对明清之际“天崩地解”的时局，以黄宗羲、顾炎武、王夫之为代表的思想家探寻社会弊端的根源，总结君主政治的得失，清算理学空谈之弊，倡导经世致用之学，民本思想由此出现了新突破，并被赋予具有时代特征的新内涵。相较于前代，明末清初的思想家倡导“公天下”，反对君主专制。“公天下”的理念源于先秦，是儒家学者对于人类社会的美好设想。在“公天下”制度下，君主之位通过选举并由德才兼备者来担任，君主的权力须受一定的制约和监督。反观现实，明朝皇权

〔1〕陈遵沂．儒家价值思维的人文性与主体意向性——兼论明清之际儒家学者顾、黄、王的价值思维之路［J］．中共福建省委党校学报，2001（3）：57.

空前强化，思想家们对此深感忧虑。王夫之提出“天下之公欲，即理也”〔1〕，黄宗羲言及“有生之初，人各自私也，人各自利也，天下有功利而莫或与之”〔2〕，顾炎武则指出“合天下之私以成天下之公”〔3〕。立足时代深度辨析三位思想家“公天下”的理念，其实质是通过批判理学抑制人性的做法，认可个性私欲和个人权利——“公天下”要满足社会大众个人对私利的追求，而皇权制度则是君主将天下作为私产，全面占有国家权利和臣民利益的“家天下”。两种制度形成天然的矛盾与冲突。这一逻辑赋予了“公天下”全新的内涵，民本思想得到进一步发展。

此外，明清时期商品经济发展迅速，江南地区新经济因素萌发，推动了社会结构和社会关系的变化。这一时期的思想家敏锐地观察到经济变革的趋势，逐渐形成了指向“民富”的重商观念。黄宗羲提出“工商皆本”的理念，顾炎武倡导“富强”兴邦，王夫之认为经济发展应该“行之以自然”。三位思想家重商观念的基础是基于对个人谋求私利的认可，他们看到了商业发展对于民生发展的重要价值，其本质还是对人的关注。

综观中国古代人本思想的演变，西周的“敬德保民”为滥觞，孔子以“仁”释“礼”作了推进，而至孟子的“仁政”则比较系统地形成了中国古代的民本思想，之后的发展更多集中于对人的

〔1〕(明) 王夫之. 船山全书：第12册 [M]. 长沙：岳麓书社，1996：191.
〔2〕(明) 黄宗羲. 明夷待访录 [M]. 北京：中华书局，2011：6.
〔3〕(明) 顾炎武. 日知录集释全校本 [M]. 上海：上海古籍出版社，2006：148.

社会和政治属性的探讨，特别是君民关系的解读。南北朝以来，儒释道三教合流，宋明理学兴起，将儒家人文性价值思维发展至新阶段，但随着时代的变迁，理学逐渐教条、僵化，又成为社会发展的阻碍。明末清初的思想家对于民本思想的认识有了新的突破，他们冲破了理学的藩篱，肯定了人的基本欲望和权利，甚至在政治改良设想中纳入了民众参政的方案。但受限于时代，这种对个人权利的探讨囿于君主制的框架之下，最终并未真正突破传统民本思想中君民关系的范畴。

71 儒学西行漫记

早在秦汉时，儒学走向周边，最初由经学博士传经于东北亚、东南亚。而西方人得以了解、研究儒学，得益于明清之际来华传教士的“理智发现”。明清之际，随着西方传教士来华，早期西学东渐由此发端，传教士将异质文化输入中国的同时，中学亦经由他们传入欧洲。儒学“西行”之幕徐徐拉开。

来华耶稣会士以译介儒学经典的方式，将儒学传播至欧洲。

1593 年，意大利人罗明坚将《大学》中的部分内容翻译成拉丁文，发表于《图书选编：有关历史、学科、救世的学习方法》，这部百科全书式的著作由波塞维诺出版于罗马。这是 16 世纪西方文献首次记载中国古代文化的一部典籍，其内容与中国历史地理和中国人的儒家思想有关，具有很高的学术意义[1]。尽管罗明坚的此段译文对儒家思想的理解存在偏差，但作为第一个翻译并发表儒学原典的耶稣会士，有人称他为“铺路人”“中国古代文化经典西传的开拓者”，正是他引领着利玛窦等入华耶稣会士踏上中西

〔1〕张西平. 儒学西传欧洲研究导论：16—18 世纪中学西传的轨迹与影响［M］. 北京：北京大学出版社，2016：12.

文化相遇之路。

1594年，意大利人利玛窦出版《四书》拉丁文译本。1626年，法国人金尼阁将中国“五经”翻译成拉丁文。1662年，意大利人殷铎泽翻译《大学》《论语》，1669年又著《中国政治道德学》（即《中庸》）。1687年，《中国哲学家孔子》在巴黎出版，署名译者比利时人柏应理和鲁日满、意大利人殷铎泽以及奥地利人恩理格。该书内容包括署名柏应理的编者序言、孔子传、《大学》《中庸》和《论语》的拉丁文翻译。书中对孔子生平的介绍、中国古籍以及儒家学派的描述，让欧洲人开始接触到传统中国的思想文化，此作后来成为“18世纪欧洲的中国哲学名著”。

大航海时代由伊比利亚半岛的葡、西两国开启，早先介绍东方的文本多以葡萄牙文和西班牙文记述，而拉丁文译本的出现，对儒学流传欧洲无疑具有划时代意义。如果说在传教士翻译、传播儒学经典之前，欧洲人对中国的了解仅凭少数游历者的见闻、听闻抑或是道听途说基础之上的想象，那么对中国人的精神世界、文化信仰、社会伦理与政治制度的初识、了解乃至此后欧洲出现的“中国热”，则肇始于传教士的译著、书信和报告等。

来华耶稣会士为传播神学，其传教策略也作了适应中国国情的调整。

第一个来到东方的耶稣会士沙勿略定下远东传教必先“归还”中国的方针，虽未能成功，却启发了后来者。1573年，意大利人范礼安被任命为耶稣会远东视察员之后，认为传教对象的精神世界绝非空洞无物的一张白纸，所以调整了原来的“白板”传教方法，确立了在中国传教的新策略——适应策略，即采用适应中国人思想文化、道德观念和生活礼俗的方式在中国传教。

最早实践传教适应策略的罗明坚，凭借坚毅与天赋苦学汉语，终能以流利的中国官方语言书写、翻译中国典籍。利玛窦踏着罗明坚的路而来，“习华言，易华服，读儒书，从儒教”[1]，在北京成功安顿下来，拿着相当于八个欧洲金币的皇家俸禄。万历皇帝被他献上的自鸣钟深深吸引，还有世界地图、天文仪器等，这些物品为部分中国士大夫打开了一扇望向西方世界的窗户，徐光启、李之藻、李贽等士大夫为西学新知所折服。利玛窦经历从“僧服”到“儒服”的琢磨，遵循范礼安的适应策略，通过刻苦学习与敏锐观察，发现儒家学说对中国人的政治思想、伦理道德、礼制规范、生活习俗与文化典籍的主导性影响。在这个儒家思想成为官方主流意识形态的国度，通过对普通民众的福音布道和对士大夫的“学术传教”，利玛窦逐渐塑造起“西儒”的身份，专注于“教友能日益增加”“这个伟大的计划能早日实现”[2] 而不拘小节。为此他不囿于基督教的教规教义，尊重中国教众，让其保留敬天、尊孔、祭祖等观念和礼俗。利玛窦说，“儒教不是一个正式的宗教，只是一个学派，是为了齐家治国而设立的。因此，他们可以属于这种学派，又成为基督徒，因为在原则上，没有违反天主教

---

〔1〕柳诒徵．中国文化史：下卷［M］．上海：东方出版中心，1988：661．
〔2〕［意］利玛窦．利玛窦书信集［M］．文铮译．北京：商务印书馆，2018：42．

之基本道理的地方”[1]。他尽可能调和基督教信仰与儒家文化之间的差异，以至于康熙皇帝肯定其做法为“利玛窦规矩”，且以此作为对西洋人传教的要求：“论中国的规矩，若不随利玛窦规矩，并利玛窦二百年以后的教传不得，中国连西洋人也留不得。”[2]

利玛窦去世后，来华传教士围绕“尊孔”“祭祖”以及“天主的名称”等问题发生争论。争论的焦点是以基督教教义为宗旨的天主教会应该如何对待中国古老的文化，特别是中国的礼仪[3]。最终，罗马教廷处理天主教与儒家关系的一纸禁令，无视中国文化礼俗，干预社会生活，触怒了朝廷，康熙皇帝以“尔教王条约与中国道理大相悖戾，尔天主教在中国行不得，务必禁止”[4]予以回击。这场“礼仪之争”是17—18世纪中西文化交流史上最重要的事件[5]。

由是观之：一者，虽然发生了“礼仪之争”，但孔子及儒家学说西传的文化现象仍然得以持续，无论是在华传教策略的争论抑或关于中国文化的介绍、典籍的翻译，传教士成为“中学西传”的主力军；再者，传教士们西译儒经为欧洲人在“寻找契丹”的

---

[1] 张西平. 莱布尼茨思想中的中国元素［M］. 河南：大象出版社，2010：239.

[2] 顾卫民. 中国天主教传教史［M］. 上海：上海书店出版社，2003：243.

[3]［美］苏尔·诺尔. 中国礼仪之争：西方文献一百篇［M］. 沈保义、顾卫民、朱静译. 上海：上海古籍出版社，2001：1.

[4]［意］马国贤. 清廷十三年：马国贤在华回忆录［M］. 李天纲译. 上海：上海古籍出版社，2004：160.

[5] 张西平. 儒学西传欧洲研究导论：16—18世纪中学西传的轨迹与影响［M］. 北京：北京大学出版社，2016：68.

过程中，打开了初识中国人精神世界和世俗社会的大门。在入教儒生的“礼仪”之争及“译名”之争中，在传教士们发往欧洲的一份份信函、报告中，孔子的形象不断地被描摹，传教士们也不再满足于译介儒家典籍，而是竞相发表、出版儒学研究论著，力证自己对东方文化的了解。如此，儒学得以继续在欧洲传播开来。正如学者方豪指出的那样：“西人之研究我国经籍，虽始于十六世纪，但研究而稍有眉目，当在十七世纪初；翻译粗具规模，乃更迟至十七世纪末；在欧洲发生影响，则尤为十八世纪之盛事。故我国文化之西被，要以十七十八两世纪为重要关键。”[1]

引发“礼仪之争”、首先发难“利玛窦规矩”的龙华民，作为利玛窦亲选的在华耶稣会负责人，以著书立说的方式表达对适应策略的质疑，对利玛窦传教路线的批评。龙华民在《关于上帝、天神和灵魂之争论的简单回答》一文中，介绍了《中庸》《论语》《易经》《诗经》《礼记》等中国古籍，并且大量引用明朝儒学著作《性理大全》[2] 中的解释。龙华民此文虽然不是儒学经典的专门译作，但为了批驳、纠正利玛窦“合儒路线”，他节选儒家经典的重要文献片段加以翻译与解释，受到巴黎外方传教会西塞主教、德国哲学家莱布尼茨、法兰西科学院院士马勒伯朗士、西班牙多明我会神父闵明我等的多方瞩目。纵观这场旷日持久的“礼仪之

---

〔1〕方豪. 方豪六十自定稿［M］. 台北：台湾学生书局，1969：186.

〔2〕明代胡广奉成祖之命编辑的宋代理学著作与理学家言论的汇编，所采用宋儒之说共一百二十家，是当时同类书籍中最详细、门类最多的书。

争”，主观上是耶稣会士围绕能否包容、许可中国教民祭天祭祖祭孔的礼仪问题，客观上却使欧洲人得以听到对儒家文化认识的不同声音，由此，儒学在欧洲的传播日渐广泛，其影响也日渐深刻。“在事实面前，僵化的、被传统严格设限的思想渐渐向外打开了。在好奇心的驱使下，人们增加了对文化普遍性和相对性的认识，这无疑等于在基督教文化的绝对统治中注入了多元化的概念，使得欧洲人不得不重新审视人类的历史。”〔1〕

儒学西行还引发18世纪欧洲文化史上的“中国热”。德国的莱布尼茨、沃尔夫，法国的伏尔泰、狄德罗、魁奈等，他们赞誉孔子、推崇中国，“中国成为若辈理想国家，孔子成为欧洲思想界之偶像”〔2〕。即使对这股热潮不以为意的德意志作家格利姆也言及，“在我们的时代里，中华帝国已成为特殊注意和特殊研究的对象。传教士的报告，以一味推美化的文笔，描写远方的中国，首先使公众为之神往；远道迢迢，人们也无从反证这些报告的虚谬。接着，哲学家们从中利用所有对他们有用的材料，用来攻击和改造他们看到的本国的各种弊害”〔3〕。可见，孔子形象与儒家学说在启蒙思想家的剪裁下，化作针砭时弊的利器，被用以表达各自的主张，深化了他们的思想。

---

〔1〕张西平. 中国与欧洲早期宗教和哲学交流史［M］. 北京：东方出版社，2001：371.

〔2〕方豪. 中西交通史：下［M］. 上海：上海人民出版社，2015：886.

〔3〕［德］利奇温. 十八世纪中国与欧洲文化的接触［M］. 朱杰勒译. 北京：商务印书馆，1962：86.

然而，19世纪的欧洲对儒学的态度前恭后倨，孔子形象与18世纪对比反差强烈，德国汉学家卫礼贤如是说："在理性主义时代，因某些观点契合当时的潮流，他常被从自己的故乡搬过来，作为睿智高尚的道德宗师倍受尊崇，但欧洲近代以来对中国的评价显著恶化，他作为历史理想的形象也受到了连累。"[1] 究其原因，这和19世纪衰世中国与强势欧洲之间的反差、落差密切相关。可见，文化的地位亦受到实力的影响。

进入20世纪，西方社会问题层出不穷，西方文明亦随之陷入困境，儒学重受关注。与此同时，中国与世界的关系也进入日益密切、多向度发展的时代。在跌宕起伏的20世纪历史进程中，重新出发的儒学，随同国家与民族的命运辐射世界。先有梁漱溟、冯友兰，后有张君劢、唐君毅、牟宗三，再有陈荣捷、杜维明、成中英等一代代"新儒家"，他们自谓"阐旧邦以辅新命""接续传统，切中当下"，影响巨大，加之云集海外的汉学家们也以"他者之眼"，在中西文化交汇下不断检视儒学的传统性与现代性，在中华文化与世界文化的互鉴融通中，探寻千年儒学的世界化进程，期望"让儒学的活水流向世界"。

---

〔1〕方厚升．20世纪初西方文化危机中的孔子形象——以德国为例［J］．国外社会科学，2017（4）：35.

72

从楔形文字到字母文字

西亚北非地区文字的发明与演进，不仅揭示了文字是人类进入文明阶段的重要标志之一，也展现出文明影响并塑造着文字书写方式的过程。从两河流域的楔形文字到地中海东岸的拼音文字，讲述着人类早期区域文明与文字之间的渊源。

楔形文字是目前已知最为古老的文字系统，伴随着古代两河流域文明的萌发，记录着古代西亚北非地区早期国家的发展与交流。楔形文字在发展进程中逐渐突破了最早记录产出、分配、收支、库存、职务等的功能，承载起传承史诗、象征文化权力与担任国家政治语言的重任。得益于现代考古，楔形文字的早期发展脉络得以清晰呈现：

公元前 3500—前 3100 年前后，乌鲁克文化晚期，原始楔形文字可能已出现于乌鲁克；

公元前 3100—前 2900 年前后，杰姆代特奈斯尔文化时期，原始楔形文字在美索不达米亚南部的众多城市流传和使用；

公元前2800年，古朴楔形文字诞生于苏美尔的乌尔城；

公元前2110—前2000年前后，乌尔第三王朝时期，苏美尔语作为一种已经消亡或正在消亡的语言，成为王朝的官方语言……多部文学作品被创作出来，其中包括《吉尔伽美什》。[1]

学者为我们描述了乌鲁克遗址泥版文字考古的具体情况。

在乌鲁克遗址还出土了年代最古老的文献，称为古朴文献（archaic tablets），数量在5 000份左右。其中少部分出土于乌鲁克第四层（Uruk IVa，约公元前3200年前后），从内容上可分为人名表、职位表、容器表、金属表、食物表和城市表。其余绝大多数出土于乌鲁克第三地层（Uruk III，约公元前3100—前2900年）。

从乌鲁克IV出土的600块左右泥板来看，当时的文字是用一头削尖的芦苇笔刻写在黏土所制的泥板上，多数泥板的尺寸仅为三四厘米见方。它们使用的符号近700个，每个符号代表一个单词或一种意思。相当一部分符号是象形符号，与它们所指称的对象在形态上具有较高的相似度。这些符号分组书写在格子中，每格内符号的书写顺序并不固定。记录职

[1] 整理自［英］保罗·柯林斯. 楔形传说：被“建构”的苏美尔［M］. 曹磊译. 北京：中国社会科学出版社，2022：1—2.

位表的文献残片众多，复原后可看出这份文献提及了120种左右的职业，包括高级官吏、祭司、园丁、厨师和工匠等。它开篇提到的首个职位在后世传统中被解读为“国王”。发展到乌鲁克III时期，文字书写多采用直线，曲线减少，符号形态更为抽象，文献表达的内容更加丰富。此时的文献依然以经济管理文献为主，记录产品的分配、畜牧业的饲养规模和供奉神的各种产品。我们判断这一时期文字记录的语言很可能是苏美尔语。

就文字的发展形态而言，严格意义上的楔形文字在乌鲁克时期尚未出现，因为当时的笔画还不具备三角头的特征。进入早王朝时期（约公元前2900—前2350年）后，当书写方式从用削尖的芦苇笔在泥板上刻写转变为用带棱角的芦苇笔在泥上压印时，名副其实的楔形文字才开始出现。[1]

今天，人们一般认为文字往往是在具象符号抑或具体图案的基础上发展起来的，有研究表明，两河流域文字的出现与这一地区流行的滚印图案有着密切联系：原始楔形文字中的一些符号（文字）是由滚印图案发展来的，或者说，它们是对滚印图案的抽象[2]。比如，古苏美尔以鸟的简化图形代表“鸟”字；以数条叠

〔1〕欧阳晓莉．英雄与神祇——《吉尔伽美什史诗》研读［M］．上海：上海三联书店，2021：51—52.

〔2〕拱玉书、颜海英、葛英会．苏美尔、埃及及中国古文字比较研究［M］．北京：科学出版社，2005：5.

放的浪线代表“水”字；在表现复杂观念和抽象概念时，则把若干不同的符号叠加起来，写“哭”字，就把“眼”和“水”两个符号结合起来。在此过程中，赋予这些符号一定的意义，故而逐渐发展出表意文字。而在泥版上用芦秆或木棒刻画符号的特殊方法使文字符号更趋定型化，随着时间的推移，这些符号便形成了由竖的、横的和斜的笔画配合起来的各种形式，笔画因一头粗一头细，形状呈楔状，颇像钉头，故而被现代考古学家称为楔形文字或钉头文字。

在历史的长河中，让后人深感惊奇的是，伴随着苏美尔城邦国家式微，楔形文字并未在西亚历史舞台上褪去，作为文明的载体它依然闪烁着耀眼的光芒。根据相关研究，阿卡德人可能较早地采用了楔形文字书写他们的语言，因此，楔形文字在发展过程中也出现了一些表音符号。据记载，楔形文字被多个相邻相近的古代区域文明用来书写其语言：

> 美索不达米亚南部的主要流行语言是苏美尔语，北方则是闪米特语……到了乌尔第三王朝时期，类似这样的语言学划分已经没有那么明显，因为苏美尔语早就成了一种“死亡的语言”，而非日常生活中实际使用的语言。随着最后一代苏美尔土著的日渐凋零，阿卡德语逐渐将其取而代之。通常来说，语言的消亡总要同时伴随文化的吸收和同化，这样的事，历史上并不鲜见。……

> 虽然此时的苏美尔语已经不再是一种日常生活中能够在街头听到的语言，但一代又一代的书记官，依然会在跨越2 000年的漫长历史时期中，传承和使用这种语言。苏美尔语继续被他们用于创作文学作品，编纂辞书，乃至撰写祭祀仪式上的祭文（就像中世纪以后拉丁文作为权力和知识的代表，仍被宫廷和大学使用一样）。[1]

可以说，在相当长的时间里，楔形文字一度成为当时西亚地区国际通用文字体系。例如，出土于埃及的阿马尔那泥版（公元前1385—前1355年），经研究被认定是以楔形文字书写的阿卡德语，其内容记载了古埃及与西亚各国之间的外交书信，印证着那个古老时代楔形文字的“国际性”。此后的发展，楔形文字的基本字符逐渐简化且数量逐渐减少，至波斯帝国统治时期，只剩下41个楔形符号，离字母文字一步之遥。同时，楔形文字不再以形表音，而是用线条来标音。这一特点为日后腓尼基人的字母文字所汲取。

考古学家认为，古埃及象形文字诞生与两河流域楔形文字产生的时期大致相近。圣书体文字（Hieroglyphs）即“被雕刻出来的神圣文字”，衍生自古埃及很早以前陶器上的图案。文字的应用最初可能仅限于宫廷，用于记录国家的经济活动或法老的名字（被

〔1〕［英］保罗·柯林斯．楔形传说：被“建构”的苏美尔［M］．曹磊译．北京：中国社会科学出版社，2022：261—262.

置于一种叫“塞拉赫”［serekh］的方框中），或被用于诸如那尔迈调色板的正式纪念艺术作品中。然而，文字的出现具有重大意义，因为法老可以通过培植书吏阶层来维持王室的统治[1]。通过对纳尔迈调色板的分析与推测，后人能够了解古埃及象形文字及数字符号的表达过程。在纳尔迈调色板中，古埃及人将法老视为传说中的美尼斯（约公元前3200年）。调色板的左上方，有一段象形文字，它描绘了何露斯（隼神，亦即法老本人）战胜一个捆绑着的男子的情景。被绑着的男子表示下埃及：他长胡子，不像尼罗河上游的埃及人那样下巴光秃；他头顶上方的水生植物表示北方沼泽地。这幅画的含义是：“何露斯神战胜了北方的敌人”“何露斯神打败了北方的敌人5 000人”。因为五朵莲花表示5 000[2]。

可见，古埃及象形文字也是源自图画文字的表意文字。早期的象形文字写起来既慢又很难看懂。随着社会的发展，至古王国时期（约公元前27—前22世纪），便出现了一套字母，用以表示二十四个基本的音。但是古埃及的知识阶层并不会断然舍弃古老传统而使用一套只由字母符号组成的文字。在他们看来，不经过训练，就无法成为书写技术专家、书吏或文人，这是获得特权与地位的必要条件。掌握文字成为古埃及以及两河流域等古代文明区域特定阶层的身份象征。虽然表音符号已经出现，但其并非

〔1〕［英］查尔斯·弗里曼．埃及、希腊与罗马——古代地中海文明［M］．李大维、刘亮译．北京：民主与建设出版社，2020：9.
〔2〕［法］费尔南·布罗代尔．地中海考古——史前史和古代史［M］．蒋明炜、吕华、曹青林、刘驯刚译．北京：社会科学文献出版社，2005：55.

“神圣文字”。象形文字中的部分表意符号不直接依赖于有声语言，而是通过符号及符号的组合来传达意义；象形文字未必随语音与字形的变化而发生字义的改变，这些特点都强化了象形文字的地位。因此，在古代西亚北非地区，文字书写与政治以及与统治者的关系使字母符号组成的文字一时难有进一步扩展的空间。

这一状况在公元前2千纪中叶的地中海东岸的腓尼基有了突破。随着腓尼基商业文明的发展，文字以更为简单的发音形式呈现出来并形成体系。著名语言学家周有光先生讲述了字母文字的突破：

> 从公元前15世纪开始，地中海东部的岛屿和沿岸地区，商业越来越繁盛。商人们需要用文字记账。钉头字和圣书字太繁难了，不合他们的需要。他们需要的是简便的符号，主要用来记录商品和金钱的出纳。为了这个目的，他们模仿钉头字和圣书字中的表音符号，创造了好多种后世所谓的“字母”。
>
> 近百年来，这个地区发现了多种不同的古代字母，只有少数几种已经释读。其中最重要的发现是，公元前11世纪地中海东岸“比布鲁斯”（Byblos，在今黎巴嫩）的一块墓碑，上面的文字已经释读，有22个字母。“比布鲁斯”字母书写的是北方闪米特语言。这种语言的特点是，辅音稳定而元音多变。书写音节时候，只写明辅音，不写明元音，让读者自己根据上下文去补充元音。因此称为“音节·辅音字母”，简

称“辅音字母”。

“比布鲁斯”字母传到同样说闪米特语言的“腓尼基”，“腓尼基”字母又传到希腊，这就遇到了使用困难。因为希腊语言富于元音，而“腓尼基”字母缺乏元音字母。希腊人在公元前9世纪，用改变读音和分化字形的方法，补充了元音字母。……“音节·辅音字母”变成分别表示辅音和原音的“音素字母”。从此，拼音技术发展成熟了。只有“音素字母”才方便书写人类的任何语言。“音素字母”不胫而走，成为全世界通用的文字符号。[1]

由于地理位置毗邻，商业贸易和文化交流让腓尼基人熟悉了埃及与两河流域地区的书写体系，选择性地汲取了这两种文字体系中的表音符号而摒弃了表意符号，将众多不同的图像符号变为简单而书写便利的22个字母符号，并以字母符号的形式书写及呈现发音；口语被分解为无意义的音素，音素又用无意义的符号即字母来表现与标注。在发展中，腓尼基文字流传至希腊等地区，成为东西方很多民族字母文字的源头。字母文字可以帮助没有进入书写阶段的部族更快地步入书写文明阶段。西方学者认为在字母文字及字母表的帮助下，希腊人更为方便地创造了表达抽象思想的词，如物质、时间、空间、比率、持久、变化等；字母表还体

〔1〕周有光. 汉字和文化问题［M］. 沈阳：辽宁人民出版社，2000：31—32.

现分割与分解的分析范式，希腊人的“一切物质均可分割为原子”的思想，与字母表不无关系。由此，抽象概念与思考成了希腊哲学的重要特质。综上，从纵向的时序以及横向的关联来看，西亚北非地区的文字演进史动态呈现了文字与文明发展的关系。

73
《天方夜谭》的流传

《天方夜谭》又称《一千零一夜》，是一本阿拉伯民间故事集。“一千”或“一千零一”在阿拉伯文中表示数量之多，并非实指。“夜”从字面来看，表示书中故事是在晚上讲述的，这与中国民间评书的“回”有异曲同工之妙。

《天方夜谭》内容广泛，从神话传说、奇闻轶事到历史故事、寓言童话，包罗万象。很多我们熟知的故事，如《阿拉丁和神灯的故事》《阿里巴巴和四十大盗的故事》《辛伯达航海旅行的故事》等皆来自其中。书中有很多令人无比向往的奇异事物，如会飞的魔床、能隐身的魔巾、取之不尽的魔袋，还有叫一声“芝麻，开门”就能自动开启的山洞……因其独特的魅力，《天方夜谭》成为世界上读者最多、影响力最大的文学著作之一。

这部内容丰富、体系庞大的故事集显然不是一时一地的产物。事实上，它是古代西亚、北非和南亚不同区域文化交流融合的成果。山鲁佐德的故事来自波斯，辛巴达是一个具有印度色彩的名字，阿里巴巴颇具土耳其“味道”。《天方夜谭》由两三百个彼此独立的故事组成，它以叙述者山鲁佐德每晚讲故事的形式串联起来，形成一个整体。作者们还常常在一个故事中插入另一个故事，形成类似“套娃”叙事结构，这种独特的叙事方式很有可能源自印度。可见，《天方夜谭》的形成是一个典型的跨文化现象，它融合了阿拉伯、波斯和印度等地文化，是不同区域文化交流交融的一个例证。

《天方夜谭》是经历数个世纪而逐步形成的。一些学者于9世纪的埃及古籍中发现了《天方夜谭》抄本残片，据此判断，大约在公元8、9世纪之交《天方夜谭》已经诞生，此时其主要来源是波斯故事集《赫柴尔·艾夫萨乃》，即《一千个故事》，山鲁佐德的故事就源于此。10世纪中叶，巴格达人哲海什雅里又选编了众多故事，即“巴格达故事”。哲海什雅里原本计划编写一个长达一千“夜”的故事集，但编到第四百八十夜时他不幸离世，宏伟计划就此搁浅。11世纪后，埃及逐渐成为阿拉伯世界的政治和文化中心。《天方夜谭》由此增添了新成分——“埃及故事”。大约在15、16世纪之交的大航海时代，《天方夜谭》在埃及基本定型。

《天方夜谭》大体定型后以多种方式在伊斯兰世界传播。第一种方式是口头讲述。《天方夜谭》的来源主要是民间口头故事，故其流传很大程度上依靠民间口耳相传，其中说书艺人的作用尤为突出。第二种方式是手抄本。在15世纪至18世纪，阿拉伯世界出现了大量《天方夜谭》抄本。抄写难免会有误差，因此不同版本之间内容、篇幅或多或少存在差异。当然，相较于更加自由的口耳相传，这种差异已经大为缩小。第三种方式是印刷书。印刷书出现较晚，直至1814—1818年，第一个阿拉伯文的印刷版本才于印度加尔各答出版。1835年，埃及学者出版了较为精良的校勘版本，这就是后来通行的版本。此时，无论是印度抑或埃及都已深受欧洲文化的影响，《天方夜谭》印刷书的出版便是这一影响的结果。

随着时间的推移，《天方夜谭》的魅力逐渐为其他文明所知晓，在世界范围内广为流传。《天方夜谭》在欧洲的传播史可追溯至中古时期。早在十字军东征时期，《天方夜谭》便传到欧洲，并对此后的欧洲文坛产生影响。但丁、薄伽丘、塞万提斯等人的作品中都能看到它的痕迹。时至近代，欧洲国家开始大规模翻译、刊印《天方夜谭》。1704—1717年，法国人安托万·加兰（Antoine Galland）根据叙利亚抄本首先完成了翻译和出版。他还把从叙利亚人汉纳·迪亚卜（Hanna Diab）手中得到的《阿拉丁和神灯的故事》《阿里巴巴和四十大盗》等故事加入译本之中。阿拉丁和阿里巴巴的故事成为现今《天方夜谭》最具代表性的故事，不知这是否出乎加兰的意料？其他欧洲国家的《天方夜谭》早期译本多半是从法文版转译而来。1824年，德国学者哈比希特根据突尼斯抄本译成德文版《天方夜谭》，这是欧洲第二个比较重要的版本。英国人早在1706年就有《天方夜谭》的转译本，但直至1839年才出版了译自阿拉伯文的版本，出自莱恩（Edward William Lane）的手笔。英文版中最著名是理查德·伯顿（Richard Burton）的译本，出版于1885—1888年间，包括正文和补遗两部分，长达16卷。

近代以来，《天方夜谭》开始了在中国的旅程。由林则徐主持编写的《四洲志》最早提及这部书。在叙述阿拉伯的文化成就时，《四洲志》评论道："近有小说《一千零一夜》，词虽粗俚，亦不能谓之无诗才。"〔1〕甲午战争后，中外交往扩大，外国文化如潮涌来，国人对《天方夜谭》的介绍日渐增多。1903 年，一位学者（可能为严复）将书名译为《天方夜谭》，并在报刊上连载译文。3 年后，奚若刊印了四卷本的《天方夜谭》，这是中国第一个相对完整的译本。古代中国称阿拉伯为"天方"，"夜谭"即夜谈，因此将《一千零一夜》译为《天方夜谭》既准确，又增添了中国韵味。或许译者并未意识到，这一行为具有深刻的文化意义，体现了中国人在吸收外来文化时所具有的"主体性"。奚若等人的译著转译自英国人莱恩的译本。从 20 世纪 30 年代起，阿拉伯文学翻译家纳训开始直接从阿拉伯文版本翻译《天方夜谭》。他的工作长达半个世纪，译本质量备受赞誉。据统计，一百多年以来，中国出版的《天方夜谭》已有数百种之多，或许没有哪一部外国文学作品能与之匹敌吧！对比中国与欧洲翻译《天方夜谭》的历程，不难发现其中的相似之处：都经历了从转译到直译阿拉伯文版本的变迁。但二者之间也存在明显差异，欧洲的译本远早于中国，这在一定程度上也反映了欧洲与中国在世界整体化进程中的不同地位和西学东渐的文化传播途径。

---

〔1〕仲跻昆．阿拉伯古代文学史：下［M］．北京：昆仑出版社，2015：721.

《天方夜谭》的流传对世界文化产生了深远影响。它给世界各地的读者提供了来自异域他乡有趣的民间故事，开阔了人们的眼界。法国批判现实主义作家司汤达曾说，希望上帝让自己忘掉《天方夜谭》的情节，以便能再次体会阅读它的快乐。英国的查尔斯·狄更斯、俄国的列夫·托尔斯泰童年时期都听过《天方夜谭》的故事，给他们留下了美好的回忆。

《天方夜谭》为世界各国的文学提供了可资利用的资源，激发了作家们的创作灵感。美国学者弗雷德·汤普森说："《一千零一夜》的不论什么故事都可能成为故事之源，我们的许多古老民间故事都在这部作品中找到，并以多种形式使这些故事首先传给欧洲的故事讲述者。其中关于《天方夜谭》的有《阿拉丁》《芝麻开门》《四十大盗》。"[1] 除了提供创作素材，《天方夜谭》还示范了讲故事的方式。薄伽丘在《十日谈》中，以十个青年每天讲一个故事为线索，串联起全书的一百个故事，显然是借用了《天方夜谭》的叙事手法。在近现代文学史上，类似的文学作品很多，从路易斯·卡罗尔的《艾丽丝漫游奇境记》到罗伯特·路易斯·史蒂文森的《新编一千零一夜》，例子不胜枚举。

《天方夜谭》的影响超越了文学领域。在中国，"天方夜谭"已成为比喻虚诞离奇言论和事情的成语。在西方，它代表了神秘、浪漫，或许还有充满了想象力的"东方风采"。因此，维克多·雨

---

〔1〕[美] 汤普森. 世界民间故事分类学 [M]. 郑海等译. 上海：上海文艺出版社，1991：209.

果赞扬圆明园时会这样说："一个几乎是超人的民族的想象力所能产生的成就尽在于此……请又是诗人的建筑师建造一千零一夜的一千零一个梦。"〔1〕事实上，《天方夜谭》的故事已融入世界各地文化的方方面面，绘画、音乐、电影等，各种文化形式都从中吸取了可供发挥和延展的文化因子，并赋予其不同民族和地区文化的色彩。在这个意义上，《天方夜谭》已然超越了阿拉伯文学的范畴。

从文化传播和影响力的角度来看，《天方夜谭》在世界文学史上名列前茅，但是对其文学价值、艺术水平则不宜过分渲染。《四洲志》认为它用词"粗俚"。当代学者林丰民也认为"它长久以来，甚至今天，不能堂而皇之地登入阿拉伯文学殿堂"〔2〕。阿拉伯语翻译家郅溥浩如此评述："作为一部民间文学作品，它朴实、粗犷、语言大众化，保持了它基本源自民间的特色。但同时，它在定型之后，在整理的过程中，缺乏精到的艺术提炼。可说是抄录有余，加工不足。……在艺术的精致方面，留下了一定的遗憾。"〔3〕当然，更权威的还是阿拉伯世界自己的评价。黎巴嫩学者汉纳·法胡里在《阿拉伯文学史》中这样说："本书的艺术价值比较低弱。……有的故事则拖沓重复，平淡无奇。风格总的朴质

〔1〕［法］维克多·雨果．致巴特勒上尉的信［Z］．转引自程曾厚．雨果与中国［M］．广州：中山大学出版社，2022：136.
〔2〕林丰民等．中国文学与阿拉伯文学比较研究［M］．北京：昆仑出版社，2011：104.
〔3〕郅溥浩．神话与现实——《一千零一夜》论［M］．北京：社科文献出版社，1993：277.

简浅，用语通俗。但书中冗赘的叙述和隐晦之处颇多。”[1] 总而言之，《天方夜谭》只是民间通俗故事，不能代表阿拉伯文学的最高成就。在传世的阿拉伯文化遗产中，还有很多更能代表民族文化特征的文学作品，如优美的诗歌和散文。其中，诗歌更是被誉为“阿拉伯人的文献”[2]。

《天方夜谭》是时代的产物，难免带有时代的局限，诸如对女性的怀疑和蔑视，以及宗教的不宽容等。作为中古时代结出的文学果实，当我们阅读《天方夜谭》，欣赏其文学魅力的同时，也会因我们所具有的现代价值观而不可避免地与之发生思想的碰撞。但这是现代人接受古典文学遗产时会面对的共性问题，应该在历史的语境中加以体会和理解。正如土耳其文学家、诺贝尔文学奖得主奥尔罕·帕慕克（Orhan Pamuk）所言：“就像我们不能接受生活的本来面目一样，如果我们不能按照《一千零一夜》的本来面目来接受它，它就仍然会是我们巨大不幸的来源。”[3]

---

〔1〕［黎］汉纳·法胡里. 阿拉伯文学史［M］. 郅溥浩译. 银川：宁夏人民出版社，2008：304.

〔2〕林丰民等. 中国文学与阿拉伯文学比较研究［M］. 北京：昆仑出版社，2011：4.

〔3〕［土］奥尔罕·帕慕克. 别样的色彩［M］. 宗笑飞、林边水译. 上海：上海人民出版社，2018：188.

74
苏格拉底、柏拉图和亚里士多德：思想片段

古希腊哲学家苏格拉底、柏拉图和亚里士多德被后世称为“三大哲人”。他们的思想遗产代表了“古典时代”希腊文化的精神高度。

今天人们对苏格拉底的了解，源自其学生色诺芬与柏拉图的回忆。柏拉图在其《申辩篇》中，记叙了面对死亡判决的苏格拉底对死亡的理解：

> 如果一个人能和奥尔弗斯、和缪索斯、和赫西阿德、和荷马谈话，那他还有什么东西不愿意放弃的呢？如果真是这样的话，那就让他一死再死吧！[1]

在苏格拉底的陈述中，我们可以感受到他追求卓越、超越世俗的强烈渴望。值得关注的是，城邦公民政治平等与公正的特质，使希腊人并不十分渴望物质丰盈的天堂，也许正是这一背景使古

〔1〕［英］罗素．西方哲学史［M］．何兆武、李约瑟译．北京：商务印书馆，1963：125.

代希腊人对于彼岸世界的认知与其他民族有所差异。在他们看来，彼岸世界是一个灵魂历经探索与艰辛、错误与改正，进而认识真理的世界。

苏格拉底强调概念本质的界定，如通过对于形状概念的界定来告诉世人怎样陈述概念（形非圆、非方，形是体的界限），而非简单列举，这一思考路径是西方文明传统中逻辑与科学的基础：

> 我们总是说到多上，说不到一上，你怎么办?〔1〕

> 你由此出发也许会理解我对形的想法。我一般地说到形时，认为形就是给体定下界限的东西，所以我可以一般地说，形就是体的界限。〔2〕

其次则是通过“苏格拉底式提问”层层剖析理解的层次性。苏格拉底认为知识往往是个人的知识，每个人拥有自身的理解边界，为此需要被突破：

> “对待朋友必须绝对忠诚坦白，你同意吗?”苏格拉底问。
>
> “完全同意。”尤苏戴莫斯回答。

---

〔1〕［古希腊］柏拉图．柏拉图对话集［M］．王太庆译．北京：商务印书馆，2019：164.

〔2〕［古希腊］柏拉图．柏拉图对话集［M］．王太庆译．北京：商务印书馆，2019：165—166.

苏格拉底接下去又问道："如果一个将领看到他的军队士气消沉，就欺骗他们说，援军快要来了，因此，就制止了士气的消沉，我们应该把这种欺骗放在两边的哪一边呢？"

"我看应该放在正义的一边，"尤苏戴莫斯回答。

"又如一个儿子需要服药，却不肯服，父亲就骗他，把药当饭给他吃，而由于用了这欺骗的方法竟使儿子恢复了健康，这种欺骗的行为又应该放在哪一边呢？"

"我看这也应该放在同一边，"尤苏戴莫斯回答。

"又如，一个人因为朋友意气沮丧，怕他自杀，把他的剑或其他这一类的东西偷去或拿去，这种行为应该放在哪一边呢？"

"当然，这也应该放在同一边，"尤苏戴莫斯回答。

苏格拉底又问道："你是说，就连对于朋友也不是在无论什么情况下都应该坦率行事的？"

"的确不是，"尤苏戴莫斯回答，"如果你准许的话，我宁愿收回我已经说过的。"〔1〕

苏格拉底在与人们的探讨中没有固定的结论，而是侧重于呈现现实世界的多维度与多面向。苏格拉底始终强调自己一无所知，这也是柏拉图笔下苏格拉底比别人聪明的原因——他知道自己一

〔1〕[古希腊] 色诺芬. 回忆苏格拉底 [M]. 吴永泉译. 北京：商务印书馆，1986：146—147.

无所知。

作为苏格拉底的学生柏拉图则提出了理念论，柏拉图认为世界分为理念的世界（世界的本质层）和感觉的世界（世界的现象层）：

> 划分（tmena）暂时性的事物构成的变易着的世界和永久的理念构成的理念世界。……变异的事物对理念的关系被设想为：事物分有（methexis）；或者反过来，作为现实在的（parusia）理念进到事物中；作为原型、蓝本（paradeigma），转化为影像；或者，与之相当的是，借助事物成为理念的模仿。[1]

柏拉图把超越理念的世界作为衡量世界的尺度。他认为，理念的世界是真实的存在，包含着绝对的真理和智慧，是超验的，不依赖于实物而独立存在的；而人类感官所接触到的现实的世界，不过是理念世界的微弱的影子，是经验的物质世界，它是有形的、可见的、不稳定的。这是柏拉图哲学理论的基础与核心之一。柏拉图的世界二重化——将感觉和理性对立起来的思想，影响到中世纪经院派哲学的理论建构，基督教哲学家奥古斯丁就曾有关于“上帝之城”与“地上之城”的论述。

柏拉图在其著作《理想国》中呈现了他的政治思考，以及对

---

〔1〕［德］雅斯贝尔斯. 大哲学家［M］. 李雪涛主译. 北京：社会科学文献出版社，2005：238.

造成苏格拉底之死的雅典古代民主政治的排斥。柏拉图将理想国的公民分为治国者、武士、劳动者三个等级，分别代表智慧、勇敢和欲望三种品性。治国者是少数精英，依靠哲学智慧和道德力量统治国家，可以被继承；武士们辅助治国，用忠诚和勇敢保卫国家的安全；劳动者则为全国提供物质生活资料。治国者和武士没有私产和家庭，因为私产和家庭是一切私心邪念的根源。三个等级各司其职，各安其位。柏拉图主张应将国家交由哲学家来统治，只有哲学家才能认识理念，他们具有完美的德行和高超的智慧，明了正义之所在，会按理性的指引去公正地治理国家。

但柏拉图的理想政制却遭遇了现代社会的批判。雅斯贝尔斯认为：在柏拉图的理想国中，“个人的圣洁变成了现实城邦中的人的完美性。哲学用来对君主进行教育，通过他们，哲学成为整体秩序的基础。在这个基础上，每个人都按照他们的地位展开其存在，这时只有君主（哲人王）懂得整体的意义”[1]。罗素批评柏拉图的理想国（乌托邦）：是不是就有任何一种宪法形式可以把政府交到有智慧的人的手里去呢？很明显的，多数人（例如，全体会议之类）是可以犯错误的，而且事实上也确乎犯过错误。贵族政体并不常常是有智慧的，而君主则总是愚蠢的；教皇尽管有着不可错误性，却曾铸成过许多严重的错误。有没有任何人主张把政府交给大学毕业生，或者甚至于交给神学博士呢？或者是交给

〔1〕［德］雅斯贝尔斯. 大哲学家［M］. 李雪涛主译. 北京：社会科学文献出版社，2005：257.

那些出生穷困但发了大财的人们呢？十分明显，实际上是并不会有任何一种法定选择的公民能够比全体人民更有智慧的。[1] 承认人的局限，这也许是当代人和欲将柏拉图理想国变为现实者之间的最大区别，也是经验论与形而上学超验论之间的差异。

作为学生，亚里士多德对其师柏拉图充满崇敬。他在悼念诗中写下：

在众人之中他是惟一的也是最初。
在自己的生活中，
在自己的作品里，
清楚而又明显地指出，
唯有善良才是幸福。
这样的人呵，如今已无处寻觅。[2]

然而与其老师所持的观点相反，亚里士多德认为，理念只能存在于具体事物之中而不能独立存在，独立存在的理念是荒唐的。故而，文艺复兴时期的拉斐尔在其代表性画作《雅典学园》中，描绘了柏拉图以手指天、亚里士多德以手指地的镜像，生动体现了柏拉图与亚里士多德之间的思想差异与两种不同的思考模

〔1〕［英］罗素．西方哲学史［M］．何兆武、李约瑟译．北京：商务印书馆，1963：146.
〔2〕张祥龙．西方哲学笔记［M］．北京：北京大学出版社，2005：153.

式——对于柏拉图的政治论著和一般哲学论著，亚里士多德认为都是非常卓越的和颇具启示性的。正如他所说的，这些论著绝非老生常谈，它们充满了原创性的见解。然而，他心中的疑问却似乎是：它们可靠吗？……他（亚里士多德）认为，如果理论太过脱离日常经验，那么它极可能在某个地方出现谬误，即使它在逻辑上看似无懈可击。……在《政治学》讨论理想国的各个部分中，都可以明显地见到柏拉图与亚里士多德之间存在的一个根本分歧，即亚里士多德所谓的理想国实际上始终是柏拉图的次优国家。……绝非专制统治，即使是哲人王的开明专制。……即在任何一个善的国家中，最高统治者必须是法律，而不是任何个人，更不论此人是谁[1]。

关于知识，柏拉图曾言感觉非真实知识的源泉，而亚里士多德却认为知识源于感觉。可见，亚里士多德的思想多少包含了一些唯物主义的因素。同时，亚里士多德对因果性的看法比柏拉图也更为丰富，其哲学上最大的贡献在于创立了形式逻辑这一重要学科。对于理论批判，亚里士多德善于使用演绎法推理，用三段论的形式论证，奠定了近代西方科学的基本思想与研究方法。对于历史学，亚里士多德建立了基于多种政治形态观察上的分类。正如美国哲学家列奥·斯特劳斯所言：在他之前的人或者只关注最佳政制，比如柏拉图；或者倾心于某个具体政制，比如斯巴达政

〔1〕整理自［美］萨拜因．政治学说史：上［M］．邓正来译．上海：上海人民出版社，2008：130—131.

制，并盛赞斯巴达人。但是，一种真正科学的、理论的进路包括一切政制——至少原则上如此；没有任何人如此尝试——至少亚里士多德之前没有人[1]。吕思勉先生则进一步指出：疑问是生于比较的。他说，我们都知道希腊的政治思想，发达得很早。在亚里士多德时，已经有很明晰的学说了。这就是由于希腊的地小而分裂，以区区之地，分成了许多国，各国所行的政体，既然不同，而又时有变迁。留心政治问题的人，自然觉得政治制度的良否，和政治的良否大有关系，而要加以研究了。中国则不然。中国是个大陆之国，地势是平坦而利于统一的。所以其支离破碎，不如希腊之甚。古代的原民族——既今日所谓汉族——分封之国虽多，所行的政体，大概是一样。其余诸民族自然有两样的，但因其文明程度的低下，中原人不大看得起他，因而不屑加以比较研究。孔子说狄夷之有君，不如诸夏之无也，最可以代表这种思想、这种趋势。直到后世，还是如此。没有比较，哪里会发生疑问？对于政治，如何会有根本上的研究呢？亚里士多德将历史上曾经有过的政体分为君主制、贵族制、共和制政体，并对他们的特点进行了细致的分析，很大程度上丰富了人们对于政治类型的了解和对其结构的思考[2]。

此外，作为古典时代的思想家，亚里士多德认为橡树种子在

---

〔1〕整理自［美］施特劳斯．古典政治哲学引论［M］．娄林译．上海：华东师范大学出版社，2018：4.

〔2〕整理自吕思勉．吕思勉中国文化史、中国政治思想史讲义［M］．天津：天津古籍出版社，2007：84—85.

良好的外部条件下会发育成长，有朝一日会成为参天大树，而推动人类从幼小达到文明与德行的外部条件则是良好的政治共同体——城邦，恶劣的外部条件会阻碍人类达到应有的文明高度。显然，亚里士多德关于教育的思想是超前的，虽然在他生活的年代还没有公共教育。

75 人性庄严：古希腊悲剧的精神探求

古希腊文化被认为是欧洲文化的源头，在史学、文学、哲学领域影响深远。诸多文化形式中，源于宗教仪式的戏剧尤其是悲剧，在公众社会生活中扮演了重要角色。悲剧最早发端于公元前6世纪的雅典，主要取材于神话传说和英雄史诗，是“对于一个严肃、完整、有一定长度的行动的摹仿”[1]。有别于西方近现代悲剧，古希腊悲剧始终贯穿着命运主题，探求人作为生命个体与自由意志在命运面前的自觉与自醒。溯源悲剧，思考命运与人类存在，可以帮助我们更好地理解欧洲文化的形成过程，感悟希腊精神带来的智慧与启迪。古希腊“悲剧之父”埃斯库罗斯在《被缚的普罗米修斯》中如是写道：

> 歌队长：你给予了凡人如此巨大的好处。
>
> 普罗米修斯：不仅如此，我还把火赠给了他们。
>
> 歌队长：那生命短暂的凡人也有了明亮的火焰？

---

〔1〕[古希腊] 亚里士多德. 诗学修辞学 [M]. 罗念生译. 上海：上海人民出版社，2016：36.

普罗米修斯：凡人借助火焰将学会许多技能。

歌队长：宙斯以这些罪过把你——

……

普罗米修斯：我现在就由于这些罪过遭受惩罚被钉在这里，囚禁在这开阔的天空下。[1]

悲剧故事中，泰坦神系不死之身普罗米修斯因盗取天火给予人类而遭到宙斯的惩罚，被缚于高加索山上，日复一日被巨鹰啄食。但宙斯虽可折磨其肉体，却终究无法松软其意志、撼动其精神。希腊神话中的诸神往往具有高度人格化的特点，盗火的普罗米修斯以其崇高德性推动了人类文明的发展，被缚的普罗米修斯又映射出人类的坚韧勇敢与坚贞不屈。细品其中关键，尽管悲剧极力呈现了普罗米修斯的不屈意志，剧作家埃斯库罗斯依然将此意志的根源归因于命运的安排，普罗米修斯坚信神王宙斯终难逃脱被另一位神祇取代的命运，一如己身无法挣脱被永恒时光幽囚网缚的宿命。“我应该心境泰然地承受注定的命运，既然我清楚地知道，定数乃是种不可抗拒的力量。”[2] 埃斯库罗斯的悲剧创作正值雅典领导希腊诸城邦挫败波斯帝国入侵之时，虽然取得胜利，但希腊诸城邦也为此付出重大牺牲。时人对于命运这一不可抗拒

〔1〕［古希腊］埃斯库罗斯等. 古希腊悲剧故事［M］. 魏贤梅等译. 成都：四川辞书出版社，2007：170.

〔2〕［古希腊］埃斯库罗斯等. 古希腊悲剧故事［M］. 魏贤梅等译. 成都：四川辞书出版社，2007：170.

的巨大威力所表达的赞许与顺从，集中体现在埃斯库罗斯的悲剧作品之中。

命运是否必然实现？自由意志有无重塑命运的可能？古希腊人的追问未尝止歇。

公元前468年，索福克勒斯在狄俄尼索斯戏剧节中脱颖而出。其命运悲剧《俄狄浦斯王》以倒叙的方式讲述了一段发生于底比斯城邦的悲剧故事。城邦瘟疫肆虐、饥荒横行，国王俄狄浦斯求取神谕，得知灾变由一名无法找到的凶手所引起，俄狄浦斯誓将凶手绳之以法。其后真相终于大白，凶手竟是他自己。原来俄狄浦斯在找寻身世与父母真相的旅途中，意外杀害了生父，并娶了生母为妻，“弑父娶母”命运的流转埋下了城邦浩劫的种子。得知真相后的俄狄浦斯悲痛欲绝，决然自残双目，流浪四方，以悲剧结局而收场。悲剧主人公俄狄浦斯出生之际便伴有“弑父娶母”的预言，这一命定因果承继了古希腊悲剧创作一以贯之的命运主题，命运之复杂、命运之不可抗拒通过对白与唱段呈现得淋漓尽致。

然而，与埃斯库罗斯悲剧对于命运理解有所不同的是，索福克勒斯笔下的俄狄浦斯并未在不可抗拒的命运钟摆面前随波逐流，挑战命运的勇气驱策俄狄浦斯远走异国他乡——“我听了这些话，就逃到外地去……从此我就凭了天象走过科任托斯的土地……你们这些可敬的神圣的神啊，别让我，别让我看见那一天！在我们没有看见这罪恶的污点沾到我身上之前，请让我离开尘世。”[1] 俄狄浦斯的努力最终被证明是徒劳的。愈远即愈近的悲剧结局，一方面昭示了古代希腊世界对超自然力量“命运”的敬畏，另一方面，也是人类自我意识在尚未挣脱的命运罗网之下的萌动。在人的自由意志与命运角力的过程中，人性的庄严与悲剧的崇高得以弘扬。就时代背景而言，诞生于公元前5世纪中后期的《俄狄浦斯王》，一定意义上是雅典民主政治繁荣时期古希腊人思想意识的反映，人的自立精神与自由意志逐渐在城邦生活中明晰起来，构成了与命运之间的巨大张力。可以说，索福克勒斯的剧作丰富了希腊悲剧命运主题的内涵，初步显现出“人性”在希腊悲剧中的魅力。

然而于命运面前，人类究竟应当何去何从？人性又会做出怎样的抉择？希腊悲剧继续向历史的纵深处寻找答案。

伯罗奔尼撒战争期间，悲剧诗人欧里庇德斯创作《特洛伊妇女》，塑造了包括赫卡柏、安德罗玛克、卡桑德拉在内的诸多与命运抗争的女性形象。希腊联军攻陷特洛伊城后将特洛伊化作灰烬，遗留下的妇女们饱受命运的煎熬。在一众悲剧性女性形象中，王后赫卡柏承受了最多的苦难，在命运的安排下，儿媳沦为性奴，丈夫、儿女、祖国毁灭于战火。赫卡柏纵然内心挣扎痛苦，依旧不肯向命运屈服，仍然有勇气慷慨赴死，“让我跳进那火中，光荣

〔1〕［古希腊］埃斯库罗斯等．古希腊戏剧［M］．罗念生译．北京：人民文学出版社，2015：137.

地随着这火化的城邦同归于尽”[1]。赫卡柏自始至终保持高昂的为人姿态与特洛伊城共存亡。

结合欧里庇德斯悲剧诞生的时代背景，读者可以清晰地察知其社会批判意识。伯罗奔尼撒战争期间，希腊城邦政局动荡，战争频仍，冲突不断。雅典公民欧里庇得斯耳闻目睹战争对于人类的戕害，谴责使文明沦为野蛮的战争所展现的“残忍的行为不合希腊精神”[2]。因而，欧里庇得斯的悲剧作品天然具有社会属性与人性温情，通过深入角色内心世界的描写，诉诸悲剧进行社会批判，既针砭尚武好战之风，也为希腊妇女卑下的社会地位打抱不平。

亡国惨象之下，赫卡柏的小孙子（赫克托尔与安德洛玛克所生之子）阿提阿那克斯成为王室的最后骨血和复兴特洛伊的最后希望。为斩草除根永绝后患，联军将小孙子从城墙上重重摔下，鲜血自破骨中涌出，命运向早已遍尝人间疾苦的赫卡柏王后送出了最后的致命一击。可是，即便从逆境陷入绝境，赫卡柏依然沉着而铿锵地喊出那句——“若不是神……把我们摔在地上，我们便会湮没无闻，不能在诗歌里享受声名，不能给后代人留下这可歌可泣的诗题。”[3] 赫卡柏的绝唱似乎在向世人诉说，哪怕命运

---

〔1〕[古希腊] 欧里庇德斯. 悲剧五种 [M]. 罗念生译. 上海：上海人民出版社，2015：221.

〔2〕[古希腊] 欧里庇德斯. 悲剧五种 [M]. 罗念生译. 上海：上海人民出版社，2015：207.

〔3〕[古希腊] 欧里庇德斯. 悲剧五种 [M]. 罗念生译. 上海：上海人民出版社，2015：220.

的终点通往毁灭，迈向结局的路途也应由人类亲手铺就；哪怕命运的惩戒无可避免，延续文明的人们也应奋力追寻人性最后的尊严。

纵观古希腊悲剧的发展历程，最初的悲剧源自酒神庆典的祭祀仪式，并逐渐演变为一种独立的艺术形式。在其发展过程中，悲剧作品的形式不断完善，通过对白和唱段等多重表达与演出方式的运用，营造特殊的文化空间，为演员和观众创造一片共同的文化场景。在这个集体的、公共的文化场景中，观剧者与参演者以悲剧作品为媒介，以情感体验为桥梁，交流、共鸣、感知古希腊悲剧的层次与魅力，共同引领悲剧作品的发展方向。而公众参与确实也是欧洲古典文化的一个重要特征。

在此基础上，悲剧作品的内涵也逐渐丰富，从埃斯库罗斯对命运不可抗拒的顺从，延及索福克勒斯对命运与人性关系的探讨，再到欧里庇得斯解构命运、推扬人性，古希腊悲剧以其丰富的哲学内涵演绎出一部极简的欧洲思想史，进一步引发参演者和观剧者对生存与死亡、自由与命运等永恒问题的深思。古希腊悲剧辗转相承、代代兴革，在探索人类自立自主精神的漫长旅途中，完成了希腊精神的凝练与塑造，影响着古罗马、中世纪直至现代的欧洲。

76
双头鹰的源流：从拜占庭到俄罗斯

早期文明社会，动物图腾往往成为地域文明的文化符号。在一些古代民族的神话中，雄鹰是最接近太阳的神的使者，可以沟通天地和人神，飞鹰的鹰隼和利爪是勇于与邪恶斗争的象征。同时，雄鹰因其象征强大力量而成为统治者宣示权力的政治文化符号。在文化传播和流变中，雄鹰符号也随着地域文明的演化而出现了多种形态。其中，双头鹰的政治文化意象起源于古罗马军团的鹰旗标志，并在拜占庭帝国时期确立为国家的标志，后又在俄罗斯等国得以延续传承。

罗马帝国作为环地中海、跨三大洲的大帝国，“三世纪总危机”后，于395年正式分裂为东、西两部。东罗马帝国因其首都君士坦丁堡为古希腊时期的商业殖民城市拜占庭，故史称“拜占庭帝国”。拜占庭帝国地处欧亚非三洲交汇处，官方语言为希腊语，国教为东正教（因东罗马基督教会信仰正统派教义而得名）。拜占庭文明的根基是古典希腊罗马文化和基督教，西罗马帝国灭亡后，作为罗马帝国的继承者，拜占庭被称为“第二罗马”。同时，地处东西方文明结合部的拜占庭帝国也吸收了西亚北非文化，形成了独具一格的拜占庭文化，双头鹰国徽就是拜占庭帝国的政治文化符号。

拜占庭帝国基于自身三洲交界的地缘政治文化现实，在罗马的单鹰军旗传统之上又接受东方的雄鹰图腾，以一身双首、雄视东西方的双头鹰作为国家标志，寄望于辽阔疆域的统一与多元民族的整合，同时也体现了东西文化的融合。这一政治文化意象后来被同样处于东西方文明结合部的俄罗斯和塞尔维亚等东欧国家承袭，这些国家国旗和国徽中的主体标志双头鹰的源头，一般都可追溯至拜占庭帝国。其中，16 世纪以后崛起的俄罗斯深受拜占庭文化的影响，在拜占庭帝国灭亡后成为东正教文化的中心，并以“第三罗马”自居。与此同时，俄罗斯还在金帐汗国统治时期吸收了来自蒙古人的东方文化，当它在 16—19 世纪的国土扩张中成为地跨欧亚大陆的庞大帝国时，双头鹰的地缘文化意象与地缘政治现实在更大地域范围内达成了统一。

从历史上看，俄罗斯和拜占庭帝国的地缘文化联系可追溯至 10 世纪和 15 世纪的两次政治联姻。

9 世纪，在首领留里克的带领下，瓦良格人（北欧诺曼人，又被称为罗斯人）进入第聂伯河流域，征服了东斯拉夫部落，建立以基辅为中心的罗斯国家，史称“基辅罗斯”，由此开启了对俄罗斯、乌克兰这一片地区长达 700 多年统治的留里克王朝。在这一过程中，瓦良格人逐渐斯拉夫化，斯拉夫人成为罗斯国家的主体。基辅罗斯王公实行“索贡巡行”制，控制了前往拜占庭的商路，将强征的贡品运往拜占庭进行贸易，逐渐和拜占庭建立密切的贸易关系。

随着商业文明的引入和罗斯国家的统一，罗斯国家的政治经济发展到了一定阶段，过去因敬畏自然而生的“万物有灵”的多神教逐渐不能适应时代要求，周边形势和国内局势都推动着罗斯国家逐渐接受一神教。根据古罗斯第一部编年史《往年纪事》记载[1]，10世纪末基辅罗斯大公弗拉基米尔在位时期，逐渐征服周围部族，他认识到一神教对于消弭部族纷争和巩固国家统一的整合作用，于987年派遣使节考察周边国家的宗教信仰，并最终决定引入东正教。此举并非仅仅如《往年纪事》所记载被东正教富丽宏伟的教堂和庄严的仪式震撼的结果，而是不同于中世纪西欧教权与王权的共生博弈关系，拜占庭的东正教匍匐于皇权的特质触动了弗拉基米尔大公，罗斯国家也须祭起这柄统治诸民的工具。

988年，弗拉基米尔大公得到了更宗立教的契机。他助力拜占庭帝国平定内乱厥功至伟，以城下之盟的强势姿态迎娶拜占庭公主安娜，宣布东正教为国教，召集民众在第聂伯河举行集体洗礼，并下令摧毁多神教诸偶像，将万神殿改造成东正教堂，用火与剑的洗礼方式确立了罗斯国家的信仰道路，史称“罗斯受洗”。

值得注意的是，一种宗教信仰的引入，并非一蹴而就。“罗斯

〔1〕成书于12世纪的古罗斯编年史著作《往年纪事》的第八卷“弗拉基米尔的业绩”中记载了“罗斯受洗”这一历史事件。参见王钺. 往年纪事译注［M］. 兰州：甘肃民族出版社，1994：148—237.

受洗”对于古罗斯文化塑形起到了重要作用，但未完全达成团结统一古罗斯各公国的目的，也未完全取代民间的多神信仰，一神教与多神教并存的现象长期存在。创作于12世纪的史诗《伊戈尔远征记》反映了古罗斯上帝与诸神相遇的“双重信仰”现象，当时距离“罗斯受洗”已逾200年。史诗的主人公伊戈尔大公作为基督徒，虔诚信仰东正教，发起远征的目的之一是为讨伐异教徒。但在其败归时，大地悲哀、草木垂泪，则是灵动的古罗斯大地上多神教式的哀诉[1]。

虽然多神教的传统绵延不绝，但“罗斯受洗”毕竟使古罗斯褪去了蛮族和异教徒的外衣，进入东正教文化圈。拜占庭文化的传入给古罗斯经济、政治、文化等社会领域带来了巨大变化，是古罗斯从原始走向文明的重要一步。东正教教会向罗斯民众宣扬“君权神授”的政治思想，要求民众服膺王权，充当起世俗政权的精神支柱。“罗斯受洗”前后，出于传播宗教经典的目的，拜占庭传教士西里尔兄弟基于希腊字母创制“西里尔字母”，用来拼写和记录斯拉夫语言。由此，斯拉夫语言具备了文字形态，并开始模仿拜占庭的文学和史学传统来创制文化典籍。编年史《往年纪事》、史诗《伊戈尔远征记》都产生于这一时期，对古罗斯民族文化和国家统一起到了积极的推动作用。此外，古罗斯的建筑一改木质结构传统，转向兴建拜占庭式的砖石结构圆形穹顶式的教堂，

〔1〕整理自郑义梅.《伊戈尔远征记》的民族精神建构及影响［D］. 哈尔滨：黑龙江大学，2017：40—48.

如12世纪兴建的圣母升天大教堂。通过教堂中的壁画、圣像画等宗教题材的绘画作品，将“君权神授”理论潜移默化植入民众的头脑中，期待救世主的忠君、顺从等民族性格逐渐养成，成为民族文化基因的重要内容。

11世纪中叶后，各地大贵族势力加强。12世纪中叶，古罗斯地域逐渐出现多个独立的封建公国，基辅大公国的中心地位衰落，呈现分裂状态。13世纪蒙古入侵和金帐汗国的统治，是古罗斯历史进程中的重大转折，客观上推动古罗斯向中央集权和君主专制国家转型。金帐汗国推行的宗教宽容政策，促进了东正教在农村等底层社会的广泛传播，东正教和专制主义政治文化的统一性在金帐汗国统治时期得到了进一步加强。

15、16世纪，在反抗和摆脱金帐汗国统治过程中，莫斯科大公国逐渐兴起。首先统一了东北罗斯，随后向西北罗斯和西南罗斯地区扩张，16世纪中叶建立起统一的俄罗斯国家。期间莫斯科大公国的君主意识到自身所处的全新地位，探索着同这种地位相适应的统治形式。对于信奉东正教的东斯拉夫民族而言，君主专制的拜占庭帝国仍然是可以接受的大国政制模式。故而第二次政治联姻在拜占庭帝国灭亡20年后再次上演。1473年，莫斯科大公伊凡三世迎娶拜占庭帝国的亡国公主、帝国末代皇帝君士坦丁十一世的侄女索菲娅·巴列奥略。1520年修士费洛菲提出莫斯科是“第三罗马”的概念，后被写入官方文件。1521年，伊凡三世和索菲娅之子瓦西里三世称自己为“莫斯科暨全罗斯大公”，拜占庭的双头鹰徽章成为国玺纹饰[1]，莫斯科从主教区升格为统领东正教世界的大牧首区。1547年，瓦西里三世之子伊凡四世加冕成为沙皇（Царъ，恺撒之意），国名改称“罗斯沙皇国”（Русское царство），即“沙皇俄国”。经过这一系列的政治和宗教合法性构建，俄罗斯成为罗马帝国、拜占庭帝国和东正教会的正统化和法理性的继承人。

伊凡四世最终确立了俄罗斯中央集权制度，并向东扩张，进入亚洲西伯利亚地区。伊凡四世去世后，其子费奥多尔沙皇继位，死后无嗣，留里克王朝终结。在经历了连续15年的“混乱时期”之后，1613年，全俄缙绅会议推选伊凡四世的第一任妻子、皇后阿纳斯塔西娅的侄孙米哈伊尔·费奥多罗维奇·罗曼诺夫为沙皇，罗曼诺夫王朝建立。1721年，米哈伊尔沙皇之孙、阿列克谢一世之子彼得一世被俄罗斯元老院授予“全俄罗斯皇帝”头衔，俄国正式成为俄罗斯帝国（Российская империя），并开始与西方列强争夺世界霸权。随着俄国的不断扩张，到19世纪中期，俄罗斯帝国地跨欧亚两洲，版图达到顶峰，涵盖了从北极圈到黑海和里海的广阔地区。雄视东西方的双头鹰文化图腾与俄罗斯横跨欧亚的

---

〔1〕历代沙皇对双头鹰国徽进行过“徽章改革”，设计逐渐添加元素而复杂化，最终基本形成规范性的图案：红色盾面、金色双头鹰，鹰头戴有三顶皇冠，鹰爪抓着象征皇权的权杖和象征统一的金球。苏联成立后，因其浓重的宗教色彩和皇权特征，双头鹰国徽被废止。苏联解体后，俄罗斯联邦总统叶利钦于1993年宣布恢复双头鹰国徽。2000年俄罗斯正式确定了国徽图案的新内涵，皇冠象征俄罗斯联邦的主权，权杖与金球代表国家权力和统一国家，骑士则表明捍卫自由与独立的决心和勇气。参见刘文飞. 从俄国的文化图腾“双头鹰”谈起［J］. 中国语言文学研究，2017（1）：199.

地缘政治现实相统一，并与融合东西方的跨地域民族文化相契合，成为俄罗斯国家的象征。但是，双头鹰一身两首的左顾右盼也是某种意义上的顾此失彼，这种欧亚接合部文明也给自身文化属性的定位带来了挑战，造成民族文化心理的分裂感和无归属感，其余绪一直困扰至今。俄罗斯民族文化心理的复杂性，正如 19 世纪俄罗斯学者赫尔岑在《往事与随想》中的一段名言所论："是的，我们是对立的，但这种对立与众不同。我们有着同样的爱，只是方式不一……我们就像伊阿诺斯或双头鹰，看着不同的方向，但跳动的心脏却是同一个。"〔1〕

〔1〕俄罗斯文化属性问题表现在俄罗斯 19 世纪兴起并延续至今的各种思想流派，如西方派、斯拉夫派和欧亚主义。参见张昊琦. 思想之累：东西之争之于俄罗斯国家认同的意义［J］. 俄罗斯学刊，2016（5）：40—48.

77
骑士文学与市民文学

文学是时代的镜子。欧洲中世纪文学作为人类文化遗产的一部分，承载着丰富的历史内涵。其中，骑士文学与市民文学作为两种主要的文学流派，颇具西方文化特色，对于探究中世纪欧洲的社会特征也具有重要意义。

作为中世纪欧洲独特的文学形式，骑士文学凸显了封建社会的制度特征。中古时期欧洲的采邑改革推动了封君封臣体制的确立与巩固。封君一般指国王或领主，而封臣则是从属于封君的贵族或地主，他们向封君效忠，提供军事和政治支持，而封君则保护封臣，赋予他们土地和封土上的权力。在以封土为媒介、以层层分封为特点构建的权利义务体系中，贵族的最底层被称为“骑士”。他们以服骑兵军役为条件，获得国王或领主赐予的封地。中世纪早期，骑士地位相对较低，但随着自11世纪以来持续近两个世纪的十字军东征，骑士阶层逐渐成长为欧洲社会的重要力量，骑士文学亦由此兴起，其叙事内容主要围绕骑士精神、荣誉和勇气展开，展示了中世纪骑士阶层的光荣与梦想。

《罗兰之歌》被视为骑士文学的经典之作。评论家称其既具有

"荷马宽阔流动的优美"，又不乏"但丁豪放有力的笔致"。就历史视角而言，"这毕竟是一千多年以前的作品，有中世纪的种种特点"[1]。作为一部重要的历史文献，《罗兰之歌》反映了中世纪欧洲社会、宗教和政治制度的诸多面向。"黑夜过后，朝阳升起。皇帝骑在马上神气严峻，在众位将士簇拥下左顾右盼。查理皇帝说：'各位大臣，这里已是峡谷隘道，给我举一位将军殿后。'加纳隆说：'可派我的继子罗兰，朝中没有比他更高强的藩臣。'"[2] 皇帝与大臣之间的这番对话，揭示了中世纪欧洲封赏制度和军事组织的历史脉络，折射出中世纪欧洲的基本政治格局。罗兰伯爵闻言，毫不犹豫地回答道："继父王爷，我感激不尽，承蒙推举做殿后将军。"言语之间颇有"骑士风度"[3]。罗兰整装待发，准备迎接即将到来的战斗。加纳隆的背叛与罗兰的忠诚构成了作品的核心冲突，反映了中世纪社会忠诚与背叛、信仰与谋略之间的较量。数以万计的异教徒军队包围了罗兰的残余部队，罗兰拒绝吹响向查理大军求援的号角，最终在孤军奋战中壮烈殉国。

忠诚与勇气、荣耀与牺牲，正是对中世纪欧洲骑士阶层及其精神信仰的理想化诠释。在生死关头，罗兰选择向上帝祷告："圣母玛利亚啊，帮助我吧！朵兰剑啊，我的宝物，你也遭到了不幸！我失去生命也将失去你。我靠你打了多少胜仗，征服了多少辽阔

---

〔1〕[法] 佚名. 罗兰之歌 [M]. 马振聘译. 南京：译林出版社，2018：序言 2.
〔2〕[法] 佚名. 罗兰之歌 [M]. 马振聘译. 南京：译林出版社，2018：41.
〔3〕[法] 佚名. 罗兰之歌 [M]. 马振聘译. 南京：译林出版社，2018：42.

的土地，并入查理的版图，而今他也须眉交白了！你决不能落入一个临阵怯逃的人手里！你长期追随一位勇武的藩臣，也使你在神圣的法兰西无与伦比。”[1] 宝剑在作品中被赋予神圣的宗教意味，毁剑的情节体现了罗兰对信仰的坚守，由此可窥基督教文化对骑士文学的建构。就历史背景而言，十字军东征加剧了宗教狂热，激发了骑士精神的张扬，强化了基督教价值观念在骑士阶层中的影响。“由于基督教信仰的教化作用”，骑士风度演化为“一种象征着高贵身份的行为规范”[2]。然而，从另一个侧面来看，罗兰虽深信上帝，依然愿为国王而战、为荣耀而亡，宣誓了骑士阶层对世俗领主权力的效忠，凸显出世俗权力对塑造个体信仰的作用。整体而言，这些元素共同构成了中世纪欧洲骑士精神的复杂面向，揭示了信仰、权力和荣耀在个体命运中经纬交织的关系。

在得知罗兰去世的消息后，查理大帝慨然道：“好罗兰，我要回法兰西。当我回到拉昂的宫殿，会有各国藩王朝觐，问起：‘哪位是伯爵大将？’我只能说已在西班牙捐躯。此后我人在治国，心在忧伤，没有一日不流泪不叹息。”[3] 查理大帝的悲痛或不只是对忠诚骑士的珍视和对国家损失的哀戚，从制度层面体察，其实质是世俗封建领主的思想意识与基督教文化观相融合的产物，骑

---

〔1〕[法] 佚名. 罗兰之歌 [M]. 马振骋译. 南京：译林出版社，2018：191.

〔2〕赵林. 基督教对欧洲中世纪文化复兴的重要影响 [J]. 暨南学报（哲学社会科学版），2012（4）：7.

〔3〕[法] 佚名. 罗兰之歌 [M]. 马振骋译. 南京：译林出版社，2018：237.

士文学的叙事似乎暗含“一个代表中世纪封建社会意识形态的‘契约型结构’”，象征着“骑士世界的建构与历史逻辑的统一”[1]。因而，罗兰的悲壮命运，既是其个人英雄主义的书写，也承载着那个时代的政治元素、宗教观念及其运行逻辑。作为一种历史象征，骑士文学折射了王权与教权双重影响下欧洲社会复杂的政治权力格局和宗教文化背景。

市民文学则是中古欧洲较晚出现的文学样式。随着11、12世纪的城市复兴与商品经济活跃，城市中涌现出一批专事工商业的市民阶层。传统的文学形式，无论是教会文学、英雄史诗还是骑士文学，都难以完全表达新兴市民阶层的政治诉求和生活愿望。由此，适应社会现实的市民文学应运而生。《列那狐的故事》作为市民文学的代表作之一，以动物寓言的形式，巧妙地反映了城市市民对社会现实的关注和批判。比如，故事第十四章描绘了狮王召集百兽，举行御前会议的情节。在动物界，百兽之间存在着弱肉强食的竞争，无法聚首；而在13世纪后的欧洲，等级君主制的形成与等级代表会议的召开，却与故事中的情节颇为相似。中世纪欧洲社会的众生相构成了市民文学创作的世界观：狮王喻指君主、驴代表教士、狼指代贵族，而以智慧作为生存手段的列那狐，则象征着新兴的城市市民。市民阶层参与政治，其意义在于促使“国家权力的关系上摆脱了封建主义的领主—附庸关系模式”，促

---

〔1〕王立新. 骑士世界的建构与历史逻辑的统一——以“亚瑟王传奇”为中心［J］. 文学与文化，2023（2）：54.

成“国家的公共权威显得高于其他一切权力机制”[1]，这一历史变化在故事中亦有体现。御前会议上，狮王说道，“朝廷重臣列那狐还没到，提议稍等片刻”[2]，暗示市民阶层在中古欧洲政治舞台上不可或缺的地位。加之御前会议上动物们彼此的控诉与雄辩，实际上是不同阶层政治话语冲突与政治权力分享的再现。再以君主形象为例，《列那狐的故事》中的狮王，既是“不可一世的万兽之王”，又是“仁民爱物的君王”，却在“病中忧闷”之际，“低贱得如同庶民”[3]，等待列那狐的援手。君主形象的前后不统一，揭示出国王与市民之间的复杂依存关系，同时也在一定程度上表达了市民阶层对国王权力的多重认识：“君主的积极作用是受到广泛认可的，正如君主的统治让人不寒而栗一样。”[4]

综上所述，骑士文学和市民文学为今人理解中古欧洲社会的政治权力、宗教文化与社会变迁提供了重要的文学视角。骑士文学映射了骑士贵族阶层的价值观念和生活方式，市民文学则代表了新兴城市市民的政治要求和生活愿望。两者分别展现了中古西欧社会历史演化的两种不同情形，两者的整体意义则在于见证了

---

〔1〕计秋枫．市民社会的雏形——中世纪欧洲城市与市民阶层的历史作用［J］．南京大学学报（哲学社会科学版），2005（6）：4—5.

〔2〕［法］玛特·艾·季罗夫人．列那狐的故事［M］．罗新璋译．南京：江苏凤凰文艺出版社，2018：39.

〔3〕［法］玛特·艾·季罗夫人．列那狐的故事［M］．罗新璋译．南京：江苏凤凰文艺出版社，2018：9、39、72、76.

〔4〕［美］理查德·卡尤珀．文学与历史：质疑中世纪英国宪政制度［J］．孟广林、李家莉译．历史研究，2010（3）：84.

“近代文化在封建社会母体内先期形成”[1] 的历史过程。从骑士到市民，多元文化现象的背后，是庄园自然经济秩序的分化，基督教文化底色的淡出，城市化和商业元素的增长，预示着筑基其上的欧洲社会正悄然发生着历史转向。

---

〔1〕张敏．试论欧洲中世纪文学对传统的继承——关于西方文学史的一点思考［J］．复旦学报（社会科学版），1999（6）：125．

78
缘何美洲印第安文明没有发明“轮子”

轮子能大大提高运输效率，促进各地的沟通交流，是影响人类历史发展的最重要发明之一。古代世界的许多文明都曾通过独立发明或借鉴模仿，拥有了制作轮式交通工具的技术。

考古资料显示，约公元前4千纪，车轮已出现于苏美尔人的艺术作品中。苏美尔遗址（约公元前3500年）发掘出带轮的车，是在橇板下面装上木轮而成；两河流域，在乌鲁克文化（约公元前3400—前3100年）时期的泥版上，出现了表示“车”的象形文字；用牛或驴牵引的四轮车，公元前3000年就出现在西亚，同时轮子被用于制造业；约公元前2000年，中亚出现了马拉的有辐双轮车，同时发明了骑马术，提高了大宗物品远距离运输的能力[1]。目前中国所能见到的最早的实物证据是殷墟遗址出土的单辕两轮车；而在同时代的甲骨文和金文中，“车”字的形状也清楚地描绘有轮子的形状。可见，截至商代晚期，中国已经出现了较为成熟的轮式交通工具。然而，让学者感到困惑的是，美洲大陆

〔1〕陈明远、林川. 文明拂晓：复合工具体系［M］. 北京：语文出版社，2019：227.

的印第安文明却从未发明出实用的轮式交通工具。考古学家曾发现大量墨西哥土著制作的带车轴和轮子的陶狗模型，说明一些印第安文明并非没有产生过“轮子”的概念。但匪夷所思的是，纵观美洲大陆诸印第安文明，轮子既没有被用于农耕，也没有被用于交通，甚至作为玩具也未曾流行！这究竟是为什么呢？

关于缘何美洲印第安文明未能发明出轮子的话题，数百年来学术界众说纷纭，目前主要有以下几种解释。

其一，复杂的地形条件限制了轮子的使用。轮式交通工具的使用，离不开平坦、坚硬的路面条件作支撑。轮子得以最早在两河流域和两河流域以北的中亚平原发明出来，可能与这些地区辽阔、平坦的地形密切相关。而美洲印第安文明所处的地理环境均为山地或高原，平原面积小，且地形复杂。例如，阿兹特克文明位于山脉连绵的墨西哥中央高原；玛雅文明所在地既有许多山地，也有小块平原，更有大片石灰岩地貌；印加文明则处于平均海拔高达3 660米的安第斯山脉和秘鲁高原[1]。由于这些文明所处环境地形过于复杂，即使印第安人发明了轮式交通工具，其运输效率恐怕也十分低下，难以像东半球那样被普遍使用。

其二，缺乏可驯化的大型负重牲畜。大型负重牲畜对农业、畜牧业和交通的发展都有十分重要的作用。欧、亚、非大陆很早就驯化了牛、马、猪、驴等大型负重牲畜，但美洲大陆却缺乏这

---

〔1〕程洪. 论拉丁美洲古代印第安文明的特点［J］. 武汉教育学院学报，1998（2）：82.

样的物种。据生物学家研究，北美洲曾是马和马类动物的起源和演化中心，原始马就是从这里向四周扩散，通过白令陆桥在冰川时期连接到欧亚大陆并传播到大陆的其他地区，同时也通过中美洲向南美洲扩散。然而，出于未知的原因，在大约两万年前，马在北美洲彻底灭绝了，而南美洲的马甚至灭绝得更早。至于如今驰骋在北美平原的野马，其实是新航路开辟之后欧洲人从家乡带入的外来物种[1]。除去难以驯化的美洲野牛和野羊，能够被印第安人驯化的动物只剩下狗、火鸡、羊驼之类，而它们的体型和气力都太小，不能用于运载重物。可见，合适畜力的缺乏在一定程度上制约了美洲轮式交通工具的发明和推广。

其三，缺乏发达的金属冶炼技术。轮子并非仅是滚动的圆形物体那么简单，为了能长时间稳健地运转，轮框还需搭配轴承、辐条等元件共同使用。然而，美洲印第安文明尚处于石器时代，印第安人使用的工具多由石头、木头或骨头制成，他们并未掌握冶炼矿石的技术，只会使用现成的或简单加工的天然陨铁。这意味着即便印第安人知晓轴承、辐条的作用和功能，但仅凭粗陋的工具和材料是无法制作出形状精细、结实耐用的轴承和辐条的。此外，金属冶炼技术的缺乏还导致印第安人难以制造出可驯服大型野畜的器具，这就制约了他们对大型负重牲畜的驯化能力。

其四，缺乏强大的社会组织建设路网。在世界古代史上，不

〔1〕傅华主编，孟春明、郝中实、肖雯慧编. 万物搜索：上［M］. 北京：北京日报出版社，2016：305.

乏一些文明依靠强大的社会动员能力组织民众建设道路系统的例子，如秦朝修筑的直道和驰道等。公元前221年，秦始皇统一六国，次年便下令修筑以咸阳为中心、通往全国各地的驰道。据史书记载，驰道“道广五十步，三丈而树，厚筑其外，隐以金椎，树以青松”〔1〕，堪称古代版的“高速公路”。公元前212年，为防范匈奴的入侵，秦始皇又令大将蒙恬率30万大军，仅用两年半时间便在黄土高原上修筑了全长800多公里的直道。秦朝高效的路网建设能力正是其强大的中央集权体制运作的结果。反观美洲印第安文明，其社会组织往往较为松散，因而制约了其基础设施建设能力。全盛时期的玛雅文明，由分散在尤卡坦半岛地区数以百计的城邦构成；极盛期的阿兹特克国家，虽常被史学家冠以“帝国”之名，其实只是由以特诺奇提特兰为代表的三个部落所组成的松散联盟，且其统治区域仅限于墨西哥盆地和周边地区；唯有印加文明，在15世纪前后建立起幅员辽阔、王权强大的中央集权奴隶制帝国，并“修建了完善的道路系统，用于传递政府的命令和情报，以及调动军队”〔2〕，但此刻已是西班牙人入侵的前夜，一切为时已晚。

其五，缺乏向其他文明学习的契机。诚如美国史学家贾雷德·戴蒙德所言，“复杂的发明通常是靠借用而得到的，因为它们

---

〔1〕（东汉）班固. 汉书：下［M］. 长沙：岳麓书社，2007：897.
〔2〕中华人民共和国教育部. 普通高中教科书：历史（必修）：中外历史纲要：下册［M］. 北京：人民教育出版社，2019：31.

的传播速度要比在当地独立发明的速度快”[1]。戴蒙德发现，最早的轮子于公元前3400年左右出现于黑海附近，接着在几个世纪内又在欧洲和亚洲的许多地区出现。所有这些旧大陆的早期轮子都有一种独特的设计——一个由3块厚木板拼成的实心圆盘，而不是一个带有辐条的轮圈。上述文明之所以能共享轮子的发明，与这些地区之间频繁的交往互鉴有关。而美洲印第安人的与世隔绝几乎是全方位的，对外既与东半球各文明隔绝，对内各印第安文明也呈不相往来的局面。考古学家已证实，从公元前1000年到西班牙人入侵这段漫长的时期里，没有一件实物或一篇记录足以证明秘鲁和中美洲之间确实存在着影响和接触[2]。在如此孤立、封闭的状态下，美洲印第安文明不但无法向同时代已发明轮子的其他文明学习，也很难传播、改进邻近部落的既有技术，进而形成成熟的轮子制作技术。

可见，尽管古代美洲也产生过“轮子”的概念，但因为技术、畜力、地形、政治及对外交往等条件的不足，始终停留于想象层面。另一方面，轮式交通工具的缺失反过来限制了古代美洲的生产生活和交往交流，致使美洲印第安文明的发展大大滞后于同时期东半球的主要区域文明。当然，讨论美洲印第安文明没有发明轮子的意义远不止于此。从生产技术史的角度看，它引发人们思

---

〔1〕[美] 贾雷德·戴蒙德. 枪炮、病菌与钢铁——人类社会的命运 [M]. 谢延光译. 上海：上海译文出版社，2006：262.
〔2〕程洪. 论拉丁美洲古代印第安文明的特点 [J]. 武汉教育学院学报，1998 (2)：86.

考技术发展需要具备的条件，以及技术对文明发展的影响；从全球史角度看，它凸显了交流互鉴对文明发展的重要作用。在经济全球化、社会信息化、文化多样性的今天，文明交流的客观障碍已大体消除，我们更应该克服主观的壁垒，用开放的心态放眼世界，坚持交流互鉴，推动人类文明共同繁荣进步。

79

飞天的翅膀去哪里了

飞天是佛教造型艺术的一种形式。自佛教沿丝绸之路传入敦煌，佛教石窟寺的开凿及石窟造像也逐渐在佛教东渐沿线兴起。从西域（今新疆）至中原，最负盛名的当数位于河西走廊西部尽头的敦煌莫高窟。莫高窟的开凿从十六国时期至元朝，延续约1 000年，它既是中国古代文明璀璨的艺术宝库，也是古丝绸之路上曾经发生过的不同文明之间对话和交流的重要见证。石窟建筑、雕塑和壁画等是构成莫高窟的主要艺术形式。这其中，飞天形象象征着祥瑞。从十六国时期开始，几乎各时期各洞窟壁画中都绘有飞天的艺术形象，历经千年变化，其姿态意境、风格情趣异彩纷呈。

敦煌飞天源于印度，其形象来自古老印度神话中的“天人”“天女”。古印度婆罗门教的四部根本圣典（四吠陀[1]）记录了不少关于天女的故事。公元前6至前5世纪佛教在印度诞生后，吸收了这些天人形象。在佛教无佛像、不奉祀神灵的时代，飞天艺术

〔1〕又作四韦陀、四围陀。《梨俱吠陀》系雅利安文学最古老且最重要的文集；《娑摩吠陀》系歌咏集，为婆罗门僧祭酒时所歌唱；《夜柔吠陀》为献祭的诗词；《阿闼婆吠陀》多属神咒，乃控制神鬼之法。

已经产生。据说每当佛陀讲经说法抑或重要事件发生时，天人们便会以歌舞供养，或从天上散花。但有意思的是，在佛教发源地印度桑奇大塔上（图 1），所雕刻的飞天形象皆长着翅膀，手捧贡物在象征佛陀的菩提树上方飞翔。而中国的飞天却与之不同，虽说是“飞神”，却无须借助翅膀飞翔，自是衣袂飘飘，裙带当舞，可平地而起，可腾云驾雾。那么，为何印度的有翼天人自西向东“飞”入中国的佛寺和石窟后，其翅膀悄然消失了？

图 1　印度桑奇大塔中的浮雕（公元前 3 世纪）

事实上，中国境内的飞天不全都是没有翅膀的“折翼天使”。1906 年 12 月，英国探险家马尔克·奥莱尔·斯坦因在中国新疆米兰遗址进行考察发掘时，于两座佛塔的壁画中发现了一批带双翅的半身人物画像（图 2），其中有七幅较完整地绘出半身人物的形象。斯坦因的第一反应便认为这是基督教的天使造型，遂在其考古报告中将米兰遗址壁画中的这些人首双翼图像称为“有翼天使”。但事实上，这是一幅佛教壁画。那么，在西域这一佛教东渐的途经地，为何会出现有翼天使的形象？

图 2 新疆米兰遗址壁画上的双翅人物像（公元 3 世纪）

在报告中，斯坦因认为这些壁画所示天使源自古希腊神话，它以有翼的古希腊爱神（Eros）为原型，并加入了一些基督教元素。后来，斯坦因又将“有翼天使”和印度神话中掌管天上雅乐的乾闼婆联系起来加以考证[1]。据说，乾闼婆是印度神话中“飞天”的一种。斯坦因的这一猜测在很长一段时间内，得到了部分学者的认可。后世学者经研究认为，从该壁画绘制的明暗光色、布局等，均可看出古希腊罗马式的艺术理念，蕴含着鲜明的犍陀罗艺术风格（希腊式佛教艺术），据此判断当属创作于 3 世纪下半叶的犍陀罗派作品[2]。

---

〔1〕整理自［英］斯坦因. 斯坦因西域考古记［M］. 向达译. 北京：中华书局，上海：上海书店出版社联合出版，1987：85—96.

〔2〕许建英、何汉民. 中亚佛教艺术［M］. 乌鲁木齐：新疆美术摄影出版社，1992：31.

犍陀罗是欧亚大陆西北部的一个地区，曾为古印度十六列国之一。由于特殊的地理位置，该地一直是各民族和政权的争夺之地，各种文化在此交融，犍陀罗也因此受到古波斯、希腊、印度等多种文化的熏陶。孔雀帝国时期，佛教被阿育王派来的传教使节高僧正式带到犍陀罗地区，此后佛教便于此地传播开来。至贵霜帝国时期（公元前1—公元4世纪），大乘佛教得到空前发展。融合古希腊、印度传统的犍陀罗艺术亦产生、发展、成熟于贵霜时代。犍陀罗艺术从中亚东渐，经由“丝绸之路”传播至今中国新疆地区。上文提及的米兰遗址出土的“有翼天使”壁画，便是犍陀罗佛教艺术北传、东西文化“多元交流”的产物。再如，今新疆库车佛寺遗址出土的舍利盒上绘有龟兹乐舞图，其中也绘有“有翼童子”（图3）。

图3　新疆库车苏巴什佛寺西寺遗址出土舍利容器（6—7世纪）

事实上，西域作为佛教传入古代中国的第一站，由于其特殊的地理位置和地处东西方交通要道的地理优势，不同地区的商人、使节和僧侣往来于途，络绎不绝。由此，当地文化和中亚、西亚、南亚等地的文化交流融合，进而催生出独特而灵动的艺术风格。存留至今的古代西域文化，充分折射出其与域外各种特质文化交流与互动的盛景。以米兰遗址壁画为例，彼时西域地区的“有翼天使”大多瞪圆双眼，鼻形修长，再仔细观察其头部，乍看是光头造型的天使，然头顶还有些许发髻，而其服装往往是圆领长衫[1]。其所呈现的犍陀罗艺术风格，印证了异质文明传播过程中所出现的趋同与变化的文化现象，这也是文明传承与交流过程中的常态现象。兼具古代印度和古希腊风格的犍陀罗艺术经帕米尔高原、天山南麓、河西走廊传入中原地区，感染、影响了中土佛教石窟造像艺术。例如，开凿于北魏早期的云冈石窟第 17 窟，其西壁内侧的飞天不同于通常所见的轻盈飘忽的造型风格，更接近异域成年男子的身形，袒胸赤足，身上缠绕着宽而粗的绸带，衣裙紧贴身体，呈现出一种上升的动势，从而展示了具有犍陀罗艺术特色的健硕造型。这种犍陀罗风格的飞天样式，至北魏后期乃至隋唐逐渐发生了变化，其相貌、神态、身形、衣饰、动作等细节的塑造渐趋中原化，中土绘画的特色越发明显。又如，北魏后期莫高窟第 248 窟的壁画，受社会环境、文化背景等因素的影响，

〔1〕［俄］李特文斯基. 中亚文明史［M］. 马小鹤译. 北京：中国对外翻译出版公司，2003：255—256.

其飞天呈现出明显的中原风格——线条的勾勒运用了魏晋南北朝时中国画常用的白描手法；画面中的飞天眉清目秀，神态安详恬静，身材苗条，绸带飞扬（图 4）。而到了隋唐时期，莫高窟壁画的飞天形象更加生动多姿。这一时期的飞天通常用作佛祖说法的背景画面，逐渐成为一种装饰。

图 4 莫高窟第 248 窟飞天壁画〔1〕

中国式无翼飞天的诞生有其特定的时代背景。魏晋南北朝时期，一方面时局动荡不宁，与此同时，各民族的交流也非常频繁。随着儒学正统地位的动摇，玄学、佛教、道教等思想文化开始影响到时人生活的方方面面。佛教所到之处，兴建寺院、开窟造像，人们以此表达对佛国的向往和虔诚，与传统飞仙形象类似的飞天也深受欢迎，自由洒脱的天人形象在中原沃土生根发芽。飞天作为佛教神明的化身，以其飘然的姿态，向世人传达着佛教的理念

〔1〕常沙娜. 中国敦煌历代装饰图案［M］. 北京：清华大学出版社，2009：131.

宗旨，而飞天的绘制也承载着民众的精神寄托。然而，相较于本土的飞仙，佛教的天人虽在形象上与其有一些共通之处，但传入中国后却又水土不服，由此，寄托着时人对仙游生活渴求、身姿轻盈且活泼动态的飞仙形象，逐渐被佛教接纳，并开启了对印度式飞天的改造过程。

如若追溯中国传统文化关于仙人的理解就不难发现，飞天其实是多种文化的复合体，既体现了古代中国与外部区域的交流，又呈现出本土文化的多重映射。正如东汉思想家王充在《论衡》中曾提及“飞者皆有翼，物无翼而飞谓仙人”[1]，可见，早在两汉时期，人们就认为真正的仙人应和能飞翔的动物有所区分，应该做到“无翼而飞”。此类观念在中国古代绘画作品中亦可见端倪，无翼而飞、腾云驾雾、绸带飞舞的图像早已有之，如东晋顾恺之的《洛神赋图》就以飞舞的衣裙和飘带来表现飞翔，塑造了一个个无翼而飞、仙气飘飘的飞天形象，其身形相较此前的高大威猛转向纤细苗条，这就不难理解南北朝时期敦煌壁画飞天既蕴含道教仙人的元素，也包含汉族宽衣飘带的传统因子。

而唐朝壁画中的飞天则是历经近三百年演变而完成的具有中国特色的飞天。其基本形象是菩萨装，女性体型，特别是盛唐时期受宫廷舞蹈和仕女画的影响，飞天画法由浪漫、夸张步入现实，由天人转变为楚楚动人的宫娥舞女，其画面所折射的是当时以皇

---

〔1〕黄晖. 论衡校释［M］. 北京：中华书局，1990：305.

帝为中心的身份等级制度，喻示着至高无上的皇家权势和等级森严的社会秩序。从某种意义上讲，当时的飞天形象也是皇权的视觉标志，把佛教概念中的抽象和神秘转为人间的现实，以此增强世俗性。而到了五代十国至宋元时期，由于多民族政权并立，中原王朝对西域的控制力逐渐减弱，一定程度上也影响了佛教石窟的修建及造像。所以在敦煌石窟中可以发现，晚期的飞天艺术处理手法相较于此前粗糙了很多，甚至连画面的颜色也更加幽暗，其装饰图案也逐渐减少。

飞天是一种与佛教艺术密切相关的视觉形象，作为外来文化符号随佛教一起传入中国。而在中华传统文化的包容和融合下，形成了独具一格的中国佛教艺术风格。从飞天的辗转流变不难看出，文化传播受制于不同地区不同历史传统、审美情感与社会发展程度等因素，不同文明在吸收异质文明因子的过程中会加入一些本土化阐释与改造，进而丰富了自身文明的内涵。由此，飞天形象随着佛教的中国化而中国化，同时，中国大地上各个地区不同石窟的飞天也都成了佛教本土化进程的见证者。

80 追寻历史上的“印欧人”

上古时期，人类曾经上演了一场波澜壮阔的古印欧人大迁徙，伴随着血与火的征服和潜移默化的交融，在西至地中海沿岸、东至印度次大陆的广袤区域内，产生了赫梯人、波斯人、希腊人和雅利安人等众多民族。这一史诗般的迁徙事件深刻影响了亚欧大陆的文明分布和文化发展，成为长期以来史家研究的重要课题之一。然而，古印欧人大迁徙距今已隔着漫长且不断变化的时空距离，后世学者如何通过只鳞片甲的考古证据还原出古印欧人迁徙的历史细节？这一难题的解决，需要其他学科提供知识和技术的支撑。近现代以来，随着语言学、考古学、人类学及遗传学等领域的科学发展和知识积累，人们借助新的科技工具和手段，基于交叉学科的广阔视角，逐渐在这个问题上取得了一系列研究突破。

人们最早发现欧亚大陆某些民族之间存在发生学上的联系，得益于近代西方语言学的研究。早在16世纪，欧洲人就已经注意到印度梵语与希腊语、拉丁语、波斯语之间存在相似性。1647年，荷兰语言学家马库斯·范·博克斯霍恩（1612—1653年）提出荷兰语、德语、拉丁语、希腊语、波斯语、斯拉夫语、凯尔特语以及波罗的海诸语有一个共同的祖先语言，称之为“斯基泰语”。1786年，英国语言学家威廉·琼斯（1746—1794年）在孟加拉亚洲协会上的演讲中提出，梵语、希腊语、拉丁语、哥特语、波斯语、凯尔特语、日耳曼语之间有明显而非偶然的相似性，由此推测这些语言可能有一个共同的起源，由此开启了印欧语言学的研究。1813年，托马斯·杨（1773—1829年）创造了“印欧语系”这一术语。此后学界又发现了更多基于语言学的证据，证明它们之间不仅有许多共同词汇，还在语法、形态和语音等方面存在相似之处。从理论上说，使用相同的语言是一个民族或种族形成的主要标志之一。由此学界形成了这样一种假说：历史上曾经存在一群“古印欧人”（Proto-Indo-Europeans，又译作“古印欧民族”），在他们分散迁徙之前，可能生活在一个相对集中的共同家园，并使用着一种相同或基本相似的语言。这一群体被认为是现代印欧语系民族的共同祖先，涵盖古代南欧的希腊人和罗马人，东欧的斯拉夫人和波罗的海人，北欧的日耳曼人，西欧的凯尔特人，西亚的米底人、波斯人和赫梯人，还有南亚的印度雅利安人等〔1〕。需要强调的是，“古印欧人”是为了学术研究而创造出来的概念术语，历史上并不存在一个单一的、可识别的所谓“印欧民族”，他们仅仅是一群松散而相关的人群。

关于古代印欧语言的起源地、古印欧人迁徙前的居住地以及

---

〔1〕吴素梅. 古希腊民族形成研究［D］. 上海：华东师范大学，2011：40—41.

他们开始迁徙的时间等问题，多年来一直在学界持续引发争论，各种观点和学说不断涌现，目前最为广泛接受的观点是“草原假说”。该假说成型于立陶宛裔美国考古学家金布塔斯于1956年提出的库尔干假说，是通过对南俄和中亚草原古代坟冢的规模、葬礼仪式和随葬品的比较而提出的。“库尔干”（Kurgan）是俄语中突厥语借词，意为古坟，因此该假说又称为“坟冢假说”。金布塔斯认为，古印欧人在迁徙前主要栖息在从黑海地区延伸至北高加索、伏尔加河下游的草原地带，即今天的乌克兰和南俄草原地区。古印欧人属于游牧民族，逐水草长势而季节性定居于半地穴式住宅中。在社会结构上，古印欧人实行家族制度和父权制，且已经出现了等级制。在宗教信仰上，他们以自然信仰为主，尤其崇拜太阳神。在丧葬习俗上，他们实行土葬，坟墓大多采用屋状构造的竖穴。随着库尔干文化的传播扩展，原始印欧人文化不断蔓延并渗透至各地。这一过程经历了三个主要阶段：第一阶段发生在公元前4300至前4200年，主要来自伏尔加草原；第二阶段发生在公元前3700至前3500年，主要来自德涅斯特河下游和高加索之间的黑海北岸地区；第三阶段发生在公元前3100至前2900年，主要来自伏尔加草原〔1〕。美国人类学家大卫·安东尼的研究进一步完善了上述理论。他发现所有现存的印欧语系分支都保留了与车辆有关的共同词汇，如“车轴”（axle）、“驾具杆”（harness pole）、

〔1〕徐文堪. 吐火罗人起源研究［M］. 北京：商务印书馆，2018：277.

“车轮”（wheels）等。他对这一现象进行了综合考察，得出如下结论：今天从印度东部到大西洋西岸的所有印欧语言，都源于使用马车的古代人群。安东尼将马的驯养和印欧语的起源视为库尔干文化的两个关键组成部分，并强调马的驯化是导致印欧语广泛传播的关键因素。在马被驯化的同时，适应牵引马的车辆也随之诞生，使人类首次能够以超越自身速度的方式进行长途运输，这引发了陆上运输方式的革命，进而显著地强化了古印欧人在欧亚大陆上的迁徙能力[1]。

除了“草原假说”外，另一个较为主流的观点是1987年英国考古学家科林·伦福儒提出的安纳托利亚假说（Anatolian Hypothesis）。这一假说将原始印欧语的起源时间推至约7 000年前，并与安纳托利亚的农业发展相关联。伦福儒认为农业给安纳托利亚人带来了经济上的优势，随着农业的扩散，安纳托利亚的先民取代了原本的印欧居民，使新的人群得以大量扩散至欧洲。伦福儒在其著作《时间深度、趋同理论及原始印欧语的革新》中，描述了源自安纳托利亚的印欧化过程的可能经历：大约在公元前6500年左右，位于安纳托利亚的前原始印欧语分化为安纳托利亚语和古原始印欧语。那些讲原始印欧语的人不断迁徙，形成了斯塔尔切沃-克勒什文化（位于巴尔干半岛）、线纹陶文化（位于多瑙河河谷），以及可能的巴格-德涅斯特地区的东方线纹陶文化。

---

〔1〕［美］大卫·赖克. 人类起源的故事［M］. 叶凯雄、胡正飞译. 杭州：浙江人民出版社，2019：143.

大约在公元前5000年左右，古原始印欧语分裂为多瑙河河谷的西北印欧语（包括意大利语、凯尔特语和日耳曼语的始祖）、巴尔干半岛的中部印欧语（与金布塔斯的老印欧语文化相对应），以及中亚地区的东部印欧语（吐火罗语的祖先）[1]。

关于印欧人起源的学术争论不但让诸多历史学家、考古学家、语言学家卷入其中，甚至连遗传学家等其他科学家群体也加入了研究行列。他们运用现代DNA测序技术，通过测定古代骨骸的遗传信息来追踪古人类迁徙的过程，成功打破了几十年来相持不下的僵局。约瑟夫·拉扎里迪斯等学者的古DNA研究表明：现代欧洲人的遗传中除了早期的农耕者和狩猎者成分外，还存在着颜那亚人所拥有的基因。颜那亚人是来自东欧草原的游牧民族。通过进一步的DNA追踪，又发现颜那亚人的遗传关系与古代和现代的亚美尼亚人、伊朗人密切相关。目前欧洲地区印欧人群迁移大致可以形成如下的图景：大约5 000年前，也就是在草原血统进入欧洲的中部之前，当地人群的基因主要有以下两个来源，即大部分来自约9 000年前从安纳托利亚迁入的第一批农民，少部分来自欧洲本土的狩猎者。而同一时期的欧洲远东地区，颜那亚人的基因则由一个与伊朗人有关的群体和一个与东欧狩猎者有关的群体构成，两者的比例相当。这场从草原到中欧的人类大迁徙便是西来

[1] 李葆嘉等. 揭开语言学史之谜［M］. 北京：世界图书出版有限公司，2021：87.

的颜那亚人与中欧农民大规模融合的结果[1]。这一结论对安纳托利亚假说提出了巨大的挑战，而与之更相符的草原假说也必须加以修正完善。当然，遗传学只能告诉我们古人迁徙的可能时间及其经过，却无法告诉我们古人使用的究竟是什么语言。因此，遗传学与考古学、语言学等领域的证据拟合仍是当下研究的一个重要方向。

关于古印欧人的起源地和迁徙时间，目前仍没有确定的答案。但随着考古学、语言学、遗传学等领域的不断进步，我们正在逐渐接近真相。相信在不久的将来，我们能够解开古印欧人迁徙之谜，让这段失落的人类征程史诗重焕光彩。

〔1〕[美] 大卫·赖克. 人类起源的故事 [M]. 叶凯雄、胡正飞译. 杭州：浙江人民出版社，2019：133—134.

81

“索虏”与“岛夷”

——人口迁徙背后的文化与民族认同

西晋永嘉五年（311 年），汉赵主刘聪遣刘曜、王弥引兵攻陷洛阳，晋怀帝被俘，城内三万公卿、百姓被尽数屠戮，宫殿宗庙亦焚毁无余，史称“永嘉之乱”。永嘉七年（313 年），纷乱之中的秦王司马邺于长安即帝位，是为晋愍帝，年号建兴。建兴四年（316 年），刘聪又遣刘曜进兵长安，年仅 18 岁的晋愍帝投降，受尽屈辱，最终被杀，西晋灭亡。次年，琅琊王司马叡于建康称帝，重建晋朝，史称“东晋”。在此期间，大批中原士族为避战乱从中原迁往长江中下游，史称“衣冠南渡”。“衣冠”指代士族，以此谓之，是以说明两晋相承之文化及政权的正统性。此后，宋、齐、梁、陈，亦承其统绪。东晋南迁后，以匈奴、鲜卑、羌、羯、氐为主的内迁边疆民族先后在中原地区建立政权。386 年，鲜卑拓跋部首领拓跋珪建立北魏。至 439 年，其孙拓跋焘统一北方，自此占据传统意义上的中原地区，进一步催生了与南朝政权的“正统之辨”，而这种“正统之辨”也直观地体现在南北方政权不同的历史书写中，形成所谓“南谓北为索虏，北谓南为岛夷”[1] 的现象。

“索虏”与“岛夷”之称分别见于《宋书》卷95《索虏传》、《南齐书》卷57《魏虏传》与《魏书》卷97《岛夷桓玄 海夷冯跋 岛夷刘裕传》、卷98《岛夷萧道成 岛夷萧衍传》。那么何谓“索虏”?“索虏者，以北人辫发，谓之为索头也。”[2] “虏”为古代中国对北方少数民族的贬称，是以鲜卑人编发之俗指代北魏。而“岛夷”则是“以东南际海，土地卑下，谓之岛中也”[3]，借以指代南朝。而今天翻阅《梁书》《陈书》《北齐书》及《南史》《北史》等史籍，则未见此类称呼。究其原因，就成书年代而言，《宋书》《南齐书》均成书于南朝梁，《魏书》成书于北齐，而上述《梁书》《南史》等则均成书于唐朝。由此观之，《宋书》《南齐书》及《魏书》几乎可视为身处南北朝时期的人士所书写的近事，其撰述带有“正统之辨”的考量也就不足为奇了。

《宋书》的作者沈约（441—513年）身仕齐、梁两朝，一生著史颇丰，官至尚书左仆射、尚书令，领太子少傅，还曾为梁武帝萧衍拟定即位诏书，可以说是齐、梁正统性的坚定维护者。《宋书》所涉“民族传”共4卷（卷95—98），即“索虏”“鲜卑、吐谷浑”“蛮夷”（主要为：林邑国、扶南国、西南夷、东夷高句丽、百济、倭国）及“氐胡”，不难发现沈约仅以“索虏”作为北魏的

[1]（北宋）司马光. 资治通鉴［M］. 北京：中华书局，1956：2186.
[2]（北宋）司马光. 资治通鉴［M］. 北京：中华书局，1956：2186.
[3]（北宋）司马光. 资治通鉴［M］. 北京：中华书局，1956：2186.

标目，其余民族政权则以国名或族名标目，其用意可见一斑。据学者统计，《宋书》中以“索虏”称北族达110次之多[1]，借以凸显南朝文明礼仪，以示正统。《南齐书》的作者萧子显（487—537年）为南齐宗室，南朝梁时曾官至吏部尚书。作为“二十四史”作者中仅有的本朝著史者，其身份决定了在正统性问题上对北魏所持的态度。《南齐书》“民族传”共3卷（卷57—59），标目分别为“魏虏”“蛮、东南夷”“芮芮虏、河南、氐、羌”。与《宋书》类似，北魏亦冠“虏”字，其余诸民族政权多以族名相称，但北魏卷标目加上了“魏”国号，与《宋书》稍有区别。在叙事中，《宋书》与《南齐书》述北魏以残忍凶暴、无德无礼的形象，多有“残害两千余家”“杀略不可称计”“违天害理”等语，意在映衬南朝文明之邦的正统所在。

《魏书》作者魏收（507—572年）出身北朝门阀大族巨鹿魏氏，其父为北魏骠骑大将军魏子建。魏收身历北魏、东魏、北齐三朝，官至尚书右仆射，且深度参与魏梁外交和魏齐禅代。其修史活动亦受到北齐政府的大力支持。就其出身、经历而言，于修史中为北朝谋求合法的政治地位亦是理所当然。《魏书》“民族传”共九卷（卷95—103），其中标目大部分以族名相称，仅卷95—97较为特殊，冠以“僭晋司马叡”“岛夷桓玄”“海夷冯跋”“岛夷刘裕”“岛夷萧道成”“岛夷萧衍”之称。魏收以“僭晋”称东

---

〔1〕王伟. 从《宋书》看沈约之正统观［J］. 剑南文学（经典教苑），2013（5）：78.

晋，立场鲜明地表达了对东晋正统性的否定，并认为继东晋后的宋、齐、梁亦非正统。而冠“岛夷”于宋、齐、梁三朝建立者之前，除否定其正统性外，亦在强调北魏“峭函帝宅，河洛王里，因兹大举，光宅中原”[1] 的地理“中心”位置和中原“正统”地位，将偏安一隅的南朝政权归为“夷狄”。特别是《岛夷萧衍传》，其所涉时间与孝文帝改革以后至北齐建立的历史相始终。而对于出生于宣武帝正始四年（507 年）的魏收而言，该传所记年代几乎与其生命历程一致，因而可视为其经历的“当代史”。南北对峙的政治现实，加之魏收的个人经历，都使《岛夷萧衍传》的编撰带有浓烈的政治色彩。因而在叙述梁魏战争时，《岛夷萧衍传》多视萧梁为挑衅方。记载梁武帝生平时，描述也多有刻意曲解[2]。

在南北朝围绕著史展开的正统之辨中，北魏因占据地理上的优势，将鲜卑祖源追溯至黄帝，为其入主中原、继承正统，寻求法理依据。《魏书·序纪》指出：“昔黄帝有子二十五人，或内列诸华，或外分荒服。昌意少子，受封北土，国有大鲜卑山，因以为号。其后，世为君长，统幽都之北，广漠之野……黄帝以土德王，北俗谓土为托，谓后为跋，故以为氏。”[3] 除却通过追溯祖源的方式强化正统性的根源外，《魏书》还强化了对中国传统礼仪制度与德治思想的继承，如“德超百王”“天子有道，守在四夷”

---

〔1〕（北齐）魏收．魏书［M］．北京：中华书局，1974：464.
〔2〕李磊．《魏书·岛夷萧衍传》的叙事与魏齐易代之际的南北观［J］．史学月刊，2018（11）：29—30.
〔3〕（北齐）魏收．魏书［M］．北京：中华书局，1974：1.

等语句常见于《魏书》“民族传”中。而南朝政权因偏安一隅，失去了中原故土意义上的地理正统优势，在《宋书》《南齐书》的撰述中往往借“诸侯用夷礼则夷之，进于中国则中国之”[1]的概念，以“礼”的标准判别华夷，抨击北魏所谓的正统性，并否定北魏的黄帝祖源说，如《宋书》称“索头虏姓托跋氏，其先汉将李陵后也。陵降匈奴，有数百千种，各立名号，索头亦其一也”[2]，《南齐书》称“魏虏，匈奴种也，姓托跋氏”[3]，均将北魏祖源追溯至匈奴。据学者研究，“匈奴”祖源说实则源自北魏，且流传甚久，但在孝文帝改革后即遭北魏禁绝，以致“虏甚讳之，有言其是陵后者，辄见杀，至是乃改姓焉”[4]。由此观之，南朝著史时采此说，意在将北魏视为华夏国家的余绪或支脉[5]，以此抗衡《魏书》的正统性论述，抵消南朝偏安的地理劣势，在政治上使南朝处于有利地位。

然而，早在司马迁撰写《史记》时就将匈奴认定为“其先祖夏后氏之苗裔也，曰淳维”[6]，构建了一个华夷共祖的认同体系，可以说是“源出于一、纵横叠加”，而这个源就是黄帝。这一认同体系不但为华夏族群所认同，也逐渐为夷狄族群所认同[7]。而北

---

〔1〕(唐) 韩愈. 韩昌黎文集校注［M］. 马其昶校注，上海：上海古籍出版社，1986：17.
〔2〕(南朝梁) 沈约. 宋书［M］. 北京：中华书局，1974：2321.
〔3〕(南朝梁) 萧子显. 南齐书［M］. 北京：中华书局，1972：983.
〔4〕(南朝梁) 萧子显. 南齐书［M］. 北京：中华书局，1972：983.
〔5〕陈勇. 拓跋种姓“匈奴说”的政治史考察［J］. 历史研究，2016 (2)：87.
〔6〕(西汉) 司马迁. 史记［M］. 北京：中华书局，1959：2879.
〔7〕整理自于逢春. 华夷衍变与大一统思想框架的构筑——以《史记》有关记述为中心［J］. 中国边疆史地研究，2007 (2)：21—34.

魏作为内迁边疆民族政权，经过长期的汉化，加之占据中原地区的地理优势，对于华夏的文化和民族认同也就越发强烈。《洛阳伽蓝记》记载南朝梁使者出使北魏后曾感慨道："魏朝甚盛，犹曰五胡。正朔相承，当在江左……自晋、宋以来，号洛阳为荒土，此中谓长江以北尽是夷狄。昨至洛阳，始知衣冠士族并在中原。礼仪富盛，人物殷阜，目所不识，口不能传。"[1] 这段记述虽出自北魏杨衒之之手，但亦可窥见在北魏汉化过程中，对正统性的讨论更聚焦于对文化与民族的认同。南朝虽对北魏正统性始终不认可，但在讥讽之余，也不免承认北魏"蜡日逐除，岁尽，城门磔雄鸡，苇索桃梗，如汉仪"[2]，"佛狸已来，稍僭华典，胡风国俗，杂相糅乱"[3]，在文化与民族方面呈现出认同趋势。

综而观之，"索虏""岛夷"虽是南北朝史书撰述中对彼此的蔑称，但双方史家始终遵循中国传统史学的宗旨："大一统的中国包括四夷，四夷是中国不可分割的组成部分。"[4] 争正统但并不将彼此排斥在中国的历史叙述之外，这事实上即是对文化与民族的认同。历经三国两晋南北朝三百余年的多民族交往、交流与交融，这种文化与民族认同日益加深，并最终为隋唐统一奠定了基础。

---

〔1〕(北魏) 杨衒之. 洛阳伽蓝记 [M]. 杨勇校笺, 北京: 中华书局, 2006: 113—114.

〔2〕(南朝梁) 萧子显. 南齐书 [M]. 北京: 中华书局, 1972: 986.

〔3〕(南朝梁) 萧子显. 南齐书 [M]. 北京: 中华书局, 1972: 990.

〔4〕整理自马卫东. 大一统与民族史撰述 [J]. 史学集刊, 2013 (6): 53—55.

82
混血人的涅槃：墨西哥城的三文化广场

墨西哥城是当今世界文化资源最为丰富的城市之一，拥有大量著名建筑师与政府合作的公共文化建筑遗产项目。其中，由墨西哥建筑师马里奥·帕尼（Mario Pani）设计并完成于1966年的三文化广场久负盛名，集萃了古代的阿兹特克金字塔大祭坛遗址、

图1 墨西哥城的三文化广场

17世纪西班牙殖民者建造的天主教教堂和20世纪50年代墨西哥政府修建的外交部大厦三种不同时代不同文明类型的建筑群，分别代表古代印第安文化、近代西班牙殖民文化和墨西哥现代文化。三种文化共存于一个空间，故而得名为“三文化广场”，它展现了墨西哥近两千年的历史，象征着墨西哥斑斓驳杂的历史文化与兼容并包的现代民族特征，令观者仿佛穿越于历史时光之中。

这三种文化缘何共存于同一座广场？屹立于广场中的纪念碑碑文对这一问题做出了意味深长的回应：“1521年8月13日，夸乌特莫克曾英勇保卫过的特拉特洛尔科陷入埃尔南·科尔特斯手中。这不是失败，也不是胜利，而是梅斯蒂索这一混血民族痛苦的诞生，这就是今天的墨西哥。”[1] 西班牙语“梅斯蒂索”（Mestizo）意为“混合”，“梅斯蒂索人”特指西班牙抑或葡萄牙男性和殖民地女性混血所生的后代。这段碑文向世人揭示了墨西哥人对自身混血身份的痛苦认知，表明新美洲文化既不是欧洲文化在异域的简单移植，也不是印第安土著文化的自然延续。现代墨西哥人对文化多样性的包容态度并非与生俱来，而是经历了长期孕育和痛楚分娩的过程。

特拉特洛尔科是阿兹特克帝国都城特诺奇蒂特兰城的两大广场之一，拥有繁荣的集市贸易，矗立着由7个平台组成的大祭坛和

---

[1] 1521年5月，西班牙征服者在科尔特斯率领下攻打阿兹特克帝国的首都特诺奇蒂特兰。阿兹特克首领夸乌特莫克在特拉特洛尔科广场率领阿兹特克人进行了长达两个半月的英勇抵抗，陷入粮食断绝和天花流行的困境，难以抵抗殖民军的猛烈进攻而战败，阿兹特克帝国覆灭。

124级台阶组成的宏大金字塔大神庙。但16世纪西班牙殖民战火，将昔日辉煌的神庙建筑毁灭殆尽，空余数十台阶的废墟，静静地诉说着阿兹特克帝国恢宏的过往。

1521年，阿兹特克帝国覆灭后，西班牙人夷平旧城，填湖造地，在大庙的塔基之上修建了欧洲风格的巴洛克式宫殿、天主教教堂和修道院，用十字架取代了土著的信仰，土著居民的文化几近灭绝。这块殖民地被称为“新西班牙”，成为西班牙在美洲建立的第一个总督区。从此，墨西哥遭受西班牙残酷的殖民统治长达300年之久。

在这数百年之间，发轫于大航海时代的西方对美洲的侵略殖民，造成了人口大迁移和种族的混合。西班牙殖民者进入美洲初期，白人男子一般不携带家眷，与本土印第安妇女结合非常普遍。一代代的通婚繁衍，彻底改变了美洲的人口结构，逐渐形成了一个以印欧混血人即梅斯蒂索人为主体的新族群。

西班牙殖民当局出台“卡斯塔”体系（Casta），规定多达16种不同混血人享有的不同的社会权利，包括携带武器、担任公职、获得大学学位以及宗教头衔等[1]。“卡斯塔”体系本质上是一个基于血统和肤色的白人中心主义的等级制度，混血的梅斯蒂索人处于金字塔的下层，仅高于土生印第安人。欧洲血统较多的社会

〔1〕“卡斯塔”体系下，西班牙人与美洲土著混血是梅斯蒂索人，梅斯蒂索人与西班牙人再混血叫卡士蒂索人，西班牙人和黑人的混血后代叫穆拉托人，黑人和美洲土著的混血后代叫桑博人，同时拥有西班牙人、美洲土著和黑人三种血统的人叫帕勒多人。

上层与美洲土著血统较多的社会下层存在很深的隔阂，社会上层强烈排斥美洲土著及其文化。作为土著人与殖民者的后代，梅斯蒂索人因其复杂的血统而产生了天然的自卑和耻辱感，混杂的身份和文化认同，导致混血人难以形成独立的主体意识，如同陷入泥沼，不知要抓住哪根稻草方可救赎。

西班牙的殖民统治终究不能长久。1810 年，拉美独立战争的号角率先在墨西哥吹响。“自由万岁！独立万岁!”，“多洛雷斯的呼声”揭开墨西哥独立运动序幕。1821 年，墨西哥正式独立，选择以阿兹特克战神的名字“Mexitli”作为国家的名称，即墨西哥（México），并将祖先阿兹特克人建都神谕中的雄鹰、蛇和仙人掌的图腾绘制于国旗上。然而，独立后的这个新生混血民族国家对于身份认同的“痛苦”并未停止。

19 世纪是社会达尔文主义大行其道的时代，这一思潮又与拉美社会根深蒂固的种族主义思潮合流，对拉美社会影响至深。独立之初的墨西哥，并未做好民族国家文化建设的心理准备，严重的种族歧视依然盛行，一些墨西哥思想家认为印第安人和黑人是尚未开化的野蛮种族，混血通婚是一种“退化的、可耻的行为”，甚至有些激进分子主张通过提高白人的数量来改进拉丁美洲的“种族质量”[1]。新生的混血民族国家面对西方殖民文化与土著传统而产生的矛盾性和复杂性，成为墨西哥现代文学作品的永恒主

〔1〕张青仁 .20 世纪墨西哥民族国家的一体化建设［J］. 民族研究，2022（4）：64.

题。墨西哥现代文学和思想界中常见的意象是“面具”：墨西哥人戴上了一张名为“自卑”的白人面具，遮蔽了天赋的、本该光鲜的印第安面容[1]。

第一次世界大战后，民族自决思潮广泛传播，拉丁美洲进入民族民主革命和改革时期，拉美国家开始寻找和定义自身的民族身份认同。1910—1917年墨西哥资产阶级革命推翻了迪亚斯独裁统治，颁布了宪法，卡德纳斯任总统期间进行了民主改革。在国家重建的时代，墨西哥必须面对与解决的问题是平复殖民主义带来的伤痛，进行多元族群和多元文化的身份和认同建构，推动墨西哥民族国家的建设。

墨西哥思想家何塞·巴斯孔塞洛斯于1924年适时出版《宇宙种族》，借助优生学理论，提出混血是优生而不是退化，是种族发展与进步的结果和人类社会未来的发展方向，它否定了西方对混血的污名化，赋予了混血种族以文明的合法性[2]。受巴斯孔塞洛斯思想的启发，墨西哥思想家萨穆埃尔·拉莫斯于1934年出版《面具与乌托邦》，明确提出墨西哥人必须摘下自卑的面具，从“天命”的高度要求墨西哥人顺其自然地正视、接纳历史的传承和

---

〔1〕曾荣获诺贝尔文学奖的墨西哥诗人奥克塔维奥·帕斯（Octavio Paz，1914—1998年）1950年出版的散文诗集《孤独的迷宫》（*The Labyrinth of Solitude*）中有一篇散文诗《墨西哥的面具》。他认为墨西哥人不愿承认西班牙“征服者”父亲和印第安母亲，因其双重文化而遭受创伤，形成了一种防御姿态，躲在面具后面，躲在孤独的迷宫中。参见奥克塔维奥·帕斯．孤独的迷宫［M］．北京：北京燕山出版社，2020：20—36.

〔2〕韩琦．巴斯孔塞洛斯的“宇宙种族”思想与墨西哥的文化民族主义［J］．世界近现代史研究，2020（2）：149.

种族的结构，鼓起勇气直面自己的印第安母亲和西班牙父亲，承认混血种族的现实。在思想层面，对墨西哥民族性独立的探寻为墨西哥民族国家的建构打下了新的认知基础，种族混血文化逐渐成为墨西哥的官方意识形态。在实践层面，20 世纪 40 至 70 年代长期执政的墨西哥革命制度党致力于挖掘本土印第安文明与混血文化的文化资源，建设了大量公共文化设施。公共壁画运动、1964 年落成的国立人类学博物馆、1966 年设计完成的三文化广场，都以公共艺术空间的方式，强化了民众对墨西哥混血文化的认同。

正是在民族国家建设取得突破性进展的时期，墨西哥实现了长期的国家安定，经济社会得到迅速发展。墨西哥从 1940—1981 年连续 40 年保持了年均 6. 1%的增速，被称为“墨西哥奇迹”，革命制度党执政长达 70 年，被称为“墨西哥稳定之谜”。三文化广场中建造于 20 世纪 50 年代的外交部大厦，代表在文化包容心态下的自主现代工业化的成果，是对“墨西哥奇迹”和“墨西哥稳定之谜”的回应和解答。

正是在现代墨西哥人超越狭隘种族主义的文化心态下，三文化广场各具风采的三组建筑物才显得相互协调，交相辉映，不仅让我们看到了拉丁美洲的混血文化，也让我们从中看到了一个多元文化共存的拉丁美洲。

83
澳大利亚、新西兰缘何属于西欧文化圈

距离西欧非常遥远的澳大利亚和新西兰缘何属于西欧文化圈？4万年前就有人类居住的澳大利亚，其土著居民文化缘何没有成为现代澳大利亚的主流文化？我们不妨打破地理认知的隔阂，从历史的视角一探究竟。

15世纪末16世纪初，伴随着大航海时代的来临，西欧开启了对外殖民扩张和人口的跨地域迁移，西欧文化传播至殖民地，并与殖民地土著文化发生碰撞、交融。澳大利亚和新西兰就是在这样的背景下被英国人“发现”，进而成为英国殖民地和西欧文化圈的一部分。

在开辟新航路的大潮中，葡萄牙人和西班牙人曾在南半球探航寻找“黄金岛屿”，但均无功而返。1642年，荷兰人塔斯曼及其船队到达塔斯马尼亚岛，将该地命名为“范迪门地区”。之后，相继有其他西欧国家的航海家或是航行至澳大利亚沿海岛屿，或是踏上澳大利亚大陆北部及西海岸贫瘠之地作短暂停留，但都未真正深入其腹地。直至1770年，英国人詹姆斯·库克率领的船队来到澳大利亚东海岸，这块“新大陆”终于被真正“发现”。

不同于前人发现的贫瘠的西海岸，澳大利亚东部海岸景色宜人，植被茂盛，岸边满是“从未见过的优良草场”，且有人居住，库克等人将此处的大海湾命名为植物湾。接着，库克率领船队继续北上，最终在澳大利亚大陆北端约克角以外的岛屿登陆，升起英国国旗，并以英王乔治三世的名义宣布南纬38°以北的澳大利亚东海岸地区为英国领土，命名为“新南威尔士”。从此，澳大利亚的历史与英国及其殖民活动联系在了一起。

澳大利亚被“发现”后，最早用来作为英国的罪犯流放地。18世纪80年代，随着圈地运动的推进和工业革命的开展，英国因矛盾重重而社会动荡，罪犯人数激增，本土监狱人满为患，加之原来的北美罪犯流放地因美国独立而丧失，澳大利亚由此成为英国新的罪犯流放地。1788年1月26日，海军士兵押运700多名罪犯，在第一任总督阿瑟·菲利普的带领下，作为第一批殖民者到达植物湾，后在悉尼湾（名称源于当时的英国内政大臣悉尼）登陆。此后，被流放至澳大利亚的罪犯不断增加，1820年殖民地人口已达2.6万，附近岛屿约6 000人[1]。这些罪犯在殖民军队的看管下，强制劳动，成为澳大利亚的开发者。殖民者的到来，使澳大利亚的历史伴随着黑暗与罪恶进入了一个新阶段。

19世纪20至50年代，英国工业革命深入发展。为掠夺原料，英国进一步扩大对澳大利亚的殖民统治。除原有的范迪门、新南

〔1〕［澳］斯特亚特·麦金泰尔. 苏醒大陆：澳大利亚史［M］. 潘兴明、刘琳译. 上海：东方出版中心，2022：49.

威尔士两个殖民区外，英国又建立了西澳大利亚、南澳大利亚、维多利亚和昆士兰四个殖民区。与此同时，英国政府还改变移民政策，从1830年代开始实行移澳津贴制，鼓励自由移民。1831年至1850年间，享受津贴和通过政府安排前往澳大利亚的自由移民多达20万，澳大利亚自由民人数超过了流放犯和释放犯的数量。至1851年，“囚犯仅占新南威尔士人口的1.5%，刑满释放犯占14%，而自由移民则占41%”[1]。直至1866年，英国政府最终宣布在整个澳大利亚废除罪犯流放制。至此，澳大利亚殖民地性质发生根本变化，由英国的罪犯流放地变为移民型殖民地。19世纪中期的淘金热引发了新一轮移民澳大利亚的大潮。据统计，1851年澳大利亚人口为43万，1861年增加到115万[2]，1900年底更是增加到376万，50年中人口增长了近9倍[3]。从国籍来看，这一时期的移民主要是英国人、爱尔兰人，还有美国人和德国人，即以西欧人及其后裔为主，由此，白人成为澳大利亚占据绝对优势的族群。

与此同时，殖民者将基督教等西欧文化移植到澳大利亚，与澳大利亚土著文明不可避免地发生了碰撞。早在1789年，11名西欧传教士来到澳大利亚，向土著布道传教。他们在此举行土著人

〔1〕［澳］理查德·怀特. 创造澳大利亚［M］. 杨岸青译. 昆明：云南人民出版社，1999：37.

〔2〕［澳］斯特亚特·麦金泰尔. 苏醒大陆：澳大利亚史［M］. 潘兴明、刘琳译. 上海：东方出版中心，2022：89.

〔3〕沈永兴、张秋生、高国荣. 列国志：澳大利亚［M］. 北京：社会科学文献出版社，2010：85.

集会，给其分发烤牛肉、果浆布丁、烟草制品、服装和毯子等来自西方的物品，吸引一些土著人接受并皈依基督教。1836 年新南威尔士政府还制定了《教会法》，承认所有基督教派的合法地位，通过资助教堂、向牧师发放津贴等政治经济手段促进基督教传播，潜移默化中改变着澳大利亚土著的信仰和文化。

西欧白人及其文化在澳大利亚大陆确立统治地位的过程中，除了传播基督教，更是以强制手段压迫土著，并歧视来自亚洲和太平洋岛屿的移民。在 1788 年西欧殖民者到达澳大利亚大陆之前，土著已经在这片大陆上生存繁衍了 4 万余年，他们创造了属于自己的文化，仅语言就有 250 种之多。考古学家在澳大利亚发现的多处远古岩画也印证了土著文明悠久的历史。早期殖民者到来后，不断扩张殖民范围，与土著爆发了“火枪对长矛”的冲突，土著惨遭杀戮。同时，天花等传染性疾病也随着殖民者来到澳大利亚，致使土著人口锐减。“离散山”“交战山”“屠杀岛”“头骨营地”等澳大利亚地名记载了殖民者对土著的杀戮。在殖民者到来约 80 年时间里，塔斯马尼亚的四五千土著消失殆尽。1876 年，“最后的塔斯马尼亚人”特鲁加尼尼去世，其遗体被殖民者掘出，其骨架被放置在塔斯马尼亚博物馆展出。“在殖民者到来之前，澳大利亚土著人口有 75 万人，至 1901 澳大利亚联邦成立时，只剩 9 万多人”[1]，土著文化遭遇灭顶之灾。由于部落的消亡和殖民政府对

[1] 中华人民共和国教育部．普通高中教科书：历史（必修）：中外历史纲要：下册［M］．北京：人民教育出版社，2019：40.

土著年轻一代实行教育同化政策，许多土著语言消失，目前只剩3种且使用人数极少。语言的消失，使土著文化失去了传承载体，加速消亡，这与西欧文化在澳大利亚大行其道形成了鲜明对比。从20世纪初至70年代，澳大利亚政府还实行“白澳政策”，这期间大约有10万名土著儿童被强行安排到白人家庭或由白人设立的福利机构生活，接受白人文化，导致这些儿童民族文化和民族意识日渐淡薄，因而被称为“被偷走的一代”。

以英国为首的西欧殖民者确立了对澳大利亚的统治，将这块“新大陆”改造为西方式社会。在经济上，英国人将工业革命的成果和资本主义生产方式带到此地。作为英国纺织工业的原料产地，澳大利亚畜牧业迅速发展。据统计，“1840年，仅新南威尔士饲养的羊的数量就达到了400万只，1850年激增到1 300万只……牧场分布在从布里斯班到墨尔本和阿德莱德，延伸2 000多公里的新月形地区……（澳大利亚所产）羊毛在英国的市场占有率持续增加，从1830年的10%，增加到1840年的25%，再增加到1850年的50%”[1]。在英国殖民者的推动下，澳大利亚的纺织、服装、制革、银行、采矿、交通运输等产业也发展起来，并带有浓厚的英式资本主义色彩，以致澳大利亚的经济成为英帝国资本主义经济体系的一部分。

在政治上，“一个实行自由贸易的帝国，需要实行自由的制

---

〔1〕［澳］斯特亚特·麦金泰尔. 苏醒大陆：澳大利亚史［M］. 潘兴明、刘琳译. 上海：东方出版中心，2022：59—60.

度”，“美国独立战争后英国就改变其殖民政策，让殖民地取得更大的自主权”[1]，英国在澳大利亚殖民地也开始实施自由资本主义政策。19 世纪 50 年代，英国政府为澳大利亚各个殖民区制定了宪法，殖民地按照英国宪政制度享有自治权，但帝国中枢依然保留了诸如外交、任命和支配总督、拒绝批准殖民地法律等相当大的权力。19 世纪末，随着经济的快速发展，澳大利亚要求建立统一市场和自治政府的呼声不断高涨。而英帝国出于自身利益的考量，也鼓励澳大利亚等移民型殖民地成为更强大、更具凝聚力的自治领。在英帝国的影响下，澳大利亚仿照英、美政治模式，召开国民代表会议，制定联邦宪法，于 1901 年 1 月 1 日正式宣告成立澳大利亚联邦，六个殖民区改为州。同时，澳大利亚联邦实行政党政治。但澳大利亚仍未完全脱离英国，在帝国事务方面依旧与英国保持一致，成为英帝国的自治领之一。直至 1931 年，澳大利亚才成为英联邦内的独立国家。澳大利亚由殖民地发展为自治领，最后成为英联邦成员，其政治地位的变化深受英帝国兴衰的影响，是英帝国发展、解体和转型的产物。

在文化上，澳大利亚作为英帝国的移民型殖民地，伴随着近代以来英国的殖民活动，其人口结构发生了替代性变化。“移民将英国母邦的政治、经济、法律制度和文化传统移植到澳大利亚，并仿照母邦的社会模式进行开发和建设，因而澳大利亚在各个方

---

〔1〕钱乘旦、许洁明. 英国通史［M］. 上海：上海社会科学出版社，2018：360.

面与母邦十分相似。澳大利亚可以被视作英国母邦文化的延伸和扩展，土著文化遭到毁灭性打击，完全退出主流文化的范畴。”[1]截至2024年3月，“澳大利亚人口2 712万，其中51.1%为英国及爱尔兰裔，土著人只占3.2%，官方语言为英语，约43.9%的居民信仰基督教”[2]。圣诞节、复活节、英国国王的诞辰日仍是其法定节假日。很显然，如今的澳大利亚与英国一样，同属于西欧文化圈。

作为澳大利亚殖民地的一部分，新西兰被纳入西欧文化圈的背景、过程与澳大利亚极为相似。英国通过大规模移民、建立“殖民地开拓协会”、与土著毛利人签订条约、镇压土著人的反抗、没收土著人土地等手段，彻底改变了新西兰的人口结构和传统文化类型。18世纪至19世纪中叶，新西兰土著由25万减少至5万余人[3]。目前，新西兰人口533.8万（截至2024年6月），其中“欧洲移民后裔占67.8%，土著毛利人占17.8%。官方语言为英语、毛利语”[4]。

新航路的开辟和工业革命的开展，推动了世界由分散走向整体。在此过程中，各区域文明发生了广泛的碰撞与交融。英国等

---

〔1〕[澳] 斯特亚特·麦金泰尔．苏醒大陆：澳大利亚史［M］．潘兴明、刘琳译．上海：东方出版中心，2022：324.

〔2〕中华人民共和国外交部网站．澳大利亚国家概况［EB/OL］．https：//www.mfa.gov.cn/web/gjhdq_676201/gj_ 676203/dyz_681240/1206_681242/1206x0_681244/.

〔3〕中华人民共和国教育部．普通高中教科书：历史（必修）：中外历史纲要：下册［M］．北京：人民教育出版社，2019：40.

〔4〕中华人民共和国外交部网站．新西兰国家概况［EB/OL］．https：//www.mfa.gov.cn/web/gjhdq_676201/gj_ 676203/dyz_681240/1206_681940/1206x0_681942/.

西欧国家的殖民扩张和人口跨地域转移，客观上推动了澳大利亚、新西兰向现代文明的迈进。由此，澳大利亚、新西兰成为西欧文化圈的一部分。但近代殖民活动与殖民统治也给大洋洲土著带来巨大灾难和损失，使土著文化几乎遭到毁灭性打击，从而破坏了世界文化的多样性。

84
东方诺亚方舟：犹太难民在上海

难民是现代国际社会移民中的一个特殊群体。无辜的平民因天灾或战祸等被迫离开原籍国而流离失所，难以保障基本的人权。二战时期，遭到纳粹德国迫害而流亡的犹太难民是世界难民中遭受苦难极为深重的群体。

1933 年以后，德国纳粹政权的排犹政策逐渐升级。1938 年 11 月 9 日的“水晶之夜”是犹太民族历史上的至暗时刻，德国纳粹的国家机器向犹太人举起屠刀，开始大规模的血腥屠杀〔1〕。那一夜，德国及其占领区的犹太人彻底放弃在纳粹暴政下容身苟活的幻想。因德国政府规定必须持有目的地国家的签证才能出境，犹太人在死亡威胁下艰难寻求庇护之地的“生命签证”以奔逃出走，形成了冲击全球的犹太难民潮。面对人道主义灾难，当时的西方国家如英国和美国在接纳了一定数量的犹太难民后，开始严格限

〔1〕1938 年 11 月 9 日的夜晚，德国和奥地利境内几乎所有犹太会堂、犹太人的商店和住宅都遭到纳粹暴徒的袭击、抢劫和烧毁，玻璃碎片满地，折射着纳粹暴徒的寒光和犹太人的血光，犹太人的家园化为灰烬。之后，这个人类历史上的黑暗午夜被冠以一个大谬不然的名字“水晶之夜”。

制签证发放，同时紧闭国门，拒绝请求登陆庇护的难民船只[1]。

然而，正当犹太难民陷入绝望之时，点亮他们死亡暗夜中生存希望的一束微光在遥远的东方闪烁。1937 年 11 月上海沦陷，中国军队退出上海，日军尚未建立傀儡政权，时人称为“孤岛”的租界处于日占区的包围中。在这样“三不管”的特殊状态下，上海的出入境出现管理真空，上海由此成为当时世界上唯一一个无需签证、自由进出的城市，客观上为犹太难民提供了移民缝隙。此外，从 19 世纪中叶上海开埠后至 20 世纪初期，移民入沪的犹太人达 7 000 人之多，形成了经营洋行的沙逊家族、嘉道理家族等著名的犹商集团，当时的上海已经有了较为成熟的犹太社团，这也是犹太难民选择到上海避难的重要因素[2]。尽管上海无需签证自由入境，但犹太人若无持有目的地国家的签证则还是无法离开纳粹统治区。时任中国驻维也纳总领事何凤山，目睹犹太人被屠杀的惨境，本着人道主义精神，无惧纳粹政权压力，发放了千余份前往中国上海的签证，是当时以发放签证方式拯救犹太难民的外交官之一[3]。

---

[1] 潘光. 艰苦岁月的难忘记忆：来华犹太难民回忆录［M］. 北京：时事出版社，2015：18.

[2] 潘光主编. 来华犹太难民资料档案精编：第 1 卷 文件报刊［M］. 上海：上海交通大学出版社，2017：31.

[3] 何凤山 1997 年去世后，他签发“生命签证”拯救犹太人的义举才逐渐公之于世，被誉为“中国的辛德勒”。2000 年，以色列政府授予何凤山最高荣誉“国际义人”称号；2001 年，以色列政府在耶路撒冷为何凤山建立纪念碑，碑文为“永远不能忘记的中国人”。2001 年，联合国举办名为“生命签证：正义与高贵的外交官”纪念展，何凤山作为拯救犹太人的外交官之一位列其中。

随着德国纳粹政权排犹政策的升级以及二战在欧洲的爆发和扩大，欧洲各国的犹太难民辗转流亡至上海的时间、路线和人数存在阶段性差异。从1933年至1941年，上海以宽宏包容的胸怀接纳了多达2.5万名从纳粹屠刀下逃生的犹太难民居留避难，超过了加拿大、澳大利亚、印度、南非、新西兰当时接纳犹太难民的总和，成为犹太人在末日般灾难中栖息生命的“东方诺亚方舟”〔1〕。其中，1937年8月至1939年8月两年间，涌入上海的欧洲犹太难民人数超过2万人，达到高潮。获得“生命签证”来到上海的犹太难民把“无需签证自由进出”的逃生信息传递给欧洲的亲人，更多来自德国和中欧国家的犹太难民偷渡出境，挈妇将雏，远涉重洋，辗转逃亡到上海。

逃亡入沪的犹太难民大多缺医少粮，经济拮据，生活困顿。他们主要聚居在房租和物价低廉的虹口区，由具有互助精神的犹太社团设置的难民收容所负责救济和安置。沙逊家族、嘉道理家族等犹商集团成立了“援助欧洲来沪犹太难民委员会”，开设“公共厨房”，以犹太会堂或捐献大楼作为接待站，建立多个难民收容所，投资兴办中小实业的基金，成为30年代入沪的欧洲犹太难民的主要救助者。1939年11月中欧犹太协会成立。协会设立难民收容所，发放救济金，设立医疗机构，组织宗教活动，介绍工作机

〔1〕本文涉及的来华犹太难民的数据较多，不做一一引注。参见潘光. 艰苦岁月的难忘记忆：来华犹太难民回忆录［M］. 北京：时事出版社，2015：48—50、152—155.

会，建立“妇女联盟”照顾老弱病残，建立“圣葬社”处理丧葬事宜，出版报道协会和社区工作的《犹太简讯》。协会也因此成为团结上海中欧犹太难民最主要的社区组织。1941 年上海的东欧人和俄国的犹太人成立了援助东欧犹太难民委员会，救助对象是来自东欧和俄国的犹太难民。此外，国外的犹太人，如美犹联合分配委员会的捐款也源源而来[1]。

随着生活趋于安定，苦难深重而又顽强不屈的犹太难民开始发挥其经商才能，在异国他乡寻求立足发展之道。难民中的医生、商人、点心师、理发师、缝纫工等重操旧业，在聚集地虹口提篮桥地区的舟山路、霍山路街头纷纷开设药房、诊所、杂货铺、面包房、理发店、缝纫店、餐厅、咖啡馆等欧式商铺，并建造了一批券拱式红砖尖顶的房屋。处处散发着浓郁欧洲情调的犹太难民聚居地出现了短暂的繁华，时人誉为“小维也纳”。同时，犹太难民通过丰富多彩的文化生活，支撑起重建生活的信念。他们在摩西会堂中祈求光明，在霍山公园中休闲小憩，在剧院广场组织音乐会和戏剧演出，开办学校、书店和图书馆，创办报纸刊物。犹太难民中有数百位从事音乐和美术的艺术家，他们或成立各类文艺组织，或加盟租界工部局乐队，或任教于音乐院校，或用画笔绘尽浮生百态，不仅丰富了犹太难民的精神文化生活，也为近代上海城市文明发展贡献了力量。

---

〔1〕整理自潘光主编．来华犹太难民资料档案精编：第 1 卷　文件报刊［M］．上海：上海交通大学出版社，2017：43—85.

犹太难民中的左翼组织是一个特殊的群体，他们定期聚会，学习马克思主义。其中有少数国际主义战士积极投身中国人民反抗日本法西斯侵略的正义战争。如奥地利犹太人史泰因·理查德于 1939 年 1 月入沪避难，1941 年辗转奔赴抗日战争的敌后根据地晋察冀边区，参加八路军，并改名为傅莱，救治了大量抗日将士，被誉为“活着的白求恩”[1]。

1941 年 12 月 8 日，太平洋战争爆发，日本对英美宣战并进占租界，租界的“孤岛”时期结束。1943 年 2 月，日军在上海设立“无国籍难民隔离区”，欧洲犹太难民被迫迁居到仅 3 平方公里的隔离区。此后长达两年的隔离时期，是犹太难民在上海生活最为艰辛困厄的时期。隔离区周围用铁丝网圈禁，日本宪兵严格盘查出入通行证，严格限制出入的时间和范围。隔离区内的弄堂房子狭小、破旧、拥挤，失业、饥饿与疾病交织，犹太人的死亡率直线上升[2]。其中两条犹太人居住最密集的弄堂，进出的铁栅门一度被焊死，禁止出入达一年之久，被困在弄堂者达 2 000 余人。得益于居住在周围的上海市民，采用投掷面饼的原始方法无私无畏地救助，这 2 000 余人中的大部分才得以存活下来。

---

〔1〕新中国成立后，傅莱继续留在中国并加入中国国籍，担任中国医学科学院顾问，当选为第六、七、八、九届中国人民政治协商会议全国委员会委员。2004 年 11 月 16 日，傅莱因病在北京逝世。遵照遗愿，傅莱的遗体捐献用于医学研究，骨灰撒在他曾经战斗过的革命根据地河北省唐县，与白求恩等战友一起长眠于中国的土地。

〔2〕来沪犹太难民死亡人数在 1942 年后直线上升，1940 年 130 人，1941 年 167 人，1942 年 230 人，1943 年 311 人。参见潘光．艰苦岁月的难忘记忆：来华犹太难民回忆录［M］．北京：时事出版社，2015：114.

在硝烟弥漫的艰苦岁月里，在饱受日寇侵略的危难之际，善良的中国劳苦大众不忘援助同病相怜的犹太难民。他们或出租房间安置犹太难民，或提供生活用品，或照看犹太儿童，温暖了无数犹太难民漂泊、困顿的心灵。犹太难民也慢慢融入上海的生活环境，学会生煤炉、倒马桶，说上海话，过中国年。犹太青年与中国姑娘喜结连理，犹太小孩和中国小伙伴一起在弄堂玩耍，在上海出生长大的犹太孩子后来被亲切地称呼为“上海宝贝”。中国人和犹太人在战争烽火离乱中同舟共济、患难相助，结下了弥足珍贵的真情厚谊。

1945 年二战结束后，犹太难民带着中国人民的情谊陆续离境，或重返欧洲，或移居美国，或建设新家园以色列。但是他们始终对上海难以忘怀，自称为“上海犹太人”，视上海为“第二故乡”。据统计，犹太难民在上海留下的历史遗址多达 48 处，这些遗址承载了犹太人在上海避难的集体记忆。改革开放后，尤其是 21 世纪以来，很多犹太人回到上海重游故地，缅怀过去的艰难岁月，致力于犹太人在上海的历史记忆的传播，为上海的经济发展牵线搭桥，反哺曾经包容接纳他们的“第二故乡”。

为纪念这段历史，上海市于 2007 年在摩西会堂旧址〔1〕设立了上海犹太难民纪念馆，2020 年完成扩建（图 1）。纪念馆通过近 1 000 件展品、近 20 个复原场景、161 个人物故事的沉浸式展陈，

〔1〕位于上海市虹口区长阳路 62 号，又称为华德路会堂。

真实生动地再现了犹太难民与中国人民患难与共的历史记忆。展陈中有一面以“拯救”为主题的上海犹太难民名单墙，初期刻有13 732 个名字，后增加至 18 578 个[1]。

图 1　上海犹太难民纪念馆

犹太难民与上海这座城、与生活在这座城的中国人相濡以沫的历史记忆，演绎了一段超越民族、信仰而守望相助、共度时艰的温情故事，闪耀着人性的光辉。历史昭示，即使在至暗时刻，人类的坚强和悲悯也不会泯灭，人性的光辉是一叶永不沉没的方舟，承载着人类休戚与共的命运，刺破黑暗，散发出正义文明之光。

---

〔1〕近年来，上海犹太难民纪念馆收集了犹太难民的身份证明文件、婚姻证书、信函、生活用品等 300 余件文献档案和实物史料，多数为犹太人捐赠。上海犹太难民名单墙镌刻的名字经过多年的收集和确认不断增加。1939 年出生在上海的犹太难民后代索尼娅·米尔伯格一直致力于整理研究二战期间上海犹太难民的名单，为此项工作作出了重要贡献。参见任鹏、曹继军. 用心记述犹太人在上海的特殊岁月——上海犹太难民纪念馆千件展品全新亮相［N］. 光明日报，2020-12-14（9）.

85

妈祖的“奇幻漂流”

——中华文化的传播、交融与认同

2019年11月14日，从厦门高崎机场出发飞往泰国曼谷的航班上迎来了一位特殊的“乘客”。根据其“身份证”显示，该“乘客”名叫林默，出生于960年3月23日，家住福建省莆田市湄洲岛林村1号[1]。这不是一千多岁的“福建姑娘”林默第一次坐飞机，也不是她第一次出国。早在2017年，她就坐飞机去过新加坡、马来西亚。2018年更是乘坐了游轮前往菲律宾。2019年，她还跨过赤道，前往位于南半球的澳洲悉尼。上千年来，林默脚步不歇，从福建莆田的一隅，走向亚洲，遍行全球。她就是我们熟悉的“海上女神”——妈祖。

如同中国民间信仰中形形色色的神明，妈祖在成神以前也曾是个真人。在传世文献和口述传说两种不同类型的史料中，生于宋初的湄洲女子林默有着多个不同的身世版本。由文人乡绅所写的书面文本往往倾向于其“出生于有德的下级官僚之家”，而在乡民的口口相传中，女神则是一个“贫穷渔民女儿的形象”[2]。无

---

〔1〕她是中国民航最牛旅客，也要买票安检坐经济舱吗？［EB/OL］. https：//www. thepaper. cn/newsDetail_ forward_ 4966300.

〔2〕刘永华. 中国社会文化史读本［M］. 北京：北京大学出版社，2011：127.

图 1　妈祖坐飞机视频截图〔1〕

论林默身世如何，其在世时乐善好助、慈悲为怀的形象得到了民间的一致认可。如元朝莆田人黄仲元说：“他所谓神者，以死生祸福惊动人，唯妃生人、福人，未尝以死与祸恐之，故人人事妃，爱敬如母。”〔2〕作为可以“乘席渡海”“化草救商”“祷雨济民”的神女，林默亡故后很快就成为乡民祭拜的对象〔3〕。

得益于湄洲屿交通与商贸的多重优势，借由渔民、海商、水师和游宦人士，妈祖信仰得以迅速传播。在“众神林立”的宋朝

〔1〕男子乘飞机坐妈祖神像旁：第一次见，被告知是幸运的［EB/OL］. https://www.thepaper.cn/newsDetail_forward_22816222.

〔2〕李伯重. 千里史学文存［M］. 杭州：杭州出版社，2004：292.

〔3〕“海神”崇拜在全世界各地都不鲜见，其性质往往更偏向巫术而非宗教。按照人类学家马林诺夫斯基的观点，“宗教创造一套价值，直接的达到目的。巫术是一套动作，具有实用的价值，是达到目的的工具”。在人类自然知识限度以外的领域，属于“巫术”这样一种“具有实用目的的特殊仪式活动”。以航海为例，人类固然会求之科学，如组织工作团体、建筑船只等，但在人事之外的天命，如海洋上的无常天气，则常诉诸“巫术”。参见［英］马林诺夫斯基. 文化论［M］. 费孝通译. 北京：中国民间文艺出版社，1987：48—51.

民间社会，被视为神女的林默在能力上与其他神灵相比并无独特之处，然而在诸多“海神”的竞逐中，妈祖却独得民众青睐。这离不开当地的文化渊源和社会经济背景[1]。在福建，妈祖不仅仅是航海者的守护神，更是“乡土之神”，成为人们日常生活与精神世界中难以分割的一部分[2]。通过闽人移民的传播，妈祖走出福建后形象发生了变化。围绕身世、神迹等内容，新的妈祖形象在文本的生产和改编中被层累地建构。宋元以来，由于沿海商业、经济的发展，海洋事务的重要性逐渐凸显，妈祖信仰经由朝廷赐额、加封，逐渐由国家“收编”，具有更多的“公务”性质，例如平寇、御敌、救灾、保护海漕等。伴随宋、元、明、清不同时期中央政府需求的变化，作为“公务之神”的妈祖形象各有侧重，地位亦不断沉浮[3]。

从福建“乡土之神”到全国“公务之神”，妈祖信仰的内涵不断丰富，传播空间亦显著扩大。但总体而言，执行国家“公务”

[1] 福建先民百越人本就有女性崇拜的传统。以海为生的福建水手，常常在台风肆虐的海域航行。在滔天巨浪中，帆船如落叶一般任由摆布。面对大海不可抗拒的威力，水手容易舍弃所谓“男性尊严”，产生呼唤母亲保护的本能心理。参见徐晓望. 妈祖信仰史研究［M］. 福州：海风出版社，2007：57.

[2] 妈祖的圣迹从救海难、救水旱、疗瘟疫、平盗寇、降魔镇邪、收伏妖怪、助修水利、拯救饥民、导航引路……一直到恩赐子嗣、保全胎孕等。这些，可以说包含了当时福建社会生活的主要方面。参见李伯重. “乡土之神”“公务之神”与“海商之神”——简论妈祖形象的演变［J］. 中国社会经济史研究，1997(2)：48.

[3] 例如元朝依赖海漕，妈祖作为“海漕之神”，深受政府重视，地位从宋朝的“妃”晋升为“天妃”。明朝妈祖地位有所低落，与明朝不再依赖海漕有关。清朝妈祖尤受礼敬，晋封为“天后”，一方面是因为清初统一台湾，朝廷需要作为“水师之神”的妈祖庇佑；另一方面也与道光朝后海漕恢复相关。参见李伯重. 千里史学文存［M］. 杭州：杭州出版社，2004：298—301.

的妈祖显然比不上关照黎民百姓的妈祖来得亲切。因此，真正使妈祖信仰走出福建、走向全球的关键，并非在于历代政权的推广，而更多来自民间的力量。正如社会学家杨庆堃所言：“在中国各个不同地区，公众性事务在社会生活中随处可见，比如庙会、在公共危机时举行的宗教仪式，以及节日场合的集体庆典……在这些公众事务中，宗教的基本功能就是提供一个可以超越经济利益、阶级地位和社会背景的集体象征，以便为形成民众对社区的凝聚力创造条件。因而，来自不同阶层的人们可以在共同立场上，接受同样的民间信仰。”〔1〕通过宗教祭祀活动，不同阶层、不同家族的人群得以融入一个更大的群体之中。

现代社团出现以前，华人社群往往以祭祀礼仪来加强地缘联系和控制〔2〕。妈祖起初作为福建地方神灵，常常成为凝聚同乡的信仰象征。明清以来，随着长途贸易的发展，福建商人以闽南会馆、林氏宗亲会等民间组织，将妈祖信仰带至江浙、两广、云贵、山东、辽宁等地区。在福建商人与各地商人的接触过程中，妈祖信仰也逐渐被当地人所接受，并渗透、整合了当地的一部分信仰系统〔3〕。至此，妈祖超越了福建“乡土之神”的地域范围，成为所谓“全国海商之神”。一些妈祖庙甚至成为不同籍贯商人共同议

〔1〕［美］杨庆堃．中国社会中的宗教：宗教的现代社会功能及其历史因素之研究［M］．范丽珠等译．上海：上海人民出版社，2007：86.
〔2〕赵世瑜．狂欢与日常——明清以来的庙会与民间社会［M］．北京：生活·读书·新知三联书店，2003：17.
〔3〕王霄冰．妈祖：从民间信仰到非物质文化遗产［J］．文化遗产，2013（6）：37.

事的场所，可见妈祖信仰超越了闽籍，成为跨地域商人共同的崇拜对象。

随着海外贸易的发展，妈祖信仰早在明朝便随海商的脚步漂洋过海，在异国他乡生根发芽。与国内的福建商人一样，出于凝聚整合共同体的需要，海外的华人也往往会于所在地建立集地缘和神缘为一体的社团组织。然而与国内不同的是，华人的妈祖信仰在异邦不再具有“公务之神”的地位和作用，其面临的问题是如何应对当地人群的神灵崇拜。

日本的妈祖信仰随着17世纪唐船贸易的繁盛而出现。明末清初，由于日本政府严禁天主教，长崎唐人因应日本政府要求，为避免误解，便以日本人熟悉的佛寺形式，将祭拜妈祖的场所改建为南京寺、漳州寺、福州寺。然观其内里，则依旧制而无所改。随着时代的变迁，祭祀活动的参与者从唐人扩散至日本民众，例如妈祖祭中吹奏唢呐事宜开始被委托给本地乐手。对此，从事唢呐演奏的日本乐手曾感叹：“市町中若无妈祖祭，我将难以维持生计。”因此，有学者认为妈祖信仰在日本的传播，隐藏在了一个“东西间的文明冲突、中日间的文明对话的时代语境下”〔1〕。如果说长崎的妈祖信仰是华人因应日本政策的一种文化调适，东日本的妈祖信仰则可以认为是中日文化的交融共生。明清易代之际，受尊崇中华文化的水户藩藩主邀请，大批明朝遗民流寓日本，妈

〔1〕林晶. 妈祖信仰在日本的传播与转型［J］. 华侨大学学报（哲学社会科学版），2021（1）：152.

祖像亦随之携往，妈祖信仰逐渐在当地民间得到发展。19 世纪 30 年代，水户藩兴起了一场以“尊王攘夷”为目的的“国粹运动”。在此背景下，一些地方的妈祖神像被替换为日本本土的神明“弟橘媛”。数年后，在当地村民的请愿下，妈祖像才得以复原，最终与日本本土神灵共享祭祀。这种与当地信仰相互融合的做法使妈祖文化落地生根，成为独具特色的日本本土信仰。直至今日，全日本保存妈祖信仰的场所有一百多处[1]。妈祖文化成为日本文化遗产的一部分，成为中日文化交流互鉴的见证。

除了日本，妈祖信仰在印尼、菲律宾等地也都出现了与当地文化相融合的现象。例如，东爪哇泗水福安宫不仅祭祀妈祖，还供奉了当地居民信奉的印度教女神。苏门答腊岛的天后宫除了中文名外，还增加了适应当地民众传播需要的印尼文[2]。在菲律宾，由于西班牙殖民当局的宗教压迫政策，当地华人在外界压力与传统生活的夹缝中挣扎，在宗教信仰方面出现了中西大混合的现象。例如将妈祖形象与天主教中的圣母形象相融合，天主教弥撒结束后接以三天中国戏等传统祭仪，弥撒钱与香烛钱并举等[3]。这些看似奇特的文化混杂，蕴含了当地华人的斗争血泪与生存智慧。

---

〔1〕童家洲. 日本、东南亚华侨华人的妈祖信仰［EB/OL］. http：//www.chinamazu.cn/rw/gd20131230/21915.html.

〔2〕林明太. 妈祖文化在海上丝绸之路沿线国家的传播与发展［J］. 集美大学学报（哲学社会科学版），2015（18）：4.

〔3〕李天锡. 试析菲律宾华侨华人的妈祖信仰［J］. 宗教学理论与其他宗教研究，2010（1）：139.

如果说以上地区的妈祖信仰是文化桥梁，起到促进中外沟通、融会中外文化的作用，那么新加坡、马来西亚等地区的妈祖信仰则更多起到整合社会群体、传承故土文化、培育文化认同的功能。19世纪以来，由于社会环境的变化，华人大多以劳工的形式大规模迁徙至东南亚、澳洲、拉美等地。随着华人社群在全球的开枝散叶，妈祖信仰也在其间纷纷落地。

在近代民族主义思潮兴起以前，基于宗教信仰的纽带是形成共同体的有效途径。来到海外的华人群体往往还会按照生活习俗、方言、地域等划分成“福建人”“广东人”“客家人”等不同群体，但妈祖已成为全国海商乃至普通民众共同信仰的守护神。因此，妈祖自然成为移民至海外的不同省份人群寻找认同的文化符号。当然，文化符号要发挥作用，还得依赖一系列外化的仪式与活动。除了日常的朝拜进香，组织、参与巡游祭拜等大型庆典活动是区分我者与他者的标志，这既可以为社群成员提供联络感情、联系商情和解决纠纷的场合，又可以整合社群内部的阶层秩序[1]。开篇出现的“妈祖坐飞机”，即为迎接湄洲妈祖“分身”至海外巡游的一幕场景。

20世纪以来，随着科学理性、民族主义等思潮的兴起，传统的妈祖信仰逐渐被冠以“非物质文化遗产”这一新名词。但无论如何，中华传统文化所蕴含的“义”“信”“和”等价值取向借由

〔1〕萧凤霞. 传统的循环再生——小榄菊花会的文化、历史与政治经济［J］. 历史人类学学刊，2003（1）：99.

妈祖信仰的形式得以延续与传承，直至今日依旧起到文化纽带和情感联结的作用[1]。近几十年来，随着传播媒介的现代化，妈祖文化开始进入电视剧、电影、动漫等新的传播载体，也出现了一些迎合当代青年的全新文化产品，如妈祖公仔玩具和明信片等[2]。

从“乡土之神”到“公务之神”再到“海商之神”，从宫观、佛寺到教堂，从神龛到神像，妈祖的形象和信仰形式在传播过程中，随着不同时代、不同地域、不同身份人群的需要而不断变迁。今日之妈祖亦可以作为海峡两岸和所有海外华人的“和平女神”，在塑造“人类命运共同体”的美好愿景中继续发挥文化使者的功能。

〔1〕许元振. 构建共同体：妈祖文化在东南亚华人社会中的独特价值［J］. 文化遗产，2021（2）：138.

〔2〕整理自彭文宇. 妈祖文化研究论丛：1［M］. 北京：人民出版社，2012：317—328.

86

熔炉还是拼盘

——美国移民社会的形成

美国作为一个典型的移民国家，其移民潮在不同历史时期呈现出不同的特点。从17世纪五月花号漂洋过海至19世纪南北战争后黑人问题的悬而未决，再到20世纪马丁·路德·金的梦想演说，直至21世纪初有黑人血统的奥巴马成功当选总统，这漫长而复杂的时空跨度中，历史的变革、人口的变化、文化的变迁如何被理解？以及在此基础上形成的美国移民社会，是熔炉还是拼盘？至今仍然是常看常新的问题。

17世纪初的英国移民潮开启了美国的移民史。为了寻求宗教自由，一批批英格兰清教徒与冒险者决意离开欧洲家园，踏上了前往美洲新大陆的航程。最著名的是“五月花号”的故事。据说有一批英格兰清教徒搭乘名为“五月花号”的轮船，跨越大西洋，抵达了马萨诸塞州的普利茅斯。路途艰险，为共渡难关，在旅途中，经过反复讨论，遵循平等和自愿的原则，他们签署了著名的《五月花号公约》，结成“一个紧密的世俗公民政治体”[1]。这个

---

[1] [美] 布莱福特．“五月花号公约”签订始末 [M]．王军伟译．上海：华东师范大学出版社，2006：序言5.

故事被认为确立了移民在北美新大陆的行为准则。1830 年代游历美国的法国史家托克维尔写道："十七世纪初在美洲定居下来的移民，从他们在欧洲旧社会所反对的一切原则中析出民主原则，独自把它移植到新大陆的海岸上。在这里，民主原则得到自由成长，并在同民情的一并前进中和平地发展成为法律。"[1] 这一系列关键词，包括"反对欧洲旧社会""民主原则""自由""民情"以及"法律"，共同构成了美国政治文化的核心要素。作为美国社会的基石，这些欧洲移民对美国主流文化的形成产生了重要影响。移民带来的语言、法律、制度乃至精神，在美国生根发芽，奠定了以欧洲文化为主导的移民社会的基础。因此，从这一视角观察美国与美国文化，可以认为美国是一个以欧洲白人为主体、以欧洲文化为主流的移民社会。

然而，考察 18 世纪以来美国社会移民结构的变迁，又为我们提供了观察美国移民社会的另一视角：美国文化的起源实际上是多源多样的，其社会文化的多元性与人口的多样性密切相关。"英格兰人占 60.14%，苏格兰人占 8.1%，爱尔兰人占 9.5%，德意志人占 8.6%，荷兰人占 3.1%，法国人占 2.3%，瑞典人占 0.7%，西班牙人占 0.8%。"[2] 18 世纪末的移民数据显示，这一时期欧洲移民占据了美国人口的主导地位，其中英国移民占比最高。随着时

〔1〕[法] 托克维尔. 论美国的民主 [M]. 董果良译. 北京：商务印书馆，1991：15.
〔2〕余志森. 美国多元文化研究：主流与非主流文化关系探索 [M]. 上海：华东师范大学出版社，2012：30.

间的推移，移民结构发生了变化。至20世纪六七十年代，在美国的移民人口中，“欧洲占比仅为33%，亚洲占比13%，拉丁美洲占比39%”〔1〕。80年代以后，欧洲移民的比例进一步下降，亚洲移民的比例则进一步上升。上述多样且变化的移民背景使美国形成了一个多种族的移民社会，两个多世纪以来，在北美这一历史空间中，欧洲、美洲、非洲乃至亚洲的文化长期融合、交汇，形成了丰富而独特的美利坚文化景观。

从文化交融的角度看，美国的移民社会被形象地比喻为文化“熔炉”。1908年，英国犹太作家伊斯雷尔·赞格威尔编写的戏剧《熔炉》上演并大获成功。“美国是上帝的坩埚，在这口伟大的坩埚中，欧洲所有的种族都在被熔化并且重构！……德意志人和法兰西人，爱尔兰人和英格兰人，犹太人和俄罗斯人——他们都同你一同进了这口坩埚！上帝正在制造美国人。”〔2〕剧中主人公以欧洲白人的视角表达了对美国移民社会的赞许，在主人公看来，各族裔群体在相互交流和融合中，逐渐形成了一种有别于各族群文化的新型美国文化。这种文化既受到各族群不同文化传统的影响，又体现了各族群在北美大陆共同开拓与创造的历程，具有独特的现代美国特性。“熔炉”说以话剧展演的形式呈现，在当时的美国社会尤其是普通民众间引起了广泛关注和讨论。

---

〔1〕余志森. 美国多元文化研究：主流与非主流文化关系探索［M］. 上海：华东师范大学出版社，2012：178.

〔2〕［美］戈登. 美国生活中的同化：种族、宗教和族源的角色［M］. 马戎译. 南京：译林出版社，2015：110—111.

然而，尽管存在着多元文化的融合，美国移民社会也面临着文化认同的困境。“熔炉”说提出后不久，便遭到了美国学术界的质疑，认为其实质是对于混杂了多族裔群体的“白人之国”的粉饰。加之种族歧视、文化偏见在美国社会长期盛行，非欧洲移民后代如何实现身份认同和文化传承，如何在融入美国社会的同时保持多元文化特色，成为重要议题。

因此，某种程度上而言，美国的移民社会也被理解为一个多元文化的“拼盘”。各族裔文化虽并存于美国社会，彼此之间却交织着各种深层次的矛盾，这种矛盾贯穿于整部美国历史中。1861年，林肯总统领导的南北战争成为美国历史的重要转折点。内战不仅是联邦制和奴隶制的较量，也映射出不同族裔之间的文化差异与冲突。南北战争期间，美国政府通过法案与宪法修正案废除了奴隶制度，尝试为黑人争取平等权利，却未能从根源上消弭种族歧视留下的历史伤痕。制度性的歧视正逐渐消解，而观念层面、意识层面的隐性歧视依然存在，实现社会公平正义仍然是一个长期而艰巨的任务。1963年，黑人民权运动领袖马丁·路德·金在林肯纪念堂发表了鼓舞人心的演说《我有一个梦想》，倡导社会正义，呼吁种族平等。但在当时的社会条件下，这一梦想依然遥不可及，5年后，马丁·路德·金在田纳西州孟菲斯市的酒店遇刺身亡，歧视、仇恨与偏见再次揭示了美国文化“拼盘”的种种困境。2008年，奥巴马当选为美国历史上首位有黑人血统的总统。在他的任期中，种族问题和文化认同成为公众持续关注的焦点。一方面，奥巴马的竞选成功被视为美国社会进步的象征，诠释了美国移民社会的多元性和包容性，显示了美国移民社会的“熔炉”特质。另一方面，奥巴马政府的移民政策也引发了争议和分歧[1]，揭示了美国社会中不同族裔之间的文化差异和利益冲突，反映了文化“拼盘”的现实。可以说，美国移民社会的多元文化并不是“等量、平等意义上的多元”，而是与美利坚合众国“立国、兴国、强国、扩张的全部历史进程”相伴生的，是美国主流文化与非主流亚文化“合众为一”[2] 的文化交锋。

美利坚合众国的历史是一部移民史。两个多世纪以来，欧洲、非洲、拉丁美洲各族裔或主动或被动地迁徙至北美大陆，由此形成的美国移民社会是民族大熔炉，是文化大拼盘，也是熔炉与拼盘的交织。可以想见的是，不同移民群体在思考如何保留和传承自身民族文化传统的同时，也尝试融入他者的文化元素，美国社会的主流文化逐渐演化为兼具各种文化元素的多元文化，“文化多元主义”遂成为美国社会的基本模型[3]。另一方面，正是由于多元文化的存在，美国社会对主流文化的认同成为美国的核心价值和凝聚力的重要来源，也为世界提供了“人类社会各民族文化同

〔1〕整理自张杰、袁媛、孙茹. 美国“熔炉”不熔：奥巴马政府时期拉美裔移民问题探究 [J]. 拉丁美洲研究，2016 (1)：82—97.
〔2〕整理自余志森. 美国多元文化研究：主流与非主流文化关系探索 [M]. 上海：华东师范大学出版社，2012：导论 7—10.
〔3〕[美] 戈登. 美国生活中的同化：种族、宗教和族源的角色 [M]. 马戎译. 南京：译林出版社，2015：34.

化、融合的最大的实验场"[1]。因此，美国移民社会既有“熔炉”的特质，也有“拼盘”的现实。

由此引发了一个更为深远的问题，即究竟应该如何看待人口迁徙与文化交融的实质？是移民群体融入并同化于主流文化的价值体系与生活方式，还是各个族群共同接纳与创造多元文化？实际上，“熔炉论”与“多元文化主义”的提出都是基于美国移民社会“文化多元”的现实。“熔炉”与“拼盘”的实质恰恰一致，二者的价值理想都是追寻内在的包容与平等[2]。并且，两种不同角度的观察，在美国的历史与现实中持续发挥着影响力。移民群体的多样性和文化认同的现实困境交织在一起，构成了美国社会发展的复杂图景。

---

〔1〕高鉴国. 依然是“熔炉”——论美国民族关系中的同化问题［J］. 世界民族，1998（3）：1.

〔2〕伍斌. 历史语境中的美国“熔炉论”析论［J］. 世界民族，2013（6）：17.

87

茶马古道今昔

茶马古道是当代学者提出的概念，其背后却承载着千年的历史与文化。1990 年 7 月，李旭、木霁弘、陈保亚、王晓松、徐涌涛、李林等 6 位学者（后有“茶马古道六君子”之称）与马帮青年杜机一道展开了艰辛的探究之旅。他们从云南迪庆州的德钦县出发，行至西藏昌都，随即转向四川康定，最后返回云南迪庆州的中甸，沿途历经了千难万险，甚至还穿越了野兽出没的原始森林，整个行程花费一百多天时间，完成了对位于滇、藏、川三角地带古道的考察，并正式将这条古道命名为茶马古道[1]。茶马古道不仅是商贸通道，更是文化交流的桥梁，通常被认为是“西南丝绸之路”的重要分支。茶马古道上，各民族文化交融与传播，形成了独特而丰富的文化景观。如今，随着“一带一路”倡议的提出，茶马古道再次引起了广泛关注，它不仅成了历史的见证者，更承担了未来开拓者的重任。

茶马古道作为中国古代西南地区最重要的政治、经济、文化

〔1〕王明达、张锡禄. 马帮文化［M］. 昆明：云南人民出版社，2008：1.

大通道，1 000 多年来在边疆治理、民族融合、中外交通等方面作出了无可替代的贡献。

兴于唐宋、盛于明清的茶马古道是一条主要穿行于今藏、川、滇横断山脉地区和金沙江、澜沧江、怒江三江流域，以茶马互市为主要内容，以马帮为主要运输方式的古代商道[1]。茶马古道险峻，横断山地形地质结构复杂，泥石流、大滑坡时有发生，山峰峡谷与江河交杂相泻，需时而攀爬寒冷的雪山，时而穿行炎热的河谷；茶马古道狭窄，一般只有两尺多宽或更窄，乱石叠嶂，古道和溪流不分，行走探路甚为艰难。尽管如此，茶马古道历经千年还是顽强地生存下来了。茶马古道的路线错综复杂，主要路线位于民族种类最多、最复杂的云南、四川、西藏三地，通过青藏、川藏、滇藏三条主干线及众多分支将西藏与内地广大地区紧密联系在一起，并辐射至贵州、新疆、甘肃等地，构成了庞大的交通网络，推动了西南地区各民族经济文化的发展。同时，这条民族经济文化交流的走廊，是以汉藏两族为主体的西南地区各民族和睦相处、同生共存的历史见证，也是西藏自古以来就是中国不可分割的一部分的铁证。茶马古道还随着商帮的辗转运输，向西南外延至印度、尼泊尔、缅甸、老挝和越南等国，成为连接中国与东南亚、南亚文化圈的重要陆上通道，甚至西亚、西非红海海岸也是茶马古道覆盖的范围，在中外交通史上拥有不可或缺的地位。

---

〔1〕格勒. “茶马古道”的历史作用和现实意义初探［J］. 中国藏学，2002（3）：59.

因此，有学者认为“蜀身毒道”“滇越麋泠道”等均应视为“茶马古道”的一部分。由此，茶马古道不仅促进了古代中国与周边国家的贸易往来，更在文化交流、宗教传播等方面发挥了重要作用。茶叶、丝绸等中国特产通过这条古道传到了世界各地，同时也带回了各种外来文化和商品，丰富了中华民族的文化内涵。

中原和西南地区自古就存在着联系。位于青藏高原的霍霍西里、申扎和定日三个旧石器时期考古遗址的发掘，不仅揭示了中国早期人类于横断山脉西侧区域生活繁衍的情况，还透视出他们可能与中原地区存在某种交流或联系。至于新石器时期的考古发现，则有更多的证据能印证中原与云南地区之间的频繁往来，特别是位于云南北部的金沙江中部地区以及云南元谋的大墩子遗址和洱海之东的宾川白羊村遗址，其墓葬类型、房屋设计方式以及稻谷类碳化物，都可视作云南地区与黄河及长江地域的居民交往的证据[1]。这种交往为后来的茶马古道等商贸通道的形成奠定了基础。

两汉时期，统治阶层大力开发“西南夷”地区，贯通了“南夷道”和西南丝绸之路的“灵光道”，并在云南推行郡县制。元狩元年（公元前122年），张骞出使大夏[2]归来后，声称在大夏曾见到蜀布、邛竹杖，询问当地人从何而来，答曰：“从东南身毒

〔1〕整理自云南省博物馆. 元谋大墩子新石器时代遗址［J］. 考古学报，1977（1）：46—47.

〔2〕大夏即“希腊-巴克特里亚王国”，中国史籍称之为“大夏”，部分包括今阿富汗北部地区。

国，可数千里，得蜀贾人市。”[1] 这说明中国最早通往印度的蜀身毒道，在张骞出使西域之前就已存在，且通达印度并与西亚相连，以至于张骞在大夏（阿富汗）看到邛崃竹杖、蜀布而大为惊讶。但这条中印交通的道路，只因完全由民间开通，故未被官方史书所记载。通过这条商路，马帮从其他省份把铁器、丝绸、瓷器输入云南和东南亚各国，同时将金银珠宝、玉石、香料、象牙、犀角等外来物品输入内地。可见，两汉时期无论是官方抑或民间，都通过滇藏川地区的以物易物不断开辟新道路，这些道路逐渐发展并构成了茶马古道的前身。

唐朝时期，文成公主、金城公主和亲不仅加深了唐蕃之间的政治联系，更在沟通唐蕃古道之时，便利了两族的文化交流，留下了深刻印记——公主带去的茶叶，因能解肉食之腥、青稞之热而大受欢迎，吐蕃由此“渐慕华风”。但青藏高原并不产茶，唐蕃古道虽然也运茶，但运茶量较低，主要商品仍然是丝绸。抓住商机的茶商、马帮，将大量川茶销往青藏，再将青藏良马带回。随着各地对茶叶的需求日盛，为加强管理并规范市场，朝廷施行茶马互市、茶税、榷茶等制度等，在此情形下，马帮将视线转向了茶马贸易，以唐蕃古道的沟通为基础，茶马古道初见形态。在今天的藏语中，仍把汉族同胞称为“甲米”，意为“产茶或贩茶的人”。这一称呼不仅是对历史的一种记忆，更是藏族同胞钟爱中原

[1]（西汉）司马迁．史记［M］．北京：中华书局，1973：2295.

茶叶的体现。

宋朝时期，茶叶经济繁荣发展，而西部地区对茶叶有着旺盛的需求，吐蕃及西北诸民族“所嗜唯茶”。当时由于宋朝同西北少数民族的战争时断时续，西部盛产的良驹恰好适应了宋政权稳固西部边疆的迫切需求。由此，茶叶与马匹的交易形成了互补，宋政权对茶马贸易愈加重视，正式建立起了茶马互市制度。宋神宗熙宁六年（1073年），陕西茶马道北路马源告竭，这就是所谓“马道梗塞”现象。故而宋政府规定“专以雅州名山茶为易马用”[1]，并在名山设置“茶马祠”（茶马司）统一管理茶马交易，以确保贸易的顺畅进行。茶叶逐渐成为中原地区与藏区人民之间互通有无的重要媒介，茶马古道作为商品运输路径的重要性日益彰显，茶马贸易也成为中央政府对西南地区进行政治控制的重要手段。

元朝时期，中央政府改变了对茶马古道的运营、管理方式，开始设立马政制度，拓展茶马古道并在沿线设立驿站，由此茶马古道不仅成了经贸之道、文化之道，更是成为安藏之道。明朝时期，中央政府特别重视茶叶对于安定藏区、促进国家统一的作用，制定了关于藏区用茶的生产、销售、贩运、税收、价格、质量、监察等一系列法规和制度。茶马互市的景象日益兴盛，贸易形式也日趋多样，如政府贸易、朝贡贸易等。清朝时期，朝廷对西北、西南等边疆地区的统治逐渐深入，并在东北建立养马场，马匹亦

---

〔1〕（元）脱脱等．宋史［M］．北京：中华书局，1977：4952.

不再是稀缺之物，以茶易马的茶马互市制度逐渐衰落。但茶马古道依旧热闹，产品交易的种类不断丰富，除茶叶与马匹外，还包括内地生产的丝绸、布料等其他生活用品和西部地区出产的虫草、藏红花等珍贵药材。民国时期，尽管茶马古道已不再是主要的商贸通道，但在特定历史时期依然发挥着举足轻重的作用。例如，在长征过程中，红军曾多次穿越茶马古道，利用其复杂地形和丰富资源进行艰苦卓绝的抗争；又如，在抗战的严峻时刻，当日本侵略军对中国实施海上封锁，滇缅公路被迫中断时，从印度的噶伦堡、加尔各答经由拉萨辗转至丽江的茶马古道，一度成为中国西南最为重要的国际运输线，承担起为西南大后方输送抗战物资的重任，许多赶马人投鞭从军，奔走于大西南的茶马古道上，茶马古道成为抗战时期的生命线。特殊时代的茶马古道，见证了红军长征和抗日战争的艰辛历史。

新中国成立后，党和国家以移山之心力开辟大西南通路，曾经用生命和汗水在茶马古道上生死跋涉的马帮，逐渐退出了历史舞台，取而代之的是现代化的交通网络。昆渝高速、内昆铁路、昆水公路、水道、五尺道并行越过关隘，犹如一座穿梭于山川之间的浩荡的交通博物馆，生动展示着茶马古道千百年来的交通变迁。细看今天的大西南交通网络图，不禁为历史的巧合而惊叹——214 国道、318 国道，分别与茶马古道滇藏道、川藏道基本吻合；昆磨高速，与茶马古道滇西南段大致贴合；成昆铁路、成昆高速、昆瑞高速，与茶马古道线路总体相似……这不是历史的巧合，而是中华民族生生不息、接续奋斗在大地上留下的印记[1]。

茶马古道因其悠久的文明互鉴的历史而备受瞩目，它是多民族和谐共融、多元文化交流的生动走廊。千百年来，随着马帮在茶马古道游走，各民族加强了沟通，增进了情感，促进了政治、经济、文化的互动；中国人、印度人、波斯人等将茶叶接续转运至世界的另一边，形成了一条条绵延无尽的商路。茶以及驮运茶的马，已然成为一种文化“符号”。茶马古道也是东西方文明传播的通道。在茶马古道上，信徒与茶商相伴而行，为途经区域带来了不同的信仰。通过茶马古道，印度的佛教在唐朝传至大理，留下了大量的佛教艺术瑰宝，大理三塔和剑川石窟是这一时期最具代表性的建筑佳作和石刻艺术珍品。藏传佛教在云南的传播，促进了纳西族、白族和藏族在这一区域的宗教融合和文化交流。茶马古道还是城镇发展之道。茶马古道的繁荣，促进了沿线城镇的发展。世界文化遗产丽江古城就是随着茶马互市的兴起而发展起来的。清雍正年间普洱府在宁洱设立，思茅设总茶店，各地茶商在思茅开设茶号、茶庄，思茅城日渐兴旺，成为滇藏道的中心。西双版纳的易武、大理的沙溪、迪庆的建塘镇以及四川的康定、西藏的昌都等城镇，皆生发于茶马古道而不断走向繁荣。茶马古道赋予沿线城镇以独特的古韵气质和文明内涵。

如今，茶马古道这一历经千年的大通道被赋予了崭新的时代

〔1〕张勇、徐鑫雨、李晓、阮紫嫣、张澄澄. 听，茶马古道上的千年回响［N］. 光明日报，2023－05－23（1）.

意义。在“一带一路”倡议的广阔视野下，在中华民族多元一体的框架和人类命运共同体的格局中，茶马古道对促进地区发展、深化中国与沿线国家合作、构建国际协调机制等事务，将发挥越来越重要的现实作用。

88
敦煌石窟壁画中的丝路风情

著名学者季羡林曾言："世界上历史悠久、地域广阔、自成体系、影响深远的文化体系只有四个：中国、印度、希腊、伊斯兰，再没有第五个；而这四个文化体系汇流的地方只有一个，就是中国的敦煌和新疆地区，再没有第二个。"〔1〕

敦煌在文化史上的地位，与其所处的独特地理位置息息相关。敦煌位于甘肃河西走廊的最西端，这条狭长的走廊向东可通往中原腹地；向西延伸至苍茫的塔克拉玛干大沙漠，通达中亚和西亚；南、北则分别与青藏高原和蒙古高原毗邻。得天独厚的地理位置使河西走廊自古以来就是沟通东西的丝绸之路的必经之地。隋代裴矩在《西域图记》中所记，前往西域的道路虽有北、中、南三条，但不论哪一条都途经敦煌，可谓丝绸之路的"咽喉之地"。正因为坐落于几大地理单元相互联系的枢纽位置，敦煌成为欧亚大陆国际文化交流的"都会"。历史上，诸多农耕民族和游牧民族都曾在此驻足交流、休养生息。可以说，敦煌文化是居住于此的各

〔1〕季羡林. 中国文化与东方文化［M］. 北京：新世界出版社，2017：171.

族人民共同塑造的。早在先秦和秦汉时期，塞种、乌孙、月氏、匈奴等族就在此活动；自西汉建郡以后的2 000多年间，敦煌成为众多民族联系交往的路口要埠。除了汉族，还有来自北方蒙古高原的突厥、回鹘、蒙古等族，南方青藏高原的羌、吐谷浑、吐蕃等族，来自西方的昭武九姓以及其他胡人，以及来自东方的党项族等，都在这片土地上留下了历史的印记。多民族交往交流，东西方文明交融汇聚，赋予了敦煌历史文化多元的色彩和深厚的底蕴。

石窟是敦煌历史文化瑰宝的重要载体。所谓石窟，是一种源于古印度的佛教建筑形式，最初主要用于苦行僧的禅修，因而被称为“禅窟”。后来又出现了供奉佛像的“礼拜窟”，再逐渐演变成一种集众多艺术形式于一身的综合体。石窟艺术于公元4世纪左右传入中国并迅速流行开来，仅敦煌一地便拥有莫高窟、西千佛洞、瓜州榆林窟、东千佛洞等8座石窟。这其中最负盛名的无疑是莫高窟。莫高窟位于今敦煌市东南25公里处的鸣沙山东麓，坐西向东，南北长约1 680米。其历史可追溯至公元366年，历经16个王朝长达近千年的建设和保护，最终形成了庞大的艺术群体，包括735个洞窟和49 000平方米的壁画、散画和浮雕。作为世界上现存规模最大、内容最丰富的佛教艺术宝库之一，莫高窟于1987年被联合国教科文组织列入世界文化遗产名录。莫高窟的雕塑、壁画等作品，在描绘佛教故事的同时，也在一定程度上反映了不同历史时期人们的现实生活情景，打下了中国传统艺术与外来文化相结合的历史烙印，通过文中所选取的这些具有代表性的莫高窟壁画，可以领略丝绸之路文明的独特风景。

自从作为西汉在甘肃河西走廊设置的四个郡级行政机构之一，敦煌见证了丝绸之路的千年兴衰。这幅绘制于初唐的莫高窟第323窟北壁的壁画《张骞出使西域》（图1），是研究丝路历史的重要壁画之一。画面分为四个场景，情节自右向左展开，以山峦将故事情节分隔。画面的右上方部分描绘了汉武帝在众人簇拥下虔诚跪拜甘泉宫内的两尊金像的场景。旁边题字写道："汉武帝将其部众讨匈奴，并获得二金［人］，长丈余，列之于甘泉宫，帝为［谓］，

图1　莫高窟第323窟《张骞出使西域》[1]

〔1〕段文杰、樊锦诗主编，中国敦煌壁画全集编辑委员会编．中国敦煌壁画全集5：敦煌初唐［M］．沈阳：辽宁美术出版社，天津：天津人民美术出版社，2006：106.

常行拜谒时。”[1] 意指汉武帝讨伐匈奴时获取两尊金像，将其供奉于甘泉宫并定期祭拜。画面下方一人跪地，向骑马的汉武帝告别，旁边是手持旌节的侍从和驮着包裹的马匹。该场景的题字写道：“前汉中，帝既获金人，莫知名号，乃使博望侯张骞往西域大夏国，访问名号时。”[2] 意思是汉武帝为打听那两尊金人的名号，于是派遣张骞出使西域大夏国。画面由下向上延伸，呈现了三人跨越千山万水的情形。最后的场景位于壁画左上角：一座西域风格城池内耸立着佛塔，城门外站着两名身着袈裟的僧侣迎接使者一行。这幅唐朝壁画将张骞出使西域与佛教传入中国联系在一起。然而实际情况是，张骞出使西域发生在西汉中期，而佛教传入中国则发生在两汉之交，两件史事相隔大半个世纪。学术界普遍认为，这很可能是当时佛教徒出于拔高佛教地位之目的而刻意为之[3]。尽管如此，这幅壁画在一定程度上印证了人们对张骞“凿空西域”这一壮举的认可，以及古代中国与南亚、中亚等古代区域文明通过丝绸之路推动文化交流的记忆。

敦煌作为东西贸易的重要城市，其繁荣的商旅往来场景在石窟的壁画中得到了生动的呈现。在莫高窟第 296 窟的北壁上有一幅根据《佛说诸德福田经》而创作的经变画（图 2），采用上下并列

---

〔1〕张元林．“图文互证”与“语境构建”——关于敦煌艺术资料对于艺术史研究之意义的思考［J］．西部文艺研究，2022（1）：108.

〔2〕张元林．“图文互证”与“语境构建”——关于敦煌艺术资料对于艺术史研究之意义的思考［J］．西部文艺研究，2022（1）：108.

〔3〕沙武田．角色转换与历史记忆——莫高窟第 323 窟张骞出使西域图的艺术史意义［J］．敦煌研究，2014（1）：25.

的横卷式构图，描绘了“广施七法”中的五个事例。其中的一幅画面展现了“五者安设桥梁，过度羸弱；六者近道作井，渴乏得饮”[1] 的场景：画面上部的路边有一辆卸下车辕的骆驼车，人和牲畜在水井旁休息，水井的一边刻画了给骡马饮水和为骆驼喂药的情节。画面下部，两名裹着头巾的北周商人骑押着满载的驮队正在过桥；桥的另一侧，一位高鼻深目的异域商人，牵着两峰载着货物的骆驼，引领商队前行。观此画，昔日悠扬的驼铃声仿佛依旧回荡在耳畔。另一幅绘制于盛唐时期的第 45 窟南壁西侧的经变画（图 3），则描述了一段“胡商遇盗”的情节。画面中一群高鼻深目、浓密卷须的西域商人，头戴毡帽，穿着贯头衫，赶着毛

图 2　莫高窟第 296 窟《福田经变》（局部）[2]

---

[1]（唐）释道世. 法苑珠林：上 [M]. 扬州：扬州广陵古籍刻印社，1990：519.

[2] 段文杰、樊锦诗主编，中国敦煌壁画全集编辑委员会编. 中国敦煌壁画全集 3：敦煌北周 [M]. 沈阳：辽宁美术出版社，天津：天津人民美术出版社，2006：124.

图3 莫高窟第45窟《商人遇盗之脚夫与驮畜》[1]

驴，扛着货物，在山野中行进。他们突遇强盗被拦住，只得无奈卸下货物求饶。这两幅壁画生动地再现了千年前丝绸之路上东西方商贸往来的景象，有祥和的场景，亦有不测之风险。

舞乐也是敦煌壁画中常见的场景。其中第220窟北壁的《舞乐图》（图4）堪称规模宏大。这幅初唐时期根据《佛说药师如来本愿经》绘制的经变画，其画面两侧是坐在长方形毯子上的两组乐队，分别为15人和13人。这些乐手肤色不同，演奏着各式乐器，有中原汉民族的乐器、西域少数民族打击乐与吹奏乐，以及从外国传入的弹拨乐等共15种。画面中央四名舞伎在热烈舞动，她们排成两组分列左右，各自站立于小圆毯上，一组展臂挥巾，

〔1〕中国壁画全集编辑委员会编. 中国壁画全集：敦煌6：盛唐［M］. 天津：天津人民美术出版社，1989：67.

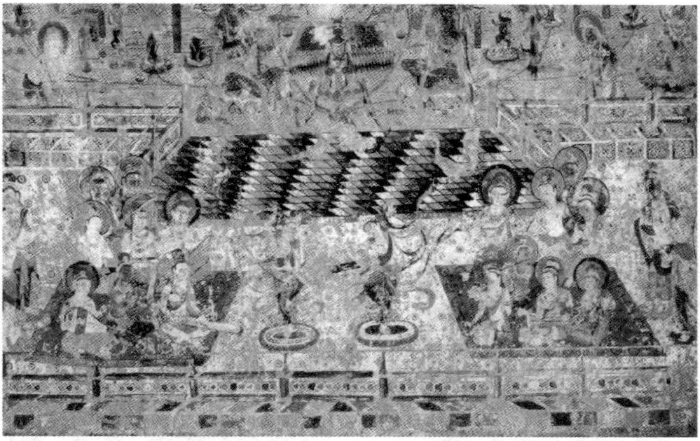

图 4 莫高窟第 220 窟《舞乐图》[1]

绺发飘扬，似乎在旋转；另一组则举臂提脚，纵横腾踏，展现出华丽的舞姿。据学者考证，这很有可能就是唐朝流行的西域舞蹈胡旋舞和胡腾舞。绘制于中唐时期的第 112 窟南壁的《观无量寿经变之舞乐》（图 5），则展现了另一个令人印象深刻的舞蹈场面。一名舞者居于中央，高举琵琶反背在身后，屈身向右，右腿吸起，跃跃欲试，飘带随之舞动，呈现出极具动感的形态。舞伎的两侧，各有三名乐伎排成半圆形，正演奏着琵琶、阮、箜篌、拍板、横笛和鸡娄鼓等乐器，而他们的目光则聚焦于中央舞者身上，呈现出灵动和谐的舞乐画面。如今，这位反弹琵琶的舞者已成为敦煌的标志，其雕像矗立于敦煌市中心，欢迎来自四方的游客。这两

---

〔1〕段文杰、樊锦诗主编，中国敦煌壁画全集编辑委员会编. 中国敦煌壁画全集 5：敦煌初唐［M］. 沈阳：辽宁美术出版社，天津：天津人民美术出版社，2006：39.

图 5　莫高窟第 112 窟《观无量寿经变之舞乐》[1]

幅壁画鲜明的异域风情，不仅反映出丝绸之路上多元文化融合和各族和睦共处的美好景象，也折射出大唐盛世兼收并蓄的恢宏气象。

当然，敦煌壁画中最为大众熟知的意象，非“飞天”莫属（图 6）。尽管在敦煌壁画中飞天形象通常扮演陪衬点缀的角色，但其登场频次之多令人惊叹，几乎窟窟有飞天，在保存较为完整的敦煌洞窟中，大大小小的飞天形象竟超过 4 500 余幅。飞天的形象也随着时代的发展而不断变化，最早的飞天源自古印度的香神乾闼婆和歌神紧那罗，后来在犍陀罗艺术的影响下，印度飞天融会

〔1〕段文杰、樊锦诗主编，中国敦煌壁画全集编辑委员会编. 中国敦煌壁画全集 7：敦煌中唐［M］. 沈阳：辽宁美术出版社，天津：天津人民美术出版社，2006：23.

了希腊、罗马和波斯的艺术风格。自西域传入中原以来，飞天又逐渐褪去翅膀，披上了飞动的帛带；在中原文化的日益熏陶下，其造型从早期身体粗短、造型朴拙的男性形象逐步蜕变为今人所熟悉的婀娜多姿、轻盈飘逸的女性形象。飞天的意象作为丝绸之路上各种文化交汇孕育的生动符号，展现了敦煌文化的多元、流变与融合。

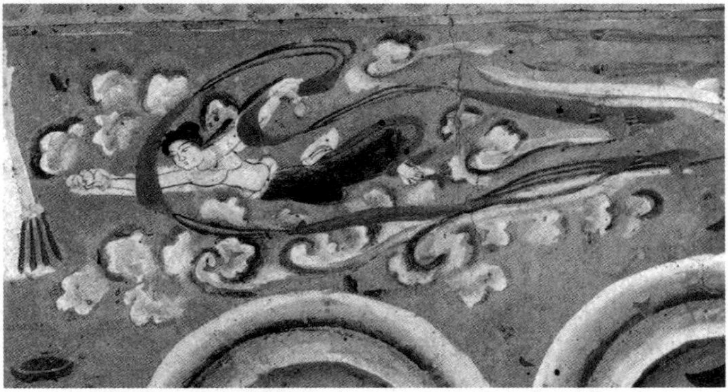

图 6　莫高窟第 329 窟《飞天》〔1〕

敦煌的石窟壁画见证了千年丝路的兴衰变迁，蕴含着极为深厚的历史价值和审美价值。透视文中呈现的为数不多的莫高窟壁画，亦可一览古代丝路文明的独特风采，领略其不同凡响的卓越魅力。因而，今人更有责任守护好这份宝贵的文化遗产，让它作为人类文明互鉴共荣的历史见证和美好祈愿而得到永世传扬。

〔1〕段文杰、樊锦诗主编，中国敦煌壁画全集编辑委员会编. 中国敦煌壁画全集 5：敦煌初唐［M］. 沈阳：辽宁美术出版社，天津：天津人民美术出版社，2006：79.

89

清朝外销瓷中的西方元素

中国是瓷器的故乡。瓷器是中国古代劳动人民的伟大发明创造，在古代中外物质文化交流中扮演着重要角色，英文“瓷器（china）”与中国（China）同为一词。据历史学家的考证，自唐朝中晚期始，中国瓷器就通过陆上和海上丝绸之路源源不断地输往国外。随着大航海时代的到来，全球海路大通，欧洲与东亚之间的远距离直接贸易成为可能，而中外瓷器贸易在市场规模、销售网络、人文影响等方面也发生了深刻变革。

16世纪，葡萄牙将中国瓷器带入欧洲，激发了欧洲人的浓厚兴趣。17世纪，拥有非凡航海能力的荷兰控制了世界重要贸易路线和贸易港口，自然成为中国瓷器转口贸易的垄断者。18世纪，取代荷兰贸易垄断地位的英国开始主导中国与全球其他地区的瓷器贸易。两百年间，中国瓷器外销达到巅峰。一方面，明末清初中国瓷器生产和运输的优越条件，以及相对活跃的商品市场，促进中国瓷器对外贸易的发展；另一方面，随着西方参与瓷器贸易的深化，按西方消费者需求定制的外销瓷器大量涌现，据《景德镇陶录》所记：“洋器，专售外洋者。商多粤东人，贩去与洋鬼子载市，式多奇巧，岁无定样。”[1] 保守估计，仅18世纪一百年间，中国专门为外销欧洲所烧制的瓷器数量就超过6 000万件[2]。这些外销瓷器在形制、主题、纹饰、绘画风格等方面都融合了西方异域风情，不仅具有极高的审美价值，也是研究明清时期中西交往的重要史料。

清朝时期中国外销瓷器型渐趋多样。为了迎合欧洲人的使用习惯和审美趣味，许多外销瓷借鉴模仿欧洲流行的金银、玻璃和陶瓷之器型，形成了与中国传统瓷器截然不同的风格。“民以食为天”，饮食器皿是定制外销瓷的最主要门类之一。图1为清康熙年间景德镇窑产的青花镂空人物图果篮和托盘，通体镂空，精细素雅，展现了中国工匠高超的制瓷工艺。其独特的造型源自近代欧洲家庭常用的果篮，主要被用来容纳容易腐坏的莓果，兼具实用性和审美价值。图2为景德镇窑产的青花果树纹油醋瓶，造型别致，灵动清

图1　清青花镂空人物图果篮和托盘[3]

（上海博物馆藏）

图2　清青花果树纹油醋瓶[4]

（上海博物馆藏）

---

〔1〕傅振伦著、孙彦整理.《景德镇陶录》详注［M］. 北京：书目文献出版社，1993：30—31.

〔2〕沈福伟. 中西文化交流史［M］. 上海：上海人民出版社，1985：464.

〔3〕上海博物馆. 东西汇融——中欧陶瓷与文化交流特集［M］. 上海：上海书画出版社，2021：286.

〔4〕上海博物馆. 东西汇融——中欧陶瓷与文化交流特集［M］. 上海：上海书画出版社，2021：287.

新。它采用双口联体的设计，器腹分为两个独立的空间，可同时盛放两种液体，设计灵感源自16世纪意大利用作家庭调味容器的双管油醋瓶，可称得上是外销瓷器的精品之作。此外，许多其他类型且具鲜明欧洲风格的日用器皿，也成为中国工匠设计灵感的源泉。比如，图3为烧制于1775年的清粉彩贴花怀表架座，其器身呈圆筒状，下设外撇圆座，正面设有半球形凹槽，打开盖子可将一块怀表置于其中。这种怀表架座的设计灵感来自德国迈森瓷器，该厂是欧洲最早成立的瓷器制造厂，因以假乱真复制东亚瓷器样式而闻名，未曾想其创意竟反过来影响了瓷器发源地的产品设计，不禁令人感慨。

图3 清粉彩贴花怀表架座[1]
（广州博物馆藏）

除却器型造型，外销瓷器的纹饰图案往往也呈现出浓郁的异域风情。这些纹饰图案题材广泛，纹样色彩或瑰丽或素雅，散发出独特的艺术魅力。纹章瓷是清朝外销定制瓷器中最具欧洲特色的瓷器品种之一。据统计，仅英国从中国进口的外销瓷中，就包含了超过4 000种不同款式的纹章瓷[2]。纹章瓷，又被称为“徽章瓷”，特指欧洲国家在中国定制的绘有王室、贵族、军团、城市、公司、组织等徽章和甲胄图案的瓷器，

〔1〕蔡广辽主编. 盛世收藏——鉴定与市场高层论坛文集［M］. 广州：广东旅游出版社，2010：56.
〔2〕赵志华. 从康乾年间外销瓷看中西文化的交融［J］. 艺术探索，2007（2）：33.

图4为美国温特图尔博物馆的藏品——清普鲁士国王家族纹章瓷盘。纹章瓷通常为皇室、贵族所定制，故对瓷器的各方面都有严格的要求，纹章瓷也因此被视为外销瓷器中的精品。不仅如此，纹章瓷大多是为喜庆典礼而定制的，故有特定的追溯年代，因此又蕴含着丰富的历史信息，成为瓷器收藏者和研究者竞相追捧的一种外销瓷类型。宗教与神话是外销定制瓷器的又一重要主题，其中以《新旧约全书》及希腊罗马神话故事为最多。图5为红彩描金耶稣受洗图盘，盘沿环绕着四位天使，盘中央绘有耶稣站于约旦河中，施洗者约翰左手持杖，右手洒水施洗，上方有象征圣灵的鸽子散发着光芒，烘托出一派安详肃穆的气氛。盘底刻有"MAT3. 16"字样，提示盘子描绘

图4 清普鲁士国王家族纹章瓷盘[1]

（美国温特图尔博物馆藏）

图5 清红彩描金耶稣受洗图盘[2]

（法国吉美国立亚洲艺术博物馆藏）

〔1〕甘雪莉. 中国外销瓷［M］. 上海：东方出版中心，2008：139.

〔2〕上海博物馆. 东西汇融——中欧陶瓷与文化交流特集［M］. 上海：上海书画出版社，2021：88.

的场景源自《马太福音》第三章第16节："耶稣受了洗，随即从水里上来。天忽然为他开了，他就看见神的灵仿佛鸽子降下，落在他身上。"细细鉴赏画面中人物的容貌、服饰和环境，似乎并未体现出多少地中海东岸风土人情的特色。显然，这件瓷器的图案虽源自基督教题材，却包含了画匠基于本地风物想象而创作的成分。

图6　清青花鹿特丹暴动图盘[1]
（上海博物馆藏）

此外，一些欧洲当时发生的历史事件也成为纹样的来源。图6为清康熙年间烧制的青花图盘，绘制了鹿特丹暴动的历史场景。盘心描绘人群聚集在一排房屋旁，有人猛力砍砸，有人攀爬梯子，还有人振臂高呼，手持武器发动攻击。这一场景的原型是荷兰历史上轰动一时的鹿特丹税政起义。事情起于一位名叫考斯特曼的人拒绝缴纳不合理的货物税，与一个税务官员发生了肢体冲突，导致税务官员死亡，考斯特曼随后被判斩首。这一事件引发了鹿特丹居民的愤怒，他们发动起义冲击法院大楼以抗议不公正的判决。为纪念这次起义，当时不仅创作了版画，甚至还铸造了纪念币。这件图盘

[1] 上海博物馆. 东西汇融——中欧陶瓷与文化交流特集［M］. 上海：上海书画出版社，2021：291.

所描绘的场景与纪念币的构图完全一致，据此推测当属中国工匠根据纪念币进行的摹画。透过这件外销瓷，我们得以目睹中外历史在不同时空的一次奇妙交错。

日常生活也是外销瓷纹饰呈现的重要主题之一。这一主题涵盖了各类生活场景，其中包括人们喝茶、交谈、垂钓、与宠物玩耍、喂养家禽等各种生活动态，也描绘了各色人物、建筑、景致等风物。图 7 为清广彩十三行图碗，图上商馆云集，各国国旗迎风飘扬；商馆前的街道沿河延伸，人潮涌动，商船辐辏，一派繁荣兴旺的景象。自乾隆二十二年（1757 年）开始，朝廷将广州定为官方与外国通商的唯一口岸。作为清朝唯一合法的外贸关口，广州成为中外商人的汇聚地。这一状况持续了整整 85 年，直至 1840 年鸦片战争爆发。此间，具有半官半商性质的广东十三行垄断外贸市场，成为当时中国最具西方风情的地方。这件瓷器以其细致入微的笔触，栩栩如生地刻画了这一时期中外贸易的状况，极具历史价值。

图 7　清广彩十三行图碗〔1〕

（法国吉美国立亚洲艺术博物馆藏）

〔1〕上海博物馆. 东西汇融——中欧陶瓷与文化交流特集［M］. 上海：上海书画出版社，2021：110.

图 8　清广彩开光人物纹碗[1]
（广州博物馆藏）

在众多描绘日常生活的外销瓷中，一种以“满大人”为主题的外销瓷格外受欢迎，尤其于 18、19 世纪大量流入欧洲社会（图 8）。“满大人”（Mandarin）一词源自葡萄牙语中的动词 mandar，意为“统治”或“管理”。最初，这个词诞生于 17 世纪初葡萄牙与中国通商之时，随后逐渐演变为近代西方对中国官僚士大夫的称呼。尽管中西方之间建立了直接的贸易联系，一些西方画家随外国使团来到中国，用其画笔描绘了所见所闻，但由于交通条件的限制，大多数西方人难以亲临中国。而广彩满大人图案的外销瓷以清朝官员的家庭生活、花园游玩、狩猎等场景为题材，兼具艺术性和写实性，为西方社会提供了对中国上层社会生活状貌的想象图景。虽然画面中的人物和场景带有明显的中国元素，但相较于传统的中国绘画，已具备一定的层次感、纵深感，体现了画工对西方绘画透视技法的灵活应用，堪称明清尤其是清朝时期中西艺术融合的成功范例。

由是观之，清朝的外销瓷是中国传统制瓷工艺与欧洲艺术风格相结合的杰出产物。作为风靡一时的外贸商品和独具特色的文化媒介，外销瓷不仅促进了双方商贸和制瓷业的发展，也在艺术和文化领域推动了双方的交流，成为明清时期中国与欧洲国家友好往来的佳话，为后人经久传扬。

---

〔1〕曾玲玲. 瓷话中国——走向世界的中国外销瓷［M］. 北京：商务印书馆，2014：110.

90

跨国公司：经济全球化的助推器

跨国公司是“在多个国家进行直接投资，并设立分支机构或子公司，从事全球性生产、销售或其他经营活动”[1] 的企业组织形式。第二次世界大战后，在重建与发展世界经济的过程中，跨国公司崛起并成为推动经济全球化的关键力量。

跨国公司的历史可以追溯到19世纪下半叶至20世纪初的第二次工业革命时期。随着工业技术的进步和全球贸易的发展，许多企业开始寻求扩大市场、增加利润和获取资源的机会。尤其是美国、德国等国家的一些企业开始建立海外分支机构，进行跨国生产和销售，从而推动了早期的跨国经营活动。第二次世界大战后，各国开始着手进行广泛的经济和社会重建工作，并积极追求更加紧密的国际合作，以确保全球范围内的和平与繁荣。贸易自由化、资本流动和技术创新，成为推动全球经济发展的关键要素。在这一背景下，跨国公司迅速崛起，成为联结全球市场和资源的重要纽带。

---

〔1〕李尔华、崔建格. 跨国公司经营与管理［M］. 北京：清华大学出版社，北京：北京交通大学出版社，2011：1.

这其中，美国硅谷地区的跨国公司在技术创新和全球市场扩展方面发挥着重要作用。硅谷坐落于美国加利福尼亚州的旧金山湾南岸，作为美国重要的电子工业基地，汇聚了众多跨国科技公司，在经济全球化中发挥了引领性的影响。在全球化大潮中，“以高科技、互联网等产业为代表的非传统型跨国公司的影响力和冲击力更是不可小觑的”[1]。1976 年成立的苹果公司（Apple Inc.），其总部位于加利福尼亚州的库比蒂诺，而库比蒂诺是硅谷核心城市之一。科技创新是苹果公司的发展引擎。自 1976 年成立以来，苹果公司凭借其技术、设计和用户体验而享誉全球。“我们看到未来的技术参数，并且朝其迈进。因为不同的技术都是在一个周期中的，有它们的春夏秋，然后归于它们的技术墓地。所以我们尽量找到处于春天中的技术。”[2] 史蒂夫·乔布斯，苹果公司的联合创始人，将公司成功的秘诀之一归因于技术的创新与突破。苹果公司通过开发先进的信息技术和搭建基于互联网的平台支架、互联网平台，相继推出了一系列具有划时代意义的高端技术产品，如 Macintosh、iPod、iPhone、iPad 等。这些产品的问世，不仅促进了全球数字经济的生长，改变了人们的生活方式，还引领着全球消费电子市场的发展。为了实现全球化战略，苹果公司与各国电信运营商和零售商紧密合作，在全球范围内建立了多个零售店和

〔1〕黄河、周骁. 超越主权：跨国公司对国际政治经济秩序的影响与重塑［J］. 深圳大学学报（人文社会科学版），2022（1）：107.

〔2〕［美］史蒂夫·乔布斯. 追随你的心：用苹果撬动世界［M］. 胡晔译. 北京：北京联合出版公司，2018：59.

服务中心。这种协同努力使苹果公司能够迅速将产品引入国际市场，并提供优质的购买和售后服务。例如，苹果公司与中国移动等中国电信运营商合作，逐步推出适应中国市场需求的 iPhone 版本，满足了中国消费者对个性化和高品质手机的需要，从而取得巨大的商业成功。

除了与电信运营商和零售商合作，苹果公司还积极参与国际贸易和投资。公司在全球范围内建立了多个生产基地，这其中也包括在中国设厂。这些工厂不仅为苹果产品的生产提供了支持，也在一定程度上促进了当地社会经济的发展。苹果公司所提供的移动设备、电子商务等服务将人们连接起来，推动全球市场的互联互通，并通过加强与全球供应链和创新网络的联系，实现资源共享和优势互补。可见，苹果公司的全球化战略不仅促进了自身的发展，也对全球经济产生了积极影响。

在硅谷的辉煌历史中，总部位于加州旧金山湾区帕洛阿托的特斯拉（Tesla Inc.）是一家不可忽视的跨国公司。如果说苹果公司通过创造便携式互联网计算机助力经济全球化，那么特斯拉则以推动人类生活方式变革为使命，摒弃燃烧导致空气污染和环境恶化的化石燃料，致力于可持续能源与电动汽车的革命。特斯拉由马丁·艾伯哈德和马克·塔彭宁于 2003 年共同创办，两位创始人于 20 世纪末的美国互联网创业热潮中崭露头角，深感地球变暖问题的严峻性，他们肩负社会责任，决心研发电动汽车以替代传统燃油汽车。2004 年，埃隆·马斯克加入并注资特斯拉，凭借首席执行官的身份领衔创新设计，垂直整合，为特斯拉的成功作出了巨大贡献。特斯拉不满足于成为一家传统的汽车制造企业，致力于推动世界向可持续能源转型。通过发展能源事业，特斯拉正在试行一套全面的可持续能源的应用方案，包括发电、储能、充电和用电的完整生态系统，并在无人驾驶和汽车共享领域进行持续探索。凭借创新技术和强大的市场影响力，特斯拉成为推动经济全球化的典范，为经济全球化与人类社会生活的变迁带来了新愿景。特斯拉的成功经验为其他国际企业所汲取并成为其追随的榜样，推动了跨国公司在可持续发展领域的投资与合作。因此，有观点认为，特斯拉开启了一段历史，考察现代“技术和经济变革如何影响地球上每个人的生活”是“一段始于特斯拉的历程”[1]。

人才全球化是经济全球化的又一重要参数。人力资源的开发与利用，是关乎企业实施跨国经营战略、开展跨国经营活动的根本[2]。作为一家享有盛誉的科技巨头，谷歌（Google Inc.）在人才方面的培养、储备及战略部署为其在全球范围内的成功奠定了基础。谷歌成立于1998年，公司位于加州山景城，是硅谷地区最主要的城市之一。谷歌起初是一家搜索引擎公司，逐渐发展成全球科技巨头。在发展过程中，谷歌始终重视人才的引进和培养。它深刻意识到，在全球化的竞争中，拥有高素质的人才能够为企业

〔1〕［新西］哈米什·麦肯齐．特斯拉传：实现不可能［M］．牛小婧译．北京：中信出版集团，2022：6.

〔2〕李尔华、崔建格．跨国公司经营与管理［M］．北京：清华大学出版社，北京：北京交通大学出版社，2011：225.

带来创新思维和先进技术，从而提高生产效率和竞争实力。谷歌的人才引进策略不仅局限于技术领域，还包括市场营销、人力资源管理、金融等多个职能领域，将“谷歌范儿”（Googleyness）〔1〕纳入人才招聘面试体系，吸纳来自不同国家和地区的人才齐聚硅谷。众多“普通”的硅谷人“与那些闻名遐迩的硅谷英雄比肩而立，同是硅谷的缔造者”〔2〕。这种多元文化背景、高度密集的高素质人才团队的构建，有助于谷歌更好地适应不同地区的市场和文化环境，为其在全球范围内的业务拓展提供了强大的支持。

此外，作为一家全球性的跨国公司，谷歌鼓励知识精英“走出去”，克服地域限制，在不同地域之间实现跨境转移。谷歌前掌门人埃里克·施密特在访谈中阐述了谷歌的人才观：“无论你身在哪里、来自何处，你都应该抓住一切机会走出去，到不同的地方工作和学习。如果你所在的公司规模很大，那就积极寻找跨国项目。”〔3〕通过在全球范围内设立研究中心和办事处，谷歌为优秀人才提供了丰富的跨国工作机会，使之更具国际视野，成为名副其实的“全球化”人才。从谷歌的发展历程和战略规划中可以看出，谷歌通过吸纳全球尖端人才，建立多元文化团队，促进知识

〔1〕“谷歌范儿”包括上进心和抱负、团队精神、服务精神、倾听及沟通能力、行动力、效率、人际交往技巧、创造力以及品行等特质。参见［美］埃里克·施密特、乔纳森·罗森伯格、艾伦·伊格尔. 重新定义公司：谷歌是如何运营的［M］. 靳婷婷译. 北京：中信出版集团，2019：222.

〔2〕［美］玛格丽特·奥马拉. 硅谷密码：科技创新如何重塑美国［M］. 谢旎劼译. 北京：中信出版集团，2022：11.

〔3〕［美］埃里克·施密特、乔纳森·罗森伯格、艾伦·伊格尔. 重新定义公司：谷歌是如何运营的［M］. 靳婷婷译. 北京：中信出版集团，2019：275.

和技术的传播与共享，不仅提升了自身的创新能力，也对全球经济产生了积极的推动效应。

综而观之，在硅谷地区，英特尔（Intel）、脸书（Facebook，现更名为meta）、英伟达（NVIDIA）、思科（CISCO）、惠普（HP）等跨国公司通过技术创新、市场拓展、人才引进和合作投资，书写着各自关于经济全球化的故事。美国著名技术史学者奥马拉教授认为："硅谷不仅仅是个地名，它是一套工具，一个人脉网络，一种自启动的感知力……塑造了半个多世纪历史的广泛政治和经济潮流使之成为可能。"〔1〕

作为经济全球化的产物，现今的跨国公司代表了一种特殊的科技生态系统和文化现象，不断地塑造和改变着全球的经济和政治格局。它呈现出经济全球化的丰富内涵，包括资本、技术、市场、人才以及可持续能源等多个维度。然而，透过"发达国家企业全球化的特征"还可以窥见"全球化的程度越高，全球化带来的全球性不平衡问题就越严重"〔2〕，如技术垄断、产品依赖、地区发展不平衡以及文化与价值观的冲突，这些问题给跨国公司带来了层出不穷的困境与挑战。未来，跨国公司需要不断适应变化，加强国际合作，以期实现更加平衡、包容、可持续的全球经济发展。

〔1〕［美］玛格丽特·奥马拉. 硅谷密码：科技创新如何重塑美国［M］. 谢旎劼译. 北京：中信出版集团，2022：886—887.
〔2〕王世渝. 数字经济驱动的全球化［M］. 北京：中国民主法制出版社，2021：146.

91
《图兰朵》与西方人的东方想象

提起“图兰朵”一词，中国读者立即会想到意大利作曲家普契尼（Giacomo Puccini）于1924年创作的歌剧《图兰朵》[1]，尤其是其中“今夜无人入睡”的优美唱段。

其实，《图兰朵》的故事原型可溯源至古代阿拉伯文学作品。古代阿拉伯文学作品除了广为人知的《一千零一夜》，还有一部不太为人知晓的流行故事集《一千零一日》。正是在《一千零一日》中，有一则名为《图兰朵的三个谜》的故事（Turandot由Turan和dot两个词组成，Turan是一个国家，dot意为女儿，连起来就是图兰女儿、图兰公主[2]），或称《卡拉夫和中国公主的故事》。在17世纪，一位叫德拉克洛瓦的法国学者访问了当时的波斯首都伊斯法罕，他精通波斯语，对波斯文化甚为赞叹，于是把《一千零一夜》的姊妹篇《一千零一日》译介给了西方，并于1785年正式出

〔1〕普契尼尚未完成此作品便谢世，后阿尔法诺（Franco Alfano）继之完稿。

〔2〕古代伊朗人把中亚地区称作Turan。6世纪后突厥人进入中亚地区并建立了伊斯兰化的喀剌汗王朝，该王朝的汗王把自己视为中国的一部分。因此，伊朗人对这个由突厥人建立在“图兰”土地上又自称为“中国”的王朝在称呼上发生了混乱，“中国”与“图兰”便成了同义词。

版。这期间究竟在西方发生了什么变化，使人们对这本故事集产生了浓厚的兴趣？

中古时期，《马可波罗游记》曾将亚洲特别是中国的地理、人文、社会等状况介绍给西方，为西方世界打开了神秘的东方之门。至17、18世纪，一些传教士又将中国的诸多文化典籍译介到西方。还有一些学者如莱布尼茨、伏尔泰等十分推崇中国文化。莱布尼茨就与中国清政府高层及中国学人交游甚密。在当时的西方，贵族阶层普遍将拥有中国的物品如瓷器之类，作为炫耀门第的途径。这些都反映了西方世界渴望了解中国和中国文化的意愿。在当时西方人的眼里，东方的中国充满了神秘感，有许多值得作为谈资的人和物。加之在深受古典文化熏陶和启蒙思想激励的西方文人看来，女性是神圣和美好的化身。正是在这样的思想文化背景下，《一千零一日》的故事，特别是《图兰朵的三个谜》在西方传播开来，中国女性的形象尤其图兰朵公主的形象受到格外关注，图兰朵俨然成为那个时期西方人眼中东方文化的代言人。

古代阿拉伯文学中的《图兰朵的三个谜》后被改编成戏剧或歌剧《图兰朵》，以近代西方的艺术形式描述和演绎这一东方的传奇故事。其剧情大致如下：13世纪蒙古西征后不少汗国明争暗斗，诺盖鞑靼人统治者铁木儿的公子卡拉夫（Calaf）被政敌陷害，落难流亡至元大都。在大都，王子见到了绝世佳人图兰朵公主，一见钟情。那时图兰朵已到了谈婚论嫁的年岁，却因先祖被掳之故，对男性充满了厌弃和仇恨。为报复男人，她设计了一个残忍的圈套，即任何想娶她的人都必须猜出由她拟定的三个谜语，如若猜错，便要死去。自谜语公布之日起，那些倾慕公主美貌的汗国公子哥们纷纷前来赌命猜谜，却从未有人猜中，且纷纷丢了性命。卡拉夫来大都后目睹了失败者的下场，但公主的绝世姿容还是让他以命应猜。猜谜时分，公主问："什么东西每天在白昼中死去，却又在夜晚中重新诞生？"卡拉夫答："是希望！"第一道谜语居然被王子猜对了！在场的公主父亲即君王阿尔图木和文武百官无不表示出惊讶。公主接着又问出第二道谜题："是什么犹如火焰般燃烧，但当你死去时，它就变得冰冷？"卡拉夫答："是热血！"王子又答对了！众人一阵惊叹。公主在忐忑不安中问出了最后一道谜题："让你燃起烈火的冰块是什么？"卡拉夫答："就是你，图兰朵公主！"在场的国王和大臣们一片欢呼，认为婚娶终有结果，皇室与国家从此可以安宁了。孰料桀骜不驯的图兰朵却想食言，希望皇上能允许她继续出谜考验卡拉夫。为了让图兰朵公主从心底爆发出真爱的火花，勇敢的卡拉夫王子决定继续以性命为赌注求娶公主。卡拉夫说："这样吧，我来出一道谜题，即我是谁？如果公主在天亮前能说得出我的名字，那么我不仅不娶公主，还愿意任由公主处置。"为解开谜题，公主下令全城人不眠不休地查出卡拉夫的真名。此时，下人前来报告：在城里看到王子与两个陌生人相处，而那两人正是王子的父亲铁木儿和公主的侍女柳儿。于是，公主命手下抓捕铁木儿和柳儿，并准备对其用刑。柳儿却挺身而出，对公主说她知道王子的姓名，但宁死也不会说出，因为她爱着王子。无论施刑者怎样拷打都未能让柳儿屈服，最后柳儿夺剑自刎，并对公主留话："你也会爱上他的。"次日拂晓，王子见公主一副不知所措和纠结无奈的样子，于是上前自报姓名，并亲吻了公主。公主终于被爱感化，自愿嫁给卡拉夫。

从这个故事里，人们不难发现西方人对东方、对中国的浪漫想象。这里需要提及的是最初将其搬上舞台的意大利剧作家卡罗·高兹[1]。高兹是18世纪意大利威尼斯的剧作家，以喜剧创作著称于当时的戏剧界和文化界。正是这位戏剧家首次使用了《图兰朵》(*Turandot*)之名[2]。可以这么认为，正是从高兹开始，原本是东方民间传奇的《卡拉夫和中国公主的故事》被烙上了西方文化的印记。为了将原来的文字故事改编成戏剧搬上舞台，就必须使剧情更为集中、更具冲突性。高兹省略了《图兰朵的三个谜》中卡拉夫与政敌争斗遭遇挫折并流亡他乡的复杂故事情节，而是直接设计了卡拉夫在大都应猜图兰朵之谜的戏剧场景，开场即高潮。为了迎合西方人的审美，高兹曾提及他尽量避免用直白的表现手法体现该剧的喜剧成分。传奇故事《图兰朵的三个谜》本来是以皆大欢喜的方式结尾的，那些答不出谜语的公子哥们并未被处死，而是被国王秘密保护起来，这样，图兰朵身上冷血残忍的

---

〔1〕关于高兹生平可参见《高兹伯爵回忆录》(*The Memoirs of Count Carlo Gozzi*, Tr. J. A. Symonds, 2 Vols. John C. Nimmo, 1890)，该书也是研究意大利戏剧史的重要参考资料。

〔2〕Carlo Gozzi. *Five Tales for the Theatre* [M]. Ed. and tr., A. Bermel and T. Emery. The University of Chicago Press. 1989: 127.

一面也被掩盖。这里多多少少有奇幻的成分，但高兹认为改编的戏剧不该是奇幻的，而应是“严肃的喜剧”或悲喜剧[1]，只有这样才能让观众觉得这是一个真实的故事[2]。循此，高兹以西方悲喜剧的形式替代了原来东方故事中的奇幻一面。因为按照西方的悲剧理论，悲情只有悲到极致，其转折才能感动众人。据学者研究，高兹还在剧本中将启蒙运动时期为女性争自由的思想渗透其中，以图兰朵公主来塑造自由女性的形象。因此，在剧本的结尾处高兹加入了一些台词，让这位权势女性向剧情中的各位男性表达歉意，这实际上就是自由女性的主动“屈尊”，更反衬出自由女性的高贵[3]。继高兹之后，著名文学家歌德也亲自指挥了由其挚友席勒改编创作的《图兰朵》。当然，对后世影响最大的当属意大利作曲家普契尼的歌剧《图兰朵》。以普契尼歌剧《图兰朵》为代表的剧情，突出了源自西方基督教传统的“神圣之爱”——唯有大爱方能化解所有的怨恨，以唤醒人性中最为深层的善。柳儿为爱而死的坚贞行为不仅让卡拉夫悲痛欲绝，也是感化图兰朵的根本因素。根据西方“至爱即善”的理论，普契尼让图兰朵最终当着国人的面说出那个姓氏谜底就是“爱”。这便是普契尼想表达的最高意境，即爱能融化所有怨恨，能战胜一切。

---

〔1〕Carlo Gozzi. *Five Tales for the Theatre* [M]. Ed. and tr, A. Berel and T. Emery. The University of Chicago Press. 1989: 125.

〔2〕Carlo Gozzi. *Five Tales for the Theatre* [M]. Ed. and tr, A. Berel and T. Emery. The University of Chicago Press. 1989: 126.

〔3〕J. L. DiGaetani. *Carlo Gozzi: A Life in the 18th Century Venetian Theater, an Afterlife in Opera* [M]. McFarland & Company, Inc. 2000: 125.

今天，当人们一遍遍阅读《图兰朵的三个谜》故事，一遍遍聆听歌剧《图兰朵》动听的旋律，会在感悟人性深刻的同时，不由思索起那个时代东西方文化交流的历史意义。

92

中亚的“希腊风”

——从阿伊哈努姆遗址看希腊化文化

公元前334年，武功卓著的马其顿国王亚历山大挥师东征，在短短十年间灭亡了波斯帝国，征服了从埃及、小亚细亚到中亚、南亚印度河流域的广袤地区，建立了地跨欧、亚、非三洲的洲际大帝国。公元前323年，亚历山大意外暴毙，他建立起的庞大帝国迅速崩解，分裂为托勒密埃及、塞琉古王国和马其顿王国三个主要国家。其中，塞琉古王国控制了中亚和近东的大片区域。公元前250年，日趋衰落的塞琉古王朝丧失了对中亚地区的控制，总督狄奥多德宣布独立，建立了“希腊-巴克特里亚王国”（即中国史籍中的“大夏”，大致位于阿姆河上游的灌溉谷地，南枕兴都库什山脉，北接帕米尔高原，地理位置相对封闭），控制了今阿富汗、乌兹别克斯坦及塔吉克斯坦的部分地区，直至公元前135年亡于月氏人的进攻。1909年，英国学者H. G. 劳林森在其著作《巴克特里亚：被遗忘的帝国》中写道：“人们对巴克特里亚的最大兴趣在于这样一个事实，这里是连结东西方的关键节点。”[1]

---

〔1〕王兢. 巴克特里亚：历史深处的五彩文明 [J]. 世界博览，2022（23）：69.

马其顿-希腊殖民者统治中亚 200 余年，其间在新占领地按希腊方式建立了许多城市，并迁来大批希腊人和马其顿人以巩固统治。阿伊·哈努姆是迄今已知最东边的一个希腊化城市，也是目前在中亚地区唯一完整发掘出来的一座古城。自 1964 年起，以伯尔纳为首的法国考古队在这里开展了长达 15 年的考古发掘，逐渐揭开了这座古城的神秘面纱。阿伊·哈努姆遗址位于今阿富汗东北边境昆都士城的东北，在阿姆河及其支流科克恰河汇流处的三角形高地上，据考古推断，那里曾是一处军事要塞。阿伊·哈努姆大约建于公元前 4 世纪末，在塞琉古王国和希腊-巴克特里亚王国时代一直沿用，后因月氏人的到来而最终废弃。与其他希腊化城市一样，它既是希腊-马其顿人对东方进行军事征服和政治统治的工具，更是古希腊文明与东方诸文明长期碰撞、交流和融合的产物。

阿伊·哈努姆遗址的整体面貌具有典型的古希腊城市的特征。尽管拥有河流、峭壁等有利于防御的天然屏障，但阿伊·哈努姆还是如同古希腊城市那样，周围建有防御性的城墙。城市总体分为两部分：上城，主要由卫城和露天神庙组成；下城，主要是主神庙、祭所、宫殿群、军械库、私人住宅以及剧场、体育馆、喷泉等标志性的希腊式城邦公共建筑与设施（图 1）。这样的选址与布局实则是对希腊本土城市结构的模仿。阿伊·哈努姆体育馆呈正方形，场地周围环绕着一系列房间与希腊式柱廊，近似于希腊古典时期的体育馆。据遗址铭文记载，这座体育馆的保护神是希腊的赫尔墨斯和赫拉克勒斯，这与其他希腊化城市体育馆的保护神如出一辙。阿伊·哈努姆剧场依山坡而建，观众席呈半圆形向上延伸，能容纳多达5 000名观众，呈现出明显的希腊风格[1]。遗址中还出土了一件装饰有人像的城市喷泉排水口，该人像代表了希腊戏剧中的一个大嘴奴隶厨师，是当时古希腊新喜剧中颇受群众喜爱的角色之一。由此不难看出，当时阿伊·哈努姆居民不仅享受着希腊世界的文娱生活，还熟悉希腊的流行剧作[2]。

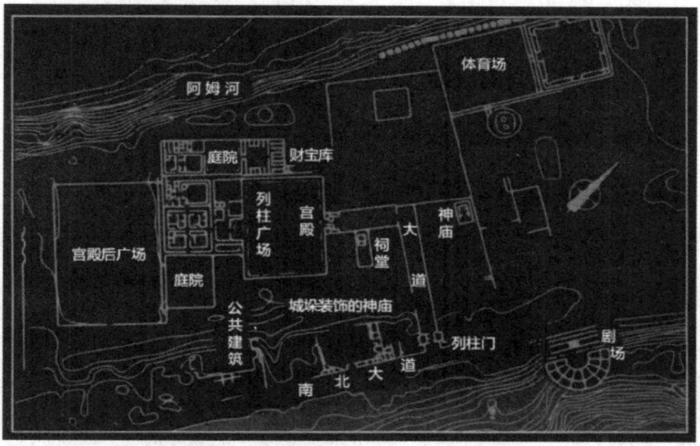

图1　阿伊·哈努姆城遗址布局[3]

---

〔1〕杨巨平. 阿伊·哈努姆遗址与“希腊化”时期东西方诸文明的互动［J］. 西域研究，2007（1）：99—100.

〔2〕陈轩. 城市·墓葬·仓库——丝绸之路上的阿富汗遗珍［J］. 紫禁城，2017（7）：13—14.

〔3〕谢婷、汤威. 来自阿富汗的国家宝藏：大夏遗珍［J］. 大众考古，2019（3）：21.

阿伊·哈努姆遗址出土了一系列铭文、格言、哲学手稿的遗迹，也彰显了该地与希腊本土文化的联系。这些有限的文字遗存表明，他们的语言结构和书写方式的变化，与东地中海流行的通用希腊语是同步的。在一块纪念本城创建者基尼斯的铭文石碑上（图 2），用希腊语刻下了如下箴言："少年时，举止得当；年轻时，学会自制；中年时，正义行事；老年时，良言善导；寿终时，死而无憾。"根据碑铭上的说法，上述格言是一位古希腊人从万里之遥的希腊城市德尔斐的阿波罗神殿中誊抄下来带到此地的[1]。此外，在宫殿一间储藏室的地面上，考古学家还发现了一处希腊语手稿遗迹。原抄写手稿的纸草虽然早已腐化为泥土，但因墨迹渗印于地面，手稿的部分内容仍依稀可见。据推测，这份手稿可能是某段关于柏拉图知识理论的对话摘录，应属于亚里士多德学派

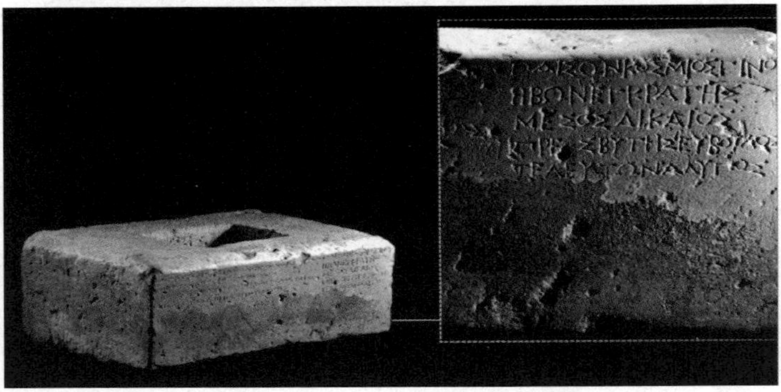

图 2　纪念基尼斯的铭文石碑

〔1〕谢婷、汤威. 来自阿富汗的国家宝藏：大夏遗珍［J］. 大众考古，2019（3）：23.

某位哲人的作品。上述文字史料是佐证古希腊哲学在中亚地区传播的珍贵证据，它表明尽管山川相隔，路途遥远，但共同的精神遗产和民族情感依然能将两地紧密地联系在一起。

从上述浓厚的希腊文化元素看，阿伊·哈努姆的希腊-马其顿统治者仍然希望延续其熟悉的文化环境。显然，在古代世界的空间尺度里，阿伊·哈努姆呈现出浓厚的“西方”色彩。然而，这座城市毕竟位于距离希腊本土 5 000 公里外的中亚腹地，且该城的主要居民是世代居住于此的中亚族群，阿伊·哈努姆自建城之日起，就不能不受到周围东方文化传统的影响。公元前 3 世纪后期，伊朗高原帕提亚人崛起，影响了地中海地区与中亚的联系，希腊移民数量持续萎缩。与希腊本土联系的日趋削弱和生存压力的不断加大，加速了希腊-马其顿殖民者与周围东方族群文化的融合进程。因此，在阿伊·哈努姆遗址，既能感受到浓烈的希腊文化气息，还能感受到东方文化大海对这座“孤岛”的冲击与渗透[1]。

阿伊·哈努姆城市建筑的风格鲜明地体现出希腊-马其顿殖民者对于东方元素的借鉴与吸收。以城市的主神庙为例，巨大的方形神庙建在高高的三层台基之上，厚外壁上有内缩凹置的神龛，宽大的门厅通向内部的一间较小的房间，该房间两侧各有一个小屋供奉神的雕像。这种神庙布局不同于传统希腊神庙开放的柱廊式结构，却与古代两河流域流传下来、由波斯继承发展的“大屋”

---

〔1〕杨巨平. 阿伊·哈努姆遗址与“希腊化”时期东西方诸文明的互动［J］. 西域研究，2007（1）：101—102.

式神庙类型十分相似。城市中心分布着宫殿式建筑群，宫殿式建筑作为强大王权的象征在希腊传统建筑中并无先例，其建筑的功能与布局很可能是借鉴波斯的宫殿建筑风格的产物。值得玩味的是，上述建筑的屋顶虽然是东方式的平顶，屋檐却采用科林斯式的赤陶瓦装饰，呈现出希腊式的外观；环绕宫殿庭院周围的柱廊由 118 根科林斯式柱子组成，居住区的浴室用卵石铺成古典艺术风格的马赛克地板，其图案是海豚、海马和海怪等，对亚洲大陆腹地的居民而言这是难以想见的海洋动物意象。可见希腊人在建造宫殿的过程中仍不忘注入自己熟悉的、来自地中海的文化元素[1]。

图 3　神像鎏金银饰盘

宗教人物形象的设计同样体现了希腊元素与东方元素的交融。图 3 是一件在阿伊·哈努姆神庙出土的制作于公元前 3 世纪的神像图案鎏金银饰盘，其中伞下方的人物是希腊的自然女神西布莉，旁边背上长着翅膀、驾驭车子的人物则是希腊的胜利女神妮可，战车上方的人物是希腊太阳神赫利俄斯。但是，两位女神乘坐的战车、画面右方的阶梯状祭台以及身穿长衣的祭司，则又

〔1〕杨巨平. 阿伊·哈努姆遗址与“希腊化”时期东西方诸文明的互动［J］. 西域研究，2007（1）：102.

明显具有波斯风格[1]。尤其值得关注的是，在人物造型艺术上，希腊化时代的工匠们也基于希腊的工艺传统作了进一步创新。他们用铅杆或木棒制成塑像的骨架，然后在上面涂上泥或者灰泥，塑成神像[2]。这种泥塑艺术是南亚次大陆西北部犍陀罗佛教艺术的渊源之一，成为佛教人物造型艺术中除石雕、石刻之外的一个重要分支，并经由丝绸之路传入中国内地，影响了中国的佛教造像艺术。

总之，阿伊·哈努姆遗址作为一座典型的由马其顿-希腊统治者建设的中亚城市，是后人观察和研究古代希腊文化在亚洲腹地扩散、融合、变迁的重要窗口。尽管亚历山大及其后继者征服了东方广大地区，并试图将希腊文化推广为所征服地区的主导文化，但在文化传播和交融的客观规律下，希腊文化也在许多方面受到东方文化的影响，最终演变成一种东西文化交互共融的新型文化——希腊化文化。而希腊化文化则影响了众多古代世界区域文化的发展。

---

〔1〕谢婷、汤威. 来自阿富汗的国家宝藏：大夏遗珍［J］. 大众考古，2019（3）：23.
〔2〕杨巨平. 阿伊·哈努姆遗址与“希腊化”时期东西方诸文明的互动［J］. 西域研究，2007（1）：101.

93
《为奴二十载》：美国黑人奴隶制的历史证言

《为奴二十载》是美国黑人所罗门·诺瑟普（1808年—?）的自传体小说。小说描写了在南北战争前夕，自由黑人所罗门·诺瑟普被骗卖为奴的经历。小说原著首版于1853年，与美国作家斯托夫人撰写的《汤姆叔叔的小屋》属同时代作品，两部作品深刻影响了日渐高涨的美国废奴运动，具有特殊的历史价值。通过《为奴二十载》中亲历者的描述，可以窥见美国历史上最为黑暗的奴隶制度如何影响美国社会历史发展的。

非洲黑人被欧洲殖民者贩卖至美洲，始于大航海时代。葡萄牙和西班牙是黑人奴隶贸易的始作俑者。从16世纪始，欧洲奴隶贩子从事的这种三角贸易历时300余年之久。1562年，英国人约翰·霍金斯的船队经塞拉利昂前往加勒比海时，劫掠了一艘葡萄牙奴隶船，并将其卖至中美洲加勒比岛屿。1624年，英国在巴巴多斯岛的糖业领主将业务扩展至西印度群岛，于是他们大量进口非洲黑人奴隶。为了控制黑奴，英国当局制定了《巴巴多斯黑奴法典》，剥夺了黑人最基本的生存权利。在北美，英国第一个永久殖民地詹姆斯敦的总督约翰·罗尔夫曾记载："1619年，一艘荷兰军舰在詹姆斯敦附近，出售了大约 20 名奴隶。"〔1〕 由此，播下了北美奴隶制的种子。英国人在弗吉尼亚建立了烟草种植园，需要大量劳动力，"1662 年，弗吉尼亚殖民地首先确立了奴隶身份的母系制度"〔2〕。1669 年弗吉尼亚通过立法，将黑人由"仆人"转变成了主人的"财产"。弗吉尼亚是第一个将奴隶制合法化的英属北美殖民地。英国成为从事大西洋奴隶贸易的最主要国家。

黑人奴隶广泛存在于英属北美殖民地。"在纽约，17 世纪末（1698 年），有 35%的家庭拥有奴隶，到 18 世纪早期（1703 年），这个比例攀升至 41%。"〔3〕 "1790 年的官方人口普查结果显示，除土著人口之外，合众国的总人口达到 400 万，其中自由人口有 300 多万，奴隶有 70 万左右。"〔4〕 黑人奴隶在北美的分布还呈现出地域差别的特征。相较于北方，南方殖民地蓄奴更为普遍。由于 17、18 世纪源自欧洲的"契约劳工"数量急剧减少，加之美国南部地广人稀，种植园急需劳工。除了输入黑人奴隶，似乎没有更好的途径解决劳动力缺乏的问题，因此几乎所有南部农场主都购买了非洲奴隶。

在建国的年代里，"弗吉尼亚王朝"的精英们主张"自由"，但他们大多数人是奴隶主。一个国家何以既能孕育出为自由和尊

---

〔1〕 David M. Kennedy, Lizabeth Cohen. *The American Pageant for AP China Edition* [M]. Cengage Learning Asia Pte Ltd, 2015: 31.

〔2〕 [美] 苏珊-玛丽·格兰特. 剑桥美国史 [M]. 董晨宇、成思译. 北京: 新星出版社, 2019: 76.

〔3〕 [美] 苏珊-玛丽·格兰特. 剑桥美国史 [M]. 董晨宇、成思译. 北京: 新星出版社, 2019: 109.

〔4〕 [美] 苏珊-玛丽·格兰特. 剑桥美国史 [M]. 董晨宇、成思译. 北京: 新星出版社, 2019: 166.

严献身的独立战争的领袖，又发展了黑人奴隶制这一剥夺人类自由和尊严的残酷的制度？让我们把目光转向《独立宣言》和《1787年宪法》这两部重要文献。《独立宣言》写道：“我们认为下述真理是不言而喻的：人人生而平等，造物者赋予他们若干不可剥夺的权利，其中包括生命权、自由权和追求幸福的权利。”〔1〕然而，在开国精英眼中的“人”并不包含黑人，尽管《1787年宪法》中黑人被算作了五分之三个人。制宪者未使用“奴隶”一词，表达了他们对待黑人奴隶讳莫如深的态度。但《1787年宪法》实际上为南方维系和发展黑人奴隶制提供了合法依据，给美国国家制度和社会管理埋下了动荡与纷争的根子。“敏锐的墨迪孙（麦迪逊）注意到了这件事实，并预料到奴隶制度的争端总有一天会把这个共和国弄得四分五裂。”〔2〕同时，在文化心理方面，18世纪末，很多美国人对于非白人文化持蔑视的态度。他们认为，除了白人之外的任何文化都没有资格被称为文化。这种白人至上的观念，是种族主义的根源。

几乎与此同时，接受自由、平等、人权思想的进步人士为反对种族歧视和黑人奴隶制度，发起了第一波反蓄奴运动，并在北方诸州获得响应。1774年，大陆会议呼吁彻底废除奴隶贸易。18世纪80年代，宾夕法尼亚、马萨诸塞、康涅狄格、罗德岛、纽

---

〔1〕王春来、卢海生．16—19世纪世界史文献选编［M］．上海：上海辞书出版社，2010：37.

〔2〕［美］威廉·福斯特．美国历史中的黑人［M］．余家煌译．北京：生活·读书·新知三联书店，1960：48.

约、新泽西等州相继发布了反蓄奴的法令，而这显然与南方蓄奴各州的意志相违，南方奴隶主在保留与扩大黑人奴隶制的立场上毫不退缩。1793 年惠特尼发明了轧棉机，棉花产业因之而兴旺，南方种植园对黑人奴隶的需求量有增无减。密西西比州在 1830—1840 年间“奴隶人口增加了 197%，使奴隶与白人之比达 52∶48，以至从新奥尔良出口的棉花翻了一番”[1]。横向比较同时期的欧洲与美国，19 世纪上半叶，英国等欧洲国家已废除奴隶制，而奴隶制在美国南部却得到了进一步发展。1831 年 8 月，弗吉尼亚的南安普顿县发生了特纳起义[2]，引起南方白人的恐慌。南方蓄奴各州随即制定了进一步限制黑人权利的“黑人法令”，包括禁止黑人携带武器、禁止奴隶出售酒类、禁止黑人接受教育、不准黑人集会等。对此，废奴主义者在波士顿创办了呼吁解放黑人奴隶的《解放者报》。1833 年 4 月，他们成立了美国反奴隶制协会，组织“地下铁路”，帮助南方黑人奴隶逃往北方自由州抑或加拿大。

美墨战争（1846—1848 年）后，美国将广袤的加利福尼亚、新墨西哥和得克萨斯纳入版图。1849 年当加利福尼亚申请加入联邦，又一次引发了新领土以自由州或蓄奴州何种形态加入联邦的问题。最终，国会通过了《1850 年妥协案》，其中包含一项独立的法案——《逃奴法》，该法案确认奴隶是奴隶主的私有财产，因

〔1〕何顺果. 美国历史十五讲（第二版）[M]. 北京：北京大学出版社，2015：92.
〔2〕黑人纳特·特纳自幼学习宗教教义，宣称曾亲历天启神谕。1831 年，特纳在南安普顿发动奴隶起义，但迅速被镇压，特纳被处决。特纳起义震惊美国南方社会，南方各州相继出台更为严厉的奴隶法案。

此，任何人都有义务将逃亡奴隶送回到原主人手中。北方各州拒不执行《逃奴法》，一些州颁布了新的《人身自由法》以维护黑人逃奴的权利。1857 年，“斯科特诉桑福德案”将南北冲突推向了不可调和的境地。黑人奴隶斯科特曾在自由州生活过，在废奴主义团体的帮助下，他提起诉讼，希望获得人身自由。在初审中，法院判决斯科特获得自由。斯科特原主人遗孀的哥哥约翰·桑福德上诉，试图推翻这一判决结果。官司一直打到最高法院，最高法院中来自南方的法官表示：“他们决心趁此机会把南方奴隶主阶级所坚持的国会无权在任何地区禁止奴隶制的主张正式确定在最高法院判决书中，借以打击方兴未艾的反奴隶制运动。”[1] 这说明，最高法院确定了斯科特的奴隶身份。对于这一判决结果，南方人理解为最高法院从法律层面上认可了他们的诉求，而北方人认为该判决是“合众国法律史上最大的犯罪”。可见，黑人奴隶制的存废问题已成为南北矛盾的焦点。

1860 年，主张废除奴隶制的共和党人林肯在总统大选中获胜，从而引发南方 7 个蓄奴州的联合叛乱，美国内战爆发。1861 年 8 月 6 日，联邦国会通过了一项《充公法》，授权没收所有用于帮助叛乱的财产，包括奴隶。《充公法》迈出了解放奴隶合法化的一大步。战争初期，林肯政府将保护联邦的统一视为首要任务，因为此时解放黑人奴隶是一种具有风险的政治行为。随着战争形势的

---

〔1〕张友伦主编. 美国通史：第 2 卷 独立和初步繁荣（1775—1860）[M]. 北京：人民出版社，2002：368.

变化，1862年4月11日，国会宣布所有在华盛顿的黑人奴隶于1862年4月16日获得解放。同年9月22日，林肯发表《解放黑人奴隶宣言》，宣布叛乱诸州的奴隶将从1863年1月1日起获得自由。但林肯没有解除所有奴隶的枷锁，忠诚联邦的边境州的奴隶制没有受到影响。尽管存此局限，《解放宣言》仍然是一个具有重大政治意义的历史文件，它占据了道德制高点，代表了历史发展的大势，获得了国际社会支持，预示着黑人奴隶制终将灭亡。

在战后南方重建期间，南方各州为阻碍黑人奴隶解放，于1865—1866年期间制定了《黑人法典》。为此，美国通过了宪法“第十三条修正案”“第十四条修正案”及“第十五条修正案”，重申赋予黑人各项权利，黑人在法律上成为自由人。但这并不等同于他们在现实社会生活中获得了应有的尊重和权利，特别是在南方各州，种族歧视仍十分严重，形成了种族隔离的“吉姆·克劳”制度〔1〕。1866年，南方出现种族主义组织“三K党”，他们以暴力限制黑人受教育、参与选举等权利。1896年，最高法院在“普莱西诉弗格森案”的判决中确立了“隔离但平等”的法律原则，进一步认可了种族隔离制度的合法性。在之后的漫长岁月里，美国

〔1〕《吉姆·克劳法》(Jim Crow laws)，泛指1876年至1965年间美国南部各州以及边境各州对有色人种（主要针对非洲裔美国人，但同时也包含其他族群）实行种族隔离制度的法律。吉姆·克劳（Jim Crow）是美国喜剧演员托马斯·赖斯(Thomas Rice，1808—1860年）在19世纪上半叶创作的舞台角色，赖斯的表演充斥着大量对黑人的种族调侃和歧视。久而久之，积非成是，“吉姆·克劳”一词，也就演变成美国白人嘲笑与藐视美国黑人的代名词。例如，专载黑人的火车，白人称为吉姆·克劳火车；黑人专用的厕所，称为吉姆·克劳厕所；所有歧视黑人的法律，即为《吉姆·克劳法》。

的种族歧视问题一直存在，为历史上的奴隶制辩护的声音也时有所闻。1970 年代初，芝加哥大学教授罗伯特·福格尔（Robert William Fogel）和罗彻斯特大学教授斯坦利·路易斯·恩格尔曼（Stanley Lewis Engerman）采用计量方法研究美国内战前的南方奴隶制。他们在 1974 年出版的著作《苦难时代》里提出惊人结论：一是内战前，南方奴隶居住、吃穿、生活条件比北方工厂里的自由工人要好；二是当时南方的种植园奴隶制经济并未处于衰落状态。这一看法引发了很大的争议。两位学者以来自大种植园经营过程中留下的统计材料为计量分析的原始数据，虽然有一定的客观性，但基于单一来源的数据资料的计量分析，其结论显然是经不起历史检验的。

历史上美国的黑人奴隶到底生存于怎样的社会环境中？历史的真相被更多的研究成果所揭示。《为奴二十载》的作者所罗门的经历成为有力的历史证言，这部纪实文学作品描绘了 19 世纪黑人的境遇以及当时美国奴隶制的状况。书中所载所罗门的售价是 1 000 美元,符合历史事实。1860 年代，弗吉尼亚一个健壮黑人奴隶的售价高达 1 200 美元—1 500 美元。依据当时美国商品的价值水平来判断，黑人奴隶的价格还是非常昂贵的，因此，可以推测奴隶主大概率是不会随意破坏自己的“昂贵的工具”的。然而，黑人奴隶制问题的关键在于“奴”，黑人奴隶没有法律赋予的基本权利。因此，“奴役”而非“自由”才是奴隶制历史评价的根本，这就决定了黑人奴隶制的没落与废除是人类文明发展的必然趋势。

94

拿破仑的荣光：刀剑与思想

拿破仑·波拿巴（Napoléon Bonaparte，1769—1821 年），近代法国军事家、政治家，法兰西第一帝国的缔造者。拿破仑，这个从地中海科西嘉岛走出来的其貌不扬的小个子，曾一度影响了近代欧洲的政治格局，并推动了世界法律体系发展，规范了资本主义社会经济秩序，为法国乃至欧洲社会的进步奠定了基础。这位赫赫有名的英雄人物，是如何脱颖而出震烁世界的？

恩格斯曾言："恰巧拿破仑这个科西嘉人做了被本身的战争弄得精疲力竭的法兰西共和国所需要的军事独裁者，这是个偶然现象。但是，假如没有拿破仑这个人，他的角色就会由另一个人来扮演。"〔1〕 可见，拿破仑的成功一定程度上是其所处时代的产物。18 世纪下半叶至 19 世纪初，欧洲正处于由封建主义向资本主义转型的大变革时代，大革命时期的法国政局波诡云谲，初掌政权的资产阶级亟须一位强力人物以稳定局势，捍卫其既得利益。由此，聚禀赋与才华、勤奋与机遇于一身，同时深受启蒙思想浸润的拿

---

〔1〕中共中央马克思恩格斯列宁斯大林著作编译局编译．马克思恩格斯选集：第 4 卷［M］．北京：人民出版社，1995：733.

破仑，受到时代的青睐，登上了法国和欧洲的政治舞台。

大革命期间，军校出身的拿破仑因在土伦战役中击溃第一次反法同盟而初露锋芒。时年 24 岁的拿破仑因此被破格擢升，于法国军政舞台崭露头角，并在日后与反法同盟的频频过招中屡获战绩，成为叱咤欧洲的一代名将。1796 年，拿破仑率军翻越阿尔卑斯山进入意大利，两周之内六战皆捷，先后攻占伦巴底首府米兰、曼图亚要塞，直逼维也纳，迫使奥地利签订《坎波福米奥和约》，彻底粉碎了第一次反法同盟。此次胜利继续为拿破仑积攒了名望与声势，为其夺取政权奠定了基础。

1798 年神圣罗马帝国、英国、俄罗斯和奥地利等国组建第二次反法同盟，远征埃及的拿破仑敏锐察觉到法国面临的内外危机，于 1799 年 10 月寻机返回风雨飘摇中的巴黎，在出乎意料的举国拥戴声中，于 11 月 9 日轻而易举发动了雾月政变，成为法兰西共和国的第一执政。雾月政变结束了大革命以来各种极端局面轮番交替的形势，拿破仑成了革命的捍卫者。拿破仑执政后，亲率大军对抗第二次反法同盟，马伦戈战役再次取得对奥地利的胜利，迫使神圣罗马帝国与之议和；其后又与英国签订《亚眠和约》，由是，第二次反法同盟无果而终。凭借挽大厦于既倒的功劳，拿破仑于 1804 年 11 月 6 日加冕称帝，他从教皇手中接过皇冠亲自戴在自己的头上，成为“法国人的皇帝”，法兰西第一帝国取代了法兰西共和国。与此同时，为了争霸海洋并遏制大革命的影响，英国与欧陆奥地利、普鲁士、俄国等强国对法国的围攻并未止步。1805

年8月，第三次反法同盟集结50万大军扑向法国。同年12月，拿破仑以弱势兵力赢得了其军事生涯中最为耀眼的胜利——奥斯特利茨大捷。有“三皇之战”之称的奥斯特利茨战役堪称近代军事史上的经典战例，是役，拿破仑展示了其无与伦比的军事才华，令俄帝喟叹、奥皇垂首，威震19世纪的欧陆。奥斯特利茨战役成就了拿破仑的人生巅峰，迫使奥地利取消神圣罗马帝国的称号，随后，拿破仑联合德意志各邦国组成“莱茵联邦”，将其置于帝国的保护之下。1806年秋天，以普鲁士为先锋的老对手建立第四次反法同盟，扬言要狠狠教训“科西嘉暴发户”。拿破仑率军对战普鲁士，耶拿战役中普军几乎全军覆没，法军直捣柏林并签订《提尔西特和约》，反法同盟又一次破产。在从大西洋沿岸到波兰、从波罗的海到地中海的庞大帝国内，拿破仑兼任意大利国王、莱茵联邦的保护人和瑞士联邦的仲裁者，并将其兄弟分封到其他欧洲国家任国王，法兰西第一帝国成为欧洲大陆的霸主，拿破仑也登上了权力之巅。1809年初，不甘心失败的欧洲君主利用拿破仑亲征西班牙之际建立第五次反法同盟，战端再次重启。虽然受西班牙战事的掣肘，但拿破仑还是出人意料地反败为胜，迫使奥地利签订割地赔款的《维也纳和约》，第五次反法同盟土崩瓦解。

在与反法同盟一次又一次的博弈中，拿破仑所向披靡，用刀剑瓦解了欧洲大陆的合纵连横，并确立了一种崭新的欧洲国际关系，拿破仑杰出的军事才能使其在世界军事史上与恺撒、亚历山大齐名，被恩格斯称赞为一代“军事巨人”。然而，也正是刀剑带给拿破仑的这份荣光，让他带着统治欧洲的梦想四处出击，走上了对外侵略、扩张争霸的不归之路。当时的欧洲，除了孤悬的岛国英国以外，还有东方的俄国未曾被拿破仑的刀剑所征服。为巩固法国欧洲大陆霸主的地位，增强与英国争夺海洋霸权的实力，拿破仑于1812年5月率领60余万大军远征俄国。然而，正是这场远征，打破了拿破仑战无不胜的神话。在莫斯科，拿破仑遭遇了俄国的寒冬，也遭遇了他人生的寒冬。法军绝大部分将士或战死，或冻死，或被莫斯科大火烧死，回到法国的不足3万人。遭此挫败的拿破仑及其统治的帝国，不可避免地滑向坠落的深渊。此后，又遭到两次反法同盟的连击，已现颓势的帝国终究无法力挽狂澜，莱比锡战役失败，滑铁卢战役惨败，辉煌一时的拿破仑时代结束了。拿破仑本人被流放至大西洋中的圣赫勒拿岛，从此远离法国，远离世界。

然而，从历史的长程看，拿破仑的荣光并未随着战争的失败、帝国的覆亡而消逝。拿破仑有言："从长远来看，刀枪总是被思想战胜的。"拿破仑曾自豪地回忆："我的光荣不在于打胜了四十个战役，滑铁卢会摧毁这么多的胜利……但不被任何东西摧毁的，永远存在的，是我的民法典。"〔1〕 拿破仑注重实际，一切以实际需要为标准，认为有效力的法律是政权稳固的保障，"如果法律、当局的法令，始终是秩序、正义、节制精神的标志，那么共和国

〔1〕［法］拿破仑．拿破仑法典（法国民法典）［M］．李浩培、吴传颐、孔鸣岗译．北京：商务印书馆，1979：III.

就将为公民所珍爱”[1]。因而，拿破仑在雾月政变夺取政权后，设立民法典起草委员会，着手国家立法工作并亲自参与、督促法典的起草工作。参议院召开了多达107次会议对法典草案进行极为认真的讨论，其中拿破仑主持的有55次[2]。1804年，《法国民法典》（1807年更名为《拿破仑法典》）正式颁布。此后，拿破仑相继推动一系列法国统一成文法典的颁布实施，初步形成了包括《宪法》《民法典》《商法典》《刑事诉讼法典》《民事诉讼法典》《刑法典》的六法体系。其中，以《法国民法典》最受推崇，影响最为深远。《民法典》共有2 281条，分为三编三十五章。第一编主要是“人法”，主要包括国籍、外国侨民地位、民事主体资格以及住所、婚姻等内容；第二编主要是“财产法”，涉及所有权、用益物权、地役权等内容；第三编规定了各类所有权的获取方法，包含继承、生前赠与和遗嘱等内容。法典充分体现了自由平等、保护私有财产和契约自由等资本主义社会生活的基本原则以及思想基础。恩格斯高度评价《民法典》，认为这部法典是“以法国大革命的社会成果为依据并把这些成果转为法律的唯一的现代民法典”，“这比历来的法典都优越得多”[3]；它破除了封建时代的人

---

〔1〕王养冲、陈崇武选编. 拿破仑书信文件集［M］. 上海：上海人民出版社，1986：183.

〔2〕吴于廑、齐世荣编. 世界史：近代史：上卷［M］. 北京：高等教育出版社，2001：376.

〔3〕中共中央马克思恩格斯列宁斯大林著作编译局编译. 马克思恩格斯选集：第2卷［M］. 北京：人民出版社，1995：157.

身依附关系和等级秩序，彰显了自由人的基本权利和法治社会的基本原则，是一部“典型的资产阶级社会的法典”[1]。法国历史学家乔治·勒费弗尔在其著作《拿破仑时代》中写道：“这就是为什么这部法典在欧洲成为法国革命的象征，不论传入什么地方，它都提供了现代社会的基本法则。……如果不认清法典当时具有的创新之处，则将是对拿破仑时代历史的歪曲，并且将妨碍我们理解法国统治扩张的意义。”[2]

拿破仑战争将《民法典》与资本主义立法原则传播至欧陆各国，震荡了欧洲的封建秩序，推动了欧洲资本主义的发展。从这层意义上说，拿破仑战争输出了法国的制度，对神圣罗马帝国、西班牙、意大利、瑞士及巴尔干的伊利里亚地区等起到了既破又立的积极作用。所到之处，拿破仑撤销宗教裁判所等“被时代和欧洲竭力反对的东西”，带来当时最先进的法国文明的习俗和观念，理性主义发展为欧洲的普遍追求，由此激发了战后欧洲各地民族民主运动。例如，1825 年俄国“十二月党人”起义中的贵族军官受到了西欧民主主义思潮影响；又如，1848 年革命中欧洲各国迸发出自觉的革命诉求。恩格斯言及：“对德国来说，拿破仑并不像他的敌人所说的那样是一个专横跋扈的暴君。他在德国是革

〔1〕中共中央马克思恩格斯列宁斯大林著作编译局编译. 马克思恩格斯选集：第 4 卷［M］. 北京：人民出版社，1995：253.
〔2〕［法］乔治·勒费弗尔. 拿破仑时代［M］. 中山大学《拿破仑时代》翻译组译. 北京：商务印书馆，1978：151.

命的代表，是革命原理的传播者，是旧的封建社会的摧毁人。"[1]可见，拿破仑所确立的各项制度并没有在其军事征服失败后烟消云散，历史证明这些制度成为拿破仑留给欧洲乃至全世界最重要的遗产。

此外，拿破仑关注教育及人才对社会发展的关键作用，极具前瞻性。拿破仑执政后按照启蒙思想对高等教育进行改革，相继颁布了《有关帝国大学的构成法》《大学组织令》等，使"教育为国家服务并提供受过训练的忠诚的行政官员"[2]。为了培养更多社会需要的技术人才，拿破仑创办、扶持了新型高等专科学校，既满足了当时法国的经济发展，也为现代"双轨制"教育体系的形成奠定了基础。

拿破仑的一生，跌宕起伏，尽显雄才大略。他凭借手中的刀剑，致力于推广民法典和传播启蒙思想，赢得了属于自己的无上荣光，更成就了法兰西历史的辉煌篇章，在世界历史上留下了浓墨重彩的一笔。

---

〔1〕中共中央马克思恩格斯列宁斯大林著作编译局编译. 马克思恩格斯选集：第 2 卷［M］. 北京：人民出版社，1995：636.

〔2〕［英］威廉·博伊德. 西方教育史［M］. 任宝祥、吴元训译. 北京：人民教育出版社，1985：328.

95 考迪罗与拉丁美洲的历史进程

考迪罗，西班牙语 Caudillo 的音译，系“首领”或贬义“头子”之意。考迪罗主义（Caudillismo），即考迪罗实行统治的一种政治制度，特指拉丁美洲独立后形成的军阀、大地主和教会相结合的独裁体制，其主体是以强权维系统治的军事独裁者及军人政权。考迪罗主义是 19 世纪初期以来盛行于拉美地区的一种特有的、普遍的统治形式，对该地区的社会历史发展产生了深远的影响。

19 世纪初期的拉美独立战争，虽然驱逐了统治该地区 300 余年的西班牙与葡萄牙殖民者，成立了共和国或帝国，但因未触动原有的封建势力，缺乏资本主义经济基础和相应的制度保障，掌握军队的一批强人攫取了政权，纷纷登上中央至地方的政治舞台，并各霸一方。他们在经济上依赖大庄园主，对外投靠外国势力，在新独立的拉美国家普遍建立了军事独裁统治。这批人被通称为考迪罗。考迪罗有三个主要来源：一是殖民地民团军官，二是原殖民地市政委员会的官员（凭借军人力量），三是独立战争期间出现的革命军军官。前两者主要出身于拉美地主家庭，第三种势力的构成比较复杂，部分如拉丁美洲独立战争的领袖玻利瓦尔等虽然来自西班牙血统的贵族家庭，但后来接受了资产阶级思想，成为革命领袖；另一部分如委内瑞拉独立战争的领袖派斯虽然出身寒微，但后来站到了地主阶级的一边，也成为考迪罗[1]。考迪罗通过控制军队，确保其政治主导地位。在考迪罗统治下，权力高度集中，他们往往通过操纵选举、控制司法机关以及镇压反对派等手段来巩固自己的权力。因此，在考迪罗统治下，国家体制通常缺乏公正的选举、言论自由和独立的司法机构等近代民主制度的基本要素。如此，考迪罗主义——一种特殊的军事独裁政治体制在拉美各国生根落地。

考迪罗主义的出现是拉美地区特定历史条件和社会环境的产物。其一，19 世纪初拉美独立运动后的状况与美国独立革命后迥然不同，美国由分散的殖民地逐渐形成统一的民族国家，而拉美则由原先联合的殖民地逐渐变为分裂的国家。一方面，西班牙殖民统治时期，因拉美地区地形复杂，交通不便及经济不发达等原因，西班牙各总督区之间、各总督区内各地区之间均缺乏稳定的横向联系，殖民者主要通过上自西班牙王室、下至市政委员会纵向联系的方式进行统治。随着殖民统治的垮台，传统的纵向联系的统治方式中断，拉美各国上层出现“政治真空”，下层形成一盘散沙的混乱局面[2]。谁来填补这一真空？“弥散于拉丁美洲的是

〔1〕整理自陆国俊. 略论考迪罗和考迪罗主义 [J]. 世界历史，1996 (1)：40、41.
〔2〕陆国俊. 略论考迪罗和考迪罗主义 [J]. 世界历史，1996 (1)：39.

地方文化、地方特性、地方生活方式和地方认同感，它所造成的政治后果就是——它很难造成统一的政治权威。”[1] 另一方面，虽然西属拉美引入了共和制，但西班牙殖民者在拉美地区建立的等级森严的官僚机构，仍然深刻影响着独立后拉美国家政治制度的走向。各国宪法虽然明确规定了选举程序和三权分立的运行架构，但并未得到真正遵守；各国宪法将财产、教育程度、性别、种族作为政治参与的条件，广大民众被排除在政治之外。派系之争及缺乏完善、有效的政治调节机制，为考迪罗夺权创造了条件。

其二，拉美地区长时期以来有着军人干政、参政的传统。军队始终是拉美政治体制的组成部分。西班牙殖民者军事征服拉美，并实行带有军事性质的殖民统治，西班牙王室在拉美建立总督区、都督区等殖民行政区域，而行政区域的总督和都督基本由西班牙军人担任。直至18世纪60年代，卡洛斯三世才开始任用土生白人地主为殖民地民团的军官，成立了殖民地武装。此外，拉美独立战争又造就了一批新的殖民地武装，并于独立后或通过混战填补了政治真空，或通过兵变夺取政权成为考迪罗。尤其在原西属拉美地区，军队成为考迪罗独裁者的支柱。在拉美国家，军费支出在国家预算中占着相当大的比重。1850年以前，不少国家军队年平均支出占国家预算的50%以上。墨西哥从1812年至1845年军费

〔1〕钱乘旦. 拉丁美洲独立战争的历史局限及其影响 [J]. 历史教学问题，1999 (3)：4.

开支更是14次超过了政府的总收入[1]。考迪罗不同于英、美、法等资产阶级民主国家通过选举上台的总统或首相，它们是“反动独裁者的统治制度，他们通过暴力夺得政权，同时也用暴力来维持其统治”[2]。

其三，自给自足的大地产制即大庄园制是考迪罗主义的经济基础。一方面，大庄园主于19世纪初动乱的年代里，为维护其经济和政治统治地位，或请求考迪罗保护，或自己组织私人武装，成为考迪罗式的人物。拉美的大庄园是产生考迪罗的温床。另一方面，许多独立战争时期的军官、官吏、政客采用掠夺、廉价收购、强迫迁移等手段，占有大量土地，成为新的大地主。例如，19世纪最后20年中，阿根廷独裁者就把1.5亿英亩土地无偿分赠给一些大官僚、大商人和大土地占有者。在巴西，2 000人所占有的土地面积比意大利、荷兰、比利时和丹麦四国面积的总和还大。在委内瑞拉，80%的土地属于大地主，每户地产面积都在4 000英亩以上。可见，考迪罗主义的实质也是一种特殊的大地主专政。考迪罗的特殊性在于其不同于传统意义上的大封建主，其权力并非来自世袭，而是来自战争与“革命”。

其四，教会成为考迪罗的主要依靠之一。作为精神统治工

---

[1] 吴于廑、齐世荣主编. 世界史：近代史编：下卷［M］. 北京：高等教育出版社，2001：226.

[2] ［美］威廉·福斯特. 美洲政治史纲［M］. 杨永宽等译. 北京：人民出版社，1956：379.

具的天主教在对拉丁美洲殖民征服的过程中曾起到过重要作用，天主教的教义和组织成为维系殖民统治的有效工具。教会在政治上成为封建堡垒，而在经济上又是拉美最大的大土地所有者。独立战争结束后，考迪罗与教会相互利用，以保障各自的利益。考迪罗利用宗教控制民众，巩固其政治和军事统治。天主教神职人员则成为考迪罗政权的合作者甚至代表，他们通过严格的教规和仪式来控制教徒的思想和行为，反对进步立法和民主政府，以确保教徒服从考迪罗的意愿及维持教会的特殊地位。这种控制，在政治、经济和文化领域及日常生活的方方面面得到了充分的体现。

考迪罗主义的独裁统治给拉美国家的政治、经济的发展造成了极大的危害，严重阻碍了拉美国家的现代化。

在政治上，考迪罗主义造成了拉丁美洲各国政治局面的严重混乱。作为军事独裁统治体制，考迪罗主义是整个 19 世纪拉丁美洲国家普遍存在的政治现象。玻利维亚在独立后的 74 年内发生了 60 次政变和暴动，平均每 14 个月就发生一次；秘鲁在 1829—1845 年间更换了 12 个总统；墨西哥在 1824—1848 年间，发生了 200 多次军事政变，30 多个总统被赶下台。拉美动荡的政局并非政变首领所谓的“解放”“革命”，掌握国家机器和成为国家首脑是考迪罗们发动一场场军事政变的主要目标。拉丁美洲——这块频繁易主的“阵地”被政变者们所发出的“炮弹”打得千疮百孔，而真正深受其害的却是数千万民众。在考迪罗独裁者的统治下，国家宪法、法律、议会等共和制度徒有虚名，选举流于形式，民众的权利被剥夺。正如玻利瓦尔所言："让独裁者习惯于独断专行，就必然会使人民习惯于唯命是从。"[1] 同时，考迪罗们拥兵自重，在自己小小的"祖国"里建立所谓的"文明秩序"，形成实际上的军阀割据局面，地区与地区之间的血腥战争成为常态。诚然，有些考迪罗属于"进步派"，他们上台后也采取了一些有益于社会、经济发展的进步举措，如建学校、修铁路等，但总体上难以改变拉丁美洲的混乱局面。

在经济上，考迪罗主义严重阻碍了社会经济的发展。为发动政变，考迪罗独裁者以各种方式积累和增强自身实力，他们大肆搜刮财富、强占土地，扩充自己的势力范围。一旦夺取政权，更是肆无忌惮横征暴敛，通过征税、没收、强迫、贷款、通货膨胀、滥发公债等手段，搜刮民脂民膏。同时，考迪罗独裁者大多出身传统的地主阶层，他们一旦掌握政权，就竭力打击新兴资产阶级，遏制资本主义发展。由此，资本主义的发展受到了很大阻碍，拉美社会也因此发展缓慢，现代化进程难以真正推进。

此外，考迪罗主义的盛行，也为英、美等帝国主义势力插手拉美提供了契机。19 世纪中叶以后，帝国主义列强为了在拉美各国获取更多的特权和利益，对拉丁美洲进行渗透，在拉美各国寻找代理人。而各国的考迪罗独裁者为了维护统治，扩大势力范围，

---

〔1〕中国拉丁美洲史研究会．拉丁美洲史论文集［M］．北京：中国拉丁美洲史研究会，1986：146.

也纷纷不得已靠向英、美等国，甚至不惜出卖民族利益和国家主权。最终，在美国奉行的“门罗主义”政策的干预下，拉丁美洲成为美国的势力范围。

考迪罗现象是拉丁美洲资本主义生产关系不发达状态在政治上的反映，是拉美地区社会转型时期阶级矛盾尤其是地主阶级与资产阶级矛盾尖锐化的产物。进入20世纪尤其是1910年墨西哥爆发资产阶级革命后，拉丁美洲逐渐进入了新的历史阶段。随着资本主义经济的发展，拉美各国在政治上也逐渐摒弃考迪罗主义，实行资产阶级民主革命或民主改革，先后建立起资产阶级民主制度。但是，由于历史的积淀和惯性，考迪罗主义的影响在一些拉美国家仍然长期存在，并以不同的形式延续下来。1930年代经济大危机后，拉美的军人政权又卷土重来，他们同中产阶级和土地寡头合作，实行独裁统治，对经济进行国家干预，以强硬手段解决社会矛盾。有些国家在相当长的时间内处于军人独裁政权的统治下，如智利的皮诺切特政权等。直至80年代末，巴西、智利等国才结束军人独裁统治，以权力制衡、普遍选举为特征，拉丁美洲实现了新一轮的体制转型。之后，在经济上，拉美国家也取得了长足的进步，巴西、墨西哥、阿根廷等国进入新兴工业化国家行列，大多数拉美国家发展为中等收入国家。然而，拉美各国依然面临调整国民经济、巩固民主制度和处理社会矛盾等重大课题，历史上的考迪罗主义所留下的军人干政、威权主义等传统，还深刻影响着当代拉美社会。综观拉丁美洲的现代化进程，正可谓

“经济和政治动荡导致对考迪罗需求的增加；考迪罗的长期存在产生更多的分裂最终导致出现更多的考迪罗”〔1〕。

〔1〕[美] 哈维尔·科拉莱斯. 拉丁美洲的新考迪罗主义：前总统和政坛新人纷纷竞选总统……并且当选（下）[J]. 拉丁美洲研究，2010（4）：68.

96 一战对中国思想界的震荡

20世纪初，国际国内局势的诡谲多变也多方面影响了中国思想界。今天，当我们回首那段岁月，首先想到的便是1917年给中国思想界带来无限震撼的俄国十月革命，正所谓“十月革命一声炮响，给我们送来了马克思列宁主义”。然而事实上，第一次世界大战也同样引起了中国思想界的广泛关注，并产生了深远影响。

一战爆发后，远在东方、曾将进化论引入中国的严复，通过英文报刊持续关注着战争的进程。1914年8月，严复给友人熊纯如的信中写道：“乃不幸月余以来，欧洲大局，忽覯燎原，其影响之大，殆非历史上人所能梦见，从此中国舍自尽其力而外，别无可为，或乱或治，或亡或存，殆非一昔之谈所能尽也。”[1] 可见，严复凭借其敏锐的政治眼光，迅速抓住了一战将造成世界局势发生划时代巨变的特点，并预感欧洲爆发的这场战争将为中国创造历史性机遇。

一战期间，严复多次重申中国应抓住时机整顿内政，改良积

[1] 王栻主编. 严复集：第3册［M］. 北京：中华书局，1986：615.

弊。战争初期，严复就曾预言双方交战无和解可能，战争会持续到一方彻底失败。对于交战双方的实力对比严复也颇有研究，他认为战争不会持续太久。但在战争历时两年依旧未分出胜负之后，战争的走向更激起了严复的探究兴趣。他认识到：“国之实力，民之程度，必经苦战，而后可知。”[1] 通过比较英法与德国政体的差异，严复发现协约国阵营的英法两国在战争前因为备战不足，导致战争爆发以后长期处于下风。在他看来，这似乎与民主政治导致军事组织效率低下有着密切关系。相较之下，德国的政制，“虽有议院，然皆尚武而专制”[2]；换言之，德国的民主程度远不如英法，但其高效的军政能力助力德国在战争初期取得了优势。通过对交战双方政治体制的对比，严复提出了“政俗”是胜负攸关的观点，他认为，只要“政俗”良好，改革从速，无论是英国还是德国都能扭转危局。

严复在深入观察一战进程的同时，也在不断思考中国的出路。他在比较欧洲主要参战国家的“政俗”后，明确提出一个国家的政体需要依据其国民程度而定。在严复看来，“吾国形势程度习惯，于共和实无一合，乃贸然为之，以此争存，吾决其必无幸也”[3]。由此，严复再次重申中国的国民程度不适合于共和制度。严复的观点在当时的中国思想界引起了不小的反响。尽管其观点

---

〔1〕王栻主编. 严复集：第 3 册 [M]. 北京：中华书局，1986：625.
〔2〕王栻主编. 严复集：第 3 册 [M]. 北京：中华书局，1986：625.
〔3〕王栻主编. 严复集：第 3 册 [M]. 北京：中华书局，1986：660.

颇受非议，但他通过观察一战局势而形成的“政俗”论，还是丰富了中国思想界的国体论认识。

除了严复，一战同样引发其他思想界人士的广泛思考。如果说近代以来中国思想界对中西之间的认识更多是来自外在压力下的被动反应，那么，一战真正意义上开启了国人对中西之间的自觉主动思考。1914 年，一战爆发不久，同盟国与协约国两大阵营的国民便展现出惊人的爱国精神，这给当时的中国人留下了深刻的印象，这也引发了中国思想界对国人爱国心的思考。如陈独秀在比较西方与中国国家观念的基础上，认为国人缺乏爱国心，并认为中国人的国家观念“与社稷齐观，斯其释爱国也，与忠君同义”，此种国家观念只是“吾君祖若宗艰难缔造之大业”，人民“惟为缔造者供其牺牲，无丝毫自由权利与幸福”；而在近代西方的国家观念中，国家乃“为国人共谋安宁幸福之团体”，人民有自己的权利，并且载于宪章，“犬马民众，以奉一人，虽有健者，莫敢出此”[1]。古往今来，中国并不乏爱国的典范或典型，但此时思想界所认为的缺乏爱国心，实则指向爱国始终未能成为国人国民性的一部分。

时间来到了 1917 年，随着中国加入协约国一方，加之胜利的天平越发倾斜于协约国阵营，中国各界人士不约而同地殷切企盼一战的结束能给中国带来崭新的发展契机。这种乐观的情绪也同

〔1〕整理自任建树. 陈独秀著作选编：第一卷（1897—1918）［M］. 上海：上海人民出版社，2009：146.

样蔓延至中国思想界，学者们纷纷对未来中国的政治出路给出各种独到的见解，尤其对改良中国政治表达了一定的乐观与期待。其中以杜亚泉为代表的思想界人士，提出中国政治的问题在于“政党偏私与武人跋扈”，皆因“现时民主主义不完全”，所以未来之政治最好是将“国家的民主主义，一变而为世界的社会主义”。观其形势，“社会主义”在当时引发了广泛关注，时人将“社会主义”比为中国自古以来所向往的大同之世，人们赋予“社会主义”诸多溢美之词，甚至预言中国在世界的大局势下也将实现“社会主义”〔1〕。尽管此时人们对“社会主义”的理解有巨大的偏差和不足，甚至带有乌托邦式的空想，但不可否认的是，这些思想在一定程度上为此后社会主义思想在中国的广泛传播作了铺垫。

除了政治方面，一战还引发了国人对战后世界的热议。协约国的胜利以及威尔逊主义的横空出世，无不让当时的国人为之雀跃。对于许多国人而言，威尔逊如同救世主，是“民主精神”的国际领袖。李大钊曾盛赞威尔逊是和平使者，陈独秀则宣称威尔逊是“世界上第一个好人”〔2〕。由此可见，当时的知识分子普遍对威尔逊抱有极高的信任，对国际联盟和世界新秩序怀有无限的憧憬。

---

〔1〕整理自周月峰. 中国近代思想家文库：杜亚泉卷［M］. 北京：中国人民大学出版社，2014：382—384.
〔2〕陈独秀. 独秀文存［M］. 合肥：安徽人民出版社，1987：388.

然而1919年巴黎和会给中国带来的屈辱，迫使国人开始更理性地思考西方文明。巴黎和会上的外交失败，残酷地揭开了西方民主政治的弊端，半个多世纪以来国人第一次在学习西方这个问题上产生了质疑。作为连锁效应，巴黎和会也引发了中国思想界对中国固有文明的再认识。其中部分人士主张与其寄希望于西方文明，不如发扬中国固有之文明，提出走中西文明融合之路，突出中国传统文化的主导地位。以梁启超为例，在他游历欧洲数月后写下了《欧游心影录》。梁启超认为："他们许多先觉之士，着实怀抱无限忧危。总觉得他们那些物质文明，是制造社会险象的种子，倒不如这世外桃源的中国，还有办法……拿西洋的文明，来扩充我的文明，又拿我的文明去补助西洋的文明，叫他化合起来一种新文明。"[1] 可见，梁启超在重新审视中西方文明、辨析中西方文明优劣的基础上，提出应借助中华传统文化的精神去消弭西方物质文明的弊端，从而创造出更优越的全新文明。

五四运动的爆发，则成功地把中国人的失望情绪转化成全民族抵制列强强加给中国的国际秩序的行动[2]。巴黎和会中国外交的挫败让国人不得不考虑：中国的前途在哪里？就在此时，对西方文明的失望加之俄国革命的成功，给中国提供了新的发展方向。张东荪提出第一次世界大战表明"第二种文明（西方文明）"已

---

〔1〕整理自汤志钧、汤仁泽编. 梁启超全集：第十集 论著十［M］. 北京：中国人民大学出版社，2018：66—83.

〔2〕整理自［美］徐国琦. 中国与大战：寻求新的国家认同与国际化［M］. 马建标译. 成都：四川人民出版社，2019：272.

经到了末日，进而提倡“第三种文明”，即在中国实行社会主义[1]。对此，李大钊也表示赞同。李大钊指出：“由地理之位置言之，俄国位于欧亚接壤之交，故其文明之要素，实兼欧亚之特质而并有之。……而俄罗斯之精神，实具有调和东西文明之资格，殆不为诬。……今俄人因革命之风云，冲决‘神’与‘独裁君主’之势力范围，而以人道、自由为基础，将统制一切之权力，全收于民众之手。世界中将来能创造一兼东西文明特质、欧亚民族天才之世界的新文明者，盖舍俄罗斯人莫属。”[2] 李大钊认为，俄国在地理和文化上都处于欧亚大陆的交界处，俄国有条件继承东西方文明的优点以及欧亚两大洲人民的智慧，创造出新世界。而十月革命后苏俄也曾宣布废除帝俄与中国的一切秘密条约与协约，放弃帝俄在华特权等主张，这在李大钊等人看来是新世界领袖出现的标志。

由此可见，在经过巴黎和会的创伤之后，许多国人认为俄国革命是中国进行现代国家建构的唯一成功楷模，而且也只有苏俄对当时正在寻求认同的中国给予了同情。正是由于国人在苏俄的

---

〔1〕张东荪指出：第一种文明是宗教的文明；第二种文明是个人主义与国家主义的文明；第三种文明是社会主义与世界主义的文明……这次大战把第二种文明的破绽一齐暴露了：就是国家主义与资本主义已到了末日，不可再维持下去。……我以为我们虽则仍区留在第一种文明与第二种文明之交，但是不应该再提倡第二种文明的知识和道德，而应该专从第三种文明去下培养工夫。参见克柔编．张东荪学术文化随笔［M］．北京：中国青年出版社，2000：94—97.

〔2〕中国李大钊研究会编注．李大钊全集：第2卷［M］．北京：人民出版社，2006：227.

宣传中看到了平等世界的可能，看到了苏俄不同于西方强权政治的特点，看到了苏俄在放弃殖民地的问题上所表现出来的人道主义和国际主义精神，故而选择亲近苏俄。此外，苏俄对帝国主义和秘密条约的谴责更是深深打动了国人，对知识分子而言，他们在苏俄的外交中看到了理想中的文明世界。这也势必影响国人对中国未来道路的选择。

综上所述，一战的爆发及其残酷的经过，不仅引发了西方人士对自身文明的反思，同样也给中国思想界带来了深刻的震荡。一战后中国尝试参与国际秩序的失败给国人以沉痛打击，紧随而来的便是国人关于“中国在未来究竟要走一条怎样的路，要建立一个怎样的理想社会”的热烈探讨。从一定意义上来看，一战给中国思想界带来的冲击与中国思想界的反应，体现了思想界对中国未来的社会秩序和理想社会的思考。

97

印刷术纵横谈

17世纪著名英国哲学家弗兰西斯·培根曾指出："三种发明将全世界事物的面貌和状态都改变了，又从而产生了无数的变化。印刷术在文学，火药在战争，指南针在航海，历史上没有任何帝国、宗教或显赫人物，能比这三大发明对人类事物有更大的影响力。"〔1〕可以说，源自中国的印刷术不仅是一项重要的技术创新，更是人类近代文明的催化剂。印刷术催生了书籍的大规模生产，使信息和知识在更广的范围内流通和传播，极大地促进了思想的交流和共享，为知识的传承、普及和学问的积累、创新创造了有利条件，推动了人类社会政治、经济和文化不断进步。

纵观世界，印刷术何以在中国率先取得突破？作为世界上最古老的文明之一，中国持续发展的历史、广袤的领土和庞大的人口规模，大一统中央集权制度以及繁荣的经济和文化，都为印刷术的发明提供了必要的条件。

印刷术的诞生，与文字系统的发达和造纸等相关技术的发明

---

〔1〕［英］培根. 新工具［M］. 许宝骙译. 北京：商务印书馆，1984：103.

密不可分。汉字作为世界上最古老的文字系统之一，其成熟的字形可以追溯至商朝晚期的甲骨文。秦朝的文字统一进一步确立了汉字的规范和标准，为印刷术奠定了统一的文字基础。纸的发明为印刷提供了理想的材料载体，而印章和碑拓等古代文本复制技术也为印刷术的诞生提供了启示。

印刷术的发明也受到中国古代文化发展需求的推动。其一，在印刷术问世之前，文化的传播主要依靠手抄书籍。汉字作为表意文字，一字一音，且笔画相对繁复，手写抄录耗时费力，容易出现抄写错误和遗漏，造成信息传播的歧义。因此，社会期待出现能够大规模复制标准文本的印刷技术。其二，儒学的兴起也是推动印刷术发明的重要因素。自汉武帝罢黜百家、独尊儒术以来，儒家学说逐渐成为中国传统社会文化的主流意识形态。历代王朝都以儒学为国家治理的思想基石，掌握儒学知识成为选拔官员的重要标准，儒家经典因此成为学校教育的必修内容。对儒学传承的需求，成为激励印刷技术问世的重要推力。其三，佛教的流行也为印刷术的发明提供了助力。自魏晋时期起，佛教从一派小众的外来宗教迅速发展为中国古代社会的主要宗教之一，佛教的传播以及相应的仪轨必须依据佛经文本，由此佛教徒迫切需要复制大量佛教文献。从敦煌发现的魏晋时期的手抄佛经到唐宋时期的印刷佛经，反映了佛教信仰对印刷技术广泛而迫切的需求。

纵观中国印刷术的发展历程，可分为三个阶段。

第一阶段是印刷术的兴起和发展阶段。印刷术的兴起可追溯至 5—6 世纪的南北朝时期；7—10 世纪是印刷术的早期发展阶段，相当于唐朝到五代十国时期（618—907 年），雕版印刷作为新兴的独立手工业产业开始出现，技术体系初步形成。五代十国时期由于得到统治者的支持，印刷术较之唐朝得以更为迅速地发展起来。

第二阶段是印刷术蓬勃发展阶段。时间为 10—14 世纪，对应宋辽金元以及西夏时期（960—1368 年），这是中国印刷术的黄金时代。雕版印刷技术在这一阶段达到巅峰，其中最伟大的成就无疑是印刷技术的创新。据沈括《梦溪笔谈》记载，北宋时期的工匠毕昇发明了胶泥活字印刷术。而在元朝，科学家王祯对木活字印刷做了更为深入的研究。其著作《农书》中收录的《造活字印书法》一文详细描述了他使用木活字印刷的全过程，文中还提及一种“铸锡作字”技术，表明此时金属活字印刷术也已出现。与此同时，复色印刷也得以实现。印刷物的内容不仅涵盖了诸子百家的著作，还涉及其他诸多领域的知识，出版中心逐渐扩散至全国各地。以此为基础，官方刻印、私人刻印以及坊间刻印三种方式，构建了一个相对独立而又相互补充的印刷网络。

第三阶段是印刷术成熟与集大成阶段，大致涵盖了 14—19 世纪，对应明朝和清前期（1368—1840 年）。这一阶段，印刷术发明以来的所有技术手段都得到充分的应用和发展，包括套版多色印刷、版画印刷、金属活字印刷以及木活字印刷。印刷品种也日趋丰富，从过去主要印刷儒家经典和佛经，逐渐扩展至包括民俗文化、报纸、地图、纸币等多样的印刷品种。

伴随着古代中国日益频繁的对外交往，中国的印刷技术逐渐传播至亚洲、非洲和欧洲国家，对世界各区域文明的进步产生了深远而重大的影响。

东亚是印刷术最早外传的地区之一。唐朝中日间的交流极为频繁，访唐的僧人将佛经印本带回日本，成为探究印刷术的模本，从而使日本成为继中国之后发展木版印刷技术的国家。印刷术传入朝鲜半岛可以追溯至高丽王朝（918—1392 年）时期。宋朝不仅满足高丽国王求赠《开宝藏》印本的要求，还向高丽派遣官员和技术人员以传授技术。14 世纪末，高丽又从中国引进了活字印刷技术。公元 1403 年，朝鲜半岛已为李氏朝鲜，当时汉城的铸字所就能铸造大量铜活字，活字印刷在朝鲜半岛的普及程度甚至一度超过了当时的中国。

印刷术的西传与蒙古西征密切相关。宋元时期正值中国雕版印刷和活字印刷发展的关键时期，蒙古西征以及丝绸之路的商贸活动，重新开启了一度封闭的亚欧大陆通道。西域尤其是今新疆吐鲁番地区在 13 世纪初印刷业发达且分布广泛，为技术传播至中亚、西亚、北非和欧洲等地搭建了天然的桥梁。蒙古人进入西亚并建立伊利汗国后，印刷术在当地得以快速发展。北非的印刷技术就是通过伊利汗国传入的，埃及马穆鲁克王朝（1250—1517 年）统治时期所刊刻的《古兰经》即使用了中国的印刷技术。

印刷术在东南亚地区的传播时间相对较晚。越南与中国接壤，两地交往密切。文献记载显示，陈朝（1225—1400 年）初期使用木版印刷户籍文书，并在这一时期开始印刷书籍。泰国大城王朝

（1350—1767 年）时期，许多来自广东、福建的手艺人随商船前往泰国，从事造纸印刷等行业。在菲律宾，华侨龚容于 1593 年刻版印刷了该国最早的汉文和他加禄文出版物《新刻僧师高毋羡撰无极天主教真传实录》，随后又成功铸造铜活字用于出版汉文和西文书籍，大大推动了当地印刷业的发展。

关于欧洲近代印刷术的发展，西方学界普遍归功于 1450 年前后德国美因茨工匠古登堡发明的金属活字排版印刷术。但是，古登堡的发明究竟是独立创造还是参考了中国相关技术，至今仍是学界争论的焦点。从技术特点来看，两者都选择了三元合金作为材料，以铁线穿孔的方式来固定活字。从铸字操作工艺来看，两者都采用类似的流程：先刻字模，制作字范，然后浇铸合金溶液。从植字原理来看，两者都是将纸张放在涂有油墨的印版上刷印。虽然我们尚未找到古登堡直接吸收中国技术的确凿证据，但是古登堡的金属活字与中国在金属活字应用方面的基本原理高度相似的史实或许暗示我们，两者之间可能存在着一定程度的借鉴[1]。

尽管中国活字印刷技术发明时间早于西方 400 年，然而自北宋直至鸦片战争后的 800 年漫长时期内，这项新技术却并未得到广泛普及和应用，采用活字印刷的图书仅占这一时期印刷书总量的约 1%[2]。直至 19 世纪后期，随着西学东渐，西方铅印、石印技术

---

〔1〕整理自肖红英编著. 印刷术的发明——源流 · 外传 · 影响 [M]. 贵阳：贵州科技出版社，2008：172—174.

〔2〕整理自李万健. 中国古代印刷术 [M]. 郑州：大象出版社，1997：117.

传入，才逐渐取代了雕版印刷成为主流的印刷方式。为何中国长期对技术上相对落后的雕版印刷术如此情有独钟？一种可能的解释是：雕版印刷术经过长期发展已极为成熟，其使用成本不高，效率不低，且印刷质量上乘。而活字印刷术在汉字书籍印刷效率方面与雕版印刷术相比优势不大，且印刷质量还略逊于雕版。汉字不同于西方字母文字，具有一字一形的特点，常用汉字规模有上千之多，选字排版的工作十分繁重。而儒家典籍、佛经等主要出版物可以大量重复印刷，使用雕版印刷术反而可以省去许多麻烦。加之后期王朝统治者推行文化专制政策，严禁不符合自身统治利益的印刷出版物，也在一定程度上限制了印刷技术的进一步突破。一度推动中国印刷术领先的诸多因素到了一定阶段反而成了技术发展的桎梏，令人感慨和深思！

在当今的信息时代，受益于现代科学技术的发展，印刷术已不再局限于文本的复制，而是成为人们日常生活中传播各类信息不可或缺的重要手段。在印刷技术上，我们已无需费力手工挑字、制版，而只需轻轻敲击电脑键盘，抑或利用 OCR 扫描、语音输入等技术，便能轻松地将录入信息打印成文本。印刷设备不仅实现了智能化和小型化，“飞入寻常百姓家”，而且还突破了平面的限制，进入了 3D 打印的全新时代。回顾印刷术千年发展的历程，我们在惊叹于技术进步的同时，也能更深刻体会印刷术在推动社会变迁和文化交流方面的巨大作用。

98

博物馆中的殖民主义

近代以来的博物馆通常被认为是展示科学、启蒙和进步的重要场所，然而不少世界知名博物馆却与殖民主义有着千丝万缕的联系。那么，殖民主义在现代博物馆的形成和发展中究竟扮演了怎样的角色？让我们回到18—19世纪的欧洲，从文化的视角去探究近代殖民活动留下的历史痕迹。

伴随着启蒙运动的勃兴和资本主义制度的确立，欧洲教会和王室对于文化知识的垄断逐渐被打破，以大英博物馆和卢浮宫博物馆为代表的一批公共博物馆应运而生。其中，大英博物馆是在私人收藏的基础上发展而来的，其奠基人是执业医师汉斯·斯隆。斯隆一生酷爱收藏，他在晚年立下遗嘱，将包括标本、书籍、手稿、画作、奖章、硬币、古董、科学仪器等在内的数量庞大的藏品全部捐献给国家，并以此建立博物馆来“增进所有人的学识和新知”〔1〕。1759年，大英博物馆正式对外开放。英国议会通过的《大英博物馆法》规定：“现在的与之后增加的每一件藏品都将永

〔1〕[英] 詹姆斯·汉密尔顿. 大英博物馆：第一座公众博物馆的诞生 [M]. 王兢译. 北京：北京燕山出版社，2020：194.

久保存并供后世利用，且保证所有学者和怀有好奇心的人们都能自由进出。”[1] 这一原则被保留至今。与大英博物馆不同的是，卢浮宫博物馆是资产阶级革命的产物。法国大革命打破了教会、王室和贵族的特权，将他们的私有财产转变为国家的公共财产，为博物馆的诞生奠定了物质基础。法国大革命所宣扬的自由、民主、平等观念也为普通民众欣赏这些艺术珍品提供了理论依据。1792 年，路易十六被废黜后，国民公会颁布法令，将卢浮宫这座昔日的王宫改造成博物馆，并赋予它一个充满爱国主义色彩的名字——法兰西博物院。1793 年，法兰西博物院正式对外开放[2]。这一事件成为法国公共博物馆诞生的标志。

公共博物馆兴起的时代也是西方列强大肆对外殖民扩张的时代。18 世纪下半叶，工业革命首先在英国发生。此后，工业化的浪潮逐渐从英国扩展至欧洲大陆和北美地区。工业革命的持续深化和资本主义的不断发展，为西方列强的海外殖民活动注入了强大动力。公共博物馆的藏品也因列强对亚非拉地区的殖民掠夺而日益丰富。

“游世界，逛大英博物馆!”这既是大英博物馆的口号，也是“日不落帝国”全球扩张的生动写照。1798 年，拿破仑率军远征埃及。为维护英国在地中海的霸权以及对印度的占领，被誉为“英

---

〔1〕［意］卢卡·莫扎蒂. 伦敦大英博物馆［M］. 应倩倩等译. 南京：译林出版社，2015：11.

〔2〕［意］亚历山德拉·弗雷格兰特. 巴黎卢浮宫［M］. 娄翼俊译. 南京：译林出版社，2015：8—9.

国皇家海军之魂”的纳尔逊率领英军从海上切断埃及法军与本土的联系，最终迫使埃及法军于1801年投降。根据英法《亚历山大条约》的规定，法军获得的包括罗塞塔石碑在内的埃及文物作为战利品由英国接管。这批埃及文物运回英国后，由英王乔治三世捐赠给大英博物馆。就在英军打败埃及法军的同一年，英国驻奥斯曼帝国大使额尔金伯爵以“考古”的名义洗劫了雅典的帕特农神庙。他不惜破坏建筑的承重结构，从神庙上野蛮地割取大理石雕塑并运回英国。这些雕塑后来成为大英博物馆的重要藏品。1846年，正当英、法、俄、美等列强争夺奥斯曼帝国的控制权之时，大英博物馆资助莱亚德在两河流域进行考古发掘，将人首飞牛雕像等大批亚述文物收入囊中。八国联军侵华期间，英军上尉约翰逊趁乱将东晋顾恺之《女史箴图》的唐朝摹本盗往英国，它和斯坦因从敦煌藏经洞盗走的经卷、壁画一起成为大英博物馆的镇馆之宝。

卢浮宫藏品的不断丰富也是法国对外殖民扩张的缩影。拿破仑在对外征服的过程中，随军携带着由古物学家、语言学家组成的科学考察团，搜集被征服地区的文物并运回法国，其中有不少文物成为卢浮宫的藏品。卢浮宫曾一度更名为拿破仑博物馆，成为拿破仑炫耀战利品的场所。19世纪中叶，法国人又以巧取豪夺的方式从西亚地区获得了大批珍贵文物，比如古巴比伦王国的《汉谟拉比法典》等。这些来自两河流域的文物进一步充实了卢浮宫的收藏。

此外，俄国的艾尔米塔什博物馆、美国的大都会艺术博物馆等欧美著名博物馆中的很多藏品都带有殖民掠夺的深刻烙印。这些欧美博物馆的馆藏数量之巨、品类之多，足以串联起一部世界历史。那么，这些博物馆中来自世界各地的藏品究竟向我们呈现出一部怎样的“世界历史”呢？

根据英国学者托尼·本尼特的研究，从19世纪开始，许多西方博物馆按照单维线性发展的原则陈列藏品，将不同文明程度的民族和国家纳入西方中心观所构建的时间坐标轴中，并无视古代多元地域文明的多线发展与现代文明整体性发展的区别，把处于不同文明发展阶段的各地区文物简单排列成“一系列进步的发展阶段”。具体来说，那些较为落后的民族和国家被认为处于人类文明发展的早期阶段，有关它们的藏品被置于时间轴的前端；而较为发达的民族和国家则被认为已经超越了这一发展阶段，有关它们的藏品被置于时间轴的末端。西方列强由此塑造出处于文明最高阶段的“我们”的形象，而来自广大亚非拉地区的被征服民族则成为“他者”。这些“他者”是西方列强用来“教育国内大众和确认其帝国优越性”的工具〔1〕。

以大英博物馆为例，它通过希腊、埃及和西亚等地的文物，选择性地凸显了19世纪英国现代性的文化源头。工业革命后，英国成为世界头号经济、政治、军事强国，同时也迫切需要寻求与

〔1〕王嫣慧．托尼·本尼特的博物馆理论研究［D］．上海：华东师范大学，2021：63—64.

自身实力相匹配的文化认同。当时的西欧正沉浸于崇尚古希腊文化的热潮中，通过对古希腊雕塑和古典文献的欣赏与研究，英国在希腊文化中找到了自身的文化根源。对于英国而言，崇尚古希腊文化并不意味着回到过去，而是超越过去。古代希腊是“一个想象的希腊，一个理想的希腊，一个用于阐述现代性的虚构”〔1〕。英国将自身塑造成古代希腊的继承者，古代希腊的科学与理性、民主与自由构成了英国现代特质的文化内涵。相应地，曾经给予古代希腊重大影响的埃及和西亚文物所代表的地中海东部文明，却被赋予浓厚的“东方主义”色彩。大英博物馆的收藏为埃及学、亚述学的兴起和发展提供了宝贵的第一手史料，但与此同时，英国等西欧国家从自身视角研究埃及和亚述文明，从而掌握了理解东方历史的话语权。在这种话语体系中，“东方”被看作非理性的、堕落的、幼稚的、不正常的，而西方则是理性的、贞洁的、成熟的、正常的〔2〕。这种人为建构的东西方对比，使英国民众产生了较强的文化优越感，他们认为只有英国才有能力保护好这些文化遗产。在这种偏见的刺激之下，英国殖民者将越来越多的海外文物掠回英国，陈列于大英博物馆之中〔3〕。

事实上，文物一旦脱离了原来的文化背景，其本身的功能和

〔1〕黄洋. 古典希腊理想化——作为一种文化现象的 Hellenism [J]. 中国社会科学，2009 (2)：63.

〔2〕[美] 萨义德. 东方学 [M]. 王宇根译. 北京：生活·读书·新知三联书店，1999：49.

〔3〕整理自谢小琴、洪霞. 现代性视角下的大英博物馆 [J]. 英国研究，2010 (1)：264.

意义也随之模糊，最终不可避免地沦为自身历史的失语者。比如，在大英博物馆启蒙展厅的“贸易与发现”专题中，来自南太平洋地区的文物被笼统地陈列在一起。它们属于不同的世纪、不同的文化，却没有详细的展品信息。这既体现了博物馆对当地土著居民文化的忽视，也使参观者难以接近文物背后的历史信息。在所有这些展品中，一面木制盾牌的介绍文本最为清晰。它写道：“这是博物馆里最早的一面来自新南威尔士的盾牌。1770 年，库克船长在博特尼湾登陆时，两个人拿着长矛刺了过来。库克开枪，射中了一个人的腿，他逃走后留下了一面盾牌。这似乎就是那面盾牌，但无法确定。我们与太平洋岛民最初的相遇总是充满了紧张和暴力。”这则简短的介绍不仅淡化了英国对澳大利亚的暴力入侵，也忽略了当地土著居民抵抗殖民侵略的历史正当性[1]。

正如澳大利亚学者爱丽丝·普罗克特所说：“博物馆不是中立的，它们并不天然，却成为了解人类社会的实验室，馆内发生的所有事情都是对外部世界的反映。”[2] 许多欧美博物馆通过自己的叙事逻辑扭曲了其他民族的历史，遮蔽了殖民掠夺的过往。它们所建构的“世界历史”带有明显的西方中心论色彩，并不能反映人类文明的真相和全貌。

近代以来，人们开始将文化遗产视为民族的象征和国家的财

---

〔1〕整理自［澳］爱丽丝·普罗克特．枷锁与银器：博物馆中的殖民历史［M］．赵安琪译．北京：中国工人出版社，2022：93—96.

〔2〕［澳］爱丽丝·普罗克特．枷锁与银器：博物馆中的殖民历史［M］．赵安琪译．北京：中国工人出版社，2022：208.

富。而伴随着世界殖民体系的逐步瓦解，新兴的民族国家频频要求西方国家返还文物。其实在此之前，掠夺文物的行为在西方已经失去了合法性。早在 17 世纪，格劳秀斯就在《战争与和平法》中首次明确了在战争期间尊重和保护文化遗产的原则[1]。这一原则在 1648 年签订的《威斯特伐利亚条约》中得到回应，条约规定缔约国应当返还“三十年战争”中的战利品[2]。尽管掠夺文物的行为在此后的欧洲战争中依旧存在，但这种风气在 19 世纪发生了转变。拿破仑战败后，欧洲各国并未像以往的战胜国那样去抢劫法国的博物馆，而是在 1814 年和 1815 年以召开国际会议的方式来讨论这些文物的返还问题，并确立了这样的原则，即在战争中劫掠文物的行为是不合法的。虽然这一原则的适用范围仅限于当时欧洲的“文明国家”，但却为后来文化遗产保护写入战争法奠定了重要的思想基础[3]。

第二次世界大战给文化遗产带来的空前浩劫，促使联合国教科文组织于 1954 年在海牙通过了《武装冲突情况下保护文化财产公约》，该公约在以往基础上规定缔约国“设法禁止、防止及在必要时制止对文化财产以任何形式实施的盗窃、抢劫或侵占以及任

---

〔1〕[荷] 格劳秀斯. 战争与和平法 [M]. 何勤华等译. 上海：上海人民出版社，2005：442.

〔2〕[澳] 林德尔·V. 普罗特. 历史的见证：有关文物返还问题的文献作品选编 [M]. 国家文物局博物馆与社会文物司（科技司）译. 南京：译林出版社，2010：2.

〔3〕黄树卿. 武装冲突中文化遗产保护思想及制度的起源和发展 [J]. 岳麓法学评论，2013（1）：169.

何破坏行为"[1]。为了防止文物流失，联合国教科文组织又于1970年在巴黎通过了《关于禁止和防止非法进出口文化财产和非法转让其所有权的方法的公约》，该公约规定缔约国应当采取行动防止其博物馆等机构获得非法出口的物品，并归还从其他国家的博物馆等机构盗窃的物品[2]。然而，这些国际公约不仅缺乏强制执行的措施，而且对历史上被非法掠夺的文物也不具有法律约束力[3]。因此在当前的国际法框架下，被劫文物的回家之路依旧充满困难和阻碍。

即便如此，文物返还的呼声终究还是给西方博物馆带来了压力。1983年以来，希腊政府多次要求大英博物馆归还帕特农神庙的大理石雕塑，但都遭到了拒绝。为了声援大英博物馆，18家欧美博物馆于2002年联合签署了《关于普世性博物馆重要性及价值的宣言》（以下简称《宣言》）。《宣言》强调，不论藏品来源何处，正是由于"普世性"博物馆的保存，它们才得以被更多人欣赏；不论来源是否正当，这些来自世界各地的藏品都是为了服务全球公民而非一国公民[4]。《宣言》一经发表便在国际上掀起轩

---

〔1〕中华人民共和国外交部. 中华人民共和国条约集：第46集［M］. 北京：世界知识出版社，2001：716.

〔2〕国家文物局法制处. 国际保护文化遗产法律文件选编［M］. 北京：紫禁城出版社，1993：66.

〔3〕高杨. 历史主义、私有产权与文物返还问题［J］. 北大法律评论，2016（1）：235—236.

〔4〕［澳］林德尔·V. 普罗特. 历史的见证：有关文物返还问题的文献作品选编［M］. 国家文物局博物馆与社会文物司（科技司）译. 南京：译林出版社，2010：102.

然大波。正如《宣言》的反对者所说的那样，这些西方博物馆所谓的“普世性价值”这一术语，与 19 世纪发明的“挽救”“代为管理”等词语如出一辙，是试图掩盖殖民掠夺并为帝国主义辩护的话语，是试图将文物保留在西方博物馆、拒绝归还的又一说辞，它与普世性人文主义理想、扩大民众对艺术的了解没有任何关系[1]。

许多西方现代博物馆的背后往往隐藏着一部殖民掠夺的历史。它们通过丰富的世界藏品、从西方的视角出发，建构出一部极具争议的“世界历史”。世界殖民体系瓦解后，这些西方博物馆为了顺应时代需要，将自身塑造成为全世界人民服务的“普世性”博物馆，然而那些掠夺自其他国家的藏品仍在无声地诉说着曾经的殖民历史。

〔1〕杜辉. 帝国主义与文物返还叙事［J］. 东南文化，2013（4）：13.

99

“一出戏救活一个剧种”

——由昆曲看文化的传承与保护

昆曲起源于元末明初的苏州昆山，唱腔缠绵婉转细腻，故又有“水磨调”之称。昆曲起初流行于江南地区，明嘉靖至清乾隆时期臻于全盛，风靡全国，时人有谚云：“家家收拾起，处处不提防。”[1] 在此期间，汤显祖、孔尚任等一批戏曲家相继创作出《牡丹亭》《玉簪记》《长生殿》和《桃花扇》等脍炙人口的作品。时至清末，京剧等剧种相继兴起，昆曲日渐式微。此后，昆曲仅依靠民间曲社薪尽火传，至民国初年苏州成立昆剧传习所时，“传”字辈学员尚可演出四百多出折子戏。然因战乱频仍，艺随人亡，至新中国成立前，昆曲已近凋亡，仅存国风昆剧团活跃于沪杭之间，抢救与保护成为一时之急。

新中国成立后，国风昆剧团虽然在杭州地方政府的关心与帮助下，有了固定演出场所，但演出条件仍然较为艰苦，为谋生计，遂对传统剧目《十五贯》删减节录，排练演出。《十五贯》（又名

---

〔1〕分别出自昆曲《千忠戮·惨睹》【倾杯玉芙蓉】首句“收拾起大地山河一担装，四大皆空相”和《长生殿·弹词》【一枝花】首句“不提防余年值乱离，逼拶得岐路遭穷败”。

《双熊梦》）是清初戏曲作家朱㿥（字素臣）创作的传奇，剧本根据《醒世恒言》中的《十五贯戏言成巧祸》改编而成，以熊氏二兄弟因“鼠”致祸，清官况钟为民请命平反冤狱为主要内容。全本原有26折，需演12个小时，至少得两三个晚上，太过冗长，剧团将其删减为11折演出。但此时《十五贯》仍保留着原本的双线叙事结构和“批判昏官，颂扬清官”的主题，人物刻画上也不够自然生动，缺乏深度。因此，当得知时任文化部艺术局局长田汉邀请剧团进京演出，浙江省委文教部副部长兼省文化局局长黄源便找到剧团，建议对剧本再做修改。当时剧团有人担心改编会丧失昆曲独特的风格，主演周传瑛则认为昆曲本就不是一成不变的，要让它重新发展就应当与群众结合，争取更多的观众。经过几轮讨论，全团思想最终达成一致[1]。在黄源的组织下，剧团专门成立了《十五贯》剧本整理小组，并召开会议研讨对《十五贯》剧本再行修改的问题。会议最终决定，将《十五贯》的主题升华为“反对主观主义的思想作风和提倡实事求是的思想作风”，并从精简情节结构、突出人物形象等方面入手进行修改[2]。

1956年初，改编后的《十五贯》在杭州预演，因宣传问题，并未取得预期的效果。黄源随即在春节期间带领剧团转战上海，连演几天场场爆满。此时恰逢中宣部部长陆定一在上海视察，他看过戏后亦给予肯定，表示应大力宣传。同年4月5日，剧团抵

---

〔1〕周传瑛．关于《十五贯》的改编［N］．北京日报，1956-05-20（3）．
〔2〕黄源．昆曲“十五贯”编演始末［J］．新文化史料．1995（2）：10—11．

京。4月8日、9日首先举行了两场内部汇报演出，众多艺术名家对《十五贯》反应热烈，给予了高度评价。10日起，《十五贯》对外公演。由于观众对舞台上沉寂多年的昆曲较为陌生，起初并不卖座，可容纳1 000人的剧场仅卖出40多张票。但几天后，情况出现了变化，看过的观众多认为这是一出好戏，因而辗转相告[1]。

4月17日，剧团应邀到中南海为毛泽东、刘少奇等党和国家领导人演出，毛泽东好几次看到精彩之处都高兴地笑了，谢幕时起立鼓掌以示赞赏。次日，毛泽东派人到剧团传达了三项指示：一、祝贺《十五贯》的改编和演出，都非常成功；二、要推广，凡适合演出的，都可以根据各剧种的特点演出；三、对剧团要奖励。[2] 4月19日，周恩来也观看了《十五贯》的演出，并与演职人员亲切交谈了约50分钟。此后，《十五贯》在京演出愈加火爆，40多天时间里共有7万人以上观看了演出，一时间可谓“满城争说《十五贯》”，反响异常热烈。5月17日，文化部及中国戏剧家协会邀请首都文艺界200多人召开《十五贯》座谈会，周恩来到会并作了重要讲话：“《十五贯》有着丰富的人民性、相当高的思想性和艺术性，它不仅使古典的昆曲艺术放出新的光彩，而且说明了历史剧同样可以很好地起现实的教育作用，使人们更加重视

---

〔1〕黄源．昆曲“十五贯”编演始末［J］．新文化史料．1995（2）：13.
〔2〕黄源．昆曲“十五贯”编演始末［J］．新文化史料．1995（2）：13.

民族艺术的优良传统。”[1] 周恩来的讲话充分肯定了《十五贯》的艺术价值、历史价值与现实主义价值，同时也表达了在“双百方针”指引下，通过昆曲改革推动全国其他剧种改革的愿望。5月18日，《人民日报》发表社论《一出戏救活了一个剧种》，在充分肯定《十五贯》的同时，也尖锐地指出：“本来，一个剧种的兴亡衰替，不应该决定于一出戏，然而《十五贯》的演出，竟然使这句话有了根据，这就看出我们的戏曲工作中确实存在着问题。”[2] 社论认为戏曲改革存在对地方戏曲发掘、保护力度不够，发展、扶植重视程度不足等问题，这正是以戏曲为代表的传统文化传承、保护的症结所在。

《十五贯》的成功有赖于“传”字辈昆曲演员对《十五贯》的数度改编。他们熟悉昆曲艺术的规律和表现形式，故而能兼顾和把握戏剧本身的艺术性与思想性。而主管领导的介入，也使改编适切地注入了符合时代精神和现实主义需求的内核，使《十五贯》与当时“百花齐放，推陈出新”的戏曲政策相契合，因而受到了党和政府的推崇，在全社会引起极大反响。由此可见，以戏曲为代表的传统文化的传承与保护，不应仅停留于发掘、整理传统剧目，更应让文化艺术“活”起来，在尊重传统艺术规律与表现形式的基础上适当地进行“现代化”改编，这是保持其生命力

[1] 文艺界人士举行昆曲“十五贯”座谈会　周总理称赞这个戏是“百花齐放、推陈出新”的榜样 [N]. 人民日报，1956-05-18 (1).

[2] 从“一出戏救活了一个剧种”谈起 [N]. 人民日报，1956-05-18 (1).

的重要方式。

《十五贯》的成功，使昆曲得以逐步复兴，但“文革”使文艺界遭受严重打击，昆曲也未能幸免。改革开放时期文艺戏曲界的思想得到了解放，但外来文化大举进入国内，昆曲的危机再次显现。1985 年，俞振飞等艺术家联名给中央写信，呼吁保护昆曲。在中央领导的批示下，中共中央办公厅和国务院办公厅发出《关于保护和振兴昆曲的通知》。次年，文化部还专门成立了“文化部振兴昆剧指导委员会”，制定保护规划，举办昆曲演员培训班，摄制教学录像，抢救昆曲传统剧目[1]。昆曲这一传统的剧种逐渐焕发出新的活力。2001 年，昆曲被联合国教科文组织列为首批“人类口述和非物质遗产代表作”，进一步提升了其世界影响力。

2004 年，由著名作家白先勇主持制作的“青春版”昆曲《牡丹亭》创排完成，并开始在全球巡演。《牡丹亭》原剧共 55 折，“青春版”《牡丹亭》在撷取精华的基础上将其改编为 29 折，并挑选青年演员担任主演，使之更符合现代观众的审美取向和观剧习惯，给这门古老的艺术注入青春的活力。“青春版”《牡丹亭》先后在韩国、美国、英国、希腊、荷兰等国巡演，反响热烈。2006 年在美国巡演时，甚至被赞誉为继 1929 年梅兰芳访美后戏曲界最大的文化盛事。全国各大剧团也在恢复、传承、改编经典剧目的基础上，创排全新剧目，在延续和发展中推进昆曲的传承与保护。

---

〔1〕安葵. 回眸昆曲的一百年、七十年、二十年［J］. 福建艺术. 2021（10）：6.

如今，昆曲的观众日趋年轻化。各大剧团相继开展“戏曲进校园”活动，以“青春版”《牡丹亭》为例，2004 年起在全国 30 多所高校进行了 100 多场演出，吸引了大批年轻观众。随着社交网络的发达，昆曲的传播也有了新的形式，如江苏省演艺集团昆剧院每周六会在哔哩哔哩（B 站）开设昆曲演出直播，日常通过 B 站官方号、微信公众号等，以图文、vlog 等青年人易于接受的形式分享剧团和演员的演出及生活等内容。昆曲从剧场“走入”网络，又通过网络将观众“带进”剧场。笔者也曾多次到剧场观看昆曲演出，据观察，青年观众的比例均超过半数，这无疑为传统文化的传承与保护培育了全新的“土壤”。

100

文化遗产的保护和利用

——以“英国全民参与保护组织”为例

以下是1972年《保护世界文化和自然遗产公约》对“文化遗产”的定义：

> 第1条　在本公约中，以下各项为“文化遗产”：
>
> 文物：从历史、艺术或科学角度看具有突出的普遍价值的建筑、碑雕和碑画、具有考古性质成分或结构、铭文、窟洞以及联合体；
>
> 建筑群：从历史、艺术或科学角度看在建筑式样、分布均匀或与环境景色结合方面具有突出的普遍价值的独立的或连接的建筑群；
>
> 遗址：从历史、审美、人种学或人类学角度看具有突出的普遍价值的人类工程或自然与人联合的工程以及考古地址等地方。[1]

---

[1] 中国古迹遗址保护协会编译. 实施保护世界文化和自然遗产公约操作指南 [M]. 2007：13.

依据上述定义，“文化遗产”是指具有历史、美学、考古、科学、人类学（包括文化人类学）价值的古籍、建筑、遗址等，但这只是传统意义上的有形文化遗产。实则，广义上的文化遗产是历史留给人类的财富，从存在形态上可分为有形文化遗产（物质文化遗产）和无形文化遗产（非物质文化遗产〔1〕）。如今，“文化遗产”已成为一个相对宽泛的热词，往往与从事文化遗产保护的社会部门和社会团体相关联。而随着社会组织的介入，文化遗产的性质和地位也发生了相应的变化。文化遗产折射出的不仅是其客观的历史性，更带有体现人们主体理念的纪念性和文化属性等。正如联合国教科文组织文化部门前顾问法布里奇奥所言：文化遗产是一种复杂的文化复合物，它不仅仅体现了过往，更展现了人们的价值体系以及传统信仰等等〔2〕。可以说，文化遗产不仅是对过去历史的传承与表达，也体现了文化遗产保护者所代表的文化模式及其历史演变进程，是多样性的人类文明基于主客体结合的呈现与再现。成立于1895年的英国全民参与保护组织（以下简称“NT组织”）〔3〕及其文化遗产保护活动就是一个典型案例。

NT组织创立的初衷是“保证国家人民可以享受自然美景和具

〔1〕根据联合国教科文组织《保护非物质文化遗产公约》的定义，“非物质文化遗产”指被各群体、团体或有时为个人视为其文化遗产的各种实践、表演、表现形式、知识和技能及有关的工具、实物、工艺品和文化场所。

〔2〕［法］克劳德·法布里奇奥：多样性万岁［M］//张穗华. 石头，文化和时间. 北京：中国对外翻译出版公司，2003：6—7.

〔3〕全名为全民参与历史古迹或自然名胜保护组织（the National Trust for Places of Historic Interest or Natural Beauty），简称National Trust。

有历史意义的建筑"[1]。历经百余年的历史变迁，该组织现已成为英国自然景观和文化遗产保护领域最大的民间组织。其倡导的保护模式一方面对英国的文化遗产保护作出了巨大贡献，同时也给世界各国文化遗产的保护起了示范作用。此后，世界各国纷纷效仿英国这种由民间发起、公众自发参与的文化遗产保护模式，先后建立起自己的文化遗产保护组织或相关部门。

在英国，"古代历史文物"的概念最早出现于1525年都铎王朝时期。当时英国人保护历史文化遗产的理念已初露端倪，并于16世纪上半叶掀起了一场古物研究运动。但是，随着18世纪中叶工业革命序幕的拉开，创造物质繁荣和保护文化遗产似乎成为矛盾的对立面，粗放的工业生产方式使许多农业文明时代的历史文化遗产遭到了破坏。许多留下前人印记的建筑物被工厂和生活的煤烟熏得发黑，呈现出一派破旧景象。英国历史学家爱德华·吉本回忆其早年的洛桑小居时曾感慨："我原本雅致的住所已经不复存在，现在取而代之的是一个环境简陋的笨重小屋。"[2] 当然，除了煤烟带来的烦恼以外，燃煤所排放的二氧化硫等酸性气体也对历史古迹、文物等造成了严重侵蚀。工业革命对英国本土文化遗产的破坏，进一步唤醒了人们对于历史文化遗产保护的意识。1853年，英国议会就此展开了辩论。时任内政大臣的巴麦尊发出

---

[1] *National Trust Act of 1907*, Section4 [R]. 1907: 1.
[2] Gibbon E. *Memoirs of my life* [M]. Penguin Classics, 1966: 70.

警示："伦敦弥漫着的各式各样的燃烧炉尽管会给不少人士带来一定的利益，但伴随而来的代价是……所有的历史建筑文物受到损害。"[1] 一些历史保护主义者认为，煤炭燃烧产生的烟尘和二氧化硫（酸雨的主要成分）正在玷污艺术和建筑，它们会导致石块遭到腐蚀，使木制房屋逐渐腐坏。不少倡导节烟减排的社会人士向地方政府提出申请，"要求消除坎特伯雷大教堂以及其他历史古迹附近的烟"[2]，以免这些承载历史文化传统的建筑遭到工业革命的破坏。

19 世纪步入工业社会的英国，各种社会思潮纷纷涌现。人们对于自身所处自然景观和自身历史文化环境的认识不断深入。社会发展对历史古迹的破坏以及由此带来的遗憾，使人们不得不思考如何对待文化遗产、保护文化遗产的问题，由此演绎出一场文化遗产保护序曲的前奏。1882 年，英国政府颁布关于历史文化遗产保护的第一个重要法令——《古迹保护法》，这意味着国家开始承担起保护文化遗产的责任。文化遗产在法案中被诠释为"没有人居住的历史建筑和无主的历史文物"，所以在 19 世纪末，文化遗产的概念被限定于已发掘的考古遗址层面，而那些仍在使用的教堂、民宅等建筑尚无法纳入其中。这些建筑如要得到保护，就需说明其与英国文化、英国传统乃至当时人民生活的紧密联系。

---

〔1〕Parliamentary Debates, Aug 9th 1853. 转引自 Smith R. "On the Air of Towns" [J]. *Quarterly Journal of the Chemical Society*, 1859 (11): 224.

〔2〕Times, Mar 31st 1905. 转引自 Winter J. *Secure from Rash Assault: Sustaining the Victorian Environment* [M]. University of California Press, 1999: 135.

随着时间的推移，越来越多的社会人士及团体开始关注政府法案难以涵盖的文化遗产和历史建筑，这就为之后包括 NT 组织在内的各类民间保护组织的兴起提供了契机。

1894 年，NT 组织在格罗斯维纳会馆召开临时大会，出席者有赫胥黎等知名学者，还有许多政府要员如首相罗斯伯利及社会名流等。在会上，作为 NT 组织创始人之一的希尔指出，NT 组织的使命就是为那些愿意把历史文化遗产、古迹、建筑、自然景观、土地等所有物产权转交于国家的人提供特别途径。NT 组织创立的根本目的就是“为了国家的利益，我们要尽可能保障土地、优美建筑以及历史文化建筑的永久保存”[1]。

NT 组织起步阶段，最为典型的事迹就是对于巨石阵的保护行动。1895 年以来，由于巨石阵整体景观已遭破坏，NT 组织写信给拥有其所有权的业主，希望为其保护行为获得支持，但未得到回复。不久，巨石阵中有两块石头倒下，故而 NT 组织决定采取强制保护手段。他们与英国下院保护协会联手提交申请，希望能够将巨石阵变成公共国家财产。这个申请直至 1915 年才被受理，由政府工程办公室收购了巨石阵，并且向公众开放参观。而 NT 组织保护性收购了巨石阵周围的土地，以帮助恢复和维持巨石阵的历史与自然景观。

由于英国在 20 世纪最初的 20 年正在快速开展郊区化[2]进程，

---

〔1〕Hill O. “the National Trust for Places of Historic Interest or Beauty” [N]. *The Times*, 1894-07-17 (2).

〔2〕郊区化是城市化的一种结果，指居民向市郊扩散的一种城市形态。

故而 NT 组织当时的大部分收购保护活动就是从住宅开发区中拯救承载文化遗产的土地。也是在这个时期，该组织的会员人数大幅度上升，从 1925 年仅 850 人到 1930 年上升至 4 000 余人。而政府也在此期间制定了若干法律，包括试图遏制郊区化过快发展、保护公共露天空间的乡村规划法案等。20 世纪 30 年代，议会通过了《1937 年全民参与保护法》，帮助 NT 组织开展乡村住宅保护计划，这使昔日贵族可以通过开放其住宅的形式将贵族文化和生活方式作为国家遗产展现在公众面前，此举也使国家遗产的定义变得更为宽泛。第二次世界大战后，受到人们生活方式转变的影响，社会环境问题变得日趋严重，许多环保人士希望 NT 组织能够恪守宗旨、履行职责。在这种情况下，NT 组织决定修改与完善行动纲领，扩大先前的保护范围，将保护自然环境、维护生态平衡纳入行动目标。由此，NT 组织将国家遗产的概念再次扩展至具有科学价值抑或欣赏价值的自然景观层面。

到了 20 世纪 80 年代，一类新的文化遗产出现在人们的视野中，那就是乡土建筑。在 NT 组织第一位女性主席詹金斯看来，展示乡土建筑遗产的最终目的就是为了教育："我认为 NT 组织应该在指导公众方面发挥一定的作用，尤其是唤醒孩子们的公民意识，让他们能够感受到他们祖辈生活的痕迹，体会农业工人们是如何转变为如今的城镇居民。"[1] 乡土建筑背后隐藏的是过往普通民

---

〔1〕 Jenkins J, James P. *From Acorn to Oak Tree: the Growth of the National Trust 1895 – 1994* [M]. Macmillan, 1994: 322.

众的生活痕迹，这不仅引发了大众的兴趣，也使NT组织摆脱了过去仅注重贵族精英的文化倾向，开始注重对普通人生活记忆的重建。其中比较典型的例子就是他们接收了位于英格兰中东部的一座20世纪30年代的半独立式乡土房屋，这栋房屋是NT组织第一个保护收购的建筑。房屋里的一切都被完好无损地保留下来，橱柜里也塞满了30年代的常用物品，以此再现了20世纪30年代普通英国人的日常生活。起初，NT组织的工作人员还不确定人们会对此类性质的遗存作何反应，只得投石问路做初步的尝试。但就在实行对外开放的第一年，这座房屋就迎接了14 000名访客。人们对此兴致盎然。

随着NT组织致力于提升文化遗产和自然遗产的公众性，遗产持有人的身份从原有的贵族精英逐渐转向大众，组织对遗产的定义也发生了重大转变，即扩大了对合法的民族遗产的定义，越来越多的民族文化表现形式被纳入遗产保护范围。比如，NT组织在利物浦收购了甲壳虫乐队早期创作歌曲的工作室。甲壳虫乐队是西方流行音乐的先驱代表，并对世界流行文化产生了深刻影响。可以说这是NT组织走向公众的典范之举。NT组织吸引了更多的普通旅游者将目光投向本组织所保护的遗物遗产及所开展的活动。

从沉淀历史痕迹的建筑到折射过往生活的乡村住宅再到伟岸绵长的海岸线，在诠释国家遗产的过程中，NT组织提供了全新的感知和认识文化遗产与自然遗产的方式，让人们在欣赏和体验中油然产生对民族文化和家国风貌的共情与共鸣。NT组织作为世界上最大的非政府文化遗产保护组织，代表着英国文化遗产保护运动的最高成就。它构建出英国独特的文化遗产体系，形成了具有英国特色的文化保护治理模式。

纵观 NT 组织的发展历程，它在不断地探索和保护行动中，走出了一条成功的遗产保护和利用的道路。以 NT 组织为代表的带有慈善公益性质的保护组织，是现代国家与社会公民团体相互协调的产物，是社会责任意识与公共道德的体现。而政府和社会团体也通过 NT 组织的创意与引领来强化公民身份与集体身份的认同，唤起公众对于民族文化的热情。就这一意义而言，文化遗产不仅是过去历史的固化的遗存，更是民族国家的当代叙事方式。

图书在版编目（CIP）数据

中外历史专题一百讲 / 周靖，罗明，黄爱梅主编.
上海：东方出版中心，2025. 4（2025. 9 重印）.
ISBN 978-7-5473-2701-2

Ⅰ. G634. 513

中国国家版本馆 CIP 数据核字第 20258XV841 号

中外历史专题一百讲

主　　编　周　靖　罗　明　黄爱梅
责任编辑　万　骏　陈明晓
封面设计　钟　颖

出 版 人　陈义望
出版发行　东方出版中心
地　　址　上海市仙霞路 345 号
邮政编码　200336
电　　话　021-62417400
印 刷 者　上海盛通时代印刷有限公司

开　　本　890mm × 1240mm　1/32
印　　张　23.125
字　　数　430 千字
版　　次　2025 年 7 月第 1 版
印　　次　2025 年 9 月第 2 次印刷
定　　价　99.00 元（全三册）

上海市历史教育教学研究基地项目
华东师范大学大中小学历史教育研究与实践基地项目